ARMORIAL

DE LA

NOBLESSE DE LANGUEDOC

GÉNÉRALITÉ DE MONTPELLIER

PAR M. LOUIS DE LA ROQUE

AVOCAT A LA COUR IMPÉRIALE DE PARIS.

Nec munera, nec preces.

TOME PREMIER

MONTPELLIER

FÉLIX SEGUIN, LIBRAIRE-ÉDITEUR

PARIS

FIRMIN DIDOT, FRÈRES,
Libraires, 56, rue Jacob.

E. DENTU, LIBRAIRE,
13, Galerie vitrée, Palais-Royal.

1860

ARMORIAL

DE LA

NOBLESSE DE LANGUEDOC

Paris. — Typographie de Firmin Didot frères, fils et Cie, rue Jacob, 56.

A SA GRANDEUR

MONSEIGNEUR

CHARLES-THOMAS THIBAULT

ÉVÊQUE DE MONTPELLIER,

COMTE ROMAIN, ASSISTANT DU TRONE PONTIFICAL, COMMANDEUR DE LA LÉGION D'HONNEUR,
CHEVALIER GRAND-CROIX DE L'ORDRE INSIGNE DU CHRIST DE ROME,
DE L'ORDRE ROYAL DE CHARLES III D'ESPAGNE ET DE L'ORDRE DU SAINT-SÉPULCRE,
COMMANDEUR DE L'ORDRE RELIGIEUX ET MILITAIRE DE SAINT-MAURICE ET DE SAINT-LAZARE, ETC.

MONSEIGNEUR,

Le respect des traditions, le culte de la famille, l'amour du foyer domestique, l'esprit d'ordre et d'hiérarchie qui ont fait la force et la grandeur de notre ancienne société française disparaissent et s'effacent. Une société nouvelle cherche sa voie dans des principes nouveaux.

Sans vouloir préjuger les résultats de cette transformation, nous avons pensé faire une œuvre utile, Monseigneur, en rappelant aux générations contemporaines par quelle succession de services éclatants ou modestes, mais sincèrement voués au bien public, s'est fondée et développée, sous la protection et le contrôle de nos chefs ecclésiastiques, la prospérité d'une province dont les institutions représentatives ont réalisé pendant plus de huit siècles l'alliance féconde de l'ordre et de la liberté.

Le Languedoc se rappelle encore avec orgueil cette longue suite de prélats, gardiens des libertés de leur pays adoptif, aussi distingués par leurs lumières que par leurs vertus, les Rebé, Bonzi, Legoux, Crillon, la Rochefoucauld, Bezons, Colbert, Chanterac, Brienne, Castellanne, Béthizy, Dillon, Beausset, etc., qui présidaient aux délibérations de nos assemblées provinciales et diocésaines.

Cette œuvre, à la tête de laquelle nous plaçons le nom de Votre Grandeur, est un hommage que nous rendons à leur mémoire,

Et nous osons espérer, Monseigneur, que vous daignerez l'agréer comme un témoignage de reconnaissance et de respect

de votre très-humble serviteur,

LOUIS DE LA ROQUE.

Paris, 1er Janvier 1860.

PRÉFACE.

Nec munera, nec preces.

L'Armorial de la Noblesse de Languedoc n'est pas une publication *officielle* dans l'acception moderne et vulgaire du mot. Nous n'avons reçu d'autre mission que celle qu'un écrivain demande à son initiative personnelle; mais nous avons la conviction d'y avoir apporté l'indépendance et le désintéressement qu'elle imposait. Les conseils de quelques amis, le zèle de nombreux correspondants nous sont venus en aide.

Dans une société labourée, on dira peut-être un jour fécondée, par le soc démocratique, la pensée ne nous serait pas venue de « courir après le reflet d'une chose qui a disparu, » ou de reconstituer les cadres d'une « armée licenciée et détruite (1), » si l'existence de la Noblesse n'avait été « consacrée par la Constitution elle-même (2). »

Cette existence a été sanctionnée par la modification de l'article 259 du Code pénal, et le rétablissement du conseil du sceau des titres.

Quelle que soit la destinée ultérieure réservée au conseil du sceau, relativement à la transmission des titres dans les familles, à la vérification des qualifications contestées, à la confirmation ou à la reconnaissance de titres anciens, à la collation de titres nouveaux, tout le monde a applaudi à l'initiative coura-

(1) OEuvres de Napoléon III, *De la Noblesse,* 1844.
(2) Voy. *le Rapport de S. Exc. M. Delangle au Sénat, le 28 fév.* 1855.

geuse qui a provoqué le rétablissement des dispositions de notre Code pénal contre les usurpateurs de noblesse.

Il n'était, en effet, ni politique ni moral d'abandonner aux empiétements de la vanité et aux entreprises de la fraude une institution à laquelle se rattachent les grands souvenirs de l'ancienne monarchie, que les gloires de l'empire ont entourée d'un nouvel éclat, et qui s'appuie tout à la fois sur le respect que commande l'ancienneté des traditions, et sur l'obéissance qui est due aux actes les plus solennels de la législation contemporaine (1).

La noblesse, même depuis qu'elle ne forme plus un corps dans l'État, existe en vertu de titres régulièrement concédés ou maintenus par l'autorité souveraine.

Au moment où les tribunaux des différents ordres sont appelés à statuer, ou à donner leur avis, sur des rectifications d'actes de l'état civil ou des transmissions de noms et de titres, nous avons cru faire une œuvre utile aux familles de notre pays, en donnant nos soins à la publication des jugements souverains de noblesse obtenus avant 1789, et aux anoblissements récents, qui forment pour ainsi dire leur véritable état civil.

C'est donc l'état légal et authentique de la noblesse de Languedoc, depuis la vérification ordonnée par Louis XIV jusqu'à nos jours, que nous offrons aux lecteurs.

En prenant pour base de notre publication les preuves rigoureusement faites devant les intendants de la province, le conseil d'État du roi et les cours souveraines, nous avons voulu nous placer sur un terrain qui donnât une égale satisfaction à l'intérêt de l'histoire et au légitime orgueil des familles. Nous croyons être resté fidèle à ce double devoir, en indiquant, sous notre responsabilité, et avec la garantie des autorités invoquées, les présomptions d'une origine plus ancienne.

L'ordre chronologique des vérifications nous était imposé par le sujet même, et cette classification nous aurait semblé la plus

_____

(1) Voy. l'*Exposé des motifs de la loi du 28 mai* 1858, *présenté au Corps législatif par M. Duvergier, conseiller d'État.*

rationnelle, quand même elle n'eût pas été déjà suivie par l'auteur qui nous a servi de guide et de modèle.

Les jugements de M. de Bezons, intendant de la province sous Louis XIV et président de la commission souveraine chargée de la première vérification de noblesse, avaient été publiés en 1759, par M. le marquis d'Aubaïs, dans son recueil de *Pièces fugitives pour servir à l'histoire de France*, avec le précieux concours de Léon Ménard, membre de l'Académie des inscriptions et belles-lettres, et auteur de l'*Histoire de la ville de Nîmes :* association, trop rare de nos jours, entre l'aristocratie du talent et celle de la naissance, qui, au lieu de courber les œuvres de l'esprit sous le joug de l'industrie moderne, leur assurait une libre carrière de dignité et d'indépendance, tout en restituant aux classes élevées leur mission naturelle.

Cette heureuse mission, personne ne l'a mieux comprise ni mieux remplie que le marquis d'Aubaïs ; les témoignages de Ménard, de dom Vaissette et de d'Aigrefeuille ont associé son nom aux premiers travaux d'érudition qui honorent l'histoire de notre province, et l'historien Le Beau lui donnait un éclat mérité, en reconnaissant devant l'Académie que «la bibliothèque de M. le marquis d'Aubaïs était un riche dépôt de monuments de notre histoire, comme il était lui-même un trésor de connaissances et de l'érudition la plus exacte (1). »

Nous devons à M. le marquis d'Aubaïs une reconnaissance d'autant plus grande, que, sans lui, les jugements de M. de Bezons seraient complétement perdus pour le passé domestique de nos grandes familles. Leurs minutes, déposées aux archives des états de Languedoc, à Montpellier, ont disparu dans ces auto-da-fé révolutionnaires destinés à éclairer les temples de la déesse Raison.

---

(1) *Mém. de l'Acad. des Inscriptions*, t. XXXVI, *Éloge de Ménard*, 253-257. Nous donnerons en tête du second volume de l'*Armorial* une notice biographique sur M. le marquis d'Aubaïs, faite d'après des documents inédits communiqués par ses héritiers, avec le portrait peint par Péroneau en 1746, gravé par Chevauchet, qui nous a prêté le concours de son talent pour la gravure des blasons de l'*Armorial*.

L'authenticité des jugements de M. de Bezons publiés par M. le marquis d'Aubaïs, n'a jamais fait un doute pour les écrivains qui ont étudié à leurs sources mêmes les annales de notre histoire locale. Aux autorités de MM. Germain, professeur à la faculté des lettres de Montpellier (1), et Charles de Tourtoulon (2), nous pouvons ajouter l'opinion personnelle de MM. Lacabanne, professeur à l'école des Chartes, directeur de l'école, conservateur des manuscrits à la Bibliothèque impériale, section des titres, et Eugène Thomas, archiviste de la préfecture de l'Hérault.

Cette publication offre d'ailleurs une concordance parfaite avec le *Catalogue des gentilshommes de la province de Languedoc*, dressé en vertu de ces jugements en 1672, et déposé aux Archives de la préfecture de l'Hérault (3). Nous devons à l'obligeance de M. le préfet la communication de ce précieux manuscrit que nous imprimons dans nos *Pièces justificatives* : c'est à peu près le seul document sur la noblesse qui ait échappé aux fureurs révolutionnaires.

En l'absence de tous documents historiques, administratifs et judiciaires de nos archives locales, qui auraient pu servir à dresser ou à compléter l'histoire *familiale* de la noblesse du pays, nous avons dû, pour continuer l'œuvre du marquis d'Aubaïs, faire un appel aux archives particulières des familles, et explorer la riche collection des manuscrits de dom Vaissette et des historiographes de Languedoc, déposée à la Bibliothèque impériale.

L'*Histoire des grands officiers de la couronne*, du P. Anselme; l'*Armorial général* de d'Hozier; le *Dictionnaire* de Moréri; les anciens nobiliaires de la Provence, du Comtat Venaissin et du Dauphiné; les *Armoriaux des états de Languedoc*, par Béjard, 1652; Beaudeau, 1686; Gastelier de la Tour, 1768;

---

(1) *Léon Ménard, sa vie et ses œuvres*, in-4°, 1857, p. 93.
(2) *Notes sur le nobiliaire de Montpellier*, 1856, p. 56.
(3) Il a été publié en 1676, in-f°, à Pézénas, par Henri de Caux.

le *Dictionnaire de la noblesse*, par Lachesnaye Desbois, et Badier son continuateur; les *États militaires* du dernier siècle, nous ont fourni de précieuses indications, que nous avons complétées par des emprunts faits aux travaux récents de MM. Bouillet, sur le nobiliaire d'Auvergne; de Barrau et de Gaujal, sur les familles du Rouergue; G. de Burdin, sur les États de Gévaudan; Ch. de Tourtoulon, sur le nobiliaire de Montpellier; Arnaud, sur l'histoire du Velay; Poncer sur le haut Vivarais; Borel d'Hauterive, sur la Noblesse de France, etc., etc.

Quand le titre de maintenue n'était pas relaté dans une publication historique suffisamment autorisée, nous en avons demandé l'expédition notariée. Les filiations ont été continuées sur la production d'actes authentiques ou historiques qui ont passé sous nos yeux, ou qui ont été communiqués à des correspondants désignés par nous, le plus souvent officiers publics, et dont les attestations sont entre nos mains.

Nous devons enfin un témoignage particulier de notre reconnaissance aux lumières et à l'obligeance bien connues de M. Lacabanne, qui a guidé nos premiers pas dans ce labyrinthe généalogique, et qui nous a confié, avec l'autorisation des familles, les preuves déposées au cabinet de MM. d'Hozier et Chérin.

Malgré toutes ces précautions, et les soins très-attentifs donnés à notre publication, nous n'avons pas la prétention d'offrir une œuvre complète et irréprochable; c'est assez pour nous, dans une entreprise si délicate, d'avoir résisté à la passion et à la complaisance : nous accueillerons donc avec autant d'empressement que de gratitude, de quelque part qu'ils nous viennent, les renseignements exacts qui pourraient servir soit à la compléter, soit même à la rectifier.

INTRODUCTION HISTORIQUE.

***

I

ORIGINE ET FORMATION DE LA NOBLESSE.

Noblesse, dans la signification générale de ce mot, exprimait ce qui se fait connaître d'une façon éclatante : *nobilis, notabilis, à noscibili,* distingué, remarquable.

Dans une signification plus restreinte, ce mot servait à désigner un ordre de citoyens distingué de tous les autres.

Tous les hommes naissent égaux par le droit de nature; mais cette nature qui les destine à vivre en société, rompt elle-même l'égalité primitive.

« L'égalité, disait Voltaire, n'est pas l'anéantissement de toute subordination; nous sommes tous également hommes, mais non membres égaux de la société... Les hommes sont égaux dans l'essentiel, quoiqu'ils jouent sur la scène des rôles différents. »

Si quelques peuples affectent une égalité entière et parfaite, on peut prouver aisément que c'est chez eux l'effet des lois ou d'usages bien postérieurs au premier arrangement des choses, et qu'en semblant y déroger ils en conservent encore malgré eux de fortes impressions. Les Etats-Unis nous en offriraient plus d'un exemple; il suffirait de rappeler l'antipathie et l'orgueil de leurs races, la dureté de leur esclavage, et le fanatisme intolérant des know-nothing.

« La véritable et intelligente égalité consiste, non pas à proscrire les distinctions, mais à en permettre l'accès à tous ceux qui s'élèvent par leur courage, par la dignité de la conduite ou par l'éclat des services (1). »

Les distinctions sociales dont l'ensemble constitue la noblesse se retrouvent chez tous les peuples et dans tous les pays; elles apparaissent à l'origine de toutes les civilisations, comme le résultat ou la récompense de la valeur, comme le signe authentique d'une supériorité acquise et acceptée.

« La noblesse, disait Vauvenargues, est un héritage comme l'or et les diamants; ceux qui regrettent que la considération des grands emplois et des services passe au sang des hommes illustres, accordent davantage aux hommes riches, puisqu'ils ne contestent pas à leurs neveux la possession de leur fortune, bien ou mal acquise; mais le peuple en juge autrement : sage distribution qui, tandis que le prix de l'intérêt se consume et s'appauvrit, rend la récompense de la vertu éternelle et ineffaçable. »

L'ambition de cette supériorité est naturelle au cœur de l'homme.

« Ceux qui sont nés avec la noblesse ne considèrent rien au monde de plus avantageux, et ils souffriraient plutôt la privation des biens de la vie que la perte de cet honneur. Ceux qui en sont déchus par quelque accident, tentent sans cesse les moyens d'être rétablis; et ceux à qui la naissance l'a déniée, n'ont point de soin plus pressant ni d'ambition plus forte que d'y parvenir (2). »

Horace disait déjà aux turcarets de son temps :

Licet superbus ambules, fortuna non mutat genus.

Nous ne prétendons pas nier ou excuser les faits de violence

(1) *Rapport à l'Empereur sur l'organisation du Conseil du sceau des titres*, 1859.
(2) LA ROQUE, *Traité de la Noblesse*, éd. de 1753, 181.

ou d'usurpation qui se sont produits à toutes les époques, mais d'ordinaire, c'est parmi les chefs des armées conquérantes et leurs lieutenants, parmi les possesseurs des terres fiscales ou allodiales, des fiefs et des bénéfices, parmi les élus de la nation et les titulaires des hautes magistratures des villes et des métropoles, parmi les leudes, fidèles, antrustions, convives ou amis du roi, aussi puissants quelquefois que le roi lui-même, qu'il faut rechercher l'origine de la noblesse française.

La diversité des systèmes prouve combien il est difficile d'éclaircir cette origine et de lui donner une cause unique.

Boulainvilliers a cru qu'au moment de la conquête les Francs et les Gaulois ne formant qu'un corps de société, les premiers furent tous gentilhommes et les derniers roturiers. Montesquieu veut que même au delà du Rhin, les Francs aient eu comme une noblesse réelle, et que des familles, par l'avantage de leur naissance, possédassent des prérogatives particulières et distinctives. L'abbé Dubos et M. de Valois ont prétendu que les Francs, sous leurs rois, n'étaient point partagés en deux ordres de citoyens, et que toutes les prérogatives étaient personnelles. M. Ardillier (1) croyait reconnaître dans le capitulaire de 813, arrêté à Aix-la-Chapelle, dans une assemblée générale de la nation, qui rendit la condition de 600 sols héréditaire en faveur des antrustions, le véritable fondement de la noblesse. L'abbé Mably, enfin, place cette origine dans le traité d'Andely en 587.

Chérin, en résumant ces opinions, réserve la sienne, et ne considère la noblesse qu'au moment où l'établissement des fiefs affermit l'hérédité des prérogatives (2).

L'hérédité dans la famille qui établit la noblesse du sang précéda l'hérédité des fiefs et des offices. Les historiens des premiers siècles de la monarchie reconnaissaient que les hautes magistratures et les premières dignités ecclésiastiques étaient

___

(1) Auteur d'un manuscrit sur la *France féodale,* cité par Chérin.

(2) CHÉRIN, *Abrégé chronologique,* Disc. préliminaire.

confiées de préférence aux gens de naissance, *de stirpe no-
bili* (1).

Jusqu'au milieu du neuvième siècle les dignités, les distinctions de titres furent personnelles et dépendantes de la possession des fiefs et des offices accordés par le prince; elles ne pas-
saient aux enfants, héritiers des titulaires, que dans des cas
particuliers qui ne faisaient ni loi ni coutume. C'est dans ce
sens qu'il faut entendre ces paroles que le moine de Saint-Gall
place dans la bouche de Charlemagne, s'adressant aux enfants
de la haute noblesse de son empire :

« Vous autres nobles sortis des premières maisons du royaume,
élevés dans la mollesse et vous admirant vous-mêmes, vous avez
compté sur votre naissance et sur vos richesses; vous vous en
êtes fait un titre pour mépriser mes ordres, et préférer à l'é-
tude la débauche, le jeu, l'oisiveté et de vains exercices : par le
Dieu du ciel ; votre noblesse et vos charmes ne me sont rien,
quoique d'autres les admirent; *comptez que si vous ne changez
de conduite vous n'aurez jamais à vous louer de Charles.* »

C'est dans l'assemblée de Kiersy-sur-Oise (877) que Charles
le Chauve, empereur, partant pour Rome en laissant la régence
à son fils aidé du conseil des évêques, des comtes, d'un certain
nombre de vassaux pour les affaires ordinaires, et du suffrage
de l'assemblée générale des fidèles pour les plus importantes,
fit une loi de l'hérédité générale de toutes les fonctions et de
tous les bénéfices en faveur des héritiers, même en bas âge.
Il alla jusqu'à prescrire aux seigneurs, tant ecclésiastiques que
séculiers, d'en user de même à l'égard de leurs propres vassaux (2).

Il semble que la Royauté, dont les domaines se réduisaient
alors aux villes de Reims et de Laon, n'ayant plus rien à distri-
buer à la Noblesse, lui donna l'hérédité.

Le pouvoir, s'échappant des mains débiles des successeurs de

---

(1) *Origine de la Noblesse française.* Paris, 1766, p. 86, 92, 124, 131.
(2) *Ibid.*, 178. — D. VAISSETTE, *Hist. de Languedoc.*

Charlemagne, tomba sur le sol et s'y brisa en des milliers de parcelles, semences fécondes de cette individualité vigoureuse et puissante qui sauva le pays des invasions teutoniques, fit son éducation militaire, et protégea la formation de nos associations communales, premiers berceaux de la liberté.

L'hérédité des fiefs et l'établissement général des arrière-fiefs éteignirent le gouvernement politique et formèrent la hiérarchie féodale; le droit de primogéniture, qui s'établit afin d'assurer le service militaire et les autres obligations féodales, donna la véritable forme à l'institution monarchique, déjà compromise par la loi germaine du partage.

« Point de terre sans seigneur, point de seigneur sans terre », deviennent les axiomes fondamentaux de la société nouvelle, et la noblesse résulta de la possession ou de l'investiture du fief.

Chacun des barons, comme l'observe Beaumanoir, fut souverain en sa baronie : leurs petites cours offrirent l'image de la cour des rois et des empereurs; ils réunissaient autour d'eux leurs officiers et leurs vassaux; ils avaient des sénéchaux, des chanceliers, des plaids, et plus tard des parlements pour rendre la justice; ils exercèrent le droit de paix et de guerre les uns à l'égard des autres et contre le roi lui-même; ils firent des conquêtes, des traités, et imposèrent sans difficultés des taxes à leurs sujets pour subvenir aux frais de la guerre. Tous les manoirs furent crénelés et fortifiés, chaque propriétaire fut à la fois vassal et seigneur, vassal à l'égal du suzerain, suzerain à l'égard de l'arrière-vassal ou vavasseur (1).

La châtelaine elle-même avait un rôle élevé. Défendre le château en l'absence du seigneur, commander aux hommes d'armes, présider aux jeux chevaleresques, accompagner dans les longues chasses d'automne, l'émerillon au poing; puis à la veillée entendre les récits de quelque trouvère, décider parfois les questions délicates proposées aux cours d'amour, encourager

____

(1) H. de LOURDOUEIX, *De la Restauration de la société française*, 165, 1834.

partout la loyauté, la bravoure, l'honneur chevaleresque; tel
était le rôle de la châtelaine. Il élevait les âmes et fortifiait les
cœurs (1).

Le vide fait dans les rangs de la noblesse par les luttes de la
féodalité, les croisades, les voyages d'outre-mer, et les guerres
nationales contre les Anglais, fut rempli soit par les acquéreurs
de fiefs nobles, citoyens que le négoce et la culture des arts
avaient enrichis, soit par les villageois (*vilani, vilains*), attachés aux domaines ruraux.

La guerre des Albigeois, la domination de Simon de Montfort, fut pour la noblesse de Languedoc une cause de ruine
qu'il faut ajouter à celles que nous venons d'énumérer.

« L'hérésie des Albigeois, dit Vaissette, eut de tristes résultats pour le pays; il fut entièrement désolé par la sanglante
guerre qu'elle fit naître, durant laquelle la plus grande partie de
son ancienne noblesse ou périt, ou fut obligée de céder ses biens
à des étrangers (2). »

Les fiefs transmirent à la postérité des acquéreurs leurs franchises, leurs priviléges, en un mot leur noblesse. Or, comme
un des devoirs du fief obligeait le possesseur à suivre à la
guerre le seigneur dont le fief relevait, la réception dans l'ordre
de la chevalerie agrégeait tacitement au corps de la noblesse le
roturier qui s'adonnait uniquement à la profession des armes et
qui s'y distinguait (3).

Cette agrégation par la possession des fiefs nobles, qui doit
être considérée comme une seconde phase dans l'histoire de la
noblesse, ne se fit pas sans résistance de la part des anciennes
familles, et sans quelques précautions de la part de nos rois.

La noblesse s'acquérait, suivant les *Établissements de Saint-
Louis*, par la possession d'un fief à la tierce-foi, c'est-à-dire
qu'un roturier acquérant un fief noble, ses descendants étaient

---

(1) A. Chéruel, *Dictionn. historique des institutions, mœurs et coutumes de la
France*, I, 406, Hachette, 1855.

(2) Vaissette, *Hist. de Languedoc*, I, 11.

(3) *Lettres sur l'origine de la Noblesse*. imp. à Lyon, 1763.

nobles à la troisième foi (hommage) du même fief, et le partageaient noblement à la troisième génération (1). La foi était pour le roturier et l'hommage pour les gentilshommes.

Cette nouvelle classe de noblesse fut difficilement acceptée dans les rangs de l'ancienne, qui lui refusait le droit de guerre privée, celui de présenter gage de bataille et de combattre à cheval avec pleines armes ; elle l'excluait même des tournois.

« Qui que vous soyez, disaient les hérauts d'armes à l'ouverture des tournois, qui avez été récemment anobli, ou qui n'êtes pas en état de prouver votre noblesse d'extraction ou votre origine par titres de quatre degrés au moins d'ascendants, n'assistez pas à ces jeux. »

« Quisquis recentioris notæ nobilis, et non talis es ut à stirpe nobilitatem tuam et originem quatuor saltem generis autorum proximorum gentilitiis insignibus probare possis, his quoque ludis abesto (2).»

C'est à ce système touchant l'ancienneté requise pour donner le complément et la perfection à la noblesse, que l'on peut rapporter les statuts anciens des ordres royaux de chevalerie, et de plusieurs colléges de noblesse (3).

A mesure que l'autorité royale se consolida, ces agrégations devinrent moins fréquentes. Les acquéreurs de fiefs nobles qui ne faisaient point partie de la noblesse ne changèrent pas de condition, et furent tenus de payer une finance au seigneur immédiat, et, depuis Charles V, au roi de France : ainsi s'établit le droit de franc-fief perçu par le domaine royal jusqu'en 1789.

On ne peut disconvenir cependant que cette acquisition de fiefs n'ait été l'origine de la noblesse d'un grand nombre de familles, et la source de beaucoup d'usurpations, malgré la sévé-

---

(1) *Établissements de Saint-Louis,* 1270, c. 95.
(2) La Roque, *Traité de la Noblesse,* c. 10.
(3) *Lettres sur l'origine de la Noblesse,* 328.

rité dés édits de Charles IX, d'Henri III, d'Henri IV, de Louis XIII et de Louis XIV.

« Nobles étaient jadis non-seulement les extraits de noble race en mariage, ou qui avaient été ennoblis par lettres du roi, ou pourvus d'offices nobles, mais aussi ceux qui tenaient des fiefs et faisaient profession d'armes (1). »

La profession d'armes jointe à la possession du fief, étaient les deux caractères distinctifs de la noblesse ancienne, et la politique de nos rois, qui ne voulait porter aucune atteinte « aux droits acquis » et « aux possessions légitimes, » ne demandait pas d'autres justifications pour maintenir la noblesse des familles qu'une possession centenaire et incontestée, *si rien ne montre roture antérieure.*

Mais l'orgueil aristocratique, la vanité de la perpétuité du sang, n'acceptèrent pas ce niveau égalitaire qui déclarait « nobles et issus de noble race et lignée » tous les gentilshommes dont la filiation prouvée remontait au delà de 1560.

Les gentilshommes de nom et d'armes, ou d'ordre chevaleresque, voulurent avoir le pas sur la noblesse de race ou de parage, qui se croyait elle-même supérieure aux fils des anoblis par lettres patentes ou par les charges publiques.

L'idée de conquête et de descendant des vainqueurs est celle qui a toujours le plus flatté la noblesse de tous les pays et de tous les âges.

Tous les gentilshommes espagnols sont « hidalgos, » fils de Goths et « nobles comme le roi; » en Castille, quelques-uns même ne dédaignent pas de l'être « un peu davantage, *un poco più;* » les maisons distinguées du royaume d'Angleterre cherchent leur origine dans le sang des Normands et des Saxons, et justifient leur antiquité par l'étymologie de leurs noms qu'ils tirent de la langue de ces deux peuples; les Allemands se croient aborigènes (2), et tranchent ainsi la plupart des questions qui ont si longtemps divisé la noblesse française.

(1) Loisel, *Institutes coutumières.*
(2) Lachesnaye-Desbois, *Dictionn. de la Noblesse,* in-4°, Avant-propos.

On appelait gentilhomme de nom et d'armes celui dont l'origine, toujours inconnue, remontait aux premiers siècles de la féodalité, et permettait de préjuger ainsi la participation de ses ancêtres aux grandes luttes, aux grands exploits, aux grandes expéditions militaires de la chevalerie.

Le gentilhomme qui ne pouvait par titre ou par notoriété suffisante percer les ténèbres des douzième, treizième et quatorzième siècles, était réputé gentilhomme de race ou de parage (par son père).

Les fils d'anoblis devenaient gentilshommes de race après la quatrième génération, et avaient alors accès dans les ordres de chevalerie et les chapitres nobles; ils pouvaient même prétendre aux honneurs de la cour, sous le bon plaisir du roi, si l'époque de l'anoblissement de leur famille remontait au delà de 1400 (1).

Mais plus tard ces distinctions ne suffirent plus, et la noblesse eut ses casuistes qui créèrent les dénominations de *gens de qualité, de condition, distingués, honorables.* Les premiers étaient ceux que leur ancienneté, leurs alliances, leur valeur et leurs grandes possessions territoriales tenaient constamment plus près du trône; à eux les compagnies de cent et de cinquante hommes d'armes, les sénéchaussées des provinces à l'époque où cette charge était encore essentiellement militaire, les gouvernements des provinces qui leur ont succédé, les grands offices, les grands emplois à la cour; plus tard, l'entrée aux écuries du roi, surtout à la petite; les honneurs de la cour, etc.

Les *gens de condition* étaient ceux qui, semblables aux premiers en bien des points, avaient moins d'importance territoriale, et ne pouvaient accomplir des faits d'armes aussi marquants, ne disposant pas de tant de vassaux. Ils servaient dans les troupes régulières, et, moins détournés du service, arrivaient par leur assiduité à des grades élevés et avaient, par les soins

---

(1) Voy. *la lettre de Louis XV au duc d'Aumont, du 29 juillet* 1774.

extrêmes qu'ils apportaient dans leurs alliances, leurs entrées, comme les premiers, dans les chapitres nobles et à Malte.

Les *gens distingués* étaient encore nobles de race ou d'épée, mais plus campagnards; ils servaient avec autant de valeur, mais moins d'éclat, et relevaient d'autres seigneurs plus puissants qu'eux.

On appelait enfin *gens honorables,* ceux qui, possédant beaucoup de fortune ou de talent, étaient parvenus à la noblesse par les charges qui anoblissaient. Ils vivaient grandement et avec distinction, mais n'arrivaient qu'après les autres.

II

ANOBLISSEMENTS PAR LETTRES PATENTES ET PAR LES FONCTIONS.

Dire ce qu'est la noblesse, c'est annoncer suffisamment ce que peut être l'anoblissement.

La supériorité reconnue par l'opinion publique, le respect, la considération, la confiance que s'attirent certains hommes par l'éclat de leurs services, ou par leur dévouement au bien public, deviennent, par la consécration du prince, habituels et inhérents à leurs enfants, et passent à leur postérité.

De là naît une certaine émulation, une certaine ambition, qui nous portent à vouloir égaler et quelquefois surpasser nos ancêtres et justifier la distinction qu'on leur accorde en la méritant; et chez nos concitoyens, une disposition à compter sur nous pour les choses importantes, à nous écouter plus avidement, à nous suivre plus volontiers, à nous confier par préférence les places d'autorité (1).

Les anoblissements, cette magnifique prérogative de l'autorité royale lorsque la noblesse donnait accès aux premières charges et aux premières dignités de l'État, ont commencé avec Philippe III. La faveur, l'intrigue, la vénalité ont souvent eu leur

_____

(1) *Origine de la Noblesse française,* 318.

part, il est vrai, dans la distribution de ces distinctions sociales, mais le plus grand nombre des anoblissements dont la preuve est venue jusqu'à nous, sont fondés sur des services réels, souvent éclatants, et ne sont que l'expression de la voix publique confirmée par le prince.

Cet attribut de la puissance souveraine, usurpé quelquefois, n'a été délégué que dans de très-rares occasions.

En 1519, René, bâtard de Savoie, chambellan, grand-maître de France, sénéchal et gouverneur pour le roi en Provence, ayant donné des lettres de noblesse à un particulier de la ville d'Aix, les commissaires pour la recherche des faux nobles n'eurent aucun égard à cet anoblissement. En 1260, un arrêt du parlement de Paris fit défense au comte de Flandres de donner des anoblissements; en 1269, un comte de Nevers fut condamné à l'amende envers le roi, pour avoir anobli deux de ses sujets, qui furent pareillement condamnés à 2,000 livres d'amende pour avoir accepté ces anoblissements (1).

La première délégation connue est celle de Jean de Marigny, évêque de Beauvais, lieutenant du roi en Languedoc, qui reçut de Philippe de Valois, en 1342, le pouvoir d'accorder des lettres de noblesse; il anoblit Hugues Castraing de Campagnet, sénéchal de Rodez, et toute sa postérité, par lettres données à Agen au mois de septembre 1344 (2).

Le duc de Berry, frère de Charles VI et son lieutenant en Languedoc, reçut en 1380 le pouvoir d'accorder des lettres d'anoblissement, et de faire payer finances aux anoblis (3).

Le comte de Diois et Valentinois, lieutenant du roi en Languedoc, reçut de Philippe de Valois, en 1388, un pouvoir semblable (4).

Nous ne connaissons qu'un exemple de cette délégation accordée par le roi à un simple gentilhomme.

(1) MERLIN, *Répert. de jurisp.*, VIII, 518.
(2) LA ROQUE, *Traité de la Noblesse*, 175.
(3) *Ordonnances des rois de France*, VI, 529.
(4) *Ordonnances des rois de France*, VII, 195.

« Jean-François de la Roque, chevalier, seigneur de Rober-
val, a été le premier qui établit la religion chrétienne et le commerce dans le Canada, sous l'autorité du roi François Ier qui le
fit seigneur de Norembec, son vice-roi, amiral et lieutenant-gé-
néral en Canada, Hochelaga, Saquenay, Terre-Neuve, Bell'Isle,
Carponts, le Bras d'or, la Grande Baye et Bacaille. Il partit de
France avec cinq vaisseaux, chacun de 400 tonneaux de charge,
pour la conquête de ces lieux. Il avait un pareil pouvoir que si
le roi y eût été en personne, lui étant permis, pour l'augmenta-
tion de la foi chrétienne et le bien du commerce, d'attaquer et
d'assiéger des villes et châteaux; d'en bâtir et d'en fortifier de
nouveaux; d'y conduire et d'y mener des colonies françaises;
de créer toutes sortes d'offices et d'officiers, soit pour la justice,
soit pour la guerre; d'y établir la religion catholique et la police
du royaume, de faire des lois, statuts et ordonnances pour l'entretien de la navigation, et de les faire observer; de donner des
rémissions; *de bailler des terres en fiefs, seigneuries, châtellenies, comtés, vicomtés, baronies et autres dignités qu'il jugerait convenir au service de ceux à qui il les accorderait.* Il était
aussi défendu de trafiquer en Canada sans son sçu et consentement; il était commandé de lui donner secours en cas de besoin,
et il avait encore pouvoir de choisir par testament tel substitut
et successeur qu'il jugerait à propos. Sa Majesté confirmait tout
ce qu'il contracterait, ordonnerait et établirait, tant par armes
que par amitié, confédération ou autrement, soit par mer ou
par terre. Et pour l'exécution de cette entreprise on lui délivra
la somme de 45,000 livres. Sa commission fut insérée en l'état
ordinaire des guerres à la Chambre des comptes de Paris, en
date du 15 janvier 1540 (1). »

Les anoblis de la société et compagnie du Canada, ou nouvelle France, ont été maintenus, nonobstant la révocation des
autres anoblissements, par lettres patentes et déclarations du

(1) LA ROQUE, *Traité de la Noblesse,* 179.

roi, du mois de janvier 1634, 4 juillet 1641, 4 mai 1658, confirmées par un arrêt du conseil d'État du 13 janvier 1667.

Quand la noblesse sortit des cours judiciaires et s'éloigna des
magistratures municipales, préférant le hasard et le danger des
batailles aux calmes soucis de l'étude et de l'administration, elle
fut remplacée par les légistes et les bourgeois lettrés auxquels le
roi conféra la noblesse, en les investissant des charges qui n'é-
taient alors remplies que par les gentilshommes. Nous avons
encore les anoblissements des chanceliers de la Forêt, de Dor-
mans, de Corbie; et des premiers présidents Bucy, Bracque,
Dauvet, etc. (1); de Jacques de Pacy, conseiller au parlement
de Paris; de Gratien Dufaur, conseiller au parlement de Toulouse; de Nicolas Rome, maître des requêtes, etc.

L'usage des lettres de noblesse ajoutées aux charges se perpé-
tua jusqu'à la fin du quatorzième siècle, et depuis cette époque
la noblesse graduelle fut régulièrement attribuée à l'exercice de
certaines charges municipales, judiciaires ou de finance.

Louis XI, en 1471, avait attaché la noblesse à un certain
nombre d'offices et à la possession de tous les fiefs majeurs.
Les secrétaires du roi notamment reçurent sous son règne, le
caractère d'une noblesse de race, et jouirent des mêmes priviléges que les nobles qui avaient passé le quatrième degré (2).

Charles VIII étendit aux principaux officiers municipaux des
grandes villes la noblesse attribuée par Louis XI aux secrétaires
du roi.

Les capitouls de Toulouse, les maires et les échevins des
villes de Paris, Poitiers, la Rochelle, Saint-Jean d'Angély, Angoulême, Saint-Maixent, Tours, Niort, Cognac, Abbeville,
Bourges, Angers, Lyon, Péronne et Nantes, acquirent successivement cette prérogative, qui à différentes reprises leur fut ôtée,
puis rendue, et enfin confirmée. C'est ce qu'on appelait *noblesse*

(1) *Origine de la Noblesse française*, 330.
(2) *Lettres patentes du mois de novembre* 1442. — *Ordonnance de Blois* du mois de
mars 1484, confirmée par Henri II à Compiègne, au mois de septembre 1549, et par
Henri III à Blois, le 29 mars 1577.

municipale ou *de cloche* (1). La dignité de premier consul de la ville de Montpellier ne donnait pas la noblesse, mais, comme on le verra par la liste que nous donnerons dans nos *Pièces justificatives,* depuis la fin du quatorzième siècle c'était toujours un gentilhomme qui en était revêtu.

Deux édits avaient réduit à un seul degré dans les cours souveraines les charges qui conféraient directement la noblesse.

Le premier est du roi Louis XIII, donné à Saint-Germain-en-Laye, en 1642, enregistré au parlement le 7 février suivant, par lequel « Sa Majesté accorde aux maîtres des requêtes de son hôtel les priviléges des secrétaires de sa maison, en conséquence des nouvelles charges qui avaient été créées. »

L'autre est du roi Louis XIV, du mois de juillet 1644, enregistré le 8 août, qui octroie au parlement de Paris les priviléges des nobles de race, barons et gentilshommes du royaume ; ils étaient réputés nobles, pourvu qu'ils eussent servi vingt années ou qu'ils décédassent revêtus de leurs offices, nonobstant qu'ils ne fussent issus de noble et ancienne race.

Le grand conseil obtint des lettres patentes au mois de décembre 1644, vérifiées par cette compagnie le 20 de ce mois, qui contiennent les mêmes priviléges, accordés la même année à la chambre des comptes et à la cour des aides.

La même grâce fut accordée aux compagnies des autres provinces sur le modèle de celle du parlement de Paris.

Mais, par édit donné à Saint-Germain en Laye au mois de juillet 1669, lu au parlement, le roi y séant le 13 août, à la chambre des comptes et à la cour des aides le même jour, portant règlement pour les offices de judicature du royaume, « Sa Majesté maintient tous les officiers de ses cours aux anciens priviléges attribués à leurs charges, sans toutefois qu'eux et leurs descendants puissent jouir des priviléges de noblesse accordés par édits et déclarations, pendant et depuis 1644, qu'il révo-

---

(1) CHÉRIN, *Abrégé chronologique.*

que (1) » ; et dans les vérifications qui suivirent ce nouvel édit, la noblesse ne fut maintenue par les intendans qu'à la troisième génération, suivant la formule romaine, *Patre et avo consulibus.*

Les premières dignités militaires, les premières charges de la maison du roi anoblissaient directement les titulaires et leur postérité ; les mêmes priviléges furent accordés plus tard aux offices de chancelier de France, garde des sceaux, conseiller d'État, maître des requêtes, secrétaire d'État, président des cours souveraines, gouverneur et lieutenant de roi dans les provinces.

Les charges qui anoblissaient à la troisième génération étaient celles de conseiller en cour souveraine ; auditeur et correcteur des comptes ; greffier en chef en compagnie souveraine ; trésorier de France ; capitaine des armées ; prévôt en chef ; gouverneur des villes et places fortes, fonctions rendues héréditaires en Languedoc, par édit d'août 1696 (2).

Un édit de Louis XIV du mois d'octobre 1704 rétablit le privilége de la noblesse au premier degré, après vingt ans de services, aux officiers de tous les parlements, chambres des comptes, cours des aides, conseils supérieurs et bureaux des finances du royaume, et aux commissaires ordinaires et provinciaux des guerres.

La plupart de ces dispositions furent encore restreintes et ramenées aux anciens règlements de la noblesse à la troisième génération, par un édit de 1715, resté en vigueur jusqu'à la fin du dix-huitième siècle.

III

LES NOMS. — LES TITRES. — LES ARMOIRIES. — LES DEVISES.

L'usage des noms remonte à l'origine des choses ; mais leur transmission héréditaire dans les familles est toute moderne.

(1) LA ROQUE, *Traité de la Noblesse,* 171.
(2) BOULAINVILLIERS, *État de la France,* Languedoc, II, 528.

Elle ne commence à s'établir en France qu'après l'hérédité des fiefs, passe d'abord à l'aîné des enfants qui succède à la seigneurie, et ne devient patronymique, c'est-à-dire commune à tous ceux qui descendaient d'une même tige, que vers le milieu du quatorzième siècle; jusqu'à cette époque les puînés prenaient le nom du fief qui leur était échu en partage.

« Chez les Français qui habitaient au nord de la Loire et sur lesquels l'influence romaine n'agissait pas aussi puissamment, on ne portait en général qu'un nom. A la fin du dixième siècle ou au commencement du onzième, les surnoms se multiplièrent peu à peu, mais cet usage, qui pour les rois remonte à Pépin-le-Bref, ne devint général pour les particuliers qu'au treizième siècle. Il ne s'est pas d'ailleurs introduit à la même époque dans les différentes provinces.

«En Languedoc Guillaume III prit pour la première fois, vers l'an 1030 le surnom de Montpellier, dont il était seigneur. Ce sont en général les nobles qui, dans les différentes provinces de France, ont les premiers adopté cet usage (1). »

Le nom des nobles dans les premiers temps n'était point héréditaire, quoique le sang, le privilége et la propriété le fussent déjà. «On voit dans la loi salique que les parents s'assemblaient la neuvième nuit pour donner un nom à l'enfant nouveau-né. Bernard le Danois fut père de *Torse*, père de *Turchtil*, père d'*Anchtil*, père de Robert d'*Harcourt*. Le nom héréditaire ne paraît ici qu'à la cinquième génération (2). » Jourdain de *Dourgne* et Isarn de *Saissac* son frère, fils de feu Sicard de *Puilaurens*, rendent hommage à Raimond VII comte de Toulouse, le 27 novembre 1237 (3).

A cette difficulté de retrouver l'origine d'une famille, la coutume féodale en ajoutait une autre qui n'était pas moindre, pour établir une filiation vraie, et reconnaître les personnages qui appartenaient à une même maison.

(1) NATALIS DE WAILLY, *Éléments de paléographie*. Imp. royale, 1838.
(2) CHATEAUBRIAND, *Anal. raisonn. de l'hist. de France.*
(3) VAISSETTE, *Hist. gén. de Languedoc,* III, 530.

Les nobles étaient anciennement en possession de changer de nom sans la permission du prince, parce qu'en ce temps cette mutation ne faisait pas présumer qu'ils changeaient d'état. Quelques-uns prenaient le nom de leur mère ou celui de leur femme. Les Guillaume, seigneurs de Montpellier, et les comtes de Toulouse, prenaient le nom de leur mère; ils se faisaient appeler, Raymond, fils de Douce; Raymond, fils de Faiditte; Guillaume, fils d'Adélaïs; Guillaume, fils de Béliarde, et ainsi des autres (1). Pierre de France, fils de Louis le Gros, prit le nom de sa femme en épousant Isabelle de Courtenay; Robert, son frère, en épousant la fille du comte de Dreux en prit aussi le nom; Matthieu de Rouvroy, épousa Marguerite de Saint-Simon et en prit le nom; Enguerrand de Guines prit le nom de Coucy du chef de sa mère; le seigneur de Tignières quitte son nom pour prendre ceux des vicomtes de Narbonne dont il descendait par les femmes; Antoine Coiffier, seigneur d'Effiat, depuis maréchal de France, prit le nom d'Antoine Ruzé son grand oncle, seigneur de Beaulieu, secrétaire d'état.

L'histoire est remplie de pareils exemples, sans aborder le chapitre des adoptions et des substitutions autrement fécond en changements.

La confusion venait encore de ce que les noms des seigneuries étant absolument réels, quand on venait à perdre la seigneurie on en perdait le nom, ou on le conservait, suivant que l'habitude de le porter était plus ou moins ancienne. Si l'on acquérait une seigneurie plus importante ou plus considérée que celle que l'on avait auparavant, on quittait son nom pour prendre celui de la nouvelle acquisition que l'on avait faite (2).

La première tentative de réforme d'un abus si considérable, dans l'intérêt même de la filiation des familles, appartient à Henri II, qui voulut y remédier par son ordonnance d'Amboise

___

(1) D'AIGREFEUILLE, *Hist. de Montpellier,* I, 4-6.

(2) Ainsi pour la terre de la Tude en Languedoc, qui passa de la maison de Vissec dans celle de Fabre de Madières et de Pégayrolles. Les deux maisons en gardèrent le nom. Voy. plus loin, p. 195 et 312.

du mois de mars 1555, par laquelle il « fait défense à toutes personnes de changer leurs noms et leurs armes, sans avoir obtenu des lettres de dispense et permission, à peine de mille livres d'amende, d'être punis comme faussaires et privés de tout ce qui est privilége de noblesse. »

Quelques années plus tard les états de Blois, tenus en 1579, défendirent « à tous gentilshommes de signer dans les actes et contrats aucun autre nom que celui de leur famille à peine de nullité ; » défense renouvelée par les états généraux assemblés à Paris en 1614, qui proposèrent dans leurs cahiers qu'il fût enjoint à tous gentilshommes « de signer dans tous actes et contrats du nom de leur famille et non de leurs seigneuries, sous peine de faux et d'amende arbitraire. »

Le désordre et l'abus ne disparurent pas entièrement, mais ils s'amoindrirent, par l'exemple des premières maisons de France qui ne dédaignèrent pas de se soumettre, d'obtenir l'autorisation du prince pour changer le nom de leurs seigneuries (1).

Cependant, par application du droit féodal tel que l'avait fait le plus constant usage, il était permis d'ajouter à son nom de famille celui de la seigneurie dont le patrimoine s'était accru, mais en l'incorporant d'une manière indivisible, au nom de la famille ; en renonçant, pour ainsi dire, dans la contexture du nom patronymique au titre seigneurial, comme l'ont fait les Clermont-Tonnerre, les La Tour-du-Pin, les Moreton de Chabrillan, les La Rivoire de la Tourrette, les Bourbon-Busset, etc.

« Les seigneurs, dit M. Dufaure, avaient autrefois l'usage de prendre pour nom patronymique le nom de leurs seigneuries. Lorsqu'une personne devenait propriétaire d'un fief, elle ajoutait le nom de ce fief à celui que son père lui avait laissé, et les deux noms ainsi réunis, ainsi incorporés n'en faisaient plus qu'un seul pour l'avenir. Attestée par la tradition la plus incontestable et par la parole des historiens, cette coutume a été tolérée d'abord, et ensuite approuvée par la jurisprudence, et de

---

(1) LA ROQUE, *Traité de l'origine des noms*, 27..

nos jours la cour de cassation a déclaré comme une règle certaine qu'il était permis sous l'ancienne législation de changer en
nom patronymique son titre seigneurial, et que le nom patronymique nouveau, ainsi adopté par le possesseur du fief, devenait le nom patronymique de la famille, transmissible de génération en génération, se conservant même après que le fief en
était sorti. La seule condition exigée pour qu'une semblable
modification fût possible, c'était que l'auteur de la modification,
au moment où il la consommait, fût propriétaire du fief dont il
prenait le nom (1). »

On devine aisément, au milieu de cette confusion, la difficulté grande pour les familles d'établir une filiation régulière et
suivie au delà du treizième ou du quatorzième siècles.

Aussi les justifications de noblesse les plus rigoureuses, comme
celles des preuves de cour ou de l'ordre de Saint-Lazare, ne
remontaient pas au delà de huit degrés, c'est-à-dire à 1400 et
1350 ; et suivant d'Hozier « quiconque peut faire remonter sa
noblesse jusqu'au commencement du quinzième siècle, peut
passer à bon droit pour noble de très-ancienne extraction (2). »

Les auteurs du *Répertoire de jurisprudence,* publié en 1784,
citaient comme exemple de filiation la plus ancienne, jugée par
les tribunaux, celle qui fut produite par la marquise de Sailli,
née Créqui, sœur du comte de Créqui-Canaples, qui voulut
exercer et obtint le retrait de la terre de Douriers, vendue par
la duchesse de la Trémouille, née Créqui, et dont l'auteur commun était Baudoin de Créqui, leur treizième aïeul vivant au
commencement du treizième siècle (3).

C'était une règle établie depuis l'ordonnance d'Amboise
de 1555, renouvelée dans celle de 1692, que l'on ne pouvait
changer de nom de famille sans en avoir obtenu l'autorisation
du roi, et cette grâce ne se refusait pas quand elle était fondée

---

(1) Dufaure, *Mémoire à consulter dans l'affaire Clermont-Tonnerre; —* Vati-
mesnil. Id. *— Arr. de la cour imp. de Paris du 5 déc.* 1857.

(2) D'Hozier, *Armorial général.* Introduction.

(3) Guyot, *Répert. de jurisprudence,* 1784, VIII, 142.

sur des motifs légitimes. Ainsi on tenait pour principe : 1° que le roi seul pouvait permettre le changement ou l'addition de nom; 2° que cette permission n'était jamais accordée que sauf le droit des tiers, qu'ils pouvaient faire valoir en s'opposant à l'enregistrement dans les cours; 3° que le changement de nom et d'armes ne pouvait avoir lieu, même après un testament qui en imposerait la condition, lorsqu'il y avait opposition de la part des mâles portant le nom et les armes. Le droit des intéressés demeurait toujours réservé par cette formule insérée dans toutes les lettres patentes : *Sauf notre droit en autre chose et l'autrui en tout.*

Ces divers principes, quoiqu'il ne soit question dans les ordonnances que des noms appartenant aux familles nobles, s'appliquaient cependant également au nom des familles des particuliers (1). Ils continuent d'être en vigueur dans notre législation moderne.

Sous l'ancienne monarchie, les titres étaient de deux sortes : les uns personnels comme ceux des offices, des charges de la couronne, ou des ordres de chevalerie ; les autres affectés aux terres et seigneuries.

« Les nobles prirent des titres selon la qualité de leurs fiefs : « ils furent ducs, barons, marquis, comtes, vicomtes, vidames, « chevaliers, quand ils possédèrent des duchés, des marquisats, « des comtés, des vicomtés, des baronies. Quelques titres ap- « partenaient à des noms sans être inhérents à des fiefs, cas « extrêmement rare (2). »

« Comites dicti sunt nullum comitatum habentes, soloque nomine sine re participantes (3). »

La hiérarchie des titres n'a jamais été bien établie. On reconnaît cependant que la qualité de roi est plus ancienne que celle d'empereur.

(1) MERLIN, *Répert. de jurisprudence,* VIII, 603.

(2) CHATEAUBRIAND, *Anal. rais. de l'hist. de France.*

(3) OTH. *Hist. vit. Freder.,* I, l. I, c. 9.

« Les empereurs, dont le nom vient de commander aux armées, ont commencé aux Césars par adoption. Ils ont été élus
depuis par les gens d'armes, par les villes et par tout un pays
qui se mettait sous leur obéissance (1). »

Les ducs commandaient les armées ; ils eurent plus tard le
souverain gouvernement des provinces. Ce titre était d'abord
personnel, il ne passait aux héritiers qu'en vertu de lettres patentes : on les distinguait en « ducs à brevet, et ducs héréditaires. » Ils tenaient le premier rang après la dignité royale ou
impériale, et faisaient partie le plus souvent de la pairie ou du
sénat.

La prééminence a toujours été difficile à régler entre les princes, les marquis et les comtes. Beaucoup de principautés, même
souveraines, étaient moins importantes que tels comtés, et en dé-
pendaient quelquefois. La principauté n'impliquait pas toujours
la suzeraineté. Les possesseurs n'avaient que le rang de la qualité réelle de leur fief. Mais depuis que principautés et comtés
ont disparu, les princes ont décidément pris le pas sur les comtes.

Les marquis, chargés anciennement de la protection et de la
défense des pays-frontières, venaient après les princes.

Les comtes suivaient les rois pour leur donner conseil, commander aux troupes et rendre la justice ; et les vicomtes suivaient
les comtes pour les assister ou les remplacer. « Il ne faut pas
croire cependant que les comtes jugeassent seuls comme les
bachas le font en Turquie ; ils devaient prendre au moins douze
hommes avec eux, tant adjoints que notables (2). »

Le titre de baron, que la plupart des étymologistes font dériver
du latin *vir*, homme illustre, ou du germain *bar* et *ber*, homme
par excellence, était dans l'origine un des plus illustres, et paraissait renfermer tous les autres. Il servait à désigner les grands
vassaux qui relevaient immédiatement du roi, et formaient sa
cour judiciaire.

(1) LA ROQUE, *Traité de la Noblesse*, 236.
(2) MERLIN, *Répert. de jurisprudence*, II, 702.

« Tout le corps de la noblesse, même les pairs, était compris sous ce nom au temps de Philippe-Auguste. Le pouvoir des barons était tel que Mézeray, en parlant du départ du roi pour la croisade 1190, dit qu'avant de partir, Philippe donna la tutelle de son fils et la garde du royaume avec l'agrément des barons, *acceptâ licentiâ ab omnibus baronibus* (1). »

Peu à peu ce titre perdit de son importance. Le mot générique indiqua longtemps, et particulièrement en Languedoc, un fief considérable mouvant du roi; mais, à partir du quinzième siècle, les barons n'occupèrent que le quatrième rang dans la hiérarchie féodale.

Il n'apparaît pas que les marquis, les comtes et les vicomtes eussent entre eux d'autres relations que celles de fonctions ou d'offices. Ces titres n'entraient pas dans la même famille comme conséquence l'un de l'autre, et n'étaient pas toujours en troisième ou quatrième ordre.

Quelques-uns avaient dès le dixième siècle le rang des grands feudataires de la couronne, et, sans sortir du Languedoc, nous trouvons à cette époque les vicomtes de Polignac, d'Uzès, de Narbonne, de Béziers, de Nîmes et d'Alby qui jouissaient de droits presque régaliens.

« A partir du milieu du seizième siècle il y eut des érections par lettres patentes de duchés, marquisats, comtés, vicomtés, baronies, en faveur d'illustres ou seulement riches familles.

« On voit par les édits de Charles IX et de Henri III qu'il fallait alors, pour l'érection d'un duché, avoir un fief de huit mille écus de rente; pour celle d'un marquisat, trois baronies avec leurs châtellenies unies et tenues du roi par un seul hommage; pour celle d'un comté, trois baronies et trois châtellenies (2). » Il suffisait de trois châtellenies, ou clochers comme on disait alors, pour autoriser l'érection d'une baronie.

Mais cette règle ne fut pas toujours observée, et l'on obtenait

---

(1) BOULAINVILLIERS, *Hist. de l'ancien gouvern. de la France.*
(2) *Code de la noblesse française,* 120.

pour beaucoup moins, avant 1789, des érections régulières de duchés et de marquisats.

L'arrêt du conseil du roi, du 13 août 1663, avait fait défense à tous propriétaires de se qualifier barons, comtes, marquis, et d'en prendre les couronnes à leurs armes, sinon en vertu de lettres bien et dûment vérifiées ; à tous les gentilshommes de prendre la qualité de messire et de chevalier, sinon en vertu de bons et valables titres; et à ceux qui n'étaient point gentils-hommes, de prendre qualité d'écuyers, à peine de 1500 livres d'amende.

Cet arrêt fut confirmé par une déclaration du 8 décembre 1698, qui ajoutait une amende de 100 florins, pour les roturiers qui auraient pris la qualité de marquis, comte, baron et autres titres honorables des terres titrées qu'ils possédaient.

Quand la plupart des anciens comtés ont eu fait retour à la couronne, le titre de comte n'a plus été qu'un titre d'honneur, et les érections nouvelles en ont été fort rares. Les autres fiefs de dignité, marquisats, vicomtés et baronies, s'obtenaient plus fréquemment, par lettres patentes ou par acquisition. Comme le titre de vicomte tenait le milieu dans cette hiérarchie, entre celui de marquis et de baron, l'usage s'établit dans les familles titrées « comtes ou marquis » de partager aux enfants, ou entre les différentes branches les titres soi-disant inférieurs de « vi-comte et de baron. »

Aucun de ces titres cependant n'impliquait le dédoublement : on était « comte, marquis, vicomte ou baron » en vertu de let-tres régulièrement obtenues et enregistrées, ou tout au moins par l'acquisition d'un fief érigé autrefois en pareille dignité. L'usage, ou si l'on aime mieux, la courtoisie, reçut une espèce de consécration tacite depuis l'ordonnance du 25 août 1817 qui autorisait le fils aîné d'un duc et pair à porter le titre de mar-quis, et les frères puînés le titre immédiatement inférieur à celui de leur frère aîné.

Nous disons consécration tacite, parce qu'il fallait encore, pour s'attribuer régulièrement de pareils titres, être le fils d'un sénateur, ou le fils d'un pair de France possesseur de majorat.

La courtoisie voulait encore, avant 1789, que l'on ne fût admis aux honneurs de la cour ou présenté au roi qu'avec un titre ; que l'on ne demandât la signature d'un souverain au bas d'un brevet ou d'une commission, pour un grade supérieur ou une fonction importante, qu'en faveur d'un gentilhomme titré. Le titre ainsi courtoisement donné restait dans la famille, parce qu'il était de maxime courtoise « qu'un roi ne peut pas se tromper. »

L'acquisition ou l'héritage d'une terre titrée donnait aussi dans les usages du monde l'investiture du titre, et autorisait la dévolution d'une branche à l'autre à l'extinction des mâles.

Il était conforme au génie de la nation et à ses usages, dit l'auteur des lettres sur l'*Origine de la noblesse,* que les enfants participassent aux titres dont leurs pères étaient honorés. Nous le voyons à toutes les époques de notre monarchie. Dunod de Charnage remarque que les aînés et les puînés prenaient les titres dont leurs maisons étaient honorées et les transmettaient à leurs branches, ce que La Thaumassière atteste encore d'une façon plus positive en disant que *c'est une chose assez connue* (1).

On peut juger jusqu'où l'on avait porté l'abus d'usurper les titres, par la lettre qu'écrivit M. de Clérambault à M. le Tourneur, premier commis de la guerre, le 8 juin 1748 :

« La question que vous me proposez par votre lettre du 6 de
« ce mois, sur les lettres de marquis pour M. de Brehan, me
« paraît un scrupule nouveau ; car ce titre ainsi que celui de
« comte et de baron sont devenus aussi prodigués et aussi com-
« muns pour les militaires, que celui d'abbé pour les ecclésias-
« tiques sans abbayes : il est vrai que les titres n'étant pas sou-
« tenus de leurs vrais fondements, qui sont des lettres patentes
« d'érection, registrées, soit pour le sujet, soit pour ses ancêtres,
« ne sont utiles que pour les adresses des lettres, et les conver-
« sations avec des inférieurs ; ainsi je crois, Monsieur, que vous
« pouvez faire là-dessus tout ce que bon vous semblera. L'abus

_____

(1) LA THAUMASSIÈRE, *Hist. de Berry,* Art. Sancerre.

«en est si grand depuis longtemps, qu'il serait à présent bien
« difficile de le réformer. Quoique, dans les règles, je ne dusse
« passer, pour les preuves de MM. les chevaliers des ordres, au-
« cun de ces titres de comte, marquis, baron, etc., qui ne
« sont pas revêtus de lettres patentes registrées, je me trouve
« souvent obligé de suivre le torrent, parce que de les refuser à
« un lieutenant général, quand il est ainsi qualifié dans ses pro-
« visions, ce serait sembler vouloir le dégrader et en faire
« une affaire personnelle; cependant, cela est, je vous l'avoue,
« contre toutes les règles, de même que les couronnes qu'ils
« mettent à leurs armes, en conséquence de ces titres imagi-
« naires. Votre question me rappelle un bon propos sur ce
« sujet : Un marquis de l'espèce dont il s'agit, mécontent des
« plaisanteries de quelqu'un, s'échauffa jusqu'au point de le
« menacer de l'aller chercher dans quelque endroit qu'il pût se
« cacher. Le plaisant l'en défia en lui disant qu'il connaissait
« un endroit où certainement il ne pourrait pas le trouver. —
« Et quel peut être cet endroit? dit le marquis. — C'est dans
« votre marquisat, répondit le plaisant. » —En voilà assez sur
« cette matière, etc. (1) »

Tous les nobles, quelle que fût l'origine de leur noblesse, se
qualifiaient *gentilshommes, écuyers,* ou *chevaliers.*

Le titre de *chevalier* fut d'abord essentiellement militaire et
servait à désigner une dignité personnelle à laquelle on ne par-
venait qu'après de longues épreuves. L'affiliation appartenait au
roi; elle passa ensuite aux grands seigneurs (2), puis aux simples
chevaliers qui se créaient les uns par les autres, mais toujours
sous le bon plaisir du roi.

Plus tard ce ne fut qu'un titre d'honneur comme celui de *messire,* qui s'accordait aux gentilshommes de race, ou à ceux qui
possédaient les premières dignités dans l'épée ou dans la robe (3).

(1) LAINÉ, *Archives de la noblesse,* I. Préface, 12.
(2) VAISSETTE, *Hist. gén. de Languedoc,* III, 349.
(3) *Ordonn. de Louis XIII du 15 janv.* 1629, art. 189. — *Ordonn. de Louis XIV,*
de 1664.

« Chevalerie était plutôt marque d'honneur que noblesse, dit Chorier; » et la qualité de chevalier ne pouvait se prendre sans usurpation si le prince ne la donnait, surtout depuis la création des ordres de Saint-Michel et du Saint-Esprit.

Les gentilshommes aspirant à la chevalerie, composaient l'escorte des chevaliers, les suivaient à la guerre, portaient leurs armes dans les tournois et prenaient les titres de *page, damoiseau, varlet, écuyer,* qui formaient pour ainsi dire les divers degrés d'initiation.

Dans la suite le mot *écuyer* fut pris comme titre de noblesse. On le trouve dans ce sens dans l'ordonnance de Blois de 1579, dans les édits du mois d'août 1583 et du mois de mars 1600. Louis XIII et ses successeurs imposèrent de fortes amendes aux roturiers qui usurpaient ce titre. Il était encore donné aux anoblis sous la restauration.

Cependant vers la fin du dix-huitième siècle, la qualité d'écuyer était devenue commune non-seulement à la postérité des anoblis, mais encore aux titulaires de petites charges, et cet usage avait mis les anciens gentilshommes dans le cas de se croire obligés, ou du moins autorisés à prendre le titre de chevalier (1), quoiqu'il fût bien constant que l'on ne pouvait tenir cet honneur que de la grâce particulière du souverain (2).

Le titre de *noble* équivalait à celui d'écuyer dans les pays de droit écrit, mais il n'attribuait pas les priviléges de noblesse quand il était joint au titre d'une profession, comme « noble avocat, » « noble médecin. »

Toutes les qualifications de noblesse, même les plus éminentes, se résumaient dans l'expression générique de *gentilhomme, gentis homo,* citoyen originaire de l'État, né libre et de parents dont la généalogie ne trahissait aucune marque de servitude ou d'assujettissement aux corvées et aux tributs personnels.

(1) *Origine de la noblesse française,* 481.
(2) D'HOZIER, *Armor. gén.* I, R. Préface.

Ce titre ne convenait d'abord qu'aux nobles d'extraction, ou de toute ancienneté. Il était indépendant de la faveur des rois ou des dignités arbitraires et accidentelles. François Ier et Henri IV n'en reconnaissaient pas de plus élevé. Quand il fut pris par les descendants des anoblis, on créa l'expression de *gentilshommes de nom et d'armes*, pour désigner ceux qui l'avaient été de tout temps, ainsi qu'on le voit dans les statuts de l'ordre de la Toison d'Or, de Saint-Michel et du Saint-Esprit, etc. Dans le langage habituel du monde aristocratique, c'était cependant une maxime consacrée que « le roi pouvait faire des nobles, mais non pas des gentilshommes, » sans doute en mémoire de l'aphorisme de Linnæus : *Nobilitatem consequitur, sed non genus.*

Sous l'empire il y eut concession de titres de duc, prince, comte, baron et chevalier, mais avec l'obligation préalable de constituer un majorat, pour rendre le titre héréditaire de mâle en mâle par ordre de primogéniture.

La restauration, tout en autorisant la noblesse ancienne à reprendre ses titres, et la noblesse nouvelle à garder les siens, conserva la loi des majorats de l'empire, et ne permit la transmission des titres concédés pour la pairie, qu'après la constitution d'un majorat dont les revenus ont été fixés par les ordonnances royales des 25 août 1817 et 10 février 1824. Elle rétablit les titres de marquis et de vicomte supprimés sous l'empire.

La loi du 12 mars 1835 a aboli les majorats et en a prohibé l'institution pour l'avenir.

On se demande quel va être, en présence de cette loi, le sort des titres impériaux ou royaux qui ne devaient devenir héréditaires qu'à la condition de la formation et de la conservation d'un majorat.

Comme nous n'avions aucune raison pour préjuger les intentions ou la jurisprudence du conseil du sceau, nous avons suivi l'usage, tout en ayant soin d'indiquer l'origine du titre pris et transmis dans une famille.

Les ornements et les symboles que l'on rencontre sur les sceaux les plus anciens se multiplièrent à l'infini, lorsque les

seigneurs, réunis par les tournois et les croisades, sentirent le besoin d'adopter des marques distinctives pour se faire reconnaître
dans les jeux et dans les combats; telle est selon l'opinion la
plus généralement adoptée l'origine des règles du *blason* et de
l'hérédité des *armoiries.*

« Quelle que fût, en effet, la variété de ces emblèmes, il était
impossible que le même ornement ne parut pas sur plusieurs
bannières à la fois; il fallut donc modifier la position, la couleur ou les détails accessoires d'une même figure, pour qu'on
pût distinguer entre eux les différents seigneurs qui l'avaient
adoptée. La vanité, autant que le respect, engagea quelques familles à conserver un symbole illustré par les exploits de leurs
chefs; bientôt les armoiries devinrent comme les fiefs, une
propriété héréditaire qu'il fallut défendre et conserver pour la
transmettre à ses descendants. Ce droit une fois consacré, les
mariages, les acquisitions, les ventes et les échanges durent introduire dans les armoiries des modifications qui n'avaient rien
d'arbitraire. De l'observation de tous ces faits naquit le *blason*
qui eut comme toutes les sciences ses règles et sa nomenclature (1). »

Il ne faut donc pas rechercher l'origine des armoiries au delà
du onzième siècle. C'est par les croisades, dit M. de Foncemagne,
que sont entrées dans le blason plusieurs de ses principales
pièces, entre autres la croix de tant de formes différentes, et les
merlettes, sorte d'oiseaux qui passent les mers tous les ans et
qui sont représentées sans pied et sans bec, en mémoire des
blessures qu'avait reçues dans les guerres saintes le chevalier
qui les portait. C'est aux croisades que le blason doit les noms
de ses émaux *azur, gueule, sinople, sable,* s'il est vrai que les
deux premiers soient tirés de l'arabe ou du persan, que le troisième soit emprunté de celui d'une ville de la Cappadoce, et le

---

(1) N. DE WAILLY, *Éléments de paléographie,* II, 83. — Voir sur la science et les
termes du blason la *Grammaire héraldique* de M. Gourdon de Genouillac, Paris,
Dentu, 1858.

quatrième une altération de *sabellina pellis*, martre, zibeline, animal connu dans les pays que les croisés traversèrent. C'est probablement par les croisades que les fourrures d'hermine et de vair, qui servirent d'abord à doubler les habits, puis à garnir les écus ont passé dans le blason. Le nom même de blason dérivé de l'allemand *blasen*, sonner du cor, nous est peut-être venu par le commerce que les Français eurent avec les Allemands pendant les voyages d'outre-mer (1).

L'époque fixe de la transmission des armoiries n'est pas plus certaine que celle de noms de famille. Selon les bénédictins ce fut sous le règne de Saint-Louis, vers le milieu du treizième siècle, que l'usage des armoiries se conserva dans les familles sans que cet usage fût invariable. « Isarn de Lautrec se servait pour armes en 1268, d'une croix vidée et pommetée comme celle de Toulouse; Pierre, son frère, avait une croix de Toulouse et un chef chargé d'un lion passant, et au cimier une tête d'aigle (2).»

Les nombreuses armoiries des rois de France prouvent que l'on ne se faisait pas faute de varier le nombre et la disposition des pièces de l'écu.

L'origine des armoiries des familles est aussi inconnue que celle de leur noblesse. Quand l'usage s'en établit, chaque maison prit les ornements extérieurs et les couleurs qui lui convenaient le mieux. On retrouve la concession de quelque pièce attribuée par la volonté du roi, comme marque d'honneur ou en souvenir d'un exploit glorieux, mais l'attribution d'armes faite par le souverain est aussi secrètement gardée, dans les archives particulières, que les lettres d'anoblissement et de légitimation. La description des armes accompagnait ordinairement les lettres patentes de noblesse et devait être enregistrée, avant le seizième

(1) *Mém. de litt.*, XX, 5, 9.

(2) Les bénédictins ont retrouvé le sceau de Raimond de Saint-Gilles, pendant à un diplôme de l'an 1088, qui présente la croix de Toulouse, cléchée, vidée et pommetée d'or. C'est une des plus anciennes preuves admises par la critique historique pour fixer l'époque de l'usage certain des armoiries.

siècle, en la cour des comptes de Paris. L'incendie de ce précieux dépôt historique a dû mettre bien des vanités à l'aise.

Ni les émaux, ni les couleurs, ni le nombre et la forme des pièces de l'écu ne peuvent faire préjuger l'ancienneté ou l'illustration d'une famille, à moins de concession particulière qui en détermine la date et la nature. La maxime héraldique de quelques auteurs qui donnent un privilége d'ancienneté aux armes pures et pleines, simples ou parlantes, a reçu de trop nombreuses exceptions pour être adoptée (1); quel écusson est plus chargé que celui de Lorraine et celui de Montmorency?

Quelques familles ont écartelé leurs armes pour garder et perpétuer le souvenir d'une alliance, d'une substitution ou d'une prétention. L'usage vient, dit-on, de René, roi de Sicile, qui, pour se dédommager de n'être possesseur réel d'aucun des royaumes où il prétendait avoir droit, et pour annoncer ces prétentions et ces droits, écartela de Naples-Sicile, d'Aragon et de Jérusalem, vers le milieu du quinzième siècle.

Ce n'est guère qu'au quatorzième siècle qu'on voit paraître sur les sceaux les ornements accessoires de l'écu, tels que timbres et supports. On nomme *supports* les figures d'hommes, d'animaux, etc., qui soutiennent l'écusson à droite et à gauche; les ornements qui les couvrent sont appelés *timbres*, et l'on désigne sous le nom de *cimier* les pièces qui surmontent les casques ou les couronnes. Tous ces ornements étaient arbitraires, malgré la sévérité des ordonnances, et ne peuvent servir par conséquent à établir ou à préjuger le rang ou la dignité des familles qui les ont adoptés. Les nobles avaient seuls le droit de timbrer leurs armes; ils en ont toujours usé selon leur fantaisie.

Les emblèmes et les devises des ordres de chevalerie com-

---

(1) On désigne sous le nom d'armes pures et pleines celles qui n'ont qu'un seul émail ou une seule couleur, comme les armes de Pelet : *de gueule*, — ou de Baudinelli : *d'or plein ;* les armes parlantes sont celles dont la forme des pièces a quelque rapport avec le nom des familles qui les ont adoptées, ainsi d'Arros en Béarn : *de gueule à une roue d'argent;* — Rostaing en Forez : *d'azur à une roue d'or et une fasce haussée de même;* — Trémolet : *d'azur à trois molettes d'éperon d'or*, etc.

mencent à être à la mode vers la fin du quinzième siècle, les devises des familles et les cris de guerre remontent au treizième siècle.

« Le nom propre de la famille, ou seul ou avec quelque addition, un exploit glorieux, une aventure singulière, le titre d'un état, d'une église célèbre, d'une ville ou d'une forteresse principale faisaient communément, suivant les bénédictins, le sujet de ces cris d'armes. Celui des rois de France était *Montjoye Saint-Denis ;* celui de Bourbon, *Bourbon Notre-Dame* ou *Espérance ;* celui des ducs de Lorraine, *Priny ;* c'était le nom d'une forteresse qu'ils avaient sur les frontières du pays Messin ; celui des rois d'Angleterre, *Dieu et mon droit*, qui fut pris en 1340 par Édouard III. » Parmi les plus connus on cite ceux de Tournon : *Au plus dru ;* des sires de Chaulieu : *Jérusalem ;* des comtes de Sancerre : *Passavant ;* de Chateauvillain : *Chastelvilain à l'arbre d'or ;* de Vogué : *Fortitudine et vigilantiâ ;* de Desmontiers : *Dieu nous secoure.*

Les cris de guerre, qui devaient servir de cri de ralliement dans les batailles, n'appartenaient qu'aux familles d'origine chevaleresque ; les devises étaient arbitraires et ne faisaient pas essentiellement partie de l'art héraldique ; elles exprimaient un droit, une qualité ou une prétention de la personne qui les prenait ; dans les familles nobles elles étaient quelquefois une double allusion à la personne et à ses armoiries, à son rôle politique ou à son passé domestique.

C'est surtout vers le temps de l'expédition de Charles VIII à Naples, que l'usage des devises rapporté d'Italie se répandit en France. Paul Jove réduisit en art ce qui n'avait eu jusques-là d'autre règle que la fantaisie. La principale noblesse de Provence adopta pour devises les sobriquets, inventés par le roi René (1) ; ainsi : *Hospitalité de d'Agoult ; Grands de Porcelet,* etc.

Cet usage était également répandu en Dauphiné, et faisait

_____
(1) **MAYNIER**, *Histoire de la principale noblesse de Provence.*

présumer l'ancienneté et la popularité des familles, en voici
quelques exemples :

> Parenté d'Alleman ;
> · Prouesse de Terrail ;
> Charité d'Arces ;
> Sagesse de Guiffrey ;
> Loyauté de Salvaing ;
> Amitié de Beaumont ;
> Bonté de Granges ;
> Force de Commiers ;
> Mine de Theys ;
> Visage d'Altvillars (1).

Louis **XII** paraît être le premier de nos rois qui en ait pris
une ; c'était un porc épic avec ces mots : *Cominùs et eminùs,
De près et de loin.*

Une idée fausse, pourvu qu'elle ait été reçue, pouvait servir
d'emblème ou de devise ; ainsi de la salamandre de François Ier,
vivant dans le feu, avec ces mots : *Nutrisco et extinguo : Je
m'en nourris et je l'éteins* (2).

Le P. Bouhours dit que François Ier voulut par cette devise
montrer son courage, ou plutôt son amour. *Nutrisco,* dit-il,
montre qu'il se faisait un plaisir de sa passion, mais *extinguo*
peut signifier qu'il en était le maître, et qu'il pouvait l'éteindre
quand il voulait (3).

Les deux femmes de François Ier eurent aussi chacune leur
devise : celle de la simple et vertueuse Claude était une pleine
lune avec ces mots : *Candida candidis*, qui signifient, dit Mézeray, qu'elle était candide et bienfaisante aux âmes candides.
Celle d'Eléonor, plus ambitieuse, était un phénix avec ces mots :
Unica semper avis : Oiseau toujours unique (4).

Celle des Vogué, qui ont dans leurs armes un coq d'or sur un

---

(1) CHORIER, *Estat politique du Dauphiné,* III, 621.
(2) GAILLARD, *Hist. de François Ier,* IV, 385.
(3) *Entretiens d'Ariste et d'Eugène.*
(4) GAILLARD, *Histoire de François Ier,* IV, 389.

champ d'azur, avec ces mots : *Sola vel voce leones terreo,* était fondée sur ce préjugé que les coqs imprimaient la terreur aux lions, par le feu de leurs yeux, la fierté de leur démarche et la liberté de leurs mouvements (1).

Tout le monde connaît les fières devises des Rohan et des Coucy : *Ne suis ny roy, ny prince aussy, je suis le sire de Coucy; Roy ne puis, prince ne daigne, Rohan suis.*

L'explication d'une ou de plusieurs des pièces allégoriques qui meublaient l'écu servait quelquefois de devise, comme celle des Montcalm, *Mon innocence est ma forteresse,* qui portaient écartelé d'une tour d'argent et de trois colombes; ou comme celle des Moreton de Chabrillan, *Antes quebrar que doblar,* *Plutôt rompre que ployer,* qui faisaient soutenir la tour de leur blason par une patte d'ours. Le lion de Pierre de Bernis était *Armé pour le roi;* celui de la Fayolle de Mars, toujours armé pour quelque bonne cause, ne cachait pas son but : *Tendit ad gloriam;* ambition récompensée, d'ailleurs, par les deux palmes d'or posées en sautoir sur un chef d'azur.

La maison d'Hérail, qui portait dans son écusson un vaisseau d'or flottant sur des ondes d'argent, avait pris pour devise : *Neque Carybs neque Scylla;* les Sibert de Cornillon : *Semper floreo, numquàm flaccesco;* c'était une allusion à la rose d'argent tigée et feuillée de même, posée en cœur, sur un champ d'azur entre deux bandes d'or. Celles des Hilaire de Jovyac : *Fayt bien et laisse dire,* ou des Bouillé : *Tout par labeur,* étaient simples et n'auraient pas tenté nos modernes bourgeois-gentilshommes.

Les rois en attribuaient quelquefois en accordant des lettres de noblesse pour rappeler les circonstances ou les motifs glorieux d'une pareille distinction; la famille Durand, de Montpellier, anoblie par Louis XVI en 1789, pour avoir préservé son pays de la famine pendant l'hiver de 1774, reçut pour devise : *Fert patriæ facilem annonam.*

On cite comme une belle devise héraldique celle du croissant

---

(1) BUFFON, *Histoire naturelle des oiseaux,* éd. 1771, II, 67.

ottoman avec ces mots : *Donec totum impleat orbem;* et une plus belle encore, celle de l'ordre de Malte qui lui répond, la croix entre les cornes du croissant, avec ces mots : *Ne totum impleat orbem.* L'ordre de Malte a disparu, mais la croix tient parole, et l'église catholique est encore le plus ferme rempart contre le despotisme et la barbarie.

L'usage des sceaux ou des armoiries, comme celui des devises, n'était pas particulier à la noblesse. « Aux quatorzième et quinzième siècles les simples bourgeois jouissaient du même privilége, parce que, peu de personnes sachant écrire, l'authenticité des actes dépendait de l'apposition du sceau; de là vient que les simples trompettes de la garnison de la cité de Carcassonne donnaient des quittances de leurs gages *sous leur sceau,* comme on le voit par les originaux de l'an 1344 qui nous restent encore (1). »

Il y a eu même des époques où on attribuait des armoiries, moyennant finance, à qui en voulait, et même à qui n'en voulait pas, surtout en 1696. A la fin du dix-septième siècle les intendants en délivraient pour vingt livres, et avaient soin d'en envoyer non-seulement au mari, mais encore à la femme afin d'avoir *quarante livres,* pour laquelle somme ils faisaient assigner en cas de non-payement (2). « Les familles nobles, dit un auteur de la fin du dernier siècle, étaient plus connues autrefois par ces marques extérieures que par un nom certain. Aujourd'hui on tolère que chacun s'en fasse de telles que bon lui semble sans aucune peine que la raillerie publique (3). »

Est-ce à dire qu'il n'y eut dans les noms, les titres et les armoiries de la noblesse française que doute et confusion, que désordre et arbitraire? Le résultat des vérifications ordonnées par nos rois protesterait contre cette interprétation.

La possession d'un fief noble, l'usurpation d'un titre, l'attri-

(1) VAISSETTE, *Hist. de Lang.,* IV, 516 ; — *Élém. de paléographie,* II, 208.
(2) COURCELLES, *Dict. de la Noblesse,* I, 38.
(3) SIMON, *Traité du droit de patronage,* tit. XXV, § 17.

bution d'armoiries, l'adoption d'une devise, ne constituaient pas la noblesse : elle se prouvait, comme nous allons le voir, par un ensemble d'actes, de faits extérieurs, de services publics et effectifs, soumis au contrôle des magistrats préposés aux *recherches* et visés dans les *jugements de maintenue.*

Nous n'avons eu d'autre pensée que de mettre en lumière, dans l'exposition qui précède, les difficultés innombrables qu'offrait à l'investigation impartiale des commissaires du roi l'esprit d'usurpation que les d'Hozier, les Clérambault, les Chérin, les Belleguise, les Maynier, etc., n'ont cessé de condamner et quelquefois de dévoiler.

IV

RECHERCHES DE NOBLESSE. — JUGEMENTS DE MAINTENUE.

La profession des armes, l'investiture et la propriété du fief, l'hommage au suzerain ont assuré à la noblesse, jusqu'à la fin du treizième siècle, une possession d'état suffisante, qui la dispensait d'en fournir ou d'en conserver des preuves, qui n'étaient pour ainsi dire que dans la notoriété publique.

Dès que les usurpations commencèrent avec l'abolition du servage, par l'acquisition de biens nobles, dont l'inféodation était protégée par les suzerains jaloux de grossir le nombre de leurs vassaux, ou bien encore par l'attribution de certaines dénominations qui faisaient préjuger la qualité des personnes, surtout depuis les premières lettres d'anoblissement, les rois-d'armes furent préposés à la surveillance et à la réception des preuves de noblesse. Ils réglaient l'entrée dans les tournois et leur composition; les conditions d'initiation et d'admission dans les ordres de chevalerie. Leur juridiction s'étendit peu à peu sur toutes les provinces où ils eurent des lieutenants, hérauts et poursuivants d'armes, chargés de veiller à l'éxécution des ordonnances sur la noblesse.

« Afin qu'aucun particulier n'usurpât à son gré un rang et

un titre qui ne lui était pas dû, les rois d'armes et sous leur autorité les hérauts et poursuivants d'armes, dans les provinces, étaient chargés de tenir ce qu'on appelait les *Provinciaux*, c'est-à-dire des registres de toutes les familles nobles et de leurs armoiries blasonnées.

« Pour prévenir même les abus qui pouvaient naître dans l'usage des blasons, des couronnes, des casques, des timbres et supports, ces officiers faisaient de temps en temps dans les provinces des visites qui les mettaient en état de renouveler et d'augmenter leurs registres (1). »

Charles VIII pourvut plus sûrement au bon ordre en créant un maréchal d'armes, et décida par un règlement particulier « que tout noble serait tenu une fois en sa vie de faire description de sa généalogie et de sa race jusqu'à quatre degrés et plus avant, tant qu'il pourrait monter et s'étendre, aux mains du bailli ou sénéchal du lieu, pour y avoir recours quand il serait besoin, et que les héritiers seraient obligés de continuer cette description dans l'an du décès d'un gentilhomme et à chaque mutation de famille (2). »

Ces preuves de noblesse et descriptions d'armes ne sont pas arrivées jusqu'à nous, du moins pour la portion du Languedoc qui nous occupe plus particulièrement. Il paraît que ces catalogues furent en usage jusqu'au règne de Henri III, quoique nous n'en ayons trouvé la mention dans aucune maintenue. Les troubles arrivés sous le règne de ce prince sont l'époque des premiers désordres.

La création d'un office de juge d'armes chargé de dresser un registre universel de tous les nobles et de leurs armoiries fut réclamée par la noblesse dans les états généraux de 1614. Louis XIII déféra à ses vœux par édit de 1615. Cet office fut momentanément supprimé en 1696 et rétabli en 1701. La première charge en fut donnée à François de Chevrier de Saint-

---

(1) D'Hozier, *Armorial général*. Introduction.
(2) D'Hozier, *ibid.*

Maurice, chevalier de l'ordre du roi, en 1616. Pierre d'Hozier le remplaça en 1641, et transmit cette charge à ses descendants, qui l'ont conservée jusqu'à la révolution française. Les attributions du juge d'armes étaient limitées à la réception des preuves de noblesse exigées pour l'entrée dans les ordres de chevalerie, dans les emplois de la cour ou dans les maisons d'éducation réservées aux enfants des gentilshommes.

La rédaction du catalogue des nobles et de leurs armoiries fut confiée aux intendants et aux commissaires départis par le roi dans les provinces, chargés de faire les *recherches* et d'accorder des jugements de *maintenue*.

Ces *Recherches de noblesse* soumettaient tout individu se disant noble à justifier de cette qualité par titres authentiques. Elles étaient particulières à une province, ou générales dans tout le royaume.

La plus fameuse par la rigueur des procédures, la durée des poursuites et la quantité des amendes versées dans le trésor public est celle qui fut commencée en 1666 à l'instigation de Colbert, suspendue en 1674 à cause des guerres, et reprise en 1696 avec moins de sévérité, et qui n'a entièrement cessé qu'en 1718.

Après les troubles civils des seizième et dix-septième siècles, Henri IV, Marie de Médicis et Louis XIII avaient récompensé par de nombreux anoblissements les services de leurs partisans; Richelieu et Mazarin usèrent largement de la même monnaie en faveur de leurs créatures. Les états généraux de 1614, et la noblesse de Languedoc dans ses cahiers (1), avaient déjà protesté contre ces abus, sans en obtenir le redressement.

« La fièvre des prétentions nobiliaires gagna les classes aisées: celui-là, sous prétexte de services rendus; celui-ci, s'autorisant de la possession de quelque bien noble; cet autre, profitant de l'influence que lui donnaient une fortune indépendante, un grade dans l'armée, un emploi dans la magistrature ou les finances, prirent à l'envi la qualité d'écuyer, affectèrent toutes

---

(1) VAISSETTE, *Hist. de Languedoc*, V, 360.

les allures de l'ancienne noblesse, se firent rayer des rôles des tailles, vexèrent le peuple et se déchargèrent sur lui du fardeau des impôts (1)..»

Louis XIV comprit le mal et voulut y remédier. Il commença par révoquer tous les anoblissements qui ne remontaient pas au delà de 1606, et ordonna différentes perquisitions des faux nobles dans le ressort de toutes les cours des aides le 30 septembre 1656, dans le ressort de celle de Paris le 8 février 1661, et dans tout le royaume le 22 février 1664 et le 26 février 1665.

Celle qui fut ordonnée par l'arrêt du conseil d'État, du 22 mars 1666, soumettait toute la noblesse, la vraie comme la fausse, à la production de ses titres filiatifs et honorifiques depuis 1560.

La déclaration de 1667 porte « que la noblesse de race sera suffisamment prouvée par titres portant qualité d'écuyer ou de chevalier, depuis 1560, *si rien ne montre roture antérieure,* » à moins de rapporter l'acte d'anoblissement.

« Louis XIV s'arrête à cette année de 1560, parce que ce fut celle des états d'Orléans, dans lesquels, sur les remontrances de la noblesse contre ces usurpations qui commençaient, Charles IX ordonna que ceux qui « usurperont faussement et contre la vérité le nom et le titre de noblesse, prendront ou porteront armoiries timbrées, seront mulctés d'amendes arbitraires et au paiement d'icelles contraints par toutes voies; » dispositions renouvelées par Henri III, à Paris, en 1576, à Poitiers en 1577, et aux états de Blois en 1579 (2).

Il est permis de croire que la preuve légale d'une filiation antérieure à 1560 pouvait difficilement être exigée pour beaucoup de familles, puisque la tenue des registres destinés à constater l'état civil ne remonte pas au delà de 1539.

« Les lettres et titres qui justifient la noblesse sont des actes

---

(1) BOUILLET, *Nobiliaire d'Auvergne,* I. Préface
(2) D'HOZIER, *Armorial général.*

authentiques, comme contrats de mariage, baptistaires, lots et partages des successions, testaments et autres actes publics qui font mention des filiations. On y ajoute les qualités tirées des fiefs possédés de race en race et employées dans des contrats, les jugements rendus sur la condition, les inscriptions et épitaphes des lieux publics et la continuation des armes semblables.

« Quant à la preuve par témoins, Jean Baquet, avocat du roi à la chambre du trésor, dit qu'en France pour vérifier qu'un homme est noble, il suffit que les témoins déposent qu'ils ont connu son aïeul et son père, et qu'ils les ont vu vivre noblement et faire acte de nobles, sans avoir été mis à la taille, si ce n'est qu'elle fût réelle ; sans qu'il soit besoin que les témoins déposent avoir vu et connu les bisaïeux, les trisaïeux et autres prédécesseurs ; et qu'ils fussent estimés nobles et eussent vécu noblement (1).

« La loi n'a pas voulu obliger ceux qui seraient inquiétés en la possession de leur qualité de noblesse, à déduire beaucoup de degrés pour remonter jusqu'à leur origine pour deux raisons. La première, parce que Dieu a en horreur l'immortalité du nom souhaitée par les hommes... C'est pourquoi Dieu n'a jamais donné pouvoir à aucun monarque de faire remonter ses degrés de génération jusqu'à notre premier père ; il s'est réservé cette prérogative comme seul digne de cette gloire. Ainsi, il y a peu d'hommes qui puissent aller au delà de cinq à six cents ans dans la recherche de leur généalogie, sans qu'il se rencontre de la confusion ou une succession interrompue.

« La seconde raison pour laquelle la loi s'est contentée d'une simple recherche pour la vérification de la noblesse, c'est que la mémoire des hommes est incertaine et qu'il arrive beaucoup d'accidents et d'infortunes, principalement aux nobles de qui la profession adonnée aux armes les porte plutôt à rechercher une mort glorieuse qu'à conserver leur propre vie (2). »

---

(1) LA ROQUE, *Traité de la Noblesse.*
(2) LA ROQUE, *ibid.*

Ces principes, généralement suivis dans les recherches de 1666-1674, servirent de base à la vérification qui fut faite en Languedoc par M. de Bezons, intendant, président d'une commission nommée parmi les magistrats de la cour des comptes, aides et finances de Montpellier. Elle était composée de MM. François de Mirmand; François de Villerase; Philippe de Bornier; Pierre de Bernard; Augustin de Solas; Henri d'Héricourt, conseiller du roi au sénéchal et présidial de Soissons; Jean Anoul; Philippe Juin, docteur en droit, procureur du roi en la commission (1); et Alexandre Belleguise, chargé par Sa Majesté de poursuivre la vérification des titres de noblesse (2).

A défaut de titre constitutif, « ceux qui prétendaient être nobles devaient justifier comme eux, leur père et leurs aïeuls avaient pris la qualité de chevalier et d'écuyer depuis 1560, et de prouver leur descendance et filiation avec possession de fiefs, emplois et services de leurs auteurs par contrats de mariage, partages, actes de tutelle, aveux et dénombrements, et autres actes authentiques, sans avoir fait ni commis aucune dérogeance, moyennant quoi ils étaient maintenus (3); » en sorte que, continue Belleguise, si les auteurs de ceux qui se prétendent nobles en ont pris les qualités dans les contrats authentiques depuis 1560, et ont possédé des fiefs et rendu des services, on doit présumer que leurs ancêtres étaient nobles. On n'a pas exigé en toute rigueur la preuve de la possession des fiefs et des services militaires, mais on a pris l'alternative jointe aux énonciations portées dans les actes, et pour les simples qualifications on a été si exact, que sans hésiter on a déclaré usurpateurs des titres de noblesse ceux qui ne rapportaient point d'autres preuves; et certes ce n'est pas sans beaucoup de raison, car enfin vivre noblement c'est porter les armes, servir le prince en temps de guerre, remplir les charges de capitaine, de lieutenant, d'enseigne, et faire d'autres actions d'un véritable gentilhomme.

(1) HENRI DE CAUX, Catal. des gentilshommes de Languedoc, Pézénas, 1676, in-f°.
(2) BELLEGUISE, Traité de la Noblesse, 1 vol. in-12, Paris, 1669 et 1700.
(3) Arrêt du conseil d'État du 19 mars 1667.

Quand, avec les preuves de cette nature, on est aidé de qualifications, on est fondé en présomption (1).

Les titres pour être admissibles devaient être originaux et contenir les qualifications propres à la noblesse.

Après cette vérification, les produisants qui se trouvèrent en règle furent maintenus dans leurs privilèges, tandis que les usurpateurs se virent déclarés roturiers, condamnés à une amende et réimposés aux tailles. Les familles qui ne voulurent pas courir le risque d'une condamnation firent acte de désistement (2).

« Ce fut alors qu'on vit venir à Montpellier bien de bonnes gens habillés de bure et labourant eux-mêmes leurs terres, qui s'en retournaient en emportant des jugements très-avantageux, tandis que d'autres couverts de plumes et de dorures étaient obligés de payer l'amende de 113 livres 15 sols et de donner leur déclaration au greffe, comme ils se départaient des qualités qu'ils avaient prises (3). »

Les rangs de la noblesse se trouvèrent fermés pour les familles qui avaient commis quelque acte de dérogeance. Il y avait dérogeance toutes les fois que le noble se rendait coupable de quelque action indigne de son état, qu'il n'en remplissait pas les obligations, ou que sa profession était jugée incompatible avec sa qualité.

Dans la vérification de 1668 il fut jugé que les magistratures subalternes, les professions de médecin et d'avocat, ne dérogeaient pas, et n'empêchaient pas de vivre noblement.

On se montra sans pitié pour les « nobles marchands, » « nobles bourgeois, » « nobles notaires. » Un arrêt du conseil du 4 juin 1668 avait décidé que « les notaires, même avant 1560, seraient censés avoir dérogé à la noblesse et exercé une profession roturière. » Les bâtards des simples gentilshommes furent

(1) BELLEGUISE, *Traité de la Noblesse*, 67-72.
(2) BOUILLET, *Nobiliaire d'Auvergne*, I.
(3) D'AIGREFEUILLE, *Hist. de Montpellier*, I, 436.

déclarés rôturiers malgré les lettres de légitimation du prince ; depuis l'édit de 1600, ils devaient avoir obtenu des lettres d'anoblissement vérifiées dans les formes et « fondées sur quelque grande considération de leurs mérites ou de celui de leurs pères, » et porter en leurs armes une barre qui les distinguât des légitimes.

L'adoption d'un rôturier par un gentilhomme ne donnait pas la noblesse. Cette prétention constituait une atteinte trop évidente à la prérogative d'anoblissement réservée à l'autorité souveraine.

On commettait des actes de dérogeance par l'exercice des arts mécaniques, par l'achat des fruits de la terre pour plusieurs années, par le fermage des terres d'autrui, par la possession d'un bien noble qui avait payé la taille pendant trente années (1).

Par une déclaration du roi, du 8 octobre 1729, les instances indécises au sujet des usurpateurs de noblesse furent renvoyées aux cours des aides, dans le ressort desquelles les parties intéressées avaient leur domicile. En Languedoc, quelques familles inquiétées par les commissaires des francs-fiefs se pourvurent devant l'intendant de la province, produisirent leurs titres de noblesse, et obtinrent des ordonnances de maintenue de MM. Lamoignon, Le Nain, Bernage, Saint-Priest. On les trouvera à la suite des jugements de M. de Bezons.

« Dans la recherche de noblesse faite en France en 1666, il a été trouvé environ 2,084 familles nobles en Bretagne ; 1,322 dans la généralité d'Alençon ; 514 dans celle de Champagne ; 1,627 dans celle de Languedoc ; 766 dans la généralité de Limoges ; 693 dans celle de Touraine, Anjou et Maine : dont un vingtième à peine, ajoute Chérin, pouvait prétendre à la noblesse immémoriale et d'ancienne race. »

A la fin du règne de Louis XIV le Languedoc comprenait vingt diocèses, dont deux archevêchés renfermant ensemble 342,738 familles qui représentaient une population de 1,566,038

---

(1) BELLEGUISE, *Traité de la Noblesse*, 80-139.

habitants. Le corps de la noblesse se composait de 4,536 gentilshommes répartis sur deux duchés, 55 marquisats, 17 comtés,
22 vicomtés, 383 baronies, 1,700 justices, dont 400 appartenaient au roi, et 3,263 fiefs (1).

V

NOBLESSE MILITAIRE.

La noblesse est essentiellement militaire par son origine, et
quoique l'art militaire ne soit pas le plus utile de tous les arts,
la profession des armes a cependant été considérée de tout temps
comme la plus noble, parce qu'elle commandait seule entre
toutes une abnégation plus grande, un dévouement plus immédiat au pays et au prince; et les qualifications de *chevalier* et
d'*écuyer* font voir que c'est au milieu des camps et des armes
que la noblesse française a pris naissance; c'est pour elle que
les *ordres* de chevalerie et les *décorations* ont été créés.

« En Languedoc la principale fonction de la noblesse, dit
Vaissette, consistait dans l'exercice des armes, qu'elle alliait
comme les anciens Romains avec les fonctions judiciaires (2). »

Sans remonter à ces migrations guerrières qui portèrent, bien
avant l'ère chrétienne, le nom et la gloire des Gaulois Tecto-
sages dans la Germanie, la Pannonie, l'Illyrie, la Grèce et la
Thrace (3), nous voyons cette noblesse toujours en armes, depuis les croisades jusqu'aux dernières luttes du fanatisme religieux au commencement du dix-huitième siècle.

En 1098, elle formait un tiers de cette armée de cent mille
hommes composée de Goths, d'Aquitains et de Provençaux, qui
prit une part si glorieuse à la première croisade, commandée
par Raymond de Saint-Gilles, comte de Toulouse, Guillaume de

---

(1) Boulainvilliers, *État de la France*, II, 513.
(2) Vaissette, *Hist. de Languedoc*, II, 513.
(3) Id., *ibid*, I, 591. 592.

Montpellier, Adhémar de Monteil, Eustache d'Agrain, Raimbaud d'Orange, Raymond Pelet et Guillaume d'Albret (1).

Quelques années plus tard, une nouvelle légion grossit les rangs des vainqueurs de Nicée et d'Ascalon, sous les ordres de Bernard Aton, vicomte d'Alby, d'Agde, de Béziers et de Nîmes; de Guillaume-Jourdain, comte de Cerdagne; de Guillaume, comte de Poitiers, duc d'Aquitaine et beau-frère de Raymond comte de Toulouse (2).

En 1109, plus de quatre mille chevaliers languedociens s'embarquent pour la terre sainte au port de Bouc, avec Bertrand, comte de Toulouse, fils de Raymond; Raymond, comte de Melgueil et de Substantion, son cousin germain; Bérenger de Fougères et Raymond de Castelnau (3). Bertrand avait laissé le gouvernement de Languedoc à son frère Alphonse-Jourdain qui le suivit bientôt à la tête de ses vassaux en 1148 (4). Alphonse-Jourdain fut le quatrième comte de Toulouse qui mourut à la terre sainte, et de ces quatre, ajoute dom Vaissette, il fut le troisième qui, à l'exemple de Raymond et de Bertrand son frère, se croisa contre les infidèles. La maison de Toulouse eut aussi la gloire de donner, en la personne des comtes de Tripoli, plusieurs autres héros qui se rendirent également célèbres en Orient (5).

Dans l'intervalle qui sépare la première de la seconde croisade, la noblesse de Béziers, de Nîmes, de Maguelonne et de toute la province, ralliée autour de Dalmace de Castries, de Raymond de Baux, de Bérenger de la Vérune, du vicomte de Narbonne, et de Guillaume de Montpellier qui s'était distingué dans la première croisade, se signale dans la guerre contre les Maures et les Sarrasins, maîtres des îles Baléares d'où ils infestaient les côtes de la Méditerranée (6).

(1) VAISSETTE, *Hist. de Languedoc*, II, 290, 296, 301.
(2) VAISSETTE, *ibid.*, 327, 335.
(3) VAISSETTE, *ibid.*, 352.
(4) VAISSETTE, *ibid.*, 451.
(5) VAISSETTE, *ibid.*, II, 454.
(6) *Chronique de Pise*, 151. — VAISSETTE, II, 372-373.

Au milieu du onzième siècle, la guerre d'Alphonse VIII, roi de Castille, entreprise contre les infidèles d'Espagne, partage la noblesse de la province entre cette expédition et celle de la terre sainte (1).

Le mariage d'Henri II, roi d'Angleterre, avec Eléonore de Guienne, répudiée par Louis le Jeune, avait fait revivre les prétentions de l'héritière des comtes de Poitiers sur le comté de Toulouse (2). En 1159, la noblesse de Languedoc, restée fidèle à ses princes et commandée par le roi Louis le Jeune, se jette dans Toulouse, et force Henri II et le comte de Barcelone son allié à lever le siége de cette ville. « Après y avoir dépensé des sommes immenses, s'être donné des mouvements infinis et y avoir perdu une partie de ses troupes et plusieurs seigneurs de marque, entre autres Guillaume, comte de Bologne, fils d'É-tienne, roi d'Angleterre, et Aymon, fils du comte de Glocester, Henri II se vit obligé de décamper tant à cause de la saison avancée que de la vigoureuse défense des assiégés (3). »

Le Rouergue faisait alors partie du comté de Toulouse; les Anglais, chassés du haut Languedoc, cherchent à envahir cette province. Les compagnons de Louis le Jeune et de Raymond de Toulouse, ralliés autour de Pierre, évêque de Rodez et du comte Hugues, surnommé *le Père de la patrie*, les repoussent une seconde fois, 1164 (4); et disputent avec moins de succès, quelques années après (1166), l'entrée de la Provence à Alphonse d'Aragon, qui prétendait en avoir reçu l'inféodation de l'empereur Frédéric II, à la mort de Raymond-Bérenger, son cousin germain (5).

Ces guerres privées, qui n'étaient que le prélude des luttes terribles et cependant héroïques de la guerre des Albigeois, éprouvèrent un temps d'arrêt pendant la croisade de Philippe

---

(1) Vaissette, *Hist. du Languedoc*, II, 441.
(2) Vaissette, II, *ibid.*, 450, 483.
(3) Vaissette, II, *ibid.*, 484.
(4) Vaissette, II, *ibid.*, 505.
(5) Vaissette, III, *ibid.*, 15.

Auguste. La noblesse de Languedoc prit part à cette expédition sous les ordres de Raymond-Roger, comte de Foix, d'Arnaud-Raymond d'Aspel et de Pons, vicomte de Polignac (1).

Après la guerre des Albigeois, les expéditions de la terre sainte reprennent leur cours. Trencavel, vicomte de Béziers, et Olivier de Termes, « l'un des plus hardis hommes qu'oncques je cogneusse en terre sainte, » dit Joinville, suivaient l'étendard de saint Louis et de son frère Alphonse, en 1247, en 1252, en 1270, avec un grand nombre de barons, de chevaliers et de bourgeois (2).

En 1318, nous retrouvons en Flandre, avec Philippe le Bel, la noblesse de Languedoc réunie sous le commandement du vicomte de Polignac, de Bertrand de la Rodde, du sire de Chalançon et du seigneur de Saint-Didier (3).

Depuis la réunion du comté de Toulouse à la couronne (1270) jusqu'à la fin du quatorzième siècle, la noblesse eut à supporter le poids de la guerre entre la France et l'Angleterre dans la Guienne, par le secours d'hommes et d'argent qu'elle ne cessa de fournir à nos rois (4).

En 1356, elle entoure le roi Jean dans cette fatale bataille de Poitiers qui ouvrit à la France un siècle de malheurs. Les plus grands noms de la chevalerie paraissent dans la nomenclature des morts et des captifs : l'histoire a gardé le souvenir de ceux du comte de Ventadour, du vicomte de Narbonne, et du seigneur de Montfrin, qui commandaient la noblesse languedocienne, et qui voulurent suivre le roi Jean dans sa captivité (5).

L'amour pour le prince succédant à la première douleur, on ne parla que de sa délivrance, et nos dames, dit l'historien de Mont-

(1) VAISSETTE, *Histoire de Languedoc*, III, 79.
(2) VAISSETTE, *ibid.*, III, 456, 458, 477, 510, 519.
(3) VAISSETTE, *ibid.*, IV, 135.
(4) VAISSETTE, *ibid.*, IV, Préface.
(5) D'AIGREFEUILLE, *Hist. de Montpellier*, I, 144.

pellier, voyant qu'on voulait établir une contribution générale, offrirent de leur chef leurs bagues et leurs bijoux pour grossir la somme qu'on devait y employer. Pons Blegeri, docteur ès lois, et Étienne Rozier, bourgeois de la ville, furent députés de la communauté auprès du roi, qui leur donna des lettres patentes où il rend témoignage de la bonne affection de ses sujets de Montpellier.

La France entière était en armes et la sédition partout. Tandis que les états généraux convoqués à Paris par un roi de vingt ans, et gagnés par les intrigues secrètes du roi de Navarre, du duc d'Orléans et d'Étienne Marcel, voulaient gouverner sous son nom, en lui « baillant certains conseillers qui auroient puissance de tout faire et ordonner au royaume, » les états de Languedoc s'assemblaient à Toulouse, et donnaient un meilleur exemple de liberté : ils ordonnaient une levée d'armes pour la délivrance du roi Jean, et votaient, une année après, le tiers de la rançon du roi de France. « C'était un contraste avec l'intrigue qui s'agitait dans les états généraux, et cette différence de patriotisme mérite d'être notée dans l'histoire (1). »

Cette manifestation isolée ne ramena pas le roi Jean dans son royaume; mais l'armée levée en 1360, et commandée par Bertrand d'Espagne, par le connétable du Guesclin, par le maréchal d'Andeneham, par Pierre de Voisins, délivra pour un temps le midi de la France des grandes compagnies, et chassa définitivement les Anglais du Languedoc (2).

« Charles VII, dit Vaissette, fut en quelque manière redevable de la couronne, soit aux secours annuels, soit aux services que la noblesse et les autres milices de la province lui rendirent dans ses guerres, surtout en Guienne, d'où il eut le bonheur de chasser entièrement les Anglais. »

Avec Charles VII et l'établissement des armées permanentes, la noblesse illustrée par ces luttes héroïques, mais dont les

(1) LAURENTIE, *Histoire de France*, III, 22.
(2) D'AIGREFEUILLE, I, 150. — DOM VAISSETTE, I, 317, 320, 332, 339.

rangs s'étaient éclaircis, et qui, selon l'expression pittoresque d'un historien moderne, « avait semé l'Europe et l'Asie de cadavres blasonnés, » perdit le privilége à peu près exclusif du service militaire qu'elle avait conservé jusqu'au milieu du quatorzième siècle.

« Il n'y eut plus obligation aux seigneurs et gentilshommes fieffés d'amener leurs vassaux à la guerre ; ils ne furent obligés, dit le P. Daniel, qu'à servir dans l'arrière-ban à peu près comme aujourd'hui (1). »

La réunion de la noblesse et des milices communales, qu'on désignait sous le nom de *ban*, *arrière-ban*, et *chevauchée,* formèrent alors une armée nationale, qui répondait à l'appel du roi ; elle était placée sous les ordres du connétable et des sénéchaux, prévôts et baillis.

Charles VII qui avait formé les premières troupes de cavalerie appelées *gens d'armes,* et *compagnies d'ordonnance* (1439), institua la première infanterie régulière (1445), en imposant à chaque paroisse l'équipement et l'entretien d'un archer qui prit le nom de *franc-archer ;* tous les paysans qui en faisaient partie étaient exempts d'impôts et devaient répondre au premier appel. « Leurs descendants, par une suite et une conséquence des priviléges attribués à la profession des armes, se sont prétendus nobles et ont formé la *noblesse archère* (2). »

L'esprit militaire ne pouvait se former et s'entretenir dans cet isolement ; Louis XI supprima les *francs-archers,* et les remplaça par les archers écossais de la garde du roi, qui formèrent les premiers *gardes du corps,* et par les compagnies suisses, qui servirent de modèle à notre infanterie.

Au commencement de nos guerres d'Italie, le service mili-

(1) P. Daniel, *Hist. des milices françaises.*

(2) Chérin, *Abrégé chronologique.* Depuis le règne de Philippe III, les milices communales servaient dans l'infanterie ; elles étaient placées sous les ordres des gentilshommes qui combattaient à cheval.

C'est à l'organisation des francs-archers que nous devons le renouvellement des jeux de l'arquebuse, si populaires dans le midi de la France au XVe siècle.

taire de France était fait par le *ban* de la noblesse (1), qui servait dans les gendarmes, les chevau-légers, les dragons, les carabins et les gardes du roi ; par les compagnies mercenaires venues de Suisse ; par les reîtres ou lansquenets (*land-knecht*, défenseur du pays), venus d'Allemagne ; et par les *légions provinciales* instituées par François Ier en 1534.

Les légions provinciales formaient sept corps de six mille hommes chacun, fournis par les provinces de Bretagne, de Normandie, de Picardie, de Bourgogne, de Champagne et de Nivernais, de Dauphiné, Provence et Lyonnais, de Languedoc et de Guienne. Chaque légion était composée d'un colonel et de six capitaines qui commandaient chacun mille hommes, et avaient sous leurs ordres des lieutenants et des sergents d'armes (2).

Plus tard, ces légions provinciales furent transformées en régiments d'infanterie et de cavalerie, qui prirent le nom de la province où ils se recrutaient de préférence. Le commandement en était réservé à la noblesse du pays (3).

L'histoire militaire de la noblesse de Languedoc, comme celle des autres provinces, se confond, à partir du seizième siècle, avec celle des légions provinciales. Nobles et bourgeois, nous les voyons groupés autour du maréchal d'Annebaut et du sire de Montpezat en 1541, pour la conquête du Roussillon (4) ; autour

---

(1) Le ban et l'arrière-ban de la noblesse de Languedoc fut convoqué en 1425 contre le roi d'Angleterre ; en 1471 contre le duc de Bourgogne ; 1488 contre les prince ligués pour la guerre du Bien public ; 1530 contre l'empereur Charles V ; 1544 pour la guerre d'Espagne ; 1584 pour la guerre de Foix ; 1585-1591 contre la Ligue ; 1590 pour la Ligue ; pour la guerre et conquête du Milanais ; pour la guerre de Navarre ; pour servir en Provence ; contre les religionnaires ; pour la guerre et conquête du Roussillon. (V. Dom VAISSETTE, *Hist. de Languedoc*, t. V.) On trouvera dans nos *Pièces justificatives* le ban de 1689 que nous devons à l'obligeante communication de M. l'abbé Adrien de la Roque, chanoine à Autun.

(2) VAISSETTE, *Hist. de Languedoc*, V. 139.

(3) Le comte d'Aubijoux fut colonel des légionnaires de la province pendant quarante-six ans, 1560-1606, et après lui les milices languedociennes furent commandées par le duc de Montmorency. (V. Dom VAISSETTE, V, 499, 513.)

(4) VAISSETTE, V, 151.

du vicomte de Joyeuse, des comtes de Clermont et d'Aubijoux, pour protéger nos frontières méridionales contre les Espagnols en 1561 (1); et partagés pendant nos guerres de religion entre les lieutenants du roi, Joyeuse, Villars, Crussol, Montmorency, et les chefs politiques des religionnaires, qui obéissaient aux ordres du prince de Condé, de l'amiral de Coligny, des ducs de Biron et de Rohan.

Pendant plus d'un siècle la guerre civile fit couler en Languedoc plus de ruisseaux de sang que dans tout le reste du royaume; luttes stériles qui couvrirent notre malheureux pays de ruines et de deuil, autorisèrent des représailles terribles, des punitions exemplaires, surtout à l'égard de la noblesse, dont la majeure partie se vit privée de ses biens, et qui préparèrent ainsi le despotisme de Richelieu et la dictature militaire de Louis XIV.

Dans ses cahiers présentés aux états généraux de 1614, la noblesse de Languedoc accusait déjà l'étendue de ses pertes.

« Lorsqu'il écherra de confiscation des biens nobles qui relèveront du roi, la moitié des biens sera conservée aux enfants, si ce n'est aux crimes de lèse-majesté…

« Qu'il plaise au roi accorder à la noblesse le rachat de ses biens vendus depuis quarante années, en remboursant les acquéreurs du prix de leur acquisition, des frais et loyaux coûts et réparations nécessaires qu'ils y auroient faites…

«Qu'attendu la perte que les gentilshommes ont faite de leurs titres pendant les troubles, ils soient maintenus en la jouissance des droits desquels ils feront apparoir jouissance devant les juges, de quarante années sans interruption (2). »

La seule révolte de Gaston d'Orléans, frère de Louis XIII, occasionna la ruine de plus de cent familles de la principale no-

---

(1) VAISSETTE, *Histoire de Languedoc,* V, 211.

(2) *Extraits des cahiers présentés par les députés de la noblesse de Languedoc :* Cornusson, de Budos, Chambault, de Gouvernet, Poulignac, Murles de Precor, Saint-André, de la Jugie, comte de Rieux, Ferrals, Marc-Antoine de Saint-Rome, Castaignac. (VAISSETTE, V, Pr. 368.)

blesse. Le roi, qui était à Montpellier en 1632, ordonna la démolition d'un grand nombre de places dans le bas Languedoc; de ce nombre furent les châteaux ou citadelles de Beaucaire, de Pézénas, de Brescou, de Béziers, de Cette, de Lunel, et autres dans les Cévennes, dans le Vivarais, dans le Gévaudan et dans le Velay, où M. de Machault, maître des requêtes, assisté du marquis de Tavannes, maréchal de camp, firent de grandes exécutions.

« Les terres de ceux qui en souffrirent le plus furent celles du comte de Bieules, du comte de Rieux, tué à la journée de Castelnaudary; de Saint-Amant, gendre du marquis de Malauzé; du Luc, autrement Saint-Geniez, ci-devant gouverneur de Narbonne; de Marsillac, lieutenant des gendarmes du duc de Ventadour; d'Alzau, retiré en Espagne; du baron de Lehan en Foix; du Cros; de Chantereuges; de Saint-Laurent; de Condres; du vicomte de Chailard; de Saint-Amans; de la Roque de Gasques, et de Saint-Haon. On mit garnison dans le château de Peyre en attendant des ordres plus précis du roi. Ceux qui n'avaient point de maison furent suppliciés en effigie et leurs biens confisqués. L'entrée des états fut interdite à ceux des barons qui en avaient abusé et leur baronie donnée à d'autres; les officiers de judicature perdirent leur charge, et M. de Machault se rendit si célèbre dans la province qu'il y conserva le surnom de *coupe-tête* (1). » Le seigneur de Peraut, qui était dans la révolte avec son frère l'évêque d'Uzès, perdit la charge de sénéchal de Beaucaire et de Nîmes, dont il avait été gratifié deux ans auparavant; Jacques de Restinclières, de la maison de Bermond-Thoiras, qui était également dans la révolte avec son frère Claude de Thoiras, évêque de Nîmes, fut remplacé dans la charge de sénéchal de Montpellier par le marquis de Fossez (2).

Quoique, depuis cette époque, notre province semble traitée en pays conquis, et que les emplois les plus distingués de la mai-

_____

(1) D'AIGREFEUILLE, *Hist. de Montpellier*, I, 400.
(2) D'AIGREFEUILLE, *ibid.*, 399.

son du roi soient donnés aux gentilshommes attachés à la cour
de Versailles, ou nés dans le centre et le nord de la France, cette
injustice ne découragea pas la noblesse de Languedoc, et nous
la retrouvons, avec son courage et sa bravoure ordinaires (1), au
siége de Leucate en 1637 contre les Espagnols, commandée par
le duc d'Halwin, qui fut fait maréchal de France à trente et un
ans, au titre de maréchal de Schomberg. « Mon cousin, lui écrivait Louis XIII à cette occasion, vous avez su vous servir si à
propos de votre épée que je vous envoie un bâton, afin qu'une
autre fois vous ayez à choisir les armes dont vous voudrez vous
servir contre mes ennemis (2). »

Quelques années plus tard, elle se couvrit de gloire au siége de
Perpignan avec le maréchal de Schomberg et le maréchal de la
Meilleraye en 1642 ; à Girone avec les deux Cambis 1653 ; au
siége de Salces et de Saint-Jean de Pagez 1674, sur les frontières
du Roussillon, avec l'autre maréchal de Schomberg, de la maison
de Clèves, et le marquis de Castries qui commandait les milices
de Languedoc (3) ; au siége de Mayence pendant la guerre du Pa-
latinat en 1689, avec le marquis de Castries ; en Catalogne avec
le maréchal de Noailles 1694 ; au siége de Barcelone 1714, avec
le duc de Berwick qui venait de chasser les miquelets et les Ca-
talans du Roussillon (4) ; et plus tard encore, en 1759, avec le
marquis de Montcalm, le marquis de Vaudreuil et le chevalier
de Lévis, sous les murs de Québec (5). Cette même année le
Languedoc comptait deux maréchaux de France, plus de vingt
lieutenants généraux, et autant de maréchaux de camp en activité de service (6). Pendant les guerres du règne de Louis XV,
sur le Rhin et en Allemagne, à Rosbach, à Lawfeld, à Raucoux, à Fontenoy, des familles entières sorties de cette province ont glorieusement et à la même heure terminé leurs desti-

---

(1) *Mém. de Basville*, 124.
(2) D'AIGREFEUILLE, *Hist. de Montpellier*, I, 405.
(3) D'AIGREFEUILLE, *ibid.*, 408, 440.
(4) D'AIGREFEUILLE, *ibid.*, 516-518.
(5) *État militaire de la France*, 1760, 245.
(6) *État militaire de la France*, 1760.

nées sur le champ de bataille. Quatre années avant la révolution, la généralité de Toulouse pouvait revendiquer à elle seule deux cent quatre-vingt-dix-sept officiers, soit en activité ou en retraite, et dans le nombre plusieurs lieutenants généraux, maréchaux de camp, brigadiers, colonels et lieutenants-colonels. C'était plus que n'en ont fourni les guerres de l'empire, en ce temps où la nation ne formait pour ainsi dire qu'une armée (1).

Henri III, par un édit de 1583, avait décidé que « dix années consécutives de services militaires suffisaient pour faire jouir les non nobles, des exemptions réservées aux nobles. » Mais cela ne devait s'entendre que de l'exemption des tailles, privilége conservé de tout temps aux capitaines qui n'avaient ni le titre d'écuyer, ni l'exemption du droit de franc-fief.

Par son édit de 1600, Henri IV déclara « que la licence et la corruption des temps ont été cause que plusieurs, sous prétexte qu'ils ont porté les armes durant les troubles, ont usurpé le nom de gentilhomme pour s'exempter induement de la contribution des tailles, » et leur fit défense « de prendre le titre d'écuyer et de s'insinuer au corps de la noblesse, sinon entre autres à ceux qui sont issus d'aïeul et père qui ont fait profession d'armes. » Trois générations de services militaires y compris celle de l'*inquiété,* qui donnaient une possession d'état de noblesse de cent années, conféraient la noblesse à celui qui avait vingt années de services personnels (2). Ces principes furent consacrés par divers arrêts, et notamment, lors de la recherche des usurpateurs de noblesse, par deux jugements des commissaires au profit des descendants de deux capitaines (3).

La noblesse militaire reçut son organisation régulière et définitive sous Louis XV, qui, par son édit de 1750, exigea trois degrés au lieu de deux, trente ans de services et l'obtention de la croix de Saint-Louis pendant trois générations, pour conférer la noblesse transmissible.

(1) Du Mége, *Hist. des Institut. de la ville de Toulouse,* I, 215.
(2) Loiseau, *Traité des Ordres,* 48, 49.
(3) Belleguise, *Traité de la Noblesse.* — La Roque, 404, 1731.

« L'intention de Sa Majesté, disait l'ordonnance interpréta-
tive de 1752, a été que la profession des armes pût anoblir de
droit à l'avenir ceux des officiers qui auroient rempli les conditions qui y sont prescrites, sans qu'ils eussent besoin de re-
courir aux formalités des lettres particulières d'anoblissement.
Elle a cru devoir épargner à des officiers parvenus aux premiers grades de la guerre et qui ont toujours vécu avec distinction, les peines d'avouer un défaut de naissance souvent ignoré ;
et il lui a paru juste que les services de plusieurs générations
dans une profession aussi noble que celle des armes pussent par
eux-mêmes conférer la noblesse. »

Les officiers généraux acquéraient la noblesse pour eux et
leurs descendants en légitime mariage, du jour de leur brevet
de maréchal de camp. Les autres officiers, en descendant jusqu'au grade de capitaine, devaient fournir la preuve de trois
générations de services militaires, par la représentation des commissions et des brevets de l'ordre de Saint-Louis, et obtenir des
lettres d'approbation de service (1). Beaucoup de familles n'a-
vaient pas d'autres titres pour figurer dans les assemblées de la
noblesse en 1789.

La faveur de nos rois pour la noblesse militaire ne s'arrêta
pas là. Le grade d'officier dans l'armée de terre, ou celui d'aspirant garde de la marine, était conféré aux gentilshommes qui
pouvaient fournir la preuve de quatre degrés de noblesse pater-
nelle devant les généalogistes du roi ; des écoles furent ouvertes
aux jeunes gentilshommes, fils d'officiers qui avaient péri au
service, ou qui n'avaient pas de ressources suffisantes pour assurer
l'avenir de leurs enfants : l'*École royale militaire* ; l'*École de
Brienne*, l'*École de la Flèche* ; le *Collége des Quatre-Nations* ;
les *Compagnies de cadets-gentilshommes* ; l'*École de Saumur* ;
avec des succursales ou écoles préparatoires dans les colléges de
province, tels qu'à Auxerre, Beaumont, Dole, Effiat, Pont-à-
Mousson, Sorrèze, Tournon, Vendôme, etc. Les filles d'officiers

(1) *Code de la Noblesse française*, 44, 47, 1858, Paris, Dentu.

qui avaient fait leurs preuves étaient élevées à la *maison de Saint-Cyr,* à la *maison royale de l'Enfant-Jésus,* et dans des maisons particulières fondées à Rennes, à Lyon, à Nancy, etc.

Sous l'empire, il n'existait pas à proprement parler de noblesse militaire; les grands dignitaires seuls, parmi lesquels on comptait le grand connétable, le grand amiral et le vice-connétable, portaient, en vertu de leurs fonctions, le titre de prince et d'altesse sérénissime, et leurs fils celui de duc, comte et baron, après institution de majorat. Le titre de chevalier était commun à tous les membres de la Légion d'honneur, militaires ou non, et pouvait se transmettre à la descendance après institution de majorat d'un revenu de 3,000 fr.

L'art. 13 du décret du 1er mars 1808, qui accordait des titres personnels à la plupart des fonctionnaires de l'ordre civil, avait réservé à l'empereur le droit d'accorder les titres qu'il jugerait convenables « aux généraux et officiers militaires qui se distingueraient par les services rendus à l'État. »

La maison de Saint-Denis et les succursales d'Écouen et de Saint-Germain donnent aujourd'hui l'éducation gratuite à plus de neuf cents filles des membres de la Légion d'honneur sans fortune.

L'école de la Flèche est une école préparatoire pour les fils d'officiers sans fortune ou morts sur le champ de bataille.

Le gouvernement actuel n'a encore usé de sa prérogative souveraine d'anoblissement que pour consacrer le souvenir des deux plus beaux faits d'armes des deux dernières guerres : la prise de la tour Malakoff et la bataille de Magenta.

VI.

LE LANGUEDOC ET SA CONSTITUTION POLITIQUE.

Le Languedoc formait sous notre ancienne monarchie une des provinces les plus considérables du royaume, qui, selon l'expression de M. de Basville, « fournissait le plus aux coffres du roi. » Il comprenait d'abord toute la zone méditerranéenne conquise par les Goths; il est même permis de croire qu'il a tiré son nom de cette longue occupation (*land von goth*, terre des Goths).

Ses frontières s'étendirent alors depuis les Alpes jusqu'aux Pyrénées, et de la Méditerranée jusqu'à l'Auvergne et à la Gironde, embrassant ainsi le Rouergue, une grande portion de la Guienne, le Quercy, le Périgord, l'Agénois et le Bigorre. Il passa successivement sous la domination des Romains, des Goths, des Sarrazins et des Francs (1), qui en formèrent un royaume séparé sous le nom d'Aquitaine, jusqu'au partage de sa suzeraineté entre les ducs de Provence, les comtes de Toulouse et les marquis de Gothie.

Ces trois titres furent un moment réunis au onzième siècle (1090), sur la tête du fameux Raymond de Saint-Gilles, qui le premier se qualifia « duc de Narbonne, comte de Toulouse et marquis de Provence. »

Les comtés de Carcassonne, de Melgueil et de Foix, les vicomtés de Narbonne, d'Uzès, de Béziers, d'Agde, et de Nîmes, reconnurent alors la suzeraineté des comtes de Toulouse.

Ces comtes déjà en possession de l'Albigeois et du Velay, depuis 963, réunirent encore le Gévaudan à leurs états par le mariage du comte Alphonse Ier avec Féidide, fille de Gilbert Ier, comte de Provence et de Tiburge, comtesse de Gévaudan.

Le Vivarais, dont les comtes de Toulouse s'étaient mis en possession depuis 1083, fut affecté au douaire d'Électe, femme de Bertrand, comte de Toulouse, en 1115, et définitivement incorporé au Languedoc, malgré les prétentions de souveraineté des évêques de Viviers et leurs hommages à l'empereur d'Allemagne.

La cession faite par l'héritier de Simon de Montfort à Louis VIII des terres conquises en Languedoc, ou qui lui avaient été attribuées dans le concile des évêques réuni, en 1214, à

---

(1) Les comtes de Melgueil et de Substantion appartenaient à la race franque. Leur origine est formellement établie par un appel à la loi salique, dans une donation contenue au *Mémorial des nobles*, déposé aux archives municipales de Montpellier. (GERMAIN, *Hist. de la commune de Montpellier*, I, XI.

Montpellier (1), diminua considérablement le patrimoine des comtes de Toulouse.

Raymond VII, héritier de la comté, ne laissa qu'une fille, Jeanne, mariée à Alphonse, comte de Poitiers, frère de Saint-Louis, qui mourut sans enfants. Le Languedoc fut alors réuni à la couronne (1270), au préjudice d'une branche cadette de la famille comtale qui avait suivi le parti de Simon de Montfort (2). Cette réunion eut lieu avec l'assentiment des états généraux de la province, mais sous la réserve de ses priviléges et anciens usages constamment respectés par nos rois (3).

Ils conservèrent la liberté de tenir des assemblées dans chaque sénéchaussée pour délibérer sur l'établissement et la perception des impôts, et sur les affaires communes du pays.

A ces assemblées particulières succéda, en 1274, l'assemblée générale des trois ordres de la province tenue régulièrement tous les ans jusqu'en 1789.

Nous avons dit qu'après la ruine de l'empire carolingien, l'ordre féodal se concentra dans l'autorité des grands feudataires. Il n'y eut plus que des gouvernements et des intérêts locaux, et dès lors les assemblées générales devenaient impossibles ou n'étaient plus convoquées qu'à de longs intervalles.

Auprès de chaque seigneur féodal se réunissaient les *pairs du fief* qui s'occupaient de questions politiques, financières et judiciaires; c'est l'origine des *états provinciaux* (4).

Les traditions historiques des états de Languedoc semblent indiquer cependant une origine plus ancienne.

« Cette province était une des sept de la Gaule qui jouissaient du droit italique, c'est-à-dire de l'exemption des tributs, et dont l'usage était de s'assembler tous les cinq, dix et vingt ans, pour offrir par leurs députés le vœu qu'elles faisaient pour la conservation de l'empire et la santé des empereurs, accompagné des

---

(1) GERMAIN, *Histoire de la commune de Montpellier*, 1, 222.
(2) DU MÉGE, *Hist. de Languedoc*, 1845, X, Introduction, xxj.
(3) DU MÉGE, *Hist. de Languedoc*, 1845, X; xviij.
(4) CHÉRUEL, *Dict. des instit., mœurs et coutumes*.

sommes qu'elles contribuaient volontairement pour les dépenses publiques. Cet usage se maintint sous le gouvernement des Goths et sous celui des comtes, dans la même possession où nos rois l'ont confirmée.

« Ce qui est dit jusqu'ici par présomption se confirme par les titres. Raymond VII déclara par son testament que les sommes qu'il avait reçues des habitants de Toulouse et de ses autres sujets, étaient des concessions volontaires qu'ils lui avaient faites sans y être obligés. Alphonse, frère de Saint-Louis et le dernier des comtes, reconnut par ses lettres données à Aimargues, en juin 1270, que ce qui lui avait été donné par ses sujets pour faire le voyage de terre sainte n'était qu'une subvention gratuite qui ne pouvait tirer à conséquence pour les obliger à l'avenir d'en faire de semblables (1). »

Par les lettres patentes renouvelées chaque année, le roi chargeait ses commissaires de requérir les états de « lui vouloir *libéralement accorder et octroyer* les sommes contenues ès-dites commissions, pour subvenir aux dépenses qu'il avait à supporter pour la conservation et manutention de l'État. »

On délibérait sur cette demande le premier jour de la session ; les autres séances étaient consacrées aux intérêts particuliers et aux besoins nationaux de la province. « On retrouve là le véritable et l'unique principe de l'établissement des impositions en Languedoc, qui est la demande directe du roi aux états de la province, par l'organe de ses commissaires, et l'*octroi* ou le *consentement* volontaire des états sans nulle autre autorité intermédiaire (2). »

L'engagement solennel du roi de ne permettre aucune contribution ou levée de deniers dans la province, sans le libre consentement de ses représentants, imposait à ceux-ci le devoir d'en surveiller la perception et l'administration particulière, et « ils

(1) *Mémoires de Basville, pour servir à l'histoire du Languedoc.*

(2) *Compte rendu des impositions et dépenses générales de la province de Languedoc,* in-4°. — Montpellier, 1789.

n'hésitèrent jamais à payer très-cher le droit de les lever à leur manière et par leurs seuls agents (1). »

Le recouvrement des impôts ne pouvait avoir lieu que sur la remise des rôles faite au greffe de l'intendance par le secrétaire des états ou le syndic de la province (2).

Il fut d'abord en usage de convoquer les états par sénéchaussées, où les évêques, les abbés, les nobles et les consuls des villes étaient invités et avaient droit d'assister sans exception.

« Dans les premiers temps, tous les nobles de Languedoc étaient admis aux états de cette province, conformément au droit qu'en exerce encore la noblesse de Bretagne. Si postérieurement ils n'y assistèrent pas en corps, du moins il est certain que les députés qui devaient les y représenter étaient toujours choisis dans chaque diocèse par la noblesse elle-même. Pour le clergé, on y recevait non-seulement les archevêques ou évêques, mais encore les députés des abbayes et des églises cathédrales, et deux ecclésiastiques délégués par chaque diocèse; enfin toutes les villes ou bourgs qui avaient plus de trois cents feux y envoyaient chacun deux bourgeois pour le tiers état. Par là les trois ordres étaient véritablement représentés, et les délibérations des états n'étaient que l'expression des vœux de toute la province (3). »

Dans la suite, et depuis 1500, cette représentation fut réduite aux évêques de chaque diocèse, pour le clergé; à un nombre égal de barons pris parmi les possesseurs des premières baronies pour la noblesse, et aux consuls des principales villes

---

(1) Tocqueville, *l'Ancien régime et la Révolution*, 336.

(2) Du Mège, *Hist. de Languedoc*, 1845, X, 539.

(3) *Protestation de la Noblesse de Languedoc en* 1788. — Cette protestation fut motivée en 1788 par la prétention des barons des états qui voulaient nommer directement les députés de la noblesse aux états généraux du royaume, en se fondant sur les termes d'un arrêt du conseil du 5 juillet 1788.

On trouvera à la suite de ce volume, p. 520, le nom des gentilshommes qui prirent l'initiative de cette protestation dans chaque diocèse, et de ceux que l'influence des barons n'empêcha pas d'y adhérer.

Cette liste donne un état à peu près complet de la noblesse de Languedoc en 1788.

en nombre égal à celui des deux ordres réunis pour le tiers état (1). La noblesse y assistait avec l'épée, ceux du tiers état en robe longue et bonnet carré; chacun des membres était inviolable pendant la session des états (2); les délibérations avaient lieu par tête et non par ordre (3).

Le clergé était représenté par les archevêques de Narbonne, de Toulouse et d'Alby; les évêques de Saint-Pons, de Carcassonne, d'Uzès, de Nîmes, de Mirepoix, de Saint-Papoul, du Puy, de Béziers, de Rieux, de Viviers, de Lodève, de Castres, d'Alais, d'Agde, de Montauban, d'Alet, de Comminges, de Lavaur, de Mende et de Montpellier.

Les baronies du Vivarais qui donnaient une entrée par tour aux états généraux de Languedoc étaient celles de Tournon, de la Voulte, d'Annonay, de Largentière, d'Aps, de Crussol, de Joyeuse, de Saint-Rémézy, de Boulogne, de Brisson, de Privas, de Chalancon et la Tourette. Les baronies de Gévaudan qui conféraient la même prérogative étaient celles de Mercœur, de Canillac, de Tournel, de Châteauneuf-Randon, de Peyre, d'Apchier, de Sénaret, et de Florac.

Dix-neuf barons y siégeaient annuellement; c'étaient les possesseurs des baronies d'Avéjan, d'Ambres, de Barjac, de Bram, de Caylus, de Calvisson, de Castelnau de Bonnefonds, de Castelnau d'Estrettefonds, de Castries, de Florensac, de Ganges, de la Gardiole, de Lanta, de Mérinville, de Mirepoix, de Murviel, de Saint-Félix, de Tornac, de Villeneuve.

Ce droit se transférait quelquefois sur une autre terre de valeur équivalente, avec l'autorisation du roi, comme l'avait obtenu le marquis de Vogué en 1713 pour la terre de Vogué; le comte de Rochechouart en 1760 pour celle d'Aureville; le marquis d'Urre en 1786 pour celle de Capendu; le marquis de la Tourette en 1735 pour celle de la Tourette, etc. (4).

(1) VAISSETTE, *Hist. de Languedoc*, V, 98, 388.
(2) VAISSETTE, *ibid.*, V. 617.
(3) TOCQUEVILLE, *l'Ancien régime et la Révolution*, 339.
(4) GASTELIER DE LA TOUR, *Armorial des états de Languedoc*, 1768. On trou-

Le tiers état, comme nous l'avons dit, avait un nombre de représentants égal à celui du clergé et de la noblesse réunis, et pris parmi les consuls des villes épiscopales, et de cent vingt-huit autres communautés moins importantes.

La présidence appartenait de droit à l'archevêque de Narbonne, dont le siége archiépiscopal était le plus ancien des Gaules; les premières places, au comte d'Alais; au vicomte de Polignac, qui était le représentant-né de la noblesse du Velay; au baron de tour du Vivarais et à celui de Gévaudan.

Les conditions d'entrée et de préséance aux états généraux de la province avaient été réglées en 1519.

« Il fut décidé par édit perpétuel et irrévocable que l'ordre des dignités serait gardé selon la disposition du droit commun, en sorte que les comtes précéderaient les vicomtes, et les vicomtes les barons; que parmi ces derniers les barons de tour du Vivarais et de Gévaudan, qui venaient au tour des autres barons du pays, précéderaient les autres barons de Languedoc; qu'enfin ces derniers siégeraient comme ils viendraient, sans garder aucun ordre de préséance, pour éviter confusion (1). »

Les barons qui ne pouvaient assister à la tenue des états donnaient leur procuration à des gentilshommes de leur qualité ou à des docteurs qualifiés, gradués en quelque université fameuse (2); mais depuis 1555, et en conséquence d'un édit de François Ier de mars 1532, confirmé par Henri II en mai 1537, les barons ne pouvaient se faire représenter que « par des gentilshommes d'ancienne race et extraction, et non plus par des docteurs et nobles de robe longue (3). »

En 1654 il fut arrêté, par une délibération commune, que tout baron ou procureur de baron ne serait reçu aux états qu'après la preuve de noblesse de quatre races paternelles et mater-

vera dans nos *Pièces justificatives* la composition des états de la province à diverses époques, avec le nom des baronies et celui de leurs possesseurs.

(1) VAISSETTE, *Histoire de Languedoc.*
(2) VAISSETTE, *ibid.*
(3) VAISSETTE, *ibid.*

nelles (1) ; ainsi l'entrée aux états, dignité réelle et personnelle, dépendait à la fois de la possession de la terre qui conférait la dignité, et de la naissance qui en permettait l'exercice.

« Mérinville, dont le père était seul lieutenant général de Provence, et qui fut chevalier de l'ordre du roi en 1661, avait été forcé par la ruine de ses affaires de vendre à Samuel Bernard, le plus fameux et le plus riche banquier de l'Europe, sa terre de Rieux, qui est une baronie des états de Languedoc. Ces états ne voulurent pas souffrir que Bernard prît aucune séance dans leur assemblée, *comme n'étant pas noble lui-même* et incapable par conséquent de jouir du droit de la terre qu'il avait acquise. Sur cela Mérinville prétendit demeurer baron des états de Languedoc, sans terre, comme étant une dignité personnelle. Il fut jugé qu'elle était réelle, attachée à sa terre, et Mérinville évincé avec elle de la qualité de baron, de tout droit de séance, et d'en exercer aucune fonction, sans que pour cela l'incapacité personnelle de l'acquéreur fût relevée. Son fils vient enfin de la racheter, malgré les enfants de Bernard qui ont été condamnés par arrêt de la lui rendre pour le prix consigné (2). »

Ces preuves étaient encore plus rigoureuses à la veille de la révolution française. On ne pouvait être reçu baron des états qu'après avoir fait preuve de noblesse du côté paternel depuis 1400 ; la preuve du côté maternel était réduite à un seul degré (3), et les envoyés ou porteurs de procuration devaient «joindre à la qualification de noble, prise par six générations du côté paternel, ou par cinq si elles remplissaient l'espace de deux cents ans, le titre constitutif ou de maintenue. » La possession de noblesse devait en outre se trouver établie par deux actes au moins sur chaque degré produit en original, ou par des expéditions collationnées par le notaire qui les avait reçus, ou par le détenteur de ses notes (4).

(1) VAISSETTE, *Histoire de Languedoc.*
(2) *Mémoires de Saint-Simon.*
(3) *Proc.-verb. des états de Languedoc*, 1768.
(4) *Ibid.*, 1786.

L'assemblée des états, longtemps ambulatoire à Carcassonne, à Toulouse, à Béziers, à Narbonne, à Montpellier, à Beaucaire, au Puy, se tenait depuis 1736 à Montpellier (1). L'ouverture se faisait à la fin d'octobre ou de novembre, et la session durait quarante jours. Les députés se réunissaient en vertu d'une ordonnance et sur une lettre de convocation du roi.

La tenue de leurs séances offrait un aspect à la fois simple et majestueux. Des bancs étaient élevés dans la salle et en garnissaient les trois faces principales. Au milieu de l'une d'elles, sur une estrade, paraissait un fauteuil richement décoré et surmonté d'un dais assorti d'un dossier de velours bleu et surmonté de broderies et de franges d'or. C'était le siége de l'archevêque de Narbonne, président-né des états. Les évêques étaient assis à sa droite, les barons à sa gauche. Les vicaires des évêques absents et les envoyés des barons siégeaient de part et d'autre immédiatement après les prélats et les barons présents.

Au-dessous des trois bancs que nous venons d'indiquer, il en régnait trois autres élevés de deux pieds. C'était là que se plaçaient les députés de toutes les villes épiscopales, à l'exception des cinq premières, dont les députés avaient un banc à dossier qui formait le carré. Un capitoul en charge et un ancien capitoul que la ville de Toulouse députait avec lui, occupaient le centre vis-à-vis le président des états, et de part et d'autre dans le même banc étaient les députés des villes de Montpellier, de Carcassonne, de Nîmes et de Narbonne. Derrière ce banc il y en avait cinq autres sans dossiers pour les députés diocésains, qui prenaient place chacun selon le rang du diocèse qu'il représentait. Au bas du fauteuil du président, une grande table couverte d'un tapis de velours bleu brodé en or, aux armes de la province, était destinée aux officiers des états; les greffiers et le trésorier avaient cette table devant eux; les syndics généraux s'asseyaient aux deux bouts (2).

---

(1) E. THOMAS, *Essai historique sur Montpellier*, 1857, 21.
(2) *Mémoire de M. Mariotte, secrétaire et greffier des états*, 1704.

Un usage antique assurait aux états de Languedoc le privilége de porter au pied du trône leurs réclamations et leurs vœux.

Après la session, les ambassadeurs nommés par les états allaient offrir au roi le don gratuit et les hommages du pays de Languedoc. L'ambassade était composée d'un évêque, d'un baron, de deux députés du tiers état et d'un syndic général. Ces représentants d'une province libre étaient conduits à l'audience par le grand maître des cérémonies, qui allait les chercher dans la salle des ambassadeurs. Les députés étaient présentés au roi par le gouverneur du Languedoc et par le secrétaire du département. Sa Majesté les recevait assise sur son fauteuil, entourée des princes et des grands de la cour, leur répondait en ôtant son chapeau à chacune des trois salutations qu'ils lui faisaient en entrant et en sortant. C'était l'évêque qui portait la parole. Le syndic général tenait le cahier des doléances et des demandes du pays. Le roi le recevait des mains de l'évêque et le remettait au secrétaire d'État pour les examiner et y répondre. En sortant de l'audience du roi les ambassadeurs étaient conduits à l'appartement de la reine, des princes et princesses de la famille royale, et présentés avec les mêmes cérémonies. La députation les haranguait, et l'évêque parlait toujours au nom de la province (1).

Un mois après l'assemblée des états, on tenait dans chaque diocèse une assemblée composée de l'évêque diocésain, des barons, des députés des villes du diocèse, et d'un commissaire du roi, pour faire la répartition ou *assiette* des sommes données par la province.

Les diocèses du Puy, d'Alby, de Mende et de Viviers avaient des états particuliers.

Dans l'assemblée du Vivarais, les barons avaient le droit de

----

(1) Baron TROUVÉ, *États de Languedoc*, 338. — Nous donnerons dans nos *Pièces justificatives* la composition de cette députation annuelle depuis 1700 jusqu'en 1789, empruntée aux procès-verbaux manuscrits des états de Languedoc, déposés à la Bibliothèque impériale.

Il peut être curieux de rappeler que la députation offrait tous les ans au roi un mouton de Ganges ou des Cévennes, en lui présentant le cahier.

présider, et l'évêque de Viviers n'y venait qu'à son tour en qualité de baron ; le reste de l'assemblée était composé du grand
bailli du pays, du grand vicaire de l'évêque, comme bailli de
Viviers, de douze autres baillis, des treize consuls des villes,
avec le syndic des états qui était perpétuel (1).

Les états du Velay étaient composés de l'évêque du Puy, du
vicomte de Polignac, qui présidait à son tour, du commissaire
principal qui avait le second rang, de neuf députés du clergé,
de dix-huit barons, de neuf consuls et du syndic qui était annuel (2).

Les états de Gévaudan étaient composés de l'évêque de Mende
ou de son grand vicaire qui présidait, du commissaire principal, des consuls de Mende et de Marvéjols, de six députés du
clergé, de huit barons, de dix-huit consuls de villes principales
et d'un syndic annuel (3).

« Une heureuse émulation pour tout ce qui pouvait contri-
buer au bonheur des peuples de la province régnait dans les
divers cantons de cette vaste partie du royaume. Chaque diocèse
voulait surpasser les diocèses voisins par la création des plus
belles routes, de ports plus sûrs, de ponts plus hardis. Le haut et
le bas Languedoc rivalisaient entre eux alors qu'il fallait s'occuper de travaux utiles (4). »

Le diocèse n'était pas seulement une province ecclésiastique,
mais une circonscription politique, dont l'évêque était réellement
le chef et le protecteur.

« Aux états, dit M. du Mége, on voit constamment les évêques à la tête des commissaires des travaux publics, des manu-

(1) BOULAINVILLIERS, *État de la France.*
(2) ARNAUD, *Hist. du Velay*, II, 424.
(3) G. DE BURDIN, *Doc. histor. sur le Gévaudan*, I, 39.
(4) *Hist. de Languedoc*, X, XXXVIII, 1845.—L'organisation de ces assemblées diocésaines, où les trois ordres étaient représentés, est antérieure à la première réunion
des états généraux de 1304. « Nos chartes du moyen âge témoignent de notre amour
pour la liberté communale, la plus vivante de toutes les franchises. L'*Assiette* viva-
raise fut un des nombreux avant-coureurs de la monarchie représentative moderne. »
(COLONJON, *Notes Mss. sur les guerres de religion du Vivarais.*)

factures et du commerce; dans les réunions diocésaines, ils
prennent toujours l'initiative pour la confection des routes et
des canaux, pour la construction des chaussées et des ponts,
pour l'amélioration des ports, pour la formation et la dotation
des hôpitaux et des collèges, pour l'encouragement des lettres
et des arts. Partout leur activité obtient des succès immenses.
Le caractère sacré dont ils étaient revêtus donnait à leurs opinions une heureuse influence, une autorité incontestée (1). »

Ils le prouvaient non-seulement par les décisions des états,
mais surtout dans les députations à la cour, où ils étaient
chargés de porter la parole en offrant au roi le don gratuit et les
cahiers des vœux de la province. Toutes les harangues offi-
cielles arrivées jusqu'à nous attestent, de la part de nos chefs
ecclésiastiques, le plus grand amour des libertés nationales de
leur pays d'adoption, et la connaissance la plus approfondie des
véritables conditions d'harmonie de notre système représentatif
avec la constitution générale du royaume.

« Nous aimons à nous considérer, disait l'archevêque de Narbonne, comme formant dans le sein de la patrie commune une
seconde patrie, mais dont l'administration, les vues, les principes ont eux-mêmes assez d'efficacité, assez d'énergie pour con-
courir avec les autres parties de l'État au bien général du
royaume, sans nous ôter la facilité de pourvoir au bien intérieur
et particulier de nos concitoyens. »

« Notre constitution, disait plus tard Monseigneur de Beausset, évêque d'Alais, offre tous les caractères qui peuvent dans
une monarchie placer des sujets et des hommes à une distance
égale de la servitude et de la licence, et ceux qui sont chargés
d'en faire mouvoir les ressorts peuvent ajouter : défenseurs des
peuples confiés à nos soins, nous cherchons à concilier leurs intérêts avec les besoins de l'État dont nous sommes membres,
avec les demandes du prince dont nous sommes sujets. Les
formes sacrées de la liberté, conservatrices de nos droits, attachent

---

(1) Du Mège, *Hist. de Languedoc*, X, 909.

à nos délibérations et à nos sacrifices un prix et un éclat qui les ennoblit aux yeux de Votre Majesté (1). »

Ainsi, pendant que la noblesse faisait respecter nos frontières ou portait au loin la gloire de nos armes, nos évêques veillaient au maintien de ces vieilles institutions qui, selon l'expression de M. de Tocqueville « donnaient aux états de Languedoc une supériorité incontestée sur tous les autres. »

Il arriva un jour, sous la minorité de Louis XIV, que l'un des flatteurs du duc d'Orléans osa outrager le prélat chef de l'ambassade ; mais celui-ci défendit avec tant de force son caractère de député et d'ambassadeur, qu'il fallut bientôt obtenir de lui le pardon de l'imprudent qui avait osé l'insulter. Ce prélat écrivait au duc d'Orléans, oncle du roi : « Monseigneur, la province de Languedoc, constamment fidèle à ses rois, croyoit qu'elle seroit désormais, sous la protection de Sa Majesté la reine régente et de Votre Altesse royale, à l'abri des entreprises de ces hommes fléaux des cours, et qui ne sauroient vivre avec quelque honneur sans les bontés des princes qui veulent bien les assister et les élever jusqu'à eux. Mais par l'effet de la bonté, magnanimité et largesse desdits princes, il provient trop souvent qu'ils s'égarent, s'oublient, et pensent qu'ils peuvent, sous couleur de prendre les intérêts de leurs augustes maîtres, violer toutes les règles, fouler aux pieds tous les devoirs, introduire dans le gouvernement et administration d'une nation libre toutes les mauvaises habitudes que l'on ne pourroit souffrir patiemment en un pays, mesme du tout subjet à un conquérant estranger. »

Et rappelant la reconnaissance et la confirmation expresse des priviléges, coutumes et franchises des peuples de Languedoc, faites par chacun de nos rois, le prélat ajoutait :

« Ces déclarations ne peuvent être vaines ni caduques. Et qu'on ne dise point que lesdits priviléges ne sont autre chose que des octrois de nos rois de France et des statuts révocables à volonté, car on pourroit montrer qu'ils viennent d'un temps bien

---

(1) *Discours de Monseigneur de Beausset au Roi*, 1786.

antérieur à ces rois. En Languedoc, nous tenons pour une vérité démontrée que nos assemblées provinciales sont une suite et
conséquence du régime municipal qui commença à fleurir sous
César, et qui fut perfectionné par l'empereur Octave Auguste.
L'assemblée générale qu'il tenoit à Narbonne indique en quelle
manière le commencement de cette sorte de gouvernement po-
pulaire, qui, sans rien ôter au prince, laisse aux habitants le soin
de s'occuper en commun de leurs intérêts, s'établit parmi nous.
On trouve une foule d'édits, de rescripts et de décrets relatifs à
ce droit dans le code Théodosien, qui fut la loi de notre pays depuis sa promulgation. Ce fut alors qu'on vit ces députations, ces
ambassadeurs vers le prince, encore en usage aujourd'hui (1). »

Plus on étudie les règlements généraux établis avec la permission du roi, mais d'ordinaire sans son initiative , par les états
de Languedoc,. dans cette portion de l'administration publique
qu'on leur laissait, plus il faut admirer la sagesse, l'équité et la
douceur qui s'y montraient ; plus les procédés du gouvernement
local semblent supérieurs à tout ce qui se voyait dans les pays
que le roi administrait seul (2).

« Le roi n'a pas besoin d'établir à ses frais dans le Languedoc
des ateliers de charité, comme il l'a fait dans le reste de la
France, disait le mémoire des états cité par M. de Tocqueville ;
nous ne réclamons point cette faveur ; les travaux d'utilité que
nous entreprenons nous-mêmes chaque année en tiennent lieu,
et donnent à tout le monde un travail productif. »

La protection et la sollicitude des états ne s'étendaient pas seulement aux travaux publics ; le commerce était encouragé par
des primes, et les manufactures. par des subventions annuelles
destinées à rembourser à la longue les dépenses de construction
des fabriques de soie, de drap ou de tissus de Saptes, de la Tri-
vaille, de Pennautier, de Cuxac, de Montolieu, de Clermont-
Lodève, de Saint-Chinian, de Bize, d'Aubenas, de la Terrasse et

---

(1) Du Mège, *Hist. de Languedoc*, 1845, X, xlix.
(2) Tocqueville, *l'Ancien régime et la Révolution*, 333.

d'Auterive. Leurs libéralités s'étendaient encore aux haras de Ledou, de Berlas, de Lormarié, de Mirabel; aux bains de Balaruc; aux fabriques de brun-rouge à Alais; aux mines de houille et charbon du Vigan et de Ségur (1).

Les colléges de Sorrèze et de Tournon, les académies des sciences de Toulouse et de Montpellier, les académies de peinture, sculpture et architecture, les sociétés des arts, etc., avaient leur part dans les gratifications annuelles.

« Malgré toutes ces dépenses, les affaires de Languedoc étaient néanmoins en si bon ordre, et le crédit de la province si bien établi, que le gouvernement central y avait souvent recours et empruntait au nom de la province un argent qu'on ne lui aurait pas prêté à de si bonnes conditions à lui-même. Le Languedoc avait emprunté sous sa propre garantie, mais pour le compte du roi, dans les derniers temps, 73,200,000 livres (2). »

« C'est peut-être par les travaux publics, disait le mémoire présenté au roi par les députés des états en 1780, qu'éclate le plus ce qu'on aime à appeler la magnificence du Languedoc; et effectivement lorsque des chemins durs, raboteux et mal entretenus du Dauphiné, du Quercy et de la généralité de Bordeaux, on passe sur les routes unies, faciles et praticables en tout temps du Languedoc; lorsqu'on pense que ces utiles communications commencent à s'étendre dans les parties les plus reculées de cette province; lorsqu'on voit les mêmes soins se porter sur les canaux, les rivières, les ports, et sur toute espèce d'ouvrages publics; lorsqu'on sait que les sommes employées pour ces divers objets montent à près de deux millions chaque année, on est tenté de croire que le Languedoc est la province la plus opulente du royaume et la moins ménagère sur ses dépenses.

« Mais si on voulait considérer l'étendue d'une province qui a deux mille huit cents communautés et dix-huit cent mille ha-

---

(1) Du Mége, *Hist. de Languedoc*, X, 1845, lxxv.

(2) Tocqueville, *l'Ancien régime et la Révolution*, 336; — Baron Trouvé, *États de Languedoc*, I, 1818.

bitants; si on voulait penser que tout travail contraint y est pros-
crit, et que tout s'y fait à prix d'argent; que le Languedoc ne
reçoit de secours que de lui-même... les états osent croire que
non-seulement la préférence serait donnée à leur administration, mais que l'on reconnaîtrait de plus que dans le Languedoc
la dépense est moins grande qu'en proportion des ouvrages. »

Chaque classe concourait à l'envi à l'accomplissement des
obligations qui lui étaient propres.

« Telle est la sagesse de nos institutions primitives, disait en
1786 l'archevêque de Narbonne, président des états, que c'est
toujours au corps entier lui-même qu'appartient la gloire d'a-
voir bien mérité de la chose publique : elles ont voulu qu'aucune résolution commune ne pût jamais prendre le caractère,
la teinte d'aucun des ordres particuliers dont la réunion forme
cette assemblée. Ainsi ce n'est ni à l'ordre de la noblesse, ni à
l'ordre de l'Église, ni à celui du tiers état que doit être attribué
le mérite des délibérations patriotiques qui ont si souvent servi
de signal au reste de la nation; elles sont l'ouvrage de la province entière; elles sont l'expression fidèle des sentiments d'un
grand peuple manifestée par ses représentants. »

De tous les témoignages qui honorent les états de Languedoc,
l'un des plus glorieux, sans aucun doute, est celui de l'auteur
de *Télémaque*. Plein d'admiration pour cette assemblée, Féne-
lon conseillait au duc de Bourgogne d'établir à son avénement
au trône de pareils états dans toutes les provinces, « avec pouvoir
de policer, corriger, destiner les fonds, d'écouter les représen-
tations des députés des assiettes, de mesurer les impôts sur la
richesse naturelle du pays, du commerce qui y fleurit, etc. (1). »

C'est à la généreuse initiative des états que nous devons la
publication de l'*Histoire de la province de Languedoc* (2). Le
plan en avait été d'abord tracé par les deux archevêques de Narbonne, M. de la Berchère, et M. de Beauveau, son successeur, qui

(1) Baron TROUVÉ, *États de Languedoc*, I, xiij.
(2) *Proc. verb. des États de Languedoc*, 1709. — VAISSETTE, I, Préface.

en confièrent la rédaction aux religieux de la congrégation de Saint-Maur. Plus tard Albisson fut chargé de recueillir les *Lois municipales de Languedoc* (1).

Pour donner une idée de l'importance et de l'étendue des attributions de ces assises provinciales, voici le nom des commissions dans lesquelles les représentants du tiers état avaient autant de représentants que les deux premiers ordres : commission des affaires extraordinaires ; commission des manufactures ; commission d'agriculture ; commission des travaux publics de la province ; commission des impositions des diocèses ; commission du cahier à présenter au roi ; commission de la ligne d'étape ; commission des comptes ; bureau des recrues ; commission pour la vérification des dettes et des impositions des communautés et des diocèses.

« A la fin de la dernière séance des états, disent les chroniques, les musiciens entraient, et, après que l'on avait remercié Dieu, le président de l'assemblée, qui était toujours un archevêque ou un évêque, bénissait l'assemblée. » Ce pieux usage s'est conservé jusqu'à la séance des états de la province tenue le 21 février 1789. « Ensuite, dit le dernier procès-verbal, les musiciens, étant entrés, ont chanté le *Te Deum*, après lequel Monseigneur l'archevêque de Narbonne a donné la bénédiction qui a été la fin des états. » Ainsi se sont terminées, sous les auspices de la religion, ces assemblées dont l'origine avait devancé de plusieurs siècles celle de notre monarchie. Le souvenir de leurs utiles travaux est encore vivant dans tous les cœurs languedociens ; et leurs sages délibérations, qui ont fait si longtemps la gloire et la prospérité de la patrie, attestent la sagacité autant que l'énergique vigilance des gardiens de nos libertés provinciales.

(1) *Lois municipales de Languedoc,* 7 vol. in-8°.

ARMORIAL

NOBLESSE DE LANGUEDOC

GÉNÉRALITÉ DE MONTPELLIER

BAS LANGUEDOC, GÉVAUDAN, VELAY, VIVARAIS

JUGEMENTS DE M. DE BEZONS.

1. ABRÉNETHÉE.

D'azur au lion d'argent, armé et lampassé de gueule, écartelé d'or au chef émanché d'argent.

La maison d'Abrénethée, en anglais Abernethy, est une des plus anciennes d'Écosse. Guillaume Douglas ép. vers 1263 Marjory, fille d'Alexandre et sœur de Hugues lord Abernethy. Laurent d'Abrénethée était en 1293 le principal chef des armées de Jean Bailleul, roi d'Écosse. Archibald Douglas, comte d'Angus, ép. vers 1580 Jeanne Lyon, fille de lord John Glamis, grand chancelier d'Écosse et d'Élisabeth Abernethy de Salton, qui fut mère d'Élisabeth Douglas. Alexandre d'Abrénethée, lord Salton était le troisième lord d'Écosse en 1640. (P. ANSELME IX, 404 à 408. — Marquis D'AUBAÏS, II, 1.) Une branche de cette maison vint s'établir en France, au diocèse de Nîmes en 1624, et prouva sa noblesse devant M. de Bezons, depuis :

I. Thomas d'Abrénethée, Sgr de Gomery, ép. Jeanne de Gératon, de la même famille qu'Alexandre de Gératon, baron de Leviston, et il en eut :

II. N. d'Abrénethée, Sgr de Gomery, qui fut père de

III. Thomas d'Abrénethée, Sgr de Gomery, lequel eut pour enfants : 1. Georges, avocat et procureur général en la cour d'Écosse; 2. Adam qui suit; 3. Jean, évêque de Caithners en 1640.

IV. Adam d'Abrénethée, professeur de théologie au collége royal de Nîmes, naquit à Édimbourg, et obtint des lettres de naturalité en France, au mois d'octobre 1624 ; il ép. Jeanne de Plantavit de la Pause, dont il eut :

V. Daniel d'Abrénethée, ministre de la religion réformée, demeurant au Caïla D. de Nîmes, à qui le chancelier d'Angleterre, étant à Montpellier, donna un certificat, le 24 octobre 1668, portant témoignage de l'ancienneté de la famille des Abrénethée, dont le chef, qualifié lord Salton, est un des lords d'Écosse. Le comte de Sidney étant à Montpellier lui en donna aussi un, le 6 du même mois, qui prouvait la même chose, et que lord Salton avait servi en France. Il ép. le 12 oct. 1653 Françoise Lautier, et fut maintenu dans sa noblesse par jugement souverain du 12 déc. 1668.

Archibald, marquis de Douglas, comte d'Angus d'Abernethy, vicomte de la Forest et de Sedburgh, fut créé duc de Douglas, marquis d'Angus, marquis et comté d'Abernethy, le 28 avril 1703, par la reine Anne (P. ANSELME, IX, 410).

2. ADALBERT.

Écartelé d'or et de sable à la bordure de l'un à l'autre.

Maison originaire du bas Languedoc au diocèse d'Uzès, juridiction de Valabrègues, et connue depuis Jean Adalbert, damoiseau, qui transigea avec le cardinal de Boulogne, le 3 oct. 1354. Antoine Adalbert fut compris dans un rôle des nobles servant au ban et arrière-ban de la sénéchaussée de Beaucaire et de Nîmes du 12 mars 1454. (Marquis D'AUBAÏS, II, 2.)

I. Jean Adalbert fut déchargé par arrêt du 20 juillet 1491 de tailles que lui, Guillaume et Louis possédaient en la juridiction de Valabrègues, comprises dans un arrêt du parlement de Paris, du 10 fév. 1485 ; il se maria le 15 oct. 1485, et fut père de

II. Jean Adalbert, viguier de Valabrègues le 21 fév. 1531, avait ép. le 2 fév. 1549 Magdeleine Jourdan, et il en eut :

III. Jean Adalbert, viguier de Valabrègues, commis par le maréchal de Damville pour commander à Valabrègues en 1570, capitaine d'une compagnie d'infanterie le 2 juin 1575, ép. le 4 juin 1581 Catherine de Raoulx, dont il eut :

IV. Jean Adalbert, ép. le 25 janvier 1616 Diane d'Andron, et il en eut : 1. Jean qui suit ; 2. Alphonse : maintenus dans leur noblesse par jugement souverain du 11 janv. 1669.

V. Jean Adalbert, demeurant à Valabrègues D. d'Uzès, ép. le 11 août 1657 Marguerite de la Tour.

3. AGDE.

D'azur à la fasce d'argent accompagnée de trois étoiles d'or en chef, et d'une porte de château avec sa herse entre deux colonnes de même en pointe.

François d'Agde fut compris dans une taxe faite sur les nobles du diocèse d'Agde sujets au ban et arrière-ban de l'année 1496. (Marquis d'Au-BAIS, II, 3.)

I. Raimond d'Agde, ép. Jeanne de Corneillan, dont il eut :

II. François d'Agde, ép. le 15 janv. 1550 Jeanne de Fabre, et il en eut :

III. Antoine d'Agde, Sgr de Fontdousse, ép. le 12 déc. 1581 Jacquette de Montagut, dont il eut : 1. Philippe; 2. François-Antoine qui suit ; 3. François.

IV. François-Antoine d'Agde, Sgr de Fontdousse fut père de

V. Pierre d'Agde, Sgr de Fontdousse, demeurant à Pézénas, ép. le 1er fév. 1663 Jeanne Clari *alias* de Claris, et fut maintenu dans sa noblesse par jugement souverain du 18 janv. 1670.

Jeanne d'Agde, fille de Jean Claude d'Agde, chevalier, et de Cassandre de Georgis, ép. le 9 mars 1622 Hercule-Louis de Bérard de Montalet-Vestric. (LACHENAYE DESBOIS, X, 250.)

4. AGOUT *alias* AGOULT.

D'or au loup rampant d'azur. DEVISES : *Avidus committere pugnam. — Hospitalité de d'Agoult.*

Maison ancienne, illustre par les emplois, par la noblesse et par les terres, originaire de Provence, établie en Dauphiné, en Languedoc et au comté Venaissin, alliée aux plus anciennes et aux plus illustres maisons de ces différentes provinces; elle a fourni de tout temps des chevaliers de Malte. (PITHON CURT, III, 284 ; IV, 93. — LACH. DESB., I, 74. — CHORIER, III, 37. — ARTEFEUIL, I, 5.) C'est encore une opinion très-controversée parmi les historiens généalogistes, de savoir laquelle des maisons d'Agoult, de Pontevès ou de Simiane est la plus ancienne. Le Père Anselme, II, 239, donne la priorité à la maison de Simiane, dont il rapporte la filiation depuis le Xe siècle. Les maisons d'Agoult et de Pontevès en seraient sorties vers 1200. Le Laboureur, *Mazures de l'Isle Barbe*, II, 93, 97, tient pour la maison d'Agoult *Simianisée* vers 1113; et, parmi ses autorités, il cite celle du savant prieur Grossy, « qui seul en vaut trente. » Le président Maynier, et Barcillon dans sa critique manuscrite du nobiliaire de Provence, n'acceptent pas cette communauté d'origine.

Les substitutions ont été nombreuses dans la maison d'Agoult; le président Maynier les donne très-exactes et très-complètes depuis 1200.

La branche maintenue dans sa noblesse en Languedoc descendait de Fouquet de Vincens, Sgr de Rognes, filleul de Fouquet d'Agoult, et son héritier par testament du 19 août 1491, à la charge de porter le nom et les armes d'Agoult. « Prévoyant que ses bienfaits à son filleul lui attireraient l'envie de ses neveux, il ordonna par clause expresse, à Fouquet de Vincens, son filleul, et à ses descendants, d'armer le loup de ses armes d'un collier à clous d'or, afin que les autres loups de sa maison, dit la clause du testament, ne l'étranglassent pas; marquant par là à son filleul de se tenir sur ses gardes et de se bien défendre. » Les descendants de Fouquet de Vincens d'Agoult ont toujours porté le seul nom d'Agoult et les armes pleines sans brisure. La maison de Vincens était noble de sang et d'origine depuis 1314. (MAYNIER, *Hist. de la principale noblesse de Provence*, 33-35.)

I. **Fouquet de Vincens d'Agoult**, Sgr du château de Rognes, Vergons, Saint-Auban et Angles, ép. en 1490 Anne de Bouic, dont il eut : 1. Honoré; 2. Raymond, dont la fille unique ép. Jean de Flotte-d'Agoult; 3. et

II. **Arnaud d'Agoult** Sgr de Mouriès, Vergons, Saint-Auban, chev. de l'ordre du roi; ép. Lucrèce de Gérente-Cabanes, dont il eut : 1. Balthazar, grand prieur de Saint-Gilles; 2. et

III. **François d'Agoult**, Sgr d'Angles, co-Sgr de Saint-Laurent, Saint-Just, chevalier de l'ordre du roi, capitaine de 200 hommes d'armes, ép. le 30 nov. 1578 Françoise de Castellanne de Montmeyan, et il en eut : 1. Jean-Claude qui suit; 2. Rolland, chev. de Malte, 1597; 3. Balthazar qui a fait la Br. B.

IV. **Jean-Claude d'Agoult**, Sgr de Valez, ép. le 4 fév. 1625 Marie de Villeneuve, dont il eut : :

V. **Balthazar d'Agoult**, capitaine au régiment de Languedoc, demeurant à Montpellier, ép. le 9 janv. 1651 Isabeau de Sarraméjean, dont il eut : Roland, maintenu dans sa noblesse avec son père par jugement souverain du 5 nov. 1668.

Cette branche s'éteignit en la personne de Louis d'Agoult, chev. de Saint-Louis, capit. dans le régt des Landes, vers 1765.

Br. B. IV. **Balthazar d'Agoult** Sgr d'Angles, Saint-Just et Saint-Laurent, ép. le 25 avril 1594 Anne d'Aiguillery de Lespeoux, dont il eut : 1. Jean qui suit; 2. Claude-Jean, chev. de Malte, 1620.

V. **Jean d'Agoult**, Sgr. d'Angles, Saint-Laurent, ép. le 3 mars 1633 Melchionne de Marin, dont il eut : 1. Antoine qui suit; 2. Jean; 3. César-Annibal, chev. de Malte.

VI. **Antoine d'Agoult**, Sgr d'Angles, Saint-Laurent, ép. le 2 nov. 1683 Magdeleine de Desidery, dont il eut : 1. André qui suit; 2. Jean-Antoine, abbé de Bonneval; 3. Louis-Annibal, mestre de camp, chev. de Saint-Louis.

VII. **André d'Agoult**, baron de Saint-Michel, capit. au régt de Toulouse, chev. de Saint-Louis, syndic de la noblesse, 1746, avait ép. le 22 fév. 1727 Magdeleine Daunet, dont il eut : 1. Louis-Fouquet; 2. Charles; 3. Jean-Antoine; 4. François-Auguste; 5. Louis-Annibal (1770).

5. AGRAIN DES UBAZ.

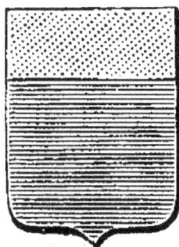

D'azur au chef d'or.

La maison d'Agrain, originaire du Vivarais, est une des plus anciennes et des plus illustres de la noblesse de France. Ses armes sont à la salle des Croisades du musée de Versailles. Eustache d'Agrain fut un des chefs de la première croisade : ses exploits lui méritèrent les titres de prince de Sidon et de Césarée, de connétable et vice-roi de Jérusalem, et le surnom de *Bouclier* et d'*Épée de la Palestine.* Ses descendants se sont alliés aux maisons souveraines. Julien, le septième d'entre eux, épousa, en 1253, la fille du roi d'Arménie. (V. GUILL. DE TYR, et les *Historiens des Croisades,* passim.) Cette famille obtint le privilége de porter l'épée nue à la procession de Notre-Dame-du-Puy, en mémoire des services qu'elle avait rendus à l'Église en Orient, et des reliques qu'elle avait envoyées à la métropole du Velay. (*Biogr. Michaud,* I, 307.)

I. Bérard d'Agrain, co-Sgr de Vernon, ép. le 10 juill. 1365 Catherine de Vernon, et il en eut :

II. Jean d'Agrain, Sgr des Ubaz *alias* Hubacs et de Vernon, ép. le 8 sept. 1400 Éléonor Bourbat, dont il eut :

III. Pierre d'Agrain, Sgr des Ubaz, ép. le 7 nov. 1454 Jeanne de la Motte Brion, dont il eut :

IV. Eustache d'Agrain, Sgr des Ubaz, ép. le 15 oct. 1503 Charlotte de Jurquet de Montjésieu, dont il eut : 1. Gaspard qui suit ; 2. Anne, mariée le 22 juillet 1565 à Charles de Ginestous.

V. Gaspard d'Agrain, Sgr des Ubaz, ép. le 5 nov. 1550, Marguerite de Prunet, dont il eut :

VI. Jean d'Agrain, Sgr des Ubaz, co-Sgr de Vernon et de Valgorge, ép. 1° le 10 oct. 1601 Louise de Beaumont ; 2° le 8 avril 1609 Louise de Chastel de Condres ; il eut pour fils : 1. Nicolas qui suit ; 2. Louis : maintenus dans leur noblesse par jugement souverain du 13 déc. 1668.

VII. Nicolas d'Agrain, Sgr des Ubaz, Vernon et Chazeaux au D. de Viviers, ép. le 4 nov. 1659 Anne de Hautefort de Lestrange.

6. AGULHAC DE BEAUMEFORT.

D'azur à l'étoile d'or accompagnée d'un tourteau de gueule, à deux croissants d'or passés en sautoir et mis en pointe.

La maison d'Agulhac, qui possédait les seigneuries de Beaumefort, de Troulhas, de Saint-Florent et de la Blache au D. d'Uzès, était divisée en trois branches au moment de la vérification : le chef de la branche aînée fut maintenu avec le titre de baron de Rousson. (Marquis D'AUBAÏS, II, 6.)

I. Claude d'Agulhac, frère de Pons, ép. le 9 janv. 1496 Catherine Guiraud, dont il eut :

II. Guillaume d'Agulhac, ép. le 28 juin 1528 Anne de Monier, et il en eut : 1. Charles qui suit ; 2. François, qui a fait la Br. C. ; 3. Isabeau ; 4. Jean ; 5. Martin.

III. Charles d'Agulhac, ép. Catherine d'Anduze, dont il eut : 1. Jacques qui suit ; 2. Jean, qui a fait la Br. B.

IV. Jacques d'Agulhac de Beaumefort, Sgr de Rousson, bailli et gouverneur du comté d'Alais 1598, avait ép. le 4 mars 1590 Marie d'Audibert de Lussan, dont il eut :

V. Charles d'Agulhac de Beaumefort, Sgr de Rousson, ép. le 25 janv. 1629 Marie d'Ayéjan, dont il eut :

VI. Jacques-François d'Agulhac de Beaumefort, baron de Rousson, demeurant au D. d'Uzès, ép. le 12 sept. 1660 Claire de la Matanie.

Br. B. IV. Jean d'Agulhac, Sgr de Troulhas, ép. le 12 janv. 1601 Gentille Brun de Saint-Étienne, et il en eut :

V. Charles d'Agulhac, Sgr de Troulhas, Beaumefort et Saint-Florent, D. d'Uzès, ép. le 18 oct. 1633 Jeanne d'Eiragues.

Br. C. III. François d'Agulhac fut père de

IV. Henri d'Agulhac, Sgr de la Blache, demeurant à Saint-Jean-de-Maruejols, ép. le 8 juill. 1642 Isabeau de Jeulins.

Les trois branches de la maison d'Agulhac furent maintenues dans leur noblesse par jugement souverain du 24 sept. 1668.

7. AGULHAC DE SOULAGES.

De gueule à deux épées d'argent en sautoir la pointe en haut ; au chef cousu d'azur à trois étoiles d'or.

La maison d'Agulhac est une des plus anciennes du Gévaudan.

Nobles Bernard et Gérard d'Agulhac firent un accord ou donation en faveur des moines du Chambon en 1187. Pons d'Agulhac rendit hommage, le 2 des kalendes de mai 1277, au vicomte de Polignac, au nom de Pierre, son neveu ; hommages semblables par un autre Pons, le 18 nov. 1354 ; par Bernard, 1411. Différentes conventions sont intervenues en janvier 1305, avril 1476, entre les membres de la famille d'Agulhac de Malmont et des prêtres du diocèse de Mende, au sujet de la chapelle d'Agulhac, située dans la paroisse d'Auroux et fondée par Pons d'Agulhac en 1232. Extr. *des Archiv. du chât. de Soulages, délivré le 19 mai 1859 par Coudomi, notaire à Auroux (Lozère)*. Pierre d'Agulhac était fils de Mathieu et petit-fils de Guillaume. Pierre d'Agulhac, Sgr de Malmont, ép. en 1430 Louise de Grimald (G. DE BURDIN, II, 345), et il en eut :

I. François d'Agulhac, Sgr de Malmont, ép. le 26 oct. 1464 Léonie Dumont de la Chapelle ; 2° le 13 févr. 1470 Catherine, dame de Soulages, dont il eut :

II. Antoine d'Agulhac, Sgr de Malmont et Soulagés, ép. en 1510 Antoinette de la Tour de Bains, dont il eut :

III. François d'Agulhac, Sgr de Soulages et de Malmont, ép. le 31 mai 1539 Isabeau de Caplus, dont il eut : 1. Guyon qui suit ; 2. Antoinette.

IV. Guyon d'Agulhac, Sgr de Soulages et de Malmont, homme d'armes aux compagnies de chevau-légers du comte de Soissons et du marquis de Portes, ép. le 6 oct. 1602 Jeanne de Chastel, dont il eut : 1. Louis qui suit ; 2. Pierre, Sgr du Villar : maintenus dans leur noblesse par jugement souverain du 9 octobre 1668.

V. Louis d'Agulhac, Sgr de Soulages et de Malmont, ép. le 9 novembre 1642 Delphine de Custavol, dont il eut :

VI. Gaspard-Louis d'Agulhac, Sgr de Soulages et de Malmont, ép. le 18 novembre 1673 Jeanne de Rets de Bressolles, dont il eut : 1. André-Prosper qui suit ; 2. N... lieutenant au régiment du roi, artillerie ; 3. N... capitaine d'infanterie ; 4. Jacques-Dominique, prêtre, prieur de Saint-Marcel-d'Ardèche.

VII. André-Joseph d'Agulhac, Sgr de Soulages et de Malmont, ép. le 7 mai 1700 Jeanne-Marie de Buffière, dont il eut : 1. Gaspard qui suit ; 2. Guillaume-François, chev. de Saint-Louis, capit. d'une compag. d'invalides ; 3. Pierre, lieutenant d'infanterie, mort à Lodi des suites des blessures reçues en 1734 à la bataille de Guastalla ; 4. Jacques, capit. d'infanterie.

VIII. Gaspard d'Agulhac, Sgr de Soulages, de Malmont, et du Villaret, ép. le 13 novembre 1743 Jeanne Jourda de Vaux, sœur du maréchal de ce nom, dont il eut : 1. Jean-Louis-Gaspard qui suit ; 2. François Hubert, chev. de Saint-Louis, capit. au régt de Brie ; 3. Jacques Antoine, capit. au régt d'Anjou ; 4. Joseph Regis, grand vic. du dioc. de Nantes, et quatre filles.

IX. Jean-Louis-Gaspard d'Agulhac, Sgr de Soulages, page du roi 1761, chev. de Saint-Louis 1784, capit., puis lieut.-colonel du régt des chasseurs des Ardennes 1791, avait ép. le 28 août 1781 Françoise de Jossouin de Bonnery, dont il eut : 1. Armand-Louis Noël qui suit ; 2. Adrien-Gaspard-Thomas, capitaine adj. maj. au 16e régt de ligne, tué au combat d'Otiel en Arragon le 25 août 1812.

X. Armand-Louis-Noël d'Agulhac de Soulages, décédé le 9 avril 1858, avait ép. le 19 janv. 1813 Julie-Ernestine-Gilberte de Romeuf de la Valette.

Par acte du 9 mars 1854, confirmé par arrêt de la cour impériale de Nîmes du 13 juin 1854, Armand-Louis-Noël d'Agulhac de Soulages, et Julie-Ernestine Gilberte de Romeuf, ont adopté leur nièce Marguerite-Adèle de Romeuf, mariée le 3 sept. 1854 à Georges-Louis de Richard de Beaumefort.

8. AIGALIÈRES.

D'azur au chevron d'or couché sur un tertre de même, au chef cousu de gueule chargé d'un soleil d'or.

I. Pierre d'Aigalières dénombra le 17 janv. 1503, et fut père de

II. Etienne d'Aigalières, ép. le 23 janv. 1521 N. Fabre, dont il eut :

III. Jean d'Aigalières, ép. le 25 fév. 1554 Louise de Lort, dont il eut : 1. Claude qui suit ; 2. Barthélemy, qui fut père d'Etienne marié le 5 janv. 1666 ; 3. Jean ; 4. Pierre.

IV. Claude d'Aigalières, ép. le 3 oct. 1593 Jeanne Julian, et il eut : 1. Pierre, qui suit ; 2. Raymond, qui eut pour fils, Claude.

V. Pierre d'Aigalières, gentilhomme verrier demeurant au D. d'Uzès, ép. le 20 sept. 1637 Angélique du Cailar, et il en eut : 1. Abel ; 2. Moïse : maintenus dans leur noblesse, avec leur père et leurs cousins Claude et Etienne, par jugement souverain du 3 déc. 1668.

9. AIREBAUDOUSE D'ANDUZE.

De gueule au château sommé de trois pièces d'or.

La seigneurie d'Anduze, une des plus anciennes de la province de Languedoc, fut vendue, la moitié par l'évêque du Puy en Velay, le 7 juillet 1539, et l'autre moitié le 30 juin 1547 par Jacques de Monthoissier, marquis de Canillac, à Jean et Nicolas d'Airebaudouse.

Jean et Nicolas d'Airebaudouse firent leur présentation à l'arrière-ban pour les Sgries de Cest et de Clairan le 17 oct. 1534, et donnèrent le dénombrement de ces mêmes Sgries le 23 mars 1539. (Marquis d'AUBAÏS, II, 9. — LACH. DESB., I, 263.)

I. Jean d'Airebaudouse, baron d'Anduze, t. le 27 avril 1533 ; il fut père de

II. François d'Airebaudouse, baron d'Anduze, président de la cour des aides de Montpellier 1555, ép. Catherine du Mois et il en eut : 1. Étienne ; 2. François ; 3. Magdeleine, alliée le 3 janv. 1590 à Jean de la Nougarède ; 4. et

III. Raulin d'Airebaudouse, Sgr de Fressac, baron d'Anduze, président de la cour des aides de Montpellier 1607, ép. le 2 juill. 1585 Perrette de Gévaudan, et il en eut :

IV. François Folquier d'Airebaudouse, baron d'Anduze et de Carnon, chev. de Saint-Michel 1527, commandant un régt d'infanterie 1632, obtint l'érection de sa terre en marquisat au mois de nov. 1645 ; il ép. le 22 sept. 1619 Françoise de Grégoire des Gardies, dont il eut : 1. Urbain ; 2. François, Sgr de Veyrac : maintenus dans leur noblesse par jugement souverain du 20 sept. 1668.

V. Urbain d'Airebaudouse, marquis d'Anduze, commandant un régiment d'infanterie 1642, ép. le 12 avril 1657 Magdeleine de Faucon, veuve de Henri de Cambis, Sgr de Soustelle, D. de Nîmes; il eut de son mariage :

VI. Charles Guy d'Airebaudouse, marquis d'Anduze, ép. en 1705 Félice de la Fare, dont une fille mariée à N. de Saxy.

10. AIREBAUDOUSE.

Mêmes armes ; *alias* d'azur à une gerbe d'or. LACH. DESB., VII., 595.

I. Firmin Guy fut père de

II. Jean Guy, héritier de Nicolas d'Airebaudouse, Sgr et baron d'Anduze, co-Sgr de Clairan 1554, à la charge de porter le nom et les armes d'Airebaudouse, fut conseiller au sénéchal et présidial de Nîmes; il ép. le 23 juin 1556 Jeanne Damians, dont il eut :

III. Jean Guy d'Airebaudouse, Sgr de Clairan, ép. Marie de Girard et fut père de

IV. Claude Guy d'Airebaudouse, Sgr de Clairan, ép. le 18 nov. 1613 Claudine de Calvière, dont il eut : 1. Jean qui suit ; 2. Louis, Sgr de Saturargues, capit. d'infant. major de Bergues 1668, puis colonel d'un régt allemand ; 3. François, Sgr de la Salette, capit. d'infant. 1654, sergent de bataille 1656 : maintenus dans leur noblesse par jugement souverain du 10 déc. 1668.

V. Jean Guy d'Airebaudouse, Sgr de Clairan et de Massane, capit. d'infant., 1655, ép. le 7 juin 1664 Gabrielle de Barnier, dont il eut :

VI. Guy d'Airebaudouse, Sgr et marquis de Clairan, lieut. du roi au gouv. de Besançon, ép. Antoinette Borey, dont il eut : 1. Françoise, mariée au comte de Bessey, mestre de camp de cavalerie ; 2. Thérèse-Éléonore alliée à N. Petit, sieur de Marivats, commissaire provincial et ordonnateur des guerres en Franche-Comté.

11. ALBENAS.

De gueule au demi-vol senestre d'argent, accompagné de trois étoiles d'or. La maison d'Albenas, originaire du diocèse de Nîmes, est connue par filiation suivie depuis Raymond d'Albenas, professeur ès lois, servant dans les chevau-légers de Gascogne en 1350 contre les Anglais. Émile, marié en 1387 à Anne de Gondrin, fut père de Paul, premier consul de Nîmes, docteur ès lois, lieutenant du sénéchal, marié à Gilette Ponchut. Claude, fils de Paul consul de Nîmes, reçut chez lui le roi de Portugal Alphonse V le 3 sept. 1475. Louis frère de Claude, eut plusieurs enfants de son mariage avec Marguerite de Bordes : 1. Jean, auteur de la branche maintenue en Languedoc par M. de Bezons, et dont la filiation va suivre ; 2. Jacques, consul à Nîmes en 1520, ép. le 18 nov. 1511 Honorée Mengaud : il forma une branche continuée à Nîmes jusqu'en 1685, établie depuis à Lausanne en Suisse, et fut père de Jean Poldo, conseiller du roi, au siége présidial de Beaucaire et Nîmes, auteur du *Discours historial de l'antiquité de Nismes*, 1560, (BADUEL, *Or. fun. de J. d'Albenas*, Bibl. Maz. 12, 497. — MÉNARD, IV, 384. — MORÉRI, 1, 258, — LACH. DESB.; I, 100. — RIVOIRE, I, 419.)

I. Jean d'Albenas, co-Sgr de Gajan, docteur ès lois, premier consul de Nîmes 1516, lieutenant général-clerc en la sénéchaussée de Nîmes et Béaucaire 1522, député par la sénéchaussée aux états généraux d'Orléans 1560, avait ép. en 1510 Catherine d'Anduze, et il en eut : 1. Jacques qui suit; 2, Jean, président au présidial de Montpellier 1575, ép. 1° Catherine de Robert; 2° le 6 nov. 1547 Françoise de Jonas, dame d'Aubuges, veuve de Jacques de Sarrat, sieur de Bernis, dont il eut : a. Robert, Sgr de Valeyrargues et Seyne, marié à Louise Boisse, dont la fille unique Diane ép. Henri de Porcellet, marquis de Baye; b. Diane, mariée 1° le 15 sept. 1565 à Jacques de la Croix, baron de Castries; 2° le 7 mars 1579 à Jean de Trémolet, baron de Montpezat; c. Louise, mariée le 17 janv. 1567 à Antoine de Sarret, Sgr de Fabrègues.

II. Jacques d'Albenas, Sgr de Gajan, premier consul de Nîmes, 1538, lieut. d'une compagnie de 200 hommes en 1542 au siége de Perpignan, avait ép. le 29 fév. 1540 Jeanne de Troisermines, dont il eut : 1. Jacques qui suit; 2. Françoise, mariée en 1598 à Pélegrin de Guibert.

III. Jacques d'Albenas, Sgr de Gajan, lieut. dans les chevau-légers, tué à la bataille de Coutras, avait ép. le 4 oct. 1570 Claude Contissi, et il en eut : 1. Jean qui suit; 2. Jacques, Sgr de Pruneyron; 3. Jeanne; 4. Vérité.

IV. Jean d'Albenas, Sgr de Gajan, capit. de cavalerie au régt de Calvisson 1635, avait ép. le 2 nov. 1608 Françoise du Verger, dont il eut : 1. Jean, Sgr de Gajan, capit. de chevau-légers, marié le 16 oct. 1650 à Françoise de Roquefeuil, dont Blaise Sgr de Salvensac, Gajan et Piébouquet, marié le 28 avril 1688 à Françoise de Mestre et mort sans enfants 1738; 2. et

V. Jacques d'Albenas, Sgr de Pruneyron, premier consul de Sommières, ép. le 14 mars 1662 Suzanne de Rouzier, dont il eut plusieurs enfants, entre autres, Jean-Joseph qui suit, et fut maintenu dans sa noblesse avec son frère par jugement souverain du 5 déc. 1668.

VI. Jean-Joseph, d'Albenas Sgr de Pruneyron, maire perpétuel de Sommières, officier de cavalerie, ép. le 19 juill. 1703 Marie de Rosset, dont il eut : 1. Balthazar-Antoine, mort sans enfants; 2. et

VII. François-Alexandre d'Albenas, Sgr de Pruneyron, et Sgr

de Gajan, Salvensac, Piébouquet, en vertu. du testament de Blaise, 6 mai 1738; acquit en 1766 de Mlle de Mallevieille la baronnie de Loupian; officier au Royal-Comtois; major au régt de Villevieille, ép. le 23 avril 1739 Charlotte-Philiberte de Montlaur de Murles, dont il eut plusieurs enfants, entre autres : 1. François-Laurent qui suit; 2. Jean-Joseph, qui a fait la Br. B.

VIII. François-Laurent d'Albenas, baron d'Albenas, Sgr de Gajan, mort en 1817, ép. le 6 déc. 1784 Marie-Thérèse Banal, dont il eut : 1. Jean-Joseph-François-Xavier-Désiré; 2. Gustave; 3. Estelle; 4. Agénor; 5. Théagène; 6. Éponine. — Branche établie à Montpellier.

Br. B. VIII. Jean-Joseph d'Albenas, dit le chevalier d'Albenas, officier au régt de Touraine, ép. en 1784 Sophie-Élisabeth de Panetier, dont il eut : 1. Charles-Armand-Louis; 2. Natalie; 3. N... en religion madame Saint-Remy, supérieure au couvent des Feuillants à Toulouse; 4. Rose; 5. Prosper.—Branche établie à Toulouse.

12. ALBIGNAC.

Écartelé, au 1 et 4 d'azur à trois pommes de pin d'or, au chef de même; au 2 et 3 de gueule au lion d'or.

Ancienne maison de Languedoc établie au diocèse de Nîmes, connue par différents actes depuis 1294, et qui contracta des alliances avec les maisons de Vernous (1525), Bringuier (1531), Losières (1550), Sales, et Sauvage, Sgr de Malbosc (1665).—WAROQUIER, *Tableau généalogique*, IV, 73.— BARRAU, II, 246. Elle semble tirer son nom du château d'Albignac en Vivarais, relevant de l'ancienne baronnie d'Aps. Pons d'Albignac damoiseau rendit hommage le 26 février 1318 à Géraud d'Adhémar, Sgr des baronnies de Grignan et d'Aps. Hommage semblable à Guiot d'Adhémar le 9 mai 1417. (PITHON-CURT, III, 368.)

I. Guyon ou Guy d'Albignac fut père de : 1. Louis qui suit; 2. François, marié le 17 septembre 1511 à Gabrielle de Beauvoir, dont il n'eut que deux filles : Jeanne et Imberte.

II. Louis d'Albignac, co-Sgr de Carnas et de Bedos, ép. vers 1520 Françoise de Raimond, dont il eut : 1. Antoine qui suit; 2. Jeanne, mariée à Jean de Fonbesse; 3. Maffre; 4. Charles.

III. Antoine d'Albignac, écuyer, Sgr de Bedos, ép. le 19 fév. 1555 Catherine de Belcastel de Montvaillant, dont il eut : 1. Pierre; 2. François; 3. Jean; 4. Abraham.

IV. Pierre d'Albignac, écuyer, Sgr de Bedos, ép. le 3 oct. 1594 Jeanne de Caladon et il en eut : 1. Charles qui suit; 2. Jean, Sgr de la Baume et d'Arigas, auteur d'une branche éteinte en la personne de Louis-Alexandre, baron d'Albignac, lieut. général 1792; commandeur de l'ordre de Saint-Louis 1814 ; 3. Fulcrand, Sgr de Madières et de Recoulettes, marié le 4 avril 1666 à Isabeau de Ginestous : les trois frères furent maintenus dans leur noblesse par jugement souverain du 7 sept. 1669.

V. Charles d'Albignac, baron d'Arre et de Saint-Michel, lieut. col. du régt d'Enghien, ép. le 27 août 1630 Françoise d'Arnal, dont il eut : 1. Jean qui suit ; 2. Gabriel, auteur de la branche des Sgrs de Ferrières éteinte en 1750 ; 3. Philippe ; 4. Joseph.

VI. Jean d'Albignac, écuyer, baron d'Arre et de Mandagout, Sgr de la Bernède, ép. Yolande de Mandagout, dame de Mandagout, dont il eut : 1. Alexandre qui suit ; 2. Pierre, baron d'Arre, mestre de camp de cavalerie, Sgr de Pourcairés, marié le 4 sept. 1726 à Marie de Maillan, dont il n'eut pas d'enfants ; 3. Henri, Sgr de Mandagout, chev. de Saint-Louis, ép. Marie d'Arénnes.

VII. Alexandre d'Albignac, baron d'Arre, ép. vers 1745 Marie du Pont d'Espinassous dont il eut : 1. Jean-Charles qui suit ; 2. Alexandre prêtre ; 3. Louis, officier au régt des chasseurs des Cévennes, et cinq filles.

VIII. Jean-Charles d'Albignac, baron d'Arre et de Mandagout, volontaire dans la légion de Condé en 1767 ; sous-lieutenant le 12 nov. 1768 ; lieutenant au régt des chasseurs des Cévennes 1782.

13. ALDEBERT.

1. Barthélemy Aldebert, Sgr de Raissac, ép. le 30 sept. 1531 Anne Vaissière, dont il eut : 1. Guillaume qui suit ; 2. Jean, qui a fait la Br. B.

II. Guillaume Aldebert, conseiller au présidial de Carcassonne, ép. le 18 nov. 1575 Georgette Pelletier, et il en eut :

III. Paul Aldebert, Sgr de Pradelles-Mouja, capit. d'infant. 1639, ép. le 8 nov. 1615 Isabeau de Trégoin, dont il eut : 1. Paul qui suit ; 2. Barthélemy, Sgr de Candouat, ép. le 18 avril 1650 Françoise de Seigneuret ; 3. Paul, Sgr de Malouine, ép. le 29 nov. 1666 Marguerite Calmon.

IV. Jean-Pierre Aldebert, Sgr de Comeles *alias* Cazevieille, D. de Narbonne, ép. le 20 juill. 1663 Jeanne-Louise de Saint-Jean, et fut maintenu dans sa noblesse avec ses frères par jugement souverain du 13 janv. 1671.

Br. B. II. Jean Aldebert, Sgr de Lavax, chevalier de l'ordre du roi de Suède, ép. le 13 mars 1598 N. Château, et il en eut :

IV. Louis d'Alphonse, ép. le 7 juin 1656 Jeanne de Lattière, dont il eut : 1. Jean qui suit; 2. Joseph, capitaine de cavalerie; 3. Guillaume, lieut. au régt d'Auvergne; 4. Marie, alliée à Nicolas Maurin, sieur de Brignac; 5. Françoise, alliée à Philippe du Moulin, sieur de Lozerte; 6. Anne, alliée à Antoine de Gay, capit. au régt d'Orléans.

V. Jean d'Alphonse, Sgr de Castel-Sec-les-Bessan, ép. le 12 juill. 1709 Jeanne-Rose Tuffet de Pradines, dont il eut : 1. Jean-Baptiste; 2. Louis, archidiacre d'Avignon; 3. Louis-Joseph qui suit; 4. Jean, lieutenant au régiment royal Roussillon; 5 et 6. Marie-Rose et Marguerite-Paule.

VI. Louis-Joseph d'Alphonse, lieut. au régt de la Couronne, capitaine 1746, chev. de Saint-Louis, major de Sedan, et de Cette 1785; avait ép. le 7 oct. 1747 Marie-Anne de Sarret; dont il eut plusieurs enfants, entre autres

VII. Jean-Baptiste-Joseph d'Alphonse, lieut. au régt de Boulonnais, chev. de Saint-Lazare, capitaine garde-côtes, prit part à l'assemblée de la noblesse de Béziers en 1789, avec le titre de marquis d'Alphonse; il ép. le 8 mai 1775 Marthe-Françoise de Sarret, sa cousine, dont il eut : 1. Henri-Jean-Baptiste; mort sans postérité 1856; 2. Louise Guillelmine, mariée le 20 février 1815 à Joseph-Louis-Henri de Sarret de Coussergues; 3. Louis-Hyacinthe-Henri, reçu chev. de Malte de minorité 1792, capitaine aux dragons de l'Hérault 1816, chev. de la Lég. d'honn., ép. le 13 mars 1817 Marie-Magdeleine-Élisabeth-Constance de Serres.

17. ALTIER DE BORNE.

D'argent au chef d'azur.

La maison d'Altier, une des plus anciennes de Gévaudan, s'est éteinte dans une branche de la maison de Borne, qui fit ses preuves de cour en 1770 et eut l'honneur de monter dans les carrosses du roi le 31 janv. 1771. Armand de Borne damoiseau ép. le 9 oct. 1375 Delphine d'Altier, fille unique et héritière de Raimond d'Altier, avec la condition d'en prendre le nom et les armes. (*Preuves de cour.*)

1. Jean d'Altier, Sgr du Champ et de Serres, ép. le 6 oct. 1498 Jeanne de Budos, dont il eut : 1. Louis; 2. Magdeleine, mariée le 29 nov. 1542 à Antoine de la Bastide; 3. et

II. Jean d'Altier, Sgr du Champ, ép. le 27 janv. 1338 Anne Mansel, dont il eut : 1. Antoine qui suit; 2. Anne, mariée le 8 sept. 1569 à Maurice de la Bastide.

III. Antoine d'Altier, Sgr du Champ, ép. le 14 juill. 1605 Marie d'Isarn de Villefort, dont il eut : 1. Raimond ; 2. François ; 3. Jean-Antoine qui suit ; 4. Antoine-Hercule : maintenus dans leur noblesse par jugement souverain du 3 déc. 1668 ; 5 et 6. Victorin et Balthazar, maintenus par les commissaires de Provence le 1er déc. 1667.

IV. Jean-Antoine d'Altier, baron de Serres, Sgr du Champ, D. de Mende, ép. 1° le 4 oct. 1642 Gabrielle de Molette de Morangiés ; 2° le 6 août 1653 Marguerite d'Albignac, dont il eut :

V. Antoine-Hercule d'Altier de Borne, baron de Serres, Sgr du Champ, ép. le 24 juill. 1683 Marie-Catherine de Bardon, et il eut :

VI. Jean-Antoine-Hercule d'Altier de Borne de Budos, qualifié marquis de Serres comte du Champ, revendiqua contre Mgr le prince de Conti les biens de l'ancienne maison de Budos de Portes, en vertu de la substitution contenue dans le testament de Thibaud de Budos du 1er sept. 1501, père de Jeanne de Budos, sa quatri-saïeule ; il ép. 1° le 7 déc. 1728 Marie du Buisson de Belcastel ; 2° le 24 fév. 1743, Marie-Thérèse de Malbosc du Miral, dont il eut : 1. Charles-Jean-Baptiste-Victor page du roi, eut l'honneur de monter dans les carrosses du roi 1771, après avoir fait ses preuves de noblesse au cabinet de l'ordre du Saint-Esprit. Il périt avec son fils Gabriel-Hercule-Victor sous la hache révolutionnaire en 1794 ; 2. Félix-Jean-Baptiste, page du roi 1768, major de dragons au régt de Conti, chev. de Saint-Louis, servit dans l'armée des princes pendant l'émigration ; il est mort maréchal de camp des armées du roi le 13 oct. 1828, à Munich, sans postérité.

18. AMALRIC.

D'azur à trois fasces d'argent, écartelé d'azur au lion d'or armé et lampassé de gueule.

I. Guillaume d'Amalric, Sgr de Durfort et de la Loubière, ép. Charlotte de Montclar, dont il eut :

II. Guillaume d'Amalric, Sgr de la Loubière et co-Sgr de Durfort, ép. Beatrix de Cavallo, dont il eut :

III. Aldebert d'Amalric se présenta au ban et arrière-ban le 17 sept. 1573 ; il ép. Claude Figaret, qui le rendit père de

IV. Abdias d'Amalric, co-Sgr de Durfort, ép. le 20 mai 1614 Marie de Brucis, dont il eut :

V. Antoine d'Amalric, Sgr de Durfort, demeurant à Sommières, D. de Nîmes, ép. le 7 sept. 1658 Louise Alésieu, et fut maintenu dans sa noblesse par jugement souverain du 15 juillet 1669.

18 bis. AMALRIC.

Écartelé au 1 d'azur au lion d'or, au 2 d'or à trois soucis de sinople, au 3 d'azur à trois fasces d'argent, au 4 d'argent au loup de sable.

I. Guillaume d'Amalric, Sgr de la Loubière, co-Sgr de Durfort, servait au ban et arrière-ban de 1555; il donna son dénombrement au roi le 24 sept. 1598; il avait ép. avant le 9 mai 1542 Charlotte de Montclar, dont il eut :

II. Guillaume d'Amalric, Sgr de la Loubière, co-Sgr de Durfort, ép. le 29 oct. 1569 Catherine de Grignan, dont il eut :

III. Jean d'Amalric, Sgr de la Loubière, ép. le 19 nov. 1624 Marie Delom de Bussas, et il en eut :

IV. Pierre d'Amalric, Sgr de la Loubière, capit. d'infanterie dans le régt de Montpeiroux 1641, demeurant à Gignac D. de Béziers, fut maintenu dans sa noblesse par jugement souverain du 20 déc. 1668.

19. AMANZÉ.

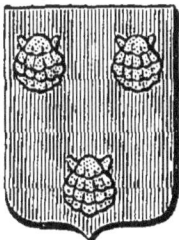

De gueule à trois coquilles d'or.

La terre d'Amanzé, située dans le Mâconnais, a été érigée en vicomté par lettres patentes du mois de mai 1617, enregistrées au parlement de Paris le 18 juillet 1625, et à la chambre des comptes de Dijon le 28 novembre 1644, en faveur de Jean, baron d'Amanzé, maréchal de camp. Cette maison, connue depuis le commencement du XIVe siècle, a fourni plusieurs chevaliers de l'ordre de Malte, et onze chanoines et comtes de Lyon, de 1401 à 1596; elle a eu plusieurs branches établies en Bourgogne, en Mâconnais et en Gévaudan. (LACH. DESB., I, 218. — D'HOZIER, Généalogie d'Amanzé, imp. 1659, à Dijon, chez Paillot. — VERTOT, VII, 117, 124, 143. — Marquis d'AUBAÏS, III, 157. — LE LABOUREUR, Mazures de l'isle Barbe, 204.) La branche établie en Gévaudan au commencement du XVIIe siècle prouva sa filiation, depuis :

I. François d'Amanzé, Sgr de Chauffailles, alias Choffailles, en Mâconnais, ép. après 1490 Catherine de Semur, dont il eut : 1. François qui suit; 2. Jean, chanoine et comte de Lyon; 3. Diane, mariée à Laurent de Busseul; 4. Charlotte, mariée à André de Sarron.

II. François d'Amanzé, Sgr de Chauffailles, ép. Françoise de Traves-Dracy, dont il eut : 1. Guillaume, marié en 1578 à Françoise de la Guiche, dont la postérité subsistait encore à la fin du dernier siècle; 2. Antoine, chanoine et comte de Lyon 1558; 3. Marc, qui suit; 4. Françoise, alliée en 1563 à Christophe de Montchanin, Sgr de la Garde-Marsac.

I.

III. Marc d'Amanzé, Sgr de Chauffailles et Bois-du-Mont, vint s'établir en Gévaudan, il ép. 1° Anne de Rochemure, dame du Besset et de Bois-du-Mont ; 2° le 11 sept. 1605 Antoinette de Laubies, dont il eut : 1. Marc, Sgr de Laffon, demeurant dans son château de la Muscoterie, Ile-de-France, marié à Louise de Marle ; 2. et

IV. Antoine d'Amanzé, du lieu de Tiracous D. de Mende, ép. le 26 déc. 1646 Claude d'Allard, dont il eut : 1. Marc ; 2. Jacques-Félix ; 3. Jean-Claude : maintenus dans leur noblesse avec leur père par jugement souverain du 8 janvier 1669.

Antoine d'Amanzé, chevalier, Sgr de Chauffailles, fut maintenu dans sa noblesse le 3 oct. 1667 par M. du Gué, intendant en Lyonnais et Forez.

Marie-Josèphe, dame d'Amanzé, fille de Louis et de Marie-Louise Falconi, arrière-petite-fille de Jean, baron d'Amanzé et d'Isabeau des Cars de la Vauguyon, ép. le 20 mars 1706 Anne Gilbert de la Queille, marquis de Château-Gai et de Vendat, lieutenant général au duché de Bourgogne, gouverneur de Bourbon-Lancy, à la charge de porter le nom et les armes d'Amanzé.

N... de Levis, marquis de Lugny, ép. N... de Saint-Georges, fille de Marc, comte de Saint-Georges, morte à Saint-André, près Roanne, 1719, et de N... d'Amanzé Choffailles, et en eut deux fils comtes de Saint-Jean de Lyon. (P. ANSELME, IX, 427).

20. ANGERÈS.

Échiqueté d'or et d'azur de quatre traits.

La maison d'Angerès, établie en Vivarais et en Dauphiné, reconnaît pour chef Jacques, sieur de Saint-Bonnet et de Bruson, qui fit son testament l'an 1540 (CHORIER, III, 52). Elle prit parti pour la Réforme, et joua un rôle important dans la pacification du haut Vivarais, au temps de la Ligue. (GAMON, 14, et les notes.) Jacques d'Angerès, sieur de Saint-Bonnet et de Bruson eut pour fils

I. Hector d'Angerès, Sgr de Saint-Bonnet des Oules, qui était attaché au connétable de Bourbon, et dont il est beaucoup parlé dans son procès, ép. le 16 juill. 1514 Jeanne Gouin, dont il eut : 1. Imbert, chevalier de l'ordre du roi ; sa postérité s'éteignit en la personne de Jeanne-Louise du Mein, qui ép. en Bretagne Jacques Aimar de Roquefeuil, dit le comte de Roquefeuil, lieut. général des armées navales de France, mort en 1744 ; 2, et

II. Anne d'Angerès, Sgr de Saint-Bonnet, du Mein, de Bruson, t. le 15 janv. 1558 ; il fut père de

III. Claude d'Angerès, Sgr du Mein, Bruson, Saint-Bonnet, t. le

26 nov. 1612; il fut père de : 1. Gabriel qui suit; 2. Marie, alliée le 29 mars 1639 à Charles de Moreton de Chabrillan.

IV. Gabriel d'Angerès, Sgr du Mein, ép. 1° le 29 mars 1639 Laurence de Moreton de Chabrillan; 2° Marguerite de Pelet, dont il eut : 1. Charles ; 2. Lionnois ; 3. et

V. Jean Baptiste d'Angerès, demeurant à Serrières, D. de Viviers, maintenu dans sa noblesse en Dauphiné par jugement souverain du 29 août 1668, et en Languedoc par jugement souverain du 28 juin 1669.

21. ANSELME.

D'azur fretté d'argent de huit pièces.

Les historiens florentins et Scipion Ammirato, *Traité des Maisons florentines*, parlent de cette maison comme d'une des plus anciennes de la république. Cet auteur qui l'a traitée au long la fait descendre d'un Bernard Anselme vivant en 1150, et reconnaît les Anselme du Comté Venaissin comme issus de lui en ligne masculine. (PITHON CURT, I, 498.) Deux branches de cette maison établies en Languedoc au diocèse d'Uzès ont été maintenues par M. de Bezons, et ont prouvé leur filiation, depuis :

I. Dominique d'Anselme, Sgr de Blauvac, premier consul d'Avignon 1515, 1529, ép. N. de Bisqueriis, dont il eut :

II. Louis d'Anselme, Sgr de Blauvac, premier consul et viguier d'Avignon 1545, 1548, 1557, 1570, avait ép. le 12 août 1537 Catherine de Cambis, dont il eut :

III. Pierre d'Anselme, à qui Henri II accorda des lettres de naturalité, fut pourvu du gouvernement de Château-Dauphin 1560, ép. le 12 nov. 1566 Marie des Achards, dont il eut : 1. Roger qui suit; 2. Guillaume qui a fait la Br. B.

IV. Roger d'Anselme, capit. au régt de Roizon, au service du duc de Savoie 1616, avait ép. le 7 nov. 1599 Anne d'Anasthasi, dont il eut :

V. André d'Anselme, capit. au régt d'infanterie d'Ampus 1632, ép. le 30 janv. 1633 Anne de Maubec dite de Cartoux, dont il eut :

VI. Paul-Esprit d'Anselme, ép. le 17 juin 1665 Marie de Fougasse, dame de Grugières, dont il eut : 1. Joseph François qui suit; 2. François, capit. comm. un bataillon du régt de la marine, chev. de Saint-Louis ; 3. André, lieut. dans le même régt. Il fut maintenu dans sa noblesse par jugement souverain du 19 sept. 1669.

VII. Joseph François d'Anselme, Sgr de Grugières, héritier de son aïeul maternel Joseph François de Fougasse 1677, à la charge d'en porter le nom et les armes, ép. le 22 déc. 1697 Anne de Cheilus, dont il eut: 1. Gaspard qui suit; 2. Joseph François, lieutenant, dans la marine; 3. Thérèse, mariée le 17 juin 1726 à Joseph Brassier de Jocas.

VIII. Gaspard d'Anselme de Fougasse, Sgr de Grugières, lieut. dans la marine, ép. le 13 fév. 1731 Marie Magdeleine des Séguins, dont il eut entre autres enfants : 1. Joseph César; 2. André Gaspard.

Br. B. IV. Guillaume d'Anselme, Sgr de Joanas, capit. d'arque-busiers, ép. le 17 déc. 1591 Isabelle de Pagan, dont il eut : 1. Pierre qui suit; 2. Isabelle, mariée le 9 oct. 1627 à Sylvain de la Saigne, gentilhomme de Poitou, mestre de camp de cavalerie.

V. Pierre d'Anselme, capit. de cavalerie 1636, ép. le 20 sept. 1636 Marguerite du Puy, dont il n'eut point d'enfants. Il fut maintenu dans sa noblesse par jugement souverain du 18 sept. 1669.

22. APCHIER DE LODIÈRES.

D'or au château sommé de trois tours avec deux haches en pal aux deux côtés de la tour du milieu, le tout de gueule maçonné de sable.

La maison de Châteauneuf-Randon, connue en Gévaudan et en Viva-rais depuis le XIe siècle, s'est divisée en plusieurs branches dites de Châ-teauneuf-Randon, d'Apchier, de Barjac-Rochegude et de Joyeuse. Guérin de Châteauneuf, chevalier, vivant en 1180, ép. Alix d'Apchier et fut la tige de la maison d'Apchier, dont la branche aînée s'éteignit par mariage, en 1636, dans la maison de Crussol d'Uzès. Les branches d'Apchier qui vont suivre sont sorties de la maison d'Apchier vers 1420. François d'Ap-chier, qui paraît être leur auteur commun, était fils de Béraud de Châteauneuf-Randon, baron d'Apchier, et d'Anne de la Gorce. (P. ANSELME, III, 813, 833. — G. DE BURDIN, II, 316.)

I. Charles d'Apchier, Sgr de Lodières, ép. le 18 janv. 1505 Louise de Lodières, dont il eut :

II. Jacques d'Apchier, Sgr de Lodières, ép. le 28 nov. 1529 Cathe-rine de Ferrières, et il en eut :

III. Louis d'Apchier, Sgr de Lodières, ép. le 17 nov. 1565 Anne de Rochefort, dont il eut : 1. Antoine qui suit; 2. Étienne; 3. Fran-çois, marié le 10 janv. 1601 à Anne Brichon; 4. Michelle, alliée le 6 fév. 1603 à Antoine du Pouget; 5. Françoise, alliée le 18 sept. 1600 à Antoine de la Bastide; 6. Jean, Sgr de la Pinède.

IV. Antoine d'Apchier de Lodières, Sgr du Cheilar, D. de Mende, ép. Gabrielle de Pelamourgue, dont il eut : 1. François qui suit; 2. autre François, chanoine et comte de Brioude 1646; 3. Louise, mariée le 13 nov. 1630 à Antoine d'Alègre.

V. François d'Apchier de Lodières, Sgr du Cheilar, y demeurant, ép. le.15 janvier 1660 Antoinette de Michel, et fut maintenu dans sa noblesse par jugement souverain du 14 mars 1670.

Charles d'Apchier, Sgr de Gironde; François, Sgr de Chazelles; Julien, Sgr de Seignes, frères, furent maintenus dans leur noblesse en Auvergne par jugement souverain du 1er mai 1667.

23. APCHIER DE TIBIRON.

Mêmes armes.

I. Charles d'Apchier, ép. Catherine de Pavie-Fourquevaux, dont il eut : 1. Guyon, baron de la Garde ; 2. et

II. Antoine d'Apchier, Sgr de Tibiron, ép. le 26 janv. 1544 Anne de Chamberonde, dont il eut :

III. Jean d'Apchier, Sgr de Tibiron, fut père de

IV. Louis d'Apchier, Sgr de Tibiron, maintenu dans sa noblesse par jugement souverain du 10 juill. 1668, avait ép, le 7 juill. 1633 Delphine de Menut, dont il eut : 1. Philibert, abbé de Tibiron; 2. Louise, mariée le 15 fév. 1667 à Urbain de Salles, Sgr de Pujol.

24. APCHIER DE VABRES.

Mêmes armes.

I. Jacques d'Apchier, ép. le 7 juin 1526 Françoise de Peyre, dont il eut :

II Jean d'Apchier, Sgr de Billières, ép. Charlotte de Sinzelles, dame de la Baume, dont il eut : 1. Jacques qui suit; 2. François, chev. de Malte 1571 ; 3. Françoise, alliée le 19 avril 1563 à Jacques de Jacquet.

III. Jacques d'Apchier, Sgr de Billières et de Marlorie, ép. le 1er mars 1588 Marguerite de Laurie, dont il eut plusieurs enfants, entre autres : 1. Philibert qui suit; 2. Marie, alliée le 7 janv. 1616 à Jacques de Lastic.

IV. Philibert d'Apchier, baron de Vabres, ép. le 20 nov. 1612 Catherine de Moustoulac, et il en eut :

V. Jean d'Apchier, baron de Vabres, demeurant à Hautvillar, D. de Viviers, ép. le 3 janvier 1655 Catherine de Hautvillar, et fut maintenu dans sa noblesse par jugement souverain du 4 janvier 1671 ; il eut pour fils :

VI. Philibert d'Apchier, comte de Vabres, ép. le 24 déc. 1680 Gabrielle de Ginestous la Tourrette, dont il eut :

VII. Joseph-Philibert d'Apchier, comte de Vabres et de la Baume, grand sénéchal d'Arles 1714, mort à Paris le 2 avril 1755. Il connaissait très-bien, ajoute le marquis d'Aubaïs dans sa *Notice du haut Vivarais*, p. 40, les familles du Vivarais, sur lesquelles il a laissé plusieurs recherches.

25. APCHON.

D'or semé de fleurs de lis d'azur.

La maison d'Apchon est une des plus anciennes de l'Auvergne. Elle tire son nom du château d'Apchon, dans la haute Auvergne. On trouve des hommages rendus par les Sgrs d'Apchon dès 1061, 1210, 1267, et plusieurs alliances avec la maison de la Tour-d'Auvergne.

La maison d'Apchon s'éteignit au commencement du XVe siècle.

Louise d'Apchon, fille ainée de Louis d'Apchon et de Marguerite d'Estaing, fut héritière du nom et des armes de sa maison ; elle ép. le 20 avril 1414 Artaud Ier, Sgr de Saint-Germain, tige de la seconde maison d'Apchon. (BOUILLET, *Nobil. d'Auvergne*, I, 46.)

Une branche de cette maison, établie en Languedoc, joua un rôle important dans les guerres de religion du haut Vivarais. Elle a fourni plusieurs chevaliers de Malte, un chanoine comte de Lyon, et un évêque à Périgueux. (GAUJAL, III, 314. — LE LABOUREUR, 163, 177. — GAMON, 10 *et les notes*. — VERTOT, VII, 107, 128.) Michel d'Apchon, baron d'Apchon, Sgr de Montrond, ép. Marguerite de Lavieu, dont il eut :

I. Artaud d'Apchon, chevalier, Sgr de Saint-Germain, d'Apchon et de Montrond, lieutenant général en Lyonnais, sous le maréchal de Saint-André, son beau-frère, chevalier de Saint-Michel, ép. Marguerite d'Albon de Saint-André, sœur et héritière du maréchal, dame d'honneur de la reine 1574, dont il eut huit enfants, entre autres : 1. Henri qui suit ; 2. Jean, tué par les soldats de Peraut, en Vivarais, dans une sortie du château de Luppé, le 31 mars 1574 ; 3. Gabriel ; 4. Antoine, qui a fait la Br. B.

II. Henri d'Apchon, Sgr de Saint-André, ép. Marguerite de Stuard Saint-Mesgrin, dont il eut, entre autres enfants :

III. Jacques d'Apchon, Sgr, puis marquis de Saint-André, ép. Eléonore de Saulx-Tavannes, dont il eut :

IV. Claude d'Apchon, marquis de Saint-André, ép. Renée-Béatrix de Grolée.

Br. B. II. Antoine d'Apchon, chevalier, Sgr de Vaumières, t. le 2 avril 1586, et fut père de

III. Jean d'Apchon de Céresac, premier baron d'Auvergne, ép. le 10 fév. 1602 Jeanne de Saint-Pol, dont il eut :

IV. Paul d'Apchon, baron de Vaumières, ép. le 13 oct. 1657 Marie de Jurquet, dont il eut :

V. André-Dominique d'Apchon, baron de Vaumières, demeurant à la ville du Puy, maintenu dans sa noblesse par jugement souverain du 28 mars 1670.

26. ARBALESTIER.

De gueule au chevron d'argent chargé de cinq pommes de pin de sinople et accompagné de trois étoiles d'or, 2 et 1. DEVISE : *Le coup n'en faut.*

Ancienne maison originaire de Dauphiné. Le premier de ce nom que l'on connaisse et dont fait mention CHORIER, *Hist. de Dauphiné*, est Guigues d'Arbalestier, écuyer, exécuteur testamentaire de Guigues Alleman, Sgr d'Uriage, et probablement son aïeul maternel en 1275. Il possédait différentes terres en Diois et en Valentinois qui relevaient d'Aymar de Poitiers. (LACH. DESB., I, 381.) Pons d'Arbalestier de Châteaudouble a le titre de chevalier dans le testament de Falcone Artaud du mois d'avril 1381, qui apprend que le vrai nom de cette famille est celui d'Arbarestier. (CHORIER, III, 52.) Pons, fils de Guigues, fut père de

I. Pons d'Arbalestier, chevalier, émancipa son fils le 18 février 1406, qui fut :

II. Jean d'Arbalestier rendit hommage au Dauphin, qui fut depuis Louis XI, et au duc de Savoie, en 1441 et 1446 ; il fut père de

III. Claude d'Arbalestier, compris dans une revue des nobles de Dauphiné en 1444, ép. le 20 déc. 1444 Blanche de Montalet, dont il eut : 1. Georges qui suit ; 2. Antoine.

IV. Georges d'Arbalestier, ép. Louise Masseбœuf, dont il eut :

V. Aimar d'Arbalestier, t. le 13 fév. 1545 ; il ép. Antoinette Chambon, et il en eut :

VI. Jean d'Arbalestier, co-Sgr de Montclar, servit dans l'arrière-ban de la noblesse, envoyée par Henri II à Aigues-Mortes 1552 ; il ép. Louise d'Urre, dont il eut :

VII. Isaac d'Arbalestier, Sgr de Beaumefort ; gentilhomme servant du roi 1584, ép. le 22 fév. 1590 Esther Sauvan, dont il eut : 1. Charles, Sgr de Montclar, maintenu dans sa noblesse en Dauphiné avec ses deux frères par jugement souverain du 9 nov. 1668 ; 2. Paul qui suit ; 3. Jean, Sgr de la Gardette, D. de Viviers, capitaine au régiment de Montclar 1635, maintenu dans sa noblesse en Languedoc par jugement souverain du 30 janv. 1669.

VIII. Paul d'Arbalestier, écuyer, Sgr de Beaumefort, Blazac, Gigors, Mirabel, la Gardette, ép. en 1630 Éléonore de Lambert de Saint-Vincent, dont il eut :

IX. Gaspard d'Arbalestier, écuyer, Sgr de Mirabel, la Gardette, ép. le 12 sept. 1662 Charlotte d'Arnaud de Luz, dont il eut : 1. Gaspard ; 2. Isaac qui suit, et quatre fils, tués au service du roi :

X. Isaac d'Arbalestier, Sgr de Beaumefort et la Gardette, ép. le 22 nov. 1704 Marie Gaillard de la Chaux, dont il eut :

XI. Gaspard-Melchior d'Arbalestier, écuyer, Sgr de Beaumefort, la Gardette, ép. le 1ᵉʳ mars 1730 Lucrèce d'Arbalestier, dont il eut : 1. Gaspard-Melchior, marié en 1756 à Louise de Chanaleilles de Bellenave; 2. Paul Isaac, marié en 1768 à Catherine de Michalon.

27. ARLAMDE-MIRABEL.

D'argent à dix mouchetures d'hermines de sable 4, 3, 2, 1.

La maison d'Arlamde-Mirabel, aujourd'hui éteinte, est très-ancienne en Vivarais. Jean d'Arlamde était chevalier de Rhodes en 1475. (VERTOT, VII, 7.) Elle prouva sa noblesse devant M. de Bezons, depuis :

I. Gabriel d'Arlamde, Sgr de Mirabel, vivant en 1500, fut père de

II. Louis d'Arlamde, Sgr de Mirabel, transigea avec Louis d'Arlamde de Mirabel; il testa le 25 fév. 1526, et fut père de

III. Louis d'Arlamde, Sgr de Mirabel, fut père de

IV. Gabriel d'Arlamde, Sgr de Mirabel, ép. Marguerite de Massugier, dont il eut :

V. Louis d'Arlamde, Sgr de Mirabel, ép. le 7 avril 1586 Marthe de Borne, dont il eut :

VI. Louis d'Arlamde, Sgr de Mirabel, ép. le 21 avril 1624 Françoise de Beaumont, dont il eut : 1. Jacques, Sgr de Mirabel, D. de Viviers; 2. Antoine, Sgr de Vendrias, demeurant à Villeneuve de Berg : maintenus dans leur noblesse par jugement souverain du 9 juill. 1669.

28. ARNAIL, *alias* ARNAL.

D'or au noyer de sinople, au chef d'azur chargé de trois étoiles d'or.

I. Pierre d'Arnail, vivant en 1541, fut père de

II. Louis d'Arnail, Sgr de Mongairol, Fresol, Foulhaquier, eut pour fils :

III. Étienne d'Arnail, Sgr de Baumelles, reçut diverses reconnaissances en 1585; il ép. le 16 janv. 1585 Claude de Maurin, dont il eut :

IV. Jean d'Arnail, Sgr de la Dévéze Lacam, demeurant au D. de Mende, ép. le 21 sept. 1616 Suzanne Donceil, et il en eut : 1. Antoine-Hercule; 2. Charles, lieut. au régt de Provence : maintenus dans leur noblesse avec leur père par jugement souverain du 5 déc. 1668.

Trois frères, Jean, Étienne et Maurice, nés à Valleraugue au milieu du XVIIIᵉ siècle, appartenaient à cette famille. Jean, colonel du génie, passa au service de l'Autriche après la guerre de Sept ans, il dirigea l'école du génie militaire à Vienne, fut baron de l'empire, chev. de l'ordre de Marie-Thérèse, et se distingua au siége de Belgrade. Le prince de Ligne disait de lui qu'il avait la science de Vauban, la philosophie de Montaigne, la modestie de Catinat. Étienne embrassa l'état ecclésiastique; Maurice, dit le chevalier d'Arnal, était un brillant officier du génie, chev. de Saint-Louis, major, puis lieut.-colonel en 1791. Il ép. en 1774 la fille du colonel Mareschal, directeur des fortifications de Languedoc, dont il n'eut pas d'enfants. (RIVOIRE, *Statist. du Gard*, I, 424.)

29. ARNAUD DE LA CASSAGNE.

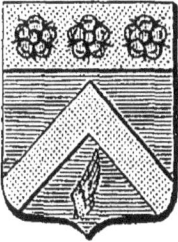

D'azur au chevron d'or accompagné d'un demi-vol de même en pointe, au chef d'or chargé de trois roses de gueule.

Paul d'Arnaud acquit en 1625, pour 23,000 livres, de Henri de Guers, baron de Castelnau, la seigneurie de Lestang et un fief considérable dans le territoire du Pouget, Saint-Bauzille et Popian. (Marquis D'AUBAÏS, I, 288.) Tiphaine d'Arnaud de la Cassagne ép. le 12 janv. 1554 Baptiste de la Baume de Casteljau. Elle était sœur de

I. Bernard d'Arnaud, co-Sgr de la Cassagne, reçut des reconnaissances féodales le 9 mars 1555; il ép. le 18 mai 1556 Marguerite de Choisinet, dont il eut :

II. Daniel d'Arnaud, Sgr de la Cassagne, ép. le 8 décembre 1593 Anne de Boileau de Castelnau, qui le rendit père de : 1. Paul qui suit; 2. Anne, mariée le 12 sept. 1631 à Marc-Antoine de Grégoire des Gardies.

III. Paul d'Arnaud, Sgr de la Cassagne, capit. de chevau-légers 1638, mestre de camp d'un régt de cavalerie 1642, avait ép. le 25 mars 1627 Louise Troupel, dont il eut :

IV. Claude d'Arnaud, Sgr de la Cassagne, demeurant à Nîmes, ép. le 24 nov. 1659 Marthe de Favier, et fut maintenu dans sa noblesse par jugement souverain du 15 janv. 1669; il eut de son mariage :

V. François d'Arnaud, Sgr de la Cassagne, baron du Pouget, ép. Anne de Pavée de Villevieille, dont il eut : 1. Paul-Abdias qui suit; 2. Anne-Renée, mariée le 28 mai 1742 à François de Pierre de Bernis.

VI. Paul Abdias d'Arnaud, Sgr de la Cassagne, baron du Pouget, rendit hommage le 14 déc. 1717 pour les seigneuries du Pouget, Saint-Amans, Saint-Bauzille, le Poujol, Vendemian, Fressan, Lestang. Il ép. 1° Renée Bonnier; 2° le 28 oct. 1749 Jeanne de Bélot; il eut de son premier mariage Anne Renée, mariée à François de Pierre, Sgr de Loubatière.

30. ARNAUD DE NEFFIEZ.

D'or à trois trèfles de sable 2 et 1.
François Prevôt, dit Arnaud, dénombra au roi la seigneurie de Neffiez le 31 mars 1539, et fut père de

I. Jacques Prevot, dit Arnaud, Sgr de Neffiez, ép. le 9 avril 1553 Claire de la Valette, de laquelle il eut :

II. François d'Arnaud, capit. de cent hommes d'armes 1590, ép. le 6 sept. 1599 Souveraine de Rosset, dont il eut :

III. Arnaud d'Arnaud, Sgr de Neffiez, ép. le 9 sept. 1626 Anne de Reboul, dont il eut :

IV. François d'Arnaud, demeurant à Neffiez, D. de Béziers, ép. le 21 nov. 1667 Anne Gourbies, et fut maintenu dans sa noblesse par jugement souverain du 26 sept. 1668.

31. ARNAUD.

D'or à trois trèfles de sable 2 et 1.
Jean et Guillaume de Pousac reçurent des hommages en 1315, 1334, 1343 et 1350.

I. Guillaume d'Arnaud, Sgr de Pousac, reçut plusieurs reconnaissances féodales en 1543, 1544, 1545, 1546, 1547. Il obtint de Joyeuse, le 16 nov. 1567, un certificat portant exemption du service qu'il devait au ban et à l'arrière-ban, et fut père de

II. Fulcrand d'Arnaud, testa le 16 nov. 1605; il eut pour fils

III. Jean d'Arnaud, Sgr de Pousac, fut père de

IV. François d'Arnaud, Sgr d'Olonzac, demeurant à Pousac, D. de Béziers, fut maintenu dans sa noblesse par jugement souverain du 26 sept. 1668.

32. ARNAUD.

D'azur à une palme d'argent plantée dans un croissant de même et trois étoiles d'or en chef; alias d'azur à une palme d'or surmontée de trois fleurs de lis d'or.

I. Honoré d'Arnaud, Sgr d'Aprémont, alias de Prémont, capit. au régt de Vitry, de Provence et de la Reine, obtint des lettres d'anoblissement au mois d'avril 1614, avec son frère Jean qui a fait la Br. B. Il acquit le fief de Marguerittes, le 30 sept. 1647; il ép. Marguerite d'Antomaire de Monvillan, dont il eut : 1. Honoré, qui suit; 2. Mathieu, demeurant à Aramon.

II. Honoré d'Arnaud, Sgr d'Apremont et de Marguerittes, demeurant à Beaucaire, D. de Nîmes, ép. le 12 août 1656 Marie de Paschal, et fut maintenu dans sa noblesse par jugement souverain du 13 nov. 1669.

Br. B. I. Jean d'Arnaud, mort avant son père, eut pour enfants : 1. Honoré-Louis; 2. André, capit. réformé de cavalerie: maintenus dans leur noblesse par jugement souverain du 31 juill. 1669.

33. ARRAGON DE FITOU.

D'argent à deux dragons volants ou amphistères affrontés d'azur, accompagnés de trois étoiles de gueule, deux en chef une en pointe (*Armor.* de 1696, 775); *alias* d'or au lion de sable, écartelé d'or à trois bandes de gueule.

La maison d'Arragon, venue peut-être d'Espagne, est très-ancienne en Languedoc, où elle a occupé un rang distingué parmi la noblesse du D. de Narbonne. Elzéar, Pierre et Arnaud d'Arragon faisaient partie des chevaliers qui prêtèrent serment au fils de Roger, vicomte de Béziers, en 1191. Isarn d'Arragon fut témoin de l'acte de substitution des biens faite par Trincavel, vicomte de Béziers, au comte de Foix en 1199. Pierre d'Arragon, qui s'était mis à la suite du légat, contribua beaucoup à la reddition des places du pays de Carcassonne à Simon de Montfort, 1209. Isarn d'Arragon était archidiacre de Carcassonne en 1212. (*Hist. de Languedoc*, 1845, V, 131, 539, 624.) Deux branches de cette maison furent maintenues dans leur noblesse par M. de Bezons. Lorsque Charles III d'Espagne, fils de Philippe V et d'Élisabeth Farnèse, alla prendre possession du trône de Naples en 1729 ou 1730, il traversa le diocèse de Narbonne voulut s'arrêter au château de Fitou et servir de parrain à Charles d'Arragon, fils de Pierre d'Arragon, Sgr de Fitou. En 1750 Charles parut à la cour de Naples, et quelques années après fut nommé colonel du régiment napolitain Dragons-Bourbon. (*Archiv. du minist. de la guerre à Naples.*) Il fit souche dans ce pays, où sa postérité a continué d'occuper de hautes fonctions militaires et les premières charges de la cour.

I. Raphaël d'Arragon, Sgr de Fitou, conseiller du roi François Ier, grand écuyer de Charles IX, maître des ports et passages de Narbonne 1560, avait ép. le 30 juin 1536 Catherine de Beauxhostes, dont il eut :

II. Pierre d'Arragon, Sgr. de Fitou, ép. le 10 mars 1584 Antoinette de Cailus, dont il eut : 1. Pierre, qui suit; 2. Raphaël, marié à Claire de la Tour, qui fut père de : *a.* Jean; *b.* Pierre, marié le 14 oct. 1666 à Magdeleine Massol : maintenus dans leur noblesse le 11 nov. 1670.

III. Pierre d'Arragon, Sgr de Fitou, ép. le 15 déc. 1624 Françoise de Genibrousse, dont il eut :

IV. Pierre d'Arragon, Sgr de Fitou, demeurant au château de Fitou, D. de Narbonne, ép. le 1ᵉʳ janvier 1666 Marie de Casteras, et fut maintenu dans sa noblesse par jugement souverain du 11 nov. 1670; il eut pour fils

V. Louis d'Arragon, Sgr de Fitou, fut père de

VI. Pierre d'Arragon, Sgr de Fitou, eut pour fils

VII. Charles d'Arragon de Fitou, filleul de Charles III d'Espagne, roi de Naples, 1730; colonel du régiment napolitain Dragons-Bourbon, 1753, s'établit à Naples et fut père de

VIII. Pierre d'Arragon de Fitou, duc de Cutrofiano, mort à Naples en 1838, av. ép. la duchesse de Cutrofiano, princesse de Squinzano, comtesse de Salice, baronne de Guagnano, grande baronne d'Afra et Bagnara, marquise de Campi, héritière de la maison de Filomarino, alliée à la maison souveraine de Castille; il eut de son mariage : 1. Raphaël qui suit; 2. N... mort en 1834; 3. et N... prince de Squinzano, chambellan à la cour de Naples.

IX. Raphaël d'Arragon de Fitou, comte d'Arragon de Fitou, maréchal de camp, général de division de cavalerie au service de S. M. le roi des Deux-Siciles, chambellan du roi Ferdinand II, ép. en France en 1833 N... d'Argy, fille du comte d'Argy.

34. ASÉMAR, alias ADHÉMAR.

D'azur à la bande d'argent chargée de trois croissants de sable, et un lion d'or en chef.

Les armes primitives de la maison d'Adhémar étaient : D'or à trois bandes d'azur ; plus tard elles ont été posées sur : Mi-parti de France ancien et de Toulouse. DEVISE : *Plus d'honneur que d'honneurs.*

Guy Allard, *Nobiliaire du Dauphiné* ; Jacques de Bergame, *Chroniques* imprimées à Venise en 1522 ; Honoré Bouche, *Chorographie de Provence* ; Pithon Curt, *Histoire de la noblesse du Comtat Venaissin* ; la Chesnaye des Bois, *Dictionnaire de la Noblesse*, mentionnent la maison d'Adhémar comme une des plus anciennes et des plus illustres du midi de la France.

Un arrêt de la Cour impériale de Nîmes du 6 juin 1839, confirmé par une décision souveraine de la Cour de Cassation du 8 mars 1841 (V. DALLOZ, I, 151), autorise la famille d'Azémar de Saint-Maurice de Casevieille à reprendre le nom d'Adhémar, comme descendant en ligne droite d'Angles d'Adhémar, fils de Pierre, et clôt définitivement toutes les contestations que ce sujet avait soulevées.

Dans cette instance, ouverte depuis 1784, Pierre Melchior d'Adhémar avait le concours des deux chefs de branche, des comtes d'Adhémar de Cransac, et des comtes d'Adhémar de Panat, qui reconnaissaient pour leur auteur commun noble Rigal d'Adhémar, Sgr de Villalongue, descendant en ligne droite de Lambert de Monteil d'Adhémar, chevalier, Sgr de Lombers, vivant en 1251. (*Hist. gén. de Languedoc*, 1845, X, 900-902.)

La branche d'Adhémar établie à Montpellier possède encore une rente foncière payée par les tenanciers d'une partie des biens provenant du partage de la baronnie de Monteclus, qui entrèrent dans cette maison par une transaction de 1281 passée entre Baudonne de Montdragon, et

Draconette de Montdragon, sa sœur, mariée à Giraud d'Adhémar, Sgr de Monteil. (*Titre nouvel reçu par Julien, notaire à Vézenobre*, le 18 sept. 1831.)

I. Pierre d'Adhémar eut pour fils

II. Angles d'Adhémar, ép. le 15 juin 1477 Isabeau de la Roque de Coloubrines. Leur contrat de mariage, qui a motivé les décisions souveraines dont il a été parlé plus haut, sera rapporté aux pièces justificatives; ils eurent pour fils

III. Pierre d'Adhémar de Saint-Maurice de Casevieille, ép. le 8 sept. 1520 Louise de Bringuier, dont il eut : 1. Thibaud qui suit; 2. Jeanne, mariée à François de la Croix.

IV. Thibaud d'Adhémar, t. le 31 mars 1612 et fut père de

V. Jacques d'Adhémar, qui eut pour fils

VI. Guérin d'Adhémar, ép. le 2 nov. 1658 Marguerite de Faucon, dont il eut Melchior qui suit, et fut maintenu dans sa noblesse par jugement souverain du 20 oct. 1669.

VII. Melchior d'Adhémar de Saint-Maurice de Casevieille et de Colombier, ép. à Montclus le 14 juill. 1707 Marguerite de Pélegrin, dont il eut : 1. Claude qui suit; 2. Jacques Guérin, qui émigra en Prusse pour cause de religion et parvint à un poste élevé auprès de la margrave de Bareith.

VIII. Claude d'Adhémar de Saint-Maurice de Casevieille, ép. Magdeleine du Bousquet, dont il eut : 1. Pierre Melchior qui suit; 2. Louis Guérin, lieut. au régt de Touraine, capit. dans les régiments de l'île Bourbon et de l'île de France, aide-major général des troupes des Colonies, chev. de Saint-Louis, commandait le fort d'Ostembourg dans l'Inde en 1787; il cultiva les lettres avec distinction et mourut en 1826, sans laisser de postérité de son mariage avec N... Jorré de Longchamp.

IX. Pierre Melchior d'Adhémar de Saint-Maurice de Casevieille, chevalier, vicomte d'Héran, préfet du dépt du Var en 1806, et baron de l'empire du 15 août 1810, avait ép. le 27 déc. 1762 Charlotte de Montolieu, qui apporta dans sa maison les terres allodiales de Saint-Jean-de-Ceirargues et de Teillan; il fut père de : 1. Jacques-Philippe qui suit; 2. Antoine-Frédéric-Louis, qui a fait la Br. C.

X. Jacques-Philippe d'Adhémar-Casevieille, officier supérieur de la marine et chevalier de Cincinnatus, fit la campagne d'Amérique sous le bailli de Suffren; il ép. le 19 août 1789 Rose de Boisson de Bagard, dont il eut : 1. Louis-Pierre-Alexis qui suit; 2. et Louis-Frédéric-Gaston, qui a fait la Br. B.

XI. Louis-Pierre-Alexis d'Adhémar-Casevieille, aujourd'hui chef de nom et d'armes de sa maison, ép. le 29 sept. 1817 Honorine Martin de Choisy. Le 26 sept. 1818, le roi nomme le *comte* d'Adhémar, capit. adjud.-major aux chasseurs de la Meuse, chevalier de la Lég. d'honneur pour prendre rang du 14 nov. 1814; et le 26 mai 1854, l'empereur confère au *comte* d'Adhémar, officier en retraite, le brevet d'officier du même ordre, pour prendre rang du 4 octobre 1852. Le comte d'Adhémar, baron de l'empire, chevalier du Mérite militaire, officier de la Légion d'honneur et de Saint-Ferdinand, a eu de son mariage : 1. Pierre-Élisabeth-Roger; 2. Marie-Edmond-Frédéric-Philippe; 3. Antoinette-Louise-Marguerite-Pauline.

Br. B. XI. Louis-Frédéric-Gaston d'Adhémar, ancien officier de cavalerie, chevalier de la Lég. d'honn., ép. le 24 juillet 1824 Aline Sabatier; dont il eut : 1. Gabrielle; 2. Fanny; 3. Rose; 4. Gaston; 5. Léopold; 6. Marius.

Br. C. X. Antoine-Frédéric-Louis d'Adhémar de Saint-Maurice, chev. de Saint-Louis, capit. au corps royal d'artil., memb. corresp. de l'Institut de France, mort le 23 janvier 1858, avait ép. le 9 juillet 1796 Rosa de Boisson de Bagard, veuve de son frère aîné, dont il eut : 1. Frédéric-Marc-Maurice; 2 et Antoine-Gabriel-Henri.

35. ASSAS.

D'or au chevron d'azur accompagné en chef de deux pins de sinople, et d'un croissant de gueule en pointe, au chef d'azur chargé de trois étoiles d'or.

De cette famille noble était Louis, dit le chevalier d'Assas, capitaine au régiment d'Auvergne, célèbre par son dévouement héroïque à Clostercamp en 1760. Sa statue orne une des places de la ville du Vigan (Gard).

Louis XVI, voulant transmettre à la postérité la mémoire du trait patriotique du chevalier d'Assas, créa en 1777 une pension héréditaire et perpétuelle de 1000 livres en faveur de la famille de ce nom jusqu'à l'extinction des mâles. (*Gazette de France*, 1777, n. 88.) Cette maison fut admise aux honneurs de la cour en 1786 et 1788.

I. Louis d'Assas testa en 1466; il fut père de

II. Jean d'Assas ép. Bourguine de Caladon, et il en eut : 1. Balthazar; 2. Fulcrand qui suit; 3. Guillaume; 4. Antoine, qui a fait la Br. B.; 5. Saluar; 6. Jean.

III. Fulcrand d'Assas, ép. le 25 déc. 1575 Hélix de Bonnail, dont il eut :

IV. Fulcrand d'Assas, qui fut père de

V. François d'Assas, Sgr de Lavrit, *alias* Lavit, demeurant au D. d'Uzès, ép. le 3 juin 1638 Anne Mestre, et fut maintenu dans sa noblesse par jugement souverain du 29 oct. 1668.

Br. B. III. Antoine d'Assas, ép. le 2 fév. 1578 Hélix de Caladon, qui le rendit père de

IV. Claude d'Assas, Sgr de la Borne, ép. le 23 juin 1604 Claude de la Bastide, dont il eut : 1. Antoine qui suit ; 2. François.

V. Antoine d'Assas, Sgr de Champfor, ép. le 15 mars 1631 Suzanne de la Farelle, dont il eut :

VI. Claude d'Assas, marié le 11 juin 1663, et maintenu dans sa noblesse, avec son père et son oncle Antoine, par jugement souverain du 29 oct. 1668.

36. ASSAS.

D'azur à une fleur de lis d'or en chef, deux étoiles à raies de même posées une à chaque flanc et un rocher d'argent en pointe.

I. Rostaing d'Assas, ép. le 3 sept. 1492 Antoinette de Ginestous, dont il eut :

II. Jean d'Assas, Sgr del Mas, donna son dénombrement le 25 mars 1539 ; il fut compris dans la revue des nobles de la sénéchaussée de Beaucaire et de Nîmes en 1521 et 1523 ; il eut pour fils :

III. Louis d'Assas, Sgr del Mas, ép. le 9 janv. 1523 Jeanne de la Roque, et il en eut :

IV. Jean d'Assas, Sgr del Mas, ép. le 19 sept. 1607 Magdeleine Duplex, et il en eut : 1. Daniel ; 2. Guillaume, Sgr del Mas y demeurant, D. de Nîmes ; 3. Jean-Antoine ; 4. François : maintenus dans leur noblesse par jugement souverain du 20 déc. 1668.

37. ASSAS.

D'or au chevron d'azur accompagné en chef de deux pins de sinople et d'un croissant de gueule en pointe, au chef d'azur chargé de trois étoiles d'or.

I. Jean d'Assas, Sgr de Marcassargues, ép. le 30 avril 1520 Françoise de Voisins, dont il eut : 1. Jean qui suit ; 2. Raimond.

II. Jean d'Assas, Sgr de Marcassargues, acquit du baron d'Alais la jurisdiction haute, moyenne et basse que ce baron avait à Saint-Jean-de-Gardonnenque ; il eut pour fils :

III. Raimond d'Assas, Sgr de Teliste et de Marcassargues, ép. le

20 nov. 1575 Marguerite de Belcastel, et il en eut : 1. Jacques qui
suit ; 2. Pierre, qui a fait la Br. B ; 3. Jeanne.

IV. Jacques d'Assas de Marcassargues, co-Sgr de Saint-Jean-de-
Gardonnenque, ép. le 4 avril 1614 Esther Saunier, dont il eut :
1. Jacques qui suit ; 2. Pierre ; 3. Jean ; 4.-Marguerite.

V. Jacques d'Assas de Marcassargues, Sgr de Saint-Jean-de-Gardonnenque, eut pour fils : 1. Jean ; 2. François, Sgr de Marcassargues et de Saint-Jean-de-Gardonnenque, demeurant au château
de la Rouvière, D. de Nîmes : maintenus dans leur noblesse par
jugement souverain du 8 juillet 1669.

Br. B. IV. Pierre d'Assas, ép. le 2 août 1618 Jacquette de la Bastide, et il en eut :

V. Jacques d'Assas, Sgr de la Bastide, ép. le 8 mai 1665 Isabeau
Guiraud, et fut maintenu dans sa noblesse par jugement souverain
du 8 juillet 1669.

38. ASSAS.

D'azur à trois fleurs de lis fleuronnées d'or ; *alias* d'azur à une tour d'or surmontée d'un cœur
enflammé et de trois étoiles d'or, au chef échiqueté d'or et d'azur. (*Catalog. des gentilsh. de la
Prov. de Languedoc.*)

I. Guillaume d'Assas rendit hommage pour lui et pour Guillaume, son frère, le 22 nov. 1488 ; il eut pour enfants : 1. Jean qui
suit ; 2. Bernard, père de Bernard, co-Sgr de Mourmoirac 1536.

II. Jean d'Assas fut père de

III. Louis d'Assas acheta de Bernard, son cousin germain, partie
de la Sgrie de Mourmoirac, le 5 avril 1536 ; il ép. Gilette Bedos, et
en eut : 1. Antoine ; 2. Pierre qui suit ; 3. autre Pierre.

IV. Pierre d'Assas, co-Sgr de Mourmoirac, fut père de

V. Laurens d'Assas, Sgr de Mourmoirac, t. le 8 août 1590 ; il eut
pour fils : 1. Paul qui suit ; 2. François, marié en juill. 1579 à Jacquette Petit.

VI. Paul d'Assas, Sgr de Mourmoirac, fut père de

VII. Jean-Louis d'Assas, Sgr de Mourmoirac, demeurant à Nîmes, capit. d'infant. au régt de Calvière 1645, ép. le 18 mai 1648
Espérance Desandrieux, et fut maintenu dans sa noblesse par jugement souverain du 15 nov. 1669.

39. AUDERIC.

D'or à l'arbre de sinople et un lion de gueule s'appuyant contre ; au chef d'azur chargé de trois étoiles d'or (VERTOT, VII, 8); *alias* Écartelé au 1 et 4 d'argent à l'arbre de sinople soutenant un lion appuyé de sable, au chef d'azur chargé de trois étoiles d'or ; au 2 et 3 d'azur au château à trois tours d'or au lambel d'argent. (Marquis D'AUBAÏS, II, 39.)

Jean d'Auderic, Sgr du château de Brusque en Rouergue, vivait en 1398, et fut père d'Antoine d'Auderic qui ép. Delphine de Casteras, et eut pour fils Déodat et Jean d'Auderic. Une ordonnance du roi Louis XI du 13 avril 1472 établit que ledit Jean et Déodat, tous deux seigneurs de Savignac, possédaient en même temps des fiefs nobles en Rouergue, où ils résidaient, et que leurs auteurs avaient fait leur service de guerre de toute ancienneté, avec les autres nobles du pays de Rouergue. (*Proc. verb. des États de Languedoc*, 1770.)

I. Déodat, *alias* Dardé d'Auderic, écuyer, Sgr de Savignac, ép. Raymonde, dont il eut : 1. Julien; 2. Jean; 3. et

II. Dardé d'Auderic, écuyer, Sgr de Savignac, ép. le 25 juin 1522 Bonne de Sainte-Colombe, dont il eut : 1. Jean qui suit; 2. autre Jean; 3. François.

III. Jean d'Auderic, Sgr de Savignac, gentilhomme ordinaire de la chambre du roi, lieut. pour le roi au gouvernement de Narbonne, ép. le 4 fév. 1556 Marie d'Alcoynes, dame de Lastours, Moujan, du Villar de Laurède, dont il eut : 1. François, qui forma la branche d'Auderic, marquis de Basillac en Bigorre, maintenue dans sa noblesse par jugement de M. Pelot, intendant de Guyenne, le 1er juin 1667; 2. Gabriel qui suit; 3. Charles, chev. de Malte, 1591.

IV. Gabriel d'Auderic d'Alcoynes, Sgr de Lastours, du Villar de Laurède, ép. le 24 juin 1614 Louise de Chambert de Bizanet, dont il eut : 1. François qui suit; 2. Charles; 3. Sébastien, chev. de Malte 1647, demeurant à Narbonne: maintenus dans leur noblesse par jugement souverain du 10 déc. 1668.

V. François d'Auderic d'Alcoynes, Sgr de Lastours, ép. le 5 fév. 1654 Louise d'Adhémar de Tauran, dont il eut:

VI. François d'Auderic, chevalier, Sgr de Lastours, ép. le 6 nov. 1699 Marie-Théodore de Boyer de Sorgues, dont il eut:

VII. Claude-Hercule d'Auderic, chevalier, Sgr de Lastours, co-Sgr de Ricardelle et de Gazaignes, ép. le 22 fév. 1740 Jeanne-Gabrielle de Villa, dont il eut:

VIII. Charles-Marie d'Auderic, chevalier, Sgr de Lastours, offic. au régt de Picardie, lieut. des maréchaux de France à Narbonne, envoyé de la baronie de Lanta aux états généraux de Languedoc en 1776, ép. le 30 avril 1776 noble Marie-Anne-Marguerite Rome.

40. AUDIBERT DE LUSSAN.

De gueule au lion passant d'or, *alias* grimpant d'or.

La maison d'Audibert de Lussan possédait des Sgries importantes aux diocèses d'Uzès et de Viviers. Elle a fourni cinq chevaliers de l'ordre de Malte de 1582 à 1719 (VERTOT, VII, 8), des gentilshommes de la chambre, des officiers généraux et un chevalier des ordres du roi. La terre de Lussan fut érigée en comté le 9 oct. 1645. (LACH. DESB., I, 527. — *Merc. de France*, 1751, 1258. — P. ANSELME, IX, 243.)

I. **Jacques d'Audibert**, Sgr de Lussan, dénombra sa terre de Lussan au roi, le 16 avril 1504; il fut père de

II. **Pierre d'Audibert**, Sgr de Lussan, épousa Claudine de Laudun, dont il eut: 1. Joachim; 2. et

III. **Gaspard d'Audibert**, Sgr de Lussan, capit. d'infant. 1533, ép. 1° Jeanne Bourdal d'Aramon; 2° Gabrielle de Pélegrin; il eut de son premier mariage : 1. Gabriel qui suit; et du second, 2. Simon, qui a fait la Br. B.; 3. et 4. Jean et Adam, chev. de Malte 1586.

IV. **Gabriel d'Audibert**, Sgr de Lussan et de Valros, capit. de chevau-légers 1574, avait ép. le 11 nov. 1558 Gabrielle de Budos, sœur du marquis de Portes, dont la fille Louise ép. le 19 mars 1593 Henri, duc de Montmorency; il eut de son mariage : 1. Charles qui suit; 2. Jean, chev. de Malte 1594; 3. Noémi, alliée le 9 mars 1576 à Jean de Bérard de Montalet.

V. **Charles d'Audibert de Lussan**, Sgr de Valros, ép. le 10 janv. 1588 Marguerite d'Albert de Montdragon, dont il eut : 1. Jacques qui suit; 2. Jeanne, mariée en 1623 à Antoine de Castillon, baron de Saint-Victor.

VI. **Jacques d'Audibert**, Sgr de Lussan, baron de Valros, Sgr de Saint-André d'Olerargues et de Saint-Martin de Careiret, obtint l'érection de la terre de Lussan en comté le 9 oct. 1645; il ép. le 20 juill. 1628 Jeanne de Beauvoir du Roure, dont il eut : 1. Nicolas; 2. Jean qui suit; 3. François; 4. Joseph, chev. de Malte 1666: maintenus dans leur noblesse avec leur père par jugement souverain du 29 nov. 1668.

VII. **Jean d'Audibert**, comte de Lussan, baron de Valros, chev. des Ordres du roi 1688, premier gentilhomme de la chambre du prince de Condé, mourut au mois de fév. 1712, laissant pour fille

-unique de Marie-Françoise de Raimond, son épouse, dame de Brignon, de Sénillac et de Rozières :

Marie-Gabrielle d'Audibert de Lussan, duchesse de Melfort, morte au château de Saint-Germain en Laye le 15 mai 1741. Elle avait été mariée en premières noces le 20 juill. 1700 avec Henri de Fitz James, duc d'Albemarle, pair de la Grande-Bretagne, chev. de l'ordre de la Jarretière, lieutenant général des armées navales de France; fils naturel de Jacques II, roi de la Grande-Bretagne; en secondes noces avec Jean Drummond, duc de Melfort, aussi pair de la Grande-Bretagne. Elle avait eu du duc d'Albemarle une fille, morte religieuse ; et de son mariage avec le duc de Melfort, plusieurs enfants, entre autres : Forth Drummond Melfort, comte de Lussan, Sgr de Brignon et Rozières (vivant en 1770).

Le duc de Melfort assista en 1788 à une assemblée de gentilshommes tenue à Uzès.

Br. B. IV. Simon d'Audibert, t. le 28 fév. 1621 ; il avait ép. Claude de Mirman, dont il eut : 1. Charles qui suit; 2. Louis qui a fait la Br. C. ; 3. Hercule.

V. Charles d'Audibert, Sgr. de la Pise, demeurant à Saint-Jean de Maruéjols, D. d'Uzès, fut père de

VI. Charles d'Audibert, Sgr de la Pise, mousquetaire du roi 1668, fut père de Jacques, Sgr d'Aleirac, et maintenu dans sa noblesse avec son père par jugement souverain du 29 nov. 1668.

Br. C. V. Louis d'Audibert, Sgr de Massillan, la Roche-Chéri, co-Sgr de Saint-Pons 1641, maréchal de camp 1655, capitaine châtelain de Bay au D. de Viviers, y demeurant, avait ép. le 17 mai 1643 Magdelcine du Pont, dont il eut : 1. Jacques-Alexandre qui suit; 2. Jacques : maintenus dans leur noblesse avec leur père par jugement souverain du 29 nov. 1668.

VI. Jacques-Alexandre d'Audibert, Sgr de Massillan, colonel d'infanterie, tué par les camisards, en Vivarais 1709; il avait ép. le 29 avril 1692 Jeanne de Chieza, dont il eut : 1. Charles-Claude-Joachim qui suit; 2. Louis-Jacques, archevêque de Bordeaux 1744; 3. Alexandre-Louis, chev. de Malte 1719.

VII. Charles-Claude-Joachim d'Audibert de Lussan, Sgr de la Roche-Chéri, Saint-Pons, Bay sur Bay, dit le comte de Lussan, depuis l'extinction de la branche aînée, premier gentilhomme de la chambre du comte de Charolais, prince du sang, était lieutenant général des armées du roi en 1748.

41. AURÈLE.

I. Pons Aurèle, anobli par lettres patentes du mois de décembre 1612, fut père de

II. André Aurèle, écuyer, Sgr de Terreveire, Crouzet, et la Fredière, t. le 24 mars 1638; il eut pour enfants : 1. Pons, Sgr de Terreveire et du Crouzet, demeurant en Auvergne, obtint le 5 déc. 1667 un arrêt du conseil qui confirma les lettres d'anoblissement obtenues en 1612, en vertu duquel il fut maintenu dans sa noblesse par jugement souverain du 9 sept. 1669; 2. Jean; 3. Pierre, Sgr de Tevenis, *alias* Terreney, prieur du monastère de Sainte-Marie de Viaye, D. du Puy; 4. André: maintenus dans leur noblesse par jugement souverain du 9 sept. 1669.

42. AUSERAN.

I. Louis Auseran eut pour enfants : 1. Louis, qui ép. Marguerite Dragon, veuve en 1542; 2. et

II. Jean Auseran, Sgr de Benistan, en faveur duquel il y eut investiture et quittance de lods le 17 juin 1526; il eut pour fils

III. Claude Auseran, qui fut père de

IV. Antoine Auseran, Sgr de Benistan, ép. le 22 nov. 1600 Françoise Besse, de laquelle il eut : 1. Anne qui suit; 2. Claude, Sgr de Beaupré, ép. le 15 nov. 1639 Gabrielle Riols.

V. Anne Auseran de Benistan, Sgr de Ventajon, ép. le 2 oct. 1623 Suzanne de Pineton de Chambrun, dont il eut :

VI. Claude Auseran de Benistan, demeurant au D. de Mende, fut maintenu dans sa noblesse avec son père et Claude son oncle, par jugement souverain du 23 déc. 1669.

43. AUTEFORT, *alias* HAUTEFORT.

Écartelé au 1 d'or au lévrier d'azur passant sur trois forces de sable ; au 2 et 3 palé d'argent et de sable de six pièces et un chef d'azur chargé de trois étoiles d'or ; au 4 de gueule à deux lions adossés d'or surmontés d'un léopard d'argent qui est de Lestrange.

La maison d'Autefort, *alias* Hautefort de Lestrange, est originaire du Périgord. C'est une branche issue de la maison de Gontaut. Hélie de Gontaut ép. en 1388 Marthe de Born, dame de Hautefort et de Thenon ; ils eurent pour fils Antoine, aïeul de Jean, dont la postérité fut maintenue en Languedoc par M. de Bezons. (P. ANSELME, VII, 327-342.)

I. Jean d'Autefort, ép. en 1499 Marie de la Tour-Turenne, dont :

II. Jean d'Autefort, ép. le 20 fév. 1529 Catherine de Chabannes, dont il eut :

III. Gilbert d'Autefort, ép. le 11 oct. 1547 Louise de Bonneval, dont il eut : 1. François, Sgr d'Autefort, marquis d'Autefort, comte de Montignac, baron de Thenon, chevalier de l'ordre du Saint-Esprit, ép. le 15 nov. 1579 Louise des Cars; 2. Edme, chevalier de l'ordre du roi, gentilhomme ordinaire de la chambre; 3. et

IV. René d'Autefort, Sgr du Theil, gouverneur du Puy, conseiller d'État 1614, av. ép. le 22 fév. 1579 Marie de Lestrange, dame de Boulogne en Vivarais, Montbrun, Cheylane, Marsal, fille unique de Claude de Lestrange et de Catherine de Chabannes, dont il eut : 1. Claude qui suit; 2. Frédéric; 3. Guillaume; 4. Gabriel, qui a fait la Br. B., maintenus dans leur noblesse par jugement souverain du 26 sept. 1669.

V. Claude d'Autefort, vicomte de Cheylane et Privas, gouverneur du Puy 1620, commandant en Vivarais pour *Monsieur* et le duc de Montmorency 1632, fut battu et fait prisonnier par le maréchal de la Force, et conduit au Pont-Saint-Esprit, où Machault, intendant de Languedoc, lui fit couper la tête, août 1632, malgré le maréchal de la Force, qui lui avait fait grâce de la vie. Il av. ép. Paule de Chambaud, dame de Privas, dont il eut : 1. Marie; 2. Françoise.

Br. B. V. Gabriel d'Autefort, baron de Lestrange, Sgr de Joanas et Montréal, ép. Marie de Balasuc, dont il eut :

VI. François d'Autefort, marié à Catherine de Chanaleilles, dont : Jean-Baptiste, capitaine d'infanterie.

44. AUTEMAR, *alias* AUTHEMAR.

Écartelé au 1 et 4 d'azur à deux bandes d'or, au 2 et 3 d'azur à la bande d'argent accompagnée d'une fleur de lis d'or en chef et d'une rose d'argent en pointe.

Maison originaire de Provence. Le chef de la branche établie en Languedoc, aux diocèses de Narbonne et d'Alby, obtint de François Iᵉʳ des lettres patentes du 11 avril 1516, portant injonction au sénéchal de Carcassonne de le faire jouir de tous les privilèges de noblesse. (Marquis d'AUBAÏS, II, 44.) Nous donnons les différentes branches telles que les rapporte le marquis d'Aubaïs.

I. Pierre d'Authemar, vivant en 1511, fut père de

II. Simon d'Authemar, Sgr de Treilles, Feuillan et Ortoulx, t. le 3 août 1546, et fut père de

III. Louis d'Authemar, Sgr de Vires, ép. 1° le 3 juill. 1536 Jeanne de Saint-Jean; 2° le 7 janv. 1560 Jacquette Bauquia, dont il eut : 1. Henri qui suit; 2. François, auteur de la Br. B.

IV. Henri d'Authemar, Sgr de Vires, commissaire des guerres en

Languedoc, ép. le 5 fév. 1596 Anne Sabatier, dont il eut : 1. Raulin qui suit ; 2° Antoine qui a fait la Br. C.

V. Raulin d'Authemar, Sgr de Vires, ép. le 3 fév. 1622 Anne du Bosc, et il en eut : 1. Henri ; 2. François ; 3. Joseph, religieux : maintenus dans leur noblesse par jugement souverain du 12 déc. 1668.

Br. B. IV. François d'Authemar, Sgr de Vires et Tauran, ép. le 5 oct. 1595 Marie Dumas, dont il eut :

V. Jean d'Authemar, Sgr de Tauran, ép. le 20 fév. 1625 Anne de Toulouse, dont il eut : François, maintenu dans sa noblesse avec son père par jugement souverain du 12 déc. 1668.

Br. C. V. Antoine d'Authemar, ép. Marie Cœur de Chesné, et il en eut : 1. Henri ; 2. Jean-Pierre, demeurant à Narbonne : maintenus dans leur noblesse par jugement souverain du 13 janv. 1669.

Br. D. I. Jacques d'Authemar, Sgr de Feuillan et de Treilles, t. le 22 juill. 1532 ; il fut père de

II. Pierre d'Authemar, ép. Marquise d'Exea, et il en eut :

III. Jean d'Authemar, Sgr de Roquecourbe, ép. le 11 fév. 1640 Marie d'Estournel, et il en eut : 1. Jacques ; 2. Bernardin : maintenus dans leur noblesse par jugement souverain du 12 déc. 1668.

Br. E. I. Jacques d'Authemar, Sgr de Treilles, Feuillan et Ortoulx, t. le 3 juill. 1572, et eut pour fils :

II. Henri d'Authemar, t. le 22 avril 1622 ; il eut pour fils :

III. Jean d'Authemar, conseiller du roi et son avocat au siége de Narbonne, ép. le 10 avril 1617 Isabeau Sclavari, et il en eut :

IV. Jean d'Authemar, Sgr de Lante et de la Planasse, demeurant à Narbonne, ép. le 15 juin 1648 Magdeleine Gleygues, et fut maintenu dans sa noblesse par jugement souverain du 14 janv. 1671.

45. AUTUN.

D'azur au cœur d'argent percé de deux flèches de même en sautoir.

Ancienne maison de Gévaudan, connue depuis Jean d'Autun de Campelos, vivant en 1441 dans la paroisse de Sainte-Cécile d'Andorge, et Antoine d'Autun, vivant en 1471 dans la même paroisse, mentionnés dans l'Armorial général de D'HOZIER, R. V.; 2e p., 3, 10. (LACH. DESB., XIV, 20.) La filiation authentique et prouvée devant M. de Bezons commence à

I. Bernard d'Autun, écuyer, Sgr de Sauveplane et de Saint-Jean de Valériscle, ép. le 22 janv. 1525 Marguerite du Ranne, dont il eut :

II. Charles d'Autun, écuyer, Sgr de Sauveplane et de Campelos, ép. le 17 juin 1564 Jeanne de Calmel de Gazel, dont il eut :' 1. Jean qui suit; 2. Jacques, marié à Élisabeth de Pluviers, qui, étant veuve, ép. Charles-Robert de la Marck, comte de Braine, maréchal de France; elle avait eu de son premier mariage Marguerite, qui ép. Henri-Robert de la Marck, duc de Bouillon, capitaine des cent-suisses, né de cette seconde union.

III. Jean d'Autun, écuyer, Sgr de Sauveplane, ép. le 2 déc. 1596 Claudine de Marin, dont il eut : 1. Antoine; 2. et

IV. Jacques d'Autun, écuyer, Sgr de Sauveplane, la Rouvière, le Théron, capit. au régt de Savines, infanterie, ép. le 7 mars 1641 Catherine le Blanc de la Rouvière, dont il eut : 1. Pierre qui suit, et fut maintenu dans sa noblesse par jugement souverain du 25 sept. 1669.

V. Pierre d'Autun, écuyer, Sgr de la Rouvière, ép. le 7 août 1683 Marguerite-Cécile d'Autun, sa cousine, dont il eut : 1. Jacques qui suit; 2. Simon-Pierre, qui a fait la Br. B.; 3. Marguerite-Cécile; 4. Marie.

VI. Jacques d'Autun, écuyer, Sgr de Sauveplane, ép. Jeanne Valentin, dont il eut : 1. Jean-Jacques, écuyer, Sgr de Sauveplane, lieut. d'infant., mort sans postérité 1775 ; 2. Jean-Marc, lieut. du corps des volontaires de Cornick 1779 ; 3. Jean-Baptiste-Nicolas, volontaire dans le régt de Condé-infanterie, héritier de son frère aîné, et retiré du service en 1775.

Br. B. VI. Simon-Pierre d'Autun, écuyer, lieut. au régt de Condé, ép. le 5 juill. 1721 Marie-Anne Neveux, dont il eut :

VII. Pierre d'Autun, écuyer, après avoir servi dans l'armée, fut reçu manufacturier de la draperie royale de Sedan, et nommé colonel de la milice bourgeoise de cette ville; ép. le 18 juill. 1748 Jeanne-Marie Beauchamp, dont il eut : 1. Remy qui suit; 2. Louis, manufacturier de la draperie royale de Sedan, ép. le 12 fév. 1781 Catherine Henco, dont il eut : 1. Pierre; 2. Marie-Jeanne, religieuse; 3. Marie-Charlotte; 4. Marie-Anne.

VIII. Remy d'Autun, écuyer, capit. de la milice bourgeoise et manufacturier de la draperie royale de Sedan, ép. Marie-Charlotte le Sage, dont il eut : 1. Claude-Jean-Charles; 2. Auguste-Pierre-Charles, né à Paris 1782, paroisse Saint-Nicolas-des-Champs.

46. BASCHI D'AUBAÏS.

Écartelé au 1 et 4 d'argent à l'ours dressé de sable; au 2 et 3 d'azur à la jumelle d'argent accompagnée de trois besants de même en chef et de trois en pointe, les trois derniers 2 et 1; sur le tout de gueule à l'écu d'argent en abîme fascé de sable.

La maison de Baschi est originaire d'Italie et « illustre dans son origine, suivant l'assertion de Machiavel, qu'il faut croire lorsqu'il dit du bien. » (MAYNIER, 63.) Baschi est un comté situé en Toscane. Moréri a fait connaître cette maison depuis Ugolino, Sgr de Baschi, de Vittozzo et de Montemarano, vivant en 1080; elle s'est alliée aux Médicis, aux Borromée, aux Piccolomini. Le premier qui s'établit en France fut Guichard de Baschi, Sgr en partie de Vittozzo, de Morano et de Latera, qui suivit en Provence Louis II d'Anjou, roi de Naples et de Sicile, dont il était le premier écuyer; il fit son testament le 7 sept. 1425, dans lequel il est qualifié *noble* et *puissant homme*, veuf de Jacquette de Farnèse, sœur de Rainuce de Farnèse, aïeul du pape Paul III. (*Bibl. Imp., Mss. Lang.*, II, 105. — *Hist. de la maison d'Aubaïs*, in-12, 1664, *Bibl. de Nîmes.*)

Aubaïs était une ancienne baronie entre Sommières et Lunel, à laquelle le roi unit plusieurs autres terres et les érigea, par lettres patentes du mois de mai 1724, en marquisat. Ces terres qui, dans le XIIIe siècle, appartenaient à la maison de Langussel, dont il y a eu un cardinal, furent portées par la dernière fille de ce nom dans la maison de Pelet-Narbonne. Jeanne de Pelet les porta en 1380 dans celle de Bermond d'Anduze en épousant Antoine de Bermond, baron du Caïla. Elles passèrent ensuite dans celle de Bozène, qui finit par une fille qui les porta dans celle de du Faur, et de celle-ci elles ont passé dans celle de Baschi. (MORÉRI, 1, 474.) Le château d'Aubaïs appartient, depuis la fin du dernier siècle, à la maison d'Urre.

I. Guichard de Baschi, et non Bachi, Sgr de Vittozzo, ép. Jacquette de Farnèse; t. le 7 déc. 1425, il fut père de

II. Bertholde de Baschi, écuyer d'écurie de Louis, comte de Provence, roi de Jérusalem et de Sicile 1413, ép. 1° Philippe de Pontevez; 2° le 22 avril 1433 Marguerite d'Adhémar de Monteil; 3° le 7 mars 1453 Catherine d'Allamanon, et il en eut :

III. Thadée de Baschi, Sgr de Saint-Estève, en Provence, ép. 1° Honorade Monge; 2° Catherine de Barras, dont il eut :

IV. Louis de Baschi, Sgr de Saint-Estève et Thouars, ép. le 27 avril 1537 Melchionne de Matheron, de laquelle il eut : 1. Louis qui suit; 2. et 3. Octavien et Mathieu, chev. de Malte 1567; 4. Alexandre.

V. Louis de Baschi, Sgr d'Auzet et Saint-Estève, ép. le 4 oct. 1569 Louise de Varei, dont il eut :

VI. Balthazar de Baschi, Sgr de Saint-Estève, gentilhomme ordinaire de la chambre de Henri IV 1595, avait ép. le 28 juin 1591 Marguerite du Faur, dame d'Aubaïs et du Caïla, dont il eut : 1. Charles qui suit; 2. Louis, qui a fait la Br. B.

VII. Charles de Baschi, Sgr de Saint-Estève, ép. le 23 oct. 1611 Marthe de Reinard, et il en eut : 1. Balthazar qui suit; 2. Pierre, ecclésiastique.

VIII. Balthazar de Baschi, Sgr de Saint-Estève et de Vaunavès, ép. Suzanne de Montcalm, dont il eut : 1. Louis, Sgr de Saint-Estève; 2. Daniel : maintenus dans leur noblesse par jugement souverain du 30 janv. 1669.

François de Baschi, comte de Saint-Estève, arrière-petit-fils de Charles, vivait en 1771.

Hercule-Philippe-Étienne de Baschi, comte du Caïla, pair de France 1815, eut pour fils

Achille-Pierre-Antoine de Baschi, comte du Caïla, né le 17 février 1775.

Br. B. VII. Louis de Baschi, baron d'Aubaïs et du Caïla, gentilhomme ordinaire de la chambre du roi, maréchal de camp 1646, avait ép. le 17 juin 1614 Anne de Rochemore; dont il eut :

VIII. Charles de Baschi, baron d'Aubaïs et du Caïla, capit. de cavalerie dans le régt de son père 1638, ép. le 23 avril 1640 Marguerite Causse; il mourut le 31 janv. 1668; il avait eu de son mariage : 1. Louis qui suit; 2. Henri, qui a fait la Br. C.; 3. Charles; 4. François : maintenus dans leur noblesse par jugement souverain du 30 janv. 1669.

IX. Louis de Baschi, baron d'Aubaïs et du Caïla, ép. le 4. nov. 1673 Anne Boisson, et mourut le 16 juin 1703; il eut de son mariage

X. Charles de Baschi, marquis d'Aubaïs par lett. pat. de 1724, baron du Caïla, Sgr de Junas, né le 20 mars 1686 au château de Beauvoisin, ép. en 1716 Diane de Rosel, dont il eut : 1. Jean-François qui suit; 2. Jacqueline, mariée le 26 nov. 1744 à Alexandre-François-Joseph, comte d'Urre.

XI. Jean-François de Baschi, marquis du Caïla, ép. le 11 août 1745 Suzanne-Françoise de Baschi de Pignan, dont il eut :

XII. Henri-Louis de Baschi, comte du Caïla, né le 27 juin 1746, mort le 16 fév. 1749.

Br. C. IX. Henri de Baschi, capit. de cavalerie, ép. le 1er sept. 1678 Élisabeth de Ricard, dame de Pignan, dont il eut : 1. Jean-Louis; 2. Henri qui suit; 3. François, lieut. général 1758, marié en 1722 à Marie Guillot, dont une fille, Jeanne-Marie-Magdeleine, alliée le 8 mars 1746 à François, marquis de Roquefeuil.

X. Henri de Baschi, marquis de Pignan par lett. pat. du mois d'avril 1721, baron de las Ribes, ép. le 11 août 1720 Anne-Renée d'Estrades, dont il eut : 1. Suzanne-Françoise, mariée à Jean-François de Baschi, marquis du Caïla, son cousin; 2. Gabrielle-Pauline, mariée à Joseph-Marie-René de Turenne, marquis d'Aynac, en

Quercy, dont un fils : Henri-Amédée-Étienne, comte de l'Empire, général de brigade, chambellan de l'empereur Napoléon Ier; 3. N..., mariée au marquis de Chazeron, dont une fille : Pauline, mariée à Albert de Brancas, duc de Céreste, pair de France 1814.

La terre de Pignan est aujourd'hui possédée par la maison de Turenne.

47. BADEL.

De gueule au lion d'or armé lampassé de sable, au chef d'argent chargé d'une fasce vivrée d'azur.

I. Igon de Badel, compris dans deux revues du ban et arrière-ban de la noblesse du Vivarais le 27 juin 1536, et 27 août 1537, donna son dénombrement le 11 mars 1539 et le 2 déc. 1551; il fut père de

II. Jacques de Badel, ép. le 21 janv. 1539 Richarde de Roche-sauve, et il en eut :

III. Jean de Badel, ép. 1° le 4 mai 1572 Catherine de Noguier; 2° le 7 avril 1585 Suzanne Valin; il eut du premier mariage : 1. Alexandre qui suit; 2. Jean qui a fait la Br. B.

IV. Alexandre de Badel, ép. le 22 juin 1634 Suzanne Moulin, et il en eut :

V. Simon-Pierre de Badel, demeurant à Gentes, paroisse de Chomérac, D. de Viviers, ép. Éléonore de Vergèses, et fut maintenu dans sa noblesse par jugement souverain du 22 nov. 1668.

Br. B. IV. Jean de Badel, testa le 8 juin 1639; il eut pour enfants : 1. Simon qui suit; 2. Étienne qui a fait la Br. C.

V. Simon de Badel, ép. le 27 mars 1631 Jeanne Boyer, et il en eut :

VI. Alexandre de Badel, Sgr de Noguier, ép. le 11 fév. 1662 Anne Robert, et fut maintenu dans sa noblesse avec Étienne, son oncle, par jugement souverain du 22 nov. 1668.

Br. C. V. Étienne de Badel, ép. le 5 déc. 1639 Marie Duclaux, dont il eut :

VI. Alexandre de Badel, Sgr de la Saigne, *alias* de Cassaigne, servit dans la compagnie de Dinel pendant la campagne de 1668.

48. BADERON.

Au 1 et 4 palé d'or et de gueule ; au 2 et 3 d'argent à trois corneilles de sable.

La maison de Baderon de Maussac, en Rouergue, est connue depuis Aymeric de Baderon, chevalier, dont le fils, Rostaing de Baderon, damoiseau, épousa par contrat du 6 des nones de juillet 1295, Ermessende de Lodève, fille de feu Guillaume, sire de Lodève, et de noble dame Garsende. (LACH. DESB., 1, 757. — H. DE BARRAU, III, 707.) Elle prouva sa filiation devant M. de Bezons, depuis :

I. Pierre de Baderon, Sgr de Maussac, de la ville de Béziers; t. le 25 mars 1558; il avait ép. Philippe du Casse, dont il eut : 1. Guillaume qui suit; 2. Jean qui a fait la Br. B; 3. autre Guillaume, dont la postérité, maintenue dans sa noblesse sous le nom de *Maussac*, sera rapportée en son rang.

II. Guillaume de Baderon, Sgr de Maussac, fut père de

III. Pierre de Baderon, Sgr de Maussac, demeurant en Rouergue, ép. le 1er mars 1620 Jeanne de Boscayen, et fut maintenu dans sa noblesse par jugement souverain du 1er fév. 1669.

Br. B. II. Jean de Baderon, ép. le 4 janv. 1574 Claire de Patien, dont il eut :

III. Jean de Baderon, ép. le 18 déc. 1627 Claude Bonnefons, dont il eut :

IV. Pierre de Baderon, Sgr de Maussac, demeurant à Béziers, maintenu dans sa noblesse par jugement souverain du 1er fév. 1669.

49. BAILE.

D'azur à la bande d'or accompagnée de deux croissants d'argent.

I. Jean Baile, Sgr de Martinas, donna son dénombrement avec François son frère en 1503 et 1504; il eut pour enfants : 1. Jean qui suit; 2. François; 3. Jacques.

II. Jean Baile, Sgr de Martinas, eut pour fils :

III. Sébastien Baile, Sgr de Martinas et de Beausac, marié le 24 septembre 1576, fut père de : 1. Guillaume ; 2. Bernard; 3. et.

IV. Paul Baile de Martinas, Sgr de Pinerolcs, ép. le 18 sept. 1618 Suzanne de Courtial, dont il eut :

V. Toussaint Baile de Martinas, Sgr du Clos, y demeurant D. du Puy, fut maintenu dans sa noblesse par jugement souverain du 22 août 1669.

50. BAILE.

D'azur au lévrier courant d'argent.

Guillaume Baile, Sgr de Saint-Alban, rendit hommage le 15 fév. 1347; il ép. le 29 juin 1354 Alasie de Hautvillar, fille d'Étienne de Hautvillar, chevalier, et fit son testament le 23 juin 1358. (Marquis D'AUBAÏS, II, 50.)

I. **Pons Baile**, écuyer, ép. le 24 juin 1426, en présence d'Étienne et de Pierre de Hautvillar, Catherine de Coursilhon, et il en eut : 1. Étienne; 2. et

II. **Bermond Baile**, Sgr de la Bastide, rendit hommage au roi Dauphin en 1489; il avait ép. le 24 avril 1475 Antoinette Flottard, qui le rendit père de

III. **Guillaume Baile**, bailli de la Sicaute, Sgr de Chantemure, ép. le 29 mars 1502 Marguerite Sanan, et il en eut : .

IV. **Bermond Baile**, docteur ès droits, Sgr de Chantemure, ép. le 18 nov. 1545 Agathe Tourton, et il en eut : 1. Claude; 2. Marcellin, Sgr de Villeneuve; 3. Charles; 4. Pierre qui suit; 5. Guillaume.

V. **Pierre Baile**, conseiller du roi, juge au bailliage de Velay, ép. 1° le 18 nov. 1599 Marguerite Aiguillon; 2° le 6 janvier 1618 Jeanne Monier; il eut de son premier mariage

VI. **Antoine Baile**, Sgr des Hermans, *alias* Hormes hautes, ép. le 3 mai 1635 Jeanne de Salses, dont il eut : 1. Pierre qui suit; 2. Antoine; 3. François; 4. Jean; 5. Joseph : maintenus dans leur noblesse par jugement souverain du 15 oct. 1670.

VII. **Pierre Baile**, Sgr de la Gardelle et des Hormes hautes, y demeurant D. du Puy, ép. le 15 fév. 1659 Dorothée Saines.

51. BAILE.

D'azur au lévrier courant d'argent.

I. **Pierre Baile**, t. le 4 sept. 1554, ép. Catherine Gesset et il en eut :

II. **Henri Baile** eut une commission du roi le 25 fév. 1589 pour mettre sur pied 200 hommes; il ép. le 14 mai 1575 Marie le Fèvre, dont il eut :

III. **Henri Baile**, docteur en médecine, ép. le 5 fév. 1623 Catherine Colombi, et il en eut :

IV. **Pierre-André Baile**, Sgr de Fontblanche, demeurant à Annonay en Vivarais, ép. le 15 juin 1665 Suzanne Cadet, et fut maintenu dans sa noblesse par jugement souverain du 17 mars 1670.

52. BALAZUC, *alias* BALADUN.

D'argent à trois pals de sable, au chef de gueule, chargé de trois étoiles d'or.

Ancienne maison originaire du Vivarais, connue par filiation suivie depuis noble et puissant seigneur Girard de Balazuc, en latin Baladuno, Sgr de Saint-Montant et de Larnas, vivant en 1077, dont le fils, Pons, chevalier, prit part à la première croisade et fut tué au siége de Tripoli 1099. Pierre de Balazuc, arrière-petit-fils de Pons, ép. en 1180 Catherine de Vierne, qui reçut, conjointement avec son fils Guillaume, un hommage d'Audibert de Vogué en 1252. Albert de Balazuc ép. le 9 août 1345 Pelette de Montréal, héritière de sa maison et des terres de Montréal, Croze, Uzert, Montbrison. Antoine de Balazuc eut deux fils, Matthieu et Guillaume, qui furent substitués l'un à l'autre. Matthieu décéda sans postérité. (*Bibl. Imp., Mss. Lang.*, 1, 103.)

I. Guillaume de Balazuc, Sgr de Montréal, gentilhomme ordinaire de la chambre du roi, ép. en 1520 Anne de Rosilles, et fut père de

II. Jean de Balazuc, Sgr de Montréal, ép. le 19 oct. 1534 Anne de Borne, dont il eut : 1. Guillaume qui suit; 2. Charles, chev. de Malte, 1557.

III. Guillaume de Balazuc, Sgr de Montréal, Chazeaux, Lanas, Sanillac, gentilhomme ordinaire de la chambre du roi, maréchal de camp, ép. le 17 janv. 1580 Françoise du Roure, dont il eut : 1. Jean, Sgr de Montréal, maréchal de camp 1622; 2. Anne, mariée à Héral de Merle, baron de la Gorce; 3. et

IV. Gaspard de Balazuc de Montréal, Sgr de Lanas, ép. le 19 oct. 1614 Marguerite de la Mure, et il en eut : 1. Jean qui suit; 2. Claude; 3. Balthazar, Sgr de Veras en Dauphiné, maintenu dans sa noblesse par jugement souverain du 5 sept. 1668.

V. Jean de Balazuc de Montréal, Sgr de Lanas, demeurant à Chomerac D. de Viviers, ép. le 19 janv. 1661 Claude de Hautvillar, et fut maintenu dans sa noblesse avec ses deux frères par jugement souverain du 5 sept. 1669; il eut de son mariage sept enfants, entre autres

VI. Charles de Balazuc de Montréal, capit. dans le régt de Mailly, chev. de Saint-Louis, ép. Anne Richarde du Parquet, dont il eut : 1. Louis-François qui suit; 2. Anne-Françoise-Aimée.

VII. Louis-François de Balazuc de Montréal, capit. de grenadiers au régt de la Sarre, chev. de Saint-Louis, ép. le 9 avril 1765 Marie-Rosalie de Piolene, dont il eut :

VIII. N., comte de Balazuc de Montréal, dernier du nom, élu président des trois ordres du Vivarais, convoqués pour l'élection des députés à l'assemblée des états généraux de 1789.

53. BANDINEL.

D'azur à une patte de lion d'or et deux roses d'argent en chef, écartelé de gueule au griffon d'or, sur le tout d'or plein.

I. Jean-Antoine de Bandinel, président en la chambre des comptes de Montpellier 1552, ép. le 16 déc. 1554 Françoise de la Croix, dont il eut : 1. Jean qui suit ; 2. Grassinde, alliée le 14 fév. 1589 à Pierre de Griffi.

II. Jean de Bandinel, Sgr de Figaret, épousa le 26 mai 1591 Antoinette de Pelet, dont il eut : 1. Jean-Antoine qui suit ; 2. Gillette, alliée à Arnaud de Rignac, cons. du roi, maître ordin. en la chambre des comptes à Montpellier.

III. Jean-Antoine de Bandinel, Sgr de Figaret, épousa le 12 juin 1606 Marguerite d'Agulhac, et il en eut : 1. Jacques, Sgr de Figaret, demeurant à Agde, marié le 10 oct. 1650 à Jeanne de Grégoire ; 2. Antoine-Joseph : maintenus dans leur noblesse par jugement souverain du 19 nov. 1668.

54. BANNE D'AVÉJAN.

Écartelé au 1 et 4 d'azur à trois fleurs de lis d'or, au chef retrait de même qui est d'Estaing ; au 2 et 3 d'azur à trois flambeaux d'or allumés de gueule rangés en pal qui est de la Fare ; sur le tout d'azur à la demi-ramure de cerf d'or posée en bande qui est de Banne.

Cette maison tire son nom de la terre de Banne, au diocèse de Viviers, en bas Languedoc ; elle est distinguée dans l'ordre de la noblesse tant par ses alliances que par son ancienneté. L'Armorial général de d'Hozier, R. II, en donne la généalogie depuis Guigon de Banne, damoiseau, qui peut être sorti d'Arnaud de Banne, nommé dans une charte de 1181, ou de Hugues, mentionné dans celle de 1203. Pons, Sgr d'Avéjan, fils de Guigon, vivait en 1275 ; il fut père de Pierre de Banne, auteur d'Arnaud de Banne, damoiseau et Sgr d'Avéjan. (LACH. DESB., XIV, 26. — Bibl. Imp., Mss. Lang., I, 193.) Arnaud de Banne ép. Ferrande de Castillon ; il avait eu d'un premier mariage

I. Bermond de Banne, damoiseau, Sgr d'Avéjan, vivant en 1400, ép. Smaragde de Roux, dont il eut : 1. Raimond ; 2. Pierre qui suit ; 3. Jean, prieur d'Avéjan.

II. Pierre de Banne, damoiseau, Sgr d'Avéjan et co-Sgr de Castillon, ép. le 7 fév. 1429 Mirande de Montjoc, dont il eut :

III. Jean de Banne, damoiseau, Sgr d'Avéjan, co-Sgr de Banne et de Castillon, ép. le 15 fév. 1464 Alix de Lussan, dont il eut : 1. Pierre qui suit ; 2. Louis, prêtre ; 3. Jacques.

IV. Pierre de Banne, Sgr d'Avéjan, co-Sgr de Castillon, ép. le 5 fév. 1488 Jeanne de Barjac, dont il eut : 1. Antoine qui suit ; 2. Jean ; 3. Sébastien ; 4. Jacquette ; 5. Agnette.

V. Antoine de Banne, baron de Ferrayrolles, Sgr d'Avéjan, ép. le 21 fév. 1523 Gabrielle Aubert *alias* d'Albert, dont il eut : 1. Claude qui suit ; 2. Jean, prieur d'Avéjan ; 3. Antoine, Sgr de Saint-Privat ; 4. Louis, mort à la guerre.

VI. Claude de Banne, Sgr d'Avéjan, baron de Ferrayrolles, ép. le 7 août 1567 Dauphine de Montcalm, dont il eut : 1. Pierre qui suit ; 2. Jacques, qui a fait la Br. B. ; 3. Louis, qui a fait la Br. C. ; 4. Claude, qui a fait la Br. D. ; 5. Charles, qui a fait la Br. E. ; 6. Isabeau, mariée le 20 juill. 1605 à Jean de Gas de Bagnols.

VII. Pierre de Banne, Sgr d'Avéjan, baron de Ferrayrolles, ép. le 2 mai 1593 Anne de Caladon de la Valette, dont il eut : 1. Jacques qui suit ; 2. Gabrielle, mariée à Charles de Rochemore ; 3. Marie, alliée à Charles d'Agulhac ; 4. Françoise, mariée à Joachim de Gabriac.

VIII. Jacques de Banne, comte d'Avéjan, Lanuéjols, Montjardin, baron de Ferrayrolles, ép. le 16 sept. 1635 Marguerite de la Fare ; il fut maintenu dans sa noblesse par jugement souverain du 29 oct. 1668. — La branche aînée de cette maison, qui eut des lettres patentes de marquisat en 1736, données en faveur de Louis de Banne, lieutenant général, s'est éteinte vers la fin du XVIIIᵉ siècle, 1767.

Louis de Banne avait acquis, le 11 septembre 1732, de Marie-Josephe de Rebé, veuve de Léonor Dumaine, marquis du Bourg, la baronie d'Arques, D. d'Alet, qui donnait entrée aux états généraux de Languedoc ; il obtint du Roi, au mois d'octobre de la même année, des lett. pat. qui transféraient le titre de baronie des états aux terres et seigneuries d'Avéjan et de Ferrayrolles. Catherine-Auguste de Banne, marquise d'Avéjan, sa fille unique, était titulaire de cette baronie en 1767 ; elle mourut dans son château de Sandricourt en Picardie le 19 août 1767, et la baronie d'Avéjan passa à Pierre de Banne, Sgr de Montgros, nommé le marquis de Banne. (G. DE LA TOUR, 85, 242.)

Br. B. VII. Jacques de Banne, Sgr de Terris, ép. 1° le 5 mars 1603 Louise de Brignon, dont il eut : 1. Pierre, mort sans postérité ;

2. Marguerite, mariée le 18 août 1613 à Charles d'Hilaire; 2° le 18 août 1613, Louise de Grimoard de Beauvoir du Roure, dont il eut : 1. Jean qui suit; 2. Charles, capit. au régt de Montpezat 1649; 3. Henri, Sgr. de Châteauvieux.

VIII. Jean de Banne, Sgr de Montgros, ép. 1° Suzanne de Rosel; 2° le 14 août 1649 Gabrielle de Chalas, dont il eut :

IX. Pierre de Banne, Sgr de Montgros et de Lignemaille, ép. le 9 déc. 1676 Françoise de Barre, fut maintenu dans sa noblesse par jugement souverain du 29 oct. 1668; il eut de son mariage : 1. Charles qui suit; 2. Henri, tué à Crémone 1702; et trois filles.

X. Charles de Banne, Sgr de Montgros et de Lignemaille, ép. 1° le 15 janv. 1705 Marie Lefils; 2° le 23 fév. 1707 Marie-Anne Fraissines; il eut de son premier mariage : 1. Pierre qui suit; et du second, 2. Jean, Sgr de Sandricourt et d'Amblainville, maréchal de camp 1748, gouverneur d'Ardres en Picardie, ép. le 11 juin 1759 Marie-Geneviève de Thouron d'Arsilly, dont deux filles : Geneviève-Louise et Suzanne; 3. Louis, chanoine d'Alais., et cinq filles.

XI. Pierre de Banne, comte d'Avéjan depuis l'extinction de la branche aînée, et baron des états de Languedoc 1767, Sgr de Montgros et de Lignemaille, capit. de cavalerie en 1739, mousquetaire du roi, ép. le 27 oct. 1745 Marie-Françoise d'Arbaud de Blausac, dont il eut : 1. Jean qui suit; 2. Marie.

XII. Jean de Banne, comte d'Avéjan, capitaine de chevau-légers, ép. N... de Ranc de Sauve, fille et héritière du baron de Sauve et de Mlle de Roquefeuil, dont il eut :

XIII. Philippe de Banne, comte d'Avéjan, ép. Agathe de Castellanne, dont il eut :

XIV. Léon de Banne, comte d'Avéjan, ép. Marie de Montcalm, dont quatre filles.

Br. C. VII. Louis de Banne, ép. Anne de Leuze, et eut pour fils :

VIII. Jacques de Banne, Sgr de Méjanes, donataire de Dauphine de Montcalm, son aïeule, demeurant à Candiac.

Br. D. VII. Claude de Banne, Sgr de Cabiac, ép. le 28 avril 1610 Gabrielle de Rouverié de Cabrières, dont il eut :

VIII. Pierre de Banne, Sgr de Cabiac, conseiller au présidial de Nîmes.

Br. E. VII. Charles de Banne, ép. le 26 déc. 1611 Jacquette Tuffani, et il en eut :

VIII. Jacques de Banne, Sgr de Revegueis, demeurant à Alais.

Ces trois branches ont été maintenues dans leur noblesse par jugement souverain du 29 oct. 1668.

55. BARJAC.

D'azur à la chèvre ou mouton rampant d'or, écartelé et parti au 1 de gueule au lévrier rampant d'argent contourné, au 2 d'azur au dauphin d'or, au chef de gueule à trois étoiles d'or.

La maison de Barjac est très-ancienne; elle était répandue en Vivarais, en Gévaudan et au bas Languedoc.

Barjac est une paroisse du diocèse et à six lieues au nord d'Uzès. Raimond de Châteauneuf, Sgr de Barjac, que l'on dit être fils de Guillaume, Sgr de Châteauneuf-Randon et du Tournel, et frère aîné de Guy de Châteauneuf, tige de toute la maison de Joyeuse, eut un fils nommé Guillaume, qui fut Sgr de Barjac, et que l'on dit avoir eu postérité, mais que l'on ne rapporte point. Des titres originaux prouvent que Raimond de Barjac était Sgr de Rochegude le 28 avril 1199, et c'est de lui que descendent toutes les branches de la maison de Barjac. (Marquis d'Aubaïs, I, *Guerres civiles du Comtat Venaissin*, 342.)

Pierre de Barjac, chevalier, troubadour, vivait au XIIIe siècle. Il était le confident de Guillaume de Balaun, noble châtelain du pays de Montpellier. (Rivoire, *Stat. du Gard*, I, 434.)

I. Gilbert de Barjac se présenta au ban et arrière-ban le 13 août 1543; il ép. 1° Catherine du Rochain de Ruissas; 2° le 8 janv. 1509 Isabeau de la Blache. Il eut de sa première femme : 1. Bernard qui suit; et de la seconde, 2. François, qui a fait la Br. B.; 3. Claude; 4. Joachim.

II. Bernard de Barjac, ép. 1° Jeanne de la Gruterie; 2° Catherine de Hautvillar. Il eut de sa première femme : 1. Charles, qui ép. Simone de Lauberge, et n'en eut que Marie de Barjac, mariée à Jacques de Chambaud; 2. François qui suit, 3. Just, et cinq filles.

III. François de Barjac, auquel son père donna 300 écus d'or, ép. Claudine de La Marette, dame de Pierregourde, dont il eut : 1. Isaac qui suit; 2. Charles; 3. Judith, mariée à N. de Rochemure de Cheylus; 4. Claude, mariée à Pierre de Chambaud; 5. Élisabeth, mariée à Paul du Pont de Munas; 6. Marie.

IV. Isaac de Barjac, Sgr et baron de Pierregourde, ép. 1° le 3 sept. 1592 Louise de Rochebaron; 2° Françoise d'Arbalestier, dont il eut : 1. Marie, alliée le 7 août 1631 à Antoine du Trémolet de Lacheysserie; 2. Claire-Henriette; il avait eu de son premier mariage :

V. Jean Annet de Barjac, marquis de Pierregourde, Sgr du Bousquet, Châteaubourg, La Marette, Turnis, au diocèse de Viviers, mestre de camp d'un régt d'infanterie 1642, avait ép. le 11 mars 1620 Marguerite d'Urre du Puy-Saint-Martin; il fut maintenu dans sa noblesse par jugement souverain du 4 janvier 1669. Il eut de son mariage :

VI. Louise de Barjac, héritière de la branche de Pierregourde, ép.

le comte de Maugiron, qui fut père de François de Maugiron, marié le 27 août 1679 à Catherine-Thérèse de Sassenage.

Br. B. II. François de Barjac, Sgr dudit lieu, ép. le 20 mai 1547 Blanche du Crouzet, et il en eut : 1. Bernard qui suit; 2. Antoine, qui a fait la Br. C.; 3. Charles; et 4. François, qui a fait la Br. E.

III. Bernard de Barjac, ép. le 31 oct. 1578 Anne de Rochefort, et il en eut :

IV. Claude de Barjac, Sgr de la Blache, ép. le 8 avril 1617 Antoinette de Luzy-Pélissac, dont il eut : 1. François qui suit; 2. Jean Annet; 3. Jacques : maintenus dans leur noblesse par jugement souverain du 4 janv. 1669.

V. François de Barjac, Sgr de Termont, ép. le 2 janv. 1657 Marguerite Girin, et il en eut : 1. Jean Annet qui suit; et 2. François, auteur d'une branche éteinte en 1802 par le mariage de Lucie de Barjac avec Claude de Barjac, son cousin.

VI. Jean Annet de Barjac, sieur de la Jaye, ép. le 2 août 1685 Marguerite de Vernes; il eut de ce mariage :

VII. Jean-Jacques de Barjac, ép. le 16 juin 1722 Anne-Françoise de Longueville, dont il eut :

VIII. Claude de Barjac, ép. Jeanne-Françoise Avoye, dont il eut :

IX. Claude-Benoît de Barjac, ép. le 19 juillet 1802 Lucie de Barjac, sa cousine, et il en eut : 1. Jules-François-Claude-Benoît qui suit; 2. Amédée, chanoine; 3. Lucie-Julie-Françoise, mariée le 16 mai 1824 à Jean-Marie-Laurent, comte de Murat de Lestang.

X. Jules-François-Claude-Benoît de Barjac, ép. le 13 juill. 1831 Charlotte-Louise de Barrin, dont : 1. Athanase; 2. Lucie; 3. Stylite, mariée à son cousin germain le comte de Murat; 4. Ernestine; 5. Paul; 6. Amédée; 7. et 8. Georgine et Ludovine.

Br. C. III. Antoine de Barjac, Sgr du Bourg, ép. le 6 oct. 1575 Claude de Fontbonne, dont il eut : 1. André qui suit; 2. Jean; 3. François; 4. Claude; et 5. Claire.

IV. André de Barjac, Sgr de Rocoules, ép. Marie de Clermont Chaste, de laquelle il eut :

V. Aimé-Antoine de Barjac, Sgr de Rocoules, ép. Marie-Hélène de Suffize, et fut maintenu dans sa noblesse par jugement souverain du 4 janvier 1669; de ce mariage : 1. Denis, héritier de Rocoules, ép. Anne-Françoise des Bigots, dont une fille unique, Claudine-Marguerite, qui ép. le 15 fév. 1734 Antoine du Trémolet de Lacheysserie; 2. Henri-Antoine qui suit; 3. Henri-Louis, sieur d'Alicieux, a fait une branche depuis peu éteinte; 4. Claude, sieur de la Tuilière, non marié.

VI. Henri-Antoine de Barjac, ép. le 16 mai 1695 Louise du Bouchet, dont il eut :

VII. Henri-Louis de Barjac, ép. avant 1745 Jeanne-Claire Peyrouse ; de ce mariage : 1. Pierre-Annet Olivier qui suit ; 2. Randon, qui a fait la Br. D.

VIII. Pierre-Annet Olivier de Barjac, ép. le 12 fév. 1774 Marie-Françoise Tracol, de Saint-Péray, dont il eut : 1. Jacques-François Maurice, non marié ; 2. Louis-Alphonse qui suit ; 3. Louis Genez, mort en 1853, ancien offic. de cavalerie, et deux filles non mariées.

IX. Louis-Alphonse de Barjac, ép. le 17 mai 1809 Mélanie Bertrand de Pont-de-Vesle, dont : 1. Jean-Marie-Louis-Alphonse, né en 1810, prêtre ; 2. et Jean-Joseph-Léon, mort de ses blessures, reçu chev. de la Lég. d'hon. sur le champ de bataille en Algérie.

Br. D. VIII. Randon de Barjac, dit le comte de Barjac, maître d'hôtel du roi Louis XVI, colonel de cavalerie, ép. 1° N. du Besset ; de ce mariage, un fils établi à la Nouvelle-Orléans, et qui y a fait souche ; 2° N. de Saint-Albine, de Lyon, dont il eut :

IX. Randon de Barjac, comte de Barjac, officier sup. d'artillerie, chev. de Saint-Louis, offic. de la Légion d'honneur, ép. Reyne Bertaud, dont un fils.

Br. E. III. François de Barjac, vivant en 1590, fut père de

IV. Charles de Barjac, Sgr du Pont, ép. Geneviève de la Gruterie, dont il eut : 1. Marcellin, Sgr du Pont ; 2. Marguerite. Marcellin fut maintenu dans sa noblesse par jugement souverain du 4 janv. 1669.

56. BARJAC.

Écartelé au 1 et 4 d'argent à quatre têtes de More de sable tortillées d'argent ; au 2 et 3 de gueule à quatre pals d'or ; sur le tout d'azur au mouton passant d'or surmonté d'un croissant d'argent.

Les titres originaux de la maison de Barjac-Rochegude, que j'ai vus, ne s'expriment pas d'une manière assez claire pour constater si Guillaume de Barjac, Sgr de Rochegude, qui testa en 1348, avait pour aïeul ou pour bisaïeul Raimond de Barjac, Sgr de Rochegude, qui échangea, le 22 avril 1199, ce qu'il avait au château de Saint-Ambroix avec l'évêque d'Uzès, qui lui céda Châteauneuf, Saint-André de Crugère, et le fief que Gérard de Rochegude tenait de l'église d'Uzès. Raimond de Barjac avait épousé Pinas de Montdragon qui testa le 12 mars 1231. (Marquis d'Aubaïs, II, *Not. du haut Vivarais*, 41.)

1. Guillaume de Barjac, damoiseau, Sgr de Rochegude, fit une donation le 12 fév. 1304 à son fils, qui fut

II. Gausselin de Barjac, damoiseau, Sgr de Rochegude, ép. Hélène de Gasques, et il en eut :

III. Antoine de Barjac, damoiseau, fut père de

IV. Pierre de Barjac, vivant en 1458, eut pour fils

V. Jean de Barjac, fut père de

VI. André de Barjac, écuyer, Sgr de Gasques, ép. le 1er juill. 1537 Étiennette de la Baume, et il en cut : 1. Christophe qui suit ; 2. Charles, Sgr de Rochegude et de la Baume, commandant en Vivarais 1575, tué à Annonay.

VII. Christophe de Barjac, moine profès en l'abbaye de Sauve, fut Sgr de Gasques ; il ép. Isabeau d'Amalric, dont il cut :

VIII. Lévi de Barjac, Sgr de Castelbouc, ép. le 26 fév. 1595 Catherine de Caplus, dont il eut : 1. Annibal qui suit ; 2. Lévi, qui fait la Br. B. ; 3. Denis ; 4. Jean, Sgr de Castelbouc et Monteson, ép. le 7 août 1649 Jeanne de Gabriac ; 5. Pierre : maintenus dans leur noblesse par jugement souverain du 19 sept. 1669.

IX. Annibal de Barjac, ép. le 18 nov. 1629 Diane de Caladon, et il en cut :

X. Annibal de Barjac, Sgr de Cadenous, ép. Marie Dortes.

Br. B. IX. Lévi de Barjac, ép. le 24 nov. 1632 Jeanne de Tauriac, et il en cut :

X. Lévi de Barjac, Sgr de Castelbouc de Brueil, ép. Marguerite de Rosel, et fut maintenu dans sa noblesse par jugement souverain de M. Pelot, intendant de Guyenne.

57. BARJAC.

D'azur au bélier effaré d'or accolé de même.

I. Louis de Barjac, ép. Claude de la Baume, dont il cut :

II. Barthélemy de Barjac, ép. le 31 janv. 1536 Renée du Pui, et il en eut :

III. Charles de Barjac, Sgr de la Baume, ép. Marguerite de Bruéis, dont il cut :

IV. Denis de Barjac, ép. Magdeleine d'Audibert de Lussan, et il en cut : Charles qui suit. Denis fut héritier des biens de Jean de Barjac, Sgr de Rochegude, qui avait ép. Magdeleine de Cambis, veuve le 17 sept. 1591.

V. Charles de Barjac, Sgr de Rochegude, la Baume, Saint-Geniès, Fons-sur-Lussan D. d'Uzès, ép. le 12 oct. 1648 Antoinette Hilaire, et fut maintenu dans sa noblesse par jugement souverain du 19 sept. 1668 ; il passa en Suisse après la révocation de l'édit de Nan-

tes en octobre 1685 ; il mourut la même année. Sa sortie de France
et celle de son fils firent passer les terres de Rochegude, la Baume,
Saint-Geniès et Fons-sur-Lussan, à Ennemonde de Barjac, sa sœur,
qui mourut en 1718. Elle avait ép. Charles Rigot, comte de Mont-
joux en Dauphiné, dont le fils est mort au commencement de l'an
1758, laissant un fils mousquetaire.

58. BARJAC.

Écartelé au 1 et 4 d'argent à quatre têtes de More de sable tortillées d'argent ; au 2 et 3 de
gueule à quatre pals d'or ; sur le tout de gueule au mouton passant d'or surmonté d'un croissant d'argent.

Le jugement de maintenue de cette branche n'a pas été donné par le marquis d'Aubaïs ; nous
l'empruntons au Catalogue manuscrit des gentilshommes de la province de Languedoc, déposé
aux archives de la préfecture de l'Hérault.

I. Bertrand de Barjac, damoiseau, Sgr du Bousquet et de Vaquière, petit-fils de Bertrand de Barjac, eut pour fils : 1. Antoine
qui suit ; 2. Bertrand ; 3. Jeanne, mariée à Pierre de Banne.

II. Antoine de Barjac, Sgr du Bousquet et de Vaquière, fut père
de : 1. Christophe ; 2. Thibaud qui suit ; 3. Isabeau, mariée le 20
mai 1518 à Jean Artifet.

III. Thibaud de Barjac, Sgr du Bousquet et de Vaquière, ép.
Bonne de Nicolaï, dont il eut :

IV. Bonaventure de Barjac, écuyer, Sgr de Terin et de Vals, ép.
le 19 nov. 1553 N... Mourgues, dont il eut : 1. Charles ; 2. Gabriel-
Jacques ; 3. André ; 4. Jean ; 5. Daniel.

Hérail de Barjac, Sgr de Vals, demeurant à Villeneuve de Berg,
D. de Viviers, fut maintenu dans sa noblesse par jugement souverain du 26 mars 1670.

59. BARNIER.

D'azur au chevron d'argent accompagné de trois grues de même, et un chef d'or à trois
étoiles de gueule.

Jean Barnier était sénéchal de Beaucaire et de Nîmes en 1359, et reçut des lettres du comte
de Poitiers. (Marquis D'AUBAÏS, II, 59.)

I. Antoine Barnier, t. le 10 mai 1541 ; il eut pour fils

II. Antoine Barnier, docteur et avocat, marié le 17 août 1572, fut
père de

III. Jean Barnier, t. le 3 janv. 1617 ; il eut pour fils

IV. Jean Barnier, conseiller au présidial de Nîmes, marié le 7 av.
1639, fut père de : 1. Charles, conseiller au présidial de Nîmes ;

2. Pierre Armand; 3. Maximilien; 4. Camille; 5. Jean; 6. Édouard; 7. Théodore : maintenus dans leur noblesse par jugement souverain du 3 déc. 1668.

60. BARONNAT.

D'or à trois guidons d'azur, au chef de gueule chargé d'un léopard d'argent.

Cette maison est sortie du Forez et s'est répandue en Vivarais et en Dauphiné. Elle a donné un gentilhomme de la chambre du roi, chevalier de l'ordre de Saint-Michel, plusieurs chevaliers de l'ordre de Malte et des officiers distingués. (CHORIER, III, 38. — VERTOT, VIII, 105, 127.)

I. Michel, *alias* Imbert de Baronnat, eut pour enfants: 1. François; 2. Claude qui suit; 3. Alexandre; 4. Marie.

II. Claude de Baronnat, Sgr de la Mare, ép. avant 1524 Anne Laune, dont il eut : 1. Antoine qui suit ; 2. Jacquette, mariée le 21 juill. 1549 à Pierre Rambaud, écuyer.

III. Antoine de Baronnat, ép. le 11 sept. 1573 Charlotte Charpin, dont il eut : 1. Pierre; 2. Joseph; 3. Daniel; 4. Imbert qui suit; 5. Antoine.

IV. Imbert de Baronnat, écuyer, Sgr du Peyron, dénombra au roi le 12 mai 1639; il avait ép. le 14 avril 1611 Rainarde Gast, dont il eut : 1. François qui suit; 2. Antoine: maintenus dans leur noblesse par jugement souverain du 11 sept. 1669.

V. François de Baronnat, écuyer, Sgr du Peyron, ép. le 17 déc. 1656 Isabeau de Saignard; il fit enregistrer ses armes dans l'*Armorial* de 1696.

61. BARRAL D'ARÈNES.

De gueule au loup passant d'or, au chef cousu d'azur chargé d'un croissant d'argent entre deux étoiles d'or.

La famille de Barral d'Arènes et d'Issartines est originaire du Vigan ; maintenue dans sa noblesse par M. de Bezons, elle a fait encore ses preuves de noblesse devant d'Hozier de Sérigny en 1769 pour l'admission de Charles Théodore de Barral à l'école militaire de la Flèche, et en 1766 pour l'admission de Jeanne Louise de Barral à la maison de Saint-Cyr. (*Bibl. Imp. Mss. cab. d'Hozier.*)

I. Guillaume de Barral, Sgr d'Arènes, ép. av. 1516 Isabeau de Bossuges, et il en eut :

II. Guillaume de Barral, Sgr d'Arènes, dénombra au roi le 18 mai 1554; il ép. le 24 sept. 1562 Sibille de Cantoris, dont il eut :

III. Salvan de Barral, Sgr d'Arènes, héritier de son père le 16 nov. 1565, eut pour fils : 1. Jean qui suit; 2. Jacques, sieur de la Vialette.

IV. Jean de Barral, Sgr d'Arènes et d'Issartines, ép. le 3 juin 1609 Suzanne de Causse, dont il eut : 1. Théodore, Sgr d'Arènes, marié le 30 oct. 1650 à Isabeau de Cantal; 2. André, Sgr d'Issartines, qui suit: maintenus dans leur noblesse par jugement souverain du 18 juillet 1669.

V. André, *alias* Antoine de Barral, Sgr d'Arènes et d'Issartines, héritier de son frère mort sans postérité, ép. le 8 janvier 1659 Françoise de Guibal, dont il eut :

VI. Théodore de Barral d'Issartines, Sgr d'Arènes, lieutenant colonel d'infanterie, ép. le 12 juin 1691 Marie de Puech, dont il eut :

VII. Clément de Barral, Sgr d'Arènes et d'Issartines, officier de cavalerie au régiment de la reine, ép. le 21 sept. 1725 Anne de la Treilhe de Sorbs, dont il eut : 1. Théodore qui suit; 2. André-César-Louis, capit. au régt de Languedoc, chev. de Saint-Louis, fit partie de l'expédition du Canada.

VIII. Théodore de Barral d'Arènes, lieutenant de roi en Languedoc, qualifié dans l'exercice de cette charge marquis d'Arènes, ép. le 8 janv. 1756 Françoise de la Cour de la Gardiolle, *alias* de Valbelle, dont il eut : 1. Charles-Théodore qui suit; 2. Jeanne-Louise, reçue à Saint-Cyr en 1766.

IX. Charles-Théodore de Barral d'Arènes, marquis de Barral d'Arènes, prit part en cette qualité à l'assemblée de la noblesse de la sénéchaussée de Béziers en 1789; il fut élève de l'école militaire de la Flèche, reçu le 26 avril 1769; officier de cavalerie au régt du roi, puis capit. de dragons; il ép. le 27 oct. 1787 Esther-Jeanne-Romaine Mansord de Ferrandière, dont il eut : 1. Prosper-Théodore, lieut. d'infanterie, chev. de la Lég. d'hon., mort sans postérité; 2. et

X. Charles-Auguste de Barral d'Arènes, marquis de Barral d'Arènes, lieut. d'infant., chev. de Saint-Ferdinand d'Espagne, ép. le 26 juin 1826 Jeanne-Clémentine Maurin, dont il eut : 1. Louis-Félix-Théodore-Jules, marié en 1858 à Françoise-Marie-Henriette-Elie l'Épine; 2. Louise-Esther-Blanche, mariée le 15 fév. 1848 à Étienne-Isidore Rouquet.

62. BARRIÈRE.

D'azur au bâton écôté d'or mis en bande, et accompagné de cinq étoiles de même 3 et 2.

I. Albert de Barrière fut père de

II. Jean de Barrière, fit une reconnaissance en 1523, et eut pour enfants : 1. Albert qui suit ; 2. Françoise, mariée le 11 déc. 1529 à Dominique de Narbonne.

III. Albert de Barrière, écuyer, Sgr de la Colombière, ép. le 31 janv. 1544 Marie Mendoce, et il en eut : 1. Michel, qui suit ; 2. Françoise ; 3. Marguerite.

IV. Michel de Barrière, Sgr de Poussan et la Colombière, ép. le 2 avril 1580 Louise de Tremolet, dont il eut : 1. Jean-Pierre qui suit ; 2. Pierre, Sgr de Fresquelin, ép. le 29 mars 1638 Catherine de Coujon, dont il eut : Antoine ; 3. Mathurin ; 4. Raulin ; 5. Marie : maintenus dans leur noblesse par jugement souverain du 28 mars 1670.

V. Jean-Pierre de Barrière, Sgr de Poussan, D. de Montpellier, ép. le 23 juin 1629 Hélix Coste, dont il eut : 1. Jean qui suit ; 2. Marie.

VI. Jean de Barrière, Sgr de Poussan, ép. Isabeau de Lavit et fit enregistrer ses armes dans l'*Armorial* de 1696.

63. BEAUMONT.

Parti de gueule au chêne d'or à quatre branches passées en double cercle et ayant ses racines ; de gueule au lion d'or au chef échiqueté de trois tires d'argent et de sable.

La seigneurie de Beaumont, en Vivarais, consistait dans les trois terres de Beaumont, Saint-Melany et Donnac, qui appartenaient à la maison de Beaumont dans le XIe siècle. Elle fut donnée à Foulques, puîné de la maison de Beauvoir du Roure, par Smaragde de Beaumont, sa mère, femme de Guillaume de Beauvoir du Roure, le 4 déc. 1435 ; et par Pons de Beaumont, son aïeul maternel, le 6 fév. 1435, à la charge, par ledit Foulques, de porter le nom et les armes de Beaumont. Cette seigneurie fut érigée en baronie par lettres patentes de Louis XIII du 18 août 1616. (Lach. Desb., II, 173. — G. de Burdin, II, 299. — G. de la Tour, 133. — Vertot, VII, 12.) La généalogie de la maison du Roure sera rapportée en son rang. La branche de Beaumont prouva sa filiation devant M. de Bezons, depuis :

I. Noble et puissant Sgr Fouquet, *alias* Foulques de Beaumont, ép. Catherine de Montbrun, dont il eut : 1. Jean qui suit ; 2. Antoine.

II. Jean de Beaumont, enseigne de cent gentilshommes de l'hôtel en 1514, ép. 1° Anne d'Adhémar de Grignan; 2° Hélène de Châteauneuf de Rochebonne, dont il eut : 1. Jean qui suit; 2. Louis, proto-notaire du saint-siége.

III. Jean de Beaumont, écuyer, Sgr de Beaumont, Maurillau, ép. Anne de Comtes, dame de Sivergues, dont il eut :

IV. Rostaing de Beaumont, Sgr de Beaumont et de Rocles, baron de Beaumont par lett. pat. de 1616, ép. Jeanne de Caires de la Bastide d'Entraigues, dont il eut plusieurs enfants, entre autres : 1. Joachim qui suit; 2. Louise, mariée le 10 oct. 1601 à Jean d'Agrain, Sgr des Ubaz; 3. Antoine.

V. Joachim de Beaumont, Sgr de Saint-Cernin, baron de Beaumont, maréchal de camp, gentilhomme de la chambre du roi, rendit son nom fameux dans les guerres de religion et fit tête pendant plusieurs années aux maréchaux de Montmorency et Bassompierre, au prince de Condé et au connétable de Lesdiguières, qui l'appelaient le *brave Brison*. Ce nom de Brison, que ses descendants ont gardé en mémoire de lui, vient d'une seigneurie voisine de la terre de Beaumont qui lui fut donnée par sa mère, Jeanne d'Entraigues. Il ép. 1° Marie de la Tour Gouvernet; 2° Isabeau de Fortia d'Urban, dont il eut :

VI. Rostaing de Beaumont, capit. de chevau-légers, baron de Beaumont-Brison, Sgr de Donnac, Saint-Melany, Laval, Saint-Cernin, Fons, Villeperdrix, ép. en 1654 Françoise d'Urre du Puy Saint-Martin, dont il eut plusieurs enfants, entre autres : 1. François qui suit; 2. Louis, lieutenant-colonel; 3. Anne, mariée à Julien, Sgr de Vinezac; 3. N..., mariée à N. d'Agrain des Ubaz; il fut maintenu dans sa noblesse par jugement souverain du 1er juill. 1669.

VII. François de Beaumont, reprit le nom de sa maison, Grimoard de Beauvoir du Roure, baron de Beaumont-Brison, de l'Argentière et des états de Languedoc, par l'acquisition de la baronie de l'Argentière faite en 1730 à François Renaud de Villeneuve, évêque de Viviers, Sgr de Donnac, Saint-Melany, etc., ép. en 1688 Françoise du Bosc de Salignac, dont il eut : 1. Joseph qui suit; 2. Joseph-Laurent, bailli, grand-croix de l'ordre de Malte; 3. Anne-Joseph, commandeur de Malte, et trois filles religieuses.

VIII. Joseph de Grimoard de Beauvoir du Roure de Beaumont, baron de Beaumont-Brison et des états de Languedoc, comte de Brison, capitaine au régt du roi, cavalerie, ép. en 1721 Marie de la Fare Tornac, sœur du maréchal, dont il eut : 1. Denis qui suit, et quatre filles.

IX. Denis-François-Auguste de Grimoard de Beauvoir du Roure

de Beaumont, baron de Beaumont-Brison et des états de Langue-doc, comte de Brison, capit. de cavalerie, ép. en 1725 Françoise de Chaponay, dont il eut : 1. Nicolas qui suit; 2. Scipion; 3. Gabrielle.

X. Nicolas de Grimoard de Beauvoir du Roure de Beaumont, vicomte de Beaumont-Brison, baron des états de Languedoc, ma-réchal de camp 1780, commandeur de Saint-Lazare, ép. en 1782 Denise de Grimoard de Beauvoir du Roure, héritière de la branche aînée de cette maison, dont postérité; cette alliance réunit les deux branches séparées depuis 1420.

64. BAUX.

D'azur à l'agneau d'argent surmonté de deux jumelles de gueule et en chef d'une rose d'ar-gent.

Cette maison tire son nom du village de Baux, près Monistrol en Velay, brûlé par Lestrange en 1595. (ARNAUD, II, 46.)

I. Jacques de Baux, Sgr de Baux, fut père de

II. Raphaël de Baux, écuyer, Sgr de Baux et de Boislong, ép. le 4 juin 1540 Claude Pascal, et il en eut :

III. Jean de Baux, Sgr de Baux et de Boislong, ép. le 19 janv. 1578 Jeanne de Pousols, dont il eut : 1. Balthazar qui suit; 2. Ra-phaël, qui a fait la Br. C.; 3. Jacquès.

IV. Balthazar de Baux, Sgr de Baux, ép. le 14 mai 1606 Jeanne de Vergèses, dont il eut : 1. Pierre qui suit; 2. Claude, qui a fait la Br. B.; 3. Balthazar, Sgr de Laval.

V. Pierre de Baux, Sgr de Baux, ép. le 12 mai 1642 Claire de Montrond, et il en eut : 1. Balthazar, Sgr de Boislong; 2. Pierre; 3. François; 4. Jean-Antoine.

Br. B. V. Claude-Thomas de Baux, écuyer, Sgr d'Arnouc, ép. le 20 sept. 1642 Anne de Saignard, et il en eut : 1. Jean-Antoine; 2. Jean-François; 3. Pierre.

Br. C. IV. Raphaël de Baux, Sgr de la Gorce, t. le 2 juin 1655, et fut père de

V. Charles de Baux, Sgr de Chaluans, ép. le 21 juill. 1637 Blanche Giraud.

Les trois branches de cette maison furent maintenues dans leur noblesse par jugement souverain du 5 nov. 1669.

65. BEAUXHOSTES.

D'azur à deux mains d'argent alliées et vêtues d'or, surmontées d'une couronne perlée de même.

La maison de Beauxhostes est originaire d'Angleterre. Jean de Beaux-hostes premier de ce nom passa en France en 1270, entra au service de Philippe le Bel et accompagna ce monarque dans sa guerre de Flandre; il se distingua particulièrement à la bataille de Furnes et à la prise de Lille en 1297. Le roi, charmé de sa valeur, l'ayant fait appeler, lui demanda ce qu'il désirait pour sa récompense, Jean de Beauxhostes ayant répondu qu'il ne demandait que des armes, Philippe le Bel lui prit les mains en lui disant : « Je vous donne la main, qui est le gage de la foi que vous et les vôtres aurez pour nous et pour nos descendants. » Telle est l'origine de la noblesse et des armoiries de cette famille, qui porte *d'azur à deux mains d'argent alliées et vêtues d'or, surmontées d'une couronne royale perlée de même.* (*Hist. de Lang.*, 1845, X, 906.) Ces armes furent maintenues par M. de Bezons lors de la vérification, mais la couronne de *comte* ou perlée fut substituée par l'intendant à la couronne *royale.* La maison de Beauxhostes avait déjà contracté des alliances avec Marguerite de Villar vers 1300 ; Jean de la Croix 1327 ; Catherine de Nicolaï 1319 ; Jeanne Deydier, 1376 ; Marguerite de Nogaret 1426 ; Etafine de Rate 1412 ; Pelet de la Vérune 1460. Elle prouva sa filiation devant M. de Bezons, depuis :

I. Olivier de Beauxhostes, Sgr d'Agel en 1509, fut père de : 1. Simon qui suit ; 2. Pierre, dont la postérité, maintenue dans sa noblesse par M. de Bezons, le 19 déc. 1668, s'est éteinte vers la fin du dix-huitième siècle ; 3. Catherine, mariée le 30 juin 1536 à Raphaël d'Aragon, Sgr de Fitou.

II. Simon de Beauxhostes, Sgr d'Agel et de Sainte-Colombe, conseiller d'État et second président en la cour des aides de Montpellier 1553, ép. Marguerite des Marres, dont il eut : 1. Jean qui suit ; 2. François ; 3. Bernardine, mariée le 5 août 1582 à Jean de Sarret ; 4. Marie, alliée en nov. 1594 à Daniel de Paschal de Saint-Félix ; 5. Isabeau, mariée le 12 mars 1601 à Paul de Juge, baron de Frégeville, Sgr du Bès, conseiller en la chambre de l'édit de Castres.

III. Jean de Beauxhostes, Sgr d'Agel, de Cuxac, Fabrezan, Sainte-Colombe, Raounel, premier président en la cour des comptes de Montpellier 1588, ép. 1° en 1586 Jacquette Deydier ; 2° en 1606 Tiphaine de Rosel ; il eut de son premier mariage : 1. Pierre qui suit ; 2. Simon, qui a fait la Br. B. ; 3. Isabeau, mariée en 1611 à Pierre de Niquet, ingénieur de la province ; 4. et de son second mariage : 5. Diane, alliée le 18 fév. 1626 à Gabriel d'Hébles, baron de las Ribes.

IV. Pierre de Beauxhostes, Sgr d'Agel, de Cuxac, de Minerve, de Pardailhan, de Sainte-Colombe, premier président en la cour

des comptes, aides et finances de Montpellier après la mort de
son père, ép. le 24 janv. 1611 Françoise de Valernod, dont il eut :
1. Louis qui suit; 2. Pierre, Sgr de la Tour, mort sans postérité;
3. François, prévôt de l'église cathédrale de Saint-Pierre 1660;
4. Jean-Antoine, prévôt de l'église de Saint-Pierre, après son frère;
5. Anne, mariée le 9 fév. 1649 à Marc-Antoine de Rate.

V. Louis de Beauxhostes, Sgr d'Agel, de Cuxac et de Pardailhan,
président en la cour des comptes, aides et finances de Montpellier,
maintenu dans sa noblesse par jugement souverain du 19 déc. 1668,
ép. le 6 oct. 1661 Catherine de Girard, dont il eut : 1. François,
mort jeune et sans postérité; 2. Jeanne-Marie, alliée à Jacques-
Aymond de Franquières, et deux autres filles mortes sans enfants.

Br. B. IV. Simon de Beauxhostes d'Agel, ép. 1° le 24 oct. 1616
Marie de Saporta, dont il eut : 1. Jean; 2. Pierre; 3. Henri; 2° le
16 oct. 1624 Isabeau de Rosset, dont il eut : 4. Antoine qui suit;
5. Isabeau; 6. Louise.

V. Antoine de Beauxhostes d'Agel, écuyer, Sgr de Saint-Jean
d'Alquine, maintenu dans sa noblesse avec ses frères par jugement
souverain du 19 déc. 1668, ép. le 14 mai 1648 Anne-Jeanne de
Cellier, dont il eut : 1. Pierre, mort sans postérité; 2. Henri qui
suit; 3. Anne, mariée le 2 nov. 1697 à Georges d'Audéard de Prei-
gnes, dont la postérité est représentée aujourd'hui par la famille
de Belloc.

VI. Henri de Beauxhostes d'Agel, écuyer, ép. le 5 déc. 1693
Anne de Gros d'Homps, dont il eut : 1. Antoine, mort jeune ;
2. Gaspard Philippe qui suit; 3. Hyacinthe, capit. de grenadiers au
bataillon de Montpellier 1750, chev. de Saint-Louis 1763.

VII. Gaspard-Philippe de Beauxhostes, écuyer, capit. de grenadiers 1745, ép. en 1746 Cécile de Villar, dont il eut entre autres
enfants : 1. Joseph qui suit; 2. Catherine, mariée en 1785 à Antoine de Massia, des seigneurs de Treilhes.

VIII. Joseph-Pierre-Gaspard-Hyacinthe de Beauxhostes, lieut.
au régt des chasseurs de Lorraine 1788, ép. le 16 déc. 1790 Marie-
Jeanne-Flore Lambert, fille d'un avocat au Parlement de Paris,
dont il eut : 1. Hyacinthe-Antoine-Joseph qui suit; 2. Catherine-
Flore-Eugénie, mariée en 1812 à Louis Coste d'Espagnac.

IX. Hyacinthe-Antoine-Joseph de Beauxhostes, mousquetaire
noir 1815, chev. de la Légion d'honneur 1815; lieut. au corps royal
d'état-major 1819, prit part à la guerre d'Espagne 1823, et se retira
du service en 1827; il avait ép. le 20 avril 1825 Anne-Louise-Eugé-

nie Rey, dont il eut : 1. Joseph-Hyacinthe-Eugène qui suit ; 2. Marie-Augustine-Léonie, mariée le 4 août 1856 à Alexandre Castelbon.

X. Joseph-Hyacinthe-Eugène de Beauxhostes, ép. le 12 nov. 1857 Marie-Marguerite-Monique d'Auberjon, dont : Marie-Geneviève, née le 5 mars 1858.

66. BEAUVERGER.

Parti au 1 burelé d'azur et d'argent de dix pièces, au 2 de gueule au sautoir d'argent accompagné de quatre hermines de sable.

La maison de Beauverger, établie en Auvergne et en Languedoc, au diocèse de Viviers, a été maintenue dans sa noblesse par M. de Fortia le 14 janvier 1667, et par M. de Bezons le 6 déc. 1668. Philibert de Beauverger fit ses preuves de noblesse le 1er oct. 1587 pour être reçu chevalier de Saint-Jean de Jérusalem. (Marquis D'AUBAÏS, II, 66.)

I. Benigne de Beauverger, Sgr de Malrons, vivant en 1552, eut pour enfants : 1. Jean ; 2. et

II. François de Beauverger, Sgr de Malrons et de la Mellerie, guidon des gendarmes du Sgr de la Fayette, ép. le 6 mai 1570 Marguerite de Montméjan, et il en eut :

III. Pierre de Beauverger de Mongon, Sgr de Vernières, Colan, Chambaud, ép. le 28 mars 1598 Charlotte de Chabannes, dont il eut :

IV. François de Beauverger de Mongon, eut pour enfants : 1. Alexandre ; 2. Jacques ; 3. Jean ; 4. François ; 5 et

V. Pierre de Beauverger, Sgr de Vernières, Colan, Chambaud et Vedrines, ép. le 1er sept. 1644 Isabeau de la Tour Gouvernet, veuve de Louis d'Hauteroche, et fut maintenu dans sa noblesse par jugement souverain du 6 déc. 1668.

67. BEDOS DE CELLES.

De gueule à trois croissants d'argent surmontés de trois étoiles de même, à l'orle de huit coquilles d'argent.

Béranger de Bedos rendit hommage au roi en 1396. Georges et François de Bedos dénombrèrent au roi en 1503 et 1559. Michel de Bedos-Ferrières fut reçu chevalier de l'ordre de Malte en 1633. (Marquis D'AUBAÏS. — VERTOT, VII, 12. — Bibl. Imp., Mss. Lang., I, 103.)

I. Bernard de Bedos fut père de

II. Pierre de Bedos, Sgr de Roqueirols et de Celles, ép. en 1519 Claudine de Lestrade, et il en eut :

III. François de Bedos, Sgr de Roqueirols et de Celles, se présenta au ban et arrière-ban en 1567, eut un certificat de M. de Lauzières le 19 sept. 1569, comme il avait perdu deux chevaux au combat de Faugères; il ép. Péronne de Rousset de la Vernède, et il en eut : 1. Antoine; 2. et

IV. Gabriel de Bedos, Sgr de Celles, ép. Marguerite de Graves, dont il eut : 1. Hector qui suit; 2. Étienne; 3. Michel, reçu chev. de Malte en 1633.

V. Hector de Bedos, Sgr de Celles, ép. le 28 oct. 1636 Magdeleine de Lauzières, dont il eut :

VI. Charles de Bedos, demeurant à Caux, D. de Béziers, fut maintenu dans sa noblesse avec son père par jugement souverain du 12 sept. 1668.

68. BEGET.

D'or au chien rampant de gueule accolé d'azur ; *alias* d'azur au dauphin d'argent accompagné de trois étoiles de même, deux en chef, une en pointe. *Armor.* de 1696.

I. Jean de Beget, Sgr de Monteil, ép. vers 1520 Claude Chasallet ou la Rivoire, dont il eut :

II. Marcellin de Beget, premier écuyer, Sgr de Monteil, bailli de Monistrol en Velay, ép. 1° le 28 mars 1544 Marguerite Sauvan ; 2° le 17 sept. 1569 Anne Rochette, dont il eut :

III. Jacques de Beget, Sgr de Besset, bailli de Monistrol, ép. le 31 mai 1631 Antoinette Boyer, dont il eut :

IV. Marcellin de Beget, Sgr de Flachas, capit. d'infanterie au régt de Fabrègues 1651, ép. le 2 fév. 1660 Louise de Saignard : il fut maintenu dans sa noblesse en Lyonnais par jugement souverain du 18 février 1667, et en Languedoc le 15 janv. 1671.

Marcellin de Beget, écuyer, Sgr de Flachas, conseiller du roi, maire de la ville du Puy, fit enregistrer ses armes dans l'*Armorial* de 1696.

Arnaud de Beget, chevalier, Sgr de Flachas, ép. en 1707 Françoise de Leyris d'Esponchès, dont il eut : 1. Marie-Louise, alliée en 1745 à François de Charbonnel, Sgr de Betz; 2. Marguerite, alliée le 29 janv. 1749 à Claude Marcellin de Julien, Sgr de Villeneuve.

69. BELCASTEL DE MONTVAILLANT.

Écartelé au 1 et 4 d'azur à une tour d'argent surmontée de trois donjons crénelés ajourés et maçonnés de sable, qui est de Belcastel ; au 2 et 3 de gueule à trois lances d'or posées en pal, la pointe en haut, qui est de Montvaillant.

La maison de Belcastel est originaire du Rouergue, et connue dans les actes latins du XIIIᵉ siècle sous la dénomination de *Bello-castro*, étymologique d'un nom de terre, comme il conste des mêmes nom et armes insérés dans les nobiliaires du Rouergue et du Périgord. Elle se répandit dans le Languedoc, le Quercy et le Poitou. (LACH. DESB., XIV, 63. — BARRAU, II, 241. — *Hist. de Languedoc*, V, 378. — Marquis D'AUBAÏS, I, 318.) Jean de Belcastel, chevalier, Sgr de Belcastel en Rouergue, ép. en 1500 Christine de Sauniac, dont il eut :

I. Raimond de Belcastel, chevalier, lieutenant d'une compagnie d'hommes d'armes, ép. le 4 fév. 1526, en Languedoc, Jeanne de Montvaillant, héritière de sa maison, et peut-être fille de Fredol de Montvaillant, conseiller à la cour des aides de Montpellier 1514, dont il eut : 1. Jean qui suit ; 2. Robert, qui a fait la Br. B. ; 3. Raimond, auteur de la branche de Montlauzun, en Quercy ; 4. Jean, chev. de Malte en 1580 ; 5. Catherine, mariée le 29 janv. 1576 à François de Ginestous.

II. Jean de Belcastel, dit de Montvaillant, Sgr de Montvaillant et Castanet, présida, avec Nicolas de Calvière, Sgr de Saint-Cosme, l'assemblée des protestants tenue à Anduze le 22 nov. 1579 ; il avait ép. le 4 janv. 1553 Jeanne de Belcastel, sa cousine, dite de la Pradelle, et il en eut :

III. Pierre de Belcastel de Montvaillant, Sgr de la Pradelle, ép. le 18 juin 1587 Louise de Vabre, dont il eut :

IV. Daniel de Belcastel, Sgr de Masel, demeurant à Mauguio, D. de Montpellier, ép. le 10 avril 1638 Marie Lignère, et fut maintenu dans sa noblesse par jugement souverain du 19 janv. 1668.

De cette branche descendait le général Belcastel, qui commandait les Hollandais à la bataille de Villaviciosa, en Espagne, et où il fut tué le 10 déc. 1710. Il y avait à Mauguio, bourg du diocèse de Montpellier, vers 1718, deux demoiselles de Belcastel de la même famille que le général.

Br. B. II. Robert de Belcastel de Montvaillant, ép. le 7 avril 1571 Philippe de Boutiers, dont il eut :

III. Jean de Belcastel de Montvaillant, chevalier, Sgr d'Escayrac, ép. le 27 janvier 1597 Marguerite de Mauléon, dont il eut : 1. Jacques, maréchal de camp ; 2. Denis qui suit ; 3. Jean, auteur de la branche de Montsabès, en Poitou.

IV. Denis de Belcastel de Montvaillant, chevalier, Sgr d'Escayrac, capit. de cent hommes de pied, ép. le 22 avril 1626 Clémence de Boutiers, dont il eut :

V. Jean-Louis de Belcastel de Montvaillant, chevalier, Sgr d'Escayrac, ép. le 8 fév. 1660 Clémence de Bonnafous, dont il eut :

VI. Denis de Belcastel de Montvaillant, chevalier, Sgr d'Escayrac, ép. le 5 oct. 1694 Marguerite de Durfort, dont il eut :

VII. François de Belcastel de Montvaillant, chevalier, Sgr d'Escayrac, ép. le 18 déc. 1724 Jeanne-Nicole de la Tourrille, dont il eut : 1. Jean qui suit ; 2. 3. deux filles reçues à Saint-Cyr 1741-1745.

VIII. Jean de Belcastel de Montvaillant, chevalier, Sgr d'Escayrac, cornette au régt d'Héricy, ép. le 19 déc. 1767 Marguerite-Thérèse de Guitton de Monrepos, dont il eut : 1. Raimond ; 2. Louis.

70. BELVESER, *alias* BELVÈSE.

De gueule au lion d'or.

La maison de Belveser, qui possédait la seigneurie de Jonchères, était une des plus importantes du Velay. Elle avait entrée aux états particuliers de cette province ; en 1562 le seigneur de Jonchères, convoqué pour l'arrière-ban, contribua avec la principale noblesse du Puy à la défense de cette ville contre Blacons, lieutenant du baron des Adrets, chef des religionnaires. (ARNAUD, *Hist. du Velay*, I, 276, 330.)

I. Jean de Belveser, ép. Gilberte de Villatte, et il en eut : 1. Guion qui suit ; 2. Gausselin.

II. Guion de Belveser, Sgr de Jonchères, chevalier de l'ordre du roi 1581, ép. le 9 janv. 1572, Jeanne d'Arpajon, dont il eut :

III. François de Belveser, chevalier, Sgr et baron de Jonchères, ép. le 16 oct. 1591 Marie de Senectaire, dont il eut : 1. Antoine qui suit ; 2. Guion, prieur et Sgr. de Langogne.

IV. Antoine de Belveser, Sgr et baron de Jonchères, ép. le 23 novembre 1619 Charlotte d'Espinchal, et il en eut :

V. François de Belveser, Sgr et baron de Jonchères, Ouradour, Belveser, la Doric, Malesvieilles, ép. le 3 déc. 1645 Françoise de Quenel, et fut maintenu dans sa noblesse, avec son oncle Guion, par jugement souverain du 5 nov. 1669.

70 *bis.* BÉNAVENT,

Alias BÉNAVENT-RODEZ et RODEZ-BÉNAVENT.

D'argent à trois bandes de gueule, au chef d'azur chargé d'un lambel d'or, qui est de Bénavent. Cette maison écartèle, depuis 1784, au 1 et 4 de gueule au lion d'or, qui est de Rodez.

Le fief de Bénavent ou Bénévent, est situé en Rouergue : il a donné son nom à une maison noble connue dès l'an 1180 qui figure parmi les plus importantes de cette province. En 1208, le fief de Bénavent était une dépendance du comté de Rodez. L'histoire ne dit pas comment cette transmission s'opéra. A partir de cette époque, le nom de Bénavent sert à désigner des membres directs de la maison souveraine des comtes de Rodez.

Cette existence pour ainsi dire parallèle des deux maisons, vivant d'ailleurs dans des rapports très-intimes, et une similitude de prénoms trop parfaite des sujets contemporains, ont jeté dans la succession des comtes de Rodez et des Sgrs de Bénavent une confusion qui divise encore les généalogistes, les historiens et les annalistes sur l'époque précise de la séparation des deux familles. (V. BONNAL, *Hist. Mss. du Rouergue*, dans les extraits faits par D. Vaissette, *Mss. Lang.*, IV, 107. — *Généalogie des comtes de Rodez*, imp. 1682, p. 13-30. — P. ANSELME, II, 698. — WAROQUIER, Tabl., 1787, I, 211. — BOSC, *Hist. du Rouergue*, 1797, II, 107. — GAUJAL, *Études histor. sur le Rouergue*, 1859, III, 333-343. — BARRAU, I, 320. — DERIBIER DU CHATELET, *Dict. du Cantal*, XIᵉ liv., p. 23, 25. — BOUILLET, *Nobil. d'Auv.*, I, 199.)

A l'aide des indications diverses fournies par ces auteurs, nous croyons pouvoir établir ainsi la filiation de la branche des comtes de Rodez encore représentée de nos jours.

Henri de Bénavent, que d'autres appellent Hugues, était fils de Hugues III, comte de Rodez, associé par son père au gouvernement, 1195. Le comte Hugues mourut peu de temps après, 1196, laissant quatre enfants en bas âge qui ne succédèrent pas ; sa postérité déshéritée ne reçut un dédommagement que le 12 oct. 1230. (P. ANSELME, II, 698.)

Henri de Bénavent, cousin germain de Hugues IV, comte de Rodez, fut substitué à la succession de la comté de Rodez à certaines conditions qui ne se réalisèrent pas par le testament de ce dernier, du mois de sept. 1271, où il l'appelle *consanguineum meum ;* il eut pour fils Bernard, et Guillaume qui fut père de Gaspard et de Mirbal ; ce qui résulte de l'acte de médiation de 1307, dans lequel Bernard se qualifie de *patruus*, de Gaspard et de Mirbal. (GAUJAL, II, p. 185. — WAROQUIER, t. p. 211.)

Gaspard continua la descendance et fut l'aïeul direct de François de Bénavent, qui commence la filiation de cette maison rapportée par le marquis d'Aubaïs. (*Preuves de cour.*)

Quoique cette version n'ait pas été acceptée entièrement par M. de Gaujal, le savant magistrat dit, en terminant une dissertation très-érudite sur ce point historique : « La vraisemblance et la tradition viennent à l'appui de la prétention qu'a la maison de Bénavent d'être issue de la première race des comtes de Rodez. » (III, 342.) Bosc avait déjà dit en 1797 : « Hugues III fut regardé de tout temps comme la souche de la maison de Bénavent-Rodez qui a subsisté jusqu'ici. » (III, 212.) Waroquier, 1787 ; Bouillet, 1846 ; Deribier du Châtelet, 1854, expriment la même opinion.

Cette maison fut admise en 1784 aux honneurs de la cour, et la *Gazette de France* du 18 mai annonce que le vicomte de Bénavent-Rodez eut l'honneur d'être présenté au roi le 15 de ce mois.

Depuis cette époque, les armes et le nom de Rodez furent repris par cette famille comme seule descendant masculinement en ligne directe des comtes souverains de Rodez de la première race. La filiation prouvée devant M. de Bezons commence à

I. François de Bénavent, Sgr de Mels, ép. le 21 oct. 1307 Magdeleine de Gironde et il en eut : 1. Pierre qui suit ; 2. Olivier, Sgr de la Chapelle, dont le fils, Jean-François, ép. Marie de la Roque.

II. Pierre de Bénavent, baron de Bozouls, ép. 1° Marguerite de Salles; 2° Anne de Hautpoul; il eut de son premier mariage : 1. Jean qui suit; 2. Jacques qui a fait la Br. B.

III. Jean de Bénavent, Sgr de Salles, ép. le 7 mars 1583 Louise de Chaneteau, dont il eut : 1. Bernardin; 2. et

IV. Jean-Antoine de Bénavent, Sgr de Salles, ép. le 8 mai 1633 Antoinette de Maireville, et il en eut :

V. Jean-Pierre de Bénavent, Sgr de Salles D. de Narbonne, ép. le 20 fév. 1662 Jacquette de Ferrouil, et fut maintenu dans sa noblesse par jugement souverain du 13 oct. 1669; il eut pour fils :

VI. Jean-Gabriel de Bénavent, Sgr de Salles, ép. Anne de Sauret, dont il eut :

VII. Hyacinthe-Joseph de Bénavent, Sgr de Salles, dont la postérité s'est éteinte à Narbonne vers la fin du dix-huitième siècle.

Br. B. III. Jacques de Bénavent de Salles, Sgr de Vinassan, ép. en 1589 Gabrielle de Castelnau et il en eut :

IV. Jean de Bénavent de Salles, Sgr de Vinassan, ép. le 24 juin 1640 Isabeau de Solomiac, dame de Cabanes et de Cabrilles; il fut maintenu dans sa noblesse, au D. de Castres, par jugement souverain du 12 déc. 1668; il eut pour fils

V. François de Bénavent de Salles, Sgr de Cabrilles et de Cabannes, marié en 1680 à Marguerite de Basset, dont il eut plusieurs enfants, entre autres : 1. Jérôme qui suit; 2. N..., tué à Malplaquet 1709; 3. Antoine, capit. au régt de la Gervaisais.

VI. Jérôme de Bénavent de Salles, Sgr de Cabrilles, lieut. puis capit. au régt de Champagne 1716, blessé à Parme 1734; chev. de Saint-Louis, ép. 1° Marguerite de le Labrié; 2° Catherine-Claire de Perrin de la Marquisie, dont il eut : 1. Marc-Antoine-Joseph qui suit; 2. Alexis-Pierre-Louis, reçu à l'école militaire 1751.

VII. Marc-Antoine-Joseph de Bénavent, qualifié vicomte de Bénavent-Rodez, capit. commandant au régt colonel-général 1784, chev. de Saint-Louis 1786; major au régt royal-infanterie 1788, premier lieut. col. au même régt 1791, admis aux honneurs de la cour après les preuves faites devant Chérin le 15 mai 1784; commanda une compagnie de chasseurs nobles à l'armée de Condé pendant l'émigration; il avait ép. en 1779 N... de Nigri de Clermont-Lodève, dame de Roquenégade, dont il eut :

VIII. Hugues-Charles-Anne-Barthélemy de Bénavent-Rodez, qualifié comte de Bénavent-Rodez et descendant des anciens princes de Carlat-Rodez, ép. le 27 avril 1808 Pauline-Martin du Bosc, et il en eut trois enfants : 1. Marie-Louis-François-Léon qui suit; 2. Jean-

Joseph-Martin; 3. Marie-Théophile, marié le 30 juillet 1850 à Amélie Givernis : tous les trois appelés dans leurs actes de naissance « Rodez-Bénavent, descend ant en ligne directe et masculine des anciens princes de Carlat et de Rodez. »

IX. Marie-Louis-François-Léon de Rodez-Bénavent, comte de Rodez-Bénavent, ancien conseiller général de l'Hérault, ép. le 6 mars 1839 Zélia Clément, dont : 1. Hugues-Anne-Henri, né le 2 janvier 1840 ; 2. Marie-Augustine-Henriette-Blanche, née le 5 sept. 1841.

71. BÉNÉFICE DE CHEYLUS.

Écartelé au 1 de gueule à deux lévriers courants d'argent ; au 2 de sinople au chef d'or accompagné de trois roses d'argent ; au 3 d'azur au lion d'or armé et lampassé de gueule ; au 4 de gueule à la croix d'argent.

La terre et seigneurie de Cheylus, près de la ville de Privas, appartenait, il y a cinq ou six siècles, en toute justice, haute, moyenne et basse, à la maison de Cheylus. C'était un bourg considérable qui formait un mandement particulier ; il fut détruit pendant les guerres de religion : ses foires et marchés furent transportés à Privas. Pierre de Cheylus, damoiseau, rendit hommage en 1327 ; il est fait mention de Pons et de Raymond de Cheylus dans un acte d'hommage de 1249. Une branche cadette de cette maison passa dans le comtat d'Avignon, et la branche aînée s'est éteinte dans la maison de Bénéfice, qui possède la terre de Cheylus depuis trois siècles, 1756. (*Bibl. Imp., Mss. Lang.*, I, 103.)

I. **Pierre de Bénéfice**, Sgr de Cheylus, fut père de

II. **Claude de Bénéfice**, Sgr de Cheylus, ép. le 3 juill. 1439 Marguerite Focard, dont il eut :

III. **Claude de Bénéfice**, Sgr de Cheylus, ép. le 14 mars 1468 Bernardine Coulans, il en eut :

IV. **Jean de Bénéfice**, Sgr de Cheylus, ép. Jeanne de Pierregourde, dont il eut :

V. **Alexandre de Bénéfice**, Sgr de Cheylus, ép. Claude de Forbin, dont il eut : 1. François qui suit ; 2. Antoine qui a fait la Br. B. ; 3. David qui a fait la Br. C. ; 4. Antoine ; 5. Balthazar ; 6. Paul.

VI. **François de Bénéfice**, Sgr de Cheylus, ép. le 9 janv. 1582 Lucrèce de Barre, dont il eut : 1. Alexandre qui suit ; 2. François ; 3. Claude ; 4. Lucrèce.

VII. **Alexandre de Bénéfice**, Sgr de Tataillon et Blaissac, ép. Isabeau de Fayet, dont il eut : 1. Claude qui suit ; 2. François, Sgr de Fraissinet.

VIII. **Claude de Bénéfice de Cheylus**, Sgr de Tataillon et Blaissac, ép. Marie Trapier, et il en eut : 1. Jean ; 2. Alexandre : maintenus dans leur noblesse avec François leur oncle par jugement souverain du 19 juill. 1669.

Br. B. VI. Antoine de Bénéfice de Cheylus, Sgr d'Entrevaux, ép. Judith de Barjac, dont il eut : 1. René qui suit; 2. Antoine.

VII. René de Bénéfice, Sgr d'Entrevaux, maréchal de bataille 1647; col. d'un régt d'inf. 1652, fut maintenu dans sa noblesse avec son frère par jugement souverain du 19 juill. 1669.

Br. C. VI. David de Bénéfice de Cheylus, Sgr de Vanellieu, ép. Sarah de Cambis, dont il eut :

VII. Alexandre de Bénéfice, Sgr de Vanellieu, ép. le 6 août 1648 Gilberte de Conches, dont il eut : 1. Alexandre; 2. René: maintenus dans leur noblesse par jugement souverain du 19 juill. 1669.

Olympe Devel, veuve de François de Bénéfice de Cheylus, Sgr de Vanellieu, et Alexandre de Bénéfice de Cheylus, son frère, firent enregistrer leurs armes dans l'*Armorial* de 1696.

72. BÉNÉFICE.

Parti au 1 de gueule à deux lévriers courants d'argent; au 2 de gueule à quatre roses d'or mises en pal, au chef chargé d'un roc d'échiquier de sable à la fleur de lis de sinople au canton dextre.

I. Charles de Bénéfice reçut des reconnaissances en 1512, fut père de

II. Louis de Bénéfice eut pour enfants : 1. Charles qui suit ; 2. Louis.

III. Charles de Bénéfice, dénombra le 4 nov. 1551, fut père de

IV. Pierre de Bénéfice, t. le 19 mars 1610, fut père de

V. Guillaume de Bénéfice fut père de

VI. Louis de Bénéfice, Sgr de Montargues, bailli de la ville de Privas, ép. le 20 déc. 1662 Françoise-Catherine Pinhac, et fut maintenu dans sa noblesse par jugement souverain du 1er juillet 1669.

73. BENOIST DE LA PRUNARÈDE.

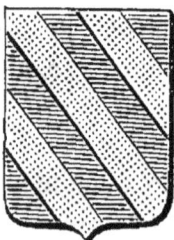

D'azur à trois bandes d'or ; *alias* d'azur à trois bandes d'or, au chef cousu de gueule, chargé de trois croissants d'argent ; coupé d'or, au lion de gueule armé et lampassé de sable, qui est de Benoist ; parti d'or au prunier de sinople, au chef d'azur chargé de trois étoiles d'or, qui est de Peiran et de la Prunarède.

L'*Histoire de Languedoc*, par D. Vaissette, les Recueils manuscrits du président Doat, et les Cartulaires de plusieurs abbayes des diocèses d Maguelonne et de Béziers, mentionnent, entre le XIe et le XVe siècle, de nombreux personnages du nom de Benoist, en latin *Benedictus*. Nous ne savons pas si ces différents personnages avaient, par titres ou par tradition, comme quelques auteurs l'ont avancé, une origine commune avec la famille de Benoist qui a pris pour devise, *Voca me cum Benedictis*. Elle prouva sa filiation authentique devant M. de Bezons, depuis :

I. Jean de Benoist, Sgr de la Cisternette, ép. 1° Anne Damat, dont il eut : 1. André qui suit ; 2. Louis, capitaine d'une compagnie de 100 hommes ; 2° Philippine de Régis.

II. André de Benoist, Sgr de la Cisternette, capit. de 200 hommes, ép. 1° le 7 fév. 1554 Anne Durand, dont il eut : 1. Jean qui suit ; 2° Françoise du Caylar, dont il eut : 2. Henri.

III. Jean de Benoist, Sgr de la Cisternette, capit. de 100 hommes de pied, gouverneur du fort de Saint-Jean-de-Fos, ép. le 10 déc. 1593 Jacquette de Ginestous de Montdardier, dont il eut : 1. Charles qui suit ; 2. François ; 3. et Jacques.

IV. Charles de Benoist, Sgr de la Cisternette et de la Prunarède, capit. d'infant. au régt de Saint-Aunais, ép. le 30 juill. 1623 Isabeau de Peiran, dont il eut : 1. Henri qui suit ; 2. François, brigadier des gardes du corps du roi ; 3. Balthazar, prêtre : maintenus dans leur noblesse par jugement souverain du 20 déc. 1669.

V. Henri de Benoist, Sgr de la Prunarède et de la Cisternette, prit part au siége de Paris en 1648, ép. le 19 juillet 1661 Gabrielle de la Treilhe, dont il eut : 1. Philippe qui suit ; 2. Charles, capit. de cuirassiers, tué au siége de Landau 1702 ; 3. Henri, chanoine, archidiacre et vic. gén. du D. de Lodève ; 4. Henri, capitaine de dragons, chev. de Saint-Louis ; 5. Gabriel, qui a fait la Br. B.

VI. Philippe de Benoist, Sgr de la Prunarède et de la Cisternette, capit. de dragons, lieut.-col. d'infanterie au régt de Languedoc 1701, avait ép. en 1699 Catherine de Ginestous, dame de Saint-Maurice, dont il eut une fille, Gabrielle, mariée à Antoine de Barbeyrac, dont le fils, marquis de Saint-Maurice, a obtenu en 1753 l'érection des susdites terres en marquisat.

Br. B. VI. Gabriel de Benoist de la Prunarède, major du régt de Noailles, ép. en 1716 Isabeau de la Treilhe-Fosières, dont il eut : 1. Jean-Gabriel, abbé de Saint-Guilhem-du-Désert, vic. gén. du D. de Montpellier ; 2. Henri, capit. de dragons, chev. de Saint-Louis, lieut. de roi en Languedoc, et gouverneur de Lodève 1786 ; 3. Guillaume ; 4. Jean qui suit ; 5. Henriette, mariée à François-Arnaud de Ginestous.

VII. Jean de Benoist de la Prunarède, dit le comte de la Prunarède, dans l'assemblée de la noblesse de Lodève en 1788, capit. au régt royal-Lorraine, fit la campagne de Bohême sous le comte de Belle-Isle 1742, ép. le 7 janvier 1772 Marie-Gabrielle de Maupoint, dont il eut : 1. Jean-André-Hercule ; 2. Marie-Charles-Jules ; 3. Marie-Jean-Hippolyte-Nestor qui suit ; 4. Eugène ; et cinq filles.

VIII. Marie-Jean-Hippolyte-Nestor de Benoist, comte de la Prunarède, ép. le 29 oct. 1829 Jeanne-Frédérique-Athénaïs Pandin de Saint-Hippolyte, fille du contre-amiral, dont : 1. Henri, décédé le 4 oct. 1851 ; 2. Marie-Fulcrand-Joseph, né le 21 janv. 1833.

74. BÉRARD-MONTALET.

D'azur au demi-vol d'argent ; *alias* de gueule au demi-vol d'argent.

La maison de Bérard-Montalet, originaire des Cévennes où elle réside encore, est connue par filiation suivie depuis Arnault de Bérard, chevalier, seigneur de Montalet, Saint-Ambroix, Potelières, Banassac, qui vivait en 1180. Un de ses petits-fils, N. de Bérard, Sgr de Mercœuil, fut chef de l'ambassade envoyée en 1304, par Philippe le Bel, à Benoît XI, lors de son élévation au pontificat. (VELLY, VII, 347.) Guillaume de Bérard, son frère, fut l'auteur de la filiation prouvée devant M. de Bezons ; il eut pour fils Guillaume qui va suivre, et Hugues, cardinal de Bretagne en 1375. La généalogie de cette maison depuis 1180 a été donnée (LACH. DESB., X, 254) d'après un arrêt du parlement de Toulouse du 2 août 1612, et par d'HOZIER, VIIᵉ R., t. XI.

I. Guillaume de Bérard de Montalet, chevalier, Sgr de Montalet, rendit hommage en 1312 ; il eut pour fils

II. Guillaume de Bérard de Montalet, chevalier, Sgr de Montalet, ép. le 24 mai 1342 Catherine de Mandagout, nièce du cardinal de ce nom, archevêque d'Embrun, et il en eut :

III. Louis de Bérard de Montalet, chevalier, Sgr de Montalet, ép. le 30 juin 1362 Hélix de Châteauvieux, dont il eut : 1. Bérard qui suit, 2. Jean.

IV. Bérard de Bérard de Montalet, chevalier, Sgr de Montalet, Potelières, ép. 1º le 15 oct. 1389 Sibille d'Ussel ; 2º le 11 fév. 1411 Guillemette de Moret, dont il eut : 1. Guillaume ; 2. et

V. Antoine de Bérard de Montalet, chevalier, Sgr de Montalet, Potelières, Banassac, ép. le 26 déc. 1450 Agnès de Borne d'Altier du Champ, dont il eut :

VI. Antoine de Bérard de Montalet, chevalier, Sgr de Montalet, Potelières, ép. le 21 nov. 1492 Alix d'Abzac de Grammont, dont il eut entre autres enfants : 1. Charles ; 2. Bertrand qui suit ; 3. Jean, marié le 3 mars 1545 à Marguerite de Rosel, fille de Pierre de Rosel et de Jacqueline de la Roque, auteur de la branche de Bérard, marquis de Villebreuil, éteinte en 1764.

VII. Bertrand de Bérard de Montalet, chevalier, Sgr de Montalet,

Bernis, ép. le 13 nov. 1538 Alix de Vesc, dont il eut : 1. Simon qui suit ; 2. Jean, qui a fait la Br. C.

VIII. Simon de Bérard, écuyer, Sgr de Tarabias et de Vestric, ép. le 14 nov. 1476 Marguerite de Buade, et il en eut : 1. Jean qui suit ; 2. Hercule, qui a fait la Br. B.

IX. Jean de Bérard, Sgr. de Tarabias et de Vestric, ép. le 29 janv. 1614 Bernardine de Villages, dont il eut :

X. Louis de Bérard, Sgr de Bernis, Tarabias, Fontarèches, Nages, Aubort, Solorgues et Vestric, maintenu dans sa noblesse par jugement souverain du 11 janv. 1669, avait ép. le 14 février 1650 Louise de Bermond Saint-Bonnet de Toiras, dont il eut : 1. Jacques ; 2. Françoise-Louise, héritière de la branche aînée, mariée le 19 mars 1691 à Jacques-François de Bermond du Caïla, marquis de Toiras, tué au combat de Leuze le 18 sept. 1691, dont la fille unique, Élisabeth-Marie-Louise-Nicole, ép. le 30 juillet 1715 Alexandre de la Rochefoucauld, duc de la Rocheguyon, pair de France.

Br. B. IX. Hercule de Bérard, Sgr de Vestric, ép. le 9 mars 1622 Jeanne d'Agde, dont il eut : 1. Jean qui suit ; 2. Hercule ; 3. Louis.

X. Jean de Bérard, Sgr de Vestric, demeurant à Bessan, ép. Isabeau de Jougla, et fut maintenu dans sa noblesse avec ses frères par jugement souverain du 11 janv. 1669.

Françoise-Gabrielle-Joséphine de Bérard Vestric, fille unique et héritière de Pierre de Bérard, Sgr de Vestric, et de Louise-Thérèse de Sarret de Coussergues, ép. le 6 mai 1768 Charles-Louis de Bérard, comte de Montalet, lieut. des vaisseaux du roi.

Br. C. VIII. Jean de Bérard de Montalet, Sgr de Montalet, qualifié marquis de Montalet, ép. le 9 mars 1576 Noémi d'Audibert de Lussan, tante d'Henri, duc de Montmorency, et de Charlotte de Montmorency, princesse de Bourbon Condé ; il eut de son mariage : 1. Charles qui suit ; 2. Gaspard, chev. de Malte.

IX. Charles de Bérard, marquis de Montalet, ép. le 29 déc. 1611 Louise de la Garde Chambonas, dont il eut : 1. Jacques qui suit ; 2. Charles, baron de Cleyrac, capit. au régt royal-cavalerie : maintenus dans leur noblesse par jugement souverain du 11 janv. 1669.

X. Jacques de Bérard, baron d'Alais, marquis de Montalet, mort en 1684, et inhumé, ainsi que ses descendants, dans le chœur de la cathédrale d'Alais, comme Sgr et collateur en partie des canonicats de cette église ; il avait ép. le 8 janvier 1649 Isabeau de Cambis-Alais, héritière en partie de la baronie d'Alais, dont il eut : 1. Jacques qui suit ; 2. Antoine, baron de Cleyrac ; 3. Charles.

XI. Jacques-Marcellin de Bérard, baron d'Alais, marquis de

Montalet, ép. le 4 sept. 1679 Marguerite de la Fare, dont il eut plusieurs enfants, entre autres :

XII. Jean-Scipion de Bérard, baron d'Alais, marquis de Montalet, ép. le 15 fév. 1732 Marie-Louise de Pérussis, dont il eut : 1. Jacques-Marcellin-Denis, marié le 17 oct. 1767 à Éléonore de Calvière, dont une fille, Marie-Charlotte, mariée en 1785 au vicomte de Suffren Saint-Tropez ; 2. Jacques, capit. de cavalerie ; 3. Charles-Louis, comte de Montalet, lieut. de vaisseau, ép. le 6 mai 1768 Françoise-Gabrielle-Josèphe de Bérard-Vestric, dont trois filles ; 4. et

XIII. François de Bérard, marquis de Montalet, baron d'Alais, capitaine d'infanterie, gouverneur de Saint-Ambroix, ép. le 17 février 1773 N... de Rigaud de Belvèze, dont il eut :

XIV. Louis de Bérard, marquis de Montalet-Alais, maire d'Alais pendant la Restauration, ép. en 1809 Alix de Suffren Saint-Tropez, sa cousine, dont il eut trois filles, et

XV. Alfred de Bérard, marquis de Montalet-Alais, ép. le 5 septembre 1849 Fanny de Veyrac.

75. BERMOND,

DU CAÏLA SAINT-BONNET TOIRAS.

D'or à l'ours de gueule sur pied accolé d'une ceinture d'argent, armé d'une épée de même.

Les sires de Bermond et de Pelet sont les deux plus anciennes et plus illustres maisons du Languedoc. Raymond de Pelet couvrit son nom d'une gloire immortelle durant la première croisade ; moins heureux, les Bermond n'inscrivirent le leur que dans l'histoire des troubles religieux qui déchirèrent le Languedoc au XIIIe siècle. Ils étaient alliés à Raymond VI et Raymond VII, comtes de Toulouse. (*Bibl. de l'Éc. des Chartes*, 1845-1846, 95.)

Bernard, Sgr d'Anduze, mort en 1029, eut entre autres enfants de Garsinde de Béziers, Almérade d'Anduze et Bermond de Sauve. Almérade eut un fils, Pierre, qui paraît être mort sans postérité. Bermond, Sgr de Sauve, mourut à Rome en 1054 ; il eut de son mariage avec Astorge deux fils : Pierre de Sauve et Bernard d'Anduze, qui ajoutèrent à leurs noms celui de Bermond. Suivant l'usage du siècle, ce nom leur servit de surnom et passa à leur postérité. Pierre Bermond, qui se qualifiait *satrape de Sauve*, *petit-fils du marquis Bernard*, et Bernard Bermond, son frère, titré *marquis du château d'Anduze*, partagèrent la succession de Pierre d'Anduze, leur cousin germain, et formèrent deux branches dont la seconde paraît avoir réuni dans la suite tous les biens de la maison.'

Pierre Bermond, le sixième Sgr de Sauve de son nom, fils de Bernard VII, Sgr d'Anduze, Sauve, Sommières, en partie d'Alais, mourut à Rome en 1215, et laissa de Constance de Toulouse, sa femme : 1° Pierre Bermond VII, Sgr de Sauve, d'Anduze, Saint-Bonnet, Largentière, qui fit hommage au roi 1226, ép. Josserande de Poitiers et en eut une nombreuse postérité ; 2° Raymond qui eut la quatrième partie d'Anduze et fut la tige des barons de Florac ; 3° Bermond, qui fit la branche des barons du Caïla. (*Bibl. Imp., Mss. Lang.*, II, 105. — P. ANSELME, VII, 482.)

1. Pons de Bermond, Sgr de Sommières, fit enregistrer au séné-

chal de Nîmes des lettres patentes du roi saint Louis datées du mois d'août 1248, qui lui donnaient le château du Caïla en échange de la terre et Sgrie de Sommières ; il ép. av. 1260 Agnès de Séverac, dont il eut : 1. Pons de Bermond, Sgr du Caïla dont la postérité s'est éteinte en 1477 ; 2. et

II. Bernard du Caïla, damoiseau, co-Sgr de Roujan, ép. Marie de Fodières, dont il eut, suivant le P. Anselme :

III. Bernard du Caïla, damoiseau, co-Sgr du château de Roujan, ép. Alasais de Deodati, dont il eut : 1. Bernard qui suit ; 2. Hugues ; 3. Aixende.

IV. Bernard du Caïla, co-Sgr de Roujan, fut père de

V. Bernard du Caïla, co-Sgr de Roujan, ép. Ferrande de Ceste, dont il eut : 1. Guillaume qui suit ; 2. Hugues, Sgr d'Espondeilhan, dont la postérité sera rapportée sous le n° 77 ; 3. Bermond, moine du prieuré de Cassan.

G. de la Tour et Lachesnaye-Desbois, V, 55-58, donnent un autre fils à Bernard et à Ferrande de Ceste, qui serait l'auteur de la branche rapportée sous le n° 123.

VI. Guillaume du Caïla, ép. 1° avant le 22 janv. 1377 Catherine de Montferrier ; 2° le 27 juin 1386 Louise de Saint-Bonnet de Toiras, héritière de sa maison, à condition d'en porter le nom et les armes ; il en eut : 1. Antoine, viguier et châtelain de Galargues 1416 ; 2. Jean qui suit ; 3. Giraudette, mariée à Jacques de Villepassans, Sgr de Sorgues.

VII. Jean du Caïla, fut père de

VIII. Guillaume du Caïla de Saint-Bonnet, Sgr de Restinclières et co-Sgr de Montferrier, héritier de Gausselin de Saint-Bonnet son oncle 1460, Sgr de Toiras, Peyre, Salendres, Saint-Jean de Gardonnenque, la Forêt, Sainte-Croix, Mialet, à condition de porter son nom et ses armes et de demeurer au château de Toiras, sous peine d'être privé de son héritage ; il ép. 1° le 9 déc. 1444 Marguerite de la Fare, dont il n'eut pas d'enfants ; 2° le 22 mai 1445 Marguerite de Cadoine, dont il eut : 1. Guillaume qui suit ; 2. Antoine, Sgr de Maguelone ; 3. Thomas, chanoine de Narbonne ; 4. Antoinette, mariée à Odilon de Malbosc, Sgr de Collias.

IX. Guillaume du Caïla Saint-Bonnet Toiras, Sgr de Montferrier, co-Sgr de Restinclières, ép. en 1491 Marguerite de Nogaret, dont il eut : 1. Antoine qui suit ; 2. Marguerite mariée en 1528 à Claude de Balazuc.

X. Antoine du Caïla Saint Bonnet Toiras, Sgr de Montferrier, co-Sgr de Restinclières, ép. le 24 avril 1526 Gabrielle de Rochemure, dont il eut : 1. Aymar qui suit ; 2. Louis, dont la postérité sera rapporté au n° 76 ; 3. Jeanne, mariée en 1561 à N.... de Pampelonne ; 4. Gabrielle, mariée le 10 sept. 1567 à Jean de Pélegrin, Sgr de la Bastide ; 5. Claude, mariée le 12 déc. 1584 à François de Bonnail, Sgr de la Baume et de Navailles.

XI. Aymar de Saint-Bonnet de Toiras, Sgr de Restinclières et de Montferrier, co-Sgr de Toiras, ép. le 19 fév. 1572 Françoise de Claret de Saint-Félix, dame de Palières, dont il eut : 1. Jacques qui suit ; 2. Simon, sénéchal de Montpellier 1627, maréchal de camp 1628, enterré dans l'église de N. D. des Tables ; 3. Claude, évêque de Nîmes ; 4. Jean, maréchal de France 1636, mort sans être marié.

XII. Jacques de Saint-Bonnet de Toiras, Sgr de Restinclières, Montferrier, Prades, gouv. de Clermont-Lodève 1617, sénéchal de Montpellier 1623, blessé à la bat. de Leucate 1637, avait ép. le 14 oct. 1607 Louise de Grégoire des Gardies, dont il eut : 1. Louis qui suit ; 2. Françoise, mariée le 29 nov. 1625 à Jean-Louis de Louet de Murat de Nogaret, baron de Calvisson ; 3. Claudine, abbesse de Vignogoul ; 4. Tiphaine, religieuse ; 5. Magdeleine ; 6. Louise, mariée le 14 fév. 1630 à Louis de Bérard, Sgr de Tarabias et de Bernis.

XIII. Louis de Bermond du Caïla de Saint-Bonnet, marquis de Toiras, était Sgr de Restinclières, de Castelnau, Montferrier, Prades, du Crès et Salaizon. Christine, duchesse de Savoie, lui donna le marquisat de San-Michel, Pinito et Ussolo ; il fut héritier du maréchal de France de Toiras, son oncle ; maréchal de camp 1658, sénéchal de Montpellier 1665 ; il avait ép. le 22 fév. 1645 Élisabeth d'Amboise, comtesse d'Aubijoux, dont il eut : 1. Simon-François, mort sans postérité ; 2. Jacques-François qui suit ; 3. Charles, chev. de Malte 1668 ; 4. Élisabeth ; 5. Marie, abbesse de Nonenque ; il fut maintenu dans sa noblesse par jugement souverain du 16 déc. 1668.

XIV. Jacques-François de Bermond du Caïla, marquis de Toiras, comte d'Aubijoux, capit. des chevau-légers-Dauphin, brigadier des armées du roi, tué au combat de Leuze 1691 ; avait ép. le 19 mars 1691 Françoise-Louise de Bérard, dame de Bernis, de Fontarèches, de Vestric, de Nages, de Solorgues, dont il eut : Élisabeth-Marie-Louise-Nicole de Bermond du Caïla de Toiras d'Amboise, comtesse d'Aubijoux, dame de Sauveterre, de Restinclières, marquise de Toiras, mariée le 30 juillet 1715 à Alexandre de la Rochefoucauld, duc de la Rocheguyon, pair de France, chev. des ordres du roi.

76. BERMOND DE SAINT-BONNET.

Mêmes armes.
Voir le numéro précédent, au X⁰ degré.

XI. Louis de Bermond de Saint-Bonnet, Sgr de Saint-Jean de Gardonnenque et de Villeneuve, co-Sgr de Toiras, ép. le 20 sept. 1556 Marthe de Sandres, dont il eut : 1. Jacques, marié à Antoinette de Brignac de Montarnaud, mort sans enfants ; 2. François qui suit ; 3. Daniel ; 4. Marthe.

XII. François de Saint-Bonnet, co-Sgr de Toiras et de Saint-Jean de Gardonnenque, ép. le 13 sept. 1588 Louise du Cros, dame de Saint-Bauzèle, *alias* de Beaussel, dont il eut :

XIII. Jean de Saint-Bonnet, Sgr de Toiras, Saint-Jean de Gardonnenque, ép. le 13 juill. 1615 Suzanne de Soubeiran, dont il eut :

XIV. Henri de Saint-Bonnet, Sgr de Toiras, Saint-Jean de Gardonnenque, ép. le 10 oct. 1648 Louise le Roux de Montauban, dont il eut :

XV. Jacques de Bermond de Saint-Bonnet, Sgr de Toiras, demeurant au château de Toiras, D. de Nîmes, maintenu dans sa noblesse par jugement souverain du 10 déc. 1668, n'eut que des filles.

77. BERMOND D'ESPONDEILHAN.

Mêmes armes.
Voir le n° 75, au degré V⁰.

VI. Hugues du Caïla, co-Sgr de Roujan, Sgr de Pousols et d'Espondeilhan, rendit hommage le 10 mai 1389 ; il ép. Catherine N..., dont il eut : 1. Bertrand qui suit ; 2. Catherine mariée à Bernard de Fousilhous, Sgr de Laurens.

VII. Bertrand du Caïla, Sgr d'Espondeilhan, ép. Jeanne N..., dont il eut : 1. Philippe ; 2. Raymond qui suit ; 3. Bertrand ; 4. Antoine ; 5. Hélix, mariée à Guillaume de Patau, Sgr de Roujan.

VIII. Raymond du Caïla, Sgr d'Espondeilhan, ép. le 23 juin 1447 Antoinette d'Arpajon, dont il eut : 1. Pons ; 2. et

IX. Guillaume du Caïla, co-Sgr d'Espondeilhan, ép. Catherine de Mar..., dont il eut : 1. Paul qui suit ; 2. Guillaume, chanoine de Béziers ; 3. Catherine, mariée à Guillaume de Pelet, Sgr de Pousols.

X. Paul du Caïla, co-Sgr d'Espondeilhan, ép. le 13 déc. 1523

Jeanne de Porcelet de Maillane, dont il eut : 1. Timothée ; 2. Jacques qui suit ; 3. Guillaume, qui a fait la branche de Puisserguier, rapportée plus bas ; 4. Magdeleine, mariée le 3 août 1561 à Guillaume de Baderon de Maussac ; 5. Marguerite, mariée le 1er janv. 1570 à Antoine de Pelerin, Sgr de Cabreirolles ; 6. Jeanne, mariée le 18 fév. 1572 à Jean d'Avanson.

XI. Jacques du Caïla, co-Sgr d'Espondeilhan, gouv. de Béziers 1599, ép. Alizette d'Avanson, dont il eut : 1. Guillaume qui suit ; 2. Magdeleine, mariée en 1592 à Pierre de Valat, Sgr de l'Espignan ; 3. Marguerite, mariée le 10 juin 1594 à François de Brettes.

XII. Guillaume du Caïla, co-Sgr d'Epondeilhan, lieut. pour le roi à Béziers 1603, ép. le 23 fév. 1607 Marie de la Courtade, dont il eut :

XIII. Jean du Caïla, co-Sgr d'Espondeilhan, servit en 1639 auprès du maréchal de Schomberg ; il avait ép. le 26 avril 1637 Charlotte de Lort de Sérignan, dont il eut : 1. Pierre qui suit ; 2. Jacques ; 3. Guillaume ; 4. Hercule ; 5. Henri, marié à Marie de Villemur-Riotor, dont : a. Pierre-Joseph, capit. dans le régt du roi ; b. François, prêtre ; c. Charlotte ; d. Gabrielle, mariée le 28 sept. 1706 à Pierre de Sarte d'Espagnac.

XIV. Pierre du Caïla, Sgr d'Espondeilhan, maintenu dans sa noblesse avec ses frères par jugement souverain du 10 déc. 1668, reprit alors le nom de Bermond ; ép. le 10 mai 1678 Armande-Agnès Esprit, fille d'Esprit, de l'Académie française, dont il eut : 1. Pierre-Jacques, mort en 1680 sans postérité ; 2. Joseph-Louis, lieut. d'infant. au régt de Noailles ; 3. Jacques, lieut. d'infant. au régt de Beauvoisis ; 4. Jean-Pierre-Aphrodise, capit. dans le régt d'Epinay ; 5. Julien-Amable, lieut. au régt de Villeneuve, mort en 1711 sans postérité ; 6. Marie-Marguerite, mariée le 30 avril 1715 à Gabriel de Valat de Cabreiroles.

78. BERMOND-PUISSERGUIER.

Mêmes armes.
Voir le n° 77, au degré Xe.

XI. Guillaume du Caïla, co-Sgr d'Espondeilhan, capit. d'une compagnie à la bataille de Jarnac 1569, capit. gouv. de Béziers 1582 ; il avait ép. le 6 avril 1576 Isabeau de Lort de Sérignan, dont il eut : 1. Henri qui suit ; 2. Louis, Sgr de Cazillac, qui a fait la Br. B. ; 3. Antoinette, mariée le 1er janv. 1589 à Jean de Narbonne Caylus.

XII. Henri du Caïla, baron de Puisserguier et de Cazillac, colo-

nel d'infanterie 1597, gouverneur de Béziers 1603, ép. le 13 nov.
1605 Claire de Boyer de Sorgues, dont il eut : 1. Henri qui suit;
2. François, chev. de Malte 1641, puis se maria le 26 fév. 1649 à
Marguerite Thomas, dont : Henri et François; 3. Isabeau; 4. Antoinette; 5. Marguerite; 6. Claude : maintenus dans leur noblesse par
jugement souverain du 10 déc. 1668.

XIII. Henri du Caïla, baron de Puisserguier et de Cazillac, lieut.
de chevau-légers, gouv. de Béziers 1653, ép. le 18 juin 1645 Marguerite de Rouch, dont il eut : 1. Henri, capit. de cavalerie; 2. Jean-
Auguste qui suit; 3. François, mousquetaire du roi, chev. de Saint-
Lazare 1701 ; 4. Pierre-Louis, garde de la marine; 5. Pierre-Hugues,
chev. de Malte 1684.

XIV. Jean-Auguste de Bermond, baron de Puisserguier, Cazillac,
Sebazan, capit. dans le régt de Navarre, ép. le 26 nov. 1682 Antoinette de Sarret, dont il eut : 1. Magdeleine-Henri, page du roi 1702;
2. N. de Bermond ; et quatre filles religieuses.

Br. B. XII. Louis du Caïla, Sgr de Cazillac, ép. le 23 avril 1609
Charlotte de Rouch d'Arnoye, et il en eut : 1. Jacques qui suit;
2. Jean, Sgr de Montgausi.

XIII. Jacques du Caïla, Sgr de Saint-Pregnan, ép. le 31 janv. 1644
Charlotte de Boide, et fut maintenu dans sa noblesse avec son
frère par jugement souverain du 10 déc. 1668.

79. BERTIN.

D'azur au château sommé de trois tours d'argent maçonné de sable.

I. Jean de Bertin, ép. le 9 nov. 1458 Marguerite de Clausel, dont
il eut : 1. Bérenger; 2. Huguette, mariée à Guillaume de Beaulac;
3. et

II. Antoine de Bertin, fut père de : 1. Claude qui suit; 2. Antoinette, mariée le 24 avril 1581 à François de la Roque.

III. Claude de Bertin, ép. le 12 mai 1598 Marguerite Fabre, et il
en eut : 1. Claude qui suit; 2. Jean.

IV. Claude de Bertin, capitaine, fut père de

V. Sébastien de Bertin, capitaine, gentilhomme verrier, D. de
Montpellier, ép. le 25 février 1629 Jeanne de la Roque, dont il eut :
1. François, Sgr de la Plane; 2. Claude, Sgr du Peyrou : maintenus dans leur noblesse par jugement souverain du 23 sept. 1669.

80. BERTRAND.

De gueule à trois trèfles d'or 2 et 1.

I. Denis Bertrand, t. le 27 juin 1558; il ép. Félice Chambon, et il en eut : 1. Antoine qui suit; 2. André qui a fait la Br. B.

II. Antoine Bertrand, ép. le 12 août 1565 Marguerite de Laudun, et il en eut :

III. Accurse Bertrand, t. le 12 août 1602; il eut pour fils

IV. Pierre Bertrand, viguier d'Aramon et lieut.-col. au régt d'Entraigues, fut père de

V. Charles Bertrand, demeurant à Aramon, D. d'Uzès, ép. le 17 oct. 1654 Marguerite de Cornillon, et fut maintenu dans sa noblesse par jugement souverain du 19 oct. 1668.

Br. B. II. André Bertrand, écuyer, ép. le 15 mai 1575 Françoise de Posquières, dont il eut :

III. François Bertrand, ép. le 31 déc. 1608 Lucrèce de Malevalete, dont il eut : 1. Accurse qui suit; 2. François.

IV. Accurse Bertrand, ép. le 12 sept. 1652 Magdeleine Cassaignes, et fut maintenu dans sa noblesse avec son père et son frère par jugement souverain du 19 oct. 1668.

81. BESSON.

Gironné d'or et de sinople.

I. Antoine de Besson, écuyer, fut père de

II. Marcellin de Besson, écuyer, Sgr de Saint-Cire et de Margnac, capitaine de cinquante hommes d'armes sous l'amiral d'Annebaut, ép. le 1er sept. 1552 Hélix Verdeli, et en eut :

III. Jean de Besson, Sgr du Bouchet, ép. le 10 mai 1590 Marguerite Rousson, dont il eut : 1. Jean qui suit; 2. Vidal, qui a fait la Br. B.

IV. Jean de Besson du Bouchet, Sgr du Bouchet, ép. le 17 fév. 1621 Gabrielle Senaret, dont il eut :

V. Jean de Besson du Bouchet, Sgr du Bouchet, D. du Puy, fut maintenu dans sa noblesse par jugement souverain du 16 janv. 1671.

Br. B. IV. Vidal de Besson, écuyer, ép. le 9 mars 1608 Marie de Lévi, dont il eut :

V. Jean de Besson, Sgr de Salecroup, D. du Puy, ép. le 24 nov. 1640 Anne de Saignard, et fut maintenu dans sa noblesse par jugement souverain du 16 janv. 1671.

82. BLANC DE MOLINES.

D'azur au soleil d'or accompagné de quatre roses d'argent.

La maison de Blanc de Molines est originaire du Vivarais, où elle est connue depuis le commencement du XVe siècle. Elle était divisée en deux branches qui furent maintenues dans leur noblesse à l'époque de la vérification. Plusieurs membres de cette famille ont pris part aux assemblées de la noblesse du Vivarais en 1789. Elle a prouvé la filiation authentique devant M. de Bezons, depuis :

I. Antoine Blanc de Molines eut pour enfants : 1. Guillaume qui suit; 2. Barthélemy qui a fait la Br. B.

II. Guillaume Blanc de Molines, vivant en 1545, avait ép. Jeanne de Lioussac, dont il eut :

III. Antoine Blanc, écuyer, Sgr de Molines, ép. le 13 oct. 1583 Isabeau de Mathias, dont il eut : 1. Pierre qui suit; 2. Antoine, marié à Catherine Meilet; 3. Henri, marié à Marie Saversac; 4. Guillaume.

IV. Pierre Blanc de Molines, ép. le 4 août 1620 Louise de Blou, dont il eut :

V. Jacques Blanc, Sgr de Tudos, ép. le 18 nov. 1655 Marie d'Allez, et fut maintenu dans sa noblesse avec ses oncles par jugement souverain du 6 sept. 1669.

Br. B. II. Barthélemy Blanc de Molines, Sgr du Cros, ép. Antoinette Valette, dont il eut :

III. Pierre Blanc de Molines, ép. le 11 juill. 1566 Claire Blanchard, dite de Provenches, et il en eut : 1. Charles; 2. Henri qui suit; 3. Jean.

IV. Henri Blanc de Molines, ép. le 26 fév. 1612 Catherine de Baile, et il en eut : 1. Antoine, marié le 26 fév. 1647 à Louise de Burine; 2. Jean, Sgr de Veillis, marié le 24 août 1666 à Jeanne de Courtial; 3. Louis, Sgr de Badious, marié le 9 juin 1644 à Marie Audin; 4. Pierre, Sgr de Champs, marié le 4 oct. 1644 à Marguerite de Chambarlhac. Les quatre frères furent maintenus dans leur noblesse par jugement souverain du 5 juill. 1669.

83. BLANCHARD.

D'or à la fasce de gueule accompagnée de trois couronnes d'azur en chef et d'un lion de gueule en pointe.

I. Hugues Blanchard, ép. Marguerite de la Tour, dont il eut :

II. Guillaume Blanchard, ép. le 20 janv. 1500 Jeanne de Meure, et il en eut : 1. Charles qui suit; 2. Gilberte.

III. Charles Blanchard, fut père de

IV. Jean Blanchard, écuyer, Sgr de Queiron, ép. le 4 juill. 1592 Gabrielle de Savignac, dont il eut :

V. Aimé Blanchard, Sgr de Saint-Seriés, *alias* de Saint-Seyne, D. de Viviers, ép. le 25 oct. 1629 Esprite Baratier, et fut maintenu dans sa noblesse par jugement souverain du 20 sept. 1669.

84. BLOU-LAVAL.

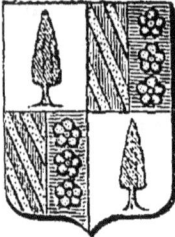

D'argent au cyprès de sinople, écartelé au 2 et 3 de gueule à trois bandes d'or, parti d'azur à trois roses d'or mises en pal.

Pierre de Blou, damoiseau, demeurant en Vivarais, fit une reconnaissance en 1302 au Sgr de Crussol de ses terres rurales sises à Saint-Marcel et Charmes; même reconnaissance en 1331 par Pierre de Blou, damoiseau; autre de 1397 d'un fonds sis à Jonchères, par Pierre de Blou, à Giraud Bastet, Sgr de Crussol. (*Archiv. de la maison d'Uzès.*)

La maison de Blou se divisa en deux branches: Blou-Laval, Blou de Précis. La première s'est éteinte dans la maison de Pierre de Bernis 1661; elle a donné trois chevaliers de Malte, 1574, 1613, 1620. (VERTOT, VII, 16.) Plusieurs membres de la branche de Blou de Précis ont pris part aux assemblées de la noblesse de Vivarais en 1789, avec les titres de *marquis*, *comte* et *vicomte* de Blou. (*Proc.-verb. impr. au bourg Saint-Andéol*, chez Pierre Guillet, 1789.)

I. François de Blou, Sgr de Meiras, Saint-Andéol, co-Sgr de Saint-Marcel, mestre de camp, chevalier de Saint-Michel, ép. Claude de Fay, et il en eut :

II. François de Blou, Sgr de Meiras, Saint-Andéol, co-Sgr de Saint-Marcel, lieut.-col. au régt des gardes, ép. le 4 mars 1558 Isabeau de Gourdon, et il en eut :

III. Jean Antoine de Blou, Sgr de Laval, co-Sgr de Saint-Marcel, ép. le 19 janv. 1597 Hippolyte de Saint-Nectaire, dame de Laval, dont il eut :

IV. Jean-Antoine de Blou, Sgr de Laval, Saint-Andéol, Vallon, co-Sgr de Saint-Marcel d'Ardèche, ép. Claude-Catherine de Roche more, dont il eut : 1. François qui suit; 2. Isabeau, mariée le 17 sept. 1661 à Jean-Louis de Pierre de Bernis, fut grand'mère du cardinal.

V. François de Blou, Sgr de Laval, Meiras, Vallon, Saint-Andéol. co-Sgr de Saint-Marcel d'Ardèche, ép. Henriette de Saint-Nectaire, et fut maintenu dans sa noblesse par jugement souverain du 5 oct. 1668. Philippe-Charles-François de Pierre de Bernis, frère du cardinal, fut substitué aux nom et armes de la branche de Blou-Laval. (MORÉRI, VIII, 352.)

85. BLOU DE PRÉCIS.

Mêmes armes.

Jean de Blou fit une donation le 12 avril 1438 à ses enfants : François, Marc, et Bernard, chanoine de Saint-Ruf.

I. François de Blou, chevalier, Sgr du Pousin, fit un hommage au Sgr de Crussol en 1462; il avait ép. en 1461 Marguerite des Pressis, *alias* de Précis, qui le rendit père de plusieurs enfants. entre autres de

II. Jean de Blou, rendit hommage en 1504; il avait ép. en 1501 Antonie de Tolhiac, et il en eut : 1. Jean qui suit; 2. Louise; 3. François.

III. Jean de Blou, dit de Précis, écuyer, co-Sgr de Serrecourt, servit dans le ban et arrière-ban de la noblesse de 1539 et 1543; il avait ép. le 12 fév. 1529 Claude de Pelet, dont il eut :

IV. Pierre de Blou, écuyer, Sgr de Précis et co-Sgr de Serrecourt, ép. le 12 juin 1555 Louise d'Ussel, dont il eut : 1. Gratien; 2. et

V. Jacques de Blou, Sgr de Précis et Serrecourt, ép. 1° le 24 mai 1594 Catherine de la Planche; 2° le 20 nov. 1614 Claudette de Nicolaï, veuve de Pierre de Mathias; il eut de son premier mariage :

VI. Jacques de Blou, Sgr de Précis, ép. le 25 mai 1634 Marguerite de Gout de la Charrière, dont il eut :

VII. Claude-Charles de Blou, Sgr de la Charrière, le Bouschet, Précis et Serrecourt, cornette de l'arrière-ban dans l'armée de Roussillon, maintenu dans sa noblesse par jugement souverain du 30 juin 1669, avait ép. le 22 mai 1662 Catherine de Catilhon, dont il eut : 1. Antoine qui suit; 2. François, chanoine à Viviers; 3. Charles, Sgr de la Baume, marié à Blanche de Surville, mort à Almanza; 4. Marie.

VIII. Antoine de Blou, Sgr de Précis, le Bouschet, Serrecourt et

I. 6

la Charrière, capitaine au régt de Vogué, ép. le 5 mars 1693 Marie-Anne de Mathias, dont il eut :

IX. Charles-François-Antoine de Blou, Sgr de Précis, Chadenac, le Bouschet, la Charrière, off. au régt d'Auvergne, dit le comte de Blou, ép. le 27 juin 1725 Henriette de la Baume de Beaulieu, dont il eut : 1. Jean-Baptiste qui suit; 2. Jean qui a fait la Br. B.

X. Jean-Baptiste de Blou, Sgr de Précis, de Chadenac, Serrecourt, la Charrière, ép. le 16 fév. 1757 Marie-Clotilde de Garidel, dont il eut : 1. Charles, reçu page de la chambre de Mgr le Dauphin le 5 avril 1770; 2. Antoine-Hyacinthe qui suit; 3. et Magdeleine.

XI. Antoine-Hyacinthe de Blou, qualifié comte de Blou, off. au régt de Piémont, ép. le 13 mai 1787 Marie-Pauline Venance de Rochemore, et il en eut : 1. Philippe qui suit; 2. Hippolyte, tué à Smolensk, et deux filles, Caroline et Alasie.

XII. Philippe-Charles-Jean-Hyacinthe-Xavier de Blou, comte de Blou, capit. chef de bat. au 6e régt de la garde royale, chev. de Saint-Louis et de la Lég. d'hon., mort le 12 oct. 1848, avait ép. en 1817 Angélique-Aglaé-Antoinette de Sainte-Marie, dont : 1. Jean-Antoine-Donatien-Hippolyte, mort sans être marié; 2. et

XIII. Ange-Oscar-Joachim de Blou, comte de Blou, ép. : 1° le 6 juill. 1846 Louise-Catherine du Bouzet, dont une fille : Marie-Marguerite-Charlotte, née le 9 août 1847; 2° le 12 mai 1852, Marie-Léontine-Aline de Gratet du Bouchage, dont : Jean-François-Antoine, né le 20 fév. 1853.

Br. B. X. Jean-Baptiste-Antoine de Blou, qualifié comte de Blou, dans tous ses états militaires, lieut.-col. du régt de Piémont, infanterie, chev. de Saint-Louis, lieut. du roi à Besançon, lieut. général tué à Mayence 1793, avait ép. le 30 mai 1768 Françoise Bourlon de Lixière, dont il eut : 1. Antoinette-Françoise, reçue à Saint-Cyr le 23 déc. 1785; 2. Jean-Nicolas Bruno, comte de Blou avec dotation impériale, off. dans le régt de Piémont, adjudant général capit. de cavalerie, attaché à l'état-major de Murat, off. de la Lég. d'honn., mort en 1832; 3. Hyacinthe, officier d'inf., tué en 1808.

86. BOIDE.

Coupé d'or et d'azur.

I. Albert de Boide, gentilhomme de Castellas en Lombardie, guidon de la compagnie des gens d'armes du duc de Montmorency, fut

naturalisé en France en 1592; il avait ép. le 18 avril 1591 N... Gui-
lard, dont il eut :

II. Henri de Boide, ép. le 30 janv. 1630 Anne Dumas, et il en
eut :

III. Jacques de Boide, demeurant au D. de Béziers, ép. en 1652
Anne Hilaire, et fut maintenu dans sa noblesse par jugement souverain du 17 janv. 1670 ; il eut de son mariage : Charlotte, mariée le
4 fév. 1677 à Jean-Antoine de Brettes de Thurin.

87. BOILEAU DE CASTELNAU.

D'azur au château d'or à trois tourillons de même, maçonné de sable,
au croissant d'or en pointe. DEVISE : *De tout mon cœur*.

Ancienne maison qui descend de l'un des fils d'Étienne Boileau, grand
prévôt de Paris en 1250, choisi par saint Louis pour rétablir la justice, et
dont la filiation suivie est rapportée par Lachesnaye Desbois, II, 580,
jusqu'à Charles de Boileau de Castelnau, capitaine au régt de Normandie,
1733-1742, alors chef de nom et d'armes de sa maison. Guillaume de Boileau, demeurant à Montereau-Fault-Yonne, vendit son héritage et vint
'sétablir à Nîmes en 1494 ; son fils, noble Antoine Boileau, trésorier et re
ceveur ordinaire en la sénéchaussée de Beaucaire et Nîmes 1533 (Marquis d'AUBAÏS, II 61),
acheta les terres de Castelnau, de la Garde, et de Sainte-Croix de Boirac, au diocèse d'Uzès, et
fut père de

I. Jean de Boileau de Castelnau, trésorier de la sénéchaussée de
Nîmes et de Beaucaire, Sgr de Castelnau et Sainte-Croix, compris
dans des montres de noblesse desdites sénéchaussées en 1551 et
1557, ép. le 6 fév. 1538 Anne de Montcalm, dont il eut : 1. Jean
qui suit; 2. Claudine, mariée en 1554 à Jacques Lageret, Sgr de
Caissargues; 3. Guillemette, mariée en 1561 à Robert de la Croix;
4. Gabrielle, mariée en 1562 à Antoine de Bornier, conseiller au présidial de Nîmes; 5. Anne, mariée à Gui de Bon.

II. Jean de Boileau de Castelnau, Sgr de Castelnau et Sainte-
Croix, premier consul de Nîmes, ép. 1° le 25 juin 1571 Honorade le
Blanc de la Rouvière; 2° le 15 oct. 1575 Rose de Calvière-Saint-
Cosme, dont il eut plusieurs enfants, entre autres : 1. Nicolas qui
suit; 2. Jacques, auteur de la branche de Boileau d'Uzès, dont les des-
cendants étaient fixés à Dunkerque et à Saint-Domingue en 1771.

III. Nicolas de Boileau de Castelnau, Sgr de Castelnau, Sainte-
Croix, avocat distingué au présidial de Nîmes, dispensé, à cause de
sa profession, de faire partie de l'arrière-ban de 1639 ; il avait ép.
le 18 mars 1619 Anne de Calvière-Boucoiran, dont il eut : 1. Jacques qui suit; 2. François, lieut.-colon. au régt d'Estrigny; 3. Isa-

beau, mariée à Pierre de Leyris ; 4. Anne; 5. Charles ; 6. Isabeau ; 7. Louise.

IV. Jacques de Boileau de Castelnau, Sgr de Castelnau, Sainte-Croix, servit dans les cadets-gentilshommes, quitta le service et ép. le 15 août 1660 Françoise de Vignoles. En 1652 il fut choisi en vertu de la déclaration du roi Louis XIV, qui accordait aux protestants de Nîmes l'élection d'un des plus qualifiés parmi les gentilshommes pour balancer dans les conseils politiques de la ville la voix de l'évêque. Un jugement souverain du 10 déc. 1668 le maintint dans sa noblesse. Il eut plusieurs enfants de son mariage, entre autres : 1. Maurice qui suit ; 2. Henri, tué en 1709 au siége de Tournay ; 3. Jean, mort en Souabe des suites de blessures reçues à la bataille d'Hochstedt, 1704 ; 4. Charles, émigré en Angleterre par suite de la révocation de l'édit de Nantes', capit. au régt de Farington, auteur d'une branche établie dans la Grande-Bretagne et dans les Indes ; 5. Françoise, mariée en 1690 à Joseph Pandin de Jarrigues, émigré en Prusse, et père du chancelier de ce nom ; 6. Louise, mariée à Abel de Ligonnier, et émigrée en Irlande avec sa mère.

V. Maurice de Boileau de Castelnau, Sgr de Castelnau, Sainte-Croix, ép. le 11 déc. 1708 Ève de Guiran, dont il eut entre autres enfants : 1. Charles qui suit ; 2. Henri-Camille, fit les campagnes de la guerre de Sept ans, et devint lieut.-colon. ; 3. Louis, dit le chevalier de Montredon, fit avec son père les campagnes de Flandre et de Westphalie, passa au service de la Sardaigne, et mourut à Nimes en 1805 ; 4. Anne; 5. Marguerite.

VI. Charles de Boileau de Castelnau, Sgr de Castelnau, capitaine au régt de Normandie, prit part au siége de Philisbourg 1734, et fit les campagnes de Bohême et de Bavière en 1742, ép. le 11 fév. 1766 Catherine de Vergèses d'Aubussargues, dont il eut : 1. Simon-Charles-Barnabé ; 2. Frédéric-Louis ; 3. Henri-Camille ; 4. Louis-Alphonse ; 5. Anne-Augustine.

88. BOMPART, *alias* BOMPAR.

D'azur à trois tourterelles d'argent, au chef cousu de gueule chargé de trois étoiles d'or.

La maison de Bompar, en latin *Boni paris*, est fort ancienne ; elle était répandue en Dauphiné et en Languedoc. Au moment de la vérification en Dauphiné elle était réduite à une seule branche ; il y en avait une autre auprès de Montpellier, qui avait même origine quoique ses armes fussent différentes. La branche dauphinoise portait : Coupé de gueule sur argent, au griffon de l'un en l'autre. (CHORIER, III, 129.)

I. Guillaume de Bompart, ép. le 29 janv. 1523 Gabrielle de Carcassonne, dont il eut :

II. François de Bompart, ép. le 18 août 1557 Françoise Labadie, et il en eut :

III. Étienne de Bompart, Sgr du Pont, gentilhomme servant chez le roi, eut une compagnie de 200 hommes de pied le 27 déc. 1584, et une pension de 1,200 livres, étant lieut. au château de Caen le 17 sept. 1603 ; il avait ép. Peironne de Foulogues, dont il eut :]

IV. Gaspard de Bompart, Sgr du Pont, demeurant à Mèze, D. d'Agde, capit. d'infant. au régt de Fosses 1632, ép. le 8 mai 1633 Diane Portalès, et fut maintenu dans sa noblesse par jugement souverain du 31 oct. 1668.

89. BONI.

D'azur, fretté d'or de six pièces, semé de lions de même.

I. Jean de Boni eut pour fils :

II. Simon de Boni, Sgr de Bagarne, ép. le 14 avril 1499 Gillette Pierre, dont il eut : 1. Christophe ; 2. Robert ; 3. Jean qui suit ; 4. Françoise, mariée à Louis Massoyer ; 5. Isabeau ; 6. Catherine.

III. Jean de Boni, Sgr de Bagarne, ép. Marguerite Bonaire, dont il eut :

IV. Jean de Boni, Sgr de Bagarne, ép. le 28 août 1565 Félice Malefosse, dont il eut :

V. Jean de Boni, Sgr de Bagarne, ép. le 14 déc. 1597 Catherine d'Alichons, dont il eut :

VI. Gaspard de Boni, Sgr de Bagarne, ép. le 12 nov. 1637 Honorée Brun, dont il eut :

VII. Robert de Boni, Sgr de Bagarne, D. d'Alais, maintenu dans sa noblesse avec son père par jugement souverain du 18 janv. 1669.

90. BONI.

Mêmes armes.

I. Antoine de Boni fut père de : 1. Robert, écuyer, Sgr de Saint-Martin 1546; 2. Pierre qui suit; 3. Antoine; 4. Catherine, mariée à Guy Ducros, Sgr de Sarroul.

II. Pierre de Boni, Sgr de Larnac et de Troulhas, ép. le 5 juillet 1547 Marguerite de la Fare, dont il eut : 1. Pierre qui suit; 2. Louis; 3. Gaspard; 4. Robert.

III. Pierre de Boni, Sgr de Larnac, ép. le 24 oct. 1582 Catherine de Porcelet, dont il eut :

IV. Jacques de Boni, Sgr de Larnac et de Troulhas, capitaine d'infant. 1622, avait ép. le 18 fév. 1619 Diane d'Angerès, et il en eut :

V. Charles-Jacques de Boni, Sgr de Larnac, D. d'Alais, maintenu dans sa noblesse avec son père par jugement souverain du 17 oct. 1668.

91. BONLIEU, *alias* BOULIEU.

Écartelé au 1 et 4 échiqueté d'or et de gueule; au 2 d'azur à une rose double d'argent; au 3 d'azur au lévrier d'argent accolé d'or; *alias* losangé d'or et d'azur.

La maison de Boulieu est une des plus anciennes du haut Vivarais. Louis de Boulieu, natif d'Annonay, fut évêque de Fréjus vers l'an 1396; il descendait de noble Albert de Boulieu, fils d'Artaud, Sgr de Jarnieu et Charlieu. (PONCER, 1, 248.) Cette maison était divisée en deux branches depuis le commencement du XVIe siècle.

I. Albert de Bonlieu, Sgr de Jarnieu, fut père de :

II. Guillaume de Bonlieu, Sgr de Greusse, ép. le 11 déc. 1528 Marguerite Blainier du Mazel, dont il eut :

III. Charles de Bonlieu, Sgr du Mazel, ép. le 26 juin 1540 Souveraine des Champs, dont il eut :

IV. Aimar de Bonlieu, Sgr du Mazel; il eut pour fils : 1. François qui suit; 2. Charles, chev. de Malte.

V. François de Bonlieu, Sgr du Mazel, Mascaux, Couteaux et Courtial, ép. le 27 fév. 1645 Claude de Saignard, dont il eut : 1. François; 2. Claude; 3. autre Claude : maintenus dans leur noblesse avec leur père par jugement souverain du 24 déc. 1668.

92. BONLIEU, *alias* BOULIEU.

Mêmes armes.

Cette branche de la maison de Boulieu a donné un chevalier de Malte, un gentilhomme de la chambre du roi, un bailli à Annonay et un bailli à Tournon.

Laurent de Boulieu, chevalier de Malte, fut maître d'hôtel du grand maître de la Valette, capit. au siége de Malte 1565, et pour sa valeur envoyé au fort Saint-Elme, où il fut pris par l'ennemi et crucifié. «Ceux de cette maison m'ont dit qu'il fut écorché tout vif comme un saint Barthélemy.» (MATH. DE GOUSSANCOURT, *Martyrol. des chev. de Malte*, I, 53.)

Albert de Boulieu, chevalier, ép. vers 1450 Marguerite du Lac; son fils, Albert de Boulieu, ép. Anne du Peloux (LACH. DESB., II, 629), et fut père de

I. Méraud de Bonlieu, Sgr de Charlieu, bailli d'Annonay, ép. en 1518 Jeanne de Pelet, dont il eut : 1. Méraud qui suit; 2. Floris, ép. Françoise du Peloux, mort sans enfants; 3. Laurent, chev. de Malte; 4. Anne.

II. Méraud de Bonlieu, Sgr de Charlieu, bailli de Tournon, 1565, gentilhomme ordinaire de la chambre du roi 1580, ép. Suzanne d'Avity, dont il eut : 1. Louis qui suit; 2. Christophe, qui a fait la Br. B.

III. Louis de Bonlieu, Sgr de Charlieu, ép. en 1630 Suzanne de Villars, dont il eut :

IV. Louis de Bonlieu, Sgr de Charlieu, demeurant à Annonay, maintenu dans sa noblesse par jugement souverain du 22 mars 1670.

Br. B. III. Christophe de Bonlieu, Sgr de Jarnieu, ép. Marguerite de Saint-Géran, dont il eut :

IV. Nicolas de Bonlieu, Sgr de Montpensier (?), ép. N. de Gayant.

La maison de Bonlieu s'est éteinte au XVIIe siècle.

En 1636, Magdeleine de Bonlieu, fille de noble Fleury de Bonlieu, sieur de Chal et de Jarnieu, ép. Christophe de la Rivoire, Sgr de Chadenac, dont les descendants, marquis de la Tourrette, héritèrent de la terre de Chal.

En 1697, Marie de Bonlieu, fille de Jacques, ép. Antoine de Lisle, écuyer, gentilhomme lorrain, chev. de Saint-Louis et capit. au régt de Saulx. Les descendants d'Antoine de Lisle sont possesseurs des biens de Charlieu 1835. (PONCER, I, 248.)

93. BONNAIL, *alias* BONNAL.

D'azur à la bande d'or côtoyée de deux biches de même.

La maison de Bonnal, qu'il ne faut pas confondre avec celle de Bonal et Bonald, appartenant aux provinces d'Agénois et du Rouergue, était originaire d'Auvergne, où elle possédait les Sgries du Fesquet et de la Baume ; elle fut maintenue en Auvergne par M. de Fortia, intendant en 1666 ; et en Languedoc, où elle possédait la Sgrie de Vias, par M. de Bezons le 12 déc. 1668. (BOUILLET, I, 254.)

I. Barthélemy de Bonnal, Sgr du Fesquet et de la Baume, fut délégué par les commissaires des francs-fiefs 5 déc. 1516 ; il av. ép. le 20 juin 1494 Denise de Roquesel, dont il eut : 1. Guillaume qui suit ; 2. François, qui a fait la Br. C.

II. Guillaume de Bonnal, Sgr de la Baume, se présenta au ban et arrière-ban de 1542, 43, 44 et 53 ; il avait ép. Anne de Nogaret, dont il eut : 1. Guillaume ; 2. et

III. François de Bonnal, Sgr de la Baume, se présenta au ban et arrière-ban de 1558 ; il ép. Gillette de la Croix, et il en eut : 1. Gui qui suit ; 2. Pierre, qui a fait la Br. B. ; 3. Jean.

IV. Gui de Bonnal, Sgr de la Baume, se présenta au ban et arrière-ban de 1594 ; il ép. le 7 fév. 1601 Marie Coste, et il en eut : 1. Jean qui suit ; 2. Fulcrand ; 3. Alexandre, Sgr d'Aubagne, marié le 20 fév. 1648 à Claude de Madières, dont : Joseph. Alexandre fut maintenu dans sa noblesse par jugement souverain du 13 déc. 1668 avec ses frères et deux neveux appelés Jean, demeurant à Saint-Urcise, en Auvergne, apparemment fils de Fulcrand.

V. Jean de Bonnal, Sgr de la Baume, ép. Gillette du Bousquet, et il en eut Marie, dame de Saint-Laurent, mariée à Pierre de Sarret.

Br. B. IV. Pierre de Bonnal de la Baume, ép. le 21 janv. 1602 Marguerite Pinoi, et il en eut :

V. François de Bonnal, Sgr de la Baume.

Br. C. II. François de Bonnal, lieut. de juge en la cour de Nimes, ép. le 23 sept. 1562 Étiennette Campagnan, et il en eut : 1. Paul qui suit ; 2. Daniel, qui a fait la Br. D. ; 3. François, qui a fait la Br. E.

III. Paul de Bonnal, conseiller, lieut. de juge en la cour de Nimes, ép. le 10 avril 1596 Jeanne de Clausel, et il en eut :

IV. Pierre de Bonnal, ép. le 25 mai 1636 Marguerite de Peiremales, dont il eut :

V. Isaac de Bonnal, ép. le 23 mai 1662 Marguerite Guillen.

Br. D. III. Daniel de Bonnal, ép. le 22 oct. 1597 Isabeau de Moisset, et il en eut :

, IV. François de Bonnal, écuyer, ép. le 19 juill. 1634 Marie de Saussan, et il en eut : 1. Jean, Sgr de Vias; 2. Jean-Antoine; 3. Jacques.

Br. E. III. François de Bonnal, marié le 28 mai 1624, eut pour fils : 1. Rostaing qui suit; 2. Jacques.

IV. Rostaing de Bonnal, ép. le 3 juin 1667 Philippe de Rosel.

Les différentes branches de la famille de Bonnal furent maintenues dans leur noblesse par jugement souverain du 13 déc. 1668.

94. BONNET DE MAUREILLAN DE POLHES.

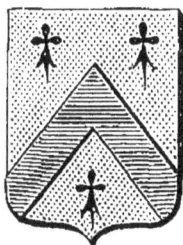

D'or à un chevron d'azur accompagné de trois mouchetures d'hermine.

Cette maison, originaire du diocèse de Béziers, où elle est encore représentée de nos jours, a donné à l'armée des officiers distingués, un gentilhomme de la chambre, chevalier de Saint-Michel, et un chevalier de l'ordre de Malte 1632. (VERTOT, VII, 62.) Elle était en possession depuis le commencement du XVIe siècle de la baronie de Polhes, et prouva sa noblesse depuis :

I. N... de Bonnet eut pour enfants : 1. Antoine qui suit; 2. Jean.

II. Antoine de Bonnet de Maureillan, capit. de Cessenon 1547, eut pour fils : 1. Henri qui suit; 2. Balthazar, Sgr de Polhes, qui ép. Jeanne Capel ; 3. Jean, qui a fait la Br. B.; 4. François.

III. Henri de Bonnet, Sgr de Maureillan, ép. le 16 juill. 1577 Marie de Boyer de Sorgues, dont il eut :

IV. Pierre de Bonnet de Maureillan, gentilhomme ordinaire de la chambre du roi, chevalier de Saint-Michel, ép. 1° le 16 avril 1606 Françoise de la Jugie; 2° le 2 fév. 1631 Antoinette de Gayon; il eut de son premier mariage : 1. François qui suit; et du second, 2. Guillaume, baron de Polhes; 3. Charles; 4. Henri : maintenus dans leur noblesse par jugement souverain du 23 nov. 1668.

V. François de Bonnet de Maureillan, Sgr de Maureillan, mestre de camp d'un régt d'infanterie, ép. le 18 janv. 1643 Isabeau de la Roque Boulhac, et il en eut :

VI. Joseph de Bonnet de Maureillan.

Br. B. III. Jean de Bonnet, baron de Polhes, fut héritier d'Henri son frère pour remettre l'héritage à Pierre, son neveu; il eut pour fils :

IV. Henri de Bonnet, Sgr de Polhes, ép. le 4 oct. 1606 Isabeau du Caïla, dont il eut : 1. Jacques qui suit; 2. Isabeau.

V. Jacques de Bonnet, Sgr. de Polhes, ép. le 7 fév. 1644 Isabeau de Sartre, et il en eut : 1. François; 2. Henri; 3. Jacques; 4. Aimar; 5. Louis; 6. Guillaume : maintenus dans leur noblesse par jugement souverain du 23 nov. 1668.

Le baron de Polhes et M. de Maureillan prirent part, avec l'Ordre de la noblesse de Béziers, à l'élection des députés aux états généraux de 1789.

Cette maison est aujourd'hui représentée par M. le général baron Balthazar-Alban-Gabriel de Bonnet de Maureillan de Polhes, commandeur de la Légion d'honneur, et Marie-François-Eugène de Bonnet de Maureillan de Polhes, capitaine d'infanterie, chev. de la Légion d'honneur.

95. BONNEVILLE.

D'azur au lion d'or armé et lampassé de gueule, au chef cousu de gueule chargé de trois étoiles d'argent.

La maison de Bonneville, qui possédait les seigneuries de Chambilhac-le-Bois et de Pouzols, au D. du Puy et en Auvergne, fut maintenue, en Languedoc par M. de Bezons, et en Auvergne par M. de Fortia. (BOUILLET, I, 261.) Plusieurs membres de cette famille jouèrent un rôle actif dans les guerres religieuses du XVIe siècle : un des leurs servit d'otage à la ville du Puy au nom des royalistes, avec Sigaud, Simon Brun et Roqueplan. (ARNAUD, II, 3.)

I. Jean de Bonneville, Sgr de Chambilhac, *alias* Crénillac, contribua au ban et arrière-ban de 1513, 1522, 1523 et 1529; il eut pour fils :

II. Tannequin de Bonneville, Sgr de Chambilhac, contribua au ban de 1550; il ép. le 18 sept. 1533 Magdeleine de Ribeirols, dont il eut :

III. Claude de Bonneville, Sgr de Chambilhac, ép. le 16 oct. 1577 Isabeau de Roiran, dont il eut :

IV. Christophe de Bonneville, Sgr de Chambilhac, D. du Puy, ép. le 7 fév. 1619 Anne du Bois, dont il eut : 1. Claude, Sgr de Chambilhac-le-Bois; 2. Jean, Sgr de Pouzols, ép. le 16 avril 1659 Magdeleine Verdier : maintenus dans leur noblesse par jugement souverain du 8 oct. 1668.

Jean de Bonneville-Chapteuil, écuyer, Sgr de Chambilhac-le-Bois, fit enregistrer ses armes dans l'*Armorial* de 1696.

96. BONOT.

D'azur à trois croix d'argent posées 2 et 1, au chef cousu de gueule chargé de trois étoiles d'or.

Ancienne maison originaire du Vivarais. Antoine de Bonot, qualifié noble, vivait en 1441. Louis de Bonot était marié en 1473 à Huguette de Bellemanières, dont il eut entre autres enfants : 1. Jean qui suit ; 2. Philippe ; 3. Monette, mariée à noble Claude Maroan ; 4. Jeanne, mariée à Jean de Fain, Sgr de Rochepierre. (D'HOZIER, 2e R.)

I. Jean de Bonot, ép. en 1465 noble Jeanne Privat, dont il eut : 1. Louis qui suit ; 2. Jacques, dit Daquin, chef de la branche des co-Sgrs de Saint-Montant, éteinte vers 1650 ; 3. Louis ; 4. Jeanne.

II. Louis de Bonot, co-Sgr de Saint-Marcel d'Ardèche, ép. le 2 janv. 1510 Jeanne de la Roque, et il en eut :

III. Olivier de Bonot, écuyer, ép. le 7 mai 1570 Catherine du Gua, et il en eut : 1. Jean qui suit ; 2. Marguerite ; 3. Louise.

IV. Jean de Bonot, écuyer, co-Sgr de Saint-Marcel d'Ardèche, ép. le 3 mai 1595 noble Françoise Fournier, dont il eut : 1. Jean qui suit : 2. Esprit, qui a fait la Br. B.

V. Jean de Bonot, écuyer, ép. le 6 janv. 1602 Geneviève de Fain de Rochepierre, et il en eut :

VI. Jean de Bonot, co-Sgr de Saint-Marcel, Saint-Montant et Cousignac, ép. le 8 fév. 1632 Catherine Redon, et il en eut :

VII. Simon de Bonot, co-Sgr de Saint-Marcel, Saint-Montant, D. de Viviers, ép. Gabrielle de Silhol, et fut maintenu dans sa noblesse par jugement souverain du 5 fév. 1668 ; il eut de son mariage : 1. Charles qui suit ; 2. Henri-Amable, Sgr des Plans, mort sans postérité ; 3. Jean-Antoine, lieut. dans le régt royal des Vaisseaux, tué au siége de Mons ; 4. François, prêtre, prieur de Saint-Victor-des-Ouilles.

VIII. Charles de Bonot, capitaine d'infanterie dans le régt de Castres, puis dans les fusiliers du roi, ép. Catherine de Barruel, et il en eut : Magdeleine, religieuse à la Visitation du Bourg Saint-Andéol.

Br. B. V. Esprit de Bonot, conseiller du roi, lieutenant au siége royal de Villeneuve de Berg, ép. en 1619 Magdeleine de Marcel, et en eut : 1. Jean-François qui suit ; 2. Louis, marié à Isabeau de Digoine, eut deux filles : Magdeleine, mariée à Alexandre de Galifet ; Marguerite, mariée à Raimond de Rochers.

VI. Jean-François de Bonot, conseiller du roi, lieutenant particulier au bailliage de Villeneuve de Berg, ép. le 22 fév. 1656 Marie
Gaillard, et fut maintenu, avec son frère, dans sa noblesse par jugement souverain du 5 déc. 1668; il eut de son mariage : 1. Esprit-
Joseph qui suit; 2. Jacques, sieur de la Rochette, capit. au régt de
Provence; 3. Philippe, capit. au régt de Castres; 4. Jean-François;
5. Claude, tué à la bataille de Fleurus; 6. Marguerite-Suzanne,
mariée à Paul-Louis d'Adhémar de Brunier, Sgr de Larnage.

VII. Esprit-Joseph de Bonot, chevalier, co-Sgr de Cousignac,
ép. le 26 sept. 1690 Thérèse d'Espaute, et il en eut : 1. Paul-Henri
qui suit; 2. Louis.

VIII. Paul-Louis de Bonot, chevalier, Sgr de Villeurain, ép. le
23 mars 1720 Marie-Magdeleine du Flos, dont il eut :

IX. Paul-Louis-Emmanuel de Bonot, écuyer, reçu page du roi
dans sa petite écurie le 27 janv. 1742.

97. BORNE.

D'or à l'ours rampant de sable armé et lampassé de gueule.

La maison de Borne était divisée en deux branches : Borne d'Altier, et Borne de Ligonniers,
alias Ligonnez, et Beaumefort. La branche d'Altier fit ses preuves de cour en 1770, et eut l'honneur de monter dans les carrosses du roi le 31 janv. 1771.

I. Pons de Borne, écuyer, Sgr de Ligonniers, *alias* Ligonnez, t.
le 7 mars 1532, et fut père de

II. Jean de Borne, Sgr de Ligonniers, la Sablière, ép. Françoise
de Sampzon, et il en eut :

III. Pierre de Borne, Sgr de Ligonniers, ép. le 2 avril 1551
Louise d'Audibert de la Farelle, dont il eut :

IV. David de Borne, Sgr de Ligonniers et Beaumefort, ép. le
26 déc. 1593 Hélène du Roure, dont il eut : 1. Pierre qui suit;
2. Claude : maintenus dans leur noblesse par jugement souverain
du 28 mars 1670.

V. Pierre de Borne, Sgr de Ligonniers et Beaumefort, D. de Viviers, ép. le 13 déc. 1638 Alexandrine de Rochier, dont il eut : Hélène de Borne, héritière de sa maison, ép. le 3 déc. 1673 Guillaume
de Saint-Étienne, capitaine de cavalerie.

98. BORNIER.

D'azur à la borne d'argent sur une terrasse de sable accostée de deux épis d'or ; au chef cousu de gueule chargé d'un soleil d'or accosté de deux étoiles de même.

Cette famille, une des plus anciennes parmi les familles de robe de la province de Languedoc, a produit, depuis la fin du XVIIe siècle, des officiers distingués et huit chevaliers de Saint-Louis. Philippe de Bornier, né à Montpellier en 1634 et mort en 1711, conseiller du roi et lieutenant principal au siége présidial de cette ville, fut un des commissaires nommés par M. de Bezons pour être rapporteur dans les jugements de noblesse des diocèses de Béziers, Carcassonne et Saint-Pons, lors de la vérification. C'est peut-être à cette circonstance qu'il dut l'exemption de justifier de sa noblesse. Il fut choisi par le roi pour présider aux assemblées synodales qui se tenaient en Languedoc jusqu'à la révocation de l'édit de Nantes. Il publia plusieurs livres de jurisprudence qui sont restés classiques jusqu'au milieu du dernier siècle. La *Conférence des Ordonnances de Louis XIV* eut six éditions du vivant de l'auteur. Son fils aîné, Philippe, était établi en Prusse en 1715 ; N..., son fils puîné, fut président du sénéchal et lieutenant général criminel à Montpellier 1725. (MORÉRI, V, 924.)

I. **Philippe de Bornier**, Sgr de Teillan, conseiller en la cour des comptes de Montpellier, du 15 nov. 1589, président en la même cour, du 8 mars 1617, ép. Marguerite de Farges, dont il eut :

II. **Louis de Bornier**, Sgr de Teillan, conseiller en la cour des comptes de Montpellier du 31 déc. 1627, conseiller d'État du 2 janv. 1646, « en considération des services que lui et son père avaient « rendus à l'État en plusieurs importantes occasions, » créé vicomte d'Héran par lettres patentes du mois d'août 1646, enregistrées au parlement de Toulouse et à la cour des aides de Montpellier, les 19 déc. 1656 et 16 janv. 1659, et au bureau des trésoriers de France le 23 janvier 1660. Il ép. le 10 mars 1627 Isabeau de Moynier, dont il eut : 1. Pierre qui suit ; 2. Jean, qui a fait la Br.B.; 3. Marguerite, mariée le 14 juillet 1653 à Charles de Cadolle ; 4. Charles René, capitaine au régt de Mauconseil, ép. le 17 janv. 1693 Marguerite de Védel, dont il eut : Charles, chevalier de Saint-Louis, capit. au régt de Mauconseil; René et Jean-Baptiste.

III. **Pierre de Bornier**, Sgr de Teillan, vicomte d'Héran, capit. dans le régt de Calvisson, ép. Tiphaine de Pascal, dont il eut : Anne, mariée le 20 avril 1695 à Théophile de Montolieu.

Br. B. III. **Jean de Bornier**, sieur de Ribalte, vicomte d'Héran, maintenu dans sa noblesse avec ses frères par jugement souverain du 24 sept. 1668, comme fils et petit-fils de conseiller et président en la chambre des comptes, ép. le 28 juillet 1682 Marie de Bonafous, dont il eut : 1. Saint-Étienne, capitaine au régt de Mauconseil, chev. de Saint-Louis 1730; 2. Étienne, capit. au régt de Lyonne, chev. de Saint-Louis 1737; 3. Isabeau, mariée à Étienne de Besson; 4. et

IV. Charles de Bornier, sieur de Ribalte, Sgr de Saint-Jean-de-Nozé, capit. au régt de Mauconseil, chev. de Saint-Louis 1740, ép. le 12 déc. 1741 Magdeleine de Paradis, dont il eut : 1. Étienne-Charles, chef de bataillon, chev. de Saint-Louis 1786, lieut. en Languedoc des maréchaux de France; 2. Jean-Louis-Charles qui suit; 3. Jean, capit. au régt de Limousin; 4. Pons-Simon-Frédéric, chef d'escadron, chev. de Saint-Louis et de la Lég. d'honn.

V. Jean-Louis-Charles de Bornier de Ribalte, lieutenant-colonel au régt de Beaujolais, chev. de Saint-Louis 1787, ép. Suzanne de Trotignon, dont il eut : 1. Étienne-Jean-Louis qui suit; 2. Eugène-Simon, qui a fait la Br. C.; 3. et Charles.

VI. Étienne-Jean-Louis-Frédéric de Bornier de Ribalte, capitaine en retraite, chev. de Saint-Louis et de la Lég. d'honn., chef actuel de nom et d'armes de sa maison; ép. le 19 avril 1826 Ernestine-Henriette-Charlotte de Barbeyrac de Saint-Maurice.

Br. C. VI. Eugène-Simon de Bornier, lieutenant d'infanterie, décédé, ép. Amélie du Ranc de Vibrac, dont il eut : 1. Henri qui suit; 2. Simon-Jules; 3. Joachim-Edmond; 4. Thérèse; 5. Suzanne; 6. Élise.

VII. Étienne-Charles-Henri de Bornier, ép. le 3 fév. 1858 Blanche Gouilly, dont : Charles-Victor, né le 25 déc. 1858.

99. BORREL DE LAGRANGE.

D'azur au chevron d'or surmonté de trois étoiles de même au chef burelé d'argent.

On trouve en Dauphiné plusieurs familles nobles et anciennes du nom de Borel et Borrel. Guillaume de Borrel ép. Huguette Dauphin en 1432; Elzéar, son petit-fils; Louise de Vérone en 1493. (CHORIER, III, 131.) Selon M. de Burdin, II, 340, le chef de la maison de Borrel établie en Gévaudan et maintenue par M. de Bezons, serait originaire du Dauphiné.

I. Robert de Borrel vint se fixer en Gévaudan vers les premières années du XVe siècle; il eut pour enfants : 1. Louis qui suit; 2. François.

II. Louis de Borrel, ép. av. 1507 Claude de Colonan, dont il eut : 1. Hubert; 2. et

III. André de Borrel, ép. Isabeau de Fontaine, dont il eut :

IV. Robert de Borrel de Chanoilhet, conseiller du roi, lieutenant général au bailliage de Gévaudan, ép. Antoinette de Sertain, dont il eut :

V. Gilbert de Borrel de Chanoilhet, Sgr de Losières, lieut. principal en la cour royale du comté et bailliage de Gévaudan, ép. le 12 juin 1611 Françoise de Lambrandes, dont il eut : 1. Robert qui suit; 2. Tristan, Sgr de Veyrines.

VI. Robert de Borrel, Sgr de Lagrange, Servières et Chanoilhet, ép. le 6 avril 1642 Catherine d'Arpajon de Duranque, dont il eut : 1. Charles; 2. Gilbert qui suit; 3. Tristan : maintenus dans leur noblesse par jugement souverain du 26 septembre 1669.

VII. Gilbert de Borrel de Chanoilhet, ép. le 30 nov. 1669 Françoise de Rets de Servières, dont il eut :

VIII. Urbain de Borrel de Chanoilhet, ép. le 8 sept. 1718 Marguerite de Rivière, dont il eut :

IX. Thomas Urbain de Borrel de Chanoilhet, Sgr de Lagrange, page du roi, etc., ép. le 18 sept. 1754 Jeanne Desvoys, dont il eut : 1. Auguste Vital Urbain, page du roi, colonel de cavalerie, chevalier de Saint-Louis, commandant la garde nationale de Mende en 1791; 2. Marie-Christine-Sophie ; 3. Marie-Marguerite-Antoinette ; 4. Marie-Adélaïde, élève de Saint-Cyr, mariée le 14 septembre 1798 à Jean-Baptiste Florit de la Tour de Clamouse de Corsac; 5. François-Jean-Baptiste, capitaine d'infanterie, chevalier de Saint-Louis ; 6. Auguste-Pierre Thomas, lieut.-colonel de cavalerie en retraite, chevalier de Saint-Louis, marié à Rose-Virginie de Saillan ; 7. François-Urbain-Hippolyte.

100. BORRELLI.

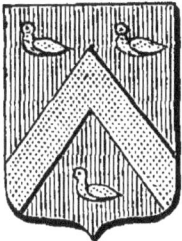

De gueule au chevron d'or accompagné de trois merlettes de même, deux en chef, une en pointe.

La terre de Roque-Servières fut érigée en marquisat en faveur de Jean-Jacques de Borrelli par lett. pat. de juin 1752, enregistrées au parlement de Toulouse le 18 juillet, et à la chambre des comptes de Montpellier le 18 août de la même année, «en considération des services de ses ancêtres, tous dévoués à la profession des armes, et parmi lesquels on trouve plusieurs maréchaux de camp, gouverneurs de places, colonels et autres officiers de distinction.» (LACH. DESB.; II, 658; IV, 60.)

I. Antoine de Borrelli, t. le 3 sept. 1643, ép. Pierrette de Beaudan, et il en eut : 1. Jacques qui suit; 2. Guillaume, général-major ès armées d'Allemagne.

II. Jacques de Borrelli de Roque-Servières, maréchal de camp, ép. le 11 janv. 1614 N., il en eut : 1. Guillaume qui suit; 2. Abraham, Sgr de Peireblanque, capit. au régt de la reine; 3. Pierre, lieut. au régt. royal.

III. Guillaume de Borrelli, Sgr de Roque-Servières, lieutenant-colonel au régt d'Auvergne, maintenu dans sa noblesse avec ses frères habitant Alais, comme enfants de Jacques, maréchal de camp, par jugement souverain du 5 nov. 1668.

Jacques de Borrelli, Sgr de Roque-Servières, ép. en 1709 Marguerite de Prunet, dont il eut :

Jean-Jacques de Borrelli, ép. Catherine de Raymond, dont il eut plusieurs enfants.

101. BOSSUGES.

De gueule, au taureau d'or passant au pied d'un chêne à deux branches mises en sautoir d'argent.

La maison Dumas de Bossuges, très-anciennement établie au diocèse de Montpellier, a donné des consuls à cette ville et un grand nombre de magistrats à la cour souveraine des comptes, aides et finances. (V. D'AIGREFEUILLE, *Hist. de Montpellier*, I, 583 et suiv.) Elle prouva sa filiation devant M. de Bezons, depuis :

I. Pierre Dumas, chevalier, rendit hommage le 3 des kalendes de nov. 1300, fut père de

II. Bertrand Dumas, *alias* de Bossuges, damoiseau, vivant en 1370, eut pour fils

III. Étienne de Bossuges fut père de

IV. Jean de Bossuges eut pour fils

V. Guillaume, qui fut apparemment père de : 1. Jean qui suit; 2. Isabeau, mariée en 1516 à Guillaume de Barral, Sgr d'Arènes.

VI. Jean de Bossuges, Sgr du Triadou, ép. Douce de Vidal, et il en eut : 1. Pierre qui suit; 2. Jeanne, mariée à Jean de Perdrier.

VII. Pierre de Bossuges, Sgr du Triadou, fut père de

VIII. Philippe de Bossuges, Sgr du Triadou, conseiller maître en la chambre des comptes de Montpellier, t. le 28 août 1619; il eut pour enfants : 1. Pierre qui suit; 2. Jacques.

IX. Pierre de Bossuges, Sgr de Pomessargues et Cristin, conseiller en la cour des comptes de Montpellier; t. le 8 janvier 1660; il eut pour enfants : 1. Philippe; 2. Guillaume : maintenus dans leur noblesse par jugement souverain du 16 janvier 1669.

102. BOUCHET.

De gueule à trois croix d'argent, 2 et 1, au chef cousu d'azur chargé de deux étoiles d'or.

I. Jean du Bouchet, ép. Ermessinde, dont il eut:

II. Eustache du Bouchet, Sgr de Broussons, fut père de

III. Jean du Bouchet, Sgr de Broussons, rendit hommage le 18 juin 1488; ép. Antoinette Gasque, dont il eut:

IV. Jacques du Bouchet, Sgr de Broussons, ép. le 16 mars 1561 Catherine La Mare, et il en eut:

V. Jacques du Bouchet, Sgr de Broussons, ép. le 14 avril 1623 Léonor Marin, dont il eut:

VI. Antoine du Bouchet, Sgr de Broussons et co-Sgr de Vebron, D. de Mende, ép. le 17 déc. 1652 Anne Sabatier, et il en eut:

VII. Antoine du Bouchet, Sgr de Broussons, co-Sgr de Vebron, maintenu dans sa noblesse par jugement souverain du 12 nov. 1668.

103. BOUSAS, *alias* BOZAS.

De gueule à la bande d'or chargée d'un croissant de sable.

La terre de Bozas en Vivarais, qui a donné son nom à cette famille, aujourd'hui éteinte, passa depuis dans la maison d'Espinchal, puis dans la maison du Bourg en 1073. C'est en faveur de cette dernière maison que la terre de Bozas fut érigée en marquisat par lettres patentes du mois de mars 1693. (LACH. DESB., III, 109.) La terre de Chirols est advenue à la maison de Bozas par une donation de 1341 faite à Jean de Bozas, cinquième aïeul de Bernardin. (*Arch. du château de Chirols.*)

M. le baron de Vitrolles, neveu et héritier de madame de Bozas, morte en 1834, possède le château de Chirols, canton de Saint-Félicien (Ardèche).

I. Bernardin de Bozas, t. le 26 oct. 1523; il avait ép. Claude de Corsas, dont il eut:

II. Jacques de Bozas, ép. Catherine de Senevas, dont il eut: 1. Aimar qui suit; 2. Christophe; 3. Pierre; 4. Henri, qui a fait la branche des Sgrs de Mantelire, éteinte vers 1770; 5. Guillaume.

III. Aimar de Bozas, ép. le 6 janv. 1572 Marie de Marcous, dont il eut:

IV. Jean de Bozas, Sgr de Chirols et d'Eyras, ép. 1° Louise Nicolas; 2° le 12 fév. 1612 Marguerite de Bronac, dont il eut: 1. François qui suit; 2. Aimar, qui a fait la Br. B.

V. François de Bozas, Sgr de Chirols, y demeurant D. de Viviers, ép. le 8 juin 1668 Paule-Claude de Vocance, fut maintenu

I.

7

dans sa noblesse avec Jean, Jacques et Christophe, par jugement souverain du 5 oct. 1668 ; il eut de son mariage :

VI. Antoine Alexandre de Bozas, Sgr de Chirols et d'Eyras, ép. le 7 sept. 1695 Magdeleine de Gallier, dont il eut :

VII Antoine de Bozas, Sgr de Chirols, ép. en 1731 Marie du Chol, dont il n'eut pas d'enfants.

Br. B. V. Aimar de Bozas, Sgr du Cros, épousa Claire de Faure, dont il eut :

VI. Jean de Bozas, Sgr du Cros, ép. Jeanne de Mazery, et il en eut :

VII. Antoine de Bozas, ép. Anne de Cornier, dont il eut :

VIII. Gabriel de Bozas, ép. en 1736 Magdeleine de Bozas, dame de Mantelire et héritière de sa branche, dont il eut :

IX. Gabriel Alexandre de Bozas, héritier de la branche de Chirols, ép. en 1769 Émilie de Pina, dont il eut :

X. François-Sébastien de Bozas, massacré au lazareth d'Augusta (Sicile) en janvier 1799, à son retour de l'armée d'Égypte ; en lui s'éteignit la maison de Bozas. Gabriel-Alexandre, son père, mort en 1801, avait pris part aux dernières assemblées de la noblesse du Vivarais en 1789.

104. BOUSQUET DE MONTLAUR.

D'or à la croix vidée de gueule, au chef d'azur chargé de sept fleurs de lis d'argent.

La baronie de Montlaur en Languedoc fut érigée en marquisat par lettres patentes de déc. 1679 en faveur d'Étienne du Bousquet, « tant en considération des services qu'il avait rendus en Italie, en Flandre et en Catalogne, pendant plus de vingt années, que pour reconnaître encore ceux de son père. » (LACH. DESB., III, 63.)

I. Jean, Sgr du Bousquet, vivant en 1280, fut père de

II. Héméric, Sgr du Bousquet, vivant en 1330, eut pour fils

III. Nicolas du Bousquet, à qui le vicomte de Villemur donna, comme étant son plus proche parent, en 1397, la baronie de Verlhac ; il fut père de

IV. Pierre du Bousquet, chevalier, baron de Verlhac, rendit hommage le 9 avril 1459 ; il ép. N. Hérail, dont il eut :

V. François du Bousquet, baron de Verlhac, ép. le 14 oct. 1484 Jeanne Lauret, dont il eut :

VI. Étienne du Bousquet, capit. d'une compag. franche de cent hommes, pour le duc de Montmorency, ép. le 8 janv. 1535 Gasparde de Bonnal, et il en eut :

VII. Jean du Bousquet, Sgr et baron de Montlaur, président en la cour des aides de Montpellier 1579; ép. en 1590 Diane des Essarts de Laudun, et il en eut : 1. François qui suit; 2. autre François; 3. Jean, abbé; 4. Étienne, abbé.

VIII. François du Bousquet, chevalier, baron de Montlaur, Carnas, Pujo, Saint-Aunès, le Pin, capit. de chevau-légers et sergent de bataille, président en la cour des Comptes, Aides et Finances de Montpellier, obtint des lett. pat. du roi, portant don de dix mille écus, en considération de la défense vigoureuse qu'il fit dans son château de Montlaur, contre le duc de Rohan et toute son armée, et pour le dédommager des pertes qu'il avait faites pendant le dit siége, le 27 janv. 1627; autres patentes portant permission d'ajouter sept fleurs de lis d'argent à ses armes, comme succédant aux biens de feu Gabriel Luels, baron d'Aramon, marquis des îles d'Hières, avec une couronne de marquis à ses dites armes, 16 avril 1624; il avait ép. 1° le 13 août 1613 Grasinde de Rignac; 2° le 11 août 1642 Louise de la Fare; il eut de sa première femme : 1. Etienne, baron de Montlaur, capit. de chevau-légers, mestre de camp d'infanterie, qui ép. le 12 fév. 1662 Marie du Faur; et de la seconde : 2. Jacques Hercule, président, trésorier de France, à Montpellier 1660: maintenus dans leur noblesse par jugement souverain du 24 déc. 1668.

105. BOUSQUAT DE RÉALS.

De gueule à un chêne d'argent surmonté d'une fleur de lis d'or.

Cette famille est désignée dans les divers auteurs sous les noms de *Bousquet, Bousquat, Bosquat, Boscat* et *Boscal*. Les armoiries, qui sont constamment les mêmes, et la qualité de Sgrs de *Réals* jointe à ces différents noms, prouvent évidemment leur identité. (TOURTOULON, 86.) Jean de Boscha était conseiller à la cour des aides de Montpellier en 1503. Gabrielle Bousquât ép., assistée de son frère Antoine, le 14 janv. 1542, Guillaume Cartulle.

I. Antoine de Bousquat ép. le 4 janvier 1552 Jeanne de Pradines, et il en eut : 1. François qui suit; 2. César de Réals, Sgr de la Mothe, Saint-Laurent, gentilhomme ordinaire de la chambre du roi, capit. au régt de Piémont; 3. Constantin.

II. François de Bousquat, écuyer, fut père de

III. Sébastien de Bousquat, Sgr de Réals, demeurant à Murviel D. de Béziers, ép. le 5 mai 1632 Catherine de Gondal, et fut maintenu dans sa noblesse par jugement souverain du 6 oct. 1670.

L'historien de Montpellier, d'Aigrefeuille, mentionne plusieurs conseillers de cette famille, en la cour des comptes, à partir de

1690. Jean de Bosquat, conseiller à la cour des comptes, aides et finances de Montpellier, fit enregistrer ses armes dans l'*Armorial* de 1696. On retrouve encore le nom de Bosquat sur la liste des membres de la noblesse de Montpellier de 1789.

106. BOYER DE SORGUES.

D'or à trois hures de sanglier de sable 2 et 1 ; écartelé d'azur à trois besants d'or mis en bande.
La maison de Boyer de Sorgues, alliée en 1605 aux Bermond du Caïla-Puisserguier, a fourni quatre chevaliers de l'ordre de Malte de 1704 à 1725. (P. ANSELME, VII, 486. — VERTOT, VII, 18.)

I. Pierre de Boyer, Sgr de Sorgues, ép. le 25 nov. 1542 Jacquette de Grave, dont il eut :

II. Pierre de Boyer, Sgr et baron de Sorgues, ép. le 15 nov. 1587 Marguerite de Marsal, *alias* de Saint-Étienne, dont il eut : 1. Gabriel qui suit; 2. Claire, mariée à Henri du Caïla; 3. Marguerite, alliée à François de Vissec de la Tude.

III. Gabriel de Boyer, Sgr et baron de Sorgues, ép. 1° le 18 nov. 1612 Gabrielle de Gatusières; 2° le 1er sept. 1633 Marie Mercier; il eut de sa première femme : 1. Pierre qui suit; et de la seconde : 2. Gabriel, Sgr de Mouja et de Ricardelle, marié le 23 avril 1663 à Isabeau Charmois.

IV. Pierre de Boyer, Sgr et baron de Sorgues, Clapiès, gentilhomme ordinaire de la chambre du roi, ép. le 3 juin 1641 Antoinette d'Arnoye, dont il eut : 1. Henri-Joseph; 2. Gabriel : maintenus dans leur noblesse avec leur père et leur oncle par jugement souverain du 3 déc. 1668.

107. BRAGELONGNE, *alias* BRAGELONNE.

De gueule à la fasce d'or chargée d'une coquille de sable accompagnée de trois merlettes d'or.
Maison originaire de l'Ile de France, qui a toujours occupé des charges considérables dans la magistrature et dans l'armée ; connue par filiation depuis Adam de Bragelongne, écuyer, Sgr de Jouy, qui gouverna les finances d'Isabeau de Bavière, femme de Charles VI, roi de France, et celles du duc de Guyenne, Dauphin de France, dès l'an 1405. (LACH. DESB., III, 111.) Une branche de cette maison, qui ne fit que passer en Languedoc, où elle s'éteignit, prouva sa filiation depuis :

I. Thomas de Bragelonne, écuyer, Sgr de Jouy, ép. Thomasse Séguier, dont il eut :

II. Martin de Bragelonne, Sgr de Lascours, lieutenant particulier au Châtelet de Paris, maître d'hôtel de la reine, prévôt des marchands de la ville de Paris, 1558, ép. Marguerite Chesnard, dont il eut :

III. Thomas de Bragelonne, trésorier de France, à Paris, 1569, ép. Marie Lallemand, dont il eut :

IV. Thomas de Bragelonne, Sgr de Villeneuve, commissaire ordinaire des guerres, ép. le 11 janv. 1628 Élisabeth de Pignan, dont il eut :

V. Nicolas de Bragelonne, chevalier, Sgr de Pignan, Sorguières et Gardies, D. de Montpellier, ép. Françoise Durand, dont il n'eut que des filles; il fut maintenu dans sa noblesse par jugement souverain du 5 sept. 1669.

108. BRENAS.

D'azur à la redorte ailée ou caducée d'or.

On trouve au milieu du XVe siècle plusieurs gentilshommes du nom servant dans la maison des vicomtes de Polignac. Louis-Julien Brenne de Brenas ép. le 3 nov. 1464 Isabelle d'Agrain. (*Extr.* d'une charte trad. par *M. Louis Pâris*, anc. élève de l'éc. des Chartes, direct. du Cabinet historique.) Une branche de cette maison établie en Vivarais prouva sa noblesse devant M. de Bezons et M. de Lamoignon. (*Bibl. imp.*, *Mss. nob. du Viv.*, 906.) Laurence de Brenas, fille de Simon, bailli de la baronie et du mandement de Solignac, et d'Anne des Arcis, ép. le 28 avril 1647 Jacques de Chambarlhac.

I. Étienne de Brenas, Sgr d'Auriol, ép. le 2 sept. 1572 Mercière de Faÿ, dont il eut : 1. Christophe qui suit; 2. François.

II. Christophe de Brenas, ép. le 7 juin 1606 Magdeleine Monchenu, et il en eut :

III. Alexandre de Brenas, Sgr de Carrés et co-Sgr d'Auriol, ép. le 7 juin 1648 Catherine Galbert, maintenu dans sa noblesse par jugement souverain du 26 nov. 1668; il eut de son mariage :

IV. René de Brenas, Sgr de Carrés, marié le 20 juill. 1686, fut maintenu dans sa noblesse par M. de Lamoignon.

Henri de Brenas fit enregistrer ses armes dans l'*Armorial* de 1696.

On trouve encore plusieurs sujets du nom de Brenas sur les registres de l'état civil de Pézénas, 1667, 1676, 1691, 1707, un docteur-médecin, reçu devant la faculté de Médecine de Montpellier, le 10 mars 1774.

109. BRETTES DE THURIN.

Écartelé au 1 et 4 d'azur au lion d'or couronné et lampassé de gueule, au chef cousu de gueule à trois étoiles d'or, qui est de Brettes ; au 2 et 3 d'or à trois aigles de sable 2 et 1, qui est de Thurin.

La maison de Brettes est originaire du comté de Narbonne où elle possédait très-anciennement la terre de la Liquière et la co-Sgrie de Lauraguel au territoire de Villespassans ; elle se répandit ensuite dans les diocèses de Castres et de Béziers. Avant d'être maintenue par M. de Bezons, elle fit ses preuves pour l'ordre de Malte en 1631 ; et plus tard, devant l'assemblée de l'assiette du diocèse de Béziers, le 12 mai 1783, le comte Joseph de Brettes de Thurin produisit une série d'actes de vente, hommages et dénombrements prouvant que depuis quatre cent quatre-vingt-dix ans sa famille était connue pour l'une des plus anciennes du pays.

Sabinde, femme de Guillaume Guiraud de Brettes, et Flore, sa fille, reçurent un hommage en 1223 pour les terres de Raméjan et Courbegon. Béringuier de Brettes, damoiseau de Cruzy, acheta la terre de la Liquière en 1293, en rendit hommage en 1312, et reçut permission d'Aimery de Narbonne de faire agrandir l'église de Cruzy. Guillaume de Brettes fit divers achats en 1316 et 1326. Centulie de Brettes, femme de Raymond de Saisse, fille de Béringuier de Brettes et d'Audeberte, mariés, fonda la chartreuse de Saix et y fut enterrée avec son mari dans la chapelle de Saint-Jean et Saint-Louis en 1351. Pierre de Brettes, fils de Bernard, damoiseau de Cruzy, ép. Jeanne de Montpezat et fit des hommages au roi en 1389 et 1398, pour Cruzy et la co-Sgrie de Villespassans ; il eut pour fils Pierre, qui fut père de Béringuier et d'André. Cibille de Donos ép. en 1444 Béringuier de Brettes de Fabrègues, qui eut pour fils Alican de Fabrègues, et une fille, Jeanne, mariée le 7 nov. 1492 à Antoine de Carcassonne. André de Brettes, frère de Béringuier de Brettes, Sgr de Cruzy, rendit hommage en 1449.

La plupart de ces actes furent produits dans un procès soutenu le 22 mai 1784 devant la cour des aides de Montpellier, contre les habitants de Villespassans, et existent encore dans les archives de la maison de Brettes.— V. encore BORREL, *Antiq. de Castres*, 1649, p. 14, 38. 2° p.— *Mém. à consulter* pour Joseph Barthélemy Terral ; imp. à Montpellier, chez F. Picot, 1781. — *Proc.-verb. imp. de l'assemblée de l'assiette du diocèse de Béziers*, 1783. — VERTOT, VII, 18.

André de Brettes, Sgr de Cruzy, ép. Louise de Voisins, dont il eut Guillaume, auteur de la filiation prouvée devant M. de Bezons. (*Preuves de Malte* de Pierre Anne de Brettes de Thurin, 28 mai 1631.) Nobles Lambert et Simon de Thurin, *alias* Thourein, frères, Sgrs et barons de Pouchairic, reçurent en 1230, une rente perpétuelle de 1,000 livres du roi Saint Louis pour les services rendus par eux et leurs devanciers à la couronne de France. (*Preuves de Malte* de Pierre Anne de Brettes de Thurin, du 28 mai 1631, délivrées en forme authentique le 19 déc. 1715 par de Bourges, secrét. de l'ordre, contre-signées par Emmanuel Pinto, vice-chancelier.)

I. Guillaume de Brettes, Sgr de Cruzy, baron de Pécherie, *alias* Puicheric, ép. le 10 mai 1528 Françoise de Thurin, dame de Puicheric, dont il eut : 1. François, marié en 1572, à Cécile de Beaufort ; 2. Antoine qui suit ; 3. Cibille alliée à N. de la Palu, dont la petite-fille Catherine de Manas, dame d'Aurival, ép. en 1639 César de Brettes.

II. Antoine de Brettes de Thurin, baron de Pécherie, Sgr de Cruzy et de Marmorières, ép. le 27 fév. 1567 Jeanne de Valat de Lespignan, dont il eut : 1. François qui suit ; 2. Étienne qui a fait la Br. B.; 3. Gabriel; 4. Guillaume; 5. Françoise, mariée le 29 sept. 1593 à Jean de Hautpoul.

III. François de Brettes de Thurin, écuyer, baron de Pécherie, enseigne de la compagnie d'hommes d'armes de M. le bailli de Manosque, ép. le 20 juin 1593 Marguerite du Caïla d'Espondeilhan, et il en eut : 1. Hercule qui suit; 2. Guillaume, père de Charles, maintenu en 1671; 3. Antoinette, mariée à Hercule de Thezan Saint-Géniez.

IV. Hercule de Brettes de Thurin, Sgr. de Cruzy, Marmorières, Gabelas, la Liquière, Malviès, Villespassans, ép. le 29 avril 1637 Marguerite de Hautpoul, dont il eut :

V. Jean Antoine de Brettes de Thurin, Sgr de Malviès, maintenu dans sa noblesse avec son père, par jugement souverain du 15 janv. 1671, ép. le 4 fév. 1677 Charlotte de Boide, et il en eut :

VI. François de Brettes de Thurin, ép. le 26 avril 1711 Élisabeth de Bourquejay, dont il eut :

VII. Joseph de Brettes de Thurin, qualifié comte de Brettes devant l'assemblée de l'assiette du diocèse de Béziers en 1783, où il était porteur de la procuration de madame la marquise de Spinola, baronne de Murviel, ancien officier de cavalerie, Sgr de Mezeilles, ép. le 15 fév. 1775 Thérèse de Lecomte de Saman, fille de Jean et de N. Durfort-Rouzines, dont il eut :

VIII. Charles-Pierre-Joseph de Brettes de Thurin, comte de Brettes, ép. en 1820 Adèle de Babut de Nogaret, dont François-Charles-Auguste. — Résid. Paris et Toulouse.

Br. B. III. Étienne de Brettes de Thurin, Sgr d'Assignan, mestre de camp d'un régt de milice 1635, ép. le 18 mai 1606 Françoise de Poggio, fille de César et d'Isabeau de Boudinet de la maison de Figairol. La maison de Poggio était originaire de Lucques, et avait donné un évêque de Grasse, qui fut gouverneur des enfants de François Ier, et un cardinal de Ferrare. Il eut de son mariage : 1. Guillaume, Sgr de Donos, ép. en 1638 Henriette de Saint-Géniez; 2. Pierre-Anne, chev. de Malte 1631; 3. César qui suit; 4. Cibille, mariée à Jean d'Auxillau.

IV. César de Brettes de Thurin, Sgr d'Aurival, maintenu dans sa noblesse, avec Guillaume, son frère, par jugement souverain du 15 janv. 1671, ép. 1° le 1er fév. 1639 Catherine de Manas; 2° le 23 avril 1671 Françoise de Mauléon de Foix, dame de Puydaniel, veuve de Jean de Sariac, frère de l'évêque d'Aire; il eut de sa première femme : 1. Étienne-César qui suit; 2. Charles, Sgr de Puydaniel et Mauressac, ép. le 22 avril 1690 Isabeau de Mauléon de Foix, dont la fille unique fut mariée en 1716 à son cousin Gabriel-Paul de Brettes; 3. N... mariée à Denis de Polastron.

V. Étienne-César de Brettes de Thurin, ép. le 10 sept. 1671 Anne de Mauléon de Foix, dont il eut :

VI. Gabriel-Paul de Brettes de Thurin, ép. le 26 sept. 1716 Marie-Françoise de Brettes, sa cousine, dame de Puydaniel, dont il eut :

VII. Charles-Marie de Brettes de Thurin, baron d'Aurival et de Serviès, mort sans postérité en 1784; il institua héritier de ses biens Joseph de Brettes, comte de Brettes, chef de la branche aînée de sa maison, qui devint ainsi possesseur des Sgries de Puydaniel et de Mauressac.

110. BRIGNAC DE MONTARNAUD.

De gueule au lévrier rampant d'argent accolé de gueule.

La maison de Brignac, qui s'est éteinte de nos jours dans la maison de Turenne d'Aynac, est originaire du diocèse de Lodève. Elle a donné ou emprunté son nom au village de Brignac du canton de Clermont. On l'y trouve établie dès le XIIIᵉ siècle. Pierre de Brignac, damoiseau, ép. vers 1270 Bérengère de Lauzières. (P. ANSELME, VII, 413.)

Marie de Mujolan apporta en mariage, à noble Antoine de Brignac, la terre de Montarnaud; il vivait en 1477 et eut deux fils : 1. Jean qui suit; 2. François, dont la postérité s'établit dans le D. d'Aleth, et fut maintenu dans sa noblesse le 3 juillet 1669. (*Archiv. de la maison de Turenne.*) Françoise de Julien de Vinezac, veuve de Jacques-Jean-Élisabeth de Brignac, marquis de Montarnaud, dernier du nom, envoya sa procuration à l'assemblée de la noblesse tenue à Montpellier le 16 mars 1789.

I. Jean de Brignac, Sgr de Montarnaud et de Mujolan, ép. le 21 août 1521 Antoinette d'Albert, dont il eut : 1. Jacques; 2. Pierre qui suit; 3. Arnaud; 4. Antoinette, mariée à Jacques de Bermond de Saint-Bonnet de Toiras; 5. Garcie, mariée le 4 fév. 1590 à Sébastien de la Roque.

II. Pierre de Brignac, écuyer, Sgr de Montarnaud, ép. le 29 avril 1574 Lucrèce de Saint-Félix, dont il eut : 1. François qui suit; 2. Louise, mariée à Jean de la Mare.

III. François de Brignac, baron de Montarnaud, qui se présenta au ban et arrière-ban, fut cornette de la noblesse de la sénéchaussée de Montpellier, sous le maréchal de Schomberg 1622; il avait ép., 1° le 27 mai 1612 Anne Deidier; 2° le 26 mars 1625 Dauphine de Brignon; il eut de son second mariage : 1. Pierre qui suit; 2. Lucrèce, mariée à Marc-Antoine du Ranc de Vibrac; 3. François, Sgr de Beauregard : maintenus dans leur noblesse par jugement souverain du 19 nov. 1668.

IV. Pierre de Brignac, Sgr et baron de Montarnaud, D. de Montpellier, capit. de cavalerie au régt de Balthazar 1648, ép. le 19 juill. 1667 Jeanne de Roux, et il en eut : 1. François qui suit; 2. Lucrèce, mariée le 2 sept. 1694 à François de Pelet de Salgas.

V. François de Brignac, Sgr et baron de Montarnaud, fut père de

VI. Jean de Brignac, Sgr et baron de Montarnaud, ép. en 1748 N. de Lazerne, dont il eut :

VII. Jacques-Jean-Élisabeth de Brignac, Sgr et baron de Montarnaud, ép. en 1778 Françoise de Julien de Vinezac, dont il eut :

VIII. Claire-Isabelle-Josèphe-Françoise-Agathe de Brignac, fille unique, mariée en 1799 à Henri-Amédée-Mercure de Turenne d'Aynac, chambellan de l'empereur Napoléon Ier, comte de l'empire, général de brigade, pair de France, grand officier de la Lég. d'honn.

Cette maison s'est éteinte en 1856 par la mort de madame la comtesse de Turenne, née de Brignac, qui avait été dame du palais de l'impératrice Joséphine.

La terre de Montarnaud est aujourd'hui possédée par la maison de Turenne.

111. BRINGUIER.

Bandé d'or et d'azur de six pièces.

I. Antoine de Bringuier, écuyer, co-Sgr de Liouc, t. allant à la guerre le 17 janvier 1541; fut père de : 1. Louise, mariée le 8 septembre 1520 à Pierre d'Adhémar; 2. Durand qui suit; 3. et Jean, qui a fait la branche rapportée au n° 112.

II. Durand de Bringuier, Sgr des Barbuts, co-Sgr de Liouc, ép. le 31 janvier 1531 Isabeau d'Albignac, dont il eut :

III. Jacques de Bringuier, Sgr des Barbuts et de Liouc, ép. le 27 janvier 1567 Antoinette Marion, dont il eut : 1. Thomas qui suit; 2. Jacquette, mariée le 9 oct. 1600 à Isaac de Pelet, Sgr de la Carrière.

IV. Thomas de Bringuier, Sgr des Barbuts et de Cauvissargues, ép. le 7 fév. 1593 Jeanne de Gabriac, et il en eut :

V. Thomas de Bringuier, Sgr des Barbuts, ép. le 18 déc. 1616 Bernardine Saurin, dont il eut : 1. Jacques qui suit; 2. Aimar; 3. Henri, Sgr de la Palhole : maintenus dans leur noblesse par jugement souverain du 12 déc. 1668.

VI. Jacques de Bringuier, Sgr des Barbuts, D. de Nîmes, ép. le 16 mars 1656 Espérance de Trémolet.

112. BRINGUIER.

Mêmes armes.

I. Jean de Bringuier, co-Sgr des Barbuts, eut pour fils :

II. Jean de Bringuier, co-Sgr des Barbuts, ép. en 1576 N. de la Farelle, dont il eut :

III. Jean de Bringuier, ép. le 15 janvier 1609 Jeanne Delom de Bussas, et il en eut :

IV. Jean de Bringuier, Sgr de la Roque, ép. le 11 juin 1640 Magdeleine de la Nougarède, et fut maintenu dans sa noblesse par jugement souverain du 12 déc. 1668.

113. BRUÉIS, *alias* BRUEYS.

D'or au lion de gueule armé et lampassé de même, à la bande d'azur.

Il est fait mention dans Froissard d'un Guillaume de Brueix, capitaine en 1366, sous Bertrand du Guesclin. Pierre de Brueys, auquel cette famille remonte sa filiation, ép. Bertrande du Caylar, fille de Pierre, Sgr de Saint-Chaptes. Il vivait l'an 1350 et eut pour fils Jean, dont le fils Pierre fut élu consul de Nimes en 1458. (LACH. DESB., III, 282.) Pierre de Brueys ép. Catherine de Remoulins et en eut :

I. Pierre de Brueys, t. le 25 avril 1494 ; il ép. Perrette Fabre, et eut pour enfants : 1. Tristan qui suit; 2. Jean.

II. Tristan de Brueys, Sgr. de Saint-Chaptes et Aubussargues, en rendit hommage les 4 et 16 juin 1516 ; il ép. Marguerite de la Croix, dont il eut : 1. Denis qui suit; 2. Antoine, qui a fait la Br. C. ; 3. Guy, qui a fait la Br. E.

III. Denis de Brueys, Sgr de Saint-Chaptes, fut père de

IV. Tristan de Brueys, Sgr de Saint-Chaptes, ép. Marguerite d'Albenas, dont il eut : 1. Denis qui suit; 2. Antoine qui a fait la Br. B.

V. Denis de Brueys, Sgr de Saint-Chaptes et Cièvre, fut père de

VI. Jean Félix de Brueys, Sgr de Saint-Chaptes, ép. le 3 janv. 1631 Louise Forez de Treguiers, et il en eut : 1. Henri-Joseph; 2. François-Louis : maintenus dans leur noblesse avec leur père par jugement souverain du 24 décembre 1668.

Br. B. V. Antoine de Brueys, Sgr de Piéferrier, ép. le 17 mars 1641 Claude de Malmont, et il en eut :

VI. Louis de Brueys, Sgr de Piéferrier, maintenu dans sa noblesse par jugement souverain du 24 décembre 1668.

Br. C. III. Antoine de Brueys, Sgr de Savignargues, ép. le 18 mars 1556 Françoise Falcon, et il en eut : 1. François qui suit ; 2. Denis, Sgr de Bourdic, qui a fait la Br. D.

IV. François de Brueys, Sgr de Savignargues, ép. Antoinette de Ganges, et il en eut :

V. Antoine de Brueys, Sgr de Savignargues, Saint-Estève d'Escate, D. de Nîmes, ép. le 16 mars 1630 Rose de Calvière, et il en eut : 1. Victor ; 2. François ; 3. Louis qui suit : maintenus dans leur noblesse par jugement souverain du 24 déc. 1668.

VI. Louis de Brueys, Sgr de Savignargues et de Saint-Étienne d'Escate, ép. Marguerite Gaussan, dont il eut :

VII. François de Brueys de Savignargues, capit. de cavalerie, ép. le 6 oct. 1741 Françoise de Carrière-Double, dont il eut : 1. François-Joseph, né le 20 mars 1743 ; 2. Antoine-Marie-Hercule, né le 3 mars 1744 ; 3. Louis-César-François, né le 4 mai 1745.

Br. D. IV. Denis de Brueys, Sgr de Bourdic, ép. Alexandrine Borde, et il en eut : 1. Jacques ; 2. et

V. Alexandre de Brueys, Sgr de Garigues, Bourdic et Tarau, eut pour fils : 1. Benouin-Benjamin ; 2. Nicolas, Sgr de Jaspe, capit. au régt de Champagne : maintenus dans leur noblesse avec Jacques, leur oncle, par jugement souverain du 24 déc. 1668.

Br. E. III. Guy de Brueys, Sgr de Flaux, ép. le 18 nov. 1555 Catherine d'Entraigues, dont il eut : 1. Jean ; 2. et

IV. Jacques de Brueys, Sgr de Flaux, ép. le 12 juin 1603 Jeanne Isarn de Castanet, dont il eut :

V. Jacques de Brueys, Sgr de Flaux, ép. le 27 sept. 1640 Marthe le Chantre, et fut maintenu dans sa noblesse par jugement souverain du 24 déc. 1668 ; il eut de son mariage :

VI. Pons de Brueys, Sgr de Flaux, capit. d'infanterie dans le régt de Conti 1716, chev. de Saint-Louis, ép. le 25 mars 1707 Olympe de Rossel, baronne d'Aigalliers, dont il eut : 1. Gabriel qui suit ; 2. François, chev. de Saint-Louis, capit. au régt de Forez.

VII. Gabriel de Brueys, baron d'Aigalliers, ép. 1° le 29 mars 1735 Marguerite Gabrielle de la Rouvière ; 2° le 10 août 1748 Marie de Vivet de Servézan ; il eut de son premier mariage : 1. Gabriel-François, major au régt de Forez, gouverneur de Monaco, député de la noblesse de la sénéchaussée de Nîmes aux états généraux ; 2. Henriette-Olympe, mariée à Pierre-Louis d'Entraigues ; du second mariage : 3. François ; 4. François-Paul qui suit ; 5. Marie-Louise.

VIII. François-Paul de Brueys, vice-amiral, commandait la flotte qui conduisit en Égypte l'armée aux ordres de Bonaparte 1798; périt à Aboukir 1er août 1798. Il avait ép. Marie-Anne-Aubin de Bellevue, dont il eut : Maxime, fait comte sous la Restauration, mort à Paris en 1857 sans enfants. Madame la baronne de Brueys est morte à Saint-Chaptes (Gard), à l'âge de quatre-vingt-douze ans, le 26 mars 1859; elle a laissé pour héritier M. le baron de Fontarèches, petit-neveu de l'amiral son mari.

114. BRUEIS.

D'or au lion de gueule armé et lampassé de même, à la bande d'azur chargée de trois étoiles d'or.

I. Pierre de Brueis, Sgr de Fontcouverte, obtint des lettres d'anoblissement au mois d'août 1558; il ép. Marguerite de Jossaud, dont il eut :

II. Denis de Brueis, Sgr de Fontcouverte, ép. 1° le 14 juillet 1599 Marguerite de Cambis; 2° Claude Aboline, et il en eut : 1. Denis qui suit; 2. Jacques.

III. Denis de Brueis, Sgr de Fontcouverte, ép. 1° le 31 mars 1621 Isabeau Belluson; 2° le 16 février 1635 Marguerite de Cambis; il eut de l'un de ces deux mariages : 1. Daniel; 2. Jean-Jacques qui suit; 3. Pierre; 4. Jean; 5. Claude; 6. Guillaume.

IV. Jean-Jacques de Brueis, Sgr de Besne, D. d'Uzès, ép. le 22 déc. 1667 Isabeau de Froment, et fut maintenu dans sa noblesse, avec ses frères, par jugement souverain du 20 septembre 1669.

Marie de Brueis, dernière du nom et héritière de cette branche, ép. le 22 janv. 1716 Jean de Bramaric, Sgr de Trémons, capitaine au régt de l'Isle de France.

115. BRUGAIROUS.

De gueule au château à trois tours d'argent maçonné de sable; écartelé d'azur au dauphin d'or.

I. Pierre, Sgr de Brugairous et co-Sgr de Pardaillan, t. le 24 juin 1561; il ép. Suzanne Cauderoque, et il en eut : 1. Jean qui suit; 2. Pierre; 3. Jacques; 4. Joachim.

II. Jean de Brugairous, Sgr de Pardaillan, ép. le 23 nov. 1579

Jeanne Gastoule, et il en eut : 1. Francelin qui suit ; 2. Jacob Maurice, qui a fait la Br. B.

III. Francelin de Brugairous, Sgr de Pardaillan, ép. le 24 avril 1619 Anne Guibal, et il en eut : 1. Jean qui suit ; 2. Marquis, Sgr de Pierre-Maure ; 3. François, Sgr de Fontsèques, marié le 25 juin 1663 à Jeanne Audiquier.

IV. Jean de Brugairous, Sgr de Pardaillan et Saint-Massal, D. de Saint-Pons, ép. le 17 avril 1645 Françoise Auger.

Br. B. III. Jacob-Maurice de Brugairous, ép. le 14 juillet 1622 Isabeau Gastoule, et il en eut :

IV. Henri de Brugairous, Sgr du Crouzet, maintenu dans sa noblesse, avec ses cousins, par jugement souverain du 26 mars 1670.

116. BRUN DE MONTESQUIEU.

De gueule au cœur d'argent accompagné de trois croissants de même.

Cette famille s'est éteinte à la fin du dernier siècle. Plusieurs de ses membres prirent part aux assemblées de la noblesse du Gévaudan en 1789.

I. Pierre de Brun, écuyer, Sgr de Bosnoir, ép. le 20 oct. 1519 Anne Rouget, dont il eut :

II. Pierre de Brun, écuyer, Sgr de Bosnoir, ép. le 2 sept. 1566 Marthe de Chastel, et il en eut : 1. Arnaud qui suit ; 2. Hugues, qui a fait la Br. B.

III. Arnaud de Brun, ép. le 6 février 1597 Anne Besse.

Br. B. III. Hugues de Brun, Sgr. de Cougousset, ép. Françoise de Montesquieu, dont il eut :

IV. François de Brun, Sgr de Montesquieu, la Malène, Plagnol, Rieusse et Cauquenas, ép. le 9 mars 1644, Claude Douarre, dont il eut :

V. Jean de Brun, Sgr de Montesquieu, Plagnol, la Malène, maintenu dans sa noblesse, avec son père, par jugement souverain du 6 nov. 1669.

Marie Marguerite de Brun de Montesquieu, ép. le 22 déc. 1744 Joseph-Henri de Grégoire des Gardies. Jacques-Joseph-Urbain, son fils, vicomte des Gardies, hérita des biens de la maison de Montesquieu ; il est mort sans enfants au château de la Malène (Lozère) en 1822 ; il avait ép. Constance de Thilorier. (BARRAU, III, 704.)

117. BRUN DE LANTENAS.

De gueule au cœur accompagné de trois croissants d'or.

I. Jean de Brun fut père de

II. Étienne de Brun, co-Sgr de Lantenas , ép. 1° le 31 déc. 1522 Claire Molière ; 2° Anne Roquette. Il eut de son premier mariage : 1. Michel qui suit ; 2. Jean, chanoine de l'église du Puy.

III. Michel de Brun, Sgr de Lantenas, ép. Marie Spert, dont il eut :

IV. Jean de Brun, Sgr de Lantenas, ép. le 16 fév. 1611 Françoise de Combladour, dont il eut :

V. Hugues de Brun, Sgr de Lantenas, conseiller honoraire de la sénéchaussée du Puy, ép. le 15 déc. 1647 Gasparde de l'Espinasse, dont il eut : 1. François ; 2. Charles ; 3. Pierre : maintenus dans leur noblesse, avec leur père, par jugement souverain du 25 janv. 1670.

118. BRUNENC.

De gueule au château d'argent soutenu par deux lions d'or et un croissant de même en pointe ; au chef cousu d'azur chargé d'une rose d'or accostée de deux étoiles de même.

I. Jean Brunenc, Sgr du Gailar, ép. le 11 fév. 1524 Louise de Malbosc, dont il eut :

II. Jean Brunenc, commandant dans Prades 1568 , ép. le 1er mai 1561 Rose de Pelamourgue, et il en eut :

III. Claude Brunenc, capit. de cent hommes de pied, ép. le 19 nov. 1591 Suzanne de Ginestous, dont il eut :

IV. Charles Brunenc Sgr de Montauran et de Croupichac, D. de Mende, ép. le 6 nov. 1640 Antoinette de Bonnal, et fut maintenu dans sa noblesse par jugement souverain du 17 mars 1670.

119. BUADE.

Écartelé d'or et d'azur.

I. Arnaud de Buade, ép. Marquise Desports, dont il eut : 1. Jean qui suit ; 2. Philippe.

II. Jean de Buade, ép. Antoinette de Thieuloï, et il en eut :

III. Antoine de Buade, ép. le 12 juin 1542 Anne Devaux, dont il eut :

IV. André de Buade, ép. le 15 janv. 1571 Antoinette Goran, et il en eut : 1. Jean qui suit; 2. César; 3. Léonard; 4. Benoît.

V. Jean de Buade, fut père de.

VI. Louis de Buade, ép. le 22 nov. 1646 Louise de Balestrier, et il en eut :

VII. Augustin de Buade, juge royal de Galargues, D. de Nîmes, maintenu dans sa noblesse avec son père par jugement souverain du 14 janv. 1669.

On trouve une autre famille de Buade, Sgr de Frontenac en Agénois, baron de Paluau, qui a donné un chevalier des Ordres du roi 1619, conseiller d'État, premier maître d'hôtel du roi. Elle avait pour armes : *D'azur à trois pattes de griffon d'or.* (P. ANSELME, IX, 151, 340.)

120. BUNIS.

D'argent au pont de gueule avec un pal de même chargé d'une fleur de lis d'argent.

La famille de Bunis, originaire de Provence, est venue s'établir à Narbonne avec Mgr l'archevêque de Vervins, dont elle était l'alliée. Les armes de Vervins du côté maternel étaient celles de la famille de Bunis, qui s'est éteinte en 1852 par la mort du commandant de Bunis, maire de Narbonne.

I. Jean de Bunis, t. le 26 août 1487; il eut pour enfants : 1. Étienne; 2. et

II. Christophe, *alias* Christofolet de Bunis, t. le 10 avril 1505, fut père de

III. Hélie de Bunis, docteur en médecine, t. le 24 juin 1560; il eut pour enfants : 1. Honoré qui suit; Gabriel, qui a fait la Br. B.

IV. Honoré de Bunis, fut père de

V. François de Bunis, ép. le 25 mai 1620 Jeanne Garaiman, et il en eut :

VI. Claude-François de Bunis, maintenu dans sa noblesse avec son père par jugement souverain du 18 juillet 1669.

Br. B. IV. Gabriel de Bunis, ép. Marguerite de Rafelis, dont il eut :

V. Esprit de Bunis, ép. Françoise de Montredon, et il en eut :

VI. Marc de Bunis, demeurant au D. de Narbonne, ép. le 9 mai 1656 Françoise Fiquet, et fut maintenu dans sa noblesse par jugement souverain du 18 juill. 1669.

121. CABROL.

D'azur à trois chevrons d'or, accompagnés de deux étoiles d'argent en chef et d'un croissant aussi d'argent en pointe. *Armor.*, 1696, 713.

I. Raimond de Cabrol, t. le 23 sept. 1547, fut père de

II. Jean de Cabrol, Sgr. de Salevieille, ép. le 9 avril 1555 Toinette de Montalet, dont il eut : 1. Jean qui suit; 2. Jacques, qui a fait la Br. B.; 3. Gabriel.

III. Jean de Cabrol, écuyer, Sgr de Rieumajou, ép. le 28 avril 1586 Catherine de la Vergne, dont il eut :

IV. François de Cabrol, écuyer, Sgr de Salevieille, ép. le 17 fév. 1613 Marie de Brugairous, dont il eut :

V. Marquis de Cabrol, Sgr de Rieumajou, D. de Saint-Pons, ép. le 9 février 1656 Suzanne Fabre, et fut maintenu dans sa noblesse par jugement souverain du 15 sept. 1671.

Br. B. III. Jacques de Cabrol, Sgr d'Ariffat, Angles et la Salvetat, ép. 1° le 10 oct. 1588 Isabeau de Soubeiran; 2° le 10 août 1594 Esther de Goudon; il eut pour fils : 1. Asemar, Sgr d'Ariffat, marié 1° à Isabeau de Cabrol; 2° à Jeanne Brun; 2. et

IV. Jean de Cabrol, Sgr de Rualgue, ép. le 3 déc. 1618 Anne de Rosel, dont il eut :

V. Étienne de Cabrol, Sgr de Rualgue, maintenu dans sa noblesse par jugement souverain du 15 sept. 1671.

Jean-Jacques de Cabrol, Sgr de Montredon; François, Sgr de Rieumajou; Jean, Sgr d'Ariffat; Alexandre, Sgr de Grualgues, *alias* Rualgue, firent enregistrer leurs armes dans l'*Armorial* de 1696.

Jean-Jacques de Cabrol rendit hommage le 7 oct. 1722 pour la Sgrie de Montarnaud, *alias* Montredon, dans le comté de Fraisse, D. de Castres.

122. CADOLLE, *alias* CADOULE.

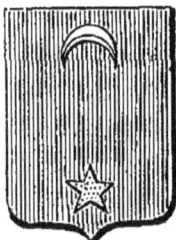

De gueule au croissant renversé d'argent en chef, et une étoile d'or en pointe.

La maison de Cadolle est originaire du Rouergue et connue par filiation suivie depuis Pierre de Cadolle, chevalier, vivant en 1160, qui eut pour fils Imbert de Cadolle, Sgr de Malleville, témoin dans un accord passé le 1er oct. 1180 entre le comte de Toulouse et l'abbé d'Aurillac. François de Cadolle, qui descendait de lui au IXe degré, ép. en 1410 Luce de Montredon, héritière de Jacques, co-Sgr avec le roi de la ville de Lunel. Ce fief est resté dans la maison de Cadolle jusqu'à la révolution de 1789. Cette maison paraît avoir tiré son origine du lieu de Cadolle ou Cadoule dans le canton de la Salvetat.

La branche établie en Languedoc quitta le Rouergue vers 1520. (LACH. DESB., III. 402.—BOSC, I, 293 ; III, 79. — BARRAU, III, 117.) François, qui fut consul des nobles de Lunel en 1439, était fils de Jean ; il eut de son mariage avec Luce de Montredon, Antoine, marié à Marguerite d'Andelle, qui fut père de

I. Guillaume de Cadolle, ép. en 1467 Louise du Puy, dont il eut :

II. Charles de Cadolle, écuyer, Sgr de Tasques, ép. en 1506 Isabeau de Mourgues ; il parut à l'arrière-ban en 1542, et eut pour fils

III. Antoine de Cadolle, écuyer, Sgr de Tasques, parut à l'arrière-ban en 1554 ; il ép. Jeanne de Sandres, dont il eut :

IV. Jacques de Cadolle, capit. d'une compagnie de 100 hommes en 1576, ép. en 1589 Tiphaine de Torrillon, dont il eut :

V. Charles de Cadolle, commandant pour le roi au château de Villefranche en Italie en 1630, commandeur de Saint-Lazare en 1680, chev. de Saint-Louis en 1693, lors de la création de l'ordre ; il avait ép. en 1620 Marguerite de Varanda, dont il eut : 1. Charles qui suit ; 2. et Marc-Antoine, qui a formé une branche cadette qui s'est éteinte dans la maison de Vogué, en   , par le mariage de Marianne, fille unique de François de Cadolle, marquis de Montclus, avec Florimond, comte de Vogué, colonel du régt des carabiniers de Monsieur, comte de Provence.

VI. Charles de Cadolle, capit. au régt de Montpezat en 1645, fut maintenu dans sa noblesse avec son frère par jugement souverain du 12 nov. 1668 ; il ép. Marguerite de Bornier, dont il eut :

VII. Jean-Louis de Cadolle, chev. de Saint-Louis, lieut-col. du régt de Mauconseil en 1731, commandant pour le roi à Bozzolo en Italie 1734, lieutenant de roi à Sarrelouis 1737, ép. Françoise de Solas, dont il eut :

VIII. Charles-François de Cadolle, qualifié marquis de Cadolle, chev. de Saint-Louis, capit. au régt de Mauconseil en 1732, ép. en 1737 Bernardine de Lamonie, héritière de Joseph de Lamusnière de Lamonie, Sgr de Tressac, de Saint-Martin de Soussenac, de Saint-Félix de Paillières, baron de Durfort, dont il eut :

IX. Charles-Joseph de Cadolle, marquis de Cadolle, baron de Durfort, lieut. au régt de Beaujolais en 1756, député suppléant de la noblesse de Montpellier aux états généraux de 1789, ép. Pauline de Castellanne, dont il eut : 1. Amédée qui suit ; 2. Jacques-Paulin, qui a fait la Br. B.

X. Amédée de Cadolle, marquis de Cadolle, ép. le 2 juin 1799 Charlotte de Tressemanes, dont il eut : Charles.

Br. B. X. Bernard-Jacques-Paulin de Cadolle, comte de Cadolle, chevalier de Malte en 1776, chev. de Saint-Louis, ép. 23 nov. 1803 Agathe de Nogaret de Calvisson, dont il eut :

XI. Paulin-Joseph de Cadolle, comte de Cadolle, ép. le 23 oct. 1854 Cécile de Boussairolles, dont : Marie-Charles.

123. CAILAR, *alias* QUEILAR.

D'or à trois bandes de gueule, au chef d'or chargé d'un lion naissant de sable avec une devise d'or chargée de trois trèfles de sable.

Cette maison, dit Gastelier de la Tour, descend des anciens barons du Cailar, au diocèse de Lodève, qui, selon la plus commune opinion, étaient issus de l'illustre maison des Bermond, Sgrs de Sauve et d'Anduze. Bernard du Cailar, qui ép. av. 1386 Ferrande de Coste, eut deux fils : Hugues, co-Sgr de Roujan, auteur des branches d'Espondeillan et de Puisserguier ; Pierre, auteur de la branche qui va suivre. (LACH. DESB., IV, 55-58.) Le Père Anselme ne donne pas cette branche dans la généalogie de la maison du Caïla.

I. Pierre du Cailar, damoiseau, marié le 5 août 1380, eut pour fils : 1. Hugues qui suit ; 2. Jean, qui a fait la Br. B.

II. Hugues du Cailar, damoiseau, ép. Guillaumette d'Anglas, dont il eut : 1. Bertrand qui suit ; 2. Raimond.

III. Bertrand du Cailar eut pour fils

IV. Bertrand du Cailar, fut père de

V. Pierre du Cailar, ép. Antoinette Serre d'Anglas, dont il eut :

VI. Guidon du Cailar, fut père de

VII. Pierre du Cailar, Sgr d'Anglas, ép. 1° en 1609, Thomasse Valette ; 2° en 1618, Françoise Talemandier ; il eut de sa première femme : 1. Guidon qui suit. 2. Angélique, mariée le 20 sept. 1637 à Pierre d'Aigalières.

VIII. Guidon du Cailar, Sgr d'Anglas, fut père de

IX. Pierre du Cailar, Sgr de Lascours, D. d'Uzès, fut maintenu dans sa noblesse par jugement souverain du 20 déc. 1668. Cette branche finit peu de temps après par la mort, sans enfants, des trois fils que Pierre perdit au service du roi. (LACH. DESB. , IV, 59.)

Br. B. II. Jean du Cailar, t. le 20 juill. 1463, ép. Catherine de Cabannes, dont il eut :

III. Antoine du Cailar dénombra en 1503 ; il fut père de

IV. Jean du Cailar t. le 2 sept. 1572, ép. Catherine de Virgile, dont il eut :

V. Jean du Cailar, ép. le 28 mars 1557 Simonne de Baralhe, dont il eut : 1. Pierre qui suit ; 2. Arnaud qui a fait la Br. D. ; 3. Louise, mariée à Étienne de Virgile.

VI. Pierre du Cailar, ép. le 29 déc. 1588 Marie des Pierres, dont il eut: 1. Louis qui suit; 2. Anne, mariée à Jacques de Virgile; 3. Marguerite, mariée à Jean de Vachères.

VII. Louis du Cailar, ép. le 24 déc. 1623 Claude du Jal, et il en eut: 1. Louis qui suit; 2. Jean-Mathieu qui a fait la Br. C.; 3. Jean, chanoine à Alais; 4. Pierre; 5 et 6. Marie et Angélique.

VIII. Louis du Cailar, demeurant à Jaujac, D. d'Uzès, ép. 1° le 8 août 1649, Anne de Froment; 2° Louise Chabert, dont il n'eut qu'une fille, Louise. Il fut maintenu dans sa noblesse par jugement souverain du 20 déc. 1668.

IX. Louise du Cailar, ép. en 1680 Antoine de Prunet, Sgr de Boisset.

Br. C. VIII. Jean Mathieu du Cailar, chevalier, s'établit en Provence, et il ép. le 14 oct. 1663 Françoise de Ferre, dont il eut plusieurs enfants, entre autres :

IX. Jean du Cailar, chevalier, ép. le 23 juillet 1703 Anne de Castillon, dont il eut : 1. Jean-Mathieu qui suit; 2. Joseph, grand vicaire de Digne; 3. Pierre-Paul, évêque de Digne.

X. Jean-Mathieu du Cailar, chevalier, lieut. au régt de Touraine, ép. le 29 oct. 1733, à Marseille, Marie-Élisabeth du Pont, et il en eut : 1. Jean-Polyeucte qui suit; 2. Jean-Joseph-Tranquille; 3. Marie-Jeanne.

XI. Jean-Polyeucte du Cailar, chevalier, était conseiller au parlement de Provence le 2 mai 1760.

Br. D. VI. Arnaud du Cailar ép. le 11 mai 1598 Judith de Pierre, dont il eut :

VII. Louis du Cailar, marié le 14 juillet 1630, eut pour fils :

VIII. François du Cailar, gentilhomme verrier, comme il appert d'un jugement des commissaires de Provence en faveur des gentilshommes verriers du 15 mars 1668, avait ép. le 15 janvier 1657 Jeanne Martinet.

124. CALADON.

D'azur à un aigle d'or éployé, *alias* d'azur à un aigle d'argent membré d'or accosté en pointe de deux bassets de même confrontés, ayant la queue retroussée posés chacun sur une motte de sinople.

I. Raimond Bérenger de Caladon, ép. Tiburge du Buis, qui rendit hommage le 19 janv. 1409 à Guiraud de Vissec, Sgr d'Avèse ; il fut père de

II. Bringuier Bérenger de Caladon, t. le 7 déc. 1449, fut père de

III. Marquis de Caladon, rendit hommage le 10 août 1506 ; il eut pour enfants : 1. Jean Bérenger qui suit ; 2. François, ép. Jeanne de Grégoire.

IV. Jean Bérenger de Caladon, t. le 8 juill. 1516. Jean ou François eurent pour fils

V. Jacques Bérenger de Caladon, Sgr de l'Espinasse, ép. Hélix de la Tude, dont il eut : 1. Henri ; 2. Pons qui suit ; 3. François ép. en 1553 Jeanne de Montfaucon ; 4. Pierre, qui a fait la Br. B.

VI. Pons de Caladon, ép. le 5 mai 1566 Antoinette de Lauzières, dont il eut : 1. Jacques ; 2. Jean, marié le 2 avril 1606 à Jeanne du Fesc ; 3. et

VII. François de Caladon, t. en 1652 ; il eut pour enfants : 1. Étienne, Sgr de Boisset ; 2. Pierre, Sgr de Clapiès.

Br. B. VI. Pierre de Caladon, ép. av. le 10 sept. 1594 Françoise Maure, dont il eut : 1. Jean qui suit ; 2. Jacques, qui a fait la Br. D.

VII. Jean de Caladon, Sgr de Combes, ép. le 23 août 1620 Louise Dupont, et il en eut : 1. Pierre qui suit ; 2. Jean, qui a fait la Br. C.

VIII. Pierre de Caladon, ép. le 9 mai 1645 Marie Julien, dont il eut : 1. Jean, Sgr de Lanuéjol, marié le 3 nov. 1664 à Anne Lautal ; 2. Pierre ; 3. Louis ; 4. Étienne.

Br. C. VIII. Jean de Caladon, Sgr de la Boissière, ép. le 11 fév. 1643 Louise Dupont, et il en eut :

IX. Jean de Caladon, Sgr de la Boissière.

Br. D. VII. Jacques de Caladon, ép. le 12 mai 1621 Suzanne Laval, dont il eut :

VIII. Jacques de Caladon, Sgr de la Case, ép. le 21 oct. 1646 Marguerite Rousset, dont il eut : 1. François ; 2. Jean-Jacques ; 3. Gabriel ; 4. Pierre.

Les quatre branches de la maison de Caladon demeurant au D. de Nîmes furent maintenues dans leur noblesse par jugement souve-rain du 6 déc. 1668.

125. CALVIÈRE.

Fascé d'or et de sable à six besants d'argent 3, 2, et 1, au chef d'argent chargé d'un sanglier de sable passant sur des flammes de gueule.

La maison de Calvière est originaire de Languedoc; suivant d'autres, du comtat Venaissin.

On trouve un Arnaud Calvière témoin au serment de fidélité prêté par les habitants de Moissac à Raimond VI, comte de Toulouse, le 12 des calendes de mai 1197. (PITHON CURT, IV, 418.) Antoine et Raimond de Calvière frères, chevaliers, résidents à Montfrin, diocèse d'Uzès, transigèrent avec Clément Abbaron, leur seigneur dominant, le 4 août 1508; vendirent des biens nobles qu'ils avaient dans la Sgrie de Montfrin, le 10 mai 1510. (LACH. DESB., III, 433.)

I. Raimond de Calvière, ép. Félice Vidal, *alias* Vitalis, dont il eut : 1. Guillaume qui suit; 2. Nicolas qui a fait la Br. B.; 3. Robert qui a fait la Br. D.

II. Guillaume de Calvière, Sgr de Saint-Césaire, président au parlement d'Orange 1568, avait ép. le 28 juill. 1540 Rose de Faucon, dont il eut : 1. Guillaume qui suit; 2. Nicolas, guidon des chevau-légers; 3. Françoise, alliée 1º à Jacques d'Entil de Ligonnés; 2º à Joseph de Jossaud.

III. Guillaume de Calvière, Sgr de Saint-Césaire de Gausignan, président au parlement d'Orange, ép. le 23 sept. 1559 Isabelle d'Affis, dont il eut, entre autres enfants :

IV. Pierre de Calvière, Sgr de Saint-Césaire de Gausignan, viguier de la ville de Nîmes, ép. le 31 mai 1604 Hélix du Terrous, dont il eut : 1. Marc, baron de Coufoulens et d'Hauterive, cons. au parlement de Toulouse, ép. le 2 juin 1646 Magdeleine de Cayres d'Entragues, dont une fille unique, Charlotte, mariée le 8 janv. 1660 à Fulcrand Guilhem de Clermont-Lodève-de-Castelnau; 2. Pierre; 3. Antoine qui suit; et quatre filles.

V. Antoine de Calvière, Sgr de Saint-Césaire, colonel d'infant., ép. le 26 août 1656 Marthe de la Roche, et il en eut : 1. Claude-Charles, baron de Coufoulens qui suit; 2. Claude-Louis, capit. de dragons, demeurant à Montpellier : maintenus dans leur noblesse par jugement souverain du 3 déc. 1668.

VI. Claude-Charles de Calvière, baron de Coufoulens, de Lanas, de Valbonne, ép. à Avignon le 26 juin 1692 Antoinette d'Albon, dont il eut :

VII. Charles François de Calvière, page du roi 1711, chef de brigade des gardes du corps du roi, compagnie de Villeroy 1743, lieut. général des armées du roi 1748, commandeur de Saint-Louis ; avait ép. en 1733 N... de Calvière, de Vézenobre, sa cousine, dont il eut : Charles et une fille (1750).

Br. B, II, Nicolas de Calvière, Sgr de Saint-Côme et la Boissière, gouv. de Nîmes 1580, gentilhomme de la chambre du roi 1584, ép. le 23 mars 1552 Françoise Brochet, dont il eut : 1. François qui suit ; 2. Daniel, qui a fait la Br. C. ; 3. Rose, mariée le 15 oct. 1576 à Jean de Boileau de Castelnau. Nicolas avait acquis le 19 sept. 1557 la Sgrie de la Boissière, de Jacques de Bozène.

III. François de Calvière, Sgr de la Boissière et Saint-Côme, mestre de camp d'infanterie, ép. le 3 déc. 1584, Marie de Saint-Juéry, dont il eut :

IV. Claude de Calvière, Sgr de la Boissière et Saint-Côme, ép. le 2 oct. 1601 Julie de Nogaret de Calvisson, dont il eut : 1. François qui suit ; 2. Rose, mariée le 10 mars 1630 à Antoine de Brueis ; 3. Marguerite, alliée le 14 juill. 1640 à Georges de la Roque-Boulhac.

V. François de Calvière, Sgr et baron de Saint-Côme, la Boissière, capitaine au régt de Calvisson 1635, ép. le 15 juill. 1647 Marguerite Perinet d'Arzeliers, et il en eut : 1. Gaspard qui suit ; 2. Nicolas, capit. au régt d'Arzeliers 1666 : maintenus dans leur noblesse par jugement souverain du 22 août 1669.

VI. Gaspard de Calvière, baron de Saint-Côme, Sgr de la Boissière, colonel d'un régt de milice, ép. le 15 oct. 1674 Françoise d'André, et il en eut : 1. Jean-François qui suit ; 2. François ; 3. Gabrielle-Thérèse ; 4. Magdeleine.

VII. Jean-François de Calvière, baron de Saint-Côme, Sgr de la Boissière et de Saint-André, ép. le 25 avril 1724 Magdeleine de Genas.

Br. C. III. Daniel de Calvière, juge criminel à Nîmes 1590, ép. av. 1600 Jeanne de Rochemore, dont il eut :

IV. Charles de Calvière, lieutenant criminel à Nîmes, maintenu dans sa noblesse par jugement souverain du 21 août 1669 ; il avait ép. le 27 oct. 1645 Gabrielle de Fontfroide, dont il eut cinq filles.

Br. D. II. Robert de Calvière, écuyer, acheta le 26 nov. 1566 la terre et Sgrie de Boucoiran, il ép. vers 1546 Claudine de Leugue, et il en eut : 1. François ; 2. et

III. Guillaume de Calvière, Sgr de Boucoiran, écuyer, ép. le 6 juill. 1591 Isabeau de Barrière, et il en eut : 1. Antoine ; 2. Abel ; 3. Louis qui suit ; 4. Anne, mariée le 18 mars 1619 à Nicolas de

Boileau de Castelnau : maintenus dans leur noblesse par jugement souverain du 16 janv. 1671.

IV. Louis de Calvière, baron de Boucoiran, Sgr de Leugue, président au présidial de Nîmes, ép. le 30 oct. 1650 Anne Thierri; et il en eut : 1. Abel-Antoine qui suit; 2. Jean-Louis, Sgr de Massillargues, ép. Olympe-Marie Brun de Domessargues.

V. Abel-Antoine de Calvière, baron de Boucoiran, Sgr de Leugue, de Vézenobre, ép. le 21 déc. 1671 Isabelle-Gabrielle de Ségla, dont il eut plusieurs enfants, entre autres :

VI. Alphonse de Calvière, baron de Boucoiran et de Vézenobre, ép. en 1716 N... Durand; et il eut : Jean de Calvière, et trois filles, dont une mariée en 1733 à Charles-François de Calvière, son cousin au cinquième degré, lieutenant général des armées du roi 1748.

126. CAMBIS.

D'azur au pin d'or fruité de même accosté de deux lions affrontés d'or. La maison de Cambis, connue depuis 1256, est originaire de Florence, où les plus anciens ont eu les premières dignités de l'État de Toscane, prieurs de la liberté, gonfaloniers, et autres; ils ne se sont pas signalés seulement dans l'administration de la république, mais par leur valeur et leurs épées toujours au service de la France. Marc de Cambis fut un des chefs de l'armée du roi Louis XII à la conquête du Milanais; Luc, fils de Marc, fut si zélé au service de la France qu'il quitta Florence pour suivre le roi Louis XII, et s'établit en Languedoc. Dominique son fils y acquit la baronnie d'Alais en 1509 de la maison de Pelet-Narbonne. Louis de Cambis, baron d'Alais, laissa trois fils qui ont fait diverses branches. (MAYNIER, 91-92. — PITHON-CURT, I, 237-249. — LACH. DESB., III, 442.)

La maison de Cambis a été admise aux honneurs de la cour, le 7 fév. 1752; 16 janv. 1770; 13 oct. 1787, avec les titres de *comte* et de *marquis*.

I. Luc de Cambis, qui suivit en France Louis XII, et s'établit à Avignon, avait ép. vers 1448 Marie de Pazzis, dont il eut : 1. Dominique qui suit; 2. Hélène; 3. Alix; 4. François; 5. Marie; 6. Marguerite, mariée à Louis d'Anselme; 7. Nicolas, auteur d'une branche éteinte après la troisième génération; 8. Pierre, qui a fait la Br. C.

II. Dominique de Cambis, baron d'Alais, Sgr de Saint-Victor de Malcap, de Soustelle, ép. Marguerite de Damians, dont il eut : 1. Louis qui suit; 2. François; 3. Jean; 4. Jacques.

III. Louis de Cambis, baron d'Alais, de Fons et de Sérignac, ép. Marguerite de Pluviers, dont il eut : 1. François qui suit; 2. Françoise, alliée à Jean d'Urre; 3. Jean, dont la postérité s'est éteinte après trois générations; 4. et Théodore, qui a fait la Br. B.

IV. François de Cambis, vicomte d'Alais, gentilhomme ordinaire de la chambre du roi, chevalier de son ordre, ép. Magdeleine de Villeneuve, et il en eut :

V. Georges de Cambis, baron d'Alais, ép. Isabelle de Thézan-Pujol, dont il eut plusieurs enfants, entre autres :

VI. Jacques de Cambis, baron d'Alais, lieutenant général des armées du roi après trente ans de campagnes, blessé à mort à Girone, et fait prisonnier, mourut quelques jours après à Palamos 1653, avec son fils Jacques, blessé et prisonnier comme lui. Il avait ép. Catherine d'André, dont il eut : 1. Jacques, mort sans postérité ; 2. Isabelle, dame de la baronnie d'Alais, ép. Jacques de Bérard, Sgr de Montalet ; 3. Anne ép. le 11 avril 1655 Jean-François de la Fare, baron de la Salle, mestre de camp de cavalerie : par ces deux mariages, la vicomté d'Alais a été portée dans les maisons de Montalet et de la Fare, et partagée entre elles.

Le roi avait honoré Jacques de Cambis de l'expectative de maréchal de France, et lui avait donné la permission d'en porter les insignes avec ses armes. Son corps et celui de son fils furent inhumés le 8 sept. 1653 dans l'église collégiale d'Alais. On conserve encore, dit Lachesnaye Desbois, dans la sacristie de cette église l'épée de bataille de ce brave officier général. Sur cette épée sont gravés ces mots :

Je suis Cambis pour ma foi,
Ma maîtresse et mon roi ;
Si tu m'attends, confesse-toi.

Br. B. IV. Théodore de Cambis, baron de Fons et de Sérignac, Sgr de Malbois, commandant l'artillerie en Languedoc sous le maréchal de Montmorency 1585, avait ép. le 9 oct. 1578 Espérance d'Assas, et il en eut :

V. Jacques de Cambis, Sgr de Sérignac, capit. d'infanterie dans le régt de Fontcouverte 1610, ép. 1° le 18 mars 1612 Françoise de Mandagout ; 2° le 6 avril 1618 Louise de Dampmartin, dont il eut : 1. Théodore qui suit ; 2. Hercule, Sgr d'Ortous, ép. le 13 nov. 1655 Françoise Sigaleri ; 3. et Jean, Sgr de Montels, capit. au régt de Calvière 1646, ép. le 28 avril 1652 Firmine de Cassagne, et il en eut : Marthe, dame de Montels, alliée à N... Molles du Merlet, dont la fille, Marguerite, ép. Pierre de la Roque. La terre de Montels passa dans cette branche de la famille de la Roque, par donation du 5 juin 1718.

VI. Théodore de Cambis, Sgr et baron de Fons et de Sérignac, capit. d'infant. au régt de Sérignan 1636, ép. le 6 nov. 1647 Marie de Saint-Étienne de Ganges, et il en eut : 1. Hercule; 2. Jean-Louis : maintenus dans leur noblesse avec Hercule, leur oncle, demeurant à Montpellier, par jugement souverain du 20 déc. 1668.

Br. C. II. Pierre de Cambis, écuyer, ép. le 23 oct. 1525 Françoise de Pérussis, dame d'Orsan, dont il eut plusieurs enfants, entre autres :

III. Jean de Cambis, Sgr d'Orsan, chev. de l'ordre du Pape et de l'ordre du Roi, ép. le 26 avril 1555 Françoise de Clericis, et il en eut : 1. Louis qui suit; 2. Richard qui a fait la Br. D.

IV. Louis de Cambis, Sgr d'Orsan, chev. de l'ordre du Roi. ép. le 16 mai 1583 Georgette de la Falèche, et il en eut : 1. Jean qui suit; 2. Paul, baron de Brantes, Sgr de Cairane, co-Sgr de Velleron, dont la postérité s'est continuée au comtat Venaissin, et a eu des lettres de marquisat du pape Clément IX. (Marquis d'AUBAïs, I, 348.)

V. Jean de Cambis, Sgr d'Orsan, ép. le 1er mai 1616 Marguerite de Simiane, dont il eut :

VI. Louis de Cambis, Sgr d'Orsan, citoyen d'Avignon, ép. le 14 avril 1638 Magdeleine de Beaumefort, et il en eut : 1. Jean-Paul; 2. Charles qui suit : maintenus dans leur noblesse par jugement souverain du 8 nov. 1669.

VII. Charles de Cambis, Sgr d'Orsan et de Lagnes, ép. le 30 août 1674 Marie-Anne Pilehotte de la Pape, et il en eut : 1. Jacques qui suit; 2. Marie-Anne, alliée en 1699 à François de Cohorne, capit. d'infant. au régt d'Angoumois.

VIII. Jacques de Cambis, Sgr d'Orsan, co-Sgr de Lagnes, ép. en 1690 Magdeleine de Guilhems, et il en eut :

IX. Louis-Charles de Cambis, Sgr d'Orsan et de Lagnes, ép. en 1723 Anne-Élisabeth de Peyre, dont il eut plusieurs enfants, entre autres :

X. Jacques-François de Cambis, vicomte de Cambis, colonel d'un régt d'infanterie de son nom, ép. Gabrielle-Charlotte-Françoise de Chimai.

Br. D. IV. Richard de Cambis d'Orsan, Sgr de Servières, auditeur de la Rote au palais apostolique d'Avignon, ép. 1° le 20 déc. 1595 Isabelle de Baroncelli, dont il eut : 1. Jean-François, qui continua la postérité dans le comtat Venaissin; 2° le 22 janv. 1602 Marguerite de Sade; 3° le 11 déc. 1607, Marguerite de Robin, dont il eut :

V. Charles de Cambis, Sgr de Montillet, demeurant à Toulouse, maintenu dans sa noblesse par jugement souverain du 8 nov. 1669.

127. CAMBOUS DE CASALIS.

De gueule au lion d'argent et à l'ours de sable affrontés.

I. Aimar de Cambous fut père de

II. Pierre de Cambous, damoiseau, ép. le 29 oct. 1410 Ermessinde de Plano Campo, dont il eut : 1. Pierre, co-Sgr de Pignan; 2. et

III. Aimar de Cambous, Sgr de Casalis, fut père de

IV. Aimar de Cambous, Sgr de Cambous, ép. Antoinette de la Vergne, dont il eut :

V. Bertrand de Cambous, Sgr de Casalis, t. le 7 août 1529, et fut père de : 1. François qui suit; 2. Marguerite, mariée à Jean de Rate.

VI. François de Cambous, Sgr de Cambous, t. le 6 juill. 1578; il ép. Marguerite d'Adhémar, dont il eut :

VII. Guillaume de Cambous, Sgr de Casalis, ép. le 18 oct. 1587 Magdeleine Suarez, dont il eut : 1. Anne qui suit; 2. Guillaume.

VIII. Anne de Cambous, Sgr de Casalis, D. de Montpellier, ép. le 27 avril 1641 Marguerite Dommerc, dont il eut :

IX. Guillaume de Cambous, maintenu dans sa noblesse avec Anne, son père, et Guillaume, son oncle, par jugement souverain du 30 janv. 1670.

128. CARCASSONNE.

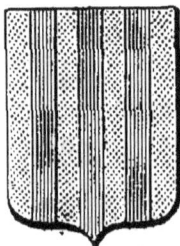

D'or à trois pals de gueule.

Trincavel, vicomte de Carcassonne, fut père de Roger de Carcassonne, chevalier qui testa en 1290 et fit mention de Trincavel son père et des biens que le roi lui avait donnés; il eut pour fils Trincavel, chevalier, vivant en 1380, qui fut père de Jacques de Carcassonne. (*Bibl. imp. mss. Lang.*, II, 105. — Marquis d'AUBAÏS, II, 128.) Antoine de Carcassonne, Sgr de Soubès, fut père de

I. Jacques de Carcassonne, Sgr de Soubès, ép. en secondes noces le 7 novembre 1492 Cibille de Donos, veuve de Béringuier de Brettes; il avait eu de sa première femme :

II. Antoine de Carcassonne, Sgr de Soubès et Pouzols, ép. le 7 nov. 1492 Jeanne de Brettes, fille de Cibille de Donos, dont il eut :

III. Étienne de Carcassonne, Sgr de Port, ép. le 27 juil. 1561 Antoinette Hérail, dont il eut ; 1. Charles qui suit ; 2. Antoinette, alliée le 11 août 1588 à Barthélemy de Perdrier, Sgr de Maurilhan.

IV. Charles de Carcassonne, Sgr de Soubès, Lugans et Pouzols, ép. le 20 août 1620 Magdeleine-Jourdaine de Châteauneuf, dont il eut :

V. Anne de Carcassonne, vicomte de Cabanes, Sgr de Parlatges, Lugans, Soubès et Pouzols, D. de Lodève, ép. le 15 janvier 1656 Françoise de Peirotes, dont il eut : Roger de Carcassonne, maintenu dans sa noblesse, avec son père, par jugement souverain du 15 juill. 1669.

L'existence de cette famille à la fin du XVIIIe siècle est prouvée par arrêt du parlement de Toulouse du 6 juillet 1757, qui fit défense à Pierre de Carcassonne, baron de Lugans, de se dire et qualifier baron de Soubès. Cette terre était passée dans la maison de Peirotes.

129. CASELADES, *alias* CAZALÈDES.

D'azur à un aigle d'argent, le vol abaissé, couronné d'or, regardant un soleil de même mouvant de l'angle dextre du chef. *Armor.*, 1696, 386.

I. Jean de Caselades, notaire et secrétaire du roi 1599, conseiller du roi et greffier en la chambre de l'édit, fut père de

II. Jacques de Caselades, secrétaire et conseiller du roi 1608, eut pour fils :

III. Henri Sébastien de Caselades, Sgr de Marcourignan, conseiller du roi en la cour des comptes, aides et finances de Montpellier, ép. le 12 fév. 1653 Henriette de la Tude de Fontès, et il en eut : 1. Jean-Jacques ; 2. Louis, major dans le régt de Rouergue : maintenus dans leur noblesse, avec leur père, par jugement souverain du 3 janv. 1671.

130. CASAMAJOUR.

D'azur à la tour d'argent accostée de deux vaches affrontées d'or au chef cousu de gueule, chargé de trois étoiles d'or.

La maison de Casamajour, *alias* Casamajor et Casemajou, originaire du Béarn, s'établit en Languedoc, puis en Guienne, en Périgord et dans la Martinique. Divisée en deux branches au moment de la vérification, elle fut maintenue dans sa noblesse par M. de Bezons, depuis :

I. **Bernard de Casamajour**, Sgr de Thigné, ép. le 27 avril 1499 Jeanne Gabarret, dont il eut : 1. Arnaud qui suit; 2. Jacques; et 3. Paul.

II. **Arnaud-Guillem de Casamajour**, Sgr dudit lieu, ép. le 31 juill. 1532 Anne de Ferrouil, dont il eut :

III. **Jacques de Casamajour**, Sgr de Thigné et de Montonnet, ép. 1° le 26 juin 1584 Marguerite de Chambert, dont il eut : 1. Jean qui suit; 2° le 25 juil. 1595 Magdeleine de Grave, dont il eut : 2. Bernard, qui a fait la Br. B.

IV. **Jean de Casamajour**, Sgr dudit lieu; ép. le 28 janv. 1607 Françoise Bourcier du Barri, dont il eut : 1. Antoine; 2. Claude; 3. Claire, mariée le 16 mars 1628 à Guillaume Aldebert; 4. et Hercule, Sgr de Montonnet, qui ép. le 4 fév. 1635 Claudette de Grave, et fut maintenu dans sa noblesse, avec ses frères, par jugement souverain du 4 nov. 1669.

Br. B. IV. **Bernard de Casamajour**, ép. le 6 sept. 1627 Marguerite de Pompadour, dont il eut : Balthazar qui suit, et deux filles, Marie et Paule.

V. **Balthazar de Casamajour**, Sgr de Rouffiac, la Roque, ép. le 14 déc. 1655 Catherine de Bosc, dont il eut : 1. Louis qui suit; 2. Gabriel, qui a fait la Br. C., et plusieurs filles. Il fut maintenu dans sa noblesse par jugement souverain du 4 nov. 1669.

VI. **Louis de Casamajour**, Sgr de Paza et de Rouffiac, ép. le 13 fév. 1702 Marie de Niort de Ségure, dont il eut : 1. Louis, Sgr de Paza et de Rouffiac, qui ép. le 23 nov. 1732 Élisabeth de Lévi du Carla; 2. Jean-Henri; 3. Joseph qui suit; 4. Magdeleine, mariée à Henri de Laferrière, chev. de Saint-Louis.

VII. **Joseph de Casamajour**, chev. de Saint-Louis, ép. en 1746 Philippe de Mestre, qui eut entre autres enfants : 1. Louis, capit. au régt de Piémont, chev. de Saint-Lazare; 2. et

VIII. Jean-Hector-Marquis de Casamajour, chev. de Saint-Louis et de Saint-Lazare, ép. le 31 oct. 1785 Eustachie de Catellan, dont il n'eut pas d'enfants.

Br. C. VI. Gabriel de Casamajour alla se fixer en Guienne, où il se maria en 1708; de cette union plusieurs enfants, entre autres :

VII. N... de Casamajour, demeurant à la Sauvetat de Caumont, contracta mariage en 1784, et eut pour fils : 1. Pierre-Paul, mort sans postérité; 2. Saint-Luc, qui alla s'établir à la Martinique; 3. Germain qui suit, et trois filles.

VIII. Germain de Casamajour, ancien magistrat, ép. Marie Dalliez, dont il eut : 1. Pierre-Vélar qui suit; 2. et une fille.

IX. Pierre-Vélar de Casamajour, ancien magistrat aux siéges de Périgueux et d'Alger, conseiller honoraire à la cour impériale de cette dernière ville, chev. de la Légion d'honneur.

131. CASENOVE D'ANTOMARIE.

D'azur au bras d'or naissant d'une tour de même tenant en sa main un chef d'argent, soutenu des pattes du devant d'un lion d'or.

Cette maison, originaire de Corse, établie en France au milieu du XVIe siècle, a fourni plusieurs officiers de mérite à l'armée française. Léonard Corti Casenove, qui en était le chef, obtint du roi Henri III engagement de la terre de Peiroles en Provence pour le remboursement de certaines sommes et en considération de quarante ans de services tant dehors que dedans le royaume avec ses quatre fils. (Marquis d'Aubaïs, II, 131.)

I. Léonard de Corti Casenove, ambassadeur en France, où Henri II le fit chevalier 1557, gouverneur de Sisteron 1577; chevalier de Saint-Michel 1582; mestre de camp général des Corses 1591, ép. Lucabella de Casenove, dont il eut : 1. François-Marie, Sgr de Peiroles en Provence, capit. de 100 hommes d'armes 1574, gouverneur de Riez 1592, ép. le 25 oct. 1597 Isabeau de Fourbin; 2. Antoine-Marie qui suit; 3. Petro-Marie, ép. Marguerite de Montauban, baronne d'Aix et de Bouc.

II. Antoine-Marie de Corti Casenove, mestre de camp d'un régt corse, gouverneur de Saint-André et bourg de Villeneuve-lez-Avignon 1626, honoré de cinquante-deux lettres des rois Henri IV et Louis XIII depuis 1600 jusqu'en 1634 qui justifient ses services; il avait ép. Claude Gasc, et il en eut :

III. Pierre de Casenove, mestre de camp d'un régt corse 1627, gouverneur du château de Saint-André 1634, après soixante ans de services, avait ép. le 18 mai 1628 Marie de Masclary, et il en eut : 1. Antoine, capit. d'infanterie 1647; 2. Alexis, prêtre; 3. Joseph, cornette au régt Royal 1667; 4. Jean-Baptiste, docteur en théologie : maintenus dans leur noblesse au D. d'Uzès par jugement souverain du 7 nov. 1669.

132. CASSAGNES.

De sable à deux épées d'argent mises en sautoir.

I. Pierre de Cassagnes, écuyer, vivant le 18 sept. 1555, eut pour enfants : 1. Jacques qui suit; 2. Jean, qui eut un fils nommé Pierre.

II. Jacques de Cassagnes fut père de

III. Jacques de Cassagnes, écuyer, t. le 17 nov. 1565; il eut pour enfants : 1. Michel; 2. Pierre; 3. et

IV. Jacques de Cassagnes, écuyer, conseiller du roi, trésorier du domaine en la sénéchaussée de Beaucaire et Nîmes, eut pour fils : 1. Jacques, conseiller du roi, trésorier du domaine en la sénéchaussée de Nîmes; 2. Michel, trésorier du domaine de Nîmes: maintenus dans leur noblesse par jugement souverain du 3 nov. 1670.

Jacques de Cassagnes, membre de l'Académie française en 1661, et garde de la bibliothèque du roi, était fils de Jacques, maître des requêtes du duc d'Orléans, et trésorier du domaine de la sénéchaussée de Nîmes. (RIVOIRE, I, 458.)

133. CASSOLE.

D'azur au lion d'or portant entre ses pattes un étendard de même.

I. Antoine Cassole, lieutenant du juge royal de Beaucaire, ép. le 17 mai 1529 Marguerite Aimin, dont il eut : 1. Jean; 2. Pierre qui suit; 3. Thomas.

II. Pierre Cassole, ép. Philimonde de Julhan, dont il eut : 1. Raimond qui suit; 2. Antoine.

III. Raimond Cassole, eut pour fils :

IV. Charles-Antoine Cassole, ép. le 21 nov. 1650 Catherine N....; demeurant à Beaucaire, fut maintenu dans sa noblesse par jugement souverain du 26 nov. 1670.

134. CASTELVIEIL.

D'azur au château d'argent sur une roche de même.

I. Antoine de Castelvieil, t. le 5 avril 1530, fut père de

II. Gabriel de Castelvieil de la maison de la Sale, ép. le 6 fév. 1553 Anne de Ginestous, dont il eut :

III. François de Castelvieil, ép. le 1er janvier 1571 Claude de la Roque, dont il eut : 1. Jean, marié le 7 mai 1618 à Claude Delom ; 2. Louis, demeurant à Casilhac, D. de Nîmes : maintenus dans leur noblesse par jugement souverain du 29 sept. 1669.

Pierre de Castelvieil, demeurant à Euzet, D. d'Uzès, fut maintenu dans sa noblesse par jugement souverain du 4 sept. 1669.

135. CASTILLON DE SAINT-VICTOR.

D'azur à la tour d'argent sur un rocher de même, surmontée d'un croissant aussi d'argent. DEVISE : *Pro rege et fide.*

La maison de Castillon tire son nom de la seigneurie de Castillon et de Saint-Victor du Gard, près d'Uzès.

Nous avons eu entre les mains une série de chartes, contrats, reconnaissances et testaments tirés des archives du château de Saint-Victor, qui constatent l'existence de ses divers représentants depuis 1204 et leur donnent la qualification de *chevalier* ou *damoiseau*, en latin *miles*, *domicellus* ; Rostaing, fils de Guillaume, vivait en 1311 ; Raimond en 1318, et testa en 1344 ; il eut pour fils Pierre, Arnaud et Guillaume ; Ferrande, fille de Guillaume, ép. en 1387 Raimond de Banne ; Bernard vivait en 1416.

La généalogie authentique et suivie de cette maison commence à Firmin de Castillon, fils d'Antoine, Sgr de Castillon et de Bességes, baron de Saint-Victor, qui ép. Isabelle de Montaut (Marquis D'AUBAÏS, III, 168), dont il eut :

I. François de Castillon, Sgr de Castillon et de Saint-Victor de Malcap, ép. le 5 avril 1548 Françoise de Blausac, dont il eut : 1. Pierre qui suit ; 2. Jeanne, mariée à Jean de Ranchin ; 3. Marguerite, mariée à Paul de la Baume, Sgr de Casteljau ; 4. Isabeau, mariée à Jacques de Langlade, Sgr de Trescol.

II. Pierre de Castillon, baron de Saint-Victor, qui reçut le 7 juin 1622 Louis XIII et Richelieu au château de Saint-Victor, avait ép. le 3 avril 1592 Françoise de Thezan-Pujol, dont il eut : 1. Antoine qui suit ; 2. Henri, prêtre et doyen de Saint-Jean d'Alais ; 3. Olivier ; 4 et 5. Louis et Georges, chev. de Malte 1624 ; 6. Jacquette, mariée à Jacques d'Hilaire de Jovyac ; 7 et 8. Antoinette et Marguerite, religieuses à Bagnols.

III. Antoine de Castillon, Sgr et baron de Saint-Victor, ép. le
1er juin 1623 Jeanne d'Audibert de Lussan, dont il eut : 1. Antoine
Hercule qui suit ; 2. Marie ; 3. Marguerite, mariée avec N... de
Massanne, trésorier-général de France, à Montpellier.

IV. Antoine-Hercule de Castillon, Sgr de Castillon, baron de
Saint-Victor, de Malcap, Saint-Julien, etc., ép. 1° le 3 nov. 1648,
Martine de Baratier, dont il eut : 1. Antoine Olivier qui suit ;
2. Georges-Joseph ; 3. Marie, mariée avec le baron de Gibertet ; 2° le
13 avril 1680, Élisabeth de Cleuster de Stucht, dont il eut :
4. Jeanne ; 5. Marie. Antoine est qualifié *marquis* dans l'acte de ra-
tification de son second mariage ; il fut maintenu dans sa noblesse
par jugement souverain du 29 nov. 1668.

V. Antoine-Olivier de Castillon, marquis de Saint-Victor, Sgr de
Castillon, Saint-Julien, Belvezet, Roussas, co-Sgr d'Alègre, sénéchal d'Uzès, ép. le 20 avril 1708 Marie de Thezan de Saze, dont
il eut :

VI. François-Olivier de Castillon, chevalier, marquis de Saint-
Victor, Sgr de Castillon, de Saze et Saint-Maximin, ép. le 20 avril
1724 Gabrielle-Louise de Guérin de Flaux, dont il eut : 1. Louis-
Victorien qui suit ; 2. Hyacinthe-Hercule-Victor, page de la petite
écurie, mort sans postérité ; 3. Louis-Auguste-Félicien, lieutenant
général des armées du roi, ép. Marie-Élisabeth-Louise-Eugénie
Boniface d'Oignies, baronne de Courières, mort sans postérité.

VII. Louis-Victorien de Castillon, Sgr de Castillon, marquis de
Saint-Victor, colonel de dragons, chev. de Saint-Louis, envoyé de
la baronnie de Cailus, par Mgr l'archevêque de Narbonne, aux
états-généraux de Languedoc en 1781, qualifié marquis devant
cette assemblée ; avait ép. le 25 janv. 1763 Louise-Augustine Le
Roy de Macé, dont il eut : 1. Claude-Louis qui suit ; 2. Louis-Hippolyte, qui a fait la Br. B. ; 3. Louis-Félicien-Eugène, chev. de
Malte 1789 ; 4. Pauline, mariée en 1803 à Henri-Fulcrand de Fabre,
baron de la Tude.

VIII. Claude-Louis de Castillon, Sgr de Castillon, marquis de
Saint-Victor, ép. Sophie de Guignard de Saint-Priest, fille du comte
de Saint-Priest, ministre de la maison du roi, et de Mlle de Ludolf,
dont il eut : 1. Adolphe ; 2. Émilien ; 3. Hippolyte ; 4. Pierre
Guillaume-Félix qui suit ; 5. Armandine, mariée à N.... de Roussy.

IX. Pierre-Guillaume-Félix de Castillon, marquis de Saint-Victor,
ép. le 17 juillet 1829 Marie-Anastasie Texier de Montainville, dont :
1. Marie-Adolphe-Hippolyte ; 2. Marie-Émilien, lieut. au 12e régt
de chasseurs ; 3. Marie-Joseph, sous-lieut. au 2e hussards ; 4.

Marie-Alexis, sous-lieut. au 10ᵉ régt de cuirassiers; 5. Marie-Annette.

Br. B. VIII. Louis-Hippolyte de Castillon, qualifié comte de Castillon de Saint-Victor, chev. non profès de l'ordre de Malte, ép. le 18 janvier 1802 Marie-Thérèse-Anne-Étiennette de la Treilhe-Fozières de Gléon, dont il eut : 1. Eugène-Hippolyte qui suit; 2. Louis-Edmond-Victorien, qui a fait la Br. C.; 3. Aimée-Céleste-Pauline, mariée à Albin de Gestas, morte ne laissant de son mariage qu'une fille : Marie de Gestas.

IX. Eugène-Hippolyte de Castillon, comte de Castillon de Saint-Victor, ancien député de la Haute-Garonne, ép. le 2 mars 1829 Marie-Joséphine-Albanie de la Treilhe-Fozières de Gléon, dont : 1. Joseph Hippolyte qui suit; 2. Gaston; 3. Félix; 4. Lucie.

X. Joseph-Hippolyte de Castillon de Saint-Victor, lieut. au 3ᵉ bataillon de chasseurs à pied, ép. le 11 janvier 1859 Joséphine-Élisabeth de Bon.

Br. C. IX. Louis-Edmond-Victorien de Castillon, vice-consul, chancelier du consulat français de Livourne, ép. Zoé de Giron, dont : 1. Eugène; 2. Anne-Henriette, mariée le 1ᵉʳ déc. 1857 à Henri-Paul-Élie de Fleury.

136. CASTILLON.

De gueule au lion d'argent soutenant de sa patte dextre un château d'or.

I. Jérôme de Castillon, citoyen de Milan, puis habitant de Narbonne et Sgr de Saint-Martin, fut père de

II. Antoine-Marie de Castillon, Sgr de Saint-Martin, obtint de Charles IX, le 20 janvier 1562, des lettres de naturalité enregistrées en la chambre des Comptes de Montpellier, ép. Marquise de Jougla, dont il eut :

III. Jérôme de Castillon, Sgr de Saint-Martin, ép. le 7 juin 1571, Françoise de la Coste, dont il eut : 1. Antoine-Marie, Sgr de Saint-Martin de Torques, gouv. de Lers sur le Rhône 1627; 2. Jacques, Sgr de Jonquières, ép. le 30 janv. 1628 Françoise Molinier; 3. Charles-François, fit des preuves à Milan avec Jérôme, son père, pour être admis au collège des nobles, en 1609 et 1640.

Antoine-Marie de Castillon, Sgr de Saint-Martin de Torques, fut maintenu dans sa noblesse par jugement souverain du 26 août 1669.

137. CAVAILLON.

D'or au lion de sable armé et lampassé de gueule, la queue faite en forme de palme.

On ne saurait disconvenir que la maison de Cavaillon ne soit une des plus anciennes du comté Venaissin et qu'elle n'ait été des plus florissantes de cette province. Les historiens, de concert avec les chartes qui nous restent des XIIe et XIIIe siècles, démontrent que cette maison a été des plus considérables des États des comtes de Toulouse. Elle tire vraisemblablement son nom d'une ville épiscopale du comté Venaissin, qu'elle a possédée en partie. Au commencement du XVIe siècle une branche de cette maison était en possession de fiefs au diocèse d'Uzès. (PITHON CURT., 1, 290.) Bernardin de Cavaillon eut de son mariage avec Béatrix de Saussac :

I. **François de Cavaillon**, Sgr des Iles de Saussac, de Rochegude et co-Sgr de Montdragon, ép. 1º le 12 nov. 1505 Magdeleine de Robin de Graveson ; 2º Catherine de Thézan ; il eut de son premier mariage :

II. **Érasme de Cavaillon**, Sgr de Saussac, co-Sgr de Montdragon et Rochegude, ép. le 19 janv. 1530 Jeanne de Galambrun, dont il eut : 1. Claude qui suit; 2. Pierre.

III. **Claude de Cavaillon**, Sgr de Saussac, co-Sgr de Montdragon et Rochegude, ép. le 9 avril 1565 Louise de Julians, dont il eut :

IV. **Guillaume de Cavaillon**, Sgr de Saussac, co-Sgr de Montdragon et Rochegude, lieut. de roi de la Bastille, dont il avait été nommé gouverneur, ép. Françoise de Couciles d'Agafin, dont il eut :

V. **Henri de Cavaillon**, Sgr de Malejac et Rochegude, demeurant au Pont Saint-Esprit, ép. le 27 avril 1634 Claire de Biordon, et fut maintenu dans sa noblesse par jugement souverain du 4 janv. 1671; il eut de son mariage plusieurs enfants, entre autres : 1. Claude qui suit; 2. François, qui vendit une partie des terres de sa maison à Gaspard de Mantin, co-Sgr de Montdragon; 3. Catherine, mariée à Barthélemy de Berton de Crillon.

VI. **Claude de Cavaillon**, Sgr de Saussac, ép. Barbe de Bologne, dont il eut :

VII. **Henri de Cavaillon**, Sgr de Saussac, ép. Marie-Charlotte de Cavaillon, sa cousine germaine, dont il eut :

VIII. **Marcel de Cavaillon**, dit de Romey, Sgr des Iles de Saussac, sous-lieut. aux gardes wallonnes, ép. en 1724 Bénédicte-Victoire Durand, dont une fille Marie, morte jeune.

138. CAUSSER DE CABREROLLES.

D'azur à la fasce d'or accompagnée d'une croix tréflée de même en chef, et d'un besant d'or en pointe, écartelé d'or émanché de gueule. _ .

I. Antoine de Causser, Sgr de Cabrerolles, fit un échange en 1524, et fut père de

II. Michel de Causser, Sgr de Cabrerolles, maître des requêtes de la reine 1562, avait ép. le 30 avril 1530 Isabeau Dieu-Laval, dont il eut :

III. Gabriel de Causser de Cabrerolles, ép. le 24 janv. 1575 Jeanne Trotin, dont il eut :

IV. Joseph de Causser de Cabrerolles, Sgr de Villespassans, lieutenant-criminel à Béziers, ép. le 28 juill. 1614 Hélène de Valat de Lespignan, dont il eut : 1. Henri, Sgr de Villespassans, conseiller au parlement de Toulouse; 2. Jean, Sgr de Poussan; 3. Joseph-Marie, conseiller du roi, lieut. gén. criminel et président au présidial de Béziers : maintenus dans leur noblesse par jugement souverain du 5 nov. 1668.

François de Causser rendit hommage le 29 mars 1734 pour la Sgrie de Cabrerolles, D. de Béziers. (Marquis D'AUBAïs, II, 352.)

139. CENAT.

D'azur à la bande d'or.

I. Pierre de Cenat fut père de

II. Vidal de Cenat, compris dans la taxe faite sur les nobles de la sénéchaussée de Nimes, pour les ban et arrière-ban le 11 oct. 1541; avait ép. le 27 mai 1539 Gervaise de Flossac, dont il eut :

III. Jean de Cenat, écuyer, Sgr de Flossac, ép. le 8 janv. 1597 Jeanne de Mercuret, dont il eut :

IV. Jacques de Cenat, Sgr de Flossac et de Mercuret, ép. le 12 juin 1624 Marguerite de Chasse, et il en eut : 1. Jacques, Sgr de Mercuret; 2. Adrien, Sgr de Maleval, demeurant au D. du Puy : maintenus dans leur noblesse par jugement souverain du 18 sept. 1669.

140. CENAT.

D'azur à la bande d'or.

I. Herail de Cenat eut pour fils

II. Arthaud de Cenat, écuyer, Sgr de Lherm, ép. 1° le 3 sept. 1535 Delphine Chastel; 2° Françoise Maurin, dont il eut :

III. Jean de Cenat, Sgr de Lherm, ép. le 9 nov. 1572 Claude de Mourgues, dont il eut :

IV. Gabriel de Cenat, Sgr de Lherm, fut père de

V. Charles de Cenat, Sgr de Lherm., D. du Puy, ép. le 24 août 1634 Anne Argelasson, et fut maintenu dans sa noblesse par jugement souverain du 15 janv. 1671.

141. CHABANOLLES.

I. Hector de Terrasse, Sgr de Chabanolles, t. le 11 avril 1545; il ép. Jeanne Perisse, dont il eut :

II. Pierre de Terrasse, Sgr de Chabanolles, ép. 1° le 4 oct. 1565 Béatrix de Bois; 2° Isabeau Devèse; il eut de son premier mariage : 1. Jacques qui suit; 2. Jean; 3. Tannequin.

III. Jacques de Terrasse, Sgr de Chabanolles, ép. Huguette de Clauzole, dont il eut :

IV. Jean de Terrasse, Sgr de Chabanolles, ép. le 6 mai 1613 Antoinette Pascal, et il en eut :

V. François de Chabanolles, écuyer, Sgr dudit lieu, D. du Puy, ép. le 14 juillet 1637 Marguerite de la Colombe, et fut maintenu dans sa noblesse par jugement souverain du 3 mars 1670.

142. CHALENDAR.

De sinople au lévrier d'argent surmonté d'un croissant d'or, au chef cousu d'azur à trois étoiles d'or.

La maison de Chalendar, *alias* Chalandat, originaire du diocèse de Viviers, était divisée en deux branches au moment de la vérification de 1669. La branche cadette, établie en Dauphiné, avait été substituée aux nom et armes de la maison de la Mothe. (CHORIER, *Estat politique de Dauphiné*, III; 401.) La branche aînée prouva sa noblesse devant M. de Bezons, depuis :

I. Guillaume de Chalendar reçut diverses reconnaissances ès années 1519 et 1520; il fut père de

II. Guillaume de Chalendar, Sgr de Cornillon, ép. le 2 déc. 1556 Catherine du Roure, et il en eut :

III. Antoine de Chalendar, Sgr de Cornillon, ép. le 7 juin 1588 Isabeau de Mares, et il en eut : 1. Jean qui suit ; 2. Charles, prieur de Gras.

IV. Jean de Chalendar, Sgr de Cornillon, ép. le 28 avril 1625 Jeanne de Chambaud, dont il eut :

V. Antoine de Chalendar, Sgr de la Combe, demeurant au D. de Viviers, ép. le 4 janv. 1650 Martine de Mourcairols, et fut maintenu dans sa noblesse par jugement souverain du 16 janv. 1669.

143. CHALENDAR DE LA MOTHE.

De gueule au lion d'or, sa patte dextre surmontée d'une étoile, de même au point dextre de l'écu. (CHORIER, III, 402.)

I. Guigues de Chalendar, Sgr de Morzelet, vivant en 1482, fut père de

II. Aimé de Chalendar, co-Sgr de Vinassac, t. le 30 avril 1545 ; il avait ép. Marguerite de la Mothe, qui chargea son fils Guillaume de quitter le nom de Chalendar, et de porter seulement celui de la Mothe avec les armes.

III. Guillaume de la Mothe, écuyer, Sgr dudit lieu et co-Sgr de Vinassac, eut pour enfants : 1. Pierre ; 2. Noël ; 3. Antoine ; 4. Olivier ; 5. et

IV. Jean de la Mothe, écuyer, ép. le 16 août 1598 Jeanne de la Baume, et il en eut : 1. Aimé qui suit ; 2. Jean de la Mothe, Sgr de Saint-Laurent des Bains, D. de Viviers, ép. 1° le 10 oct. 1627 Catherine Larcher ; 2° le 23 fév. 1644 Honorade Girard.

V. Aimé de Chalendar de la Mothe, Sgr d'Uzers et de Chatusac, président et juge mage à Valence en Dauphiné, maintenu dans sa noblesse en Dauphiné par M. du Gué, le 7 juill. 1668, et en Languedoc avec Jean, son frère, par jugement souverain du 23 sept. 1669, avait ép. le 9 mars 1631 Marie de Merle de la Gorce, et il en eut :

VI. Louis de Chalendar de la Mothe, prieur de Gillot.

Magdeleine de Chanaleilles ép. le 30 juin 1748 Louis-Charles de la Mothe Chalendar.

144. CHAMARROUS.

D'azur à trois chevrons d'or.

I. Gabriel, Sgr de Chamarrous, fut père de

II. Jacques de Chamarrous, écuyer, Sgr de Chamarrous, ép. 1º le 2 fév. 1514 Isabeau Vacherel; 2º Hélix de Baus, dite de Borne, dont il eut : 1. Antoine qui suit; 2. François, qui a fait la Br. B.

III. Antoine de Chamarrous, ép. le 22 mai 1558 Anne Baronnel, et il en eut : 1. Pierre; 2. et

IV. François de Chamarrous, ép. le 26 avril 1620 Catherine Jausserand, et il en eut : 1. Charles qui suit; 2. Claude, mort au camp de Pommas, dans le Milanais, 1643.

V. Charles de Chamarrous, Sgr de la Borie, ép. : 1º le 20 janv. 1638 Jeanne de Borne; 2º le 16 sept. 1645 Gabrielle de Baus, et fut maintenu dans sa noblesse par jugement souverain du 21 août 1669.

Br. B. III. François de Chamarrous, dit de Baus, Sgr de Borne, ép. le 4 mai 1584 Marie Spert, dont il eut :

IV. Jean de Chamarrous, dit de Baus, Sgr de Borne, D. du Puy, ép. Suzanne Malbec dite de Monviel, dont il eut : Jean Hugues, marié le 16 octobre 1658 à Françoise Verrières, et maintenu dans sa noblesse par jugement souverain du 21 août 1669.

145. CHAMBARLHAC.

D'azur au chevron d'or accompagné de trois colombes d'argent membrées et becquées de gueule.

Chambarlhac était une seigneurie considérable située dans le haut Vivarais. Elle donna son nom à une des familles les plus anciennes de cette province, et fut possédée depuis par la maison de Truchet.

Charles VI, visitant le Languedoc, s'arrêta dans la ville du Puy en 1394, et logea pendant trois jours dans la maison de Pierre de Chambarlhac, chanoine de la cathédrale, issu d'une famille illustre et ancienne qui subsiste. (DULAC DE LA TOUR, *Hist. du dépt de la IIIe-Loire*, 1813.)

Pons de Chambarlhac, procureur de Bermonde, *alias* Pine Rochette sa femme rendit hommage en 1399. (Marquis D'AUBAÏS, II, 145.)

I. Louis de Chambarlhac, vivant en 1480, fut père de : 1. Jean qui suit; 2. Antoine, dominicain.

II. Jean de Chambarlhac, Sgr de Lherm, t. le 21 déc. 1534, eut pour enfants : 1. Antoine qui suit; 2. Pierre; 3. Louis, qui a fait la Br. C.

III. Antoine de Chambarlhac, ép Colombe des Estreits, dont il eut :

IV. Claude de Chambarlhac, écuyer, ép. le 11 janv. 1557 Anne Descours, dont il eut : 1. Antoine qui suit; 2. Antoine le jeune, qui a fait la Br B.

V. Antoine de Chambarlhac, Sgr de Lherm, ép. le 20 mai 1581 Marguerite Guilhot, dont il eut :

VI. Jean de Chambarlhac, Sgr de Costechaude au D. du Puy, ép. le 22 fév. 1637 Charlotte Jolivet, dont il eut :

VII. Antoine de Chambarlhac, Sgr de Costechaude, maintenu dans sa noblesse par jugement souverain du 25 sept. 1669, ép. le 12 janvier 1671 Marie Blanc de Molines, dont il eut : 1. Claude qui suit; 2. Antoine.

VIII. Claude de Chambarlhac, ép. le 25 juillet 1701 Marianne de Clavières, dont il eut :

IX. Pierre-Guillaume de Chambarlhac, écuyer, Sgr de Beaupré et de Montregard, ép. le 26 janv. 1745 Éléonor de Banne, dont il eut :

X. Joseph-Florimond de Chambarlhac, chev. de Saint-Louis, lieut.-col. en 1791, ép. le 5 avril 1806 Pierrette-Josèphe de Solmes de Vérac, dont il eut : 1. Marie-Adèle; 2. Marie-Éléonore; 3. Marie-Victorine.

Br. B. V. Antoine de Chambarlhac, ép. le 27 nov. 1606 Sébastienne de Chambon, et il en eut :

VI. Claude de Chambarlhac, Sgr de Fontmourette, de la Roche-les-Faÿ, ép. le 4 oct. 1638 Isabeau de Courtial, et fut maintenu dans sa noblesse par jugement souverain du 13 déc. 1668.

Magdeleine de Chambarlhac, fille de Charles et de Magdeleine de Rajon, ép. le 11 sept. 1724 Charles, marquis de Chanaleilles.

Br. C. III. Louis de Chambarlhac, habitant Saint-Clément-sous-Faÿ en montagne, D. de Viviers, eut pour enfants : 1. Guillaume qui suit; 2. Claude.

IV. Guillaume de Chambarlhac, t. le 12 oct. 1563, et fut père de

V. Pierre de Chambarlhac, ép. le 7 mars 1566 Antoinette Descours, dite Marionne, et il en eut : 1. Alexandre qui suit; 2. Pierre, marié le 28 sept. 1610 à Jeanne Cros, dont : a. Louis; b. Pierre : maintenus dans leur noblesse par jugement souverain du 7 déc. 1669.

VI. Alexandre de Chambarlhac, Sgr de Lherm, ép. le 1er juill. 1604 Catherine d'Allard, dont il eut : 1. Jacques qui suit; 2. Alexandre, Sgr de Bacharnier, marié le 25 nov. 1659 à Cyprienne Plantin; 3. Antoine, Sgr de Varennes.

VII. Jacques de Chambarlhac, Sgr de Lherm, ép. le 28 avril 1647 Laurence de Brenas, et il en eut :

VIII. Jacques-Blaise de Chambarlhac s'établit au Pont de Fromentières, où il ép. Marie Duvert, dont il eut :

IX. Jacques-Joseph de Chambarlhac passa à Aubenas ; il ép. le 18 juillet 1771 Jeanne-Marie Roux, dont il eut entre autres enfants :

X. Laurent-André de Chambarlhac, ép. le 13 fév. 1813 Élisabeth-Rey, dont il eut : 1. François-Xavier qui suit ; 2. Joseph-Casimir, marié le 10 oct. 1838 à Victoire Bouzol, dont : Marie, née en 1839 ; Camille, 1841 ; Fanny, 1842 ; Lucie, 1844 ; 3. Xavier-Louis, ép. le 2 fév. 1859 Marie-Élisa-Mathilde Baldit ; 4. Lucie, mariée à Dominique-Aimé Biral.

XI. François-Xavier de Chambarlhac, ép. le 4 juin 1838 Denise-Louise Estran, dont : 1. Joseph-Henri, né le 22 mars 1839 ; 2. Laurent-Paul, né le 16 mars 1841.

146. CHAMBAUD.

Tiercé en fasce, au 1 d'argent à un chevron d'azur accompagné de trois casques grillés de front de gueule ; au 2 d'azur à trois étoiles d'or posées en fasce ; au 3 d'argent à un lévrier courant d'azur. (*Armor*. de 1696, 351.)

I. Claude de Chambaud, t. le 5 janv. 1529 ; il eut pour enfants : 1. Claude qui suit ; 2. Jeanne.

II. Claude de Chambaud, écuyer, Sgr de Saint-Lager, capit. châtelain du Pousin, ép. le 4 fév. 1556 Catherine de la Mothe, et il en eut : 1. Simon-Pierre qui suit ; 2. Mathieu, qui a fait la Br. B. ; 3. Paul, qui a fait la Br. C. ; 4. Noé, qui a fait la Br. D. ; 5. Abraham.

III. Simon-Pierre de Chambaud, fut père de Simon-Pierre.

Marie-Anne de Chanaleilles était veuve en 1750 d'Alexandre de Chambaud, Sgr de Saint-Lager.

Br. B. III. Mathieu de Chambaud, capit. châtelain du Pousin 1601, ép. le 24 juin 1696 Jeanne Chabul, dont il eut :

IV. Paul de Chambaud, ép. le 17 nov. 1624 Olympe Esdier, et il en eut :

V. Alexandre de Chambaud, Sgr du Charrier, ép. le 16 avril 1651, Judith Vaneson.

Br. C. III. Paul de Chambaud, ép. le 18 mai 1598 Jeanne de Coursas, dont il eut : 1. Louis qui suit ; 2. Jacques, Sgr de la Combe-Bavas.

IV. Louis de Chambaud, Sgr de Saint-Quentin, ép. le 18 avril

1640, Martine de Ginestous la Tourrette, dont il eut : 1. Jean, Sgr de Bavas, mousquetaire du roi ; 2. Marie, alliée le 8, déc. 1669 à Jean de Monteil.

Br. D. III. Noé de Chambaud, Sgr de Bargence, ép. le 3 fév. 1603 Simonne de la Tour, dont il eut :

IV. Charles de Chambaud, Sgr de la Fontblanche, ép. le 28 juill. 1637 Suzanne du Trémolet, dont il eut : 1, Scipion ; 2. David ; 3. René.

Les quatre branches de la maison de Chambaud en Vivarais furent maintenues dans leur noblesse par jugement souverain du 15 janv. 1671.

Marie, *alias* Paule de Chambaud, fille et héritière de Jacques, vicomte de Privas, Sgr de Vacherolles et Valaury, gentilhomme ordinaire de la chambre du roi, mestre de camp de cavalerie, ép. 1° René de la Tour Gouvernet ; 2° le 20 mars 1620 Claude de Hautefort, vicomte de Lestrange. (P. ANSELME, VII, 342.)

Scipion de Chambaud, Sgr de Saint-Lager, fit enregistrer ses armes dans l'*Armorial* de 1696.

147. CHAMBERT.

D'or à la fasce de gueule chargée de trois fleurs de lis d'argent.

La maison de Chambert, originaire du diocèse de Narbonne, est connue depuis Bertrand de Chambert, Sgr de Bisanet, qui fit deux achats le 11 avril 1483 et le 28 mai 1485, et rendit hommage le 25 fév. 1499. Le vicomte de Narbonne passa bail à nouveau fief le 28 juill. 1507 à Bertrand de Chambert, Sgr de Rustiques. Anne de Chambert de Bisanet, chevalier, obtint un congé du grand maître de Malte pour revenir en France le 18 nov. 1587. (Marquis D'AUBAÏS, II, 147.)

I. Bertrand de Chambert, ép. Jeanne d'Abban, laquelle fit donation le 28 nov. 1568 ; il en eut : 1. Jean qui suit ; 2. Charles, Sgr de Bisanet ; 3. Claire, religieuse ; 4. Marguerite.

II. Jean de Chambert, ép. le 21 mai 1587 Françoise de Saint-Jean, et il en eut : 1. Anne qui suit ; 2. Jean-François ; 3. Charles.

III. Anne de Chambert, Sgr de Bisanet, ép. le 9 août 1626 Marie de Trégoin, dont il eut :

IV. Gabriel de Chambert, maintenu dans sa noblesse avec son frère par jugement souverain du 12 juin 1669.

Anne de Chambert-Bisanet fut reçu chevalier de Malte en 1664. (VERTOT, VII, 25.)

Louis de Chambert, écuyer, Sgr de Bisanet et Saint-Amans, ép. en 1686 Blanche de Chefdebien, dont une fille, Marie-Marguerite, alliée le 16 fév. 1711 à Jean-François de Chefdebien.

148. CHANALEILLES.

D'or à trois lévriers de sable colletés d'argent courant l'un sur l'autre. DEVISE : *Fideliter et alacriter.*

La maison de Chanaleilles, *alias* Chananeilles, est une des plus anciennes et des plus considérables du Vivarais et du Velay ; elle possède encore dans cette dernière province la terre de Chanaleilles, située sur les confins de la Lozère et de la Haute-Loire. La filiation non interrompue de cette maison depuis le milieu du XIIe siècle a été produite en 1785 devant Chérin pour être admise aux honneurs de la cour, dont elle a joui le 3 nov. 1785. Guillaume de Chanaleilles, chevalier du Temple en 1153, prit part à la deuxième croisade ; ses armes figurent dans la salle des Croisades du musée de Versailles.

Hénias de Chanaleilles fit hommage à Messieurs du chapitre du Puy en 1339. (Marquis d'Aubais, II, 148.) Jean Claude de Chanaleilles joua un rôle considérable dans l'Auvergne et le Velay en soutenant la cause du roi Henri IV pendant la Ligue, et fut honoré de plusieurs lettres autographes du roi. (V. BERGER DE XIVREY, *Lett. missives d'Henri IV.*)

I. Noble et puissant Sgr Pierre de Chanaleilles, Sgr du Pin, de Vals, d'Ucel et de la Valette, grand bailli d'épée du Vivarais et du Valentinois, ép. Agnès de Castrevieille, dont il eut plusieurs enfants, entre autres :

II. Guillaume de Chanaleilles, écuyer, bailli de Jaujac en Vivarais, ép. Marguerite de Cadris, dont il eut :

III. Balthazar de Chanaleilles, écuyer, Sgr du Pin et de Fabras, bailli de Jaujac, ép. Gabrielle de Crochans du Bourjuif, et transigea le 8 mars 1515 avec Marguerite de Chanaleilles, sa cousine germaine, veuve de Jacques de Madières ; il eut de son mariage : 1. Bernard, marié à Nicole de Chambonas, mort sans enfants ; 2. Hilaire qui suit ; 3. François.

IV. Hilaire de Chanaleilles, écuyer, Sgr du Pin, co-Sgr de la Valette, ép. le 26 juill. 1556 Claude d'Agrain des Ubaz, fille de Gaspard et de Marguerite de Prunet, dont il eut : 1. Jean ; 2. Gaspard qui suit ; 3. Balthazar, dont la postérité s'éteignit après deux générations alliées à la maison de Tournon du Vergier, baron de la Mastre, et à la maison de Lestrange, Sgr de Groson ; 4. Jean-Claude, qui a fait la Br. B. ; 5. Marguerite, mariée le 10 fév. 1573 à Jean de Rostaing.

V. Gaspard de Chanaleilles, Sgr de la Saumès, capit. d'infanterie 1587, ép. 1° le 26 nov. 1589 Catherine de Borne, dame de la Saumès ; 2° le 22 nov. 1601 Jeanne de Rozilles, fille de Guillaume et de Jeanne de Budos, qui était sœur de Louise de Budos, mariée le 19 mars 1593 au duc de Montmorency ; il eut de son second ma-

riage : 1. Claude, capit. au régt de Languedoc 1632, et du Roure
1636, mort sans enfants; 2. Guillaume qui suit; 3. Joachim, reçu
page du grand maître de Malte 1624 ; 4. Hercule; 5. Catherine :
maintenus dans leur noblesse par jugement souverain du 6 mars
1670.

VI. Guillaume de Chanaleilles, qualifié comte de la Saumès, baron de Jagonas et du Sault, Sgr de la Charve, de Banbiac et Vernon,
capit. d'infant. au régt de la Vernède 1632, ép. le 26 sept. 1655
Jeanne de Gabriac de Rouchon, dont il eut : 1. Guillaume-Joseph,
lieut. de roi en Languedoc, mort sans enfants; 2. Jean-Baptiste qui
suit; 3. Marie, alliée à Guillaume de Ginestous.

VII. Jean-Baptiste de Chanaleilles, comte de la Saumès, Sgr et
baron de Jagonas, du Sault, du Pouget, mousquetaire du roi, puis
capit. de cavalerie au régt de Fiennes 1693, lieut. de roi en Languedoc 1697, ép. le 23 juin 1701 Louise de Largier, dont il eut : 1. Guillaume-Joseph qui suit; 2. Marie-Anne, mariée à Alexandre de Chambaud, Sgr de Saint-Lager.

VIII. Guillaume-Joseph de Chanaleilles, qualifié marquis de la
Saumès, baron de Ribes, Sgr de Saint-André la Champ, du Sault,
de Plauzolles, co-Sgr de Vernon, des Vans et de la Blachère, mousquetaire, puis officier au régt du roi, ép. le 12 nov. 1738 Marie-Gabrielle-Claudine Bernard de Jalavoux, et il en eut : 1. Jean-Louis,
capit. au régt d'Auvergne, chef de bataillon au régt d'état-major; il
fit ses preuves de noblesse le 29 nov. 1777 devant les états de Languedoc comme envoyé de la baronie de Castelnau d'Estrettefonds,
et au mois de mai 1785 devant Chérin, pour être admis aux honneurs de la cour le 3 nov. 1785; il ép. 1º Marie-Rose du Vidal
de Montferrier ; 2º Magdeleine Gerbier de Fraville, et mourut sans
enfants 1822; 2. Joseph-François, capit. au régt de Neustrie, chev.
de Saint-Louis ; 3. Jean-Baptiste qui suit; 4. Joseph-Guillaume, vic.
gén. à Nancy ; 5. Pierre-Joseph, chanoine, à Nimes.

IX. Jean-Baptiste de Chanaleilles, marquis de la Saumès, lieut. au
régt des chasseurs à cheval 1785, ép. Françoise-Magdeleine-Émilie
de Cadoene de Gabriac, dont il eut : 1. Louis-Étienne-Achille qui
suit; 2. Henri-Gustave.

X. Louis-Étienne-Achille de Chanaleilles, marquis de la Saumès,
ép. le 3 sept. 1844 Claude-Françoise-Charlotte de la Baume, dont :
1. Charles-Henri-Gustave-Roger, né en 1845; 2. Paul-Aimé-René
1853; 3. Françoise-Hippolyte-Gabrielle-Eugénie 1847; 4. Marie-
Émilie-Blanche 1851 ; 5. Louis-Marie-Hélye 1858.

Br. B. V. Jean-Claude de Chanaleilles, Sgr du Buisson, qui fut honoré de plusieurs lettres du roi Henri IV, pour les services rendus à la cause royale en Auvergne et en Vivarais, ép. le 20 fév. 1619 Claudine de la Tour de Bains, dont il eut : 1. Claude qui suit; 2. François, Sgr du Buisson, marié à Françoise Teissier, dont une fille, Catherine, mariée à François d'Hautefort de Lestrange ; 3. Joseph, Sgr de Lassagnes; 4. Anne-François, Sgr de la Croze, marié à N. de Langlade, qui a fait la branche de Bellenave : maintenus dans leur noblesse par jugement souverain du 6 mars 1670.

VI. Claude de Chanaleilles, Sgr du Villard, de Villeneuve, Saint-Cirgues, Veirières, capit. dans le régt de Roussillon 1642, ép. 1° le 20 oct. 1647 Isabeau de Reynaud ; 2° le 4 juillet 1655 Marie de Langlade, baronne des Éperviers, dont il eut :

VII. Eustache de Chanaleilles, Sgr du Villard, de Villeneuve, du Roux, baron des Éperviers, brigadier d'infant. 1734, avait ép. le 14 sept. 1700 Marie-Françoise de Monteil, dont il eut : 1. Charles qui suit; 2. Hyacinthe, capit. dans le régt de Berry, tué à Prague 1741.

VIII. Charles de Chanaleilles, qualifié marquis de Chanaleilles, Sgr du Villard, de Villeneuve, du Roux, maréchal de camp 1734, avait ép. le 11 sept. 1724 Magdeleine de Chambarlhac, dont il eut : 1. Joseph-Guillaume qui suit; 2. Marie-Suzanne ; 3. et Magdeleine, alliée le 30 juin 1748 à Louis-Charles de la Mothe Chalendar.

IX. Joseph-Guillaume de Chanaleilles, marquis de Chanaleilles, Sgr du Villard, de Montpezat, du Roux, du Colombier, de Collanges, de Prunerolles, capit. de dragons, ép. Marie-Agathe de Rilly, dont il eut : 1. Charles-François-Guillaume qui suit; 2. Louis-Charles-Isidore, chev. de Malte 1787 ; 3. Joséphine-Magdeleine, mariée à N... de Laulanhier.

X. Charles-François-Guillaume de Chanaleilles, marquis de Chanaleilles, Sgr de Montpezat, du Villard, de Chambonas, chevalier non profès de l'ordre de Malte, capit. de vaisseau, chev. de Saint-Louis, officier de la Lég. d'honn., pair de France 1837, avait ép. en 1807 Marie-Josèphe-Rose de Carrère, dont il eut : 1. Sosthènes qui suit; 2. Gustave-Adolphe, lieut.-colonel du 68ᵉ de ligne, chev. de la Lég. d'honn. et de l'ordre de Pie IX, marié le 18 nov. 1853 à Marie-Louise-Napoléone-Ofrésie de Las Cases ; 3. Adolphe-Gustave, colonel du 68ᵉ de ligne, offic. de la Lég. d'honn., frère jumeau du précédent, marié en 1850 à Blanche d'Andlau.

XI. Sosthènes de Chanaleilles, marquis de Chanaleilles, ancien page de Louis XVIII, lieut.-col. des chasseurs d'Afrique, chev. de la Lég. d'honn., ancien membre du conseil général de l'Ardèche, ép.

le 29 mai 1832 Marie-Victurnienne-Stéphanie des Balbes de Berton de Crillon, dont : 1. Félix-Hélye, mort à dix-huit ans; 2. Marie-Isabelle.

149. CHAPAT.

I. Guillaume Chapat, commandait dans le château de Grazac, en Velay, le 7 avril 1526; il avait ép. Antoinette Brun, dont il eut :

II. Jean Chapat, ép. le 6 mai 1531 Laurence d'Alard, et il en eut :

III. Guillaume Chapat, fut père de

IV. Christophe Chapat, ép. le 26 avril 1612 Charlotte du Noyer, et il en eut :

V. Christophe Chapat, Sgr des Aulanettes et d'Alard, y demeurant dans la paroisse de Grazac, D. du Puy, ép. le 11 déc. 1653 Anne Colombi, et fut maintenu dans sa noblesse par jugement souverain du 26 mars 1670.

150. CHAPELAIN.

D'argent au lévrier grimpant de sable, au chef d'azur.

La maison de Chapelain, originaire de Gévaudan, est connue par filiation suivie depuis Odilon Chapelain, damoiseau, vivant au commencement du XIVe siècle. Bernard, son fils, ép. Isabeau de Guérin. Guillaume, petit-fils de Bernard, était Sgr de Puecheiral et d'Issenges ; il eut pour fils Vital, père d'Antoine qui suit; de Pierre, prieur de Gabriac, vicaire général du diocèse de Mende; de Magdeleine, mariée à Pierre de Rouvière. (G. DE BURDIN, II, 296-298.)

I. Antoine de Chapelain, Sgr de Puecheiral, Issenges, ép. le 3 juill. 1503 Gillette Matthieu, dont il eut : 1. Gabrielle; 2. et

II. Jean de Chapelain, Sgr de Puecheiral, Issenges, ép. Gasparde de Chapelain sa cousine, dont il eut : 1. Jeanne, mariée à Pierre de Bourrel; 2. et

III. Antoine de Chapelain, Sgr de Puecheiral, Issenges, ép. Anne de Montgros, dont il eut :

IV. Claude de Chapelain, Sgr de Puecheiral, Issenges, le Cros, ép. le 30 août 1578 Anne de Folaquier, dont il eut : 1. Antoine qui suit; 2. Claude, qui a fait la Br. B.; 3. Anne, mariée le 2 mars 1610 à Isaac de Pelet, Sgr de la Carrière; elle était déjà veuve de Tristan de Corsier, Sgr de Janilhet.

V. Antoine de Chapelain, Sgr d'Issenges, etc., ép. 1° Anne Guiraud de Sommerlet, dont il eut : Marceline, mariée à Jean de Narbonne, Sgr de Troulhas; 2º Magdeleine de Lauberge de Cassagnoles, dont il eut :

VI. Jean de Chapelain, chevalier, Sgr d'Issenges, maintenu dans sa noblesse par jugement souverain du 18 sept. 1669, ép. le 19 juin 1687, Françoise de Merle de la Gorce, dont il eut : Lucrèce-Françoise de Chapelain, fille unique, mariée le 24 janvier 1701 à Jean de Grégoire, baron de Saint-Sauveur.

Br. B. V. Claude de Chapelain, Sgr du Cros, ép. le 5 mars 1629 Hélix du Destrect, dont il eut : 1. Charles qui suit ; 2. Marie, alliée à Paul d'Hérail de Brisis; 3. Jeanne, mariée à Jacques de la Garde, Sgr de Malbosc.

VI. Charles de Chapelain, Sgr de Felgeirollès, le Rieux, maintenu dans sa noblesse avec son père par jugement souverain du 18 sept. 1669, av. ép. le 12 oct. 1648 Marie de Narbonne, dame de Troulhas, sa cousine germaine, dont il eut : 1. Jean Antoine qui suit; 2. Henri, lieut. au régt d'Aunis; 3. Félice, mariée à Jean de Polge, Sgr de Tarabias.

VII. Jean Antoine de Chapelain, Sgr de Troulhas, Felgeirolles, Montaigu, ép. le 28 janv. 1701 Jeanne de Bardon de Chabannes, dont il eut : 1. Antoine qui suit; 2. Anne-Luce, morte religieuse à Riom.

VIII. Antoine de Chapelain, Sgr de Troulhas, lieut. d'inf., proc. fondé du prince de Conti aux états généraux de Languedoc de 1746, ép. le 22 sept. 1731 Marie-Anne de Pontier, dont il eut : 1. Claude-Antoine-Marie qui suit; 2. Jean-Antoine-Hercule, docteur en Sorbonne, vic. gén. de Bazas; 3. Joseph-Scipion qui a fait la Br. C.

IX. Claude-Antoine-Marie de Chapelain, Sgr de Troulhas, cornette au régt de Clermont-Prince, ép. le 18 oct. 1762 Marie-Henriette de Rets de Servières et mourut sans enfants.

Br. C. IX. Joseph-Scipion de Chapelain, ép. le 27 sept. 1775 Marie-Suzanne Lafont d'Aiguebelle, dont il eut : 1. Joseph qui suit ; 2. Scipion qui a fait la Br. D.

X. Joseph-Marie-Jules de Chapelain, chev. de la Lég. d'hon., sous-préfet de 1813 à 1820; il ép. le 5 janv. 1796 Louise-Rose de Rets de Servières, dont il eut : 1. Octave qui suit ; 2. Henriette-Éléonore, décédée en 1831.

XI. Octave de Chapelain, ép. le 18 avril 1826 Marie-Marguerite-Euphrosine Malafosse, dont il eut :

XII. Joseph de Chapelain, ép. le 4 avril 1848 Céleste-Marie-Félicité de Florit de la Tour de Clamouse de Corsac, dont : 1. Marie-

Élisabeth, née le 5 oct. 1850; 2. Marie-Marguerite, née le 11 décembre 1853.

Br. D. X. Scipion-Marie-Antoine de Chapelain, ép. Henriette de Merle de la Gorce, dont il eut : 1. Désiré qui suit; 2. Octavie, mariée à Alphonse Veau de la Nouvelle.

XI. Désiré, dit Clodomir, de Chapelain, chev. de la Lég. d'hon., ancien préfet, ép. 1° Marie Theyssier-de-Meyrières, dont il n'eut pas d'enfants, et 2° Ludovic Savy, dont : Scipion, Antoine, Arthur, Emmanuel, Gaetan, Emma, Augustine, Bathilde.

151. CHARBONNEL.

D'azur à trois étoiles d'or au croissant d'argent en cœur.

Ancienne maison du Velay, dont la filiation suivie remonte à Guy de Charbonnel, vivant dans le XIe siècle. Pierre de Charbonnel, vivant en 1273, commandait les ban et arrière-ban de la noblesse du Velay. Jean de Charbonnel, qualifié chevalier damoiseau, se joignit à Pierre de Brézé, grand sénéchal de Normandie, pour aller faire une descente en Angleterre en 1456; Claude, son fils, ép. le 19 août 1452 Huguette de David dame du Bets, en Velay, dont il eut plusieurs enfants (LACH. DESB., VI, 750), entre autres

I. Gui de Charbonnel, Sgr du Bets, épousa le 11 juillet 1501 Guionne de Baile, et il en eut :

II. Marcelin de Charbonnel, Sgr du Bets, ép. le 28 mai 1559 Miracle de Maurin de Chateauneuf, dont il eut :

III. Jacques de Charbonnel, Sgr du Bets, et de Verne, ép. en 1589 Marguerite de Roiran du Chambon, dont il eut :

IV. Marcelin de Charbonnel, Sgr du Bets, ép. 1° Hélène Besset; 2° le 2 décembre 1617 Antoinette de Bronac; il eut de sa première femme : 1. Charles qui suit; et de la seconde : 2. Léonard, Sgr de la Chazotte, maintenu en Lyonnais le 13 avril 1667.

V. Charles de Charbonnel, Sgr du Bets et de Jussac, ép. le 5 janv. 1638 Anne de Beget, et il en eut :

VI. Pierre de Charbonnel, Sgr du Bets, D. du Puy, maintenu dans sa noblesse par jugement souverain du 13 sept. 1669.

152. CHASAUS, *alias* CHAZAUX.

De gueule à une bande d'or et une colombe d'argent passante au-dessus surmontée de trois étoiles d'or. (*Armor*. de 1696, 376.)

I. Claude Pichon, dit Chasaus, fut père de

II. Antoine Pichon, dit Chasaus, ép. le 25 juin 1546 Françoise la Rous, dont il eut :

III. Bertrand de Chasaus, Sgr de Mongevin, *alias* Montjuin, ép. le 7 janv. 1570 Miracle de Rieu, dont il eut :

IV. Jacques de Chasaus, Sgr de Mongevin, ép. le 3 mars 1612 Marie de Burine, dont il eut :

V. Louis de Chasaus, Sgr de Montgevin, ép. le 29 nov. 1646 Marie la Grevol, et fut maintenu dans sa noblesse par jugement souverain du 21 mars 1670 ; il eut pour fils : Claude, qui fit enregistrer ses armes dans l'*Armorial* de 1696.

153. CHATEAUNEUF-RANDON.

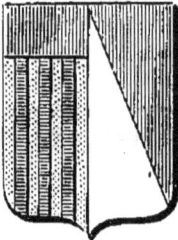

D'or à trois pals d'azur au chef de gueule ; parti de gueule, tranché d'argent, qui est de Tournel.

La maison de Châteauneuf-Randon est connue en Gévaudan, en Vivarais et dans les Cévennes depuis Guillaume de Châteauneuf, chevalier damoiseau vivant en 1050. Elle a fait plusieurs branches toutes illustres : 1° Les Sgrs de Tournel, marquis de Tournel, dont la généalogie va suivre, qui reconnaissent pour auteur Guigues Méchin de Châteauneuf, Sgr de Tournel, vivant en 1212 ; 2° les comtes d'Apchier, rapportés plus haut ; 3° les comtes de Barjac de Rochegude, également rapportés ; 4° les vicomtes puis ducs de Joyeuse, pairs de France, qui reconnaissent pour auteur Guy de Châteauneuf, vivant en 1198, dont la branche aînée s'éteignit dans la maison de Lorraine par le mariage de Henriette-Catherine, duchesse de Joyeuse, fille d'Henri, pair et maréchal de France, avec Charles de Lorraine, duc de Guise. Son petit-fils François-Joseph de Lorraine, duc d'Alençon, de Guise et de Joyeuse, pair de France, étant mort sans enfants le 16 mars 1675, cette pairie fut acquise par le prince d'Épinoy de la maison de Melun, et de nouveau érigée en duché-pairie sous le nom de Joyeuse, par lett. pat. d'oct. 1714. (P. ANSELME, III, 801. — LACH. DESB., IV, 304. — BURDIN, II, 310.) La filiation prouvée devant M. de Bezons commence à

I. Sigismond de Châteauneuf-Randon, comte de Saint-Rémézy, baron d'Allenc, ép. le 11 mars 1485 Gabrielle de Châteauneuf-Randon, sa cousine, héritière de la branche aînée des barons de Tournel, dont il eut : 1. Antoine qui suit ; 2. Jeanne, mariée en 1512 à Antoine d'Antin, marquis du Férails ; 3. Marguerite, mariée·le 5 mars 1514 avec Jean de Lescure, en Albigeois ; 4. Françoise, mariée le 7 nov. 1516 à François de Bruyères le Châtel, baron de Chalabre.

II. Antoine de Châteauneuf-Randon, baron de Tournel, ép. en 1519 Isabeau de Grimaldi de Monaco, dont il eut :

III. Jean-Gaspard de Châteauneuf-Randon, comte de Saint-Rémézy, baron de Tournel, en vertu de la substitution faite par Gabrielle, son aïeule, chevalier de l'ordre du Roi, commandant cinquante chevau-légers, ép. le 10 avril 1560 Magdeleine de Combret de Broquiés d'Arpajon, dont il eut :

IV. Alexandre de Châteauneuf-Randon, baron de Tournel et d'Allenc; comte de Saint-Rémézy, chev. de l'ordre du Roi, capit. de cinquante hommes d'armes, ép. 1° le 15 janv. 1593 Jeanne de Budos de Portes, sœur de la connétable de Montmorency, dont il n'eut pas d'enfants; 2° Anne de Narbonne Pelet, dont il eut : 1. Anne Guérin qui suit; 2. Charles, chev. de Malte 1625; 3. Magdeleine Jourdaine, mariée le 20 août 1620 à Charles de Carcassonne, Sgr de Soubès, Lugans et Pousols.

V. Anne, *alias* Antoine-Guérin de Châteauneuf-Randon, comte de Saint-Rémézy, marquis de Tournel et d'Allenc, chev. de l'ordre du Roi, mestre de camp, ép. le 9 sept. 1635 Anne de Cruzy de Marcillac, dont il eut plusieurs enfants, entre autres : 1. Sylvestre, mort sans postérité; 2. Anne qui suit; 3. Jacques-Timoléon, dont la fille Louise-Claude ép. le 31 déc. 1726 à Charles-Pierre de Molette de Morangiès. — Sylvestre et Alexandre, tous les deux morts sans postérité, produisirent pour leur maison, et furent maintenus dans leur noblesse par jugement souverain du 15 janv. 1671.

VI. Anne de Châteauneuf-Randon, comte de Châteauneuf-Randon, marquis de Tournel, Sgr de Saint-Étienne de Valdonnez, etc., capit. de cavalerie, ép. en 1697 Marie de la Roque du Mazel, dont il eut plusieurs enfants, entre autres :

VII. Guillaume de Châteauneuf-Randon, comte de Châteauneuf-Randon, marquis de Tournel et d'Allenc, Sgr de Saint-Étienne de Valdonnez, etc., chev. de Saint-Louis, capit. de cavalerie au régt de Clermont-Prince, ép. le 19 avril 1755 Paule de Launai, dont il eut : 1. Alexandre-Paul qui suit; 2. Pierre, vicomte de Châteauneuf-Randon.

VIII. Alexandre-Paul de Châteauneuf-Randon, marquis de Châteauneuf-Randon, ép. le 1er août 1780 Marguerite du Chastel, unique héritière du vicomte d'Apchier, tué à la bataille de Fontenoy, dont il eut : 1. Annet-Marie-Aldebert qui suit; 2. Catherine-Éléonore, mariée le 11 août 1807 au vicomte Charles-Amable de la Rochenégly.

IX. Annet-Marie-Aldebert de Châteauneuf-Randon, comte de Tournel, ép. en 1815 Élisabeth-Olive de Lestang de Fins, dont il eut : 1. Aldebert-Éléonore-Honoré, né le 4 juin 1818; 2. Adhémar, né le 30 nov. 1826; 3. Espérance; 4. Mathilde.

154. CHASTEL.

De gueule à la tour d'argent donjonnée et maçonnée de sable, surmontée d'un croissant d'argent.

I. Jean de Chastel, vivant en 1363, eut pour enfants : 1. Guillaume qui suit ; 2. Jean ; 3. Anne, mariée à Jean de Pousoles ; 4. Isabelle.

II. Guillaume de Chastel Dousct, Sgr de Châteaufort, ép. le 8 juin 1432 Aiceline d'Esparron, et il en eut : 1. Antoine qui suit ; 2. Jean, marié à Hélix d'Apchier, dont la postérité sera rapportée au n° 156.

III. Antoine de Chastel, Sgr de Condres, eut pour fils :

IV. Antoine de Chastel, Sgr de Condres, ép. en 1480 Claude de Sinselles, et il en eut : 1. Antoine qui suit ; 2. Henri, dont la posterité sera rapportée au n° 155.

V. Antoine de Chastel, écuyer, Sgr de Condres, ép. le 12 janv. 1516 Antoinette de Banne, et il en eut : 1. Louis qui suit ; 2. François.

VI. Louis de Chastel, écuyer, Sgr de Condres, ép. le 23 avril 1551 Gabrielle de Lagnac de Murat, dont il eut :

VII. Guillaume de Chastel, Sgr de Condres, ép. le 3 mars 1583 Hélène de Fay de la Tour, dont il eut :

VIII. Nicolas de Chastel, Sgr de Condres, Aurous, le Celier, Gevaudan, Feuletin, Arsen et Montels, au D. de Mende, capit. d'inf. au régt de Lestrange 1622, ép. le 15 oct. 1624 Louise de Molette de Morangiés, et il en eut :

IX. Christophe de Chastel, Sgr de Bellisande, Châteauneuf, le Monestier, D. du Puy, ép. le 9 juin 1653 Louise de Chastel, fille de Claude de Chastel, Sgr de Châteauneuf, et fut maintenu dans sa noblesse avec son frère par jugement souverain du 3 fév. 1671 ; il eut de son mariage, entre autres enfants : Marie-Élisabeth, mariée le 1er janv. 1697 à Joachim de Pierre de Bernis, et mère du cardinal.

155. CHASTEL.

Mêmes armes.

I. Antoine de Chastel, Sgr de Condres, fut père de

II. Antoine de Chastel, Sgr de Condres, ép. en 1480 Claude de Sinselles, et il en eut : 1. Antoine; 2. et

III. Henri de Chastel, Sgr de Condres, co-Sgr de Naves et de Brés, ép. le 29 août 1529 Marguerite Fraissinet, dont il eut :

IV. Pierre de Chastel, Sgr de Châteauneuf, ép. Gabrielle de Poulalhon, dont il eut :

V. Pierre de Chastel, Sgr de Brés, ép. le 23 sept. 1569 Françoise Courtavol, *alias* de Custavol, et il en eut : ·

VI. Antoine de Chastel, fut père de

VII. Antoine de Chastel de Landos, Sgr et baron de Châteauneuf, ép. le 9 janv. 1611 Hélène de Maurin, dame de Châteauneuf, et il en eut :

VIII. Claude de Chastel, Sgr et baron de Châteauneuf, ép. le 23 oct. 1633 Marie des Gois, et il en eut : Louise de Chastel, mariée le 9 juin 1653 à Christophe de Chastel. Cette alliance réunit deux branches d'une même famille, séparées depuis 1529.

156. CHASTEL.

Mêmes armes.

I. Guillaume de Chastel, Sgr de Beauretrait, ép. le 8 juin 1432 Aiceline d'Esparron, et il en eut : 1. Antoine ; 2. et

II. Jean de Chastel, Sgr de Beauretrait, ép. le 31 mai 1462 Hélix d'Apchier, et il en eut : 1. Antoine qui suit; 2. Jean ; 3. Claude.·

III. Antoine de Chastel, Sgr de Beauretrait, ép. le 15 janv. 1513 Catherine de Chaussines, dont il eut :

IV. Claude de Chastel, Sgr de Servières, fut père de

V. Claude de Chastel, Sgr de Servières, ép. le 31 août 1594 Blanche de Sevisoul, dont il eut :

VI. Jean de Chastel, Sgr de Servières, y demeurant D. de Mende, ép. le 12 nov. 1639 Marguerite de Langlade, et fut maintenu dans sa noblesse par jugement souverain du 7 nov. 1669.

157. CHAVAGNAC.

D'argent à l'aigle éployé de sable becqué et membré de gueule.

Chavagnac, en Auvergne, est une Sgrie importante, érigée en marquisat en 1720, qui a donné son nom à une maison ancienne et illustre dès le XIIIᵉ siècle. Les branches de cette maison étaient nombreuses et ont donné plusieurs maréchaux de camp, lieutenants généraux, chefs d'escadre, et gentilshommes de la chambre de nos rois. (MORÉRI, III, 576. — LACH. DESB., IV, 381.) Nous n'avons pas trouvé la jonction de la branche qui va suivre avec celles de l'Auvergne, mais sa haute position en Gévaudan, l'importance de ses alliances à la proximité des Sgries possédées par les deux familles, nous donnent lieu de penser que les Chavagnac de Gévaudan étaient une branche puînée des Chavagnac de l'Auvergne. Quoi qu'il en soit, ils prouvèrent leur filiation devant M. de Bezons, depuis :

I. Antoine de Chavagnac, écuyer, Sgr de Coursac et de Condilhac, co-Sgr de la baronnie de Tournel, ép. le 12 fév. 1556 Louise de Cardaillac, et en eut :

II. Jean de Chavagnac, Sgr de Monthioulous, baron de Tournel, ép. le 1ᵉʳ juin 1604 Claude de la Fare, et il en eut :

III. Jacques-Guérin de Chavagnac, Sgr de Monthioulous, baron de Tournel, D. de Mende, ép. Charlotte d'Apchier et fut père de

IV. Philibert de Chavagnac, ép. Françoise de Planque, et il en eut :

V. Pierre de Chavagnac, maintenu dans sa noblesse avec son père par jugement souverain du 13 janv. 1670.

158. CHAUME.

D'argent à une fasce d'or chargée de trois étoiles de gueule accompagné de trois glands de chêne de sinople.

I. François de Chaume, t. le 23 nov. 1535, fut père de

II. Guillaume de Chaume, baron d'Aumelas, héritier de Dominique de Narbonne, Sgr de Poussan le 10 juillet 1555, avait ép. le 22 nov. 1544 Marguerite de Barrière, dont il eut : 1. Guillaume qui suit ; 2. Isabeau de Chaume, mariée le 10 janv. 1560 à Jean Liebel, Sgr de Carescausses.

III. Guillaume de Chaume, ép. Françoise de Bucelly, dont il eut :

IV. Phelice de Chaume, Sgr de Poussan, ép. le 25 janv. 1625 Jeanne Germain, et fut maintenu dans sa noblesse par jugement souverain du 24 nov. 1668.

159. CHEFDEBIEN.

D'azur à la fasce d'argent accompagnée en chef d'un lion passant d'or armé et lampassé de gueule, et en pointe d'un lion passant contourné de même. DEVISE : *Penn-mad : mè a veso atau penn ; gand ar veztuz.*

La maison de Chefdebien est originaire du Poitou. Elle possédait dans cette province, vers la fin du XVe siècle, la seigneurie de Pamparé et la baronnie de Chavenay. Une branche de cette maison, restée en Poitou, s'éteignit en la personne de Marie-Renée de Chefdebien, qui ép. François Myron, général des finances en Bretagne. La fille unique qui naquit de cette union, Marie, ép. Claude Gouffier, fils du grand écuyer de France. (P. ANSELME, V, 613.) La branche aînée vint s'établir en Languedoc et y posséda la baronie de Puisserguier, et le vicomté d'Armissan au D. de Narbonne. Cette branche a donné deux présidents à la cour des aides de Montpellier, 1580, 1613; deux gentilshommes de la chambre du roi, 1630, 1651, et des officiers distingués. (LACH. DESB., IV, 418.) Elle a hérité par mariage, en 1790, des noms et armes des Zagarriga d'Espagne établis en Roussillon.

I. Robert de Chefdebien, Sgr de Chavenay, de Pamparé, en Poitou, ép. Mathurine Le Moyne, et il en eut :

II. Charles de Chefdebien, baron de Chavenay, Sgr de Pamparé, ép. le 25 déc. 1542 Martine de Noyelles, dont il eut :

III. René de Chefdebien, Sgr et baron de Chavenay, acquit en Languedoc la baronnie de Puisserguier et la seigneurie d'Armissan ; il ép. le 27 oct. 1574 Marguerite de Bandinel, dont il eut :

IV. Jean-François de Chefdebien, Sgr d'Armissan, gentilhomme ordinaire de la chambre du roi, ép. le 1er sept. 1622 Marguerite de Vieu, dont il eut : 1. Henri-René qui suit; 2. Étienne, mestre de camp de cavalerie; 3. Gilbert, qui a fait la Br. B.; 4. César : maintenus dans leur noblesse avec leur neveu par jugement souverain du 14 janv. 1669.

V. Henri-René de Chefdebien, vicomte d'Armissan par lett. pat. du mois de déc. 1651, « en récompense de ses services militaires et de ceux de ses prédécesseurs, notamment de Jean-François, son père, » gentilhomme ordinaire de la chambre du roi 1651, ép. 1° le 1er octobre 1651 Anne-Marie Delon, *alias* de Lom; 2° le 3 juin 1656 Isabeau de Reboul ; il eut de son premier mariage : 1. Joseph-Henri-René, mort sans postérité; et du second, 2. Blanche, alliée en 1686 à Louis de Chambert; 3. et

VI. Jean-François de Chefdebien, vicomte d'Armissan, chev. de Saint-Louis, ép. en 1700 Anne-Louise de Chefdebien, sa cousine, dont il eut : 1. Marie-Thérèse, alliée à Antoine de Ponte, comte d'Albaret.

Br. B. V. Gilbert de Chefdebien, Sgr de l'Haute, capit. de chevau-légers 1672, ép. le 31 juillet 1677 Marie-Isabeau d'Auderic d'Alcoynes de Lastours, dont il eut : 1. Anne-Louise, mariée à Jean-François de Chefdebien, son cousin; 2. et

VI. Jean-François de Chefdebien, Sgr de l'Haute, lieut. au régt de Piémont 1701, ép. le 16 fév. 1711 Marie-Marguerite de Chambert, dont il eut : 1. Jean-Louis, capit. de grenadiers au régt de Piémont, tué à Rosbach 1757 ; 2. et

VII. François-Anne de Chefdebien, vicomte d'Armissan par l'extinction de la branche aînée , qualifié baron de l'Haute, Sgr de Bisanet, de Saint-Amans, du Villar de Fargue, co-Sgr de Narbonne, de Moussan et de Cuxac, capit. d'infant. au régt de Piémont, chev. de Saint-Louis, chef de division des canonniers gardes-côtes de Narbonne, ép. en 1758 Gabrielle de Solas, dont il eut : 1. François-Marie qui suit ; 2. Paul-Anne , chev. de Malte, capit. au régt d'Anjou, chev. de Saint-Louis ; 3. François-René, page du grand maître de Malte ; 4. François-Guillaume, capit. des vaisseaux du roi, chev. de Saint-Louis ; 5. Louis-Gabriel, commissaire-ordonnateur des armées de l'empire 1812-1815.

VIII. François-Marie de Chefdebien, vicomte d'Armissan, baron de Zagarriga, colonel de chasseurs au service de l'ordre de Malte, commissaire du roi dans le dépt de l'Aude 1790, ép. le 8 mai 1792 Eulalie de Zagarriga, héritière du nom et des armes des barons de Zagarriga, par actes des 23 mars 1796 et 11 février 1797 ; il eut de ce mariage : 1. Roch qui suit ; 2. et Paul qui a fait la Br. C.

IX. Roch de Chefdebien, vicomte d'Armissan, magistrat démissionnaire en 1830 par refus de serment, avait ép. le 19 août 1828 Élisa de Raynaud, et il en eut : 1. François-Marie ; 2. Gabrielle.

Br. C. IX. Paul, baron de Chefdebien de Zagarriga, entra dans la marine royale en 1817 et donna sa démission en 1830 ; il ép. le 11 juin 1833 Marie-Antoinette-Henriette de Richard de Gaix, dont : 1. Fernand-Marie, né en 1836 ; 2. Coraly-Marie, alliée le 14 janv. 1852 à Paul de Lourdoueix ; 3. Eulalie, mariée à Joseph de Balanda.

160. CHEILAR, *alias* CHAILAR.

D'azur à la bande d'or chargée de trois billettes de gueule parti d'argent à cinq hermines de sable 3, et 2 surmontées d'un guidon d'azur émanché de même.

I. Amédée du Chailar, ép. le 14 fév. 1521 Catherine de Toulon, et il en eut :

II. Claude du Chailar, fut père de : 1. Louis ; 2. et de

III. Alexandre du Chailar, Sgr de Faugères, co-Sgr de Saint-Pons, en Vivarais, ép. en 1590 Suzanne d'Ussel, et il en eut : 1. Jacques qui suit; 2. Hector; 3. François; 4. Charles; 5. Antoine.

IV. Jacques du Chailar, Sgr d'Albignac, co-Sgr de Saint-Pons, ép. le 26 avril 1637 Minerve de Vesc, et il en eut : 1. Alexandre, Sgr de Colombier; 2. et

V. François du Chailar, Sgr d'Albignac, co-Sgr de Saint-Pons en Vivarais, ép. le 3 janv. 1665 Marie Blanchard, et fut maintenu dans sa noblesse avec son père par jugement souverain du 11 janvier 1669.

161. CLAVIÈRES.

De gueule à la main d'argent tenant deux faucons d'or longés de sable. La maison de Clavières est originaire du Vivarais. Par acte reçu à Tournon, Dorel notaire, le 29 déc. 1778, messire René-Jean-Antoine de Clavières, Sgr de Saint-Barthélemy, Saint-Romain et autres places, habitant pour lors la ville de Tournon; — sur le vu des titres et généalogie de sa maison, et sur le vu des titres qui lui ont été communiqués par messire Gabriel de Clavières, fils de messire François de Clavières de la ville de Lyon, — reconnaît que ledit messire François de Clavières descend en bonne, vraie et légitime lignée d'une branche cadette de ladite maison de Clavières. Nous donnons comme Br. B. la filiation des Clavières, de Lyon, à partir de François de Clavières, qui intervint dans l'acte du 29 déc. 1778.

I. Vital de Clavières, fut père de

II. Bernard de Clavières, écuyer, ép. le 30 août 1523 Jeanne Boussun, dite de Villeneuve, et il en eut : 1. François; 2. Antoine; 3. Anne qui suit; et 4. Louise mariée le 5 janvier 1566 à Pierre de Montagusat.

III. Anne de Clavières, ép. Antoinette de Truchet de Chambarlhac, et il en eut : 1. Nicolas qui suit; 2. Antoine, chev. de Malte 1605.

IV. Nicolas de Clavières, ép. le 2 août 1626 Cécile de Tourène, dont il eut : 1. Claude, Sgr de Clavières et de Martinas, ép. le 15 avril 1653 Gabrielle Champetières; 2. Just-Gabriel qui suit: maintenus dans leur noblesse par jugement souverain du 12 déc. 1668.

V. Just-Gabriel de Clavières, Sgr de Martinas, ép. le 13 juillet 1659 Anne du Besset, héritière de Saint-Romain de Valmordane, dont il eut : 1. Just-Antoine qui suit; 2. N... de Clavières, major au régt d'Auvergne.

VI. Just-Antoine de Clavières, appelé M. de Martinas, ép. Marguerite de Conches, dont il eut : 1. Antoine-François qui suit;

2. N... de Clavières, capit. au régt d'Auvergne, tué en Italie ; 3. N...
mariée à N... d'Audoyer.

VII. Antoine-François de Clavières, ép. Louise-Antoinette de
Suffise, dont il eut : 1. René-Jean-Antoine qui suit; 2. le chev. de
Clavières, mort capit. au régt de Bretagne; 3. César, ép. le 20 no-
vembre 1771 Magdeleine Poncet, veuve de Jean-Baptiste des
Champs; 4. N... de Clavières, mariée à Louis de Châtillon, lieut.
général des armées du roi.

VIII. René-Jean-Antoine de Clavières, ép. en 1770 Rose-Suzanne
Reymond de Suzeux, dont il eut : 1. Louis-Antoine-René qui suit ;
2. Thérèse-Françoise, ép. Jean-Joseph-Athanase-Marie du Rouchet
de Chazotte Carrière, officier de cavalerie.

IX. Louis-Antoine-René de Clavières, ép. en 1811 Françoise
Maleval, et mourut en février 1827, sans postérité.

Br. B. I. François de Clavières, écuyer, échevin de la ville de
Lyon, ép. le 13 juillet 1743 Marie-Gesse de Poisieux, dont il eut :
1. Gabriel qui suit : 2. Catherine, mariée le 10 mars 1772 à Honoré
Passerat de la Chapelle, major d'infanterie et chev. de Saint-Louis.

II. Gabriel de Clavières, Sgr de Jarnieux, ép. le 8 fév. 1779 Charlotte de Planhol, et il en eut: 1. François-Gabriel qui suit; 2. Anne-
Michel, ép. le 24 mai 1819 Françoise-Élisabeth du Bessey de
Contenson, dont il a deux filles : a. Françoise-Gabrielle, qui a ép.
le 5 janvier 1842 le vicomte de la Chapelle; b. Marie-Adélaïde, qui
a ép. le 12 fév. 1849 Gustave de la Vernette de Saint-Maurice.

III. François-Gabriel de Clavières, ép. le 18 juillet 1821 Char-
lotte-Élisabeth Audras de Béost; il a eu de ce mariage : 1. Charles-Mathieu qui suit; 2. Michel-Paul, qui a fait la Br. C.; 3. Ga-
brielle-Magdeleine-Noémi, ép. le 24 novembre 1846 Gustave-Jean-
Mathieu Chàstelain de Belleroche ; 4. Louise-Renée-Jeanne-Andrée,
ép. le 14 mai 1827 Fernand de Farconnet; 5. Sophie-Joséphine,
ép. Antoine de Corbon de Saint-Genest.

IV. Charles-Mathieu de Clavières, ép. le 8 mai 1855 Antoinette
de Mazenod ; de ce mariage : 1. René; 2. Gaston.

Br. C. IV. Michel-Paul de Clavières, ép. le 29 avril 1858 Agathe-
Léonie Cellard du Sordet.

162. CLAUSEL.

Au 1 d'argent au lion de sable chargé de besants d'or; au 2 d'azur à une louve passant portant une clochette bataillée de gueule; au 3 d'azur à trois filets d'argent posés en bande accompagnés de deux étoiles d'or à la bordure dentelée de gueule; au 4 d'argent à deux lions affrontés de sable soutenant une bague d'or à la bordure d'azur chargée de neuf fleurs de lis d'or, et
sur le tout de gueule au besant d'or accompagné de trois larmes d'argent 2 en chef, et 1 en
pointe.

I. Pierre de Clausel, conseiller du roi, président en la cour des
comptes, aides et finances de Montpellier 1602, eut pour enfants :
1. Guillaume qui suit; 2. Jean, Sgr de Saint-Sériés et de la Lauze,
ép. le 25 mai 1634 Marthe d'Hébrard.

II. Guillaume de Clausel, président en la cour des comptes de
Montpellier 1667, eut pour enfants : 1. Jean, Sgr de Fontfrède,
conseiller en la cour des comptes de Montpellier; 2. Louis, capit.
au régt de Piémont; 3. Guillaume, capit. dans le régt de Crussol:
maintenus dans leur noblesse avec leur oncle par jugement souverain du 31 oct. 1668.

163. CLAUSEL.

D'azur à la bande d'or avec une étoile de même en pointe et la bordure aussi d'or.

I. Guiraud de Clausel, fut père de

II. François de Clausel, ép. le 17 janv. 1518 Cécile Verras, et il
en eut :

III. Jacques de Clausel, Sgr d'Airoles, ép. le 7 sept. 1565 Segon-
dine d'Arnaud, dont il eut :

IV. Jacques de Clausel, Sgr d'Airoles, ép. le 30 sept. 1619
Jeanne Honorat, dont il eut :

V. Paul de Clausel, verrier, habitant du lieu d'Euzet, D. d'Uzès,
ép. le 12 fév. 1646 Isabeau N..., fut reçu en l'art de verrier en 1657,
et maintenu dans sa noblesse par jugement souverain du 13 janv.
1669.

164. CLERMONT-CHASTE.

De gueule à deux clefs d'argent en sautoir, qui est de Clermont, surmontées d'un écusson d'azur à la fleur de lis d'or, pour la branche de Chaste; et d'un croissant montant d'argent posé de même en chef pour la branche de la Bretonnière et Gessans.

La maison de Clermont-Chaste est une branche très-anciennement sortie de la puissante maison de Clermont en Dauphiné, aussi fameuse par son origine, par son mérite que par sa noblesse.

François de Chaste, qui paraît être l'auteur de cette branche, vivait l'an 1265. Artaud de Chaste descendit de lui, et eut de Françoise de Gex, sa femme, Imbert et Artaud, qui firent chacun une branche. D'Imbert sont venus ceux qui ont gardé sans changement le nom de Chaste; ils ont joué un rôle important dans les guerres religieuses du Velay; et d'Artaud, la branche établie en Vivarais, qui a pris le nom de la Bretonnière et de Gessans. Annet de Clermont-Chaste de Gessans a mérité d'être élevé à la grande maîtrise de l'ordre de Saint-Jean de Jérusalem 1660. La branche de Clermont-Chaste avait déjà donné un grand maréchal et plusieurs chevaliers de l'ordre. (CHORIER, III, 200. — ARNAUD, *Hist. du Velay.* — VERTOT, VII, 26. — P. ANSELME, VIII, 907. — LACH. DESB., IV, 609.)

I. Noble et puissant seigneur Charles de Chaste, Sgr de Gessans, ép. le 2 août 1490 Marguerite Alleman d'Uriage, et il en eut :

II. Jacques de Chaste, Sgr de Gessans, ép. Jeanne de Formerie, dont il eut : 1. Pierre; 2. Aimar qui suit; 3. Jacques; 4. Jean; 5. Magdeleine.

III. Aimar de Chaste, Sgr de Gessans et de la Bretonnière, capit. et gouv. du château de Briançon, chev. de l'ordre du Roi, ép. le 18 fév. 1574 Magdeleine de Clavaison, de l'ancienne maison de Clavaison en Dauphiné, et il en eut : 1. Bertrand qui suit; 2. Timoléon; 3. Louis; 4. Anne; 5. Sifrein.

IV. Bertrand de Chaste, Sgr de Gessans et de la Bretonnière, gouverneur de la ville et château de Valence, ép. le 9 nov. 1602 Jeanne Faure, et il en eut : 1. Charles qui suit; 2. François de Clermont Chaste de Gessans, chanoine de Saint-Pierre de Vienne; en lui finit la branche de Gessans; 3. Clémence de Clermont de Gessans, ép. 1° Pierre de Boissat, Sgr de Licieu et d'Avernais; 2° Pierre de Verdonnay, Sgr de Villeneuve-du-Marc.

V. Charles de Clermont de Chaste, Sgr de la Bretonnière, ép. le 1er janv. 1638 Anne Carron, et il en eut : 1. Louis-Joseph qui suit; 2. Annet-Charles, capit. des galères, chev. de Saint-Louis, gouv. de Salon.

VI. Louis-Joseph de Clermont-Chaste, Sgr de Gessans et de la Maison-Forte de la Bretonnière, maintenu dans sa noblesse par jugement souverain du 4 janv. 1671, ép. le 1er mai 1682 Françoise Boccon, et il en eut dix enfants, entre autres :

VII. Annet de Clermont-Chaste de Gessans, capit. d'infant. 1705, lieut.-colonel au régt de Tallard 1740.

Charles de Clermont de Chaste était sénéchal du Puy en 1621.

François-Alphonse de Clermont de Chaste, comte de Roussillon, sénéchal du Velay, ép. Claire de Morges, dame de Noyers, dont il eut :

Louis Annet de Clermont de Chaste de Roussillon, évêque, duc de Laon, pair de France 1694, mort en 1721.

165. CLUSET.

De gueule à la bande d'argent.

La maison de Cluset est originaire du Vivarais. Il y eut un arrêt de la cour des comptes de Montpellier entre Jacques de Cluset et les consuls de Saint-Julien la Brousse du 20 août 1636, où il est fait mention de plusieurs hommages rendus par Louis, Pierre et Gérenton de Cluset, du 5 juin 1551, 7 nov. 1489 et 1468. (Marquis d'Aubaïs, II, 165.)

I. Mathieu de Cluset fit une donation à son fils le 9 janv. 1538; il eut pour enfants : 1. Durand, marié le 15 oct. 1566 à Hélix Chatanie; 2. Louis qui suit; 3. Gabrielle, mariée le 23 nov. 1530 à Jacques Pascal.

II. Louis de Cluset, fut père de

III. Jacques de Cluset, Sgr d'Usanous, ép. le 15 oct. 1597 Cécile de Chambonnet, dont il eut : 1. René qui suit; 2. Pierre, Sgr de Vernes et Laûnier, marié à Jeanne la Pimpie.

IV. René de Cluset, Sgr d'Usanous, ép. le 9 mai 1644 Lucrèce Chalamon, et il en eut :

V. Jacques de Cluset, Sgr d'Usanous, y demeurant, D. de Vivers, maintenu dans sa noblesse, avec Pierre son oncle, Sgr de Vernes et Launier, par jugement souverain du 3 juill. 1669.

166. COLOMBET.

D'azur à la colombe d'argent onglée et becquée de gueule.

La maison de Colombet, originaire du Gévaudan, où elle est encore représentée de nos jours, fut maintenue dans sa noblesse par M. de Bezons, sur preuves, dont la plus ancienne était une obligation du 21 déc. 1534. (G. de Burdin, Doc. histor. sur le Gévaudan, II, 356.)

I. Antoine de Colombet, fut père de

II. Jean de Colombet, Sgr de la France, ép. le 6 juin 1546 Anne Brotin, dont il eut :

III. Antoine de Colombet, écuyer, Sgr de la France, capit. commandant pour le roi dans la ville de Langogne, ép. le 8 janv. 1577 Philippe Jeanis, et il en eut :

IV. Jacques de Colombet, Sgr de la Violette, ép. le 16 déc. 1600 Catherine Violon, dont il eut :

V. Étienne de Colombet, Sgr de Malmont, ép. le 5 sept. 1632 Claude de Blachère, et il en eut : .

VI. Jean de Colombet Sgr de Malmont, demeurant à Langogne, ép. le 24 fév. 1668 Gabrielle Basalger, et fut maintenu dans sa noblesse par jugement souverain du 5 nov. 1668.

167. COLONNA D'ORNANO...

Écartelé au 1 et 4 de gueule à la tour donjonnée d'or ; au 2 et 3 d'argent au lion de gueule ; au chef d'azur chargé d'une fleur de lis d'or (P. ANSELME, VII, 391) ; *alias* parti au 1 de gueule à une colonne d'argent surmontée d'une couronne d'or ; au 2 de gueule au château d'or à trois donjons et deux lions de gueule à la porte affrontés, armés et lampassés de même, surmontés d'une aigle impériale à deux têtes d'or. *Catal. des gentilsh. de Languedoc.*

La maison Colonna d'Ornano est une des plus anciennes de Corse ; elle descend des anciens comtes souverains de cette ile, et a fait plusieurs branches, dont une subsiste encore de nos jours. Elle a donné deux maréchaux de France et des officiers distingués, chevaliers des ordres du roi. Sampietro, dit Bastelica, ép. le 20 août 1528 Vanina d'Ornano, prit le nom de sa femme, et fit la branche des maréchaux, éteinte en 1674. (P. ANSELME, VII, 391.) Une autre branche de cette maison, venue en Vivarais, prouva sa filiation devant M. de Bezons, depuis Orland qui suit.

La maison de Colonna ou Colonne, qui avait pour armes : *de gueule à une colonne d'argent sommée sur son chapiteau d'une couronne d'or, les ornements sculptés de même,* était une des vingt premières familles d'Italie. Elle a été féconde en hommes illustres et divisée en plusieurs branches qui ont donné un pape à l'Église, Martin V, 1417, plusieurs cardinaux, dix grands connétables à Naples, un chevalier des ordres du roi en France 1675, et des grands d'Espagne. (P. ANSELME, IX, 210. — MORÉRI, III, 840. — IMHOF, *Geneal. viginti illustrium in Italia familiarum,* 217, 1710.)

I. Orland d'Ornano eut pour enfants : 1. Sébastien qui suit ; 2. 3. et deux autres enfants.

II. Sébastien de Colonna d'Ornano, tué à Jarso en Corse 1601, eut pour fils : 1. Brancassi, qui suit ; 2. Mario.

III. Brancassi d'Ornano, capitaine 1600, ép. le 15 mars 1600 Isabeau Bernard, et il en eut :

IV. Jean-George d'Ornano, ép. le 27 juill. 1634 Andrée de Monstiers, et il en eut : 1. Jean-Baptiste ; 2. Sébastien, demeurant à Aubenas ; 3. François ; 4. Joseph ; 5. autre Sébastien : maintenus dans leur noblesse par jugement souverain du 9 janvier 1669.

168. COMBES DE MONTAGUT.

D'or au chevron de sable.

I. Jean de Combes, écuyer, premier consul de Montpellier en 1558, baile pour le roi en cette ville, fut père de

II. Pierre de Combes, écuyer, premier consul de Montpellier, fut héritier de Nicolas de Combes, marié à Tiphaine de Roquefeuil, et d'Étienne de Combes, général à la cour des aides de Montpellier, tous les deux frères de son père; il ép. le 27 sept. 1559 Catherine de Trémolet, dont il eut :

III. Pierre de Combes, Sgr de Combas, premier consul de Montpellier en 1604 et 1607, ép. le 8 juill. 1604 Marguerite de Rochemore, et il en eut :

IV. Charles de Combes de Montagut, Sgr de Combas, chev. de l'ordre du Roi, premier consul de Montpellier en 1638 et 1662, avait ép. le 23 janv. 1637 Marie de la Vergne de Tressan; il fut maintenu dans sa noblesse par jugement souverain du 28 mars 1670.

169. COMBLADOUR, *alias* COUBLADOUR.

D'azur à trois hermines à visière baissée d'or 2 et 1.

I. Jacques de Combladour, Sgr et baron de Montréal, D. du Puy, ép. Catherine Maurin, dont il eut : 1. Hugues qui suit; 2. Jacques, qui a fait la Br. B.

II. Hugues de Combladour, Sgr et baron de Montréal, ép. le 25 août 1570 Hélix de Liques, dont il eut :

III. Jacques de Combladour, Sgr et baron de Montréal, ép. le 5 sept. 1604 Françoise le Maitre, et il en eut : 1. Jacques qui suit; 2. Hugues; 3. Marguerite.

IV. Jacques de Combladour, Sgr et baron de Montréal, ép. le 18 août 1630 Antoinette de Molette de Morangiès, dont il eut : 1. Just, qui suit; 2. Marguerite, mariée le 3 oct. 1662 à Jean le More de Lotoire.

V. Just de Combladour, Sgr et baron de Montréal, D. du Puy, fut maintenu dans sa noblesse par jugement souverain du 29 août 1669; il avait ép. le 9 juill. 1656 Isabeau du Pont de Mars; il eut de ce mariage :

VI. Hugues de Combladour, Sgr et baron de Montréal, qui de son mariage avec N... eut une fille unique :

VII. Marie-Magdeleine de Combladour, baronne de Montréal, mariée le 20 sept. 1731 à Claude de Faÿ-Solignac, auquel elle apporta la terre-baronie de Montréal.

Br. B. II. Jacques de Combladour, écuyer, ép. le 25 mai 1585 Françoise Marques, dont il eut :

III. Jean de Combladour de Montréal, avocat, ép. le 3 déc. 1642 Marie de Jacquet, dont il eut :

IV. Jacques de Combladour, avocat au Puy, ép. le 11 janv. 1664 Claudine Talon, et fut maintenu dans sa noblesse par jugement souverain du 29 août 1669.

170. COMBRES.

De sinople au chevron d'or accompagné de trois étoiles de même.

Le nom de cette famille est écrit *Combes* et *Combies*, au Catalogue des gentilshommes de Languedoc, D. du Puy.

I. François de Combres, Sgr de Bressolles, fut père de

II. Guillaume de Combres, Sgr de Bressolles, mentionné dans le testament de son père du 9 avril 1508, eut pour fils

III. Pierre de Combres, Sgr de Bressolles, ép. le 14 mai 1583 Louise de Fay, dont il eut :

IV. François de Combres, Sgr de Bressolles, ép. le 9 avril 1617 Catherine Bourbal, dont il eut :

V. Hector de Combres, Sgr du Mas, ép. Léonore de Cluset, dont il eut : 1. François ; 2. Claude ; 3. et Jean : maintenus dans leur noblesse par jugement souverain du 14 déc. 1668.

171. CONSEIL, *alias* CONCEIL.

D'or à trois corneilles de sable membrées et becquées de gueule 2 et 1.

La famille de Conceil descend, suivant la tradition domestique, des Concigli ou Cancelleri de la ville de Pistoie, célèbres dans l'histoire de Florence, dès le XIIIe siècle, par les divisions qu'ils causèrent dans la Toscane en y occasionnant la faction des Blancs et des Noirs en 1295. (MÉZE-RAY, *Abrégé chronolog.*) Simon Concigli ou Cancelleri, engagé dans le parti des Blancs, sur lesquels les Noirs avaient eu l'avantage, fut obligé d'abandonner sa patrie. Il se réfugia en France, comme dans l'asile des étrangers malheureux, et s'établit dans la ville d'Aigues-Mortes, port de mer alors assez fréquenté, 1320. Simon fut l'auteur des seigneurs de la Condamine établis en Languedoc. (PITHON-CURT, I, 372.)

I. Geoffroy de Conseil, ép. Magdeleine Maurel, dont il eut : 1. Franc-Albert, qui mourut sans alliance ; 2. et

II. François de Conseil, Sgr de Saint-Roman de l'Éguille, près Beaucaire, de la Condamine de Sommières et de Terre-Neuve en Languedoc, eut l'honneur de recevoir dans sa maison François Ier et Charles-Quint, le 14 juillet 1538, et fut nommé par les états généraux de Languedoc 1544, commissaire du roi pour l'assiette du diocèse d'Agde ; il ép. le 19 juillet 1540 Gabrielle de Cézelli, dont il eut, entre autres enfants : 1. François qui suit ; 2. Isabelle, mariée en 1567 à Pierre de la Volhe, premier président à la cour des comptes de Montpellier.

III. François de Conseil, Sgr de Saint-Roman, gentilhomme du parlement de Béziers du temps de la Ligue, ép. le 2 juin 1571 Jeanne de Toussain, dont il eut : 1. Jean, qui a fait la branche de Provence rapportée dans Pithon-Curt ; 2. et

IV. François de Conseil, Sgr de Saint-Roman et la Condamine, premier consul d'Aigues-Mortes 1621, ép. le 4 déc. 1604 Marquise Adalbert, dont il eut : 1. François qui suit ; 2. Jean, chanoine d'Aigues-Mortes.

V. François de Conseil, Sgr de la Condamine, ép. le 29 août 1645 Suzanne d'Engarran, dont il eut : 1. Louis-Jules qui suit ; 2. Jean ; 3. Marie, alliée en 1667 à Robert de Patras de Campagnol. Il fut maintenu dans sa noblesse avec ses enfants par jugement souverain du 16 déc. 1670.

VI. Louis-Jules de Conseil, Sgr de la Condamine, servit dans les guerres de Guyenne avec la noblesse de sa province 1690 ; il ép. le 14 nov. 1693 Gervaise Eustache, dont il eut :

VII. François de Conseil, ép. le 27 juillet 1721 Jeanne-Élisabeth de Monard.

172. CONTE DE TAURIERS.

D'azur au soleil d'or, au chef cousu de gueule chargé de trois étoiles d'or.

I. Claude de Conte, vivant en 1490, fut père de Jean, et de

II. Jacques de Conte, ép. Gabrielle Coulens, et il en eut : 1. Mathieu qui suit ; 2. Claude ; 3. Delphine ; 4. Claude ; 5. Isabeau ; 6. Charlotte, mariée le 4 janvier 1546 à Pierre de Raimond.

III. Mathieu de Conte, ép. Thermine Arnaud, dont il eut :

IV. Louis de Conte, ép. av. le 22 mars 1642 N.... Bompara, dont il eut :

V. Louis de Conte, docteur et avocat, demeurant à Largentière, D. de Viviers, maintenu dans sa noblesse par jugement souverain du 21 mars 1670, fut père de

VI. Louis de Conte, Sgr de Tauriers, capit. d'infant., gouv. pour le roi de la ville de Largentière, ép. Isabeau de Blou, dont il eut:

VII. Louis de Conte, Sgr de Tauriers, capit. de cavalerie, gentilhomme de la chambre du duc d'Orléans, ép. Blanche de Rocher, dont il eut:

VIII. Louis-Joseph de Conte de Tauriers, Sgr de Coulens et Chalabrèges, sieur d'Aubusson, gouverneur pour le roi de la ville de Joyeuse, ép. le 23 nov. 1713 Catherine de la Baume, dont il eut: 1. Jean-Louis qui suit; 2. Louis, chev. de Saint-Louis, maréchal de camp; 3. Henri-Joseph, chev. de Saint-Louis, maréchal de camp; 4. Gabrielle, mariée à Joseph de Gigord, Sgr de Nojaret, commandant au duché de Joyeuse.

IX. Jean-Louis de Conte de Tauriers, grand bailli, commandant pour le roi au duché de Joyeuse, capit. d'infant. au régt de Rohan-Rochefort, chev. de Saint-Louis, porteur de la procuration de l'archevêque de Narbonne aux états de Languedoc de 1756 pour la baronie de Joyeuse; ép. le 17 juin 1749 Louise de la Baume, dont deux filles.

173. COUDERC.

Écartelé au 1 et 4 d'azur au lion d'argent; au 2 et 3 de gueule au lévrier d'argent.

I. Jean Couderc, Sgr d'Aulignac, fut père de

II. Bernard Couderc, Sgr d'Aulignac, ép. le 23 juillet 1533 Catherine de Niort, dont il eut:

III. Jean-François Couderc, Sgr de la Prade, ép. le 5 août 1583 Catherine Casalets, dont il eut:

IV. Jean-François Couderc, Sgr de la Prade, ép. le 16 fév. 1609 Jeanne Regis, dont il eut:

V. Jean-François Couderc, Sgr de la Prade, major de Narbonne 1655, avait ép. le 21 sept. 1642 Isabeau de Belissens, dont il eut:

VI. Louis Couderc, Sgr de Pechmaron, maintenu dans sa noblesse par jugement souverain du 30 juin 1669.

174. COUDURC.

I. Jean Coudurc, écuyer, t. le 10 déc. 1525, fut père de

II. Barthélemy Coudurc, écuyer, eut pour fils

III. Bernardin Coudurc, ép. le 7 fév. 1550 Louise de Cubières, et il en eut :

IV. Philippe Coudurc, conseiller du roi en ses conseils 1646, t. le 4 juillet 1654 et fut père de

V. Louis Coudurc, Sgr de Cauvels, capit. de cavalerie 1651, gentilhomme ordinaire de la chambre du roi 1660, demeurant au Vigan, D. de Nîmes, fut maintenu dans sa noblesse par jugement souverain du 27 nov. 1670.

175. COURSAC DE PELET.

D'azur à la bande d'or chargée de trois étoiles de gueule accompagnée en chef d'un lion d'or armé et lampassé de gueule.

I. Jean de Coursac fut père de

II. Bertrand de Coursac, Sgr de Saint-Clément, ép. le 26 août 1460 Marguerite Salemande, et il en eut

III. Armand de Coursac, damoiseau, Sgr de Gremian, ép. en 1485 Jeanne Noguier, et il en eut : 1. François qui suit ; 2. Milon.

IV. François de Coursac, eut pour enfants : 1. Gaspard qui suit ; 2. Milon, qui eut une fille nommée Andrive.

V. Gaspard de Coursac, écuyer, Sgr de Gremian, ép. Jeanne de Pelet, dont il eut :

VI. Guillaume de Coursac, Sgr de Gremian, ép. Anne de Malcouron, dont il eut :

VII. Jacques de Coursac de Pelet, Sgr de Gremian et Jalargues ; il ép. le 3 oct. 1617 Françoise de Bossuges, dont il eut : 1. Jacques, Sgr de Gremian, y demeurant, près de Cournonterrail ; 2. Guillaume, Sgr de Jalargues : maintenus dans leur noblesse par jugement souverain du 18 sept. 1669.

176. COURSULE.

Écartelé d'azur et d'argent.

I. Philippe Coursule, écuyer, fut père de

II. Louis Coursule, écuyer, Sgr de Saint-Remy, porte-enseigne du maréchal d'Annebant 1547, eut pour enfants : 1. Jacques qui suit ; 2. Louis, gentilhomme ordinaire de la chambre du roi ; 3. Vincent.

III. Jacques Coursule eut pour enfants : 1. Claude qui suit ; 2. Renée.

IV. Claude Coursule, Sgr de Saint-Remy, fut père de

V. Georges Coursule, baron de Saint-Remy et Saint-Hilaire le Bois, ép. le 14 mai 1626 Françoise de Guilhem, dont il eut :

VI. Henri Coursule, demeurant à Aimargues, D. de Nîmes, maintenu dans sa noblesse avec son père par jugement souverain du 24 sept. 1669.

177. COUTELIER.

I. Claude Coutelier fut père de

II. Simon Coutelier, Sgr de Peiremales, ép. le 21 janv. 1559 Jeanne de Langlade, dont il eut :

III. André Coutelier de Peiremales, Sgr de Dieusse, conseiller du roi, lieut. particulier au sénéchal de Nîmes, ép. le 2 août 1599 Marguerite Fontanon, dont il eut : 1. Balthazar, Sgr de Peiremales, conseiller du roi en la sénéchaussée de Nîmes ; 2. Antoine, Sgr de Dieusse, demeurant à Nîmes : maintenus dans leur noblesse par jugement souverain du 7 juin 1671.

178. CUBIÈRES.

De gueule à l'étoile d'or, parti d'azur au griffon rampant d'or, armé, lampassé et vilainé d'argent ; aliás de gueule au lion d'or affronté à un pal de pourpre chargé d'une étoile de sable.

Cette famille, originaire du diocèse d'Uzès, descend de Hugues de Cubières vivant en 1269 ; Artaud son fils ép. Isabelle de Cadoine. Hugues, vivant en 1369, ép. Jeanne d'Adhémard, et il en eut : François, marié à Gillette de Blou. Jean de Cubières, petit-fils de François, ép. Louise de Brison (LACH. DESB., VI, 410), et il en eut

I. Jean de Cubières, Sgr de Cheilar et de Pousilhac, dénombra le 6 mars 1539, se présenta aux ban et arrière-ban la même année ; il ép. Marguerite de Malbuisson, dont il eut : 1. Claude qui suit ; 2. Guillaume ; 3. et Jean.

II. Claude de Cubières, écuyer, Sgr de Pousilhac, ép. le 29 nov. 1540 Catherine de Sarrat de Bernis, dont il eut :

III. Louis de Cubières, Sgr de Pousilhac, ép. Douce Rispe, et il en eut : 1. Pierre qui suit ; 2. Jean-Jacques, qui a fait la Br. B.

IV. Pierre de Cubières, Sgr de Pousilhac, ép. le 8 déc. 1632 Marguerite Robert, et il en eut :

V. Daniel de Cubières, maintenu dans sa noblesse par jugement souverain du 31 janv. 1669.

Br. B. IV. Jean-Jacques de Cubières, ép. le 2 mai 1630 Catherine de Rolland, et il en eut : 1. François qui suit ; 2. Jean-Baptiste : maintenus dans leur noblesse par jugement souverain du 31 janv. 1669.

V. François de Cubières, ép. Marthe de Vaux de Saint-Victor, et il en eut :

VI. Simon de Cubières, vivant en 1680, ép. Jeanne de Puech, dont il eut

VII. Jean-Louis de Cubières, ép. Christine de Freidier, et il en eut :

VIII. Pierre-Simon-Louis de Cubières, né en 1748, page du roi, écuyer cavalcadour de Mgr le Dauphin 1772.

179. CUSSON.

D'azur à la fasce d'or accompagnée de trois colonnes d'argent, deux en chef ; une en pointe.

I. Pierre de Cusson fut père de

II. Jean de Cusson, Sgr de la Valette, ép. le 10 juin 1542 Marguerite Cubletes.

III. Arnaud de Cusson, capitaine, ép. le 3 mai 1574 Claire des Rois ; il avait un frère, Annet de Cusson, écuyer, chevalier de l'ordre du Roi, gentilhomme ordinaire de sa chambre, lieutenant pour le roi au Havre de Grâce, Sgr de Fontaine, Ledun et Tonneville.

IV. Balthazar de Cusson, Sgr de la Valette, gentilhomme ordinaire de M. le duc d'Orléans, ép. le 5 fév. 1619 Magdeleine Gomon, dont il eut :

V. Jean de Cusson, baron de Bausac, Sgr de la Roux, D. du Puy.

capitaine au régt de Polignac par la démission de son père 1637, ép. le 22 avril 1646 Justine Pastural, et fut maintenu dans sa noblesse par jugement souverain du 24 déc. 1668.

180. CUSTAVOL, *alias* COSTEVEL.

I. Jacques de Custavol, Sgr de la Tour, de Tressac et de Cussac, ép. le 29 août 1561 Marguerite Bringuier, dont il eut :

II. Hugues de Custavol, Sgr de la Valette, ép. le 18 janv. 1616 Françoise Saunier, et il en eut :

III. Hugues de Custavol, Sgr de la Valette, Ebde et Saint-Didier, D. du Puy, demeurant en son château d'Ebde, ép: le 25 juill. 1658 Anne de Pontaud, et fut maintenu dans sa noblesse par jugement souverain du 15 janv. 1671.

181. DABBAN, *alias* D'ABAN.

D'argent à la fasce d'azur chargée de trois fleurs de lis d'or.

La maison d'Aban ou Dabban, aujourd'hui éteinte, reçut la terre de Moux de Simon de Montfort lors de la croisade en 1210. Cette maison a possédé, outre la baronie de Moux, les seigneuries de Montgaillard, Grefeilh, Soulatgé, Clermont-sur-Lauquet, Saint-Pierre des Champs, Roquenégade, au diocèse de Narbonne; Rieux, Pradelles et la Bastide-en-Val dans la Val de Daigne, au diocèse de Carcassonne. Basville la compte en 1698 parmi les plus anciennes du diocèse de Narbonne. (MAHUL, *Cartul. de Carcassonne*, I, 361.)

I. François d'Aban, Sgr et baron de Moux, vivant en 1515, fut père de

II. Martin d'Aban, Sgr et baron de Moux, ép. Hélène d'Aban, dont il eut :

III. Anne d'Aban, Sgr et baron de Moux, ép. le 22 août 1594 Delphine de Montfaucon, et il en eut : 1. Françoise qui suit; 2. Jean-François, chevalier de Moux, marié le 6 fév. 1666 à Antoinette Gardichon; 3. Pierre, Sgr de Larie et Bourisoles, fit une donation le 24 août 1666 à son fils, qui fut Charles d'Aban.

IV. François d'Aban, Sgr et baron de Moux, ép. le 5 avril 1651 Claude de Cassagnes, et il en eut :

V. François d'Aban de Moux, maintenu dans sa noblesse avec son père et ses oncles Pierre et Jean-François, par jugement souverain du 3 janv. 1670.

182. DAMPMARTIN.

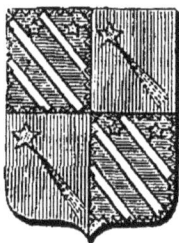

Au 1 et 4 d'azur à trois bandes d'argent accompagnées de deux étoiles d'or en chef, à la bordure dentelée de même ; au 2 et 3 de gueule à l'étoile chevelue d'or ; *alias* contre-écartelé au 1 et 4 d'or à l'arbre de si-. nople au 2 et 3 de gueule au lion d'or.

Famille de robe originaire de Toulouse. Pierre de Dampmartin, qui s'établit à Montpellier, ép. Yolande des Urcières, fille de Jean des Urcières, gouverneur de la justice de Montpellier ; il fut par sa femme gouverneur de la justice de Montpellier à la mort de son beau-père. (Marquis D'AUBAÏS, II, 39.)

I. Guillaume de Dampmartin, co-Sgr de Saint-Jory, lieut. clerc en la sénéchaussée de Toulouse, fut capitoul de cette ville en 1537 et 1560 ; il eut pour enfants : 1. Guillaume ; 2. Antoine, Sgr de Montmaur ; 3. et

II. Pierre de Dampmartin, procureur général du duc d'Anjou, gouverneur de Montpellier 1586, ép. Yolande des Urcières, et il en eut : 1. Hercule qui suit ; 2. Jacques ; 3. Théophile, qui a fait la Br. B.

III. Hercule de Dampmartin, Sgr de la Boissière, ép. Jacquette Jarlier, dont il eut :

IV. Jean de Dampmartin, conseiller en la cour des comptes de Montpellier, ép. le 25 fév. 1668 Marguerite du Bousquet de Montlaur ; il fut maintenu dans sa noblesse par jugement souverain du 10 nov. 1668 ; il eut de son mariage :

V. Joseph de Dampmartin, Sgr de Saint-Hilaire.

Br. B. III. Théophile de Dampmartin, Sgr de la Salade, ép. le 27 déc. 1622 Magdeleine Maseran, dont il eut : 1. Pierre qui suit ; 2. autre Pierre, *alias* Louis : maintenus dans leur noblesse par jugement souverain du 12 déc. 1668.

IV. Pierre de Dampmartin, Sgr de la Salade, ép. le 2 avril 1652 Jeanne de Pélissier, et il en eut : 1. Jean qui suit ; 2. Étienne, conseiller à la cour des comptes, aides et finances de Montpellier, ép. N... de Boulhac, et mourut sans enfants ; 3. N... mariée à N... d'Autrivay, trésorier de France à Montpellier, dont la fille, Marguerite, ép. le 31 déc. 1726 Jean Roch de Cabot de Collorgues, président trésorier de France en la généralité de Montpellier.

V. Jean de Dampmartin, substitua dans ses biens, noms et armes, Jean-Antoine de Cabot, son petit-neveu, qui fut mis en possession desdits biens, titres, papiers et domaines de la maison de Damp-

martin, son père faisant pour lui, par arrêts du parlement de Toulouse du 9 sept. 1743 et du 22 août 1744. (*Archiv. de Toulouse.*)

VI. Jean-Antoine de Cabot de Dampmartin, capit. d'infant. au
régt de Limousin, commandant la ville d'Uzès, ép. en 1752 Jeanne
de Venant d'Ivergny, dont il eut :

VII. Anne-Henri de Cabot, fait vicomte de Dampmartin sous la
Restauration, maréchal de camp, avait ép. en 1786 Geneviève Bi-
gnan, dont il eut : 1. Jean-Antoine-Tancrède qui suit ; 2. Fanny.

VIII. Jean-Antoine-Tancrède de Cabot, vicomte de Dampmartin,
maire d'Uzès, ép. N... de Mérignargues, dont il eut : 1. Anatole qui
suit ; 2. Herminie ; 3. Gabrielle.

IX. Anatole de Cabot, vicomte de Dampmartin, ép. le 24 avril
1854 Marie de Besenval.

183. DARSSE.

De gueule au lion d'or armé et lampassé de même soutenant un sautoir d'argent.

I. Jean Darsse, Sgr de Caunes, Co-Sgr de Cascastel, partagea le
9 janv. 1518 les biens de son père avec ses frères Pierre, Antoine
et Philippe ; il ép. le 14 mars 1545 Jeanne Rabot, dont il eut :
1. Pierre qui suit ; 2. François, qui a fait la Br. B.

II. Pierre Darsse, Sgr dudit lieu, co-Sgr de Cascastel, ép. Marguerite de Grave, et il en eut :

III. François Darsse, Sgr de Castelmaure, ép. 1° le 26 fév. 1584
Guiraude de Hautpoul ; 2° Florette de Vias ; il eut pour enfants :
1. Guillaume qui suit ; 2. Jean, Sgr d'Ambres, ép. le 6 oct. 1641
Jeanne de Sainte-Colombe, et fut maintenu dans sa noblesse par
jugement souverain du 29 août 1669.

IV. Guillaume Darsse, Sgr de Castelmaure, Combes, Saint-Jean
de Barron, Ortous, Cascastel, Villeneuve, Rouffiac, Pécherie et
Darsse, ép. Marguerite Vergnole, dont il eut :

V. François Darsse, Sgr de Cascastel, ép. le 22 août 1649 Antoinette de Maireville, et il en eut : 1. François ; 2. Barthélemy : maintenus dans leur noblesse avec leur père par jugement souverain
du 29 août 1669.

Br. B. II. François Darsse, écuyer, Sgr de Segure, ép. le 13 août
1551 Jeanne de Mage, dont il eut : 1. Jean-François qui fut, ou son
frère Hector, capitaine et lieutenant-colonel d'infanterie 1585 ; 2. et

III. Hector Darsse, Sgr et baron de Belcastel, Vila et Moussan, ép. le 9 mai 1593 Jeanne de Maireville, dont il eut :

IV. François Darsse, Sgr de Cascastel, ép. vers 1625 Perrette de Saint-Jean, et il en eut :

V. François Darsse, Sgr de Vila, ép. le 17 avril 1655 Isabeau de Maguelonne, et fut maintenu dans sa noblesse par jugement souverain du 29 août 1669.

Henri Darsse rendit hommage le 1er août 1722 pour les Sgries de Cascastel, Villeneuve, Rouffia, Rieugrand, au D. de Narbonne.

184. DAVID.

D'azur à la croix ancrée d'or.

Cette famille est originaire du pays Chartrain. Jacques David, natif de Chartres, fit son testament le 10 sept. 1524, et institua pour son héritier Jacques David, son filleul et son neveu. Celui-ci donna à son frère Antoine les biens qu'il avait au diocèse de Chartres, à la charge que ses enfants y allant seront entretenus durant un mois de dix en dix ans. (Marquis D'AUBAÏS, II, 184.) Jacques était frère de

I. Jean David, eut pour enfants : 1. Jacques qui suit; 2. Antoine.

II. Jacques David, Sgr de Montferrier, premier consul de Montpellier, député aux états de Languedoc en 1560, acquit de Jean de Guilhem, Sgr de Figaret, les Sgries du Vila, Combes, Combaillaux, ép. 1° le 26 nov. 1549 Françoise Mathei; 2° le 18 fév. 1568 Marguerite de Trinquaire; il eut pour enfants :

III. Pierre David, Sgr du Vila, Montferrier, la Boissière et Saint-George, conseiller du roi, ci-devant lieutenant général en la sénéchaussée de Montpellier 1598; il ép. Catherine de Perdrier de Maurilhan, dont il eut :

IV. Charles David, Sgr du Vila et de Combes, demeurant à Montpellier, fut maintenu dans sa noblesse par jugement souverain du 27 sept. 1669.

185. DE LEUZE.

D'or au chêne de sable, soutenu de deux lions affrontés de même.

De Leuze, en Languedoc, au diocèse de Nîmes; cette famille est une des plus anciennes de cette province, puisque, à l'instar des plus illustres et anciennes familles de France, elle a donné ou tiré son nom de la Sgrie de Leuze, qu'elle possède de temps immémorial. Bernard de Leuze était du nombre des Sgrs de Languedoc qui se rendirent à Aimargues, au diocèse de Nîmes, pour y recevoir Alphonse comte de Toulouse, fils de Louis VIII, lorsqu'il y vint avec Jeanne sa femme en 1270, et il s'embarqua avec eux au port d'Aigues-Mortes pour la croisade que commandait saint Louis, frère dudit Alphonse de Toulouse. Les dépenses que les Sgrs de Leuze firent dans cette expédition et les pertes qu'ils avaient déjà essuyées dans les guerres contre les Albigeois, où leur château fut plus d'une fois ruiné et incendié, les mirent hors d'état de paraître avec l'éclat dû à leur naissance, et sont cause encore que par l'enlèvement et l'incendie de leur chartier il est impossible de remonter leur généalogie avant Raimond de Leuze, chevalier Sgr de Leuze, qui ép. Jeanne de Cassan et fut père de Pierre. (Tiré du cabinet de Lacroix, *Archives de l'ordre de Malte.*)

I. Pierre de Leuze, t. le 4 avril 1520; ép. Anne de Laissac, dont il eut : 1. Jean, co-Sgr de Liouc, qui a fait la Br. B., transigea avec Durand de Bringuier et Isabelle d'Albignac, sa femme, et lui céda la préséance et les droits honorifiques sur ladite terre; 2. et

II. François de Leuze, Sgr de Leuze, ép. Françoise Chaumard, dont il eut :

III. François de Leuze, co-Sgr de Liouc, ép. Magdeleine de Follaquier, dont il eut : 1. Jacques qui suit; 2. Anne, mariée à Louis de Banne d'Avéjan, Sgr de Méjannes.

IV. Jacques de Leuze, co-Sgr de Liouc, ép. le 31 août 1655 Jeanne de Manni, dont il eut : 1. Pascal qui suit; 2. Jean; 3. Claudine, mariée en Provence à Jean de Rapelins; et fut maintenu dans sa noblesse par jugement souverain du 13 déc. 1668.

V. Pascal de Leuze, écuyer, demeurant à Marseille, eut pour fils Antoine, marié à Gabrielle de Boisson.

Br. B. II. Jean de Leuze, chevalier, Sgr d'Argentière, fut père de : 1. André qui suit; 2. Gabrielle, mariée le 11 juill. 1552 à Jean de la Nougarède.

III. André de Leuze, vivant en 1545, fut père de : 1. André qui suit; 2. Marguerite, alliée le 5 septembre 1576 à Jean de Cabot.

IV. André de Leuze, ép. Anne Combes, dont il eut : 1. Antoine, dont la postérité s'est éteinte à la fin du siècle dernier; 2. Balthazar, auteur de la branche des Sgrs de la Rouveirette et Vaumale éteinte pendant la révolution de 1793; 3. et

V. Jacques de Leuze, écuyer, ép. le 5 mai 1610 Jeanne de Borne, dont il eut :

VI. Jean de Leuze, écuyer, ép. le 16 sept. 1641 Jeanne de Leyris de Rhunes, dont il eut : 1. Henri, auteur d'une branche éteinte vers la fin du XVIIᵉ siècle; 2. Jean qui suit; 3. Louis, qui ép. le 23 sept. 1693 Jeanne de Vignelongue.

VII. Jean de Leuze, co-Sgr de Montaren, ép. en 1694 Élisabeth de Fontanieu, dont il eut :

VIII. Jean de Leuze, Sgr de Saint-Dézéry, terre acquise de la maison d'Hérail de Brisis; il ép. Catherine Gibert, dont il eut :

IX. Jean-Joseph de Leuze, Sgr de Saint-Dézéry, avocat à Nîmes, ép. Marie-Christine de Leyris de Rhunes, dont il eut : 1. Louis-

Joseph-Henri-Catherine qui suit; 2. Henriette-Suzanne, mariée le 23 déc. 1797 à Joseph de Fayet de Montjoye.

X. Louis-Joseph-Henri-Catherine de Leuze, officier supérieur de cavalerie, fit les campagnes de l'empire, chev. de la Légion d'hon. et du Mérite militaire de Prusse, commandant l'école de Saint-Cyr et de Saumur, ép. le 8 mars 1810 Laurence de Bastard-Fontenay, dont : 1. Charles-Urbain-Marie qui suit; 2. Alexandrine-Alexia-Louise-Armande, mariée le 17 mars 1834 à Henri-Bruno, vicomte de Bastard-d'Estang, son cousin, ancien procureur général à Riom, conseiller à la cour imp. de Paris.

XI. Charles-Urbain-Marie de Leuze, chef de bataillon, chev. de la Lég. d'hon. et de l'ordre du Medjidié.

186. DELOM DE BUSSAS.

De gueule à trois fasces d'argent.

I. Pierre Delom, compris avec Jean, son fils, dans diverses revues faites aux ban et arrière-ban de la sénéchaussée de Nîmes des années 1484, 1492, 1498, 1523 jusqu'en 1554, fut père de

II. Jean Delom, ép. le 14 déc. 1508 Antoinette Brousson, qui le rendit père de

III. Martin Delom, écuyer, Sgr de Bussas, *alias* Besas, ép. le 12 juillet 1554 Marquise d'Assas, et il en eut : 1. Guillaume qui suit; 2. Jean; 3. Pierre; 4. Jeanne, alliée le 12 janv. 1609 à Jean de Bringuier.

IV. Guillaume Delom, Sgr de Bussas, rendit hommage le 2 oct. 1583; il ép. le 2 avril 1593 Marguerite de Bringuier, dont il eut : 1. Jean qui suit; 2. Antoine; 3. Marie, alliée le 19 nov. 1624 à Jean d'Amalric; 4. Jeanne, mariée le 13 juin 1635 à Louis de la Roque.

V. Jean Delom, Sgr de Bussas, y demeurant, D. de Nîmes, ép. le 1er fév. 1636 Marie Richard, et fut maintenu dans sa noblesse par jugement souverain du 10 juillet 1669; il eut de ce mariage : Isabeau, mariée à Guillaume de la Roque.

187. DE LORT DE SÉRIGNAN.

D'azur au lion d'or soutenant d'une de ses pattes une étoile de même. Cette maison, originaire de la Guienne et du haut Languedoc, est connue depuis le XIVe siècle. Elle se divisa vers cette époque en plusieurs branches, dites de Montesquiou, de Saint-Victor et de Sérignan. Pour suppléer à une perte de titres, constatée par une information juridique faite devant le sénéchal de Béziers le 3 août 1594, la branche de Sérignan prit acte de sa communauté d'origine avec MM. de Lort de Montesquiou et de Saint-Victor dans une requête présentée au roi en 1772, et le 16 déc. 1773 le marquis de Lort de Sérignan fut admis aux honneurs de la cour.

La généalogie de cette maison prouvée devant M. de Bezons commence à

I. Pierre de Lort, écuyer, Sgr de Taraillan et de Lebrettes, ép. Florette de Saint-Martin, dont il eut :

II. Martin de Lort, écuyer, ép. le 5 janv. 1542 Marguerite de Prades, dame de Valras et de Sérignan, dont il eut : 1. Jean-François qui suit; 2. Florette, mariée à Jean de Grave; 3. Isabelle, mariée à Guillaume du Caïla; 4. Paul, qui a fait la branche dite de Taraillan, éteinte au commencement du XVIIIe siècle.

III. Jean-François de Lort, Sgr de Sérignan, Valras, Lebrettes, capit. de 50 hommes d'armes 1594, mestre de camp d'un régt d'infanterie, avait ép. le 7 mars 1578 Constance de Poggio, dont il eut : 1. Guillaume qui suit; 2. Marie, alliée à Jean de Rouch d'Arnoye.

IV. Guillaume de Lort, Sgr de Sérignan, Valras, Lebrettes, Cers, lieut. pour le roi de la ville et citadelle de Béziers 1614; commandant un régt de trente compagnies 1640; commandant un corps de troupes au siége de Barcelone 1641, où il prit une part glorieuse et fut honoré des lettres de Louis XIII en plusieurs circonstances; il av. ép. le 7 janv. 1601 Marie de Bonnet de Maureillan, dont il eut : 1. Henri qui suit; 2. Jean, Sgr de Valras, Cers, Lebrettes, capit. au régt de son père 1635; lieut. de roi à Metz 1641; maréchal de camp 1650; il av. ép. le 28 janv. 1627 Jacquette de Sartres, dont la postérité s'est éteinte vers le milieu du XVIIIe siècle; 3. Gabriel, Sgr de la Domergue, lieut. de roi à Béziers 1641; maréchal de camp 1653; il avait ép. le 17 sept. 1649 Marie Rives; 4. Constance, mariée le 20 août 1624 à Jean-Gabriel de Gep, Sgr de Fos et de Sauvian; 5. Jeanne, mariée le 10 mars 1630 à Jacques de Gep, Sgr de Sauvian; 6. Charlotte, mariée le 11 avril 1633 à Jean du Caïla d'Espondeillan; 7. Claire, mariée le 5 juin 1646 à Fulcrand d'Alleman de Mirabel.

V. Henri de Lort, Sgr de Sérignan, Valras, Lebrettes, Cers, ép. le 8 août 1622 Charlotte de Plantavit de Margon, dame de Maraussan, dont il eut :

VI. Henri de Lort, Sgr de Sérignan, chev. de l'ordre de Saint-Michel 1647, gentilhomme ordinaire de la chambre du roi 1659, fut maintenu dans sa noblesse avec ses oncles par jugement souverain du 10 oct. 1668; il avait ép. le 17 nov. 1648 Marie de Grasset, dont il eut : 1. Hercule-Henri qui suit; 2. Jacques-Joseph, qui a fait la Br. B. ; 3. Thomas, abbé; 4. Jacquette, mariée à Jean de Plantavit, Sgr de Margon; 5. Marie, alliée à François de Maussac.

VII. Hercule-Henri de Lort de Sérignan, page du roi 1675, lieut. des maréchaux de France à Béziers, ép. en 1687 Antoinette de Rouch d'Arnoye, dont il eut plusieurs enfants, entre autres :

VIII. Jacques-Joseph de Lort de Sérignan, baron de Savignac, capit. de dragons au régt de Languedoc, lieut. des maréchaux de France à Béziers, ép. en 1720 Anne-Françoise de Serres, dont il eut :

IX. Joseph-Henri-Constance de Lort, *marquis* de Sérignan, prit part en cette qualité à l'assemblée de la noblesse de Béziers en 1789, capit. dans le régt royal Roussillon, ép. en 1753 Marie-Antoinette de Gaignon de Vilènes, dont il eut : Armand-Marie de Lort, comte de Lort-Sérignan, qui prit part à l'assemblée de la noblesse de Béziers en 1789.

Br. B. VII. Jacques-Joseph de Lort de Sérignan, Sgr de Farlet, qualifié marquis de Lort-Sérignan, chef d'escadre des armées navales en 1723, chev. de Saint-Louis, ép. Anne de Pelet de Moissac, dont il eut : 1. Pierre qui suit; 2. N..., chev. de Sérignan, tué à Berg-op-Zoom 1747; 3. Anne-Marguerite, alliée le 24 mars 1739 à Jacques de la Roque.

VIII. Pierre de Lort de Sérignan, marquis de Lort de Sérignan, Sgr de Farlet, lieut. des vaisseaux du roi, chev. de Saint-Louis, ép. Catherine d'Icard, dont il eut : 1. Charles-Jacques-Augustin, major général au port de Toulon, chev. de Saint-Louis; 2. Jacques-Joseph-Augustin, capit. au régt de Provence-infanterie, chev. de Saint-Lazare et de Saint-Louis, ép. N... du Ranc de Vibrac, dont il n'eut pas d'enfants; 3. Pierre-Bénigne, abbé; 4. Guillaume-Auguste, chanoine de Saint-Denis, mort en 1827; 5. et

IX. Jacques-Joseph-François-Aphrodise-Maurice de Lort-Sérignan, marquis de Lort-Sérignan, admis aux honneurs de la cour en 1773, capit. des vaisseaux du roi, chev. de Saint-Louis.

188. DELORT.

François Delort, Sgr d'Olonzac et d'Asilhe, conseiller et maître d'hôtel ordinaire du roi, lieut.-colonel au régt de Champagne, maréchal de camp ès armées du roi, demeurant à Poussan, D. de Montpellier, fut maintenu dans sa noblesse par jugement souverain du 15 sept. 1671, en conséquence d'un arrêt du conseil et lettres patentes du roi en confirmation dudit arrêt. L'arrêt du 15 nov. 1669 maintient ledit Delort dans sa noblesse, attendu ses longs services depuis plus de quarante ans. S. M. ordonne par ses lettres patentes que ledit Delort et sa postérité jouissent des priviléges des nobles.

189. DESANDRIEUX.

D'argent à deux lions affrontés de sable tenant un cercle passé dans un autre mouvant du chef de même, à la bordure d'azur chargée de dix fleurs de lis d'or.

I. Guillaume Desandrieux, de la ville de Naples, capit. de cuirassiers, t. le 25 oct. 1551, fut père de

II. Claude Desandrieux, fut père de

III. Antoine Desandrieux, lieutenant en la cour royale de Montpellier, ép. Gillette des Guilhens, et il en eut : 1. Antoine qui suit ; 2. Jacques ; 3. Étienne ; 4. Georges ; 5. Espérance, alliée à Jean-Louis d'Assas.

IV. Antoine Desandrieux, ép. le 31 mars 1649 Marguerite de Chacornas, et fut maintenu dans sa noblesse avec ses frères par jugement souverain du 13 janvier 1669.

Jacques Desandrieux et Antoine, son fils, furent membres de la cour du petit sceau à Montpellier en 1683 et 1695.

Georges Desandrieux fut consul de Montpellier en 1667 et 1678.

Jean-Polydore Desandrieux et Antoine Desandrieux furent maires de la ville de Montpellier en 1721 et 1728.

190. DESCHAMPS.

Écartelé d'azur et de sable, sur le tout de gueule au lévrier passant d'or.

I. Pons Deschamps, ép. Pierrette de Pierregrosse, dont il eut : 1. Jean ; 2. Antoine qui suit ; 3. Charles.

II. Antoine Deschamps, ép. le 18 janv. 1550 Suzanne Chaulet, dont il eut :

III. Just Deschamps, Sgr de Pierregrosse, ép. Florence Fornier, dont il eut :

IV. Nicolas Deschamps, Sgr. de Pierregrosse, ép. le 27 janv. 1610 Catherine Calhau, dont il eut : 1. Jean ; 2. et

V. Just Deschamps, Sgr de Pierregrosse, ép. le 16 nov. 1641 Marie de Monteils de Pleyné, dont il eut : 1. César, Sgr de Palharès en Vivarais, prêtre et prieur ; 2. Joachim qui suit ; 3. Louis, sieur de Vaure ; 4. Marie, alliée à Charles de Figon : maintenus dans leur noblesse par jugement souverain du 1er juillet 1669.

VI. Joachim Deschamps, sieur de Darnas, ép. Isabeau d'Audoyer de Montbel, dont il eut : 1. Just-Antoine qui suit ; 2. et 3. deux filles, mariées à deux frères, MM. d'Odde du Villars.

VII. Just-Antoine Deschamps de Montbel, ép. Jeanne-Marie de Romanet, dont il eut : 1. et 2. deux filles religieuses ; 3. N..., capit. dans Royal-Comtois ; 4. Joseph-Louis, prieur de Palharès ; 5. N.... Deschamps, appelé M. de Darnas, chev. de Saint-Louis ; 6. et

VIII. Jean-Baptiste Deschamps de Pierregrosse, sieur du Cros, ép. en 1743 Magdeleine Poncet, dont il eut une fille qui mourut, non mariée, avant son père.

191. DES GOIS.

D'azur au chevron d'argent chargé de trois fleurs de lis de gueule, parti de sable à la tour crénelée d'argent.

I. Jean des Gois, *alias* des Goys, co-Sgr de Saint-Laurent et Entraigues, fut père de : 1. Guillaume qui suit ; 2. Hélix, mariée le 24 sept. 1544 à Antoine de Grégoire.

II. Guillaume des Gois, Sgr de Corbière, de Puebre, co-Sgr d'Entraigues, ép. le 6 août 1547 Françoise de Lestrange, dont il eut :

III. Louis des Gois, Sgr de Prunet, ép. Magdeleine de Vertolaye, dont il eut : 1. Louis qui suit ; 2. Diane, alliée le 25 oct. 1649 à Anne de Ginestoùs.

IV. Louis des Gois, Sgr de Saussac, D. du Puy, ép. le 22 nov. 1638 Catherine des Arcis, et il en eut :

V. Jean-Louis des Gois, maintenu dans sa noblesse avec son père par jugement souverain du 15 janvier 1671.

192. DE PIERRE DE BERNIS.

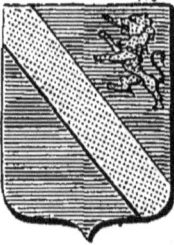

D'azur à la bande d'or accompagnée en chef d'un lion passant de même, armé et lampassé de gueule. DEVISE : *Armé pour le roi.*

La maison de Pierre de Bernis tire son origine des Sgrs de la baronie de Ganges en Languedoc, connus dès le XIe siècle, notamment dans la première croisade, en 1098. Outre la Sgrie de Ganges, la maison de Pierre possédait dans les XIIe et XIIIe siècles les terres de Sumène, Brissac, Poupian, Montolieu, Londres, Cazillac, Gignac, et les baronies de Pierrefort, Castries, Monifrin et Hierles. Vierne d'Anduze ép. vers 1150 Raymond Ier de Pierre, Sgr de Ganges ; Alzace de Pierre, fille de Raymond III, ép. en 1253 Pierre de Bermond d'Anduze. (LACH. DESB., XI, 309. — *Hist. de Languedoc*, II, 309 ; III, 477. — *Hist. de Montpellier*, I, 20-40. — G. DE BURDIN, II, 330.)

Cette origine de la maison de Pierre de Bernis a été reconnue par le procès-verbal des preuves de noblesse faites au chapitre de Lyon par le cardinal de Bernis en 1748, qui établissent par actes originaux sa filiation jusqu'à Pierre de Pierre, Sgr de Ganges, qui vivait au XIe siècle. La branche aînée de cette maison se fondit avant 1330 dans la maison de Pierrefort par le mariage de N. de Pierre, baronne de Ganges, fille et héritière de Raymond IV, avec Gilbert de Pierrefort, dont les enfants portèrent le nom de Pierre, et continuèrent la branche des barons de Ganges jusqu'en 1508. Cette branche tomba une seconde fois en quenouille par deux sœurs dont l'aînée, appelée Françoise, dame d'Hierles, de Pierrefort et de Brissac, ép. en 1522 Jean de Béziers, baron de Vénejan ; et l'autre, nommée aussi Françoise, ép. peu après N. de Saint-Étienne, qui fut l'aïeul de Jeanne de Saint-Étienne, mariée en 1629 à Pons de Vissec de la Tude, maréchal de camp. Guillaume de Pierre, qui descendait de Pierre au Ve degré, fut l'auteur des branches des Ports, de Loubatière et de Bernis Saint-Marcel. Pons de Pierre, arrière-petit-fils de Guillaume, fut père de Bernard, auteur de la filiation prouvée devant M. de Bezons. (MORÉRI, VIII, 352.) La maison de Bernis a été admise aux honneurs de la cour en 1765, 1769, 1778.

I. Bernard de Pierre, damoiseau, ép. le 30 sept. 1380 Catherine de Saint-Marcel, dont il eut :

II. Jacques de Pierrre, Sgr de Saint-Marcel, ép. Aigline de Sarrazin, dont il eut :

III. Jean de Pierre, Sgr de Saint-Marcel, ép. le 17 février 1482 Jeanne de Molette de Morangiès, dont il eut : 1. Louis qui suit; 2. Jacques; 3. Bertrand, qui a formé la Br. D.

IV. Louis de Pierre, Sgr des Ports, ép. en 1536 Élisabeth du Hanc de Vibrac, dont il eut :

V. Sauveur de Pierre, Sgr de Saint-Pierre des Ports, ép. le 11 juin 1565 Antoinette de Foucard, dont il eut :

VI Jean de Pierre, Sgr des Ports, ép. le 21 juillet 1610 Jeanne des Martins, dont il eut : 1. Antoine qui suit; 2. François; 3. Abel, chef de la branche d'Arènes et de Lantissargues, éteinte en 1724 dans la maison de Cambis; et quatre autres enfants : maintenus dans leur noblesse par jugement souverain du 2 sept. 1668.

VI. Antoine de Pierre, Sgr des Ports, gouverneur de Lunel, ép.

le 2 mars 1657 Louise de Villars, dont il eut : 1. Françoise, mariée à Guillaume de Possac, capit. au régt de Locmaria ; 2. Jean-Pierre, qui a formé la Br. E. ; 3. et

VII. Pons-Simon de Pierre, Sgr de Loubatière, capit. de dragons dans le régt de Languedoc en 1690, ép. le 21 avril 1702 Françoise de Pierre, sa cousine germaine, dont il eut :

VIII. François de Pierre, Sgr de Loubatière, les Crémats, la Marine, ép. le 28 mai 1742 Anne-Renée d'Arnaud de la Cassagne, dont il eut : 1. Pons qui suit; 2. François, évêque d'Apollonie, archevêque de Damas, archevêque de Rouen, pair de France ; 3. Françoise, mariée à Hyacinthe, marquis de Grave.

IX. Pons-Simon de Pierre, baron de Pierre Bourg et des états de Languedoc, vicomte, puis marquis de Pierre de Bernis, vicomte de Marsac, Sgr de Loubatière ; page du roi, 1766 ; capit. au régt du roi-dragons, 1769 ; gentilhomme d'honneur de Monsieur comte de Provence, maréchal de camp, 1788 ; commandeur de l'ordre de Saint-Lazare, donataire du cardinal de Bernis, son oncle, de la baronie et entrée aux états de Languedoc et aux états particuliers d'Albigeois, le 21 juin 1774, ép. le 12 avril 1776 Jeanne-Françoise-Hippolyte-Sophie du Puy-Montbrun, dame de compagnie de S. A. R. Madame Victoire Louise de France, en 1778, dont il eut : 1. Alexandre qui suit ; 2. Henri, qui a fait la Br. B. ; 3. Jacques, qui a fait la Br. C. ; 4. François-Joachim-Hippolyte, chev. de Malte.

X. Alexandre-François-Raymond-Aimé de Pierre de Bernis, marquis de Pierre de Bernis, comte de Rochefort , chev. de justice de l'ordre de Malte et de la Légion-d'Honneur, membre de la chambre des députés en 1828, av. ép. le 29 mars 1806 Armande-Louise, princesse de Rohan-Rochefort, dont il eut : 1. Armand qui suit; 2. et Albéric-Charles-Henri.

XI. Armand-Marie-Aimé-Léon de Pierre de Bernis, marquis de Pierre de Bernis, ép. le 23 avril 1833 Camille-Magdeleine Lepelletier de Rosanbo, dont : 1. Louise-Marie ; 2. Marie-Berthe ; 3. Marie-Hervé ; 4. Marie-Pierre.

Br. B. X. Henri-Benoit de Pierre de Bernis, comte de Bernis, tenu sur les fonts baptismaux par Monsieur comte de Provence, depuis Louis XVIII, et Madame Victoire, tante du roi, chev. de justice de l'ordre de Malte 1788, chev. de la Lég. d'honn., commandant le 1er régt de volontaires royaux du Gard en 1815, ép. le 11 janvier 1810 Alexis-Claudine-Olympe de Barral , dont il eut : 1. Joachim-Albert qui suit; 2. Charles–Joseph-Jules ; 3. François-Justin-Raymond ; 4. Octave-Armand.

XI. Joachim-Albert de Pierre de Bernis, comte de Pierre de Bernis, ép. le 4 août 1836 Marie-Thérèse-Claire de Bernon de Saint-Maurice, dont il eut : 1. Gasparine-Thérèse-Marie ; 2. Henri-François-Jules.

Br. C. X. Jacques-René-Philippe-Hippolyte de Pierre de Bernis, baron de Pierre de Bernis, baron de Salgas, etc., chevalier de Malte 1788, officier supérieur dans les gardes du corps de Monsieur le comte d'Artois, commissaire extraordinaire du roi en 1814 dans la Lozère et le Gard, député du Gard à la chambre de 1815, chevalier de Saint-Louis et de la Lég. d'honn., député de la Lozère en 1820, gentilhomme ordinaire de la chambre du roi en 1824, pair de France en 1827 au titre de baron, ép. le 28 juin 1807 Alix-Jeanne-Marie-Geneviève de Calvière, dont il eut: 1. Charles qui suit ; 2. Adolphe-Pons-Marie-René.

XI. Charles-Frédéric-Hippolyte de Pierre de Bernis, baron de Pierre de Bernis, ép. le 14 avril 1836 Anne-Victurnienne-Louise-Clémence de Rochechouart de Mortemart, dont il eut : 1. Marie-René-Hippolyte-Henri ; 2. Marie-Élisabeth-Valentine.

Br. D. IV. Bertrand de Pierre, Sgr de Saint-Marcel, ép. 1° en 1540, Jeanne de Chalancon-Polignac ; 2° le 28 nov. 1548, Christine de Geis ; 3° le 9 mai 1550 Guisette du Ranc de Vibrac ; 4° le 31 janv. 1557, Louise d'Artiffet, dont il eut :

V. Jean de Pierre, Sgr de Bernis, co-Sgr de Saint-Marcel, mestre de camp d'un régt d'infanterie, ép. Catherine de Béziers, et il en eut :

VI. Jean-Jacques de Pierre, Sgr de Bernis et Saint-Marcel, capit. au régt de Phaltzbourg, mort d'une blessure à la tête au château de Retz, en Milanais, le 7 juin 1636, avait ép. le 21 oct. 1621 Anne de Louet de Calvisson, et il en eut :

VII. Jean-Louis de Pierre, Sgr de Bernis et de Chadenède, co-Sgr de Saint-Marcel d'Ardèche, cornette au régt de la mestre de camp pendant la campagne de 1650, ép. le 17 sept. 1661 Isabeau de Blou ; il fut maintenu dans sa noblesse par jugement souverain du 19 sept. 1668 ; il eut de son mariage : 1. Joachim qui suit ; 2. Jeanne, mariée à Joseph de la Fare ; 3. Anne, mariée en 1700 au marquis des Beaux, grand sénéchal de Provence.

VIII. Joachim de Pierre, Sgr. de Bernis , co-Sgr de Saint-Marcel d'Ardèche, baron de Châteauneuf, ép. le 1er janv. 1697 Élisabeth de Chastel, dont il eut : 1. François-Joachim de Pierre de Bernis, comte de Saint-Jean de Lyon, ministre secrétaire d'État, commandeur des ordres du roi, cardinal, membre de l'Académie française,

baron des états de Languedoc ; 2. Françoise-Hélène, ép. le 8 sept.
1728 Claude de Pelet, Sgr de Salgas ; 3. et

IX. Philippe-Charles-François de Pierre, chevalier, Sgr de Bernis, Saint-Marcel, Saint-Étienne, baron de Châteauneuf, substitué
aux biens, noms et armes de la branche de Blou-Laval, et des vicomtes de Gourdon, page du roi, cornette au régt du Royal-Pologne,
obtint l'érection des terres de Saint-Marcel, Bernis, etc., en marquisat, sous le nom de Pierre de Bernis, en 1751 ; il av. ép. le
1er juin 1746 Renée d'Arnaud de la Cassagne.

Br. E. VII. Jean de Pierre, chevalier, Sgr des Ports, capit. de
dragons dans le régt de Languedoc, gouv. de Lunel, ép. Élisabeth de Pierre, sa cousine germaine, fille d'Abel, Sgr d'Arènes, et
d'Isabeau de Sandres, dame de Lantissargues, dont il eut :

VIII. André de Pierre, chevalier, Sgr des Ports, capit. dans le
régt de Mauconseil, ép. en 1732 Thérèse de Nigri, dont il eut :
1. François, garde de la marine, mort à Louisbourg en 1756 ; 2. et

IX. Pons Simon-Frédéric de Pierre, comte de Bernis, Sgr des
Ports, capit. au régt de Montcalm, colonel au régt des grenadiers de
France, ép. le 15 oct. 1755 Marie-Hélène-Hyacinthe de Narbonne-Pelet, dont la postérité s'est éteinte en 1811.

193. DES PIERRES.

D'azur à trois épées d'or mises en pal la pointe en haut, au chef d'argent chargé de trois étoiles de gueule.

I. Jean des Pierres, eut pour fils :

II. Antoine des Pierres, écuyer, ép. le 20 juill. 1530 Isabeau de
Fay, dont il eut :

III. François des Pierres, écuyer, ép. Marguerite Malet, dont il
eut : 1. Balthazar qui suit ; 2. Louis.

IV. Balthazar des Pierres, Sgr dudit lieu, Ventresac, Planesac et
Tourneguet, capit. d'infant. au régt de Nérestan 1622, ép. le 4 fév.
1624 Marguerite Galien, dont il eut : 1. Jacques qui suit : 2. Balthazar : maintenus dans leur noblesse par jugément souverain du
3 juillet 1669.

V. Jacques des Pierres, Sgr des Pierres et Ventresac, D. du Puy,
ép. le 1er fév. 1654 Claire Assadon.

194. DESPRÉS.

I. Raimond-Bertrand Després, écuyer, Sgr de Mirabel, fut père de

II. Bernard Després, écuyer, gentilhomme de la vénerie du roi, ép. 1º Judith de Raimond; 2º le 13 avril 1557 Gabrielle Longueval; il eut de son premier mariage : 1. René; 2. Gabrielle.

III. René Després, ép. le 3 fév. 1582 Catherine Boulard, dont il eut :

IV. Jean Després, Sgr de la Suchère, D. du Puy, ép. le 2 mars 1634 Marie de Saignard, et il en eut : 1. Jean-Antoine qui suit; 2. Claude-Thomas; 3. Louis-Joseph, prieur d'Anjan; 4. François-Alphonse, lieut. au régt de la reine; 5. Pierre, ecclésiastique.

V. Jean-Antoine Després, Sgr du Chastelar, lieutenant des gardes du corps du roi de Pologne, avait servi en qualité de volontaire en Hongrie, comme il paraît par un certificat de M. de Coligny, commandant les troupes que le roi avait envoyées au secours de l'empereur en 1664 : fut maintenu dans sa noblesse avec ses frères par jugement souverain du 15 janv. 1671.

195 DES ROIS, *alias* DE ROYS.

D'azur à l'aigle éployée à deux têtes d'or.

Cette maison, établie très-anciennement au diocèse de Nîmes, possédait la Sgrie de Lédignan, entre Nîmes et Anduze, la Roche Saint-Angel et Saint-Michel au territoire de Beaucaire. Jean de Rois-Lédignan était chevalier de Malte en 1584. (VERTOT, VII, 78.) On trouve le nom de cette famille écrit *de Rois, des Rois* et *des Roys*.

. Plusieurs de ses représentants ont pris part aux assemblées de la noblesse de la sénéchaussée de Nîmes pour l'élection des députés aux états généraux de 1789. (*Proc.-verb. imp. à Nîmes 1789, chez C. Belle, imprimeur du roi.*)

I. Guillaume de Roys, Sgr de Lédignan, ép. le 7 nov. 1530 Magdeleine Darlot, dont il eut :

II. Jean de Roys, écuyer, Sgr de Lédignan, ép. 1º Ramie de Combes; 2º Trophime de Rosel; il eut pour enfants : 1. Guillaume qui suit; 2. Gédéon; 3. Pierre, qui a fait la Br. B.; 4. Jean, qui eut pour fils Honoré; 5. Jacques, qui eut pour fils Henri. Honoré et Henri furent maintenus dans leur noblesse par jugement souverain du 14 janvier 1669.

III. Guillaume de Roys, Sgr de Lédignan, ép. le 23 avril 1600 Espérance de Rochemore, dont il eut : 1. Marc-Antoine qui suit ; 2. Póns ; 3. François ; 4. Jacques.

IV. Marc-Antoine de Roys, chevalier, Sgr de Lédignan, ép. le 12 janv. 1632 Françoise Giani, dont il eut :

V. Jacques de Roys, Sgr de la Roche Saint-Angel, maintenu dans sa noblesse par jugement souverain du 14 janv. 1669.

Br. B. III. Pierre de Roys, conseiller du roi et juge de Beaucaire, ép. Louise Liautaud, dont il eut : 1. Pierre qui suit ; 2. Guillaume, père d'André ; 3. Jean, père de François ; 4. Isabeau, mariée le 21 sept. 1633 à Pierre de Vareilles.

IV. Pierre de Roys, conseiller du roi, juge de Beaucaire, eut pour fils.

V. François de Roys, Sgr de Saint-Michel, ép. le 27 avril 1664 Marie de Bonnefoy, et fut maintenu dans sa noblesse avec ses cousins par jugement souverain du 14 janv. 1669 ; il eut de son mariage :

VI. François-Joseph de Roys de Lédignan, Sgr de Saint-Michel, ép. le 7 nov. 1690 Olympe de Novy, et rendit hommage le 18 août 1722 pour la Sgrie de Saint-Michel, dans le territoire de Beaucaire.

196. DEVAUX.

D'azur à un pélican d'or dans un nid de même.

I. Jacques Devaux eut pour enfants : 1. Jean qui suit ; 2. Nicolas.

II. Jean Devaux, ép. av. le 10 fév. 1542 Colombe de Valois, dont il eut :

III. Tannequin Devaux, ép. le 15 août 1574 Marguerite Bouques, dont il eut :

IV. Jean Devaux, Sgr de Doscarres, homme d'armes de la compagnie du maréchal Damville, ép. le 28 août 1612 Marguerite Planque, et il en eut : 1. François qui suit ; 2. Barthélemy, marié le 11 août 1642 à Jacquette Bruguière.

V. François Devaux, homme d'armes de la compagnie du maréchal Damville, ép. le 11 déc. 1638 Jeanne Duranti, dont il eut : 1. Jean-François qui suit ; 2. Jean-Antoine, qui a fait la Br. B.

VI. Jean-François Devaux, écuyer, Sgr de Ginestet, D. de Montpellier, ép. Marie Pagès, dont il eut :

VII. Guillaume Devaux, capitaine des gardes du marquis de Castries, lieut. de roi en Languedoc, maintenu dans sa noblesse avec Barthélemy Devaux, par jugement souverain du 6 mai 1669.

Br. B. VI. Jean-Antoine Devaux, ép. Isabeau d'Hébrard, dont il eut :

VII. Jean-Henri Devaux, Sgr de Ginestet, ép. le 23 juin 1660 Charlotte Tandon, et fut maintenu dans sa noblesse par jugement souverain du 6 mai 1669.

197. DEVÈSE.

De gueule au sautoir d'argent, au chef d'or chargé de trois étoiles de gueule.

I. Pierre Devèse, ép. le 15 janv. 1543 Antoinette Bonhomme, dont il eut : 1. Étienne qui suit; 2. Noé.

II. Étienne Devèse, écuyer, ép. Anne Morel, dont il eut : 1. Pierre-François qui suit; 2. Pierre.

III. Pierre-François Devèse eut pour enfants : 1. Pierre qui suit; 2. Louis.

IV. Pierre Devèse, ép. Isabeau de Saint-Vidal, et il en eut :

V. Étienne Devèse, demeurant à Artites, D. du Puy, ép. le 11 juin 1654 Françoise Telin, et fut maintenu dans sa noblesse par jugement souverain du 10 juill. 1669.

198. DOLON.

D'azur à une étoile d'or en chef entre deux têtes de lion d'argent et une tête de même entre deux étoiles d'argent en pointe.

I. Barthélemy Dolon, ép. 1° le 18 août 1516 Étiennette Boileau; 2° Françoise Trousselier; il eut de son premier mariage : 1. Joseph qui suit; 2. Pierre; 3. Marie, alliée à Barthélemy Guinet.

II. Joseph Dolon, natif de Carpentras, obtint des lettres de naturalité le 31 mai 1560; il ép. le 21 juin 1561 Bernardine Teissier, dont il eut : 1. Pierre; 2. et

III. Pierre-Antoine Dolon, Sgr de Ners, ép. le 21 mars 1633 Jeanne de Lauberge, dont il eut :

IV. Claude Dolon, Sgr de Ners, D. de Nîmes, ép. le 22 oct. 1663 Antoinette Guiraud, et fut maintenu dans sa noblesse par jugement souverain du 13 nov. 1670.

199. DROSSANGES.

D'or à la tour d'argent maçonnée de sable semée de fleurs de lis d'or.

I. Belmon de Drossanges, damoiseau, ép. Antoinette Dufieu dont il eut :

II. Guillaume de Drossanges, ép. le 11 déc. 1508 Anne de Saint-Maurice, dont il eut :

III. Guyot de Drossanges, eut pour fils : 1. Pierre qui suit ; 2. Balthazar, père de Jacqueline de Drossanges, mariée à Étienne Favars.

IV. Pierre de Drossanges, écuyer, ép. le 12 juin 1578 Jacqueline Dufieu, dont il eut :

V. Antoine de Drossanges, ép. le 26 juillet 1599 Françoise la Colombe, et il en eut : 1. Antoine qui suit ; 2. Alexandre, qui a fait la Br. B.

VI. Antoine de Drossanges, écuyer, Sgr de Dufieu, capit. châtelain en la juridiction de Rochebaron, ép. 1° le 21 déc. 1616 Marguerite de Saint-Priest ; 2° le 15 sept. 1636 Jeanne de la Roque ; il eut pour fils :

VII. Alexandre de Drossanges, Sgr du Roure, ép. le 27 mars 1659 Jeanne Oulagon, et fut maintenu dans sa noblesse avec son père par jugement souverain du 1er oct. 1668.

Br. B. VI. Alexandre de Drossanges, Sgr d'Agier, ép. 1° le 30 avril 1642 Louise Sedages ; 2° le 15 janv. 1659 Gabrielle d'Agier, dont il eut : 1. François ; 2. Antoine ; 3. Jean : maintenus dans leur noblesse en Dauphiné par jugement souverain du 11 mai 1668, et en Languedoc par jugement souverain du 1er oct. 1668.

200. DU CHIER.

D'or au cœur de gueule.

I. Pierre du Chier reçut plusieurs reconnaissances ès années 1551, 1555, 1556 ; il eut pour enfants : 1. André qui suit ; 2. Claude, mariée le 1er avril 1554 à Antoine Bornas.

II. André du Chier, ép. le 5 janv. 1550 Louise Boisset, dont il eut :

III. Antoine du Chier, ép. le 28 avril 1590 Marguerite Pignac, dont il eut :

IV. Pierre du Chier, ép. le 11 août 1628 Jeanne de Mars, et il en eut : 1. Claude; 2. Antoine qui suit; 3. Jean, demeurant au Chier, D. de Viviers, ép. le 7 mai 1654 Jeanne du Chier de Marchau.

V. Antoine du Chier, Sgr de la Pommarède, ép. le 11 août 1665 Anne Brignon, et fut maintenu dans sa noblesse avec ses frères par jugement souverain du 10 juill. 1669.

201. DU CLAUS.

D'azur au lion d'or armé et lampassé de gueule; écartelé de gueule au ray d'escarboucle pommeté d'argent; *alias* écartelé au 1 et 4 d'azur au lion d'or armé et lampassé de gueule qui est du Claus; au 2 et 3 d'azur à une fleur de lis d'or qui est Le Cointe. (LACH. DESB., VI, 754.)

I. Julien du Claus, Sgr de Cailaret, paroisse de Meyrueis, fut père de :

II. Antoine du Claus, écuyer, Sgr de Cailaret, ép. le 16 fév. 1533 Hélix de Montblanc, dont il eut : 1. Thomas; 2. et

III. Jacques du Claus, Sgr de Cailaret, ép. le 23 sept. 1571 Marguerite de Capluc, dont il eut :

IV. Jean du Claus, Sgr de Cailaret, ép. le 27 août 1606 Marie de Calvisson, et il en eut :

V. Louis du Claus, Sgr de la Baume et Cailaret, ép. le 23 août 1642 Delphine de la Tude, et fut maintenu dans sa noblesse par jugement souverain du 29 juill. 1669; il eut de son mariage : 1. Jacques; 2. Louis; 3. et

VI. Matthieu du Claus, Sgr de Barrière et Favèle, ép. le 12 avril 1701, Suzanne de Leuze des Sgr de Trouillas, dont il eut : 1. Abel-Antoine qui suit; 2. Marc-Antoine, capit. au régt de Lorraine; 3. Jean-Jacques, capit. au régt de Vatan; 4. Magdeleine, mariée à Gaspard, des barons d'Aigaliers.

VII. Abel-Antoine du Claus, Sgr de la Baume, Barrière, Favelle et Chosan, officier d'infanterie, ép. 1° Françoise d'Aubussargues; 2° Marie-Anne le Cointe; il eut de son premier mariage, Gillette, mariée en 1755 à N... de Chambon; et de son second mariage : 1. Jean; 2. Marc-Antoine, dit le chev. du Claus, garde du corps du roi 1768; 3. Jean-Louis; 4. Abel.

202. DU LAC.

De gueule au lion d'argent.

Ancienne maison originaire de Narbonne, connue depuis la fin du XIIIᵉ siècle. Raimond du Lac, damoiseau, fut père de Pierre du Lac, damoiseau, qui rendit hommage en 1303; il eut pour fils Arnaud du Lac, qui rendit hommage au vicomte de Narbonne en 1398; il transigea avec le comte de Foix le 11 oct. 1447 pour raison de la justice haute, moyenne et basse de Boutenac. (Marquis D'AUBAÏS, II, 202.)

I. Antoine du Lac, Sgr dudit lieu, t. le 31 déc. 1480; il ép. Catherine de Monstref-de-Murasson, et il en eut : 1. Arnaud qui suit : 2. Brun ; 3. Guillaume.

II. Arnaud du Lac, t. le 15 avril 1530; il ép. Agnès N... dont il eut :

III. Jacques du Lac, Sgr de Boutenac, ép. le 20 oct. 1546 Béatrix de Moncla, dont il eut :

IV. Bertrand du Lac, Sgr de Boutenac, ép. le 19 mai 1577 Marguerite de Saix, et il en eut : 1. François qui suit ; 2. Louis, Sgr de Pratdebos.

V. François du Lac, Sgr de Boutenac et de Caresvilles, fut père de

VI. Melchior du Lac, Sgr de Boutenac, ép. le 28 sept. 1632 Marthe le Noir, dont il eut : 1. Louis-Dominique, Sgr de Boutenac, ép. le 5 oct. 1658 Françoise de Bénavent; 2. Louis, Sgr de Fonlaurier, ép. le 11 juill. 1649 Anne d'Aragon : maintenus dans leur noblesse par jugement souverain du 13 oct. 1670.

Louis, Marc, Antoine et Melchior du Lac furent maintenus dans leur noblesse par jugement de M. de Bezons le 28 janv. 1668.

203. DULONG, alias DELONG.

D'argent au vol de sable.

I. Arnaud Dulong, ép. le 26 nov. 1519 Tiphaine Darlot, dont il eut : 1. Honoré qui suit ; 2. Antoine.

II. Honoré Dulong, fut père de

III. Pierre Dulong, eut commission de commander dans le château de Saint-Hilaire 1588; il avait ép. le 29 mars 1594 Magdeleine de la Tour, et il en eut : 1. Louis qui suit ; 2. Antoine : maintenus dans leur noblesse par jugement souverain du 13 juin 1669.

IV. Louis Dulong, capitaine d'infanterie au régt de Saint-André 1638, demeurant à Beaucaire, !ép. le 25 mai 1665 Charlotte de Raoulx.

204. DUMAS.

I. Georges Dumas, Sgr de Cantaussel, ép. le 13 juillet 1550 Jeanne Viletes, dont il eut :

II. Pierre Dumas, Sgr de Cantaussel, ép. le 11 fév. 1590 Isabeau de Lautrec, dont il eut : 1. Paul qui suit ; 2. Jacques, marié 1° le 14 nov. 1626 à Judith d'Alisson ; 2° à Isabeau de Bonnal, dont Paul, Sgr de la Boissière.

III. Paul Dumas, Sgr de Cantaussel , ép. le 5 mai 1626 Anne Gineste, dont il eut : 1. Jacques qui suit ; 2. Marquis, Sgr de Cabanes, maintenu dans sa noblesse avec son frère et Philippe Dumas, par jugement souverain du 17 mars 1670.

IV. Jacques Dumas, Sgr de Cantaussel et Ferrals, D. de Saint-Pons, ép. le 20 avril 1644 Marguerite de Cornilhan.

205. DUMAS DE SOUSTRE.

D'argent au chêne de sinople fruité d'or, écartelé d'azur au chevron potencé et contre-potencé d'or, accompagné de trois burèles de même, 2 en chef, 1 en pointe.

I. Raimond Dumas, vivait en 1430 ; il ép. Marguerite du Bousquet, dont il eut :

II. Pierre Dumas, ép. le 2 sept. 1460 Jeanne de Duran, dont il eut :

III. Joseph Dumas, écuyer, ép. Plaisance de Soustre, dont il eut :

IV. Artus Dumas de Soustre, acheta la terre de Mus, de Pierre de Narbonne, avant 1555 ; il fut viguier de Béziers 1557, et ép. Mondete de la Garde, dont il eut : 1. Gabriel ; 2. Pierre qui suit ; 3. Marie ; 4. Plaisance.

V. Pierre Dumas de Soustre , Sgr de Mus et de Réals , ép. le 1er nov. 1594 Antoinette de Montlaur, dont il eut : 1. Pierre qui suit ; 2. Charles, Sgr de Reissac, ép. le 29 avril 1651 Marthe Barrès ; 3. François.

VI. Pierre Dumas de Soustre, Sgr de Mus, ép. le 13 juin 1629 Miramonde de Loubens, dont il eut :

VII. Marc-Antoine Dumas de Soustre, Sgr de Mus et Réals, D. de Béziers, ép. le 30 avril 1658 Marie Boujac, et fut maintenu dans sa noblesse avec son père et Charles, son oncle, par jugement souverain du 15 janv. 1670.

Gabriel de Soustre, Sgr de Réals, fut maintenu dans sa noblesse par jugement souverain du 15 janv. 1670.

206. DU PONT DE LIGONNÈS.

De gueule au heaume d'or, accompagné de trois étoiles d'argent, 2 en chef et 1 en pointe.

Cette maison, originaire du Vivarais, s'établit plus tard en Gévaudan, où elle est aujourd'hui fixée. Lors de la vérification faite par M. de Bezons, elle produisit onze pièces de divers achats, transactions et autres contrats des années 1574, 75, 76, 77, 80, 81 et 1588, dont appert que ceux de cette famille prenaient indifféremment le surnom du Moulin ou du Pont. (Marquis d'AUBAÏS, II, 206.) Elle a été substituée, par testament du 26 septembre 1724, aux titre, nom, armes et biens de Jean-Baptiste de Roux, baron de Pomeyrols, héritier de François de Lestang de Bérail, marquis de Paulhac. (G. DE BURDIN, II, 334.)

I. Pierre de Molin ou du Moulin, Sgr du Pont de Mars près Saint-Agrève en Vivarais, ép. le 2 nov. 1507 Anne Vialate, dont il eut :

II. Guilhot de Molin du Pont, Sgr du Pont de Mars, ép. le 7 déc. 1580 Isabeau de Pouzols, dont il eut :

III. Antoine de Molin du Pont, Sgr du Pont de Mars, ép. le 30 juill. 1625 Marie de la Baume, comtesse de Valon, dont il eut : 1. François qui suit ; 2. Antoine-Christophe, chef de la Br. B.; 3. Guillaume, Sgr de Rovière ; 4. Raphaël, Sgr de la Suchère; 5. Marie-Antoine ; 6. Françoise, mariée à Amable de Miet de Chaptueil, Sgr de Bonneville.

IV. François de Molin du Pont, Sgr et comte de Valon, Chambon, la Suchère, etc., ép. Catherine de Castrevielle-Montvalat, dont il eut Ignace qui suit, et fut maintenu dans sa noblesse par jugement souverain du 4 janv. 1670.

V. Ignace de Molin du Pont, Sgr et comte de Valon, ép. Isabeau du Bosc, dont il eut: 1. Ignace, comte de Valon, capit. aux gardes françaises; 2. N.., chevalier de Valon, lieut. au même corps, tué à la bataille de Dettingen, en 1743; 3. Louise, mariée à N. du Roure de Brisieux.

Br. B. IV. Antoine-Christophe de Molin du Pont, Sgr de Saint-Romain, Ligonnès, Sablières, sénéchal et gouverneur du duché de Joyeuse, ép. le 23 juillet 1669 Marie-Marthe de Combladour, dont il eut : 1. Antoine qui suit ; 2. Ignace, maréchal-des-logis des mousquetaires noirs avec brevet de mestre de camp ; 3. Raphaël-Pancrace, mousquetaire gris, mort en Flandres ; 4. Jeanne-Françoise, mariée 1° à Christophe de Saignard ; 2° à Charles de Fay, marquis de Gerlande : maintenus dans leur noblesse par jugement de M. de Lamoignon du 30 janv. 1698.

V. Antoine du Pont, Sgr de Ligonnès, Sablières, ép. le 31 mai 1712 Marie de Roux de la Loubière, dont il eut : 1. Jean-Baptiste qui suit ; 2. François, lieut.-col. de cavalerie, chev. de Saint-Louis ; 3. Melchior-Pancrace, capit. au même corps, chev. de Saint-Louis ; 4. Antoine-Ignace, chanoine et comte du chapitre noble de Saint-Julien de Brioude, le 16 avril 1776 ; 5. Marie-Césarine, mariée à N. Brun de Montesquieu ; et cinq autres filles religieuses.

VI. Jean-Baptiste du Pont, Sgr et *marquis* de Ligonnès, titre dont il hérita le 26 sept. 1754 de Jean-Baptiste de Roux, son oncle maternel, Sgr de Caylus, la Loubière, Pomeyrols, ép. le 6 mars 1745 Catherine du Serre de la Rochette, dont il eut : 1. Jean-Baptiste, marquis de Ligonnès, officier de cavalerie, mort sans postérité ; 2. Charles qui suit ; 3. Marie-Jeanne-Catherine, mariée à Magloire de Salles ; 4. Marie-Anne-Françoise, mariée à N. de Roche.

VII. Charles-Gabriel du Pont, *comte* de Ligonnès, titre dont il hérita après l'extinction de la branche aînée et en vertu de la substitution graduelle et perpétuelle contenue dans le testament de Jean de la Baume, comte de Valon, du 20 nov. 1608 ; officier de cavalerie, marié le 21 nov. 1792 à Marie-Anne-Françoise-Joséphine de la Rochenégly, dont il eut : 1. Pierre qui suit ; 2. Jean-Baptiste, chef de la Br. C. ; 3. Marie-Eugénie, mariée en 1811 à Hippolyte de Thomassy.

VIII. Pierre-Félix-Charles-Édouard du Pont, comte de Ligonnès, chev. de la Lég. d'honn., ancien officier au 60ᵉ régt de ligne, ép. le 2 juill. 1827 Marie-Sophie de Lamartine, dont : 1. Marie-Mathilde ; 2. Marie-Amélie ; 3. Marie-Hélène ; 4. Marie-Marthe ; 5. Marie-Charles-Édouard.

Br. C. VIII. Jean-Baptiste-Félix-Amédée du Pont de Ligonnès, ép. le 3 sept. 1832 Marie de Bouygnes.

207. DU PONT DE LA BRUYËRE.

Mêmes armes.

I. Guillot du Pont, Sgr du Pont de Mars, ép. Catherine de Truchet, dont il eut : 1. Jacques qui suit; 2. Claude.

II. Jacques du Moulin du Pont, Sgr de Châlon, ép. le 8 fév. 1600 Catherine de Saint-Cierge, et il en eut :

III. Guillot du Moulin du Pont, Sgr de la Bruyère, ép. le 3 oct. 1638 Catherine Bernard, et fut maintenu dans sa noblesse par jugement souverain du 24 janv. 1670.

208. DU PONT DE BOSSUGES.

D'or à l'ombre du soleil d'azur à la bordure dentelée de gueule; *alias* d'or à un soleil d'azur à la bordure de gueule dentelée. *Catalog. des gentilsh. de Lang.*

La maison du Pont est originaire des Cévennes. Elle est en possession depuis 1732 de la baronie de Pourcarès, *alias* Porcarès, qui avait été érigée par lettres patentes du mois de décembre 1647, en faveur de Pierre de Pages, gentilhomme ordinaire de la chambre du roi. (Marquis D'Aubaïs, II, 226.) Hérail du Pont de Bossuges fit enregistrer ses armes dans l'*Armorial* de 1696, p. 312. (*Bibl. imp., mss.*)

I. Louis du Pont reçut des reconnaissances féodales en 1386 et 1394; il avait ép. le 2 mars 1374 Marguerite de Serres de Saint-Martial, dont il eut :

II. Paul du Pont, Sgr de Serres et de Saint-Martial, ép. vers 1445 Marie de Cantobre, dont il eut :

III. Louis du Pont, Sgr de Serres et de Saint-Martial, ép. Sansa de Roquesel, *alias* de Roquefeuil, et il en eut :

IV. Guillaume du Pont, Sgr de Serres, eut pour enfants : 1. Pierre qui suit; 2. Catherine, mariée à Antoine de Valette.

V. Pierre du Pont, Sgr de Serres, d'Ardaillés et de la Bastide, ép. vers 1506 Françoise de Mandagout, dont il eut : 1. Guion qui suit; 2. Laurent, religieux; 3. Suzanne; 4. Jeanne; 5. Françoise.

VI. Guion du Pont, Sgr de Serres, d'Ardaillès et de la Bastide, ép. Jeanne de la Roque, et il en eut : 1. Hugues qui suit; 2. Guion.

VII. Hugues du Pont, Sgr d'Espinassous et de Serres, ép. le 31 mars 1591 Françoise de Bossuges, dame d'Espinassous, héritière d'une branche de la maison de Bossuges, dont il eut : 1. Pierre qui suit; 2. Magdeleine; 3. Louise, mariée le 23 août 1620 à Jean de Caladon, Sgr de Combes.

VIII. Pierre du Pont de Bossuges, Sgr d'Espinassous, ép. le 22 mars 1622 Yolande de Pages de Pourcarés, dont il eut : 1. Hérail qui suit ; 2. Jeanne ; 3. Louise, mariée le 11 fév. 1643 à Jean de Caladon, Sgr de la Boissière.

IX. Hérail du Pont de Bossuges, Sgr d'Espinassous, ép. le 2 sept. 1659 Louise d'Arbous, et fut maintenu dans sa noblesse par jugement souverain du 19 déc. 1668 ; il eut de son second mariage avec Judith de Brunet : 1. Jean qui suit ; 2. Pierre ; 3. François.

X. Jean du Pont de Bossuges, Sgr d'Espinassous et de Monguiran, garde du corps du roi, cornette dans la compagnie de Villeroy, acquit en 1732 de Marie de Maillan, veuve de Pierre d'Albignac, baron d'Arre, les terre et baronie de Pourcarès qui avait dans sa dépendance le château de Roquedols et Férussac ; il eut pour fils : 1. Pierre qui suit ; 2. Marie, alliée vers 1745 à Alexandre d'Albignac, baron d'Arre.

XI. Pierre du Pont de Bossuges, baron de Roquedols, cornette d'une compagnie de chevau-légers, plus tard capit. dans la compagnie de Provisy, ép. Jeanne de Manoel de Nogaret dont il eut :

XII. Pierre-Aymar-Benjamin du Pont de Bossuges, baron de Roquedols, épousa en 1804 Julie-Guiraud d'Attuech, dont il eut : 1. Benjamin, mort sans être marié ; 2. Pierre-Philippe-Gaston qui suit ; 3. Marguerite ; 4. Rose-Hortense, mariée à Hippolyte Havart, conseiller de préfecture, chev. de la Lég. d'honn. ; 5. Julie, mariée à Émile Abric, juge au tribunal civil de Montpellier, chev. de la Lég. d'honneur.

XIII. Pierre-Philippe-Gaston du Pont de Bossuges, baron de Roquedols, épousa le 9 déc. 1840 Françoise-Gabrielle-Marie Gignan, dont : 1. Jacques-Aymar ; 2. Émilie-Jeanne-Antoinette.

209. DU PONT.

I. Louis du Pont eut pour enfants : 1. Rostaing qui suit ; 2. Paul.

II. Rostaing du Pont, ép. le 1er déc. 1502 Flore de Capluc, et il en eut :

III. Louis du Pont, ép. Marguerite de Montvaillant, et il en eut : 1. Antoine qui suit ; 2. Guion.

IV. Antoine du Pont, écuyer, ép. le 21 fév. 1584 Louise Chabot, et il en eut : 1. Jacques qui suit ; 2. Antoine ; 3. Jean.

V. Jacques du Pont, Sgr de la Rodde, capit. au régt de Tournel 1636, avait ép. le 16 janv. 1628 Suzanne Mazamet, dont il eut : 1. Jacques, Sgr des Bonnets ; 2. Lévi, Sgr de Monloubier, ép. le 1er oct. 1658 Françoise Molinier, et fut maintenu dans sa noblesse avec son père par jugement souverain du 15 janvier 1671.

210. DU PONT DE MUNAS.

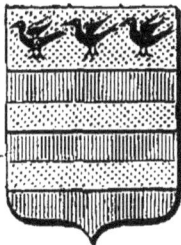

Fascé d'or et de gueule au chef d'or chargé de trois corneilles de sable.

La maison du Pont, qui possédait en Vivarais les seigneuries de Munas, Oriol, la Tour du Chier, et la baronie de Mortesaigne en Velay, était ancienne et tenait un rang considérable parmi la noblesse du pays. Elle s'est éteinte par mariage, vers la fin du XVIIe siècle, dans une branche de la maison de la Roque, du bas Languedoc, établie depuis en Vivarais, qui fut substituée aux biens, nom et armes de la maison du Pont de Munas. (*Contrat de mariage du 11 mai 1684.*)

I. Charles du Pont, Sgr de Munas, ép. le 12 juillet 1517 Anne Gavarret, dont il eut :

II. Gaspard du Pont, Sgr de Munas et de la Tour du Chier, ép. le 5 août 1559 Jeanne Guérin, dont il eut :

III. Paul du Pont, Sgr de Munas, ép. le 2 déc. 1598 Élisabeth de Barjac, dont il eut :

IV. Isaac du Pont, Sgr de Munas, ép. le 24 janv. 1639 Suzanne de Saignard, baronne de Mortesaigne, et fut maintenu dans sa noblesse par jugement souverain du 11 janv. 1669 ; il eut de son mariage : 1. N..., dit Mortesaigne, tué en duel par N... de Monteil de Corsas ; 2. Balthazar, capit. d'infant., ép. 1° N... de Monteil, sœur du meurtrier de son frère ; ce mariage fut traité par des amis communs pour éteindre la haine allumée par cette malheureuse affaire entre les deux familles ; 2° Anne de Chambaud de Bavas ; il mourut sans enfants de ces deux mariages ; 3. Suzanne.

V. Suzanne du Pont de Munas, dame de Munas, Oriol, la Tour du Chier, baronne de Mortesaigne, ép. le 11 mai 1684 Pierre de la Roque, écuyer, Sgr de Saint-Bauzille du Putois, baron d'Aubagnac en Auvergne, qui fut substitué par une clause de son contrat de mariage aux biens, nom et armes de la maison du Pont de Munas.

La généalogie de Pierre de la Roque, dont la postérité subsiste et possède la terre de Munas en Vivarais, sera rapportée au n° 328.

211. DURAND.

D'azur à un rocher d'argent et trois étoiles d'or en chef.

Jacques Durand, conseiller et sécretaire du roi en la chancellerie de Montpellier ; Benjamin, lieutenant de prévot et conseiller honoraire en la sénéchaussée de Montpellier, et Pierre, capit. au régt de Picardie, frères et enfants de Blaise Durand, aussi sécretaire du roi en ladite chancellerie, furent déclarés nobles le 17 mars 1670 en conséquence dudit office exercé longtemps par ledit Blaise Durand, père des produisants, et possédé par ledit Jacques, l'un d'eux.

212. DURRANC, *alias* DU RANC DE VIBRAC.

D'azur au rocher d'or chargé de deux palmes accostées de deux étoiles, *alias* roses, d'argent, le rocher surmonté en chef d'un croissant aussi d'argent.

Maison originaire du diocèse de Montpellier. On trouve Pierre del Ranc dans un acte du 11 oct. 1112 rapporté par le *Thalamus* de Montpellier. *Annal. de la Soc. archéol.*, p. 213. — Rivoire, dans la *Statistique du Gard*, donné à cette maison une origine espagnole, dont les principaux auteurs auraient accompagné Christophe Colomb dans son expédition d'Amérique. En 1498 elle serait venue s'établir à Sauve et y aurait acquis la terre de Vibrac, érigée en baronie en 1520. (RIVOIRE, II, 604.) Il serait possible que les descendants de Pierre del Ranc eussent quitté le comté de Montpellier après la cession qui en fut faite à la France par Jayme II, et que leurs petits-fils fussent revenus dans leur ancienne patrie après la première expédition de Christophe Colomb. Quoi qu'il en soit, la filiation authentique de cette maison fut prouvée devant M. de Bezons, depuis :

I. Bernardin du Ranc, Sgr de Vibrac, ép. le 19 août 1548 Isabeau de Blausac, dont il eut : 1. Bernardin qui suit ; 2. et Louis, auteur de la Br. B.

II. Bernardin du Ranc, Sgr de Vibrac, ép. le 24 juin 1594 Marguerite de Rochemore, dont il eut : 1. Étienne qui suit ; 2. et Louis, Sgr de Cabrières, qui ép. le 28 oct. 1630 Gilette de Valobscure.

III. Étienne du Ranc, Sgr de Vibrac et Saint-Nazaire, ép. le 25 août 1637 Jeanne de Pelet, dont il eut : 1. Marc-Antoine, chev. de Malte en 1665 ; 2. Louis ; 3. Jean ; 4. Henri ; 5. Hercule : maintenus dans leur noblesse par jugement souverain du 5 déc. 1668.

M. le baron Louis de Vibrac, dernier représentant de la branche aînée de cette maison, fils de Louis-Gaspard, baron de Vibrac, Sgr de Saint-Nazaire des Gardies, de Saint-Jean de Criaulon, Montussargues, Pujols, Sengla, etc., et de Marie-Françoise Duportail, ép. le 19 nov. 1770 Laure-Pierrette de Maupel ; il est mort à Sommières (Gard), le 20 déc. 1829, sans postérité.

Br. B. II. Louis du Ranc de Vibrac, ép. le 15 août 1610 Suzanne de Cousin, dont il eut : 1. Charles, Sgr de Saint-Sériès ; 2. et :

III. Louis du Ranc de Vibrac, colonel d'un régt de cavalerie étrangère pour le service du roi, maintenu noble avec son frère par jugement souverain du 5 déc. 1668, ép. le 9 nov. 1663 Angèle de Marimon, dont il eut :

IV. Jean-François du Ranc de Vibrac, ép. le 13 mai 1702 Anne de Poitevin, dont il eut :

V. Jean-François du Ranc de Vibrac, ép. le 17 octobre 1731 Benoîte d'Huon, dont il eut :

VI. Jean-François du Ranc de Vibrac, lieut. au régt de Bresse, ép. le 17 sept. 1763 Louise-Magdeleine de Rochemore, dont il eut : 1. Jean-François qui suit ; 2. Charles-Joachim-César, chev. de Malte en 1790.

VII. Jean-François du Ranc de Vibrac, officier au régt Royal-Roussillon, ép. le 9 déc. 1790 Marie-Joséphine-Henriette de Rochemore, dont il eut : 1. Marie-François-de-Sales-Eugène, qui suit ; 2. Joseph-Paulin, anc. officier de cavalerie ; 3. Amélie, mariée à Eugène de Bornier.

VIII. Marie-François-de-Sales-Eugène du Ranc de Vibrac, ancien officier de cavalerie, ép. le 4 janv. 1822 Marie-Anastasie-Guilhelmine Hostalier de Saint-Jean, dont : Louis-Charles-Fernand. — Résidence : Saint-Sériez (Hérault).

213. D'URRE.

D'argent à une bande de gueule chargée de trois étoiles d'argent.

La maison d'Urre tire son nom de la terre d'Urre en Dauphiné, diocèse de Valence, qu'elle possédait avant la fin du XIIe siècle. Guy ou Guyon d'Urre, vivant en 1200, a eu parmi ses descendants des lieutenants généraux de provinces et des armées du roi, des ambassadeurs, des gouverneurs de villes, un chev. de l'ordre du Saint-Esprit, des grands prieurs de l'ordre de Malte et un nombre considérable de braves officiers qui se sont distingués par leurs services. (PITHON-CURT, III, 574. — LACH. DESB., XII, 712.) Chorier, Allard et Pithon-Curt, qui en ont parlé, ne sont pas d'accord sur la jonction des branches de cette maison, qui furent très-nombreuses. (VERTOT, VII, 98. — Procès verb. des états de Languedoc, 1786.) La branche établie en Languedoc prouva sa filiation devant M. de Bezons, depuis :

I. Aimar d'Urre, Sgr de Pierrelatte et co-Sgr d'Urre, vivant en 1424, eut pour fils : 1. Dalmas qui suit ; 2. François ; 3. Claude.

II. Dalmas d'Urre, Sgr de Venterol et de Teissières, en Dauphiné, fut père de

III. Jean d'Urre, Sgr de Venterol et de Teissières, ép. en 1471 Meinarde de Sainte-Jallé, dont il eut : 1. Anne, *alias* Aimar qui suit; 2. Alix, mariée à Thomas Alberti de Boussargues.

IV. Anne d'Urre, Sgr de Venterol et de Teissières, ép. le 6 nov. 1504 Gillette de Seytres, dont il eut : 1. Georges qui suit; 2. Charles, chev. de Malte, grand prieur de Saint-Gilles; 3. Pierre, évêque de Viviers; 4. Jean, qui a fait la branche de Commercy en Lorraine, éteinte au commencement du XVIIe siècle.

V. George d'Urre, Sgr de Venterol et de Saint-Maurice, lieut. général des armées du roi, ép. 1º en 1555 Marguerite de Broyes; 2e le 17 avril 1558 Anne de Brotin, dame de Paris, et il en eut : 1. François qui suit; 2. Louis; 3. Claude, chev. de Saint-Jean de Jérusalem; 4. Marguerite; 5. Philibert, chev. de l'ordre du roi, mort sans postérité.

VI. François d'Urre de Brotin, Sgr de Paris, Teissières, Venterol, ép. le 13 janv. 1590 Catherine de Grolée, et il en eut : 1. Laurens qui suit; 2. 3. Bertrand et François, chevaliers de Malte; 4. Antoine, qui a fait une branche maintenue en Dauphiné par M. du Gué 1667.

VII. Laurens d'Urre de Brotin, Sgr de Montanègue, ép. le 6 avril 1614 Isabelle de Libertat, dont il eut plusieurs enfants, entre autres : 1. Jean-Baptiste qui suit; 2. Jean, qui a fait la Br. B.; 3. 4. Pierre et Claude, chevaliers de Malte.

VIII. Jean-Baptiste d'Urre de Brotin de Paris, marquis de Montanègue, mestre de camp d'un régt de cavalerie de Monsieur, frère du roi, ép. le 29 avril 1665 Isabeau de Calvière; il demeurait à Villeneuve-d'Avignon, et fut maintenu dans sa noblesse par jugement souverain du 16 janv. 1671.

Br. B. VIII. Jean d'Urre-Brotin, Sgr de Paris, Gumiane, Saint-Nazaire, marquis de Montanègue, après la mort de son frère aîné, gouverneur du Pont Saint-Esprit, ép. le 18 juin 1678 Constance Colas, dont il eut :

IX. Jean-Baptiste d'Urre-Brotin, Sgr de Paris, Gumiane, marquis de Montanègue, reçu page 1694; colonel du régt Dauphiné, brigadier d'infant. 1719, ép. N... Alleman de Puvellin, dont un fils N..., capit. de cavalerie dans le régt de Bretagne, mort sans alliance en 1748.

Les comtes d'Urre, établis à Carpentras à la fin du XVIIe siècle, avaient pour tige François, second fils de Guillaume et de Jeanne de

Chabestan d'Alauzon, qui descendait lui-même de Guy ou Guyon au dixième degré (PITHON-CURT, III, 610).

X. François d'Urre, ép. Hélène de Loyre, dont il eut :

XI. Esprit d'Urre, ép. le 21 déc. 1550 Marguerite de Thomassin, dont il eut :

XII. François d'Urre, ép. le 4 nov. 1592, Françoise des Rollands, dont il eut :

XIII. Jean-François d'Urre, ép. le 6 nov. 1621 Magdeleine de Panisse, dont il eut :

XIV. Jean-François d'Urre, ép. le 6 oct. 1661 Catherine-Angélique d'Alleman de Châteauneuf, dont il eut : 1. Louis-François qui suit ; 2. Joseph, chev. de Malte ; 3. Rose-Angélique, mariée 1° en 1698 à Bernard-Marie des Seguins ; 2° en 1705 à Joseph-Louis Puget de Chasteuil ; 4. Magdeleine, mariée en 1694 à Antoine-Joseph-Balthazar des Seguins de Cabassole.

XV. Louis-François d'Urre, dit le comte d'Urre, chev. de Saint-Louis, capit. d'infant., ép. le 14 mars 1711 Geneviève de Fortia, dont il eut :

XVI. Alexandre-Joseph-François d'Urre, dit le comte d'Urre, lieut. d'infant. au régt du roi, ép. 1° le 13 oct. 1731 Thérèse-Françoise-Charlotte de Serres ; 2° le 29 nov. 1741 Jacqueline-Marie de Baschi d'Aubaïs, fille du marquis d'Aubaïs et de Diane de Rosel, dont il eut : Emmanuel-François, né à Carpentras, le 17 juin 1746.

Par acte du 9 déc. 1786, M. le comte de Maccarthy vendit à M. le marquis d'Urre le titre de baronie des états, qui était assis sur la terre de Caylus au diocèse de Castres, qu'il avait lui-même acheté le 17 mars 1775 du marquis de Caylus, du vicomte et de la vicomtesse de Beaumont, fille et gendre du marquis de Caylus.

Le 24 sept. 1781 M. d'Urre avait acquis de la maréchale de Lautrec la baronie de Capendu ; il en rendit hommage à la chambre des comptes de Montpellier, le 17 juill. 1784.

Déjà possesseur du marquisat d'Aubaïs au dioc. de Nîmes et de la Sgrie du Cros, dioc. de Saint-Pons, il demanda aux états de Languedoc que le droit d'entrée qui reposait sur la terre de Caylus fût transporté sur les terres et seigneuries de Capendu, Marseillette et Aiguesvives, sous le nom de baronie de Capendu. Ce qui lui fut accordé le 28 déc. 1786.

Cette maison est aujourd'hui représentée par M. le marquis d'Urre, marié à N... Vigier. — Résid. Nîmes et Aubaïs.

214. D'USSEL.

Écartelé au 1 et 4, d'azur au lion d'or armé et lampassé de gueule, au 2 et 3, de gueule au besant d'argent.

On trouve, avec des armes différentes, plusieurs familles de ce nom en Auvergne, originaires du Limousin et issues des anciens comtes de Ventadour. L'une d'elles est aujourd'hui représentée par MM. d'Anglars de Bassignac. (BOUILLET, VI, 435.)

Sibille d'Ussel ép. le 15 oct. 1389 Bérard de Bérard de Montalet, chevalier, Sgr de Montalet.

Anne, dame d'Ussel, ép. Claude de Montfaucon, dont la fille unique et héritière se maria vers 1520 à Louis de la Croix, baron de Castries. (LACH. DESB., V, 345.)

I. Gratien d'Ussel, écuyer, Sgr de Craux, co-Sgr d'Entraïgues, ép. le 17 fév. 1517 Marguerite de la Roussière, dont il eut : 1. François qui suit; 2. Antoine; 3. Louise, mariée le 12 juin 1553 à Pierre de Blou de Précis.

II. François d'Ussel, Sgr de Craux, ép. le 10 juill. 1584 Jeanne Garnier, dont il eut :

III. César d'Ussel, Sgr de Craux, co-Sgr d'Entraïgues, ép. le 6 janv. 1610 Louise de Banne, et il en eut : 1. René qui suit; 2. Jean, Sgr de Rochegude, marié le 23 fév. 1642 à Jeanne de Vidal : maintenus dans leur noblesse par jugement souverain du 15 janv. 1671.

IV. René d'Ussel, Sgr de Craux, co-Sgr d'Entraïgues, D. de Viviers, ép. le 25 août 1624 Marie de Vogué.

215. D'ENTIL.

De gueule au lion d'or accompagné de trois dents d'argent

I. Colon d'Entil, écuyer, Sgr de Ligonnés, fut père de.

II. Gilbert d'Entil, Sgr de Ligonnés, capit. de carabiniers 1515, et de cavalerie 1517, ép. le 27 avril 1517 Lucrèce de Rochemure, dont il eut :

III. Jacques d'Entil, Sgr de Ligonnés, ép. le 4 mai 1553 Françoise de Calvière, et il en eut :

IV. François d'Entil, Sgr de Ligonnés, ép. le 16 fév. 1583 Louise d'Espinchal, dont il eut :

V. François d'Entil, Sgr et baron de Ligonnés, Tremouls, la Planche et Jonchères, D. de Mende, ép. le 17 janv. 1627 Perrette de Rochebaron, et il en eut : 1. Jacques qui suit; 2. François, prieur de Saint-Léger : maintenus dans leur noblesse par jugement souverain du 15 janv. 1671.

VI. Jacques d'Entil, ép. le 17 oct. 1659 Yolande Renaud de Pont de Gripes; il fut maintenu dans sa noblesse le 14 janv. 1666 par M. de Fortia, intendant d'Auvergne.

216. ESPINAUD.

Palé d'or et d'azur au chef de même chargé d'un serpent d'or.

I. Jean d'Espinaud eut pour enfants : 1. Jean, qui suit; 2. Nicolas; 3. Louis, marié le 24 avril 1623 à Catherine Brebon, dont : Jean, demeurant à Roujan.

II. Jean d'Espinaud, gentilhomme ordinaire de la chambre du roi, demeurant à Thezan, D. de Béziers, ép. le 26 avril 1630 Isabeau de Vissec de la Tude, et il en eut :

III. Henri d'Espinaud, ép. Félice de Margon, dont il eut deux filles, maintenues dans leur noblesse avec Jean leur cousin par jugement souverain du 9 oct. 1668, en vertu des lettres d'anoblissement accordées à Jean, Louis et Nicolas, frères, au mois de novembre 1620.

217. FABRE DE LA TUDE.

D'azur à une tour d'argent renversée et surmontée d'un pélican d'or avec sa piété.

La maison de Fabre, établie dans le diocèse de Béziers, est originaire du diocèse de Lodève, où elle a possédé les Sgries de Pégairolles, Madières, Villecœur, Lhéras et Saint-Michel. Elle acquit, le 3 juill. 1632, la Sgrie de la Tude, et en prit le nom, qu'elle a conservé depuis. Ses preuves de noblesse ont été fournies en 1646 devant l'ordre de Malte, en 1761 devant M. de Bezons, en 1724 pour l'entrée aux pages de la petite écurie, en 1745 devant les états de Languedoc. (*Archiv. de Montp., rég. des francs-fiefs, diocèse de Lodève, 2 juin 1695. — D'Hozier, I, R., 225. — Bibl. imp. mss., Pages de la P. E., IV, 1724. — Jug. du trib. civ. de Béziers, 10 fév. 1859.*)

I. George de Fabre, Sgr de Pégairolles, de Villecœur et de Lhéras, fut père de

II. Louis de Fabre, Sgr de Pégairolles, de Villecœur et de Lhéras, capit. d'infant. 1545, ép. le 26 fév. 1551 Péronne de Pravières, dont l'eut :

III. Pierre de Fabre, Sgr de Pégairolles, ép. le 1er déc. 1585 Anne de Montfaucon, dont il eut : 1. Louis qui suit; 2. Henri-Étienne, qui a fait la Br. B. ; 3. Jean, capit. d'une compagnie.

IV. Louis de Fabre, Sgr de Pégairolles, capit. au régt du Vigan,

ép. le 5 janv. 1615 Jeanne de Vissec de la Tude, dont il eut :
1. Pierre qui suit; 2. Jean, chev. de Malte.1646.

V. Pierre de Fabre, Sgr de Pégairolles, ép. le 8 mai 1648 Anne
de Franc de Cahusac, dont il eut : Jean-François, capit. d'infanterie 1646, maintenu dans sa noblesse par jugement souverain du
15 janv. 1671. Cette branche s'est éteinte vers 1760 en la personne
de N... de Fabre de Pégairolles, dame de la Treilhe, marquise de
Fozières.

Br. B. IV. Henri-Étienne de Fabre, Sgr de Madières, acquit par
acte du 3 juill. 1632 la terre de la Tude, fit la campagne de 1639
sous les ordres du maréchal de Schomberg en qualité de volontaire;
il avait ép. le 8 fév. 1632 Hélène de la Treilhe, sœur de la mère du
cardinal de Fleury; il fut maintenu dans sa noblesse par jugement
souverain du 15 janv. 1671, et il eut de son mariage : 1. Gabriel
qui suit; 2. Gaspard, capit. au régt de Castres, marié à N... de
Beausset-Roquefort, mort sans enfants; 3. François, lieut. au régt
de Castres : tués l'un et l'autre en Catalogne 1675; 4. Fulcrand;
5. Philippe; 6. Jeanne, mariée à Jean-François de Graille, Sgr de
Montredon.

V. Gabriel de Fabre, chevalier, Sgr de la Tude, Madières, Lo-
roux, ép. le 26 juill. 1673 Claire de Bonnal, dont il eut : 1. Joseph-
Henri qui suit; 2. Louis, qui a fait la Br. C.; 3. Alexis, capit. au
régt de Cambrésis.

VI. Joseph-Henri de Fabre, Sgr de la Tude et de Saint-Michel,
ép. le 22 nov. 1707 Isabelle Malordi de Truc, dont il eut : 1. Jean-
François qui suit; 2. Gabriel, reçu page du roi le 5 fév. 1724.

VII. Jean-François de Fabre, Sgr de la Tude et de Saint-Michel,
lieut. général d'épée au sénéchal de Béziers, qualifié *baron* de la
Tude, assista le 27 nov. 1745 aux états généraux de Languedoc,
comme envoyé du comte de Caylus pour la baronie de Rouai-
roux, ép. le 7 oct. 1737 Marie-Hélène de Michel du Roc de Brion,
tante du général qui fut depuis maréchal du palais de l'empereur
Napoléon Ier, et qu'elle avait institué son héritier par testament du
19 fév. 1789. Le baron de la Tude mourut sans postérité; il avait
institué héritier de ses biens André de Fabre, son cousin-germain,
par testament du 1er avril 1776.

Br. C. VI. Louis-Augustin de Fabre de la Tude, chevalier, Sgr
de Madières, major au régt des Landes 1716, chev. de Saint-Louis
1740, commandant la ville d'Agde et le fort Brescou 1743, avait
ép. le 21 nov. 1730 Catherine de Bouttes de Lancire, dont il eut :
1. André qui suit; 2. Alexis, enseigne de vaisseau 1757.

VII. André de Fabre de la Tude, Sgr de Saint-Michel, héritier des biens et titre de Jean-François, baron de la Tude, son cousin. germain, entra dans les gardes du corps du roi, compagnie de Beauveau 1768, prit part, sous le titre de *baron* de la Tude, aux assemblées de la noblesse de la sénéchaussée de Béziers en 1789 ; il avait ép. le 27 sept. 1773 Marguerite-Magdeleine-Victoire de Ferrouil de Montgaillard, dont il eut :

VIII. Henri Fulcrand de Fabre de la Tude, baron de la Tude, ép. le 21 mars 1803 Pauline de Castillon de Saint-Victor, dont il eut : 1. Victorien, baron de la Tude, marié le 5 avril 1826 à Félicie de Montal, dont une fille : Pulchérie, alliée à Joseph de Saint-Vincent ; 2. Félix-Alexis-Armand, marié le 2 août 1834 à Élisabeth de Colbert-Chabannais, dont : Marie et Pauline ; 3. et

IX. Léon-Xavier-Hippolyte de Fabre de la Tude, ex-officier au 10e régiment de cuirassiers, ép. le 4 juin 1839 Joséphine Reboul, dont : 1. Clémence ; 2. Joseph.

218. FAGES DE ROCHEMURE.

D'or à la montagne de trois copeaux de gueule, surmontée d'une colombe d'argent tenant en son bec un rameau d'olivier, au chef d'azur chargé de trois fleurs de lis d'or.

La maison de Fages, originaire du Périgord, est issue de Guillaume de Fages, Sgr de Fages, Juselan, Gicon, Saint-Émathère et Marlhan, qui vint s'établir en Vivarais vers 1384. Maintenue en Dauphiné par jugement souverain de M. du Gué du 10 mars 1667, et en Languedoc par jugement souverain de M. de Bezons du 28 janv. 1668, cette maison prouva deux fois encore sa noblesse devant les états de Languedoc le 3 déc. 1774 et le 27 nov. 1779. (*Proc. verb. des états de Languedoc*, 1774, 1779. — CHORIER, III, 244.)

I. Didier de Fages vivant en 1484, fut père de

II. Jean de Fages, ép. le 10 juin 1523 Antoinette de Gua ; il en eut :

III. Guillaume de Fages, ép. le 5 mai 1554 Marguerite Tailland, dont il eut : 1. Jean, qui suit ; 2. Guinot ; 3. François ; 4. Guillaume, capit. d'infant. 1580.

IV. Jean de Fages, ép. Françoise de Colas, et il en eut : 1. Guillaume, qui suit ; 2. Alain ; 3. Jean, qui a fait la Br. B.

V. Guillaume de Fages, co-Sgr de Tauriés, gouverneur de Largentière 1622, ép. le 3 déc. 1622 Anne de la Motte, dont il eut : 1. Alain qui suit ; 2. Jean, colonel des milices du Vivarais 1674, Sgr de Bessas, ép. le 7 nov. 1659 Catherine Larcher ; 3. Anne ; 4. Antoine, Sgr de la Colombe, ép. le 5 fév. 1663 Marie Dumas :

maintenus dans leur noblesse par jugement souverain du 28 janv.
1668.

VI. Alain de Fages, Sgr de Bertis, maintenu dans sa noblesse
par jugement souverain de M. du Gué du 10 mars 1667, ép. le
28 septembre 1670 Geneviève de Neyreman, dont il eut :

VII. Jean de Fages, chevalier, Sgr de Rochemure et de Cheilus,
capit. d'infanterie, ép. le 29 avril 1708 Louise-Françoise d'Hilaire
de Joyac, dont il eut :

VIII. Jean-Joseph de Fages, chevalier, qualifié baron de Rochemure devant les états de Languedoc, offic. d'infant., ép. le 26 avril
1745 Marie-Anne du Serre de la Rochette, dont il eut :

IX. Jean-Baptiste de Fages de Cheilus, baron de Rochemure, fut
envoyé de la baronie de Joyeuse aux états de Languedoc 1776; il
était Sgr de Bertis, Bessas, Mauvert, et capitaine d'artillerie.

Br. B. V. Jean de Fages, ép. le 15 sept. 1613 Catherine de la
Tour de Bains, et il en eut : 1. Jean qui suit; 2. Claude, Sgr de
Chazeaux, ép. le 30 oct. 1636 Françoise de la Motte; 3. Guillaume,
Sgr de Séverac, capit. au régt de la Roque, infanterie, ép. le
30 avril 1645 Renée Regis.

VI. Jean de Fages, Sgr de Chaulnes, capit. au régt de Languedoc
1647, ép. le 20 fév. 1646 Catherine Bonfils, dont il eut :

VII. Henri-Simon de Fages, Sgr de Chaulnes, maintenu dans sa
noblesse avec ses oncles par jugement souverain du 28 janv. 1668.

219. FARET DE FOURNÈS.

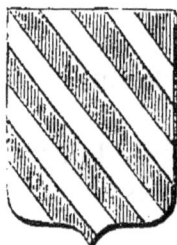

Bandé d'argent et de gueule.

Le château de Saint-Privat, au diocèse d'Uzès, près le pont du Gard,
était déjà bâti en 1150, et possédé par l'église d'Uzès. On ignore comment cette abbaye devint Sgrie laïque. La famille de Faret la possédait en
1550. Le bourg de Saint-Privat fut pris le 21 mars 1576 par les protestants; le château leur résista. Fournès, voisin de Saint-Privat, fut pris
quelques jours après. (Marquis D'AUBAÏS, I, 331.)

I. Pierre de Faret, Sgr de Saint-Privat, ép. le 30 avril 1506 Simonne Blanchon, et il en eut :

II. Jacques de Faret, Sgr de Saint-Privat, ép. 1° Sibille de Fon-
tanié; 2° Hippolyte Grimaud. Il eut de sa première femme : 1. Pierre
qui suit; et de la seconde, 2. Théophile.

III. Pierre de Faret, Sgr de Saint-Privat et Fournès, lieut. du sénéchal de Beaucaire et de Nîmes, ép. le 16 mai 1590 Sara Guere, et il en eut : 1. Henri, sénéchal de Beaucaire et de Nîmes 1639 ; 2. et

IV. Charles de Faret, Sgr de Saint-Privat, Fournès et Jalons, ép. le 9 nov. 1619 Jeanne Launé, et il en eut : 1. Trophime ; 2. Hector ; 3. Balthazar, mestre de camp en Candie ; 4. Alexandre, marquis de Saint-Privat, Sgr de Fournès, Jalons et Montfrin, ép. le 15 oct. 1652 Isabeau Dupuy ; 5. Charles qui suit : maintenus dans leur noblesse par jugement souverain du 19 déc. 1668.

V. Charles de Faret, Sgr de Montfrin, puis de Saint-Privat après la mort de ses quatre frères aînés, capit. de chevau-légers, ép. en 1686 Anne de Ginestous, dame de Moissac, et il en eut : 1. Jean qui suit ; 2. Henri, qui a fait la Br. B.

VI. Jean de Faret, Sgr de Saint-Privat et de Fournès, comte de Faret par l'érection de Moissac, accordée par le roi, avec la mutation de nom en celui de Faret, maréchal de camp, ép. le 6 fév. 1750 Hervé-Macrine de Montcalm-Saint-Véran, dont il eut : Jeanne-Marie-Louise-Macrine, née posthume en 1750, et morte à huit ou neuf mois.

Br. B. VI. Henri de Faret, dit le comte de Fournès, brigadier des armées du roi, ép. N... de Gabriac, et mourut à Toulouse le 16 juill. 1752, père d'un fils, né à Toulouse le 19 janv. 1752, et de trois filles.

Le marquis de Fournès était en 1789 le 90e sénéchal de Beaucaire et de Nîmes ; il fut député de la noblesse de Nîmes aux états généraux.

220. FARGES.

D'azur à une rose d'argent.
Marguerite de Farges, sœur de Simon qui suit, ép. vers 1580 Philippe de Bornier.

I. Simon de Farges, maître des comptes à Montpellier 1592, fut père de

II. Jacques de Farges, conseiller du roi, maître des comptes à Montpellier, obtint l'érection de la terre de Témelac en baronie en 1658 ; il fut père de

III. Jean de Farges, baron de Témelac, ép. le 14 oct. 1649 Esther de Focard, et fut maintenu dans sa noblesse comme fils et petit-fils de maître des comptes, par jugement souverain du 28 mars 1670.

221. FAUCON.

D'azur à deux tours d'argent maçonnées de sable posées en fasce, accompagnées en chef d'un faucon d'or, et d'un croissant d'argent en pointe.

I. Jacques de Faucon fut père de

II. Antoine de Faucon, ép. le 28 nov. 1495 Gabrielle de Faucon, dont il eut : 1. Bernis; 2. et

III. Laurent de Faucon, ép. le 19 janv. 1529 Gabrielle de Girard, dont il eut : 1. Antoine qui suit; 2. Gabriel, qui a fait la Br. B.

IV. Antoine de Faucon, ép. Louis de Valette, dont il eut :

V. Claude de Faucon, ép. le 25 déc. 1630 Jeanne Bousquet, dont il eut :

VI. Jean de Faucon, Sgr de la Dévèze, D. d'Uzès, ép. le 28 nov. 1655 Françoise de Valette, et fut maintenu dans sa noblesse par jugement souverain du 29 janv. 1662.

N... de Faucon de Brouzet, et N... de Faucon de la Baume, prirent part, en 1789, à l'assemblée des gentilshommes tenue à Uzès.

Br. B. IV. Gabriel de Faucon ép. le 18 nov. 1569 Gabrielle de la Roque, et il en eut :

V. Antoine de Faucon, ép. le 24 juin 1631 Antoinette de Campan, dont il eut :

VI. Pierre de Faucon, maintenu dans sa noblesse par jugement souverain du 29 janv. 1669.

Charles de Faucon ép. le 13 juin 1744 Isabeau de Girard, fille de François de Girard et de Marguerite de la Roque.

222. FAURE.

De gueule à trois bandes d'or.

I. Artaud de Faure, Sgr de Fougeiroles, fut père de

II. Jean de Faure, Sgr de Fougeiroles, ép. le 5 fév. 1546 Anne de Joanas, dont il eut :

III. Jean de Faure, Sgr de Fougeiroles et du Pont, ép. Louise Cablers, et il en eut : 1. Charles; 2. et

IV. Antoine de Faure, Sgr de Fougeiroles et du Pont, fut père de

V. Jean de Faure, Sgr de Fougeiroles et de Burine, D. de Viviers, ép. le 8 août 1661 Gabrielle de Mars de Liviers, et fut maintenu dans sa noblesse par jugement souverain du 14 déc. 1668.

N.... de Faure, Sgr de Massebrac, au D. du Puy, fut maintenu dans sa noblesse par jugement souverain du 15 janv. 1670, inscrit au Catalogue des gentilshommes de la province de Languedoc.

223. FAY-PERAUT.

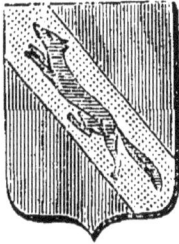

De gueule à la bande d'or chargée d'une fouine d'azur.

Fay est un bourg situé en Vivarais sur les frontières du Velay. La maison de Fay est connue par filiation authentique depuis Pons de Fay, chev. de Saint-Jean de Jérusalem en 1260, grand prieur d'Auvergne en 1294, frère d'Artaud, d'Arnaud et d'Eustache de Fay. Artaud fut père d'Audemard, *alias* Gaudemard, sénéchal de Beaucaire et de Nîmes 1349, qui eut deux fils : Guillaume, auteur de la branche aînée de Fay-Peraut, et Raymond, auteur des branches de Fay de la Tour-Maubourg. Guillaume, dit Coquart, bailli du Forez, du Velay et Vivarais, acheta, en 1329, de Jean de Roussillon, la Sgrie de Peraut; il ép. Garine de Truchet; François de Fay, son fils, ép. Alix de Solignac en 1393, et eut pour fils : Cliquet, Sgr de Peraut, et Guillaume, Sgr de Solignac marié à Antoinette de Tournon, auteur des branches d'Estables et de Saint-Romain, éteintes. (*Bibl. imp. mss. Lang.*, II, 105.) La maison de Fay a donné dix-sept chevaliers de Saint-Jean de Jérusalem de 1274 à 1710. (*Archiv. de Lyon.* — *Hist. de Malte* de Bosio et del Pozzo. — Math. de Goussancourt, 298, 325.) Les armes de Fay sont à la salle des Croisades sous le nom de Capdeuil, qui paraît être le nom primitif de cette maison. Pierre et Pons de Capdeuil, ou de Chapteuil, prirent la croix en 1096 (*Preuves de cour* de la branche de la Tour-Maubourg 1776.) Cliquet de Fay, Sgr de Peraut, ép. en 1437 Élisabeth de Brette, et il en eut :

I. Hector de Fay, Sgr de Peraut, ép. le 10 juill. 1476 Catherine de Rebé, dont il eut :

II. Noël de Fay, Sgr de Peraut, lieut. de roi en Dauphiné 1524, avait ép. le 10 juin 1518 Françoise de Saint-Gelais, dont il eut : 1. Antoine qui suit; 2. Jean, marié à Louise de Varin de Viricu.

III. Antoine de Fay, Sgr de Peraut, gouv. de Montpellier; ép. le 22 sept. 1540 Françoise de la Baume de Suze, et il en eut :

IV. Jean de Fay, marquis de Peraut, baron de Vézénobre, chev. de l'ordre du Roi, sénéchal de Beaucaire, capit. de cinquante hommes d'armes des ordonnances du roi, lieutenant général du roi au pays de Bresse 1595, ép. le 5 Mars 1575 Marie de Montmorency, fille naturelle de Henri, connétable de France, et il en eut : 1. Henri qui suit; 2. Paul.

V. Henri de Fay, Sgr et baron de Peraut, tué en 1637 au siége de Leucate, avait ép. le 25 juin 1607 Jeanne de Chambon de Saint-

Christophe; 2° N... de la Fare, et il en eut : 1. Henri, marquis de
Peraut et Vézenobre, marié à Esprite de Vissec de la Tude, mort
sans enfants ; 2. Gédéon ; 3. Jules qui suit : maintenus dans leur
noblesse par jugement souverain du 5 juill. 1669.

VI. Jules-César de Fay, marquis de Peraut, ép. en 1680 Jeanne-
Marie de Muas, dont il eut : Marie-Jeanne, fille unique et héritière
du marquisat de Peraut, en qui finit la branche aînée de la maison
de Fay. Marie-Jeanne, dame de Peraut, ép. le 1ᵉʳ nov. 1719 Denis-
Emmanuel de Guignard, vicomte de Saint-Priest, président à mortier au parlement de Grenoble.

224. FAŸ LA TOUR MAUBOURG.

Mêmes armes.

Raymond de Fay, Sgr de Lherm et de Saint-Quentin, était frère de Guillaume, auteur de la
branche aînée de Peraut, et de Artaud, chevalier de Saint-Jean de Jérusalem, commandeur de
Vesset, bailli de Lyon, grand prieur d'Auvergne ; il ép. vers 1360 Marguerite de Saint-Quentin,
héritière de Saint-Quentin par son père Aymar, et de Lherm, par Catherine de Lherm sa mère ;
Renaud, son fils, ép. Catherine de Saussac en 1387, et fut père d'Arnaud, qui eut pour fils
Artaud de Fay, Sgr de Lherm et de Saint-Quentin, marié à Blanche de Valgeulas, héritière de
Gerlande en 1449. Artaud eut deux fils : Jean, héritier des biens de Lherm et Saint-Quentin
qui suit ; Renaud, héritier des biens de Gerlande, qui a fait la branche de Fay-Gerlande. (*Bibl.
imp. mss. Languedoc*, II, 105.) La branche de la Tour-Maubourg a fait ses preuves de cour
en 1776.

I. Jean de Fay, damoiseau, Sgr de Lherm et de Saint-Quentin,
ép. le 10 déc. 1480 Charlotte de la Tour, et il en eut :

II. Christophe de Fay de la Tour, Sgr de Lherm et Chabrespine,
ép. le 25 mai 1527 Marguerite de la Tour, et en faveur de ce mariage
Jacques Malet, *alias* Maillet, Sgr de la Tour-Maubourg et de Chabrespine, donna ses terres audit Christophe, à condition qu'il porterait le nom et les armes de la Tour ; il eut de son mariage :

III. Jean de Fay de la Tour, Sgr de la Tour-Maubourg, Chabrespine, Lherm et Saint-Quentin, gentilhomme ordinaire de la chambre du roi, command. dans le pays de Velay, ép. le 24 avril 1558
Marguerite du Pelous, et il en eut : 1. Hector qui suit ; 2. Jean,
chev. de Malte, bailli de Lyon ; 3. Jacques, Sgr de Lherm et Saint-
Quentin, qui a fait la Br. C. ; 4. Guillaume, qui a fait la Br. B.

IV. Hector de Fay, Sgr et baron de la Tour-Maubourg et Chabrespine, sénéchal du Puy, ép. le 7 fév. 1588 Marguerite de la Ro-
che-Chamblas et il en eut :

V. Jean de Fay, baron de la Tour-Maubourg, Sgr de la Garde,
Sainte-Sigolène et Chabrespine, qui, après avoir été reçu chev. de

Malte et fait ses caravanes, ép. le 28 juillet 1631 Jeanne de la Motte Vachères, et il en eut : 1. Jacques qui suit; 2. Jean Hector, commandeur de Celles, commandant un bataillon de Malte au siége de Candie 1668-1669; 3. Antoine, commandant les galères de Malte en 1679, et receveur général de son ordre à Lyon 1710-1712.

VI. Jacques de Fay, comte de la Tour-Maubourg, maintenu dans sa noblesse, avec ses frères, par jugement souverain du 31 oct. 1669, ép. en 1671 Éléonore Palatine de Dio Montperroux, dont il eut : 1. Jean-Hector qui suit; 2. Jean-Philibert, chev. de Malte, capit. de grenadiers dans le régt de Maubourg ; 3. Joseph, chev. de Malte.

VII. Jean-Hector de Fay, marquis de Maubourg, colonel d'un régt de son nom, puis colonel du régt de Ponthieu infanterie, ép. en 1709 : 1° Marianne-Thérèse de la Vieuville; 2° en 1716, N. de Bazin de Bezons, fille du maréchal de Bezons, gouv. de Gravelines.

Jean-Hector de Fay, marquis de la Tour-Maubourg, reçut le bâton de maréchal de France en 1757 et mourut sans enfants en 1764.

Br. B. IV. Guillaume de Fay, Sgr de Pousols et la Bastie, ép. le 7 oct. 1612 Isabeau de Baile de Pousols, et il en eut : 1. Antoine-Jacques qui suit; 2. Hector; 3. Jean; 4. Jacques; 5. Alexandre; 6. François; 7. Anne.

V. Antoine-Jacques de Fay-Baile de Pousols, Sgr de la Bastie, ép. le 15 oct. 1651 Magdeleine de Truchet de Chambarlhac, et fut maintenu dans sa noblesse, avec ses frères, par jugement souverain du 31 octobre 1669. Cette branche était éteinte en 1710.

Br. C. IV. Jacques de Fay, Sgr de Lherm et de Saint-Quentin, ép. en 1594 N.... de Coisse, dont il eut :

V. Nicolas de Fay, Sgr de Lherm et de Saint-Quentin, ép. Claire de Chavagnac, dont il eut :

VI. Balthazar de Fay, Sgr de Lherm, de Saint-Quentin et de Coisse, ép. N.... de Truchet de Chambarlhac, dont il eut :

VII. Claude-Florimond de Fay, Sgr de Coisse, comte de la Tour-Maubourg, capit. dans le régt de Ponthieu, ép. Jacquette de Boulieu du Mazel; il fut héritier de Charles-César de Fay-Gerlande, baron de tour aux états de Languedoc pour la baronie de Boulogne, à la charge de rendre son entière hérédité à César de Fay, son fils et filleul du testateur. Le comte de la Tour-Maubourg entra aux états de Languedoc le 5 mars 1764; il eut de son mariage : 1. Marie-Charles-César qui suit; 2. Marie-Victor-Nicolas, comte, puis marquis de la Tour-Maubourg par lett. pat. du 20 déc. 1817, pair de France 1814, grand-croix de Saint-Louis, grand-cordon de la Lég.

d'honneur, ambassadeur à Londres, ministre de la guerre 1820, commandeur des ordres du roi, gouverneur des Invalides 1821, démissionnaire en 1830, ministre d'État, membre du conseil privé; 3. Just-Charles-César de Fay, comte de la Tour-Maubourg, colonel de cavalerie, chev. de Saint-Louis, off. de la Lég. d'honn., lieut. aux gardes du corps du roi, mort en 1846, avait ép. Anastasie de la Fayette, dont : a. Célestine, mariée au baron de Brigode, pair de France; b. Jenny, mariée au baron Hector de Perron.

VIII. Marie-Charles-César de Fay, comte de la Tour-Maubourg, né en 1757, colonel d'infant. dans le régt de Soissonnais 1780, chev. de Saint-Louis, député de la noblesse de Velay aux états généraux, sénateur 1806, pair de France 1814, lieut. général, grand-croix de la Lég. d'honn., commandeur de Saint-Louis, ép. N. Motier de la Fayette, dont il eut : 1. Just-Pons-Florimond qui suit; 2. Septime, pair de France, mort en 1845; 3. Rodolphe, maréchal de camp, gentilhomme de la chambre du roi, pair de France en 1845, marié à la veuve du comte Andréossy.

IX. Just-Pons-Florimond de Fay de la Tour-Maubourg, marquis de la Tour-Maubourg, anc. ambassadeur à Londres et à Constantinople, ép. N... de Perron, dont il eut : N..., député de la Haute-Loire au corps législatif, lieut. de vénerie de l'empereur, et trois autres enfants.

225. FAŸ-GERLANDE.

Mêmes armes.

La branche de Faÿ-Gerlande acquit par mariage, en 1692, la baronie de Boulogne en Vivarais, qui donnait une entrée de tour aux états généraux de Languedoc. La branche de la Tour-Maubourg en hérita en 1763. (G. DE LA TOUR, 133. — *Proc. verb. des états de Languedoc*, 5 déc. 1778.)

I. Artaud de Fay, chevalier, co-Sgr de Saint-Quentin, chambellan du roi 1444, maître d'hôtel de M. le Dauphin 1450, et du roi 1461, avait ép. le 5 juillet 1433 Blanche de Gerlande, et il en eut:

II. Renaud ou Arnaud de Fay, écuyer, Sgr de Gerlande, ép. le 17 nov. 1482 Diane d'Adhémar de Monteil de Grignan, et il en eut :

III. Christophe de Fay, Sgr de Gerlande, maître d'hôtel du duc d'Anjou, ép. le 21 fév. 1546 Guionne de Saussac, et il en eut: 1. Gabriel qui suit; 2. Just, chev. de Malte 1578.

IV. Gabriel de Fay, Sgr de Gerlande et de Saussac, écuyer du duc d'Anjou, 1578, puis écuyer du roi et chevalier de son ordre,

ép. le 18 nov. 1588 Catherine du Pelous-Gourdan, dont il eut:
1. Just-François qui suit; 2. Just-René, chev. de Malte 1600, bailli de Lyon.

V. Just-François de Fay, Sgr de Gerlande, la Motte-de-Galaure, Saussac et Vertamise, ép. le 6 janvier 1624 Françoise de la Baume de Suze, et il en eut : 1. Gabriel qui suit; 2. Alexandre; 3. Charles; 4. Just; 5. Louis : maintenus dans leur noblesse par jugement souverain du 16 janvier 1669.

VI. Gabriel de Fay, Sgr de Gerlande et de Saussac, ép. le 3 août 1655 Hélène de Grolée de Virville-Montbreton, et il en eut :

VII. Just-François de Fay, marquis de Gerlande, ép. le 21 février 1692 Bibiane de Senneterre ; elle apporta dans la maison de Fay la baronie de Boulogne, qui donnait entrée de tour aux états de Languedoc; il eut de son mariage :

VIII. Charles-César de Fay, marquis de Gerlande, vicomte de Lestrange, baron de Boulogne, Sgr du Monchat et de Bourlatier, mourut sans postérité le 30 mars 1763.

Il avait institué héritier de ses biens Claude-Florimond de Fay, Sgr de Coisse, comte de la Tour-Maubourg, par testament du 20 juillet 1760.

226. FAŸ-SOLIGNAC.

De gueule à trois fleurs de lis d'or, parti échiqueté d'argent et de sable. Guillaume de Fay, Sgr de Solignac, quatrième fils de François et d'Alix de Solignac, ép. le 12 janv. 1429 Antoinette de Tournon, et fut l'auteur de la branche des Fay-Solignac. Jean, fils de Guillaume, ép. le 1er juillet 1477 Aimée de Saint-Didier, dont il eut un fils unique, Antoine qui suit. (LACH. DESB., VI, 294, d'après une généalogie de la maison de Fay communiquée par Castelier de la Tour.) Le comte, le baron, et le chevalier de Fay-Solignac ont pris part aux assemblées de la noblesse du Vivarais, convoquées à Villeneuve-de-Berg en 1789.

I. Antoine de Fay, Sgr de Solignac, ép. le 20 août 1526 Françoise Duport, dont il eut :

II. Jean de Fay, Sgr de Solignac, ép. le 5 mars 1570 Antoinette Desbots, dont il eut : 1. Jean qui suit; 2. autre Jean, Sgr de Felain.

III. Jean de Fay, Sgr de Solignac, ép. le 30 septembre 1625 Lionette de Chomel, dont il eut : 1. Jean qui suit; 2. François; 3. César.

IV. Jean-Annet de Fay, Sgr de Solignac et de Dol, maintenu

dans sa noblesse par jugement souverain du 5 juin 1669, ép. le
- 18 avril 1672 Lucrèce de la Condamine, dont il eut :

V. Louis-Charles de Fay, Sgr de Solignac, ép. le 19 septembre
1695 Isabeau de Corcial, dont il eut :

VI. Claude de Fay, Sgr de Solignac, ép. le 20 sept. 1731 Magdeleine de Coubladour, dont il eut : 1. Louis-Charles, capit. aide major au régt de Foix; 2. Marie-Magdeleine, mariée le 23 avril 1753 à
Paul de Ravel; 3. Marie-Louise ; et trois autres filles (1765).

227. FAYN.

D'azur à la tour d'argent maçonnée et crénelée de sable soutenue de deux lions d'or armés
et lampassés de gueule, au chef cousu de gueule à trois coquilles d'or.

I. Jean de Fayn, ép. av. le 27 fév. 1369 Béatrix Marroan, dont
il eut : 1. Jean-Pierre qui suit; 2. Jacques, marié à Jeanne Privat;
3. Louis.

II. Jean-Pierre de Fayn, damoiseau, fut père de

III. Léonard de Fayn, qui eut pour fils

IV. Jean de Fayn, ép. Jeanne de Bonot, dont il eut : 1. Jean;
2. et

V. Jacques de Fayn, Sgr de Rochepierre, ép. Jeanne Riot; il
testa le 18 mai 1551, et eut pour fils

VI. Jean de Fayn, Sgr de Rochepierre, commandant pour le roi
en la ville du Bourg, ép. le 1er février 1578 Jeanne de Nicolaï, dont
il eut : 1. Olivier qui suit; 2. Geneviève, mariée le 6 janvier 1602
à Jean de Bonot.

VII. Olivier de Fayn, Sgr de Rochepierre, ép. le 22 août 1612
Marie de Rodulph, dont il eut :

VIII. François-Paul de Fayn, co-Sgr de Rochepierre, Saint-Marcel et Saint-Montan, D. de Viviers, ép. le 23 mars 1658 Marie de
Latier de Saint-Vincent, et fut maintenu dans sa noblesse par jugement souverain du 12 octobre 1668; il eut pour fils : 1. Charles-
François; 2. Charles-Joseph ; 3. Joachim, chev. de Malte 1689;
4. Joseph-Placide, chev. de Malte 1694.

228. FERRE.

D'azur à trois besants d'argent, à la bordure échiquetée d'argent et d'azur de deux traits.

La maison de Ferre, *alias* de Ferres, était originaire de Reauville dans le diocèse de Saint-Paul-Trois-Châteaux. Elle était répandue en Dauphiné et en Languedoc. Raimond, qui en était le chef, vivait en 1548. (CHORIER, III, 254.)

I. Raimond de Ferre, ép. Louise-Comte, fut père de

II. Claude de Ferre, ép. le 19 fév. 1549 Louise de Boulogne, et il en eut :

III. Bernard de Ferre, ép. le 12 août 1579 Françoise d'Esparron, et il en eut : 1. Charles qui suit ; 2. Hector.

IV. Charles de Ferre, Sgr de la Verrière, qui fut père de

V. Charles de Ferre, Sgr de la Verrière, co-Sgr de la Calmette, D. d'Uzès, ép. le 15 mars 1656 Jeanne Pleche, et fut maintenu dans sa noblesse par jugement souverain du 14 janvier 1669.

229. FERROUL, *alias* FERROUIL.

De gueule à trois verrous d'argent 2 et 1, et deux étoiles d'or en chef.

La maison de Ferrouil, au diocèse de Béziers, a été connue sous les noms de Fousillous, Laurens et Montgaillard. Ces deux derniers noms lui venaient de deux terres seigneuriales ; celui de Fousillous, de la substitution de Guillaume de Fousillous faite au profit de Guillaume de Ferrouil, par testament du 6 oct. 1562, à la charge de porter le nom et les armes de Fousillous. François de Ferrouil était chevalier de Malte avant 1628. (Marquis D'AUBAÏS, II, 229.)

I. Jean de Ferrouil reçut une reconnaissance de l'archiprêtre d'Ajac le 12 février 1502 ; il fut père de

II. Bertrand de Ferrouil, écuyer, ép. Marguerite de Mirepoix, dont il eut : 1. Guillaume qui suit ; 2. Gaston, ép. : 1.° le 27 fév. 1540 Jacquette de Fousillous ; 2° Catherine de Ferrouil.

III. Guillaume de Ferrouil, Sgr d'Ajac et de Fousillous, ép. le 8 oct. 1581 Marquise de Narbonne, dont il eut : 1. Jean qui suit ; 2. Marc-Antoine, capit. au régt de Normandie 1622, et de Sérignan 1630.

IV. Jean de Ferrouil, écuyer, Sgr de Fousillous et de Laurens, capit. au régt d'Annonay 1621, et de Languedoc 1636, avait ép. le 25 janv. 1612 Anne de Gep, dont il eut : 1. Jean-Gabriel qui suit ; 2. Pierre-Paul, Sgr de Montgaillard.

V. Jean-Gabriel de Ferrouil, Sgr de Sauvanes, puis de Fousil-

lous et de Laurens, capit. au régt de Brezé 1636, lieut.-colonel au
régt de Languedoc 1652, gentilhomme ordinaire de la chambre du
roi, ép. le 5 septembre 1638 Anne de Thézan, dont il eut :

VI. Henri de Ferrouil, maintenu dans sa noblesse, avec son père
et son oncle, par jugement souverain du 14 janv. 1669.

Il est encore fait mention, dans la même maintenue, de Jacques
de Ferrouil qui ép. : 1° le 29 nov. 1566 Marguerite Thierri, dame
de Montgaillard; 2° le 14 mars 1594 Hélène de Valat de Lespignan;
il eut pour fils: 1. Pierre-Paul; 2. Jean; 3. Pierre; 4. Jeanne; 5. et
Paul, marié le 14 juill. 1622 à Marguerite de Pousaire.

Marguerite-Magdeleine-Victoire de Ferrouil de Laurens, fille de
Henri et d'Élisabeth-Victoire de Nigri de Clermont, ép. le 27 sept.
1773 Jean-Jacques-André de Fabre, baron de la Tude.

Plusieurs membres de cette famille ont pris part à l'assemblée
de la noblesse de la sénéchaussée de Béziers en 1789.

230. FIENNES.

De gueule au lion couronné d'or, *alias* d'argent au lion de sable.

Cette maison, qui a donné un grand connétable de France en 1356, tire son nom de la terre
de Fiennes, anciennement *Filnes, Fieulnes* et *Ficules,* l'une des douze baronies du comté de
Guignes en Artois. Elle est connue par filiation suivie depuis 1030 et a fait plusieurs branches,
dont une s'éteignit par mariage en 1752 dans la maison de Matharel. (P. ANSELME, V, 166. —
LACH. DESB., IX, 617.) La branche venue en Languedoc prouva sa filiation depuis :

I. Valérien de Fiennes, originaire de Paris, fit un achat le 25 fév.
1454, et une reconnaissance le 9 mai 1459; il ép. Perrete Rastel,
dont il eut : 1. Antoine qui suit; 2. Jean.

II. Antoine de Fiennes eut pour enfants : 1. François, qui suit;
2. Laurent, gendarme de la compagnie de M. d'Ornano, lieut. gén.
en Dauphiné 1589, ép. le 5 août 1590 Marie Fermineau.

III. François de Fiennes ép. le 25 nov. 1548 Claude Aubert, et
il en eut : 1. Louis, marié le 13 sept. 1578 à Jeanne Benoit; 2. Antoine; 3. Pierre qui suit; 4. Jean, marié à Catherine Boudin.

IV. Pierre de Fiennes, ép. le 20 nov. 1619 Blanche Bouchart,
dont il eut :

V. Antoine de Fiennes, capit. d'inf. au régt de S. A. R., 1649,
ép. le 23 fév. 1659 Marie Aubouin, et fut maintenu dans sa noblesse,
avec Jean son oncle, par jugement souverain du 5 nov. 1668.

231. FILLAIRE, *alias* FILLÈRE.

D'or à trois palmes de sinople posées 2 et 1.

La maison de Fillère, encore représentée vers 1780, originaire du Velay, a fourni plusieurs juges-mages et lieutenants généraux civils et criminels en la sénéchaussée du Puy. Hugues de Fillère, Sgr de Bornette et du Charrouil, fut député du tiers état aux états généraux de 1614 tenus à Paris. (ARNAUD, II, 101. — BOUILLET, III, 62.)

I. André de Fillère, fut père de

II. Jean de Fillère, ép. 1° le 7 janvier 1525 Vidale Bordet ; 2° Françoise Leques, dont il eut :

III. Hugues de Fillère, Sgr de Bornette, juge-mage du Puy, 1628, avait ép. le 29 déc. 1597 Marguerite de Baile, et il en eut :

IV. Marcellin de Fillère, Sgr du Charrouil, Bornette, Chadenac, conseiller du roi, juge-mage et lieutenant général civil et criminel en la sénéchaussée du Puy 1638, ép. 1° le 1er fév. 1630 Anne de la Veulhe ; 2° le 27 nov. 1647 Laurence de Bérard de Montalet, dont il eut : 1. Jean qui suit ; 2. François : maintenus dans leur noblesse, avec leur père, par jugement souverain du 10 sept. 1669.

V. Jean de Fillère, Sgr de Cheylon, du Charrouil, le Brignon et le Chomeil, juge-mage et lieutenant général de la sénéchaussée du Puy 1689, assista en qualité de commissaire ordinaire aux états de Velay de 1691 ; il était alors baron du Charrouil et premier président en la sénéchaussée, siége et présidial du Puy.

232. FLANDRIN.

D'azur à une fasce d'or accompagnée de trois roses d'argent 2 et 1.

I. Guigon de Flandrin, fut père de

II. Guinot de Flandrin vivant en 1482, eut pour fils

III. Jean de Flandrin, Sgr de Porcherolles, ép. Anne de Sampzon, et il en eut : 1. Jean qui suit ; 2. Guillaume.

IV. Jean de Flandrin, Sgr de Porcherolles, vivant en 1533, ép. Anne Baudon, et il en eut : 1. Guillaume qui suit ; 2. Jean.

V. Guillaume de Flandrin, écuyer, Sgr de Porcherolles, ép. le 9 juill. 1563 Marguerite Verdier, et il en eut : 1. Jean qui suit ; 2. Antoine qui a fait la Br. B.

VI. Jean de Flandrin, Sgr de Porcherolles, ép. le 4 nov. 1641 Gillette Joubert, et il en eut : 1. Guillaume ; 2. Jean : maintenus dans leur noblesse par jugement souverain du 6 juin 1669.

Br. B. VI. Antoine de Flandrin, fut père de

VII. Pierre de Flandrin, Sgr de Porcherolles, demeurant à Mont-pezat, D. de Viviers, fut maintenu dans sa noblesse par jugement souverain du 6 juin 1669.

233. FLORIT DE CLAMOUZE DE CORSAC.

D'azur à l'oie d'argent au chef de gueule chargé d'un casque d'argent.
La maison de Rivière de Corsac portait : d'azur au cygne d'argent à une épée de même passant en bande au-dessous du col, et en chef un croissant d'argent entre deux étoiles d'or.

La maison de Florit est originaire du diocèse de Mende. Elle fut ano-blie en 1565 : les lettres patentes enregistrées à la chambre des comptes de Paris, le 7 juin 1565 furent données : « Aiant esgard et considération aux bons et agréables services que nostre cher et bien amé Guilhaume de Florit du Bacon a faictz depuis vingt-cinq ans en ça... » CHARLES. (G. DE BURDIN, Doc. hist. sur la prov. de Gévaudan, II, 352.)

I. Guillaume de Florit, Sgr du Bacon, ép. Michelette Sauret, dont il eut : 1. Jacques qui suit ; 2. Jean, auteur d'une branche éteinte en 1835, en la personne du comte de Clamouze, colonel, chevalier de Saint-Louis et de l'ordre de Saint-Lazare.

II. Jacques de Florit, Sgr de la Tour de Clamouze, Bacon, le Cheylar et Saint-Laurent de Muret, ép. le 2 déc. 1584 Louise de la Tour, dont il eut : 1. Guillaume, qui suit ; 2. Aimar ; 3. Marguerite.

III. Guillaume de Florit, Sgr de la Tour de Clamouze, le Cheylar, ép. le 1er mars 1613 Brunette de Loubeirac, dont il eut :

IV. Jean-Louis de Florit, Sgr de Clamouze, le Cheylar, ép. le 19 mai 1647 Louise de Malbosc, dont il eut : Pierre qui suit, et fut maintenu dans sa noblesse par jugement souverain du 26 nov. 1669.

V. Pierre-Antoine de Florit de Clamouze, Sgr de Clamouze, le Cheylar, ép. le 13 mai 1678 Louise de la Tour, dont il eut : 1. Claude qui suit ; 2. Louis-Eustache ; 3. Christophe, établi à Oporto (Portugal), dont la postérité s'est éteinte en la personne de la mère du général Négrier ; 4. Marie-Rose.

VI. Claude de Florit de la Tour, Sgr de Clamouze, le Cheylar, ép. le 17 fév. 1723 Thècle d'Altier, dont il eut : 1. Claude qui suit ; 2. Louis-Eustache, abbé de Clamouze, chanoine à Mende ; 3. Fran-çois-Urbain, abbé de la Tour, chanoine à Mende ; 4. Louise-Marie-Rose, religieuse.

VII. Claude-Jean-Baptiste de Florit de la Tour, Sgr de Clamouze et de Lambrandes, ép. le 23 janvier 1756 Marie-Louise-Suzanne de Rivière de Corsac, héritière de la maison de Corsac, dont il eut :

1. Jean qui suit; 2. Jean-Baptiste-Augustin, chevalier de Clamouze, chev. de Saint-Louis, page de Madame comtesse de Provence, lieutenant-colonel; 3. Clément, officier au régiment de Touraine, chev. de Saint-Louis, prit part à l'expédition d'Amérique sous les ordres de Rochambeau ; commandant des grenadiers légion de Mirabeau dans l'armée de Condé, fut tué à Schussenried, le 29 sept. 1796 ; 4. Thècle-Charlotte, religieuse de la Visitation du Puy, massacrée on 1793.

VIII. Jean-Baptiste-François-Félix-Prosper de Florit de la Tour de Clamouze, comte de Corsac, héritier du général Charles de Rivière, comte de Corsac, mort en 1769 gouverneur de Givet et de Charlemont, ép. 1° le 10 fév. 1785 N... de Wolonzac de Malespina, dont il eut : 1. Joseph-Gaston qui suit; 2° le 14 sept. 1798 Marie-Adélaïde Bourel de Lagrange dont il eut : 2. Urbain, qui a fait la Br. B.; 3. et Jacques-Marie-Félix-Hippolyte-Alphonse, ancien officier au 6e régiment d'infanterie de la garde royale. Le comte de Corsac commandait une compagnie de gentilshommes qui portait son nom à l'armée de Condé; il fut maire de Mende en 1815; inspecteur des gardes nationales de la Lozère, et chargé du commandement militaire dans les départements de l'Ardèche, du Gard et de la Lozère après la seconde Restauration.

IX. Joseph-Gaston de Florit de la Tour de Clamouze de Corsac, ancien gendarme d'ordonnance, ép. 1° Héloïse Bonnel de la Barthe, dont il eut une fille religieuse de la Visitation à Avignon; 2° en 1818, Clémentine de Charpal, dont il eut : 1. Achille, mort sans postérité; 2. Arnicie, mariée à Charles de Rochemure.

Br. B. IX. Urbain-Félix-Charles de Florit de la Tour de Clamouze de Corsac, ancien officier au 10e régt de ligne, chevalier de Saint-Ferdinand d'Espagne, ép. le 17 février 1829 Clémence-Augustine-Geneviève de Lescure, dont il eut : 1. Marie-Félicie-Céleste, alliée le 3 avril 1848 à Joseph de Chapelain; 2. Henri-Félix-Alphonse-Clément.

234. FLORES, alias FLOTTE.

Lozangé d'argent et de gueule au chef d'or. DEVISE : *Tout flotte.*

Le nom de Flotte est très-ancien et très-noble et l'était déjà l'an 1080. Artaud Flotte s'attacha l'an 1150 aux intérêts de Bérenger le jeune, comte de Provence, contre la comtesse de Baux, et y fut en grande considération. Il est la tige de toutes les branches de cette famille, dont l'aînée a possédé la terre de Montmaur, troisième baronie du Dauphiné. Georges, Sgr de la Roche, qui vivait l'an 1531, fut l'auteur de la branche maintenue par M. de Bezons. (CHORIER, III, 258.)

Le Cartulaire de l'église de Gap parle de quatre frères du nom de Flotte, qui conduisaient

une brigade de quatre cents croisés à la terre sainte. Ces quatre frères, au retour de la croisade d'Embrun, firent les quatre branches de cette maison : les Sgrs de la Roche en Dauphiné;
les Sgrs de Cuebris, de Saint-Paul de Vence, de Saint-Antonin et de Roquevaire, qui firent deux
branches en Provence; et une quatrième branche à Nice, éteinte au commencement du
XVIIIe siècle. (MAYNIER, 126.)

I. Georges de Flotes, Sgr et baron de la Roche, ép. Marguerite de
la Tour, et il en eut :

II. Jean de Flotes, chevalier, Sgr et baron de la Roche, t. le
3 mars 1569, et fut père de

III. Balthazar de Flotes, Sgr et comte de la Roche, ép. Isabeau
des Assars de Laudun, et il en eut :

IV. Balthazar de Flotes, Sgr et comte de la Roche, ép. le 23 janv.
1610 Anne de la Vernade, et il en eut : 1. Jean-Baptiste de Flotes de
Montauban des Assars de Laudun, baron de la Roche, Sgr majeu
de Mirabel y demeurant, D. de Viviers, ép. le 25 avril 1644 Louise
de Toulon de la Lopie dont une fille, Françoise, mariée 1° le 8 fév.
1661 à Sylvestre d'Apchier; 2° en 1671 à Louis-Adhémar de Brunier, comte d'Aps, baron de Marsan et de Beaulieu ; 2. Guillaume,
Sgr de Sévérac, ép. le 9 fév. 1660 Louise Barbin; 3. Henri, Sgr de
Montels: maintenus dans leur noblesse par jugement souverain du
21 mars 1670.

235. FLOTTES.

D'azur à trois fasces ondées d'argent, surmontées d'une coquille d'or.

I. Pierre de Flottes, Sgr de Sabasan, eut pour enfants : 1. Raimond, marié le 30 oct. 1559 à Florence de Cailus; 2. et

II. Jean de Flottes, Sgr de Ribaute, ép. le 1er janv. 1580 Marie
Glaise, et il en eut : 1. Pierre qui suit; 2. Jean, qui a fait la Br. B.

III. Pierre de Flottes, fut père de

IV. Alexandre de Flottes, Sgr de Sabasan, demeurant à Pézénas,
ép. le 25 sept. 1649 Françoise de Mons, et fut maintenu dans sa
noblesse par jugement souverain du 26 sept. 1669.

Br. B. III. Jean de Flottes, Sgr de Ribaute, ép. le 11 avril 1627
Suzanne de Guibal, et il en eut :

IV. Jean de Flottes, de la ville de Saint-Pons, maintenu dans sa
noblesse par jugement souverain du 26 sept. 1669.

236. FONTANON.

D'or au lion de gueules, tenant de sa patte sénestre un cœur de même.

Philippe de Fontanon, ci-devant capitaine au régt de cavalerie de Balthazar, demeurant à Montpellier, fut déclaré noble le 27 janv. 1670, en conséquence des charges de général en la cour des aides et de maître des comptes à Montpellier, exercées par François et Jean, père et aïeul dudit Philippe.

237. FONTUNIÉ.

D'azur à une fontaine à cinq tuyaux d'argent.

I. Robert de Fontunié, fut père de

II. Guérin de Fontunié, ép. le 9 nov. 1550 Benoîte de Merle, et il en eut : 1. Jean qui suit ; 2. Pierre, chanoine et comte de Brioude.

III. Jean de Fontunié, écuyer, Sgr de Salettes, Fraissinet et la Viale de Tours, fut père de

IV. François de Fontunié, Sgr de la Mudat, ép. le 7 janv. 1615 Anne-Guérin, et il en eut : 1. Pierre qui suit ; 2. Claude, doyen du Malzieu.

V. Pierre-Honoré de Fontunié, Sgr de Salettes, y demeurant, D. de Mende, ép. le 14 fév. 1662 Angélique Parand, et fut maintenu dans sa noblesse par jugement souverain du 15 juill. 1669.

238. FORÉS, *alias* FORETS.

I. Philippe de Forés, Sgr de Carlencas, eut pour enfants : 1. Thomas qui suit ; 2. Isabeau, mariée à Jean de la Treilhe.

II. Thomas de Forés, Sgr de Carlencas et Levas, conseiller au parlement de Toulouse 1543, eut pour enfants : 1. Jean ; 2. et

III. Jacques de Forés, Sgr de Tréguier et la Blaquière, ép. le 15 oct. 1580 Lucrèce de Montfaucon, et il en eut : 1. François ; 2. Pierre qui suit ; 3. et Arnaud.

IV. Pierre de Forés, Sgr de Tréguier, ép. le 6 nov. 1625 Jeanne de Ginestous, et il en eut :

V. Philippe-André de Forés, Sgr de Tréguier, y demeurant, D.
de Lodève, ép. le 14 juin 1664 Louise de Fabre, et fut maintenu dans
sa noblesse par jugement souverain du 29 janv. 1669.

239. FORNAS, *alias* FOURNAS.

D'argent à trois fasces d'azur et un griffon ailé d'or brochant sur le
tout, onglé, langué et couronné d'or.

La maison de Fournas, originaire du Lyonnais, maintenue par M. de
Bezons, a prouvé depuis sa noblesse devant les états généraux de Languedoc le 10 janv. 1722, le 29 déc. 1766, et le 2 déc. 1780. (*Proc. verb.
des états de Languedoc*, 1722, 1766, 1780.) Elle est actuellement répandue en Languedoc, en Dauphiné et en Bretagne. Les titres produits pour
la justification de sa noblesse en remontent la filiation à Gabriel de
Fournas, Sgr de la Brosse, dit le capitaine de la Brosse, vivant sous les
rois François Ier et Henri II, qu'il servit avec la plus grande distinction. (D'HOZIER, *Arm.
gén.*, VI, R. — LACH. DESB., VI, 616. — MAHUL, *Cartul. de Carcassonne*, I, 164.) Gabriel fut
père de

I. André de Fournas, Sgr de la Brosse, gentilhomme ordinaire
de la chambre du roi, capit. d'une compagnie, obtint des lettres
d'anoblissement au mois de juill. 1615 ; il ép. Gabrielle de Jacque-
met de Melot, dont il eut : 1. André, dont la postérité s'établit en
Bretagne en 1765 ; elle est représentée aujourd'hui par Balthazar
de Fournas, officier de marine, marié à N... de Montesson ; 2. et

II. Claude de Fournas de la Brosse, ép. le 13 oct. 1640 Hélène
de Massia, dame de Truilhas, *alias* de Treilhes, D. de Narbonne, dont
il eut : 1. Claude qui suit ; 2. André ; 3. Guillaume, abbé.

III. Claude de Fournas de la Brosse, écuyer, Sgr de Truilhas,
maintenu dans sa noblesse par jugement souverain du 3 déc. 1668,
ép. le 26 nov. 1671 Catherine Daugé, dont il eut : 1. Hyacinthe qui
suit ; 2. Claude, Sgr et baron de Fabrezan, capit. d'infant., chev. de
Saint-Louis, de Saint-Lazare et de N. D. de Mont-Carmel, mort sans
postérité ; 3. Jean-Joseph, capit. au régt de Sanzy, tué au siége de
Barcelone ; 4. Marie-Anne, alliée le 21 janvier 1710 à Joseph de
Brettes.

IV. Hyacinthe-Esprit de Fournas de la Brosse, Sgr de Truilhas,
capit. au régt d'infanterie de la marine 1708, envoyé de la baronie d'Arques aux états généraux de Languedoc 1722, avait ép. le
9 avril 1714 Marguerite de Durante ; dont il eut :

V. Charles de Fournas de la Brosse, baron de Fabrezan, Sgr de
Truilhas, lieut. d'infant. au régt de la marine, envoyé de tour du
Vivarais aux états de Languedoc 1766, ép. le 12 juin 1746 Josèphe-

Gabrielle de Gaillac, dame de Pouzols et de la Gardie, dont il eut :
1. Joseph-Guillaume qui suit; 2. Marie-Josèphe, alliée le 23 juin
1772 à François de Calmès; 3. Joseph-François, lieut. de génie,
servit dans l'armée de Condé 1791-1793, chev. de Saint-Lazare et
de Saint-Louis, mort sans postérité en 1826; 4. Guillaume-Henri-
Claude-Charles, prêtre, mort à Mayorque 1833; 5. Antoinette
reçue à Saint-Cyr 1709; 6. Élisabeth-Anne-Josèphe Blaise, servit
dans l'armée de Condé 1791-1795, passa au service d'Espagne
1794, maréchal de camp 1810, lieutenant général 1824, commandant général de la garde royale, infanterie, capit. général des provinces basques et d'Aragon, commandeur de l'ordre de Saint-Louis,
grand-croix des ordres d'Espagne, mort sans postérité à Saragosse
1845; 7. Lazare-Louis, lieut. de vaisseau, mort en 1805 à Rio de
la Plata sur la frégate *Assuncion*.

VI. Joseph-Guillaume-Gaudens de Fournas de la Brosse, baron
de Fabrezan, lieut. au régt de Flandre-infanterie, envoyé du baron
de Murviel aux états de Languedoc 1780, servit dans l'armée du
prince de Condé 1791-1793, passa en Espagne et servit dans le régt
de Bourbon, chev. de Saint-Louis 1815, mort à Carcassonne en
1825, avait ép. le 10 sept. 1781 Marie-Jeanne-Françoise Ducup, baronne de Moussoulens, dont : 1. Charles qui suit; 2. Victor-Fran-
çois-Joseph, chev. de Malte 1789, servit en Espagne dans les gardes wallonnes, rentra en France en 1808, mousquetaire gris en
1814, fit la campagne d'Espagne en 1823, colonel de dragons, démissionnaire en 1830, chev. de Saint-Louis et de Saint-Ferdinand
d'Espagne, officier de la Lég. d'honn., mort en 1841.

VII. Charles-François-Joseph de Fournas de la Brosse, baron de
Moussoulens, servit en Espagne dans les gardes wallonnes, rentra
en France en 1808, maire de Carcassonne de 1823 à 1830, député
de l'Aude de 1824 à 1827, chev. de la Lég. d'honn., mort en 1848,
avait ép. le 30 avril 1810 Marguerite-Jeanne-Adélaïde de Rolland,
dont il eut : 1. Louis-Joseph-Adolphe qui suit; 2. Amédée-Jean-Antoine-Joseph, qui a fait la Br. B.; 3. Joséphine-Françoise, décédée
en 1830; 4. Louis-Alexandre-Joseph, qui a fait la Br. C.; 5. Claude-
François-Joseph-Évremond, qui a fait la Br. D.; 6. Joseph-Ferdi-
nand-Albert, qui a fait la Br. E.

VIII. Louis-Joseph-Adolphe de Fournas de la Brosse, baron de
Moussoulens, admis à l'école militaire de Saint-Cyr 1827, démissionnaire en 1830, ép. le 22 juin 1852 Anne-Marie-Pauline de Lac-
ger-Brassac, dont : 1. Marie-Joseph-Paul, né le 16 mai 1853; 2. Ma-
rie-Germaine-Caroline-Antoinette, née le 15 nov. 1857.

Br. B. VIII. Amédée-Jean-Antoine-Joseph de Fournas de la Brosse, baron de Fabrezan, ép. le 23 nov. 1847 Marie-Antoinette-Calixte de Busseuil, dont : 1. Charles-Joseph-Antoine-Adolphe, né en 1848; 2. Calixte-Céleste-Joséphine-Marguerite, née en 1855.

Br. C. VIII. Louis-Alexandre-Joseph de Fournas de la Brosse, ép. le 18 fév. 1852 Joséphine-Antoinette de Brunet de Castelpers de Panat, dont : 1. Henri-Joseph-Adolphe, né le 17 nov. 1852; 2. Élisabeth-Calixte-Joséphine, née le 10 juin 1854, morte jeune.

Br. D. VIII. Claude-François-Joseph-Évremond de Fournas de la Brosse, ép. 1° le 10 nov. 1845 Anne-Jacquette de Fumel, dont : 1. Marie-Louis-Charles, né le 29 déc. 1846; 2. Marie-Joseph-Félix, né le 19 janv. 1849; 2° le 28 déc. 1852, Mathilde de Séverac, dont : 3. Marie-Geneviève, née le 13 juill. 1853; 4. Marie-René, né en 1856, mort jeune; 5. Claude-Marie-Georges, né en 1856, mort jeune; 6. André-Ferdinand, né le 8 juill. 1858.

Br. E. VIII. Jacques-Ferdinand-Albert de Fournas de la Brosse, ép. le 17 fév. 1852 Marie-Antoinette-Olympe de Busseuil, dont : Adolphe-Antoine-Joseph-Gaston, né le 16 mai 1853.

240. FORNIER, *alias* FOURNIER.

Écartelé au 1 de gueule au lion rampant d'argent, à l'orle d'azur chargé de cinq quintefeuilles d'or; au 2 d'or au chef d'azur, chargé de trois fleurs de lis d'or; au 3 de gueule au rocher d'or; au 4 d'azur à la bande d'or surmontée d'une étoile de même; sur le tout d'azur au gerfaut d'argent, sur un héron volant d'or.

I. Claude de Fournier, écuyer, rendit hommage le 8 août 1489; il ép. le 13 août 1475 Guillaumette de la Baume, et il en eut :

II. Pierre de Fournier, écuyer, servit dans le ban et arrière-ban 1536; il ép. Anne Brunel, dont il eut :

III. Pierre de Fournier, écuyer, Sgr de Bergieu, ép. 1° le 11 fév. 1556 Anne Roche; 2° le 16 août 1583 Jeanne Guérin, et il en eut :

IV. André de Fournier, Sgr de Matre, ép. 1° le 18 janv. 1604 Catherine Babrun; 2° le 25 juin 1622 Marie Vincent; il eut de son premier mariage :

V. Théodore de Fournier, ép. le 25 juin 1622 Marie Cogneu, et il en eut : 1. André, Sgr de Matre, D. d'Uzès, ép. le 24 fév. 1666 Lucrèce d'Arbalestrier; 2. et Jean-Antoine, Sgr de l'Olive : maintenus dans leur noblesse par jugement souverain du 16 déc. 1669.

241. FOULLAQUIER.

D'argent à deux fasces de sinople, au chef de gueule à trois étoiles d'or. Raimond de Foullaquier, *alias* Follaquier, et Guillaume, damoiseaux, rendirent hommage en 1210 et 1233 pour des biens situés dans la viguerie de Sommières. (*Archiv. de la cour des comptes de Montpellier*, extrait par D. Vaissette, *Bibl. imp. mss. Lang.*, 108.) On trouve, en Rouergue, une autre maison de Foulhaquier ou Folhaquier, connue depuis le XII⁰ siècle, qui donna un commandeur du Temple. Romaine de Folhaquier était mariée, avant 1430, à Bernard de Montcalm, Sgr de Saint-Véran. (BARRAU, II, 692.)

I. Claude de Foullaquier du mas d'Augène, frère et exécuteur testamentaire de Léonard, Sgr de la Caune, eut pour fils :

II. Antoine de Foullaquier, Sgr d'Augène, eut pour fils : 1. Antoine qui suit; 2. Jeanne, mariée à Pierre de la Roque.

III. Antoine de Foullaquier, Sgr d'Augène, ép. le 20 avril 1607 Marguerite de la Salle, et il en eut :

IV. Georges de Foullaquier, Sgr d'Augène, demeurant à Roquemaure, D. d'Uzès, ép. le 23 avril 1644 Delphine des Aimars, et fut maintenu dans sa noblesse par jugement souverain du 1er fév. 1669.

242. FOULLAQUIER.

Mêmes armes.

I. Jean de Foullaquier, dénombra le 20 avril 1534; il ép. le 31 août 1537 Gabrielle de Gep de Fos, et il en eut :

II. Gabriel de Foullaquier, ép. 1° le 29 mars 1579 Marguerite André; 2° le 15 fév. 1594 Marguerite Chacon; 3° le 7 nov. 1613 Jeanne de la Garde, et il en eut :

III. Jean de Foullaquier, écuyer, Sgr de Clix, co-Sgr de Bisan, y demeurant, D. de Narbonne, ép. 1° le 18 fév. 1637 Françoise de Chambert; 2° le 18 janv. 1645 Anne Daffis; 3° le 1er fév. 1657 Magdeleine de Graves, et fut maintenu dans sa noblesse par jugement souverain du 28 mars 1670.

243. FRAISSINET.

I. Jean de Fraissinet, fut père de

II. Raimond de Fraissinet, Sgr de Vessas, ép. le 1er juin 1525 Françoise de Guibal, et il en eut : 1. Ciffre; 2. et

III. Guillaume de Fraissinet, Sgr de Vessas, capitaine châtelain de Cessenon, 1555, ép. Jacquette de Bïdes, et il en eut :

IV. Hercule de Fraissinet, Sgr de Vessas et Causset, capit. châtelain à Cessenon 1585, ép. le 9 fév. 1582 Françoise de Thézan, dont il eut :

V. Guillaume de Fraissinet, Sgr de Vessas, capitaine châtelain et bailli de la ville et châtellenie de Cessenon, ép. le 9 fév. 1625 Marquise de Guibal, et fut maintenu dans sa noblesse par jugement souverain du 26 mars 1670.

244. FRAMOND DE LA FRAMONDIE.

Bandé d'argent et de gueule de six pièces, parti de gueule au lion d'or, au chef cousu d'azur chargé de trois étoiles d'or.

La maison de Framond de la Framondie, *alias* Faramond, dans quelques titres du XIIIe siècle, est originaire du Rouergue, et connue depuis Hugues Faramond, qui vivait en 1265. Elle fit plusieurs branches, dont une, établie en Gévaudan vers 1660, y est encore représentée de nos jours. Guy de Framond, qui descendait de Hugues au Ve degré, fut père de Hugues, Sgr de la Framondie, auteur de la filiation prouvée devant M. de Bezons. (BARRAU, II, 449. — BURDIN, III, 286.)

I. Hugues de Framond, damoiseau, Sgr de la Framondie, ép. le 19 déc. 1471 Angéline de Chapelu, dont il eut :

II. Jean de Framond, Sgr de la Framondie et du Bosc, ép. Hélène de Maleville, dont il eut : 1. Jean qui suit ; 2. François, chev. de Malte 1549.

III. Jean de Framond, Sgr de la Framondie du Bosc et de Miramont, ép. le 6 mai 1543 Marguerite de Morlhon, dont il eut :

IV. François de Framond de la Framondie, Sgr du Bosc, ép. Louise de la Panouse de Fabrègues, dont il eut :

V. Georges de Framond de la Framondie, Sgr de Grèzes, ép. Claude d'Aurelle, dont il eut : 1. Jacques qui suit, et 2. François, marié le 27 janv. 1664 à Jeanne Soulages de Fredeau : maintenus dans leur noblesse par jugement souverain du 13 déc. 1669.

VI. Jacques de Framond de la Framondie et de Grèzes, ép. le 17 janvier 1692 Jacqueline de Colombet, dont il eut :

VII. Louis-François de Framond de la Framondie, ép. le 19 mars 1725 Marie-Élisabeth-Césarine de Rochefort d'Ailly de Saint-Point, dont il eut : 1. Jacques qui suit ; 2. N....., qui a formé la Br.. B..

VIII. Jacques-Louis-Amédée de Framond de la Framondie et de

Grèzes, capit. de cavalerie, chev. de Saint-Louis, président de l'assemblée de la noblesse tenue à Mende en 1789, ép. en 1765 Antoinette Sauvage, dont il eut : 1. Victor-Amédée qui suit ; 2. N..., chev. de Malte, mort lieut. de vaisseau.

IX. Victor-Amédée de Framond de la Framondie et de Grèzes, chev. de Malte, ép. le 1er juillet 1801. N... de Moré, dont il eut : 1. Amédée qui suit ; 2. Virginie, mariée en 1829 à Louis-Charles de Pinetonde Chambrun.

X. Amédée de Framond de la Framondie, épousa en 1843 N... Chabanot.

Br. B. VIII. N... de Framond d'Antrenas, capit. de vaisseau, ép. N. Crespin, dont il eut :

IX. Auguste de Framond d'Antrenas , ép. N... Valette, dont : 1. Alfred ; 2. Adrien ; 3. Élisa.

245. FUJOL DE VEBRON.

D'or à trois bandes de gueule, écartelé d'azur à trois chevrons d'or, *alias* de gueule à trois cors d'argent 2 et 1.

Maison originaire du diocèse de Mende, dont la noblesse, reconnue par M. de Bezons, fut encore prouvée devant les états généraux de Languedoc le 15 déc. 1787. Indépendamment du jugement de noblesse, il fut produit devant les états plusieurs actes des années 1540, 1538, 1523, 1514 et 1481, comme aussi divers brevets militaires et autres titres honorables. (*Proc. verb. des états de Languedoc, 1787.*)

I. Pierre de Fujol, Sgr de Vebron, co-Sgr de Lanuéjols, acheta Fromagères le 13 août 1514 ; ép. le 26 mai 1523 Jeanne Hébrard, dont il eut :

II. Antoine de Fujol, Sgr de Vebron, gentilhomme servant du roi, gouverneur de Meyrueis 1583, ép. 1° le 15 août 1563 Isabeau de Barral, 2° le 6 avril 1585 Suzanne de Montcalm, dont il eut :

III. Pierre de Fujol, Sgr de Vebron, ép. le 21 mars 1608 Isabeau de la Farelle, dont il eut :

IV. Jean de Fujol, Sgr de Vebron et de Lanuéjols, ép. le 27 avril 1645 Magdeleine du Pont d'Espinassous, dont il eut :

V. Jean-François de Fujol, Sgr de Vebron et de Lanuéjols, maintenu dans sa noblesse par jugement souverain du 29 août 1669, ép. le 24 juin 1683 Jeanne de Malafosse de la Fayolle, dont il eut :

VI. François de Fujol de Vebron, ép. le 19 janvier 1712 Ursule-Reine d'Illaire, dont il eut :

VII. Anne-Étienne de Fujol de Vebron, capit. d'infant., chev. de Saint-Louis, porteur de la procuration de la baronie de Calvisson aux états de Languedoc 1787.

246. GABRIAC.

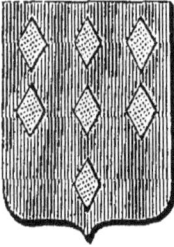

De gueule à sept lozanges d'or 3, 3 et 1.

La maison de Gabriac est une des plus anciennes de Languedoc : Gabriac était une des douze baronies qui avaient entrée aux états de Gévaudan. Les Cadoine ou Cadoene en étaient possesseurs dès le XIIIe siècle, et prenaient indifféremment le nom de Cadoine ou celui de Gabriac, et souvent tous les deux. (LACH. DESB., III, 410.) Bertrand de Cadoene fut évêque d'Uzès ; il mourut en 1441. (*Hist. de Lang.*, V, 8.) Aimery de Girard ép. vers 1410 Isabeau de Cadoene.

I. Guillaume, chevalier, Sgr de Gabriac, t. en 1474 ; il eut pour fils :

II. Raimond de Gabriac, chevalier, Sgr de Gabriac, ép. le 31 oct. 1448 Françoise Alleman, et il en eut :.

III. Jean de Gabriac, Sgr de Cadoene, ép. Anne de Cambis, et il en eut : 1. Jean ; 2. Thomas qui suit ; 3. François ; 4. Claude ; 5. Antoine ; 6. Osias, qui a fait la branche rapportée au n° 247.

IV. Thomas de Gabriac, Sgr de Tignac, ép. Simonne Merin, et il en eut : 1. Pierre qui suit ; 2. Aimar ; 3. Jacques.

V. Pierre de Gabriac, Sgr de Tignac, ép. 1° le 9 mars 1597 Françoise de Caladon ; 2° Catherine d'Agulhac de Beaumefort, et il en eut : 1. Hercule-Antoine qui suit ; 2. Claude, Sgr de Dése.

VI. Antoine-Hercule de Gabriac, Sgr de Tignac, Dése, Ver et Saint-Maurice, ép. le 30 mars 1650 Diane Donsel de Chantarnéjes, et il en eut : 1. Pierre ; 2. Jacques ; 3. autre Jacques ; 4. et Jean-Antoine : maintenus dans leur noblesse, avec leur oncle, par jugement souverain du 3 déc. 1668.

Louise de Gabriac, héritière de cette branche, porta en mariage la baronie de Gabriac, le 2 avril 1644 à Barthélemy de Vallat, Sgr de Roquetaillade, maréchal des camps et armées du roi. Leur fille unique et héritière, Judith de Vallat, dame de Gabriac, Saint-Martin de Cancelade, le Folaquier, ép. le 26 janv. 1662, Jean-Louis de Montcalm. (LACH. DESB., VII, 1.)

247. GABRIAC.

Mêmes armes.

V. Le n° précédent au IIIe degré.

V. Osias de Gabriac, Sgr de Bayrac, fut père de

V. Jacques de Gabriac eut pour fils : 1. Pierre qui suit; 2. François, Sgr de la Fabrègue.

VI. Pierre de Gabriac, Sgr de Sainte-Croix, fut père de : 1. Marc-Antoine; 2. Rostaing : maintenus dans leur noblesse, avec François leur oncle, par jugement souverain du 18 juillet 1669.

248. GABRIAC.

Mêmes armes.

I. Jean de Gabriac, écuyer, Sgr de Gabriac, fut père de

II. Jean de Gabriac, Sgr de Gabriac, de la Falquière, Beasse, Pierrefort et le Sault, ép. le 28 mai 1542 Anne de Barjac, dame de Sault, et en eut : 1. Charles qui suit; 2. Joachim, Sgr de Gabriac.

III. Charles de Cadoene, dit de Gabriac, Sgr de Sault et de Barjac, co-Sgr de la ville du Bourg-Saint-Andéol, capit. de deux cents hommes d'armes 1587; avait épousé le 19 oct. 1583 Jeanne de Pelet de Combas, de la maison de Narbonne, et il en eut :

IV. Joachim de Gabriac, Sgr de Blancheirette et du Sault, capit. d'infanterie au régt de Gordes 1632, ép. le 1er janv. 1633 Françoise de Banne d'Avéjan, et il en eut : 1. François qui suit ; 2. Jeanne, alliée le 26 sept. 1655 à Guillaume de Chanaleilles.

V. François-Joseph de Gabriac, Sgr de Saint-Paulet, ép. le 19 janv. 1659 Jeanne de Rodulph, et fut maintenu dans sa noblesse par jugement souverain du 13 sept. 1669.

Il y avait encore en 1774 deux branches de la maison de Gabriac, anciens possesseurs de la baronie de ce nom. L'une subsistait dans la personne de N. de Gabriac, Sgr en partie du bourg Saint-Andéol en Vivarais, dont la fille unique ép. Henri de Faret, dit le comte de Fournès, brigadier des armées du roi.

L'autre était connue sous le nom de Gabriac Saint-Paulet, et existait en la personne de Joseph-François-Louis, dit le baron de Gabriac, Sgr de Saint-Paulet en Languedoc, marié à Charlotte de Rancs, 1774. (LACH. DESB., VII, 2.)

M. le marquis de Gabriac, sous-lieutenant au régt du Dauphin cavalerie, a fait ses preuves de cour pour monter dans les carrosses du roi en 1789; il ép. en 1790 Marie-Élisabeth Célésia, d'une famille noble de Gênes.

M. le comte de Gabriac prit part aux assemblées de la noblesse de Nimes en 1789.

249. GARDON DE BOULOGNE.

D'azur au chien au repos d'or au chef d'argent chargé de deux étoiles de gueule, parti d'argent à la patte arrachée de cinq onglons de sinople accompagnés de six besants d'argent, 3, 2 et 1.

I. Arnaud de Gardon dénombra en 1541, fut père de

II. Antoine de Gardon, ép. le 31 août 1550 Antoinette de Chailus, dont il eut :

III. Maurice de Gardon, écuyer, ép. le 26 sept. 1583 Marguerite de Boulogne, et il en eut :

IV. Claude de Gardon de Boulogne, Sgr de Châteauneuf, fut choisi par la noblesse du bas Vivarais pour la commander au ban et arrière-ban en 1639 ; il fut maintenu dans sa noblesse par jugement souverain du 20 oct. 1668.

250. GAS DE BAGNOLS.

I. François de Gas, *alias* de Bagnols, écuyer, Sgr de Saint-Gervais, vivant en 1506, ép. Antoinette de Nicolaï, et il en eut :

II. Gervais de Gas de Bagnols, Sgr de Saint-Gervais et de Saint-Marcel d'Ardèche, ép. le 14 fév. 1566 Claude de Vincent, et il en eut :

III. Jean de Gas de Bagnols, Sgr de Saint-Gervais et Saint-Marcel, ép. le 28 juill. 1605 Isabeau de Banne, dont il eut : 1. Louis qui suit ; 2. François ; 3. Simon ; 4. Jean ; 5. Jacques : maintenus dans leur noblesse par jugement souverain du 8 nov. 1670.

IV. Louis de Gas de Bagnols, Sgr de Saint-Gervais, D. d'Uzès, capit. d'infant. au régt de Calvisson 1644, ép. le 5 nov. 1650 Marie de la Faye.

251. GASELES, *alias* GAZELLES.

De gueule au chevron d'or accompagné de trois besants de même.

I. Jean de Gaseles testa en 1526 ; il eut pour enfants : 1. Antoine ; 2. et

II. Bertrand de Gaseles, Sgr de Suchet, *alias* Souchet, ép. le 3 juin 1547 Anne Moine, dont il eut :

III. Jean-Charles de Gaseles, ép. Paule de Marcous, et il en eut : 1. Aimar qui suit ; 2. Fleury.

IV. Aimar de Gaseles, Sgr de Suchet, ép. le 21 avril 1591 Jeanne de Peiran, et il en eut : 1. Aimar qui suit ; 2. Joachim, Sgr de la Combe.

V. Aimar de Gaseles, Sgr de Suchet, D. de Viviers, ép. le 24 juill. 1628 Gasparde de Fay, dont il eut : 1. Aimar; 2. Jacques: maintenus dans leur noblesse, avec leur père et Joachim leur oncle, par jugement souverain des 19 juin et 23 sept. 1669.

252. GEIS, *alias* GEYS.

De gueule à trois fleurs de gesses d'argent 2 et 1, à la bande d'argent chargée de six points de sable.

La maison de Geis, originaire du Vivarais, était divisée très-anciennement en deux branches, éteintes l'une et l'autre. La branche aînée, qui possédait les terres de Geis, Gluyras, Montagu, s'est éteinte en 1550 dans la maison de Guion de Pampelonne; la branche cadette, maintenue en 1669, s'éteignit vers la fin du dernier siècle.

I. Guillaume de Geis eut pour fils : 1. François qui suit ; 2. François-Louis; 3. Louis-Guillaume.

II. François de Geis, écuyer, transigea en 1439 ; il fut père de

III. Louis de Geis, vivant en 1470, eut pour fils

IV. Guillaume de Geis, écuyer, valet de chambre du roi, ép. le 6 nov. 1536 Louise Chabot, et il en eut :

V. Jean de Geis, écuyer, ép. le 3 déc. 1579 Catherine de Barjac, et il en eut :

VI. Antoine de Geis, écuyer, ép. le 26 fév. 1612 Anne de Platre, dont il eut :

VII. Jean-Antoine de Geis, Sgr de Saint-Peray, D. de Viviers, ép. le 22 nov. 1645 Catherine Monroi, et fut maintenu dans sa noblesse par jugement souverain du 13 déc. 1669.

Jean-Antoine de Geis, Sgr de Montgaillard, fit enregistrer ses armes dans l'*Armorial* de 1696.

253. GENAS.

Écartelé au 1 et 4 d'or au genêt à quatre branches passées en deux doubles sautoirs de sinople qui est de Genas; au 2 et 3 de gueule à l'aigle éployée d'argent qui est de Spifame.

Cette famille a possédé la terre de Genas dans le Viennois, qui lui a communiqué son nom. Elle a occupé des postes importants à la chambre des comptes de Grenoble, au parlement de Provence et aux états généraux de Languedoc. Deux branches passèrent en Languedoc. (CHORIER, III, 280. — PITHON-CURT, IV, 448.) Cette famille a donné en outre trois chevaliers de l'ordre de Malte, 1547, 1576, 1577. (VERTOT, VII, 41.) Louis de Genas, ép. en 1407 Catherine Spifame, dont il eut :

I. François de Genas, commissaire du roi aux états généraux de Languedoc 1443 et 1483, président à la cour des comptes de Dauphiné 1476, général 1478, fut chargé par Louis XI de travailler à la paix qui fut faite depuis avec René, roi de Sicile; il ép. Béatrix de Galiens, dont il eut :

II. Jean de Genas, établi en Provence, ép. 1° le 4 fév. 1454 Marguerite de Chabannes ; 2° Catherine de Seytres, dont il eut : 1. Félix; 2. François qui suit; 3. Alexandre.

III. François de Genas, ép. Françoise Mayaud, dame d'Aiguille, avec laquelle ils obtinrent des lettres de naturalité au mois d'août 1541, enregistrées en la chambre des comptes de Paris le 19 oct. suivant ; il eut de son mariage

IV. François de Genas, Sgr d'Aiguille, conseiller au parlement de Provence 1537, ép. Claire de Rodulph, dont il eut : 1. Louis qui suit; 2. Melchior, qui a fait la Br. B. ; 3. Blaise, marié à Marguerite de Saulse, auteur d'une branche établie en Dauphiné.

V. Louis de Genas, Sgr de Puechredon, gouverneur de Sommières 1598, avait ép. le 28 avril 1595 Marie de Pavée de Villevieille, dont il eut :

VI. François de Genas, Sgr de Puechredon, ép. le 16 mars 1642 Gervaise Rey, et fut maintenu dans sa noblesse par jugement souverain du 18 décembre 1668; il eut pour fils : Jean, marié à Marguerite de Possac, qui fit enregistrer ses armes dans l'*Armorial* de 1696.

Br. B. IV. Melchior de Genas, Sgr de Beauvoisin, ép. vers 1540 Louise de Vilages, et il en eut : 1. Louis; 2. François ; 3. Jean qui suit; 4. Jacques.

V. Jean de Genas, Sgr de Beauvoisin, ép. le 8 déc. 1631 Rose Favier de Codolet, et il en eut:

VI. Jacob de Genas, Sgr de Beauvoisin, ép. le 7 sept. 1655 Suzanne de la Nogarède, et fut maintenu dans sa noblesse par jugement souverain du 10 déc. 1668 ; il eut de son mariage :

VII. Louis de Genas, Sgr de Durfort et de Beauvoisin, ép. en 1682 Olympe Boisson, dont il eut :

VIII. Louis de Genas, Sgr de Beauvoisin, de Durfort et de Fressac, ép. le 12 mars 1714 Suzanne d'Hauteville, dame de Vauvert, dont il eut : 1. Pierre-Louis ; 2. Louis-Simon ; 3. Antonie-Suzanne ; 4. Gabrielle-Charlotte ; 5. Marguerite-Charlotte (1750).

Louis de Genas vendit en 1741 la terre de Beauvoisin à Philippe de Baschi.

254. GEOFFROI DE BOUSIGUES.

D'azur à une tour d'argent donjonnée de trois pièces.

La maison de Bousigues était la meilleure du diocèse d'Agde. Elle est éteinte depuis plusieurs années, 1698. (BASVILLE, *Mém. sur le Languedoc.*) La seigneurie de Bousigues fut achetée depuis par une famille Combet, qui a donné des conseillers à la cour des comptes, aides, et finances de Montpellier (D'AIGREFEUILLE, I, 613), et plus tard par une famille Leguepeys.

I. Barthélemy de Geoffroi, damoiseau, ép. le 1ᵉʳ janv. 1487 Isabeau Brancassi, fille de Jean, dont il eut :

II. François de Geoffroi, Sgr et baron de Bousigues, ép. Isabeau de Lastic, dont il eut :

III. Pierre de Geoffroi, écuyer, baron de Bousigues et de Sumène, viguier du Vigan, ép. le 3 mars 1561 Jeanne de Rochemore, et il en eut : 1. Jean qui suit ; 2. Jeanne, ép. le 27 août 1600 Guillaume de Bonnet.

IV. Jean de Geoffroi, baron de Bousigues, ép. le 30 mars 1602 Marie de Montchal, dont il eut :

V. Timothée de Geoffroi, Sgr et baron de Bousigues, ép. en troisièmes noces le 11 juin 1656 Françoise de Guilleminet ; il fut maintenu dans sa noblesse par jugement souverain le 19 nov. 1668 ; il eut de son mariage un fils mort sans postérité.

255. GEP DE FOS.

D'argent à trois molettes d'éperon de gueule.

I. Guillaume de Gep, Sgr de Fos et de Sauvian, rendit hommage au roi le 7 juin 1485, fut commandant de 26 lances de Béziers 1530 ; il ép. Jeanne de Rouch, dont il eut : 1. Gabriel qui suit ; 2. Marquise, alliée le 21 juin 1544 à Claude de Narbonne-Caylus, baron de Faugères.

II. Gabriel de Gep, Sgr de Fos et de Sauvian, capit. châtelain de Cessenon, gentilhomme ordinaire de la chambre du roi Charles IX 1570 ; chevalier de Saint-Michel 1586 ; ép. 1° le 28 mars 1560 Charlotte de Sarret ; 2° le 14 oct. 1565 Anne de Laudun ; il eut pour enfants : 1. Raymond qui suit ; 2. Antoine qui a fait la Br. B.

III. Raymond de Gep, Sgr de Fos, enseigne de la compagnie d'ordonnance du Sgr de Sérignan, ép. le 11 août 1586 Anne de Rouch d'Arnoye, dont il eut :

I.   15

IV. Jean-Gabriel de Gep, Sgr de Fos et de Sauvian, ép. le 20 avril 1624 Constance de Lort, et il en eut :

V. Jacques de Gep, Sgr de Fos et de Sauvian, maintenu dans sa noblesse par jugement souverain du 5 oct. 1668.

Br. B. III. Antoine de Gep, Sgr de Sauvian, ép. 1° le 13 mars 1593 Diane de Bonnet; 2° le 4 fév. 1603 Catherine Moret; il eut pour enfants : 1. Jacques qui suit; 2. Marquis; 3. Pierre; 4. Léonard; 5. Gabriel, Sgr des Fontanes; 6. Anne; 7. Antoinette.

IV. Jacques de Gep, Sgr de Sauvian, capit. d'infant. au régt de Sérignan 1635; sergent de bataille 1639; mestre de camp 1655; avait ép. le 10 mars 1630 Jeanne de Lort, dont il eut : 1. Pierre qui suit; 2. Guillaume, *alias* Gabriel; 3. Marquis, chev. de Malte 1649 : maintenus dans leur noblesse avec leur oncle Gabriel par jugement souverain du 5 oct. 1668.

256. GÉVAUDAN.

D'azur à la croix d'argent accompagnée au 1 et 4 canton d'un soleil d'or, au 2 et 3 d'un croissant d'argent.

Cette famille, maintenue dans sa noblesse en conséquence de la charge de président à la chambre des comptes de Montpellier, remplie en 1617 par un de ses auteurs, s'est éteinte il y a quelques années. Plusieurs de ses membres prirent part aux assemblées de la noblesse tenues à Montpellier et à Nîmes en 1789.

I. Honoré de Gévaudan, conseiller au présidial de Nîmes, fut père de

II. Honoré de Gévaudan, président en la chambre des comptes de Montpellier 1617, conseiller d'État 1621; avait ép. le 23 nov. 1610 Gabrielle-Georges de Taraut, et il en eut : 1. Charles qui suit; 2. Henri, Sgr de Gois et Entraigues, demeurant au D. de Viviers : maintenus dans leur noblesse par jugement souverain du 19 déc. 1668, en conséquence de la charge de président en la chambre des comptes exercée par Honoré, leur père.

III. Charles de Gévaudan, Sgr de Marguerittes, conseiller au présidial de Nîmes, ép. le 28 déc. 1639 Jeanne Vilar, dont il eut

IV. Henri de Gévaudan, Sgr de Marguerittes, conseiller au présidial, ép. Catherine de la Baume, dont il eut :

V. Charles de Gévaudan, Sgr de Marguerittes, conseiller du roi, juge au présidial, ép. le 28 avril 1731 Louise Moustardier.

257. GINESTOUS.

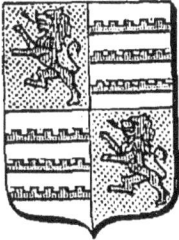

Écartelé au 1 et 4 d'or au lion rampant de gueule armé et lampassé de sable, qui est de Ginestous; au 2 et 3 d'argent à trois fasces crénelées de cinq pièces de gueule, qui est de Montdardier. DEVISES : *Nec vi nec metu;* — *Stabit atque florebit.*

La maison de Ginestous est originaire des basses Cévennes, où elle a possédé très-anciennement des seigneuries importantes. Hugues de Ginestous fit, avec d'autres seigneurs, une reconnaissance à Roger, vicomte de Béziers, le 11 des calendes de sept. 1181, avec serment de fidélité et promesse de le servir dans toutes les guerres qu'il aurait à soutenir contre le comte de Toulouse. (*Hist. de Lang.*, III, 151.) Les preuves faites devant M. de Bezons donnent une filiation suivie depuis 1215. La maison de Ginestous était alors divisée en quatre branches, dont trois en Languedoc et une en Vivarais, dite des marquis de la Tourrette. La filiation de cette maison depuis 1181 a été certifiée par Chérin, dans les *Preuves de cour* le 27 nov. 1781, et devant les états généraux de Languedoc le 3 déc. 1780. Deux branches de cette maison ont été honorées de lettres patentes de marquisat, 1° en janvier 1753, enregistrées au parlement de Toulouse le 28 nov. 1753; 2° en décembre 1769, enregistrées au parlement de Toulouse le 29 mai 1770. Il est dit dans ces lettres que l'érection en marquisat a lieu « en considération de l'ancienneté de la famille, une des plus qualifiées de la province de Languedoc, dont quelques-uns ont été barons des états, et des services qu'elle nous a rendus et aux rois nos prédécesseurs pendant plusieurs siècles. » (*Preuves de cour.* — *Proc. verb. des états de Languedoc*, 1780.) Le *marquis* et le *comte* de Ginestous prirent part aux assemblées de la noblesse de la sénéchaussée de Montpellier en 1789.

I. Valentin, *alias* Raimond de Ginestous, Sgr du château de Galand, fit une donation à son fils le 13 des calendes de sept. 1215 ; il transigea en 1255 et fut père de : 1. Raimond qui suit ; 2. autre Raimond, allié en 1226 à Marie de Roquadu.

II. Raimond de Ginestous, chevalier, Sgr du château de Galand, ép. avant 1277 Aigline de Madières, dame de Montdardier, dont il eut : 1. Bégon ; 2. Frédol qui suit ; 3. Gausselin.

III. Frédol de Ginestous, co-Sgr de Montdardier et de Madières, t. en 1326 ; il avait ép. Galburge, dont il eut : 1. Raimond ; 2. Marie, alliée à Arnaud de Montolieu ; 3. et

IV. Bérard de Ginestous, damoiseau, co-Sgr de Montdardier et de Madières, fut père de

V. Raimond de Ginestous, co-Sgr de Montdardier et de Madières, héritier d'Arnaud de Montolieu, donna cet héritage à Bérard, son frère, dont la postérité sera rapportée au n° 258 ; il ép. Agnès de Galand, dont il eut :

VI. Bérard de Ginestous, co-Sgr de Montdardier et de Madières, ép. N... d'Alleman, dont il eut :

VII. Guillaume de Ginestous, co-Sgr de Montdardier et de Madières, ép. av. 1443 Isabelle de Montesquieu, dont il eut :

VIII. Antoine de Ginestous, co-Sgr de Montdardier et de Madiè-res, ép. avant 1499 Lévezonne d'Adhémar, dont il eut : 1. Louis qui suit ; 2. Guitard.

IX. Louis de Ginestous, co-Sgr de Montdardier et de Madières, ép. Delphine de Popien, dont il eut :

X. Pierre de Ginestous , co-Sgr de Montdardier et de Madières, ép. Marguerite de Thezan, dont il eut : 1. Girard qui suit ; 2. Pons, qui a fait la branche rapportée sous le n° 259 ; 3. Guillaume ; 4. Jean ; 5. Jacques.

XI. Girard de Ginestous, Sgr de Montdardier, ép. le 2 mai 1557 Isabeau de Voisins, dont il eut : 1. Jean qui suit ; 2. Pierre ; 3. Jacques.

XII. Jean de Ginestous, Sgr de Montdardier, ép. Marie de Vabre, dont il eut :

XIII. Charles de Ginestous, Sgr de la Jurade, puis de Montdardier, ép. le 8 déc. 1624 Jeanne de Bonnail, et il en eut : 1. François, ministre, Sgr de Montdardier ; 2. Simon, Sgr de Champallon, et trois autres enfants : maintenus dans leur noblesse par jugement souverain du 5 nov. 1668.

Cette branche s'est éteinte dans la maison d'Assas, en 1726.

258. GINESTOUS.

Mêmes armes.

Bérard de Ginestous, damoiseau, Sgr de Montdardier et de Madières, eut pour enfants : Raimond et Bérard. Raimond donna à son frère Bérard l'héritage d'Arnaud de Montolieu le 8 juillet 1365. Bérard de Ginestous, Sgr de Montolieu, passa bail à nouveau fief le 26 oct. 1369 (Marquis D'AUBAÏS, II, 258.)

I. Bérard de Ginestous, ép. av. 1400 Béatrix de la Roque, qui passa un bail en 1417 avec son fils,

II. Gausselin de Ginestous, passa un bail en 1438 avec son fils,

III. Bérard de Ginestous, vivant en 1460, fut père de

IV. Matthieu de Ginestous, testa en 1509, eut pour fils :

V. Jean de Ginestous, fut père de

VI. Alexandre de Ginestous, ép. Antoinette Dorrière, et il en eut :

VII. François de Ginestous, Sgr de Ginestous, ép. Fulcrande de Faucon, dont il eut :

VIII. François de Ginestous, écuyer, Sgr de Ginestous, fut père de

IX. François de Ginestous, Sgr de Ginestous, ép. le 29 janv. 1586 Catherine de Belcastel, dont il eut :

X. Daniel de Ginestous, Sgr de Ginestous, ép. le 22 oct. 1614 Anne Gautier, et il en eut : 1. Jacques qui suit ; 2. Jean, baron de Moissac, ép. Anne de Blancar, dont la postérité s'est éteinte dans trois filles : *a.* Anne mariée au marquis de Fournès ; *b.* N..., mariée à Louis de Ginestous ; *c.* Marguerite, mariée le 8 janv. 1692 au marquis de Ganges ; 3. Louis, Sgr de la Tour.

XI. Jacques de Ginestous, Sgr de Ginestous, le Beaucels et la Cadière, ép. le 6 juin 1640 Marie de Jossaud, et fut maintenu dans sa noblesse avec ses frères par jugement souverain du 5 nov. 1668 ; il eut de son mariage

XII. Louis de Ginestous, Sgr de Ginestous, le Beaucels, Montolieu, la Cadière, ép. N... de Ginestous, sa cousine, et en eut :

XIII. Louis de Ginestous, Sgr de Ginestous, le Beaucels, Montolieu, la Cadière, baron de Saint-Étienne.

Marie de Ginestous, veuve du comte de Vignolles, obtint des lettres patentes de marquisat au mois de déc. 1769, enregistrées au parlement de Toulouse le 29 mai 1770, où il est dit que « Marie de Ginestous est née d'une maison aussi ancienne qu'illustre, dont l'origine remonte aux temps les plus reculés, citée dans le xııe siècle... » Elle avait institué héritier de ses biens et de son titre le comte de Ganges, mort sans descendants mâles. Cette succession passa dans la branche du marquis de Ginestous de Gravières, son plus proche parent.

259. GINESTOUS.

Écartelé comme ci-dessus.
V. le numéro 257 au Xe degré.

XI. Pons de Ginestous, Sgr de la Jurade, co-Sgr d'Aumessas et du château de Montdardier, ép. le 14 août 1569 Jacquette de Capluc, dont il eut :

XII. Pierre de Ginestous, Sgr de Saint-Maurice, terre acquise par son père de l'évêque de Lodève, le 13 oct. 1601 ; il ép. le 10 sept. 1600 Marie de Roquefeuil, dont il eut : 1. Henri qui suit ; 2. François, auteur de la Br. B.

XIII. Henri de Ginestous, Sgr de Saint-Maurice, del Ranc et du Castellet, ép. le 28 oct. 1643 Isabeau de Rochemore, dont il eut : 1. Pierre, marié le 17 juillet 1666 à Marie d'Autrivai, dont une fille, Catherine, dame de Saint-Maurice, alliée à Philippe de Benoist de la Prunarède ; 2. Jean-Joseph, chev. de Malte 1667 ; 3. et

XIV. Henri de Ginestous, Sgr du Castellet, capit. au régt de Castries 1681, maintenu dans sa noblesse avec ses frères par jugement souverain du 5 nov. 1668, ép. le 29 déc. 1688 Marie de Clausel, dont il eut :

XV. Joseph de Ginestous, Sgr de Marou et de Saint-Jean de Fos, ép. le 11 août 1722 Marianne de Jougla de Lauzière, dont il eut : 1. François-Armand qui suit; 2. Marc-Antoine, officier au régt de Condé, tué à Sufflenheim en 1736.

XVI. François-Armand de Ginestous, comte de Ginestous, baron de la Liquisse, Sgr de Marou, fit partie des états de Languedoc 1780; il avait ép. 1° le 8 sept. 1749 Marie-Henriette de Benoist de la Prunarède; 2° le 14 fév. 1762 Françoise de Villardi de Quinson-Montlaur, dont il eut : 1. Anne-Eugène-François-Louis qui suit; 2. Laurent-Flavie, officier de la marine royale, mort sans postérité 1787; 3. Pierre-Joseph-Guillaume.

XVII. Anne-Eugène-François-Louis de Ginestous, comte de Ginestous, baron de la Liquisse, Sgr du Causse de la Selle, le Villaret, Bertrand les Claparèdes, page de Mesdames de France, sœurs de Louis XVI, capit. au régt Royal-Piémont en 1785, chev. de Saint-Louis 1814; avait ép. le 23 fév. 1787 Marie-Jeanne-Henriette de Julien de Vinezac, dont il eut :

XVIII. Eugène-François-Joseph, comte de Ginestous, baron de la Liquisse, capit.-brigadier des mousquetaires de la garde du roi 1814; chev. de la Lég. d'honn. 1815, et de l'ordre de Saint-Ferdinand 1823; attaché à l'état-major de S. A. R. Mgr le duc d'Angoulême en 1815, a fait en cette qualité la campagne d'Espagne; chef-d'escadron du 12e régt de chasseurs à cheval, pendant les campagnes de 1823-1824; chef-d'escadron des chasseurs de la garde en 1827, a été licencié ainsi que son régt en 1830 avec le grade de lieutenant-colonel, et rayé des contrôles en 1833 pour refus de serment. Il avait ép. le 13 fév. 1813 Laurence de Najac, dont : 1. Marie-Amédée, né à Paris le 10 janvier 1815, marié le 10 sept. 1838 à Marie-Gabrielle de Grasset; 2. Marie-Fernand, né à Montpellier le 12 juin 1823, marié en juin 1847 à Amynthe-Félicie de Guy de Ferrières; 3. N..., mariée à N... de la Vallière.

M. le comte de Ginestous et ses deux fils habitent Montpellier.

Br. B. XIII. François de Ginestous, Sgr de Bosgros, la Rouvière, Argentières, viguier de la viguerie du Vigan, ép. le 30 juillet 1626 Marie de Marlins, dont il eut : 1. Jean, Sgr de Gravières, capit. de dragons au régt de Languedoc; 2. et

XIV. Henri de Ginestous, Sgr d'Argentières, capit. au régt de dragons-Languedoc 1678, maintenu dans sa noblesse par jugement souverain du 5 nov. 1668, ép. le 11 mars 1680 Marie de Malbosc de Miral, dont il eut : 1. Pierre qui suit ; 2. Charles, page du roi, chev. de Saint-Louis , lieut.-colonel du régt Colonel-général, mestre de camp de caval. 1735, tué en Bohême 1742 ; 3. François, chevalier d'Argentières, capit. au régt Colonel-général cavalerie 1720, chev. de Saint-Louis ; 4. Jean, capit. au régt de Rouergue-infanterie, chev. de Saint-Louis, lieut. des maréchaux de France 1746.

XV. Pierre de Ginestous, Sgr d'Argentières, Rogues, Madières, page à la cour de Louis XIV, mousquetaire de la première compagnie en 1700, ép. en 1716 Françoise Daudé, et il en eut : 1. Jean-André-César qui suit ; 2. Joseph-Louis, comte de Gravières, chev. de Saint-Louis, mestre de camp 1772 ; 3. Henri-Fulcrand, vicomte de Ginestous, page du roi 1750, chev. de Saint-Louis ; 4. Françoise-Christine-Victoire, mariée à Étienne de Malbois, Sgr de Caussonnel ; 5. Jeanne, mariée à Guillaume de Villard, Sgr de Robiac ; 6. Charlotte-Marianne, mariée au baron d'Assas, chev. de Saint-Louis, frère aîné de l'illustre chevalier d'Assas.

XVI. Jean-André-César de Ginestous, marquis de Ginestous par lettres patentes de janv. 1753, enregistrées au parlement de Toulouse le 28 nov., capit. au régt Colonel-général cavalerie 1743, gouverneur du Vigan et de Sumène 1769, lieutenant des maréchaux de France 1764, avait ép. le 4 fév. 1749 Marie-Louise de Bonnail, dont il eut : 1. Jean-François qui suit ; 2. Jean-Marie-Louis, commandeur de l'ordre de Malte, capit. de cav. au régt du Roi, lieut. dans les gardes du corps, compagnie de Grammont, maréchal de camp ; 3. Jean-Marie-François, lieut.-col. de cav., chev. de Malte et de Saint-Louis ; 4. Marie-Françoise, chanoinesse du chapitre noble de Poulangy (Haute-Marne).

XVII. Jean-François de Ginestous, marquis de Ginestous, fit ses preuves de cour et eut l'honneur de monter dans les carrosses du roi le 27 nov. 1781 ; colonel, sous-lieut. dans les gardes du corps du roi 1789, maréchal de camp, commandeur ou cordon rouge de l'ordre de Saint-Louis ; ép. en 1781 Marie-Louise-Jérôme Célésia, fille de noble Célésia, ministre de la république de Gênes à Londres et à Madrid, dont : 1. Roger, né à Gênes en 1797 ; 2. Amélie, née à Paris en mai 1784. — Résid. le Vigan (Gard).

260. GINESTOUS LA TOURRETTE.

Fascé d'or et de sable de six pièces qui est de Vausèche ; écartelé d'azur à la tour donjonnée d'argent maçonnée de sable, qui est de la Tourrette ; sur le tout de Ginestous qui est d'or au lion de gueule.

Un rameau de cette branche établi en Dauphiné avait pour chef Gabriel de Ginestous, sieur de Saint-Cierge, vers 1655, qui mourut commandant un régiment de cavalerie, et laissa des enfants. « Ayant esté homme de cœur et de grand mérite dans la profession des armes, il en a aussi la plus solide récompense, qui est l'honneur, par lequel il semble que l'on ne meurt pas tout à fait, ou que l'on se survit à soy-mesme. » (CHORIER, III, 284.) Cette branche était en possession de la terre de Chalancon en Vivarais, qui donnait une entrée de tour aux états généraux de Languedoc. Elle s'éteignit par mariage en 1666 dans la maison de la Rivoire.

I. Bérard de Ginestous, mentionné dans le jugement du Sgr de Montdardier, fut père de

II. Pierre de Ginestous, qui dénombra en 1503, ép. Marthe de Buthéa, dont il eut :

III. Jacques de Ginestous, Sgr de la Bastide et de Palhargues, ép. le 9 sept. 1532 Anne de Sarrazin, dont il eut :

IV. Charles de Ginestous, ép. le 22 juillet 1565 Anne d'Agrain des Ubaz, et il en eut : 1. Guillaume qui suit; 2. Jacques, marié le 19 mai 1594 à Martine de Monjoc, dont : Anne, héritier de son père, allié le 25 oct. 1649 à Diane des Gois, qui prit le nom de Vernon ; il eut pour fils Guillaume, allié vers 1700 à Marie de Chanaleilles.

V. Guillaume de Ginestous, Sgr de la Bastide et de la Tourrette, ép. le 12 nov. 1593 Marie de la Vausèche, et il en eut : 1. Gabriel, Sgr de Saint-Cierge, marié en 1655 à Marie-Magdeleine d'Hostun, s'établit à la Côte-Saint-André, en Dauphiné ; 2. Just-Henri qui suit ; 3. Henri, abbé de Charaix ; 4. Joseph, Sgr de Saint-Vincens, marié le 4 juin 1645 à Marie d'Espinchal, dont Henri, père d'une fille unique mariée à N... du Bourg, maréchal de camp.

VI. Just-Henri de Ginestous, marquis de la Tourrette, Sgr de Vernon, Saint-Fortunat, Gluyras, Vausèche, Châteauneuf, Saint-Apollinaire, demeurant à la Tourrette, D. de Viviers, ép. le 17 nov. 1632 Antoinette du Luc, dont il eut :

VII. Just-Henri de Ginestous, marquis de Durfort, baron de Chalancon, ép. le 10 déc. 1665 Gabrielle de la Tour Saint-Vidal, et fut maintenu dans sa noblesse avec son père, Anne et Henri, ses cousins, par jugement souverain du 17 oct. 1668; il eut de son mariage : 1. Antoinette-Angélique, dame de Chalancon, mariée en 1666 à Nicolas-Joseph de la Rivoire ; 2. N..., mariée à N... de Terral, qui fut depuis chancelier de M. le duc d'Orléans, régent.

261. GIRARD.

D'argent à la fasce de gueule chargée d'un léopard couronné d'or et une quintefeuille de sinople en pointe, écartelé émanché d'or et de gueule, sur le tout lozangé d'argent et de gueule.

Cette maison, originaire de Poitou, connue depuis la fin du XII° siècle, se répandit dans l'Ile de France et dans le Languedoc ; elle occupa dans ces deux provinces des charges importantes. Elle a donné plusieurs conseillers d'État, présidents, et maîtres d'hôtel du roi. Renaud de Girard eut commission du roi le 16 juillet 1435 pour aller querir en Écosse et mener en France Marguerite d'Écosse, mariée à M. le Dauphin, qui fut depuis Louis XI. (Marquis D'AUBAÏS, II, 261.)

I. Guillaume de Girard, chevalier, sénéchal de Talmon, vivant en 1201, fut père de

II. Pierre de Girard, Sgr de Basoges, eut pour fils

III. Guillaume de Girard, damoiseau, vivant en 1275, fut père de

IV. Guillaume de Girard, Sgr de la Guessière, ép. Anne Guimère, dame de la Fumanère, et il en eut : 1. Jean qui suit; 2. Guillaume, Sgr de la Guessière.

V. Jean de Girard, Sgr de Basoges, Anguilard, ép. avant 1339 Marie Lunel, dont il eut : 1. Jacques; 2. Renaud qui suit ; 3. Jean.

VI. Renaud de Girard, chevalier, Sgr de Basoges et Anguilard, conseiller et maître d'hôtel du roi 1423, bailli du grand fief d'Aulnis 1427, grand maître d'hôtel de la Dauphine 1437 ; il avait ép. le 19 janv. 1406 Perrette de Vair, dont il eut :

VII. Joachim de Girard, Sgr de Basoges, premier écuyer de Madame la Dauphine 1436, gouv. de Saint-Michel en Lherm 1443, bailli du grand fief d'Aulnis 1446, maître d'hôtel ordinaire du roi 1463, ép. Catherine de Monberon, dont il eut : 1. Jean ; 2. Joachim ; 3. Louis; 4. et

VIII. Jacques de Girard, écuyer, Sgr de Passy, chambellan et conseiller du comte de Clèves, duc de Nevers 1490, ép. en secondes noces le 18 déc. 1493 Claude de Ferrières, et il en eut : 1. Jean qui suit ; 2. François.

IX. Jean de Girard, écuyer, co-Sgr de Passy, ép. le 27 juin 1526 Magdeleine de Viexmon, héritière de René de Viexmon, à la charge de porter son nom et ses armes. Il eut de son mariage : 1. Nicolas qui suit; 2. René, qui a fait la Br. C.

X. Nicolas de Girard, écuyer, Sgr de Tilloye, ép. le 15 mai 1581 Lucrèce de Merle, et il en eut : 1. Henri qui suit ; 2. Louis, qui a fait la Br. B.; 3. Hélène, mariée avec Bernard de Refuge, conseiller-maître en la cour des comptes de Paris; 4. Charlotte, mariée au président Amelot, Sgr de Carnelin.

XI. Henri de Girard, Sgr de Tilloye, conseiller au parlement de Paris 1613, procureur général en la chambre des comptes 1619, ép. le 14 août 1616 Magdeleine Barentin, dont il eut : 1. Charles qui suit; 2. Louis, Sgr de la Cour des Bois, conseiller au parlement de Paris 1645, maître des requêtes de l'hôtel 1654,, devenu grand doyen des doyens des maîtres des requêtes par la mort de M. Amelot Chatillon.

XII. Charles de Girard, Sgr de Tilloye, conseiller au parlement de Paris 1643, président 1644, marquis de Tilloye 1651, conseiller d'État 1651, ép. Isabeau de Bailleul, fille d'honneur de la reine mère.

Br. B. XI. Louis de Girard, président au parlement de Bretagne 1613, à celui de Paris 1618, procureur général en la chambre des comptes 1625, intendant en Saintonge et Poitou 1625, ép. le 15 fév. 1626 Marie Roger, dont il eut : 1. Antoine qui suit; 2. Magdeleine, mariée le 29 avril 1662 à Louis-François de Brancas, duc de Villars; 3. Anne-Marie, alliée le 12 fév. 1664 à Jean de Briçonnet, Sgr de Magnameille.

XII. Antoine de Girard, chevalier, conseiller du roi en son conseil, Sgr puis comte de Villetanneuse, procureur général 1654, ép. le 9 nov. 1657 Claude de Sève.

Br. C. X. René de Girard, contrôleur général des guerres, ép. Catherine de Rignac, dont il eut : 1. Jean-Baptiste qui suit; 2. Raulin, qui a fait la Br. D. ; 3. René; 4. Anne.

XI. Jean-Baptiste de Girard, trésorier de France à Rouen 1612, à Montpellier 1615, conseiller d'État 1623, avait ép. le 13 fév. 1619 Marie de Valat de Lespignan, dont il eut : 1. Joseph qui suit; 2. Jean-Paul, Sgr de Coulondres, chevalier, conseiller du roi, président, trésorier, grand voyer de France en la généralité de Montpellier, intendant de gabelles en Languedoc; 3. François.

XII. Joseph de Girard, chevalier, conseiller du roi, trésorier 1652, ép. le 26 déc. 1654 Marie de Mirman, et il en eut : Jean-Paul, Sgr de Coulondres, commiss. ordin. et provincial des guerres en Languedoc, maintenu dans sa noblesse avec son oncle, Jean-Paul, par jugement souverain du 25 oct. 1668.

Br. D. XI. Raulin de Girard, contrôleur ordinaire et provincial extraordinaire des guerres en Languedoc, blessé au siége de Vallon, ép. le 23 déc. 1614 Anne de Perdrier de Maurilhan, et il en eut : 1. Jean, commissaire des guerres en Languedoc; 2. Charles; 3. Barthélemy, gentilhomme de la chambre du roi : maintenus dans leur noblesse par jugement souverain du 25 oct. 1668.

262. GIRARD.

D'azur à ' la tour d'argent à trois donjons maçonnés de sable, au chef cousu de gueule chargé d'une étoile d'or accostée à droite d'un lion naissant d'or, à gauche d'un croissant renversé d'argent.

La maison de Girard est originaire du bas Languedoc, où elle possédait très-anciennement les terres de Soucanton, *alias* Soubscanton, et de Vézenobre, diocèse d'Alais. Henriette de Girard, fille de Tannequin de Girard, baron de Soucanton, et de Gilette de Pelet de la Vérune, de la maison de Narbonne-Pelet, ép. vers 1550 Antoine de Grégoire des Gardies. Sa fille Louise ép. le 14 oct. 1607 Jacques de Saint-Bonnet, frère aîné du maréchal de Toiras. (P. ANSELME, VII, 789.) Henriette était déjà, par sa mère, petite-fille de Françoise de Bermond; elle fut bisaïeule d'Élisabeth-Marie-Louise de Bermond, qui ép. le 30 juill. 1715 Alexandre de la Rochefoucauld, duc de la Rocheguyon, puis duc de la Rochefoucauld, mort au château de Liancourt en 1752. (Marquis D'AUBAÏS, I, 312.)

La filiation généalogique prouvée devant M. de Bezons date du milieu du XVe siècle. Des productions plus récentes, faites par deux branches de cette maison devant la cour des aides de Montpellier, le 19 nov. 1782, et devant la haute cour héraldique des Pays-Bas, par M. le général de Girard de Cochorn, aide de camp du roi, prouvent une filiation authentique et suivie depuis Gauthier, Renaud, et Aimeri de Girard qui ép. en 1254 Doulce de Firmin, et en eut Bertrand, et Aimeri évêque de Nimes, 1335. Bertrand, damoiseau, ép. Blanche d'Alègre en 1295; Aimeri II ép. Béatrix d'Arpaillargues; Aimeri III ép. Quiprette du Puy en 1389; Aimeri IV ép. Isabeau de Cadoine; Aimeri V ép. en 1433 Isabeau de Pontevès, dont il eut : 1. Antoine, auteur de la filiation prouvée devant M. de Bezons; 2. et Pierre, qui de son mariage avec Françoise de Brignon eut Tannequin, baron de Soucanton, mentionné plus haut, et Robert, sacré évêque d'Uzès le 18 avril 1574. (Marquis D'AUBAÏS, I, 311.) Cette maison s'est répandue en Dauphiné, où elle a été maintenue dans sa noblesse le 12 juin 1667, en Bretagne et en Hollande. (CHORIER, III, 285. — GUI ALLARD, 161.) La maison de Girard est divisée en plusieurs branches encore représentées de nos jours, dites de Cochorn, de Vézenobre, du Lac et de Châteauvieux. Les armes de Cochorn sont : « Écartelé au 1 et 4 d'or à l'ours de sable colleté d'argent; au 2 et 3 d'argent au cor de sable lié et virolé de gueule. »

I. Antoine de Girard, Sgr de Soucanton, et en paréage de Vézenobre avec François Mengard, mari de Gabrielle de Girard, ép. le 24 janv. 1474 Aigline de Mandagout, dont il eut : 1. Pierre; 2. et

II. Olivier de Girard, ép. en 1527 Baude, *alias* Bieude de Ganges, dont il eut : 1. Antoine, s'établit en Dauphiné, ép. Marie de Morand, et eut pour fils et petit-fils Zacharie et Ennemond, sieurs de la Garde : maintenus dans leur noblesse par jugement de M. du Gué en 1667; 2. Raimond qui suit; 3. Bernard, qui a fait la Br. C., dite de Vézenobre; 4. Jeanne.

III. Raimond de Girard, ép. le 9 nov. 1563 Antoinette de Sarret, dont il eut :

IV. Bertrand de Girard, Sgr de Sérinhac, ép. le 25 oct. 1587 Diane de Grasset, dont il eut :

V. Jean de Girard, Sgr de Sérinhac, ép. le 4 août 1619 [Anne de Gabriac, dont il eut :

VI. Hector de Girard, Sgr de Lamothe, Mielet, Castel-Vieil, juge mage général de Gabriac, ép. le 5 déc. 1685 Marguerite de Pelet de Salgas, de la maison de Narbonne, dont il eut : 1. Claude ; 2. Thomas ; 3. François ; 4. Annibal qui suit ; 5. Jacques, chef de la Br. B. ; 6. Anne, mariée à Pierre du Puy-Montbrun.

VII. Annibal de Girard, Sgr de Lamothe, Mielet, Castel-Vieil, ép. Marguerite de Gentil, dont il eut :

VIII. François de Girard, Sgr de Mielet, Prunet, Costeplane, ép. Anne de Girard, sa cousine, dont il eut : 1. Anne, mariée à Lozeran, Sgr de Vébron et Fressac, père de Lozeran de Fressac, membre de l'assemblée constituante, chev. de Saint-Louis, député de la Lozère en 1815 ; 2. Louis, Sgr de Lamothe, officier au régt Royal-Croate, blessé à Fontenoy, passa au service de la Hollande, mort sans postérité ; 3. François, qui abandonna la religion réformée, officier supérieur, porte-étendard des gardes du corps du roi, compagnie écossaise, gouverneur de Tornac, chev. de Saint-Louis, ép. Charlotte de Goislard, dont il n'eut qu'une fille, mariée à Hubert Castor de Graverol ; 4. et

IX. Victor de Girard de Mielet, lieut.-col. au service de la Hollande, réfugié pour cause de religion, ép. le 28 sept. 1761 Aldegonde Pétronella, baronne de Coehorn, fille de Conrad Gédéon, baron de Coehorn, gouverneur de Willemstad, petit-neveu du grand ingénieur de ce nom, et aïeul de l'intrépide général de Coehorn, tué à Leipzig au service de la France, dont il eut : 1. Anne-Alida-Marie, alliée à son cousin germain Gédéon-Conrad-Gybertus de Coehorn, dont elle n'eut qu'un fils mort sans postérité ; 2. Jeanne-Jacqueline-Élisabeth ; 3. Louis-François qui suit ; 4. Menno-Gédéon, capit. en 1794 dans le régt de son père, mort aux Indes occidentales sans alliance.

X. Louis-François de Girard de Mielet de Coehorn, lieut.-col. au service de la Hollande à vingt-sept ans, commandant de la colonie de Surinam, passa au service d'Angleterre après la perte de cette colonie, fut colonel du régt royal Dutch, chargé de différentes missions diplomatiques en France, décoré par le roi Charles X de l'ordre du Mérite militaire, av. ép. le 2 nov. 1789 à Amsterdam Anna Wisser, dont il eut : 1. Marguerite-Catherine, mariée à Guillaume-Jean-Charles Scholten d'Aschat, inspecteur général des contributions directes ; 2. et

XI. Jean-Philippe de Girard de Mielet de Coehorn, général major aide de camp en service ordinaire de feu Guillaume II, aide de camp en service extraordinaire de Guillaume III, commandeur des ordres de Sainte-Anne de Russie, du Faucon blanc de Saxe, de la Couronne de chêne de Luxembourg, officier de la Légion d'honneur et de l'Aigle rouge de Prusse, du Lion néerlandais, chevalier de l'ordre de Guillaume, membre de l'ordre équestre du Brabant septentrional, fit ses preuves de noblesse en 1828 devant la haute cour des Pays-Bas, et fut admis dans les rangs de la noblesse avec le titre de baron, en considération de l'ancienneté de sa famille. Il avait ép. en 1821 Élisabeth-Wilhelmina de Bye, fille de Pierre-Jacques de Bye, conseiller à la cour de cassation pendant la réunion des Pays-Bas à la France, commissaire du roi à Paris pour l'exécution du traité de paix de 1816, conseiller d'État, chevalier des ordres de la Réunion et du Lion néerlandais, et d'Élisabeth-Jacqueline Van der Ducs, de l'ancienne maison de Croisilles en Cambrésis : il eut de son mariage : 1. Menno-Louis-Victor qui suit; 2. Pierre-Jacques, page du roi, officier de marine, ép. Antoinette-Élisabeth-Arnoldine Opten Noord, dont : a. Aigline-Guillemette-Raymondine-Hermengarde-Élisabeth; b. Aimery-Raimond-Philippe-Victor; 3. Charles-Marie; 4. Élisabeth-Jacqueline-Aldegonde-Victorine.

XII. Menno-Louis-Victor de Girard de Mielet de Cochorn, officier d'artillerie, ép. le 23 mai 1850 Jeannette Opten Noord, fille de Guillaume Opten-Noord, et de Charlotte-Anne-Élisabeth-Adolphine, baronne de Pallandt, dont : 1. Aigline-Gabrielle-Doulce-Élisabeth; 2. Menno-Hugues-Philippe-Aimery-Raoul.

Br. B. VII. Jacques de Girard de Châteauvieux, fixé en Bretagne vers 1690, ép. Marguerite Lemoine, dont il eut :

VIII. Charles-Richard de Girard, chevalier de Châteauvieux, abandonna la religion réformée; il ép. en 1713 Anne-Marie du Verger, dont il eut :

IX. Charles de Girard de Châteauvieux, chevalier, ép. en 1742 Thérèse-Ursule du Verger de la Gravelle, dont il eut : 1. René qui suit; 2. Charles-Mathurin, capit. du génie, chev. de Saint-Louis; 3. Augustin-Marie, Sgr de Fougeray, capit. du génie, chev. de Saint-Louis; 4. Basile-Marie-Olivier, chev. de Saint-Louis, commandeur du Lion de Holstein, maréchal de camp, marié en 1803 à Émilie de Bouctiez, chanoinesse de l'ordre de Malte, dont il eut : Marie-Doulce-Thérèse-Émilie, mariée à son cousin Eugène de Girard : il fut maintenu dans sa noblesse par arrêt de la cour des aides de Montpellier du 19 nov. 1782.

X. René de Girard de Châteauvieux, ép. en 1785 Louise Berny, dont il eut : 1. Dieudonné, colonel des armées royales, chev. de

Saint-Louis et de la Lég. d'hon., de Saint-Ferdinand d'Espagne et du Lion de Holstein, ép. en 1803 Pélagie le Vayer, dont il eut : 1. Émile-Pelage; 2. Augustin-Charles; 3. Eugène, officier d'infanterie, ép. sa cousine germaine Marie-Doulce-Thérèse-Émilie de Girard.

Br. C. III. Bernard de Girard, écuyer, ép. le 14 août 1561 Catherine de Grefeuilhe, dont il eut : 1. Daniel; 2. Antoine; 3. Claude; 4. et

IV. Pierre de Girard, ép. le 7 fév. 1622 Françoise de la Roque, dont il eut : 1. Antoine, Sgr de la Garde, ép. le 14 janv. 1649 Isabeau de la Roque ; 2. Claude, Sgr de l'Olivier ; 3. François qui suit; 4. Sébastien, qui a fait la Br. F. : maintenus dans leur noblesse par jugement souverain du 6 déc. 1668.

V. François de Girard, Sgr de la Croix, ép. en 1671 Marguerite Granier, dont il eut : 1. Claude; 2. Antoine; 3. Sébastien qui suit; 4. Marianne, alliée en 1712 à Jean de la Roque ; 5. Louis; 6. Marc, qui a fait la Br. D. ; 7. Georges, qui a fait la Br. E.; 8. Martin, Sgr de Rouquet, dont une fille, Félicité, mariée à Guimer de Girard.

VI. Sébastien de Girard, Sgr de la Plane, ép. Élisabeth de la Roque, dont il eut : 1. Sébastien qui suit; 2. Lacroix; 3. Georges.

VII. Sébastien de Girard, Sgr de la Plane, ép. N. de Castelvieil, dont il eut :

VIII. N. de Girard, ép. N. Molinier, dont il eut : 1. Saint-Aubin de Girard, lieut. de vaissean, tué à Sébastopol ; 2. François.

Br. D. VI. Marc de Girard, Sgr de Lauret, Valflaunès, Saint-Mathieu, ép. N. Bruguière, de Casenove, dont il eut : 1. Joseph qui suit; 2. François, prêtre, mort supérieur du séminaire de Montpellier.

VII. Joseph de Girard, Sgr de Lauret, Valflaunès, Saint-Mathieu, ép. 1° Fanny de Tessan; 2° en 1801 Alexandrine de Maury de la Peyrouse dont il eut :

VIII. Adolphe de Girard. ép. en 1832 Léonide de Dufort de Saubiac, dont : 1. Émery qui suit; 2. Hermine ; 3. Maria.

IX. Émery de Girard, ép. le 12 oct. 1854 Armandine de Girard, sa cousine, dont : 1. Gabrielle ; 2. Raoul. — Résid. Lavaur (Tarn).

Br. E. VI. Georges de Girard, Sgr de Conqueirac, chev. de Saint-Louis, brigadier dans les gardes du corps, ép. en 1771 Ursule Granier, sa cousine, dont il eut : 1. Guimer qui suit; 2. Henriette ; 3. Fanny, 4. Eulalie; 5. Georges, ancien officier.

VII. Guimer de Girard, ép. le 3 fév. 1802 Félicité de Girard, sa cousine, dont il eut : 1. Camille ; 2. Ferdinand qui suit ; 3. Clémentine, mariée le 2 août 1835 à Léon de Plantade.

VIII. Ferdinand de Girard, ép. le 18 juin 1835 Yolande d'Imbert des Essarts, dont : Armandine, alliée le 12 oct. 1854 à Émery de Girard, son cousin.

Br. F. V. Sébastien de Girard, Sgr du Lac, ép. Marguerite de Gros, dont il eut :

VI. Antoine de Girard, Sgr du Lac, ép. N. d'Amière, et il en eut: 1. Joseph, prêtre ; 2. et

VII. Hilaire de Girard, Sgr du Lac, ép. N. de Campan, dont il eut : 1. Édouard qui suit ; 2. Louise.

VIII. Édouard de Girard du Lac, ép. Fortunée de Maury de la Peyrouse, dont : Louise, mariée à Henri Picard.

263. GLÉON DE DURBAN.

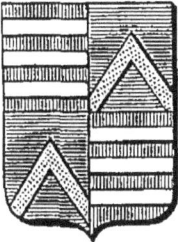

Écartelé au 1 et 4 de gueule à trois fasces d'argent, qui est de Durban; au 2 et 3 d'azur au chevron d'argent, qui est de Gléon. DEVISE : *Assez prie qui se complainte.*

La maison de Gleu, comme il est écrit dans les anciens titres, et que l'on a depuis écrit en français Gléon, est très-ancienne dans le vicomté de Narbonne. Elle a porté premièrement le nom de Trelles ou Treilhes, qu'elle avait pris de la terre de Treilhes au diocèse de Narbonne, sur la frontière de Roussillon. Dans le XIIIe siècle, le vicomte de Narbonne leur fit donation du château de Gleu ou Gléon, dans le même diocèse, et leurs descendants prirent tantôt le nom de Trelles, tantôt celui de Gléon, jusque vers l'an 1371. Ils quittèrent entièrement, à cette époque, le surnom de Trelles pour prendre celui de Gléon de Durban.

Le château et terre de Durban, situés sur la droite de la petite rivière de Bère, dans les basses Corbières, au D. de Narbonne, étant entrés dans la maison de Trelles-Gléon en 1333, ceux-ci s'y établirent, et furent obligés de joindre à leur nom celui de Durban et d'écarteler des armes de cette maison. La terre de Durban fut érigée en baronie par Louis XIV en 1654. (*Extr. de la généalogie mss. dressée au château de Durban en 1714, par le P. Ange, sur les titres originaux. Bibl. imp. mss. Languedoc II, 105. — LACH. DESB., VII, 250.*)

Cette maison, admise aux honneurs de la cour en 1761, a pour auteur connu Pierre, fils de Raimond, Sgr de Trelles, qui rendit hommage de cette terre et de sa forteresse au vicomte de Narbonne avant 1133. Guillaume, qui descendait de lui au huitième degré, ép. en 1333 Guillemette de Durban, héritière de sa maison. Celui-ci eut pour arrière-petit-fils Guillaume, dont la postérité fut maintenue dans sa noblesse par M. de Bezons. (*Mss. Lang.*, II, 105.)

I. Guillaume de Gléon, chevalier, Sgr de Gléon, Trelles, Durban, Jonquières, lieut. du sénéchal de Carcassonne 1450, ép. en 1459 Yolande de Ribes, dont il eut : 1. Édouard ; 2. Jean qui suit ; 3. François ; 4. Éléonore. Guillaume fut envoyé en ambassade en 1451 par Marie d'Anjou, reine de France, vers la reine d'Aragon, pour la restitution des terres qui lui avaient été données par Yolande d'Aragon, reine de Sicile, sa mère.

II. Jean de Gléon, chevalier, Sgr de Montalba, ép. Marie de Castello, dont il eut :

III. Olivier de Gléon, écuyer, ép. à l'âge de dix ans Yolande de Gléon de Durban, âgée de huit ans, fille et héritière d'Édouard, son onclé, avec dispense du pape Léon X du 8 mai 1514; ils eurent pour enfants : 1. François qui suit ; 2. Catherine, mariée le 19 août 1538 à Guillaume de Brignac, Sgr de Pignan.

IV. François de Gléon, Sgr de Durban, Gléon, Jonquières, Trelles, Montalba, ép. le 17 juill. 1540 Catherine de Montesquieu, dont il eut : 1. Édouard qui suit ; 2. Paul, qui a fait la branche de Jonquières rapportée au nº 264.

V. Édouard de Gléon, Sgr de Durban, Gléon, ép. avec dispense du pape Grégoire XIII du 7 oct. 1575 Gabrielle de Voisins, sa cousine, dont il eut : 1. Olivier qui suit ; 2. Paule, mariée le 8 sept. 1596 à Jean de Maireville, Sgr de Montgranier.

VI. Olivier de Gléon, Sgr de Durban, Gléon, vicomte de Perillos en Roussillon, ép. le 8 nov. 1598 Anne de Voisins, dont il eut : 1. Gabriel qui suit ; 2. Édouard ; 3. François, ép. le 20 fév. 1652 Claire de Soulette, dont la postérité s'établit au D. de Saint-Pons.

VII. Gabriel de Gléon, baron de Durban, Sgr de Gléon, Jonquières, Trelles, Montalba, vicomte de Perillos, blessé au siége de Leucate en 1637, attaché au prince de Condé. C'est en sa faveur que la terre de Durban fut érigée en baronie par lett. pat. du 10 déc. 1654; il ép. 1º le 27 fév. 1634 Marie d'Hélie de Villarsel; 2º av. 1639 Anne de Thezan du Luc ; 3º N...; il eut de son premier mariage : 1. Jean qui suit ; du second : 2. Marc-Henri ; 3. François ; 4. Gabriel-Ange, prieur de Durban ; 5. Anne, mariée à Guillaume Darsse ou d'Arces, Sgr de Cascastel ; et du troisième : 6. Hector ; 7. Marie, alliée à N... de Sorgues, Sgr de Vinassan ; 8. Anne : maintenus dans leur noblesse par jugement souverain du 17 juin 1669.

VIII. Jean de Gléon, baron de Durban, vicomte de Perillos, ép. Béatrix de Margarit d'Aguillar, dont il eut : 1. Gaspard qui suit : 2. Jean-François, chev. de Saint-Louis, colonel d'un régt de son nom 1700, mestre de camp de cavalerie 1710.

IX. Gaspard de Gléon, baron de Durban, vicomte de Perillos, ép. le 18 janv. 1703 Marie-Thérèse Roux de Saint-Felice de Ponteilla, dont il eut : 1. Joseph qui suit ; 2. Béatrix ; 3. Marie ; 4. Marie-Thérèse, alliée à Jean de Fosières, Sgr de Boutenac ; 5. Jean-Baptiste-François, d'abord chev. de Malte, marquis de Gléon, par lett. pat. de 1757, ép. en 1749 Geneviève de Savalette, dont il eut : a. Charles ; b. Marie-Anne ; c. Gabrielle.

Le marquis de Gléon fit ses preuves de noblesse le 15 juin 1761 devant M. de Beaujon, généalogiste des ordres du roi, pour être admis aux honneurs de la cour.

X. Joseph de Gléon, baron de Durban, vicomte de Perillos, qualifié comte de Durban, capit. au régt de Bourbon, ép. en 1731 Thérèse de Bon, fille de Xavier de Bon, conseiller d'État, premier président de la cour des comptes, aides et finances de Montpellier, dont il n'eut pas d'enfants.

264. GLÉON DE JONQUIÈRES.

Mêmes armes.
Voir le numéro précédent au IVᵉ degré.

V. Paul de Gléon, Sgr de Jonquières, ép. le 24 juin 1583 Marguerite de Graves, dame de Ferrals, dont il eut : 1. Guillaume, Sgr de Mourières, ép. le 27 janv. 1641 Constance de Pompadour; 2. et

VI. François-Paul de Gléon, Sgr de Jonquières, ép. le 26 fév. 1642 Charlotte de Loubens, et il en eut : 1. Paul de Gléon, Sgr de Saint-Félix, de Jonquières et Preignan; 2. Antoine, de la même famille que les Gléon ci-dessus : maintenus dans leur noblesse par jugement souverain du 17 juin 1669.

265. GONDAL.

I. Guillaume de Gondal, fut père de

II. Simon de Gondal, compris dans le rôle du ban et arrière-ban de 1513, ép. le 15 oct. 1539 Charlotte Valentin, et il en eut : 1. Guillaume qui suit; 2. Antoine, qui a fait la Br. B.

III. Guillaume de Gondal, Sgr de Graniès, ép. Anne de Graves, dont il eut : 1. Gilles; 2. et

IV. Henri de Gondal, Sgr de Graniès, fut père de

V. Jean de Gondal, Sgr de Graniès, D. de Narbonne, ép. le 28 oct. 1648 Charlotte la Raye, dont il eut : 1. Sébastien; 2. Hyacinthe; 3. Henri; 4. Jean; 5. Antoine : maintenus dans leur noblesse par jugement souverain du 16 déc. 1670.

Br. B. III. Antoine de Gondal, Sgr du Bousquet, maréchal de camp de l'armée commandée par Joyeuse 1586, fut père de

IV. David de Gondal, Sgr du Bousquet, ép. le 14 déc. 1605 Antoinette Mazaurans, dont il eut : 1. Antoine qui suit; 2. Hercule.

V. Antoine de Gondal, écuyer, Sgr du Bousquet, ép. le 13 janv. 1641 Claire Frégouse, dont il eut :

VI. César de Gondal, Sgr du Bousquet, demeurant à Ouveillan, D. de Narbonne, fut maintenu dans sa noblesse par jugement souverain du 16 déc. 1670.

266. GOZON, *alias* GOUSON.

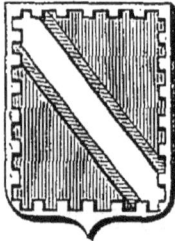

De gueule à la bande d'argent bordée d'azur, et une bordure crénelée d'argent. DEVISE : *Draconis extinctor*.

La maison de Gozon est d'ancienne noblesse, connue depuis le milieu du XIIIe siècle. Elle tire son nom du château de Gozon en Rouergue, où elle possédait aussi les terres de Mélac et Saint-Victor au diocèse de Vabres. Elle a donné des chevaliers et dignitaires de Malte presque à chaque génération, et un grand maître de l'ordre en 1346. (BOSIO, *Hist. des chev. de Saint-Jean de Jérusalem*, II, 71-85. — VERTOT, VII, 45. — MORÉRI, V, 314. — BARRAU, II, 673.) Marthe de Gozon, héritière du nom et armes de la branche aînée, ép. le 4 mars 1583 Louis de Montcalm. Une branche cadette, dite d'Ays, s'établit en Quercy vers 1524; elle sera rapportée plus bas comme Br.B.; celle de Montmaur passa dans le bas Languedoc, et y fut maintenue dans sa noblesse par M. de Bezons, depuis:

I. Jean de Gozon, Sgr de Mélac, ép. le 18 nov. 1518 Marthe Teinturier de Montmaur, et il en eut :

II. Simon de Gozon, Sgr de Gozon, Pradels et Saint-Victor, ép. le 9 mars 1578 Charlotte d'Azémar de Montlaur, et il en eut : 1. Clément; 2. et

III. Jean de Gozon, Sgr de Montmaur et de Boutonnet, ép. le 9 nov. 1637 Isabeau de Montlaur, et il en eut : 1. Claude, Sgr de Boutonnet, Montmaur et Pradels; 2. François, Sgr de Pradels : maintenus dans leur noblesse par jugement souverain du 27 sept. 1669.

La branche des Sgrs d'Ays, en Quercy, existait en 1766, suivant la généalogie qu'en a donnée l'abbé de la Veissière, auteur d'un projet de nobiliaire de la haute Guienne (BOUILLET, III, 195), et que nous reproduisons :

Br. B. I. Jean de Gozon, fils de Jean et de Savie d'Estaing, écuyer de Gaston de Foix, ép. le 1er janvier 1490 Isabeau d'Olhet, d'une ancienne maison de Navarre, dont il eut : 1. Gilbert qui suit; 2. Pierre, chev. de Rhodes 1516, grand prieur de Saint-Gilles 1559; 3. François, chev. de Rhodes, bailli de Manosque 1565; 4. Anne.

II. Gilbert de Gozon, né en Hongrie où ses auteurs avaient émigré à l'occasion du mariage de Anne de Foix, fille du comte de

Candalle avec Ladislas, roi de Hongrie et de Bohême, ép. en Rouergue vers 1524 1° Catherine de Gautié de Savignac, veuve et héritière de Mathurin de Balaguié, Sgr d'Ays en Quercy ; 2° le 17 août 1533 Charlotte de Tardieu, dont il eut : 1. Charles qui suit ; 2. Gabriel ; 3. Raymond, chev. de Malte 1557, grand prieur de Toulouse 1597 ; 4. Bernard, chev. de Malte 1567 ; 5. Charlotte ; 6. Jeanne.

III. Charles de Gozon, chevalier, baron d'Ays, de la Bastide-Marnhac, Lapeyrière, Lamothe, ép. Foy de Castanié, dont il eut : 1. Charles qui suit ; 2. Raymond ; 3. Melchior, chev. de Malte 1603 ; 4. Angélique ; 5. Marguerite, alliée en 1627 à Antoine de Polastron ; 6. Olympe, religieuse.

IV. Charles de Gozon, Sgr d'Ays, ép. le 4 fév. 1627 Marie de Gaulejac, dont il eut : 1. François qui suit ; 2. Magdeleine, mariée en 1653 à François de Montagut ; 3. Gabrielle, mariée en 1663 à Henri de Testas ; 4. Marguerite, mariée en 1667 à Antoine de Montagut.

V. François de Gozon, Sgr d'Ays, de Saux, de Fargues, ép. le 28 mai 1663 Jeanne de Giscard, dont il eut : 1. Jean qui suit ; 2. autre Jean, marié en 1708 à Françoise de Moussac ; 3. Magdeleine, mariée en 1693 à Antoine du Chayla ; 4. Marguerite, mariée à Paul de Lasudrie ; 5. Gabrielle, mariée à Claude de Bonnefont ; et trois autres filles religieuses.

VI. Jean de Gozon, Sgr d'Ays, ép. le 5 mai 1701 Agnès de Vidal de Lapise, dont il eut plusieurs enfants, entre autres :

VII. Pierre de Gozon, chevalier, Sgr d'Ays, chev. de Saint-Louis, commandant de bataillon au régt de Bourbonnais, ép. le 10 juin 1778 Magdeleine de Montagut, dont il eut : 1. Dieudonné ; 2. Marianne-Gabrielle-Antonie-Julie-Adélaïde. (BARRAU, II, 677.)

267. GRAVES, alias GRAVE.

D'azur à trois fasces d'argent ondées, qui est de Grave, écartelé d'azur à cinq merlettes de sable mises en sautoir, qui est de Merle.

La maison de Graves, en latin *Gravis*, *Granis* et *Grava*, est une des plus anciennes et des plus considérables de Languedoc. Elle tire son nom du château de Grave, compris dans les domaines des comtes souverains de Barcelone, de Provence, des vicomtes de Béziers, des ducs d'Albi et des Sgrs de Montpellier. S'il faut en croire une tradition recueillie par le continuateur de l'*Histoire de Languedoc*, t. VI, p. 38 des notes et additions, la maison de Grave serait descendue des Amales, famille souveraine de la nation gothique.

On trouve dans les dépôts publics plusieurs actes et chartes signés par des membres de cette maison dès l'année 1112. Arnaud de Grave, dont les armes figurent à la salle des Croisades, assista à la prise de Jérusalem 1099, et portait la bannière de Raymond de Saint-Gilles, ainsi que nous l'apprend la 38e strophe de la *Canso de San Gili*, poëme en langue romane du XIIIe siècle.

Matthieu de Grave, chevalier, Sgr de Leucate en 1150, se rendit maitre de la ville et château de Peyriac après en avoir chassé le Sgr qui tyrannisait ses vassaux et persécutait ses voisins. En mémoire de cette action, il lui fut permis, ainsi qu'à ses descendants, de porter pour cimier en ses armes une tête de géant au bout d'une lance, tel qu'on le voyait gravé à la fin du dernier siècle sur la porte de l'église de Peyriac. Éléazard de Grave, prisonnier de Simon de Montfort en 1211, eut ses biens confisqués pour avoir suivi le parti de Raymond de Toulouse 1231. Saint Louis accorda à Pierre de Grave, son petit-fils, la restitution de la moitié de Peyriac et soixante livres de rente. Pierre fonda, en 1255, avec sa femme Brunisande, une chapelle à Peyriac, qui existait encore avant 1789. Il eut pour fils Bérenger, père de Raymond. Jean de Grave, fils de Raymond et de Sclarmonde de Fressac sa seconde femme, était sénéchal de Carcassonne, et reçut en cette qualité, au nom du roi saint Louis, la cession des biens de Trincavel. Raymond, descendant au Ve degré de cette maison, ép. en troisièmes noces Saure de Merle, fille de Fouquet, Sgr de Villegly. C'est depuis cette alliance que les armes de la maison de Grave sont écartelées d'or à cinq merlettes de sable. (P. BOUGE, *Hist. de Carcassonne*, 145. — *Hist. de Languedoc*, 1845, VI. — LACH. DESB., VII, 431. — *Bibl. Imp., Mss. Lang.*, II, 105. — MORÉRI, V, 348.) La maison de Grave a été admise aux honneurs de la cour en 1788.

I. Raimond de Grave, chevalier, Sgr de Peyriac, ép. 1° Allemande de Roquenégade; 2° Sclarmonde de Fressac, dont il eut : 1. Jean, sénéchal de Carcassonne; 3° Saure de Merle, dont il eut : 2. Hugues, dont la postérité s'est continuée au D. de Carcassonne; 3. et

II. Bérenger de Grave, damoiseau, Sgr de Marsal, ép. Marguerite Duranti, dont il eut : 1. Gaspard qui suit; 2. Raymond; 3. Alexis, abbé de Saint-Jacques à Béziers.

III. Gaspard de Grave, Sgr de Mus, Marsal, du Pouget, ép. Catherine de Salomon, dont il eut : 1. Antoine qui suit; 2. Pierre, prieur de Montolieu.

IV. Antoine de Grave, Sgr de Marsal, du Pouget, de Villanovette, de Saint-Martin-entre-deux-Eaux, ép. le 20 janv. 1484 Anne de Caumont, dont il eut : 1. Jacques qui suit; 2. Yolande.

V. Jacques de Grave, Sgr de Saint-Martin-entre-deux-Eaux, Villanovette, fit faire une enquête au sujet de la chapelle de Saint-Jacques, fondée par ses devanciers; il ép. Jeanne du Puy, et il en eut : 1. Nicolas qui suit; 2. Alexis, qui a fait la Br. B.

VI. Nicolas de Grave, Sgr. de la Treille, ép. Lucie Lauret, dont il eut : 1. Pierre, Sgr de Montirac; 2. François qui suit; 3. Claudette.

VII. François de Grave, Sgr de Saint-Martin d'Aumes, capit. au régt de Montbasin en 1585, ép. 1° le 24 sept. 1581 Anne de Lasset, dont il eut : 1. Pierre qui suit; 2° le 24 fév. 1585 Françoise de Barrière, dont il eut : 2. Marie; 3. François; 4. Catherine.

VIII. Pierre de Grave, Sgr de Montirac, de Saint-Martin-d'Aumes, capit. de carabiniers en 1617, ép. le 11 juill. 1622 Isabeau de Clapiés, dont il eut : 1. Jean, prêtre; 2. Nicolas, prêtre; 3. Jean-Louis qui suit; 4. Pierre, auteur d'une branche éteinte en 1770, et cinq filles : Marthe, Rénée, Françoise, Marie, Rose.

IX. Jean-Louis de Grave, Sgr de Saint-Martin-d'Aumes-les-Pézénas, ép. le 13 juil. 1658 Anne d'Apolit, dont il eut : 1. Louis qui suit; 2. Hercule; 3. Marie, qui ép. Henri de Juvenel, Sgr de Carlencas; 4. Marguerite. Il fut maintenu dans sa noblesse avec ses frères par jugement souverain du 7 nov. 1669.

X. Louis de Grave, Sgr de Saint-Martin-d'Aumes-les-Pézénas, ép. le 3 fév. 1703 Gabrielle-Magdeleine de Moissac, dont il eut : 1. Jean-Louis qui suit; 2. Félix; 3. Jacques.

XI. Jean-Louis de Grave, Sgr de Saint-Martin-d'Aumes-les-Pézénas, capit. au régt de Lanauze et gentilhomme d'ambassade à Constantinople, ép. le 18 oct. 1730 Marie-Magdeleine de Maury, dont il eut : 1. Mathieu, mort jeune; 2. Joseph qui suit; 3. Marie.

XII. Joseph-François-Simon de Grave, officier au régt de Piémont, commandé par le comte de Grave, puis capit. gardes-côtes, ép. en 1764 Marie-Claire-Aphrodise d'Abbes de Cabreroles, dont il eut : 1. Joseph qui suit; 2. Julie-Antoinette, mariée à Guillaume-Nicolas Maurin, ancien officier au régt de Bourgogne.

XIII. Joseph-Félix-Aphrodise de Grave, vicomte de Grave, baron de Cabreroles, puis marquis de Grave, capit. de cavalerie, fit ses preuves en 1788 pour monter dans les carrosses du roi; il fut commandant supérieur en 1816 des gardes nationales de Béziers, ép. Catherine-Charlotte-Félicité de la Toison-Rocheblanche, dont il eut : 1. Ursule-Joseph-Hippolyte-Casimir, comte de Grave, puis marquis de Grave par l'extinction de la branche de Villefargeaux, chef d'escadron, capit. d'artillerie à cheval de la garde royale. — Résid. Montpellier; 2. Guillaume-Jules-Raymond-Eugène qui suit; 3. Eugénie-Charlotte-Sophie.

XIV. Guillaume-Jules-Raymond-Eugène de Grave, comte de Grave, officier des chasseurs à cheval de l'Ariége, capit. d'état-major, chev. de la Lég. d'honn. et de Saint-Ferdinand d'Espagne, ép. à Marseille N... Chaudrac, dont : Raymond. — Résid. Saint-Martin-d'Aumes-les-Pézénas.

Br. B. VI. Alexis de Grave, Sgr de Saint-Martin, ép. le 8 déc. 1539 Jeanne de Patau, et il en eut : 1. Jacques; 2. et

VII. Timothée de Grave, ép. le 28 mars 1596 Antoinette du Caïla, et il en eut :

VIII. Henri de Grave, chevalier, marquis de Villefargeaux, Sgr de Saint-Martin, sous-gouverneur de Monsieur, frère unique du roi, conseiller d'État 1650, maréchal de camp 1651, maître d'hôtel de Madame 1661, lieutenant général d'artillerie 1662, maître de la garde-robe de Monsieur 1662, avait ép. le 25 avril 1656, en présence du roi, Marie de Grave, et fut maintenu dans sa noblesse par jugement souverain du 7 nov. 1669; il eut de son mariage : 1. Henri; 2. Philippe qui suit; 3. Jules; 4. Nicolas; 5. Marie-Henriette.

IX. Philippe de Grave, marquis de Villefargeaux, Sgr de Saint-Martin-entre-deux-Eaux, de Beauches, de la Richardière, du Perron, premier maître de la garde-robe de Monsieur, frère de Louis XIV, par la démission de son père, ép. le 16 nov. 1684, dame de Solas, marquise de Solas, dont il eut :

X. Henri-François de Grave, marquis de Grave, baron de Lattes, Sgr de Saint-Martin-entre-deux-Eaux, et de la partie antique de la ville de Montpellier, mestre de camp de cavalerie, chevalier de Saint-Louis, ép. 1º le 9 fév. 1719 Marie-Anne de Goyon de Matignon, fille du maréchal de France de ce nom, dont il eut : 1. Louis-Hippolyte; 2. Charlotte-Éléonore; 3. Marie-Nicole; 4. Marie-Anne-Éléonore; 2º le 26 déc. 1741 Guyonne-Marie-Louise-Christine de Montmorency-Laval, fille de Guy, premier baron de la Marche, dont il eut : 5. Guy-André-Louis-Henri, mort jeune.

268. GRÉGOIRE DES GARDIES.

Écartelé au 1 d'azur à trois otelles (fers de lance) d'or, qui est de Grégoire; au 2 de gueule à trois pairles d'argent 2 et 1; au 3 de sable à deux vierges d'argent soutenant une fleur de lis d'or; au 4 d'azur à trois fasces d'or.

Cette famille, originaire des environs de Millau (Aveyron), fut maintenue noble à Lodève sur preuves de huit degrés remontant à 1442. Elle s'était divisée en deux branches : celle de Montpeyroux, éteinte en 1780 dans la maison de Dax d'Axat, et celle de Saint-Beauzely en Rouergue, éteinte en 1845, dont la filiation généalogique est rapportée dans les *Documents historiques sur les familles du Rouergue.* (BARRAU, III, 703.) Le marquis d'Aubaïs dit que Jean de Grégoire acheta Montpeyroux de la maison de Pelet de la Vérune en 1617, qui la tenait elle-même de son alliance avec Magdeleine de Roquefeuil, 5 août 1556. (III, 16.)

Il y a au moins erreur dans cette date d'acquisition, puisque le jugement de M. de Bezons nous apprend que Jean de Grégoire, vicomte de Montpeyroux, rendit hommage à la comtesse d'Alais le 25 mars 1535. (Marquis D'AUBAÏS, II, 268.) Gardies était un petit fief du territoire de Saint-Beauzély en Rouergue.

I. Jacques de Grégoire, Sgr des Gardies, fut père de

II. Pierre de Grégoire, Sgr des Gardies, rendit hommage à l'évêque de Maguelonne pour la terre et Sgrie de la Rouvière le 8 juil. 1442; il eut pour fils

III. Jean de Grégoire, Sgr des Gardies, vicomte de Montpeyroux, rendit hommage le 25 mars 1535 pour Montpeyroux à la comtesse d'Alais; il avait ép. le 26 mars 1503 Jeanne d'Aigremont, *alias* de Gramon, et il en eut :

IV. Audibert de Grégoire, Sgr des Gardies et de Cadoine, ép. le 6 déc. 1541 Magdeleine Clément de Nozières, et il en eut : 1. Antoine qui suit; 2. Espérance.

V. Antoine de Grégoire, Sgr des Gardies, Cadoine, Deux-Vierges, Saint-Martin-Robans, Canaules, vicomte de Montpeyroux, gouvern. de Gignac, ép. 1° Henriette de Girard, dame de Soucanton, dont il eut : Louise, mariée le 14 oct. 1607 à Jacques de Saint-Bonnet, frère du maréchal de Toiras; 2° le 13 oct. 1576 Claudine de Fay, dont il eut :

V. Jean de Grégoire, vicomte de Montpeyroux, baron des Deux-Vierges, de Cadoine et Montfrin, ép. le 7 avril 1614 Françoise de Claret, *alias* Floret, et il en eut : 1. Marc-Antoine qui suit; 2. Jean; 3. Pierre, Sgr de Saint-Félix, colonel d'infanterie, qui a fait la Br. B.; 4. Louis, Sgr de Saint-André; 5. Louise-Gabrielle, alliée à François de Vissec de la Tude; 6. Jean-François, Sgr de Claret : maintenus dans leur noblesse par jugement souverain du 12 déc. 1668.

VII. Marc-Antoine de Grégoire des Gardies, comte de Canaules et Cabanes, vicomte de Montpeyroux, baron des Deux-Vierges, Sgr de Parlages et la Garrigue, maréchal de camp 1650, avait ép. le 12 sept. 1631 Anne d'Arnaud de la Cassagne, dont il eut :

VIII. Henri de Grégoire des Gardies, comte de Montpeyroux, baron du Pouget, colonel du régt de Rouergue 1666, mort sans enfants.

Br. B. VII. Pierre de Grégoire des Gardies, appelé à la succession de son frère Marc-Antoine, en vertu des substitutions de la famille, ép. le 10 mai 1661 Marthe, *alias* Jeanne de Salgues, dont il eut :

VIII. Marc-Antoine de Grégoire des Gardies, vicomte de Montpeyroux, ép. le 24 mars 1665 N... de Roquelaure, dont il eut : 1. Emmanuel qui suit; 2. Claudine, mariée au marquis de Dax d'Axat, morte en 1780, héritière de son frère.

IX. Emmanuel de Grégoire des Gardies, comte de Montpeyroux, ép. en 1749 N... de la Croix de Candillargues, dont il n'eut pas d'enfants.

269. GRÉGOIRE DE SAINT-SAUVEUR.

D'argent au château de gueule sommé de trois tours crénelées de même.

La maison de Grégoire est originaire de Gévaudan. Raymond Grégoire, damoiseau, était bailli d'Ispagnhac vers 1325 ; il ép. Gilette de Garrejac. Son fils Raymond ép. vers 1380 Alasaïs de Bachalar ; Pierre ép. Marguerite des Peyrières, et Jean son fils Delphine de Montesquieu de Charbonnières (BURDIN, II, 320) ; de ce mariage :

I. Antoine de Grégoire, seigneur de Lambrandes, ép. Élisabeth de Montbel de la Recousse, dont il eut :

II. Jean de Grégoire, Sgr de Lambrandes et de la Recousse, ép. le 30 oct. 1498 Marguerite Ricard de Saint-Geniez, dont il eut :

III. Antoine de Grégoire, Sgr. de Lambrandes, ép. le 24 sept. 1544 Hélips des Gois, dont il eut :

IV. Tristan de Grégoire, capit. commandant pour le roi en la ville d'Ispagnhac, Sgr de Lambrandes, la Boissède et Saint-Marcel, ép. le 29 mai 1580 Marguerite de Grimoard du Roure, dont il eut : 1. Jean qui suit ; 2. Marc-Antoine, Sgr de Saint-Marcel ; 3. Tristan, Sgr de la Boissède.

V. Jean de Grégoire, Sgr de la Recousse, ép. le 12 août 1619 Bourguine de Roquefeuil de Pinet, dont il eut :

VI. Marc-Antoine de Grégoire, Sgr de la Grange, Lambrandes, la Recousse, ép. le 14 nov. 1653 Anne de Châteauneuf de Randon, et en eut : Jean qui suit. Il fut maintenu dans sa noblesse, avec Marc-Antoine et Tristan, ses oncles, par jugement souverain du 4 sept. 1669.

VII. Jean de Grégoire, Sgr de Saint-Sauveur, le Mazel, Nozières, syndic de Gévaudan, ép. le 24 janv. 1701 Lucrèce-Françoise de Chapelain d'Issenges, dont il eut :

VIII. Jean-Anne de Grégoire, dit le marquis de Saint-Sauveur, page du roi en 1721, écuyer cavalcadour en 1725, ép. Magdeleine Goulet de Rugy, dont il eut :

IX. Jean Baptiste-Amédée de Grégoire, marquis de Saint-Sauveur, chambellan du roi de Bavière et du comte d'Artois, colonel du régt de Foix, lieutenant général, ép. Françoise-Augustine de Joussineau de Tourdonnet, dont il eut : 1. Auguste qui suit ; 2. Élise de Saint-Sauveur, chanoinesse.

X. Auguste-François-Philémon-Amédée de Grégoire, marquis de

Saint-Sauveur, premier chambellan du comte d'Artois, puis gentil-homme de la chambre du roi jusqu'en 1830.

270. GRENIER.

D'azur à la bande d'argent chargée de trois étoiles de gueule accompagnées d'une souche de vigne de sable chargée d'un fruit de sa couleur en chef, et d'un lévrier de sable en pointe.

I. Pierre de Grenier obtint, avec d'autres gentilshommes ver-riers, des priviléges, et ép. le 6 mars 1562 Mirgue de Vaux, et il en eut :

II. Antoine de Grenier, ép. le 11 février 1583 Catherine Colomb, et il en eut :

III. Antoine de Grenier, ép. Marie Clavières, dont il eut :

IV. Jean de Grenier, Sgr de Raisins et des Verrières-Basses-de-Maussans, D. de Saint-Pons, ép. le 11 fév. 1653 Isabeau de Robert, et fut maintenu dans sa noblesse par jugement souverain du 1er nov. 1668.

271. GRIFFY.

D'azur au griffon d'or, écartelé d'azur à une patte de lion d'or mise en bande.

Jehan de Griffy était consul des nobles à Montpellier en 1503. (D'AIGREFEUILLE, I, 233.)

I. Pierre de Griffy, Sgr de Saint-Martin, t. le 20 août 1523, il eut pour fils :

II. Antoine de Griffy, Sgr de Saint-Martin, docteur régent, doyen de l'université de Montpellier, fut père de

III. Pierre de Griffy, Sgr de Saint-Martin, maître des comptes à Montpellier 1576, ép. le 14 fév. 1589 Grassinde de Bandinel, et il en eut : 1. Gilbert, consul de la ville de Montpellier 1626, 2. Gras-sinde, dame de Saint-Martin, mariée le 3 juin 1653 à Henri de Ro-quefeuil, marquis de la Roquette ; 3. et

IV. François-Antoine de Griffy, Sgr de Saint-Georges et de Juvi-gnac, consul de Montpellier 1658, ép. le 4 oct. 1636 Louise Bloc, dont il eut : 1. Jacques, conseiller en la cour des comptes, aides et finances de Montpellier; 2. Jean-Gilbert; 3. Henri : maintenus dans leur noblesse, avec leur père, par jugement souverain du

Gilbert de Griffy a été consul de la ville de Montpellier en 1683 et 1702.

272. GUEIFFIER.

I. Sébastien de Gueiffier, ép. le 1er janv. 1543 Catherine de Cardailhac, et il en eut :

II. Guillaume de Gueiffier, fut père de

III. Sébastien de Gueiffier, t. le 1er oct. 1657; il eut pour enfants : 1. François, Sgr de la Caze et Bessètes; 2. Jean, *alias* Joseph, Sgr de la Rochette; 3. Antoine de Maurin Gueiffier, demeurant ensemble aux Bessètes, D. de Mende : maintenus dans leur noblesse par jugement souverain du 6 mars 1670.

273. GUIBERT, *alias* GUILBERT.

D'azur au gui de chêne fleuri d'or accompagné de trois étoiles d'or 2 en chef 1 en pointe.

Diane de Guibert, fille de Jean, Sgr de la Rostide et de Anne de Roys de Lédignan, ép. Hercule de Pelet. (P. ANSELME, VII, 780.)

I. Nicolas de Guibert, gouverneur du château de Baux en Provence en 1504, ép. le 12 oct. 1511 Magdeleine Genoin, et il en eut : 1. Jean; 2. Guy; 3. Tannequin; 4. Pierre; 5. Aubin; 6. et

II. Denis de Guibert, Sgr de la Rostide, ép. le 23 déc. 1540 Marthe Clemens, et il en eut : 1. Jean; 2. Charles; 3. et

III. Pelegrin de Guibert, écuyer, ép. le 24 avril 1588 Françoise d'Albenas, et il en eut : 1. Tannequin; 2. Jean-Denis qui suit; 3. Bertrand.

IV. Jean-Denis de Guibert, Sgr de la Rostide, ép. le 31 août 1619 Anne Roger, dont il eut :

V. Pelegrin de Guibert, Sgr de la Rostide, ép. le 12 avril 1644 Marie de Pascal, dont il eut :

VI. Honoré de Guibert, Sgr de la Rostide, demeurant à Beaucaire, ép. le 20 août 1665 Gillette d'Assas, et fut maintenu dans sa noblesse par jugement souverain du 5 sept. 1669.

274. GUISON, *alias* GUISSONS.

D'azur au lion d'or au chef cousu de gueule chargé de trois étoiles d'argent.

I. Guillaume de Guison obtint des lettres d'anoblissement en 1403, confirmées en 1407; il fut père de

II. Jean de Guison, vivant en 1434, eut pour fils

III. Louis de Guison, ép. en 1441 Hélix de Praclas, dont il eut :

IV. Guillaume de Guison, ép. en 1483 Louise de Borne, dont il eut :

V. Guillaume de Guison, ép. Clémence de Sarrazin, dont il eut :

VI. Alexandre de Guison, vivant en 1602, fut père de

VII. Simon de Guison, ép. av. 1617 Magdeleine Vaquier, dont il eut :

VIII. Antoine de Guison, demeurant au D. de Viviers, eut pour fils

IX. Pierre de Guison, maintenu dans sa noblesse, avec son père, par jugement souverain du 19 oct. 1669.

275. GUYON DE GEIS DE PAMPELONNE.

Parti au 1 d'azur à la tour crénelée d'argent et maçonnée de sable, soutenue par deux lions d'or et accompagnée en pointe de 3 badelaires d'argent à la garde d'or posés en fasce, qui est de Guyon; au 2 de gueule à la bande d'or chargée de huit points de sable et accompagnée de trois fleurs de lis d'argent, *alias* de gesses, 2 en chef, 1 en pointe, qui est de Geis. DEVISE : *Vis unita fit fortior.*

Il subsiste un contrat de mariage du 28 juin 1359 entre noble Barthélemy de Guyon, dit de Ranbant, du mandement de Barri au diocèse de Viviers, et Aymare de Villefort, assistée de Hugues de Châteauneuf, son tuteur, en présence de nobles Pierre de Villefort, Ponce de Guyon et Ponce de Rochesauve, leurs parents et amis. Dans la suite du contrat sont aussi nommés Emonet et Arnaud de Guyon, dits de Ranbant frères. Un autre acte du 6 déc. 1379 institue arbitrage pour terminer les différents nés entre Martin Curtil, dit de Chantemerle, et noble Emonet de Guyon, de Rochemaure, diocèse de Viviers, comme tuteur des enfants de Barthélemy de Guyon. Nobles Ponce, Barthélemy et Jean de Guyon peuvent être comptés parmi les ancêtres de ceux qui portent aujourd'hui le même nom et jouissent en partie des mêmes biens et droits dans le même pays où vivaient ces anciens. (*Bibl. Imp., Mss. Languedoc*, II, 105.) Le château de Pampelonne, à deux lieues de Montélimar, existait dès l'an 1000; il est mentionné dans l'histoire de la maison d'Adhémar de Monteil. Jean de Pampelonne vivait en 1098. (PITHON CURT. IV, 19.) La filiation suivie de cette maison, maintenue par M. de Bezons, commence à

I. Étienne de Guyon, co-Sgr de Salettes en Vivarais, fut père de

II. Dalmas de Guyon, Sgr de Salettes, ép. le 12 juillet 1517 Thoinette de Tholon, *alias* Tolon et Toulon de Sainte-Jaille, sœur du grand maître de l'ordre de Malte, dont il eut :

III. Antoine de Guyon, Sgr de Salettes, ép. 1° Françoise de Geis, fille unique et héritière de Josserand de Geis, Sgr de Pampelonne, au dioc. de Viviers, et de Anne de Blou, dont il eut : 1. Josserand qui suit; 2° Claire Dupont, dont il eut : 2. Rostaing; 3. Pierre; 4. Antoine.

IV. Josserand de Guyon de Geis, Sgr de Pampelonne, héritier des biens de son aïeul maternel, test. du 10 janv. 1554, sous la condition d'en porter le nom et les armes; commandant pour le roi dans le château de Rochemaure 1588, av. ép. le 27 déc. 1573 Isabeau de Voesc, dont il eut : 1. Guillaume qui suit; 2. Gaspard, auteur d'une branche éteinte vers la fin du XVIIe siècle.

V. Guillaume de Guyon de Geis, Sgr de Pampelonne, commandant pour le roi dans le château de Chomérac 1621, capit. d'une compagnie de 100 hommes, honoré d'une lettre de Louis XIII, ép. le 24 avril 1605 Louise de Saurin, dont il eut : 1. Jacques qui suit; 2. N.., sieur de Monchastel; 3. Jeanne; 4. Anne, mariée le 11 sept. 1649 à Jean de Rochefort.

VI. Jacques de Guyon de Geis, Sgr de Pampelonne, capit. au régt de Roussillon 1635, ép. le 20 juin 1652 Claire-Henriette de Barjac de Pierregourde, dont il eut : 1. Jacques qui suit : 2. Louis; 3. Charles; 4. Anne; 5. Bonne : il fut maintenu dans sa noblesse par jugement souverain du 20 déc. 1668.

VII. Jacques de Guyon de Geis, Sgr de Pampelonne, capit. commandant une compagnie 1691, ép. le 18 mai 1693 Gabrielle d'Aymard, dont il eut : 1. Antoine qui suit; 2. Jacques; 3. Joachim-Joseph; 4. Henri; 5. Catherine, mariée à Joseph d'Alcyrac, et cinq autres filles non mariées.

VIII. Antoine de Guyon de Geis, Sgr de Pampelonne, chev. de Saint-Louis, ép. le 29 avril 1732 Marie-Anne de Fages de Rochemure, dont il eut : 1. Joseph qui suit; 2. Antoine-Jacques, archidiacre et chanoine à Viviers, député du clergé.

IX. Joseph de Guyon de Geis, Sgr de Pampelonne, officier au régt royal d'artillerie 1754, Sgr de Rochemaure, qualifié baron de Pampelonne dans ses commissions militaires, chev. de Saint-Louis, député suppléant de la noblesse aux états généraux de 1789; ép. le 22 sept. 1776 Marie-Charlotte de Vidaud de la Tour, dont il eut :

X. Henri de Guyon de Geis de Pampelonne, baron de Pampelonne, garde du corps du roi en 1814, lieut. aux cuirassiers de la reine, accompagna le roi à Gand 1815; il avait ép. le 10 oct. 1809 Ernestine d'Agoult, dont il eut : 1. Jean-Joseph qui suit; 2. Antoine-Victor, qui a fait là Br. B.

XI. Jean-Joseph de Guyon de Geis de Pampelonne, baron de Pampelonne, officier d'infanterie, ép. à Rome le 23 avril 1841 Louise-Mabile d'Agoult, sa cousine germaine, dont : 1. Ernestine, née en août 1845; 2. Stéphanie, née le 10 fév. 1848.

Br. B. XI. Antoine-Victor de Guyon de Geis de Pampelonne, lieut.

de vaisseau, chev. de la Lég. d'honn. et des ordres de Pie IX, ép. le 28 fév. 1848 Sophie-Angélique Bibiane d'Indy, dont : 1. Joseph-Edmond, né le 5 juin 1849 ; 2. Roger-Jean, né le 11 mai 1850 ; 3. Isabelle-Marie-Marguerite, née le 10 sept. 1851 ; 4. Marie-Henriette-Émilie, née le 29 mai 1854 ; 5. Régis-Alphonse, né le 1er oct. 1856.

276. HARENC DE LA CONDAMINE.

D'azur à trois croissants d'or mis en bande. DEVISE : *Nul bien sans peine.*

La maison de Harenc, issue des Sgrs de la Roue Saint-Anthelme en Forez, a été admise aux honneurs de la cour en 1785. Les preuves faites devant Chérin remontent à Pierre de la Roue, damoiseau vivant en 1328. Le fief de la Condamine entra dans cette maison par le mariage de Louise de Montouer, dame et héritière de la Condamine, le 4 janvier 1400, avec Antoine de la Roue Harenc, arrière-petit-fils de Pierre. (*Preuves de cour.*)

Aimar, petit-fils d'Antoine, qui commence la filiation prouvée devant M. de Bezons, épousa Antoinette de Salemard, fille de Bertrand, chevalier de l'ordre du roi, et de Catherine de Carency. Catherine était la fille naturelle de Pierre de Bourbon, Sgr de Carency, nièce de Jacques de Bourbon, et cousine de Charles de Bourbon, connétable de France. (LE LABOUREUR, *Maz. de l'Isle-Barbe*, 541.)

1. Aimar de Harenc, Sgr de la Condamine, fut déchargé des tailles par la cour des aides de Paris le 6 juillet 1518 ; il avait ép. Antoinette de Salemard, dont il eut : 1. Antoine qui suit ; 2. Jeanne, mariée à Louis Arod, Sgr de Senevas.

II. Antoine de Harenc, Sgr de la Condamine, ép.
dont il eut : 1. André qui suit ; 2. Louise, mariée à Aymar de Saint-Priest, Sgr de Fontanais.

III. André de Harenc, écuyer, Sgr de la Condamine, gentilhomme de la chambre du roi, commandant de Virieu et d'Annonay, ép. le 11 mars 1574 Michelle de Fay Malleval, dont il eut :

IV. Christophe, *alias* Jean de Harenc, écuyer, Sgr de la Condamine, gentilhomme ordinaire de la chambre du roi, fut père de

V. Pierre de Harenc, Sgr de la Condamine, demeurant au Bourg-d'Argental, fut maintenu dans sa noblesse par jugement souverain du 21 mars 1670.

Louis-Hector de Harenc, marquis de la Condamine, page du roi en 1742, était arrière-petit-fils de Pierre ; il eut pour fils

Pie-Marie-Anne de Harenc, marquis de Harenc de la Condamine, capit. au régt des cuirassiers du roi 1779, qui fit les preuves de cour et monta dans les carrosses du roi le 20 janv. 1786 ; il ép. le

12 mars 1788 Guillemette-Antoinette de Charrier de la Roche, dont il eut : 1. Claude-Marie-Magdeleine-Scolastique, chev. de Malte et de Saint-Étienne de Toscane ; 2. Jeanne-Marie-Françoise-Caroline, dame du chapitre royal de Sainte-Anne de Munich 1838.

277. HAUTPOUL.

D'or à deux fasces de gueule accompagnées de six coqs de sable crêtés becqués et barbés de gueule, posés 3, 2 et 1.

La maison d'Hautpoul a tenu de toute ancienneté le rang le plus distingué parmi la haute noblesse de Languedoc. Le premier acte dont on ait connaissance est de 1084, où Pierre-Raimond d'Hautpoul figure avec Raimond comte de Toulouse ; Pierre-Raimond prit part à la croisade en 1095 avec Raimond de Saint-Gilles. (*Hist. de Languedoc*, II, 319.) La filiation authentique de cette maison a été établie depuis Pierre-Raymond, chevalier, lors de son admission aux états de Languedoc. (*Proc. verbaux des états*, 1782-1783.) Le château de Hautpoul fut assiégé, pris et détruit en 1212 par Simon de Montfort. Les terres et seigneuries possédées par cette maison étaient désignées, à cause de leur importance, sous le nom de *pays hautpoulois*. (LACH. DESB., VII, 719.) La maison d'Hautpoul était divisée en plusieurs branches au moment de la vérification ; deux branches, établies dans la généralité de Montpellier, prouvèrent leur noblesse depuis.

I. Gaston d'Hautpoul, Sgr de Félines, Cassagnoles et Ventajou, t. le 30 sept. 1462, ép. av. le 3 fév. 1445 Jeanne de Sainte-Colombe, dont il eut : 1. Jean qui suit ; 2. Bernard ; 3. Bonne, mariée à Mathieu de Grave ; 4. Anne, mariée à François de Montredon.

II. Jean d'Hautpoul, Sgr de Cassagnoles et Ventajou, ép. le 10 avril 1501 Jeanne de Montlaur, dont il eut : 1. Jean, qui suit ; 2. Anne, mariée au Sgr de Rayssac ; 3. Alix, mariée au Sgr de Rabastens.

III. Jean d'Hautpoul, Sgr de Félines et de Cassagnoles, ép. le 26 nov. 1525 Catherine de Chambert, et il en eut : 1. Charles qui suit ; 2. Bertrand qui a fait la Br. C. ; 3. Bernard, grand archidiacre et vicaire général à Narbonne ; 4. Jean-François, chanoine.

IV. Charles d'Hautpoul, Sgr de Cassagnoles, ép. le 30 janv. 1551 Guiraude de Saix, et il en eut :

V. Jean d'Hautpoul, Sgr d'Argentières, ép. le 29 sept. 1593 Françoise de Brettes, et il en eut :

VI. Jean-Antoine d'Hautpoul, Sgr de Ventajou, puis de Cassagnoles et Félines, ép. le 15 oct. 1636 Suzanne de Guibal, et il en eut : 1. François ; 2. Étienne ; 3. Charles ; 4. Joseph qui suit ; 5. Jean-Antoine, chev. de Malte 1671 : maintenus dans leur noblesse par jugement souverain du 5 juin 1669.

VII. Joseph d'Hautpoul, obtint l'érection de ses terres de Félines, Cassagnoles et Ventajou en marquisat d'Hautpoul, par lettres pat. de mai 1734, enreg. au parlement de Toulouse le 29 juillet, et à la chambre des comptes de Montpellier le 24 mars 1735; il avait ép. le 24 fév. 1691 Marthe de Roux de la Terrasse, et il en eut : 1. Jean-Antoine qui suit; 2. Joseph, chev. de Malte 1717; 3. Suzanne; 4. Élisabeth.

VIII. Jean-Antoine d'Hautpoul, marquis d'Hautpoul, page du roi 1712, ép. le 27 juillet 1722 Catherine de Bermond, et il en eut : 1. Joseph-Marie qui suit; 2. Jean-Henri, chev. de Malte 1735, qui a fait la Br. B.; 3. Henri-Anne, chev. de Malte 1747.

IX. Joseph-Marie d'Hautpoul, marquis d'Hautpoul, Sgr d'Auxillon et de la baronie d'Hautpoul, Mazamet et pays hautpoulois, ép. le 24 sept. 1752 Marie d'Hautpoul de Rennes, dont il eut : 1. Jean-Marie-Alexandre qui suit ; 2. Joseph-Marie-Grégoire-Prosper ; 3. Charles-Marie-Benjamin, maréchal de camp, ép. en 1804 la veuve du comte de Beaufort, dont elle avait un fils qui a pris le nom de Beaufort-d'Hautpoul.

X. Jean-Marie-Alexandre d'Hautpoul, marquis d'Hautpoul-Félines, chev. de Malte et de Saint-Louis, ép. Angélique Lenoir, dont il eut : 1. Richard-Olivier qui suit; 2. Éléonore, mariée en 1811 à Casimir, comte de Palarin.

XI. Richard-Olivier-Hippolyte d'Hautpoul, comte d'Hautpoul, sous-lieut. aux gardes de Monsieur, chev. de Saint-Louis, commandeur de la Lég. d'honn., ép. Sophie Causse, dont : Claire, mariée le 2 avril 1845 à Prosper, marquis de Fleury, préfet de la Lozère.

Br. B. IX. Jean-Henri d'Hautpoul, marquis d'Hautpoul, chevalier de Malte, lieut.-col. du régt royal Picardie, ép. Henriette de Foucaud, dont il eut : 1. Marie-Constant-Fidèle-Henri, maréchal de camp, commandant l'école d'état-major, démissionnaire en 1830 ; 2. Alphonse-Henri, marquis d'Hautpoul, chevalier de Saint-Louis, ancien député de l'Hérault 1834, lieutenant général 1841, pair de France 1846, sénateur 1852, grand-référendaire du sénat, grand-croix de la Lég. d'honn. 1851; ép. le 27 mai 1816 Catherine-Fanny Tournier de Monestrol, dont : 1. Henri-François-Raimond ; 2. Euphrosine-Henriette-Marie-Catherine; 3. Mathilde-Alexandrine-Henriette; 4. Henriette-Germaine-Marie.

Br. C. IV. Bertrand d'Hautpoul, Sgr de Cuxac, ép. le 22 nov. 1583 Jeanne de Castera, dont il eut :

V. Jean-Pierre d'Hautpoul, Sgr de Saint-Martin et Caumont, ép. le 1er mars 1609 Colombe de Fournier, et il en eut :

VI. Jean-Antoine d'Hautpoul, Sgr de Caumont, ép. le 11 août 1636 Anne d'Albis, et il en eut :

VII. Jean-Pierre d'Hautpoul, Sgr d'Albières, D. de Narbonne, fut maintenu dans sa noblesse avec son père par jugement souverain du 5 juin 1669.

278. HAUTVILAR.

D'azur à trois roses d'argent, au chef cousu de gueule au lion issant d'or.

I. Claude de Hautvilar, Sgr dudit lieu, fut père de

II. François de Hautvilar, écuyer, Sgr dudit lieu, ép. le 26 août 1520 Marguerite de Voesc, dont il eut :

III. Claude de Hautvilar, Sgr dudit lieu, ép. le 1er déc. 1543 Isabeau Mouton, et il en eut : 1. Joseph qui suit; 2. Louis; 3. François; 4. Nicolas.

IV. Joseph de Hautvilar, Sgr dudit lieu, ép. Jeanne de Borne, dont il eut : 1. Anne qui suit; 2. Antoine, prêtre; 3. Jacques, prêtre; 4. Claude.

V. Anne de Hautvilar, Sgr dudit lieu, ép. le 30 janv. 1606 Catherine de la Motte, et il en eut :

VI. Olivier de Hautvilar, Sgr dudit lieu et de la Motte, demeurant à Hautvilar, dans le haut Vivarais, ép. Antoinette de Maisonseule, dont il eut : Claude, mariée à Jean de Balazuc, et fut maintenu dans sa noblesse par jugement souverain du 14 janv. 1669.

279. HÈBLES.

D'azur au lévrier d'argent surmonté de trois roses de même, 2 et 1 au chef cousu de gueule chargé d'une fleur de lis d'or.

La maison d'Hèbles était originaire de Rouergue et connue depuis la fin du XIIIe siècle, par filiation non interrompue. En 1358, le comte et les consuls de Rodez ayant appris les progrès des Anglais dans la basse Marche du Rouergue, s'empressèrent de former une compagnie de gendarmes pour la sûreté de la ville, et ils en donnèrent le commandement à Guillaume d'Hèbles. (Bosc, *Hist. du Rouergue.* — BARRAU, III, 457.)

Cette famille s'est fort distinguée parmi les chefs huguenots qui suivirent la fortune de Henri de Navarre. Guillaume d'Hèbles de la Vacaresse servit avec zèle le roi de Navarre dès avant 1577 jusqu'après 1605. (Marquis D'AUBAÏS, III, 50, *Journ. de Faurin.*)

I. Raimond d'Hèbles, damoiseau, Sgr de Segur et de Saint-Agnan, rendit hommage au comte de Rodez en 1323 et fut père de

II. Guillaume d'Hèbles, commandant une compagnie de gendarmes pour la sûreté de la ville de Rodez en 1358, fut père de

III. Jean d'Hèbles, acheta le fort de Camboulas le 13 janv. 1389, et fut père de

IV. Gaillard d'Hèbles, Sgr du fort de Camboulas, ép. Delphine de Broquiez, et il en eut : 1. Bonnet qui suit; 2. Pierre; 3. Raymond; 4. Marguerite, alliée le 6 oct. 1450 à Bernard de la Roque de Tranet.

V. Bonnet d'Hèbles, Sgr de Camboularet, fut père de

VI. Guillaume d'Hèbles, Sgr de Camboularet, ép. le 10 juill. 1491 Claire Faet, dame de la Vacaresse, et il en eut : 1. Gabriel qui suit; 2. Antoine, père d'autre Antoine, dont la fille Antoinette ép. François de Tubières.

VII. Gabriel d'Hèbles, Sgr de la Vacaresse, ép. le 24 nov. 1511 Gabrielle du Puy, et il en eut :

VIII. Gabriel d'Hèbles, Sgr de la Vacaresse et de las Ribes, ép. le 28 août 1533 Marquise de Guirard, dame de las Ribes, et il en eut : 1. François qui suit; 2. Jacques; 3. Gabriel, qui a fait la Br. B.

IX. François d'Hèbles, Sgr de las Ribes, ép. Marie de Bertholène, et il en eut :

X. Jacques d'Hèbles, Sgr et baron de las Ribes, écuyer de la grande écurie du roi. Henri IV lui donna la capitainerie de Camboulas, 1602; il fut gentilhomme ordinaire de la chambre du roi 1603; obtint l'érection en baronie des terres de las Ribes, Bertholène, et la Romiguère, sous le nom de las Ribes, au mois de nov. 1605; il obtint encore un brevet de chevalier de l'Accolade, avec la permission d'ajouter à ses armes une fleur de lis d'or, et enfin l'érection en baronie des terres de Bertholène, du Poussin, et du Truel, sous le nom de Bertholène, avec permission d'ajouter à ses armes « un mouchoir, un pistolet et une pique. » Il testa le 24 nov. 1598 en faveur de sa mère, qu'il chargea de remettre l'héritage à son cousin Gabriel.

Br. B. IX. Gabriel d'Hèbles, gentilhomme ordinaire de la chambre du roi, commandant à Saint-Affrique et au pays de Vabres en Rouergue 1580, lieut. de M. de Châtillon au gouvernement de Montpellier 1583, ép. le 12 avril 1598 Lucrèce de Cancer, dame de Pignan, Saint-Martin, Vignogoul et Olivet, dont il eut : 1. Gabriel qui suit; 2. Antoine, qui a fait la Br. C.

X. Gabriel d'Hèbles, Sgr et baron de las Ribes, le Truel, la Vacaresse, Pignan et Saint-Martin, ép. 1° le 18 fév. 1626 Diane de Beauxhostes, 2° le 1er fév. 1647 Gracie Janvier, veuve de François Terrail, Sgr de Saussan; il fut maintenu dans sa noblesse avec son frère par jugement souverain du 19 déc. 1668.

Br. C. X. Antoine d'Hèbles, Sgr de la Vacaresse, baron de las Ribes et dé Bertholène, gouv. de Saint-Affrique, ép. 1° le 29 nov. 1633 Françoise de Bernard de Miremont; 2° le 1er mars 1661 Claudine Clausel; il eut de sa première femme : Louise d'Hèbles, dame de las Ribes, mariée le 10 avril 1657 à François de Ricard, Sgr de Saussan, conseiller en la cour des aides de Montpellier, dont la fille Élisabeth de Ricard, dame de la Ribes, la Vacaresse, Pignan, le Truel, ép. en 1678 Henri de Baschi, marquis du Caïla.

280. HÉBRARD.

De gueule au lion d'or armé de sable à la cotice de sable, chargée de trois étoiles d'or.

Trois actes tirés des registres des nobles de Montpellier des années 1139, 1144 et 1146 font mention de la maison des Hébrard. Louis d'Hébrard, damoiseau, Sgr de Saint-Privat, fit une donation le 9 sept. 1495. Guillaume d'Hébrard, écuyer, fut héritier de Jean son frère en 1544. Marquis d'Aubaïs, II, 280.)

I. Pierre d'Hébrard eut pour enfants : 1. Guillaume qui suit; 2. Bernard.

II. Guillaume d'Hébrard, t. le 18 oct. 1549; il fut père de

III. Guillaume d'Hébrard, écuyer, Sgr de la Lauze, conseiller du roi, gouverneur de Montpellier 1601, ép. le 15 oct. 1582 Isabeau de la Volhe, dont il eut : 1. Guillaume qui suit; 2. Marthe, alliée à Jean de Clausel.

IV. Guillaume d'Hébrard, ép. le 21 fév. 1629 Bernardin Mestre, et il en eut :

V. Guillaume d'Hébrard, Sgr de Mirevaux, demeurant à Montpellier, maintenu dans sa noblesse par jugement souverain du 27 janv. 1670.

281. HÉRAIL DE BRISIS.

D'azur au navire d'or, fretté, équipé, voilé d'argent, flottant sur des ondes de même. Devise : *Neque Charybdis, neque Scylla.*

La maison d'Hérail possède depuis 600 ans le château de Brisis, situé sur les bords de la Cize, dans la paroisse de Ponteils, au diocèse d'Uzès, qui lui est échu par alliance ou acquisition d'une ancienne maison du même nom, dont l'un des derniers rejetons, Gaufred de Brisis, prieur du grand prieuré de Saint-Gilles, vivait en 1168. (*Hist. de Lang.*, III, 20.) Cette maison a prouvé sa filiation devant M. de Bezons, depuis :

I. Jean d'Hérail, écuyer, Sgr de Brisis, tué dans les guerres d'Italie sous le règne de Louis XII, avait ép. le 30 octobre 1452 Gabrielle de Budos, dont il eut : 1. Jean qui suit ; 2. Marguerite, alliée le 30 avril 1487 à Elzias de Molette de Morangiés.

II. Jean d'Hérail, écuyer, Sgr de Brisis, qui fut blessé au siége de Pavie, avait ép. le 21 nov. 1491 Louise de Merle, dame de Plauzolles, dont il eut : 1. Jean qui suit ; 2. Claude, prieur de Sénéchas ; 3. Delphine, mariée le 2 fév. 1520 à Pierre de Picon, damoiseau ; 4. Simonne, ép. le 18 mai 1518 Baptiste de la Garde-Chambonas.

III. Jean d'Hérail, écuyer, Sgr de Brisis et Plauzolles, ép. Honorade de l'Estang de Parade, dont il eut plusieurs enfants, entre autres : 1. Baptiste qui suit ; 2. Honorade, mariée le 1er août 1541 à Jacques d'Isarn, Sgr de Crussolles et de Villefort ; 3. Simonne, mariée le 13 janv. 1545 à Jean de Quinssac, Sgr de la Fabrègue.

IV. Baptiste d'Hérail, Sgr de Brisis, ép. le 11 janv. 1561 Jeanne de Grimoard-Beauvoir du Roure, dont il eut : 1. Jean qui suit ; 2. Jacques, qui a fait la branche des Sgrs de Concoules et de la Blachère, maintenue dans sa noblesse par jugement souverain du 10 déc. 1668, éteinte à la fin du XVIIe siècle ; 3. Claude ; 4. Pierre.

V. Jean d'Hérail, Sgr de Brisis, ép. le 1er mai 1614 Marguerite de Bruéis dame de Saint-Désery, dont il eut :

VI. Jacques d'Hérail, Sgr et vicomte de Brisis, Sgr de Cubières, la Chaze, Monselgues, co-Sgr de Concoules, ép. le 20 juin 1635 Anne de la Tour-Gouvernet, et fut maintenu dans sa noblesse par jugement souverain du 10 déc. 1668 ; il eut plusieurs enfants de son mariage, entre autres : 1. Pierre-César, enseigne dans les Gardes françaises, mort sans enfants ; 2. Félix-Scipion qui suit ; 3. René, auteur d'une branche éteinte vers 1750 ; 4. Jean-Baptiste, chev. de Malte, 1666 ; 5. Louise, mariée à Hector d'Oriple, Sgr de Saint-Nazaire ; 6. Justine, mariée à Louis de Grimoard-Beauvoir du Roure ; 7. Isabeau, mariée à Charles de Narbonne, Sgr de Larque ; 8. Marie-Catherine, mariée en 1688 à Claude de Sarrazin, Sgr de Chambonnet.

VII. Félix-Scipion d'Hérail, vicomte de Brisis, ép. le 16 mai 1690 Jeanne de Saunier, dont il eut :

VIII. Jean d'Hérail, vicomte de Brisis, lieut. au régt. de Lannoy, ép. le 28 sept. 1705 Marguerite de Castanier, dont il eut :

IX. Antoine d'Hérail, vicomte de Brisis, s'attacha au service de la république de Gènes, capitaine, colonel d'infanterie, ép. à Savone le 16 nov. 1749 Virginie Viacava-Grimaldi, dont il eut plusieurs enfants, entre autres : 1. Félix-Fortuné, lieut. au régt royal Liégeois, mort sans postérité 1790 ; 2. Jérôme qui suit ; 3. Laure, mariée à

Novi à N... Laviosa; 4. Octavie, mariée à N... Garibaldi, capit. d'infanterie.

X. Jérôme d'Hérail, vicomte de Brisis, ancien major d'infanterie, chev. de Saint-Louis, ép. le 27 avril 1797 Angélique Sanguinetti, dont : 1. Étienne-Jean-Baptiste; 2. Charles; 3. Léopold; 4. Félix; 5. Antoine; 6. Vincence; 7. Catherine; 8. Virginie.

282. HUC DE MONSEGOU.

D'azur à trois chats-huants d'or posés 2 et 1, becquetés et panachés de sable.

La maison d'Huc, originaire de la Caune, au diocèse de Castres, a fourni trois branches, dont deux, celles de Besselves et de Monsegou, ont été maintenues dans leur noblesse par jugement de M. de Bezons du 13 nov. 1669; la troisième branche, dite de Naubert, a été confirmée dans sa noblesse par lettres patentes de Louis XV données à Versailles au mois de juin 1772, enregistrées au parlement de Toulouse le 21 août; à la cour des comptes, aides et finances de Montpellier le 4 sept.; et au bureau des trésoriers de France de la généralité de Montpellier le 14 sept. de la même année.

I. Jean d'Huc, Sgr de Besselves, ép. Marguerite de Besselves et fut père de

II. Jean d'Huc, Sgr de Besselves, de Naubert et de Monsegou, ép. Jeanne de Patiaut, dont il eut : 1. Bernard qui suit; 2. Jean, qui a fait la Br. B.; 3. autre Jean, qui a fait la Br. C.; 4. Gabrielle, mariée le 9 nov. 1541 à Pierre Geoffre.

III. Bernard d'Huc, Sgr de Monsegou, reçut commission du duc de Crussol le 20 janv. 1568 pour la levée d'une compagnie de 300 hommes de pied; il ép. vers 1540 Gillette d'Amat Delram, dont il eut : 1. Jacques qui suit; 2. Jean-Pierre; 3. Josué; 4. Jeanne, mariée en 1580 à Antoine de Toulouse-Lautrec.

IV. Jacques d'Huc, Sgr de Ricardes et de Monsegou, reçut commission du prince de Condé le 5 fév. 1616 pour lever des troupes, tant de cheval que de pied, comme il le jugera nécessaire pour le service du roi; il ép. Isabeau de Bonafoux, dont il eut : 1. Pierre qui suit; 2. Jacques; 3. Olympe; 4. Esther.

V. Pierre d'Huc, Sgr de Monsegou, y demeurant, D. de Saint-Pons, fut maintenu dans sa noblesse avec ses frères par jugement souverain du 13 nov. 1669; il ép. 1° Magdeleine de Bonne; 2° le 8 juill. 1684 Marguerite de Pins, dont une fille qui porta la terre de Monsegou dans la maison de Pins.

Br. B. III. Jean d'Huc, Sgr de Besselves, procureur de son frère Bernard, transigea le 28 mars 1543 au sujet des chapellenies fon-

déés par Raimond, Bernard, Jean, Guilhem et autres leurs prédécesseurs; il ép. Jeanne de Beines, et il en eut : 1. Jean; 2. et

IV. Charles d'Huc, Sgr de Besselves, t. le 22 avril 1660; il avait
ép. Magdeleine Vidal, dont il eut : Marquis d'Huc, Sgr de Besselves, demeurant à Hautevergnes, D. de Castres, maintenu dans
sa noblesse par jugement souverain du 13 nov. 1669.

Br. C. III. Jean d'Huc, Sgr de Naubert, dit le capitaine de la
Caune, ép. vers 1560 Antoinette Borelli, dont il eut : 1. Jean qui
suit; 2. Aaron.

IV. Jean d'Huc, Sgr de Naubert, bachelier ès droits, ép. av. 1600
Élisabeth de Goudon, et il en eut :

V. David d'Huc, Sgr de Naubert, ép. le 8 mars 1645 Suzanne de
Coutin, dont il eut : 1. Alexandre, héritier de son père, ép. Jeanne
de Caries de Sénilhes, et mourut sans postérité mâle; 2. et

VI. Jean d'Huc, ép. le 17 janv. 1689 Suzanne de Bonne, dont il eut :
1. Pierre qui suit; 2. Philippe, qui fut père de Paul d'Huc, auteur
de la branche des comtes de Béthuzy, établie dans la Silésie prus-
sienne depuis 1772, et représentée aujourd'hui par Édouard, comte
de Béthuzy d'Huc à Bankau, près Croutzbourg.

VII. Pierre d'Huc, obtint de Louis XV en 1772 les lettres patentes confirmatives de noblesse avec son frère Philippe ; il ép. Jeanne
de Tandon, et il en eut : 1. Louis qui suit; 2. François, mort sans
enfants en 1819.

VIII. Louis-Philippe-Auguste d'Huc de Monsegou, baptisé sous
ce nom avec l'autorisation de son cousin de Pins, héritier des biens
de la branche d'Huc de Monsegou, ép. le 4 nov. 1755 Jeanne de
Teulié, dont il eut : 1. Élisabeth; 2. et

IX. Jacques-Philippe d'Huc de Monsegou, ép. le 8 janvier 1797
Julie-Suzanne Delours, dont il eut : 1. Jacques-Philippe-Eugène,
mort en 1845 ne laissant qu'une fille, Suzanne, mariée en Angleterre à N. Dresler ; 2. et

X. François-Louis-Philippe-Jules d'Huc de Monsegou, sous-in-
tendant militaire de première classe à Paris, chevalier de la Lég.
d'hon., commandeur de l'ordre de Charles III d'Espagne, officier
de l'ordre du Sauveur de Grèce, ép. le 6 mai 1840 Camille Brem-
singer, dont : 1. Camille-Henriette-Léonie-Philippine, née en 1845;
2. Philippine-Louise-Eugénie-Berthe, 1847.

Le nom patronymique d'Huc de Monsegou a été maintenu aux
trois derniers degrés de cette branche par jugement du tribunal
civil de Montpellier du 25 août 1842; enregistré à Montpellier le
1er sept. 1842.

283. JARDIN.

l. Haquinet de Jardin eut pour enfants : 1. Marnaud qui suit ;
2. Jean.

II. Marnaud de Jardin, fut père de

III. Jean de Jardin, ép. le 3 oct. 1545 N. de Framon, et il en
eut :

IV. Denis de Jardin, écuyer, ép. le 21 avril 1566 Françoise Pro-
vensal, et il en eut :

V. Denis de Jardin, demeurant au lieu de Valabrègues, D. d'Uzès,
maintenu dans sa noblesse par jugement souverain du 14 janv. 1671.

284. JESSÉ.

D'argent au laurier naissant de sinople, au chef d'azur chargé de trois cœurs d'or.

I. André de Jessé transigea avec les religieuses de Saint-Étienne
de Gorgean de la ville de Clermont le 23 août 1480 ; il eut pour
fils : 1. Arnaud qui suit ; 2. André ; 3. Afrique, marié le 17 déc.
1515 à Colette Belet, dont il eut : Arnaud ; 4. Pons.

II. Arnaud de Jessé, conseiller au présidial de Béziers, ép. le
25 janv. 1551 Isabeau Laimeric, et il en eut :

III. Jacques de Jessé, avocat du roi au présidial de Béziers, ép.
en nov. 1577 Isabeau de Fraissinet, dont il eut :

IV. Arnaud de Jessé, Sgr de Levas, conseiller au présidial de
Béziers, ép. le 8 déc. 1608 Antoinette de Maurelhan, et il en eut :
1. Jacques-Armand, Sgr de Carlencas et Levas ; 2. Guillaume ;
3. Tristan : maintenus dans leur noblesse par jugement souverain
du 27 sept. 1668.

M. le baron de Jessé père, et M. de Jessé fils, ont pris part aux
assemblées de la noblesse de la sénéchaussée de Béziers en 1789.

285. JOYEUSE.

I. Martin de Joyeuse, écuyer, ép. le 20 fév. 1546 Andrive de Castillon, dont il eut :

II. Ambroise de Joyeuse, Sgr de la Ribat, ép. Charlotte de Rets
de Bressoles, et il en eut :

III. Adam de Joyeuse, Sgr de la Ribat, D. d'Uzès, maintenu dans sa noblesse par jugement souverain du 3 nov. 1670.

286. JOSSAUD.

D'azur au lion naissant d'argent, au chef d'or, chargé de trois losanges de gueule.

I. Jean de Jossaud fut compris parmi les gentilshommes d'Aramon dans un arrêt du parlement de Toulouse du 30 août 1519; il ép. le 15 fév. 1529 Étienne de Laudun, fut conseiller au parlement de Turin 1539, « et peut avoir été père » de

II. Jean de Jossaud, conseiller au présidial de Nîmes, ép. le 16 juill. 1564 Françoise de Calvière, et il en eut : 1. Pierre qui suit; 2. Pons, qui a fait la Br. B.

III. Pierre de Jossaud, conseiller au présidial de Nîmes, ép. le 21 fév. 1605 Bernardine Auguier, et il en eut : 1. Jean, conseiller au présidial de Nîmes 1624, ép. Susanne de Genas; 2. Jean : maintenus dans leur noblesse par jugement souverain du 20 mars 1670.

Br. B. III. Pons de Jossaud, fut père de

IV. Louis de Jossaud, demeurant à Tarascon, fut maintenu dans sa noblesse par jugement des commissaires de Provence du 12 octobre 1668.

Élisabeth de Jossaud, fille de François, conseiller au présidial de Nîmes et de Marguerite de Malbosc de Miral, ép. le 26 avril 1691 Pierre Donan, avocat, fils de François et de Catherine le Blanc.

Jean-Louis de Jossaud, fils de François et de Marguerite de Malbosc de Miral, ép. en 1693 Claudine Graverol.

Plusieurs membres de cette famille ont pris part aux assemblées de la noblesse tenues à Uzès en 1788-1789.

287. JOUGLA.

D'azur à un épervier passant d'or, au chef d'argent chargé de trois étoiles de gueule.

I. Antoine de Jougla, trésorier de France, en la généralité de Montpellier, fut père de

II. François de Jougla, trésorier de France, ép. N. Boucaud, et il en eut :

III. François de Jougla, baron de Lausières, demeurant à Montpellier, maintenu dans sa noblesse par jugement souverain du 21 mars 1670, comme fils et petit-fils de trésorier de France.

288. JOUGLA.

Mêmes armes.

Jean Jougla du Fresne, conseiller du roi et son maître d'hôtel ordinaire, capitaine châtelain d'Aspert, Sgr et baron de Saint-Rome de Tarn, Auriac, la Motte, Cappieu, Canebottes, Fontier, et directeur de la ville de Gignac, y demeurant, D. de Béziers, fut maintenu noble par jugement souverain du 21 août 1669, en conséquence des lettres d'anoblissement du mois d'octobre 1643, et confirmation du mois de janv. 1669.

Isabeau de Jougla, fille de Jean de Jougla, baron de Parraze, et de Françoise de Roumieu, ép. le 4 sept. 1650 Jean de Berard de Montalet. (LACH. DESB., X, 250.)

289. ISAR DE BEAUFORT.

D'azur au lion d'or, écartelé de gueule au chien d'argent.

I. Bernard d'Isar, Sgr de Beaufort et de Sainte Colombe, un des cent gentilshommes de la chambre du roi 1501, ép. Claire de Sainte-Colombe, et il en eut : 1. Jacques qui suit ; 2. Marguerite, ép. Jean Astor, Sgr de Segreville.

II. Jacques d'Isar de Beaufort, écuyer, Sgr dudit lieu, ép. le 28 avril 1541 Jeanne de la Redorte, et il en eut :

III. Jean d'Isar, Sgr de Beaufort, Jouares et Dartis, ép. le 4 déc. 1573 Claire Delgui, et il en eut :

IV. François d'Isar, Sgr d'Asilhanet, ép. le 4 déc. 1618 Jeanne d'Arnal, et il en eut : 1. Louis qui suit ; 2. François, demeurant à Olonzac, D. de Saint-Pons : maintenus dans leur noblesse par jugement souverain du 8 juillet 1669.

V. Louis d'Isar de Beaufort, Sgr de Jouares et d'Asilhanet, D. de Narbonne, ép. le 14 avril 1657 Marie de Cailus.

290. ISARN DE VILLEFORT.

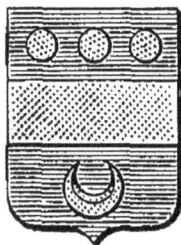

D'azur à la fasce d'or, accompagnée de trois besants de même en chef et un croissant aussi d'or en pointe.

Cette maison, originaire de Villefort, au diocèse d'Uzès, est connue par filiation suivie depuis Raymond d'Isarn, écuyer vivant en 1369, qui fut le père d'Étienne, aïeul direct de Pierre d'Isarn, dont la postérité fut maintenue dans sa noblesse par M. de Bezons. (BARRAU, III, 649. — *Bibl. Imp., Mss. Lang.*, II, 104.)

La maison d'Isarn de Villefort fut admise aux honneurs de la cour en 1730 et 1781.

I. Pierre d'Isarn, Sgr de Crussoles, Villefort et Castanet, rendit hommage le 25 avril 1504 ; ép. Antonie de Monjoc, dont il eut : 1. Jacques qui suit ; 2. Guillaume, qui a fait la Br. B. ; 3. Isabeau, mariée en 1544 à Michel de Molhe, Sgr de Brin ; 4. Guillaume, dit le capitaine Abraham, dont la postérité, maintenue dans le D. de Castres, sera rapportée à la suite de cette notice, comme Br. C.

II. Jacques d'Isarn, Sgr de Crussoles, ép. le 4 août 1541 Honorade Ferrouil, *alias* Hérail, et il en eut :

III. Baptiste d'Isarn, Sgr de Crussoles et Castanet, ép. le 18 juin 1581 Marie Montjeu, et il en eut : 1. Jacques qui suit ; 2. Claude, Sgr de Valcrose, capit. d'infant. au régt de Polignac 1639, marié le 16 juillet 1614 à Hélix Portanier, dont : *a.* Baptiste, Sgr de Masigon ; *b.* Jean ; *c.* Henri : maintenus dans leur noblesse par jugement souverain du 12 déc. 1668.

IV. Jacques d'Isarn, Sgr de Cassagnes, Crussoles, co-Sgr des villes des Vans et Villefort, D. d'Uzès, ép. le 27 mai 1613 Marie de la Garde, et il en eut : 1. Scipion ; 2. François : maintenus dans leur noblesse par jugement souverain du 12 déc. 1668.

La branche aînée de cette maison, qui s'est éteinte de nos jours, reçut quelque illustration pour ses services militaires et les charges qu'elle occupa à la cour sous Louis XIV, Louis XV et Louis XVI; les trois femmes qui entrèrent dans cette maison en 1634, 1711 et 1740 se succédèrent jusqu'à la Révolution française dans la charge de sous-gouvernante des enfants de France. L'abbé de Villefort, comte et chanoine de Saint-Claude, fut, pendant l'émigration, un des agents les plus actifs de Louis XVIII. (BARRAU, III, 657.)

Br. B. II. Guillaume d'Isarn, ép. Louise Brun de Castanet, dont il eut :

III. Jean d'Isarn, correcteur en la chambre des comptes de Montpellier, ép. le 13 janv. 1577 Suzanne de Barnier, et il en eut : 1. Philippe qui suit ; 2. Claude, Sgr de Nabrigas, marié le 24 août 1643 à Magdeleine de Pinoi, dont il eut : Jean, Sgr de Nabrigas, marié le 31 oct. 1637 à Isabeau Romieu, et maintenu dans sa noblesse par jugement souverain du 12 déc. 1668.

IV. Philippe d'Isarn, Sgr de Salagosse et de Lunelvieil, correcteur et conseiller en la chambre des comptes de Montpellier, ép. le 13 juin 1613 Isabeau de la Croix, dont il eut :

V. Paul - Barthélemy d'Isarn, Sgr de Salagosse et Lunelvieil, capit. d'infant. au régt de Serres 1635 ; de cuirassiers au service du pape 1644, ép. Marguerite de Madières, et il en eut : Élisabeth, fille unique, née en 1642 et maintenue dans sa noblesse par jugement souverain du 12 déc. 1668.

Br. C. II. Guillaume d'Isarn, dit le capitaine Abraham de Villefort, réfugié à Lauzerte, en Quercy, pour cause de religion, ép. Antoinette de Montin, *alias* Suzanne Rupère, et il en eut :

III. Jean d'Isarn, avocat, ép. le 29 oct. 1571 Jeanne d'Ouvrier, et il en eut : 1. Abraham, sieur de Monclair, capit. du régt de Picardie, passa au service de l'empereur en Allemagne, puis du sultan en Turquie, et fut fait, à cause de sa valeur, vice-roi ou pacha d'Arménie ; 2 et

IV. Jean d'Isarn, greffier en chef de la chambre de l'édit de Castres, ép. 1° le 17 décembre 1605 Jeanne de Balaran ; 2° le 23 juin 1623 Isabeau de Vignes ; il eut de son premier mariage : 1. Jean qui suit ; 2. Benoît, sieur de Varagnes, greffier en chef de la chambre de l'édit de Castres, marié le 17 nov. 1640 à Jeanne de Sajart, dont : Jean, qui fut maintenu dans sa noblesse au D. de Castres, avec son père et son oncle, par jugement souverain du 10 janv. 1669.

V. Jean d'Isarn, Sgr de Capdeville, ép. 1° Suzanne de Ranchin ; 2° le 26 déc. 1640 Marthe Leclerc ; il eut de son premier mariage : 1. Benoît ; et du second, plusieurs enfants, *entre autres* :

VI. Michel d'Isarn, écuyer, Sgr de Cornus, de Saint-Michel et des Infruts, ép. le 17 oct. 1676 Françoise de Gaujal, dont il eut neuf enfants, *entre autres* :

VII. Pierre d'Isarn, Sgr de Cornus, d'Issis et des Infruts, ép. le 11 septembre 1719 Éléonore de Bonald, et il en eut dix enfants, *entre autres* : 1. Michel qui suit ; 2. Marguerite-Jacquette, reçue à Saint-Cyr le 18 mai 1740.

VIII. Michel Étienne d'Isarn, Sgr de Cornus, capit. au régt de Condé, chev. de Saint-Louis, ép. le 13 juin 1750 Jeanne de Mazeran, dont il eut neuf enfants, *entre autres* : 1. Michel Félix qui suit ;

2. Étienne-Barthélemy, capit. au régt d'Angoulême 1789 ; servit dans l'armée de Condé, chev. de Saint-Louis 1815 ; 3. Antoine-Félix, lieut. au régt d'Angoulême ; 4. François-Joseph, adjudant-major d'infanterie 1791, chev. de Saint-Louis 1815 ; 5. Marie-Cécile, reçue à Saint-Cyr en 1770 ; 6. Marie-Catherine, mariée le 26 oct. 1785 à François-Auguste Rodat-Delon, capit. de cavalerie, chev. de Saint-Louis.

IX. Michel-Félix d'Isarn, Sgr de Cornus, ép. le 9 avril 1782 Jeanne-Marie-Catherine Mouton de la Clotte, dont il eut : 1. Agathe-Clémentine, mariée à N... Fabry ; 2. Marie-Fidèle, religieuse à Boulogne-sur-mer ; 3. Jean-Michel-Eugène ; 4. Jean-Hercule-Marie-Pierre qui suit ; 5. Xavier-Louis-Philippe, secrétaire du supérieur général des jésuites, à Rome.

X. Jean-Hercule-Marie-Pierre d'Isarn de Villefort, lieut. d'infant. dans la garde royale 1824, ép. le 20 avril 1825 Louise-Adélaïde-Léontine de Senneville, et il en eut : 1. Marie-François-Alfred ; 2. Michel-Marie-Anatole qui suit ; 3. Michel-Marie-Ernest ; 4. Marie-Anastasie-Léontine, née le 15 juin 1836 ; 5. Marie-Françoise-Albine, née le 6 sept. 1839.

XI. Michel-Marie-Anatole d'Isarn de Villefort, ép. le 22 janv. 1855 Marie-Laurence d'Albis de Gissac.

291. JUER.

D'argent au chevron d'azur accompagné de deux étoiles de même en chef et d'une rose de gueule en pointe.

I. Pierre de Juer, fut père de

II. Jean de Juer, Sgr de la Planasse, ép. le 22 déc. 1536 Anne Roger, dont il eut : 1. Simon ; 2. François ; 3. et

III. Martin de Juer, Sgr de la Planasse, ép. le 2 janv. 1574 Marie Vidal, et il en eut :

IV. Paul de Juer, Sgr du Doul, ép. le 16 juin 1621 Anne Veye, et il en eut : 1. Paul qui suit ; 2. Pons ; 3. Esprit ; 4. François : maintenus dans leur noblesse par jugement souverain du 13 janv. 1670.

V. Paul de Juer, Sgr du Doul et de la Breule, D. de Narbonne, ép. le 28 nov. 1657 Marguerite Martin.

292. JUGES.

D'azur à l'olivier d'argent aux racines d'or accosté d'un croissant et d'une étoile de même.

I. Paul de Juges, conseiller en la chambre de l'édit de Castres 1592, fut père de

II. Paul de Juges, baron de Frégeville, conseiller au parlement et en la chambre de l'édit 1625, eut pour fils : 1. Louis, baron de Cadoine, D. de Mende ; 2. Claude, conseiller en la chambre de l'é- dit 1654 : maintenus dans leur noblesse, avec leur père, par juge- ment souverain du 12 déc. 1668, comme fils et petit-fils de conseil- ler en la chambre de l'édit de Castres.

293. JULIEN DE VINEZAC.

D'azur à une colombe d'argent les ailes éployées, écartelé de sable à une tour maçonnée et coulissée d'argent ; sur le tout d'or à la bande de gueule.

I. Jean de Julien fit un échange le 14 janv. 1556, et fut père de

II. François de Julien, ép. le 28 janv. 1547 Hélix de Coulens, dame de la Baume, et il en eut : 1. Antoine ; 2. François qui suit ; 3. Paul ; 4. Guillaume, qui a fait la Br. B.

III. François de Julien eut pour enfants : 1. Louis ; 2. Jean ; 3. et Paul.

Br. B. III. Guillaume de Julien, Sgr de Rochevive, capit. d'in- fanterie au régt de Tournon 1622, commandant dans Carmagnole en Piémont 1639, fut père de

IV. Louis de Julien, Sgr de Rochevive, la Baume, Vinezac, *alias* Vinassac, D. de Viviers, ép. le 29 mai 1644 Marie Poulin, et fut maintenu dans sa noblesse par jugement souverain du 29 sept. 1669.

Plusieurs membres de cette famille ont pris part aux assemblées de la noblesse du Vivarais et de la sénéchaussée de Montpellier en 1789.

Françoise de Julien de Vinezac ép. en 1778 Jacques-Jean-Élisa- beth de Brignac de Montarnaud.

N... de Julien de Vinezac ép. Charles Florimond, comte de Vo- gué, qui fut pair de France en 1823.

Marie-Jeanne-Henriette de Julien de Vinezac, fille de Joseph de Vinezac, marquis de la Roquette, Sgr. de Viols, Cambous, Saugras, Saint-André de Buéges, etc., chev. de Saint-Louis, et de Marguerite de Rigot de Cambous, ép. le 23 fév. 1789 Anne-Eugène-François-Louis, comte de Ginestous, baron de la Liquisse.

294. JURQUET DE MONTJÉSIEU.

Écartelé au 1 et 4 d'azur à une bande endentée d'or et une bordure de même; au 2 et 3 d'azur à trois annelets d'or 2 et 1 et une bordure endentée de même.

Le château de Montjésieu ou Montjusieu, sur les frontières du Rouergue et du Gévaudan, faisait partie de la terre de Canillac et appartenait au XIIIᵉ siècle à une maison de la Roque. La famille de Jurquet le posséda plus tard. Guillaume de Jurquet rendit divers hommages en 1478 et 1516. Il existe d'autres hommages rendus en 1400 et 1375. (Marquis d'AUBAÏS, II, 294. — BARRAU, II, 33.)

I. Gaspard de Jurquet, Sgr de Salebrousses et Montjésieu, fut père de : 1. Jacques, protonotaire du saint-siége, et chanoine de Saint-Flour ; 2. et

II. Gui de Jurquet, écuyer, Sgr de Salebrousses et Montjésieu, ép. av. 1546 Louise de Peyre, et il en eut :

III. Augustin de Jurquet, Sgr de Montjésieu, ép. Gabrielle Rey, dont il eut : 1. Jacques ; 2. Guion qui suit ; 3. Antoine, marié le 8. déc. 1608 à Catherine-Rose de Lespinasse, et il en eut : a. Augustin ; b. Jean, Sgr de Salèles ; c. François, Sgr de Gréses ; d. Catherine ; e. Ignace ; f. Pierre : maintenus dans leur noblesse, par jugement souverain du 11 déc. 1669.

IV. Guion de Jurquet, Sgr de Montjésieu, ép. le 13 juill. 1610 Catherine de Moret, dont il eut : 1. Gabriel qui suit ; 2. Guion-Antoine ; 3. Jean.

V. Gabriel de Jurquet, Sgr de Montjésieu et de Salebrousses, eut pour enfants : 1. Jean ; 2. Guion-Antoine, prieur de Saint-Germain du Teil, D. de Mende : maintenus dans leur noblesse, avec Jean, leur oncle, par jugement souverain du 12 sept. 1669.

Augustin de Jurquet, Sgr de Monpla et de Montjésieu, fit enregistrer ses armes dans l'*Armorial* de 1696.

Jean-Georges de Jurquet, baron de Montjésieu, fut père d'Élisabeth, mariée en 1723 à Jean-Baptiste de Curières de Sainte-Eulalie.

Marie-Anne de Jurquet de Montjésieu, fille de Marie-Jean-Baptiste, s'allia vers 1765 à Louis-Joseph-Charles-Philippe d'Isarn de Frayssinet. (BARRAU, II, 33.)

Plusieurs membres de cette famille ont pris part aux assemblées de la noblesse de Gévaudan en 1789.

295. JUSTET.

D'azur au château d'argent maçonné de sable, cantonné de quatre croisettes d'argent et surmonté d'un lion d'or armé et lampassé de gueule.

I. Claude de Justet, fut père de

II. Valentin de Justet, ép. 1° Hélix Pastel; 2° Jeanne Angelet; il eut de son premier mariage

III. Jean de Justet, ép. le 10 nov. 1550 Hélix Blanc de Molines, dont il eut :

IV. Pierre de Justet, qui fut père de

V. Jean de Justet. Sgr de Sardiges, *alias* Dardiges, ép. en 1627 Isabeau Sabatier, dont il eut : 1. César qui suit; 2. Alexandre; 3. Olivier : maintenus dans leur noblesse par jugement souverain du 5 juill. 1669.

VI. César de Justet, Sgr de Sardiges, demeurant à Vals, D. de Viviers, ép. le 18 nov. 1660 Marguerite de la Blache.

296. LA BASTIDE.

D'azur à une tour d'argent maçonnée de sable.

I. Claude de la Bastide, fut père de

II. Antoine de la Bastide, ép. le 29 nov. 1542 Magdeleine d'Altier, et il en eut :

III. Maurice de la Bastide, ép. le 8 sept. 1569 Anne d'Altier, dont il eut :

IV. Antoine de la Bastide, ép. le 18 sept. 1600 Françoise d'Apchier, et il en eut : 1. Jacques qui suit; 2. André, Sgr de la Sainette, demeurant en Velay avec son frère : maintenus dans leur noblesse par jugement souverain du 13 nov. 1668.

V. Jacques de la Bastide, Sgr de Molanchères, ép. le 17 nov. 1637 Isabeau de Pandrau.

297. LA BAUME.

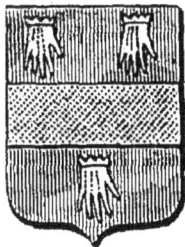

De gueule à la fasce d'or, accompagnée de trois gantelets d'argent 2 et 1.

Il y avait dans la sénéchaussée de Nîmes deux familles de la Baume qui furent maintenues par M. de Bezons. Leurs armes étaient pareilles, avec la brisure qui sert à distinguer les branches.

Bernard de la Baume reconnut la terre de Senilhac en 1287; Raimond, en 1319; Jean de la Baume de Senilhac fut compris dans deux rôles du ban et arrière-ban de la sénéchaussée de Nîmes en 1412; Guillaume de la Baume dénombra en 1503. (Marquis d'Aubaïs, II, 298. — Rivoire, I, 437.)

I. Guillaume de la Baume, écuyer, Sgr de Casteljau, ép. le 29 mars 1524 Simonne de Choisinet, et il en eut : 1. Baptiste qui suit; 2. Guillaume, qui a fait la Br. B.

II. Baptiste de la Baume, Sgr de Casteljau, ép. le 12 janv. 1554 Tiphaine d'Arnaud de la Cassagne, dont il eut :

III. Paul de la Baume, Sgr de Casteljau, ép. le 1er déc. 1598 Marguerite de Castillon, et il en eut : 1. Pierre qui suit; 2. Jean.

IV. Pierre de la Baume, Sgr de Casteljau et du Pouget, ép. le 4 mars 1642 Gabrielle du Roure de Beauvoir, et il en eut : 1. Paul, Sgr de Casteljau, y demeurant D. d'Uzès; 2. Olivier; 3. Hercule : maintenus dans leur noblesse par jugement souverain du 14 juin 1669.

Br. B. II. Guillaume de la Baume, dénombra avec Guillaume son père; il ép. Gabrielle de Molines, et il en eut :

III. Daniel de la Baume, ép. le 30 déc. 1596 Isabeau de Rivière, et il en eut :

IV. Paul de la Baume, demeurant aux Vans, ép. le 25 fév. 1619 Françoise Gignous, et fut maintenu dans sa noblesse par jugement souverain du 14 juin 1669.

298. LA BAUME.

De gueule à la fasce d'or.

I. Jean de la Baume, licencié ès lois, reconnu d'extraction noble par les commissaires de franc-fiefs de la sénéchaussée de Nîmes en 1551, fut père de

II. Guillaume de la Baume, contrôleur du grenier à sel de Nîmes, dénombra le 2 mai 1525; il ép. le 17 janv. 1541 N..., et fut père de

III. François de la Baume, ép. Jeanne Bourdin, et il en eut : 1. Louis, qui suit; 2. Olivier, maréchal de camp, lieut. pour le roi au gouv. de Montpellier 1654, ép. Anne de Ranchin, et il en eut : Claude-Henri.

IV. Louis de la Baume, conseiller du roi en ses conseils 1654, et son procureur au présidial de Nîmes, ép. le 20 avril 1643 Lucrèce Gallian, et il en eut :

V. Charles-Joseph de la Baume, conseiller au présidial de Nîmes, premier consul de Nîmes en 1694, avait ép. le 23 mai 1662 Gabrielle de Pascal, et fut maintenu dans sa noblesse avec Olivier son oncle par jugement souverain du 24 déc. 1668; il eut de son mariage : 1. Joseph qui suit; 2. Catherine, mariée à Henri de Gévaudan, Sgr de Margueritttes, conseiller au présidial de Nîmes.

VI. Joseph de la Baume, lieut. général d'épée de la sénéchaussée de Nîmes, ép. Violande de Pavée de Villevieille, dont il eut : 1. Joseph qui suit; 2. Catherine, mariée le 23 nov. 1713, à Louis-Joseph de Conte de Tauriers; 3. Henriette, mariée le 27 juin 1725 à Charles-François-Antoine de Blou.

VII. Joseph de la Baume, baron de Beaulieu, lieutenant général d'épée au siége présidial de Nîmes, ép. Louise Richard de Vendargues, dont il eut : 1. Paul-Ange; 2. Charles-Joseph.

M. le baron de la Baume prit part à l'assemblée de la noblesse de la sénéchaussée de Nîmes, convoquée pour l'élection de députés aux états généraux de 1789.

299. LA BLACHE.

De gueule à un chevron d'or accompagné de trois roses de même, au chef cousu d'azur à trois étoiles d'or.

I. Claude de la Blache, t. en 1491, eut pour enfants : 1. Gabriel qui suit; 2. Isabeau, mariée le 8 janv. 1509 à Gilbert de Barjac.

II. Gabriel de la Blache eut pour fils :

III. Gabriel de la Blache, ép. le 28 août 1560 Catherine de Sibleiras, dont il eut :

IV. Jacques de la Blache, ép. le 3 juin 1620 Claude de Bains, et il en eut : 1. Antoine, mort en 1667; 2. Marie, alliée le 21 mai 1638 à François de la Valette-Chabriol; 3. Magdeleine, *alias* Marguerite, demeurant au diocèse de Viviers, maintenue dans sa noblesse par jugement souverain du 7 nov. 1669.

300. LA COLOMBE.

D'azur à la colombe d'argent surmontée de deux étoiles de même.

Le nom de cette famille est inscrit sur le Catalogue des gentilshommes de la province de Languedoc : de la Combe, Sgr Dartis, habitant de Retournac, D. du Puy, 1669. L'histoire du Velay mentionne un capitaine royaliste, la Colombe, qui fit la guerre contre les ligueurs et vit sa maison rasée en 1590. On trouve plusieurs membres de cette famille, Sgrs d'Artites, aux états particuliers du Velay jusqu'au milieu du XVIIIᵉ siècle. (ARNAUD, I, 448, 449; II, 220, 284.)

I. Jean Maurel, Sgr de la Colombe, fut père de

II. Antoine Maurel, écuyer, Sgr de la Colombe, ép. le 11 mai 1533 Magdeleine Planchaud, et il en eut : 1. Étienne; 2. Antoine qui suit; 3. Claude; 4. Pierre.

III. Antoine Maurel de la Colombe, Sgr de la Monzie, ép. Antoinette de la Monzie, et il en eut :

IV. Charles de la Colombe, Sgr d'Artites, ép. le 21 nov. 1622 Lucie Pelicot, dont il eut :

V. Charles de la Colombe, écuyer, Sgr d'Artites, ép. le 22 fév. 1643 Magdeleine Fraix, et il en eut :

VI. Charles de la Colombe, Sgr d'Artites, D. du Puy, maintenu dans sa noblesse par jugement souverain du 13 déc. 1669.

301. LA CROIX DE CASTRIES.

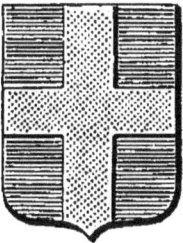

D'azur à la croix d'or. DEVISE : *Fidèle à son roi et à l'honneur.*

La maison de la Croix, en latin *de Cruce*, est une des maisons illustres et anciennes de la noblesse de Languedoc. On trouve un de la Croix parmi les officiers de la maison de Philippe IV en 1288, mentionné avec ses enfants en 1310. Jean de la Croix était, en 1371, un des quarante-trois écuyers de la montre de Jean comte de Sancerre, et un des six écuyers de la montre de Braquemont vue à Harfleur le 14 sept. 1372. Un chevalier, messire Jehan de la Croix, gentilhomme de Languedoc, se distingua à la bataille de Beaugé dans l'Anjou, 1421. Le 7 fév. 1421 Jean de la Croix était chevalier chambellan du roi à 500 livres par mois. Jacques de la Croix était un des cent gentilshommes de la chambre du roi en 1487. Le 4 oct. 1482 Louis XI donna à son féal conseiller Guillaume de la Croix, trésorier des guerres depuis 1477, pour ses bons et agréables services, son hôtel et maison de Mirevaux. Le *Grand Thalamus* de Montpellier traite, en 1498, Guillaume de la Croix de *magnifique et puissant seigneur.* (*Bibl. Imp., Mss. Lang.*, III, 106, extrait des notes de D. Vaissette pour servir à l'histoire de la maison de Castries. — V. encore *Chron. de France*, 93. — D'AIGREFEUILLE, I, 198, 234.)

La terre-baronie de Castries, à quelques kilomètres de Montpellier, fut acquise le 19 avril 1495 de Guillaume de Pierre, baron de Ganges, par Guillaume de la Croix, gouverneur de Montpellier. Elle donnait entrée aux états généraux de Languedoc. (G. DE LA TOUR, 105.) La maison de Castries a donné un maréchal de France ministre de la marine, plusieurs lieutenants généraux et maréchaux de camp, chevaliers des ordres du roi, et gentilshommes de la chambre (P. ANSELME, IX, 207 et 281. — LACH. DESR., V, 344), et a été admise aux honneurs de la cour en 1744, 1753, 1776, 1786. La filiation prouvée devant M. de Bezons commence à

I. Guillaume de la Croix, baron de Castries, conseiller du roi, gouverneur des villes et baronie de Montpellier et Aumelas, Sgr de Gourdièges, de la Roquette et Saint-Brès, ép. 1° Françoise de Cézelly, dame de Saint-Aunez et de Figaret; 2° Jeanne de Boussevin; il eut de son premier mariage : 1. Louis qui suit; 2. Geoffroy, marié le 12 mars 1492 à Jeanne Marcel, qui a fait la branche des barons et Sgrs de Plancy et de Semoine, établis en Champagne, éteints au XVIII° siècle; 3. Jean, mort sans enfants en 1533; 4. Guillemette, mariée à Jean de Montbel; et du second : 5. Pierre, Sgr de Teyran, conseiller à la cour des comptes de Montpellier, dont la postérité s'est éteinte après trois générations.

II. Louis de la Croix, baron de Castries, président des grâces et de la justice en Languedoc, ép. Jeanne de Montfaucon, fille de Claude, baron de Vézenobre, dont il eut : 1. Henri qui suit; 2. Guillaume, Sgr de Figaret, mort sans enfants; 3. Étienne, Sgr de Chamberjant et de Peiremales, D. de Saint-Flour, ép. Françoise de Frontignan, dame de Montferrier; 4. Louis, Sgr de Saint-Brès; 5. Françoise, mariée à Jacques de Belloy, chev. de l'ordre du roi.

III. Henri de la Croix, dit d'Ussel, baron de Castries, tué en Allemagne, av. ép. le 16 déc. 1535 Marguerite de Guilhens, dont il eut : 1. Jacques qui suit; 2. François, qui a fait la Br. C.; 3. Jean, qui a fait la branche des Sgrs d'Anglars en Limousin; 4. Honorée, mariée à Jacques de Lauselergues, chev. de l'ordre du roi.

IV. Jacques de la Croix, baron de Castries, chev. de l'ordre du roi 1568, capit. de cinquante hommes d'armes, gouverneur de Sommières, Gignac et Frontignan, baron des états de Languedoc, se trouva aux états tenus au Pont-Saint-Esprit en 1565; il fut souvent député des états à la cour; il ép. en 1565 Diane d'Albenas, et il en eut : 1. Gaspard-François, Sgr de Meirargues, qui suit; 2. Jean, qui a fait la Br. B.

V. Gaspard-François de la Croix de Castries, Sgr de Meirargues et Collias, ép. le 21 juill. 1601 Jeanne de Gucidan, dont il eut :

VI. Jean de la Croix de Castries, baron de Meirargues, D. d'Uzès, maintenu dans sa noblesse par jugement souverain du 1er oct. 1668.

Jean de la Croix, baron de Meirargues et Gaujac, fils de Gaspard et de Jeanne de Piolenc, dame et baronne de Gaujac; ép. le 22 fév. 1714 Isabeau de Cabot, dont il eut : 1. Anne-Gaspard, baron de

Gaujac, capit. des vaisseaux du roi, chev. de Saint-Louis; 2. Jean, évêque de Vabres 1764; 3. Roch, grand-vicaire de son frère; 4. Louis-Joseph, lieut. des vaisseaux du roi, chev. de Saint-Louis; 5. Jeanne, mariée en 1759 à Christophe de Bérard de Montalet; 6. Henriette-Françoise.

Cette branche est aujourd'hui représentée par Gaspard de la Croix, comte de Castries, marié en juin 1838 à Alix de Saint-Georges, fille d'Olivier de Saint-Georges, marquis de Vérac, et d'Euphémie de Noailles, dont : 1. Eugène; 2. René; 3. Charles; 4. Jean; 5. Gabriel; 6. Henri; 7. Augustin; 8. Robert; 9. Christine; 10. Félicie; 11. Louise; 12. Magdeleine; 13. Valentine.

Br. B. V. Jean de la Croix, héritier de son père, baron de Castries, ép. le 24 août 1590 Marguerite de la Volhe, dont il eut :

VI. Jean de la Croix, comte de Castries, gentilhomme ordinaire de la chambre du roi, colonel des légionnaires de Languedoc, fut enveloppé dans la disgrâce du duc de Montmorency, et privé de son entrée aux états de Languedoc; il avait ép. en 1609 Louise de l'Hôpital, fille aînée de Jacques, comte de Choisy, grand sénéchal d'Auvergne, chevalier d'honneur de la reine, proche parent du duc de Montmorency; il eut de son mariage : 1. René-Gaspard qui suit; 2. Jacques, comte de Gourdiéges, colonel d'infant. tué à Maestricht 1632; 3. Henri, capit. de cavalerie, tué à Tarragone 1641; 4. Nicolas-François, chev. de Malte, mestre de camp de cavalerie, tué au combat de la porte Saint-Antoine 1652.

VII. René-Gaspard de la Croix, marquis de Castries, par lett. pat. de 1639, baron des états de Languedoc, rétabli dans son droit d'entrée en 1643, chevalier des ordres du roi, gouverneur de Montpellier 1660, lieutenant général en Languedoc 1668, gentilhomme ordinaire de la chambre, eut permission du roi de lever deux régiments de son nom; il avait ép. av. 1638, 1° Isabeau Brachet de Pérusse, veuve de François d'Aubusson, comte de la Feuillade; 2° en 1644 Élisabeth de Bonzi, sœur du cardinal, archevêque de Narbonne, dont il eut : 1. Joseph-François qui suit; 2. Armand-Pierre, aumônier de la Dauphine, archevêque de Tours et d'Alby, membre du conseil de conscience 1717; 3. Louis-Languedoc, chev. de Malte; 4. Élisabeth, mariée à Joseph de Pujols de Brunet de Castelpers et de Lévis, marquis de Villeneuve-la-Cremade, lieut. de roi en Languedoc; 5. Françoise, mariée à Louis, marquis de Doni, à Avignon.

VIII. Joseph-François de la Croix, marquis de Castries, baron des états de Languedoc, Sgr de Castelnau, du Crez et Salaison;

lieutenant de roi en Languedoc, gouverneur et sénéchal à Montpellier, maréchal de camp 1693, chevalier d'honneur de madame la duchesse d'Orléans, fit avec distinction les campagnes d'Espagne et d'Allemagne; il fut fait chevalier des ordres du roi en 1724; il avait ép. 1° le 29 mars 1693 Marie-Élisabeth de Rochechouart-Mortemart; 2° le 20 janv. 1722 Marie-Françoise de Lévis de Charlus; il eut du premier mariage : 1. Jean-François-Joseph, marié le 20 tanv. 1716 à Marie-Marguerite-Charlotte du Mouceau, mort sans postérité; et du second : 2. Armand-François, gouverneur de Montpellier, lieutenant au régt du roi, ép. en 1741 Marie-Louise-Angélique de Talaru, mort sans postérité; 3. Charles-Eugène-Gabriel qui suit; 4. Louis-Augustin, chev. de Malte de minorité 1731.

IX. Charles-Eugène-Gabriel de la Croix, marquis de Castries, Sgr de Puilaurens et Lésignan, baron des états de Languedoc, fit avec éclat la guerre de Sept ans, et toutes les campagnes du règne de Louis XV, chev. des ordres du roi 1760, ministre de la marine 1780, maréchal de France 1783, gouverneur de la Flandre et du Hainaut 1787, commandant avec le maréchal de Broglie un corps de l'armée des princes 1792; il avait ép. le 19 déc. 1743 Gabrielle-Isabeau-Thérèse de Rosset de Fleury, dont il eut : 1. Armand-Charles-Augustin qui suit; 2. Adélaïde-Marie, alliée en 1767 au vicomte de Mailly.

X. Armand-Charles, *alias* Nicolas-Augustin de la Croix, duc de Castries en 1783, duc héréditaire le 4 juin 1814, prit part à la guerre d'Amérique, se distingua au siége de Yorktown, maréchal de camp 1788, député de la noblesse de Paris aux états généraux de 1789, aide de camp de son père à l'armée des princes, lieutenant général et pair de France en 1814; chev. Saint-Louis, et des ordres du roi 1825, commandeur de la Lég. d'honn., mort en 1842; il avait ép. en 1768 N... de Guines, fille du duc de Guines; 2° en 1805 Élisa Coghlan, Irlandaise; il eut de son premier mariage : 1. Edmond-Eugène-Philippe-Hercule qui suit; et du second : 2. Armand-Charles-Henri, dont il sera parlé après son frère.

XI. Edmond-Eugène-Philippe-Hercule de la Croix de Castries, duc de Castries, fit en qualité de sous-lieutenant les campagnes de l'empire de 1809 et 1810, aide de camp du maréchal prince d'Eckmülh, prisonnier dans la campagne de Russie 1812; chev. de la Lég. d'honneur 1812; chev. de Saint-Louis 1814; officier de la Lég. d'honn. 1821; fit la guerre d'Espagne à la tête du 4e régiment des chasseurs, maréchal de camp, commandeur de la Lég. d'honn.; il ép. le 29 oct. 1816 Claire-Clémence-Henriette-Claudine de Maillé, dont il n'a pas d'enfants. — Résid. Paris et Castries.

XII. Armand-Charles-Henri de la Croix de Castries, comte de Castries, entra aux Pages en 1823, sous-lieutenant aux chasseurs de la garde royale, gentilhomme ordinaire de la chambre du roi en 1829, ép. le 23 avril 1833 Marie-Augusta d'Harcourt, dont : 1. Edmond-Charles-Auguste, entré à Saint-Cyr en 1856; 2. Élisabeth-Charlotte-Sophie, mariée le 14 mars 1854 à Marie-Edme-Patrice-Maurice de Mac Mahon, sénateur, maréchal de France, duc de Magenta 1859; 3. Jeanne-Élisabeth-Marie, née le 19 mars 1843.

Br. C. IV. François de la Croix de Castries, Sgr de Saint-Brès et Figaret, ép. Jeanne d'Adhémar de Sueilles, et il en eut : 1. Jean-André qui suit; 2. Étienne; 3. Gaspard; 4. Henri, Sgr de Sueilles et de Figaret, ép. Diane de Rate, dont il eut : Louis, trésorier de France à Montpellier, marié le 2 janv. 1666 à Dorothée de Valat, et maintenu dans sa noblesse par jugement souverain du 1er oct. 1668.

V. Jean-André de la Croix de Castries, Sgr de Candillargues et de Saint-Brès, professeur de droit à l'Université de Montpellier, ép. le 23 juill. 1616 Anne de Solas, et il en eut : 1. Jean, marié le 28 déc. 1659 à Gabrielle de Coursule; 2. Henri, qui suit : maintenus dans leur noblesse par jugement souverain du 1er oct. 1668.

VI. Henri de la Croix de Castries, Sgr de Candillargues, ép. le 22 juin 1660 Marquise de Solignac, dont il eut : 1. René-Gaspard; 2. Isabeau, mariée à Jean de Reversat, conseiller du roi, trésorier de France; 3. Anne, mariée le 22 juin 1694 à Jean de Cabot, conseiller du roi, receveur des tailles au D. d'Uzès, puis président-trésorier, grand voyer de France, général des finances à Montpellier; de ce mariage naquit entre autres enfants : Isabeau, mariée le 22 fév. 1714 à Jean de la Croix, baron de Meirargues et Gaujac, fils de Gaspard et de Jeanne de Piolenc, dame et baronne de Gaujac.

Cette branche était représentée, au milieu du XVIIIe siècle, par Antoine-René de la Croix, Sgr de Candillargues, marié à Isabeau de Pierre-des-Ports, de la maison du cardinal de Pierre de Bernis, dont il avait quatre filles.

302. LA FARE.

D'azur à trois flambeaux d'or, allumés de gueule, posés en pal. DEVISE : *Lux nostris hostibus ignis.*

La maison de la Fare en Languedoc a pris son nom de la Sgrie de la Fare, située dans le diocèse de Nimes, paroisse de Saint-André de Valborgne, que possédait avant 1170 Béringuier de la Fare, chevalier, premier auteur connu de cette maison. Béringuier de la Fare son fils ép. en 1206 Saurine de Mandagout. Pierre de la Fare, qui descendait de Béringuier premier au VIIe degré, eut pour fils Guillaume, auteur de la filiation prouvée devant M. de Bezons. La maison de la Fare était une des plus considérables du Languedoc par son ancienneté, ses possessions et ses alliances. Sa généalogie a été dressée sur titres par Charles d'Hozier, depuis 1160, et imprimée à Montpellier en 1696, chez Gabriel et Honoré Pech frères, imprim. du roi. (V. encore LACH. DESB., VI, 244. — *Proc. verb. des états de Languedoc*, 1782. — *Bibl. Imp., Mss. Lang.*, III, 106.) Cette maison a été admise aux honneurs de la cour en 1731. Elle prouva sa filiation devant M. de Bezons depuis :

I. **Guillaume de la Fare**, chevalier, Sgr de la Fare, Monteil, Folaquier et Montclar, chambellan ordinaire de Charles VII en 1435, avait ép. le 20 septembre 1402 Almueis de Montclar, dont il eut : 1. Guillaume qui suit ; 2. Cécile, mariée le 19 mars 1433 à André de Budos, quatrième aïeul de Charlotte de Montmorency, princesse de Condé.

II. **Guillaume de la Fare**, chevalier, Sgr de la Fare, la Tour, Fontenilles, Montjoye, baron de Montclar, ép. le 29 juill. 1452 Isabeau d'Aleyrac d'Aigremont, dont il eut entre autres enfants : 1. Gabriel qui suit ; 2. Guillaume, chev. de Rhodes.

III. **Gabriel de la Fare**, Sgr et baron de Montclar, la Fare, la Tour, Fontenilles, Montjoye, Cavillargues, Servières, tué au siége de Thérouanne 1513, avait ép. en 1497 Marie du Claux, dont il eut : 1. Pierre qui suit ; 2. Isabelle, mariée en 1522 à Gaspard de Blausac ; 3. Marguerite, mariée à François de Cadolle.

IV. **Pierre de la Fare**, baron de Montclar, de Montjoye, Servières, etc., capit. des milices légionnaires de Languedoc, commandant la ville de Mende, ép. le 10 mai 1529 Louise de Bucelly, dont il eut : 1. Jacques qui suit ; 2. Antoine ; 3. Gabriel ; 4. Claude, mariée le 13 sept. 1556 à Antoine de Grimoard du Roure.

V. **Jacques de la Fare**, baron de la Fare, de Montclar, Montjoye, Servières, etc., commandant pour le roi les villes d'Alais, et Roquemaure sur le Rhône, 1564-1572, ép. le 24 sept. 1576 Hélix du Puy de Saint-Martin, dont il eut : 1. Jacques qui suit ; 2. Louis, auteur

de la branche des Sgrs de la Tour, rapportée sous le n° 303 ;
3. Claude, mariée le 1er juin 1604 à Jean de Chavagnac.

VI. Jacques de la Fare, vicomte de Montclar, baron de Salendren-
ques, marquis de la Fare par lett. d'érection de 1646, capit. de cavalerie 1658, commandant l'escadron de la noblesse de Languedoc
qui alla au secours de la place de Salses en Roussillon 1639 ; il
avait ép. 1° le 1er juin 1612 Gabrielle d'Audibert de Lussan, dont il
eut : 1. Charles qui suit ; 2. Antoine-Hercule, baron de la Salle,
maréchal de camp 1646 ; 3. Antoine, auteur de la branche B. de
la Fare-Montclar ; 4. François, auteur de la branche C. de la Fare
d'Alais ; 5. Henri, auteur de la branche D. de la Fare-Tornac ;
6. Marguerite, mariée le 16 sept. 1635 à Jacques de Banne, comte
d'Avéjan ; 7. Louise, mariée le 11 août 1642 à François du Bousquet, baron de Montlaur, présid. de la cour des comptes de Montpellier, mort à l'audience le 6 déc. 1650.

VII. Charles de la Fare, marquis de la Fare de Montclar, lieut.
général des armées du roi 1651, avait ép. le 8 fév. 1643 Jacqueline
de Borne, dame de Laugères, dont il eut : 1. Charles-Auguste qui
suit ; 2. Jacques, chev. de Malte ; 3. Gabrielle-Catherine, mariée à
Charles de Molette, marquis de Morangiés.

VIII. Charles-Auguste de la Fare, marquis de la Fare, comte de
Laugères, baron de Balasuc, capit. des gardes du corps de Philippe
d'Orléans, frère de Louis XIV, poëte français, ami de Chaulieu,
auteur des *Mémoires sur les principaux événements du règne de
Louis XIV*, ép. le 3 nov. 1684 Jeanne de Lux de Ventelet, dont il
eut : 1. Philippe-Charles qui suit ; 2. Étienne-Joseph, évêque
de Viviers 1724, puis évêque et duc de Laon, pair de France ;
3. Marie, alliée en 1706 à Jean-François de la Fare-Montclar, son
oncle à la mode de Bretagne.

IX. Philippe-Charles de la Fare, marquis de la Fare, comte de
Laugères, chev. des ordres du Roi et de la Toison d'or, lieut. général des armées du roi, commandant en chef en Languedoc 1724,
gouverneur de Bretagne 1740, maréchal de France 1746, ép. le
6 août 1713 Françoise Paparel, dont il eut : 1. Françoise-Mélanie,
mariée le 13 août 1735 à Louis-Claude Bouthillier de Chavigny,
comte de Pons-sur-Seine, colonel du régt de Cambresis, brigadier
des armées du roi.

Br. B. VII. Antoine de la Fare, marquis de la Fare, vicomte de
Montclar, maréchal de camp 1652, lieut. de roi en Languedoc 1692,
ép. le 2 sept. 1665 Marie-Engracie d'Alleman, fille unique de
Fulcrand, Sgr de Mirabel et Pompignan, et de Claire de Lort de

Sérignan, dont il eut : 1. Jacques, memb. de l'Académie française ;
2. Jean-François qui suit ; 3. Jean, page de la grande écurie 1687 ;
4. Marguerite, mariée le 4 sept. 1679 à Marcellin de Bérard de
Montalet ; 5. Louise, mariée en 1686 à Jacques-Joseph de Nicolaï,
baron de Sabran.

VIII. Jean-François de la Fare, marquis de la Fare, vicomte de
Montclar, lieut. de roi en Languedoc 1686, capit. de cavalerie au
siége de Fleurus 1691, ép. le 11 avril 1706 Marie de la Fare, sa
cousine, dont il eut : 1. Marguerite-Charlotte, mariée à N... de
Moreton de Chabrillan ; 2. Françoise-Mélanie, mariée à Jean-Bap-
tiste-Raimond de Pavée de Villevieille ; 3. Thérèse.

Br. C. VII. François de la Fare, baron de la Salle, Sgr de Saint-
Félix, capit. dans le régt de caval. du baron d'Alais, ép. 11 avril
1655 Anne de Cambis, dame en partie d'Alais, dont il eut : 1. Christophe qui suit ; 2. Henri, capit. d'inf., mort sans enfants ; 3. Charles-Auguste, maréchal de camp 1718, marié le 3 juin 1701 à Jeanne-
Marie de Montboissier, dont : a. Jean-Charles ; b. Charles ; c. Joachim-Joseph, abbé de la Fare ; d. N..., chevalier de la Fare ; e. N...
de la Fare Saint-Privat, marié en 1716 à N... de Vials, dont : N...
de la Fare, né en 1727 ; f. Louis-Joseph, major d'Alais, ép. Lucrèce de Massilian, dont deux fils : N... ; et Christophe, envoyé
de la baronie de Castries aux états de Languedoc 1782 ; g. Catherine, mariée en 1680 à Jean de Trémolet, Sgr de Mourmoirac et
Saint-Christol.

VIII. Christophe de la Fare, comte de la Salle, baron d'Alais,
page du roi en 1678 ; capit. de cavalerie au régt de Villeneuve, ép.
en 1688 Françoise de Brueis, dont il eut : 1. N..., marié en 1713 ;
2. N.., mariée en 1761 dans le diocèse de Condom à N... Domps,
capit. d'infant.

Br. D. VII. Henri de la Fare, dit le marquis de Tornac, lieut.
du fort de Brescou et de la ville d'Agde 1660, baron des états de
Languedoc 1694, avait ép. le 30 janv. 1664 Isabeau Pelot, dont il
eut : 1. Antoine-Denis-Auguste qui suit ; 2. Christophe Emmanuel,
chev. profès de l'ordre de Malte ; 3. Félix, marié en 1705 à Charles Guy d'Airebaudouse, marquis d'Anduze.

VIII. Antoine-Denis-Auguste de la Fare, marquis de Tornac, ba-
ron de la Fare, page de la petite écurie 1682, maréchal de camp
1719, commandeur de Saint-Louis, gouverneur de Villefranche en
Roussillon, ép. en avril 1701 Fleurie-Thérèse de Grimoard de
Beauvoir du Roure, dont il eut : N... de la Fare, mariée en 1720 à
Joseph de Beaumont-Grison.

303. LA FARE.

Mêmes armes.

V. le n° précédent au degré Vᵉ.

VI. Louis de la Fare, Sgr de la Tour, baron de la Fare, capit. dans le régt de Montmorency, ép. Élisabeth· de Gasc, et il en eut : 1. Louis qui suit; 2. Joseph, qui a fait la Br. B.

VII. Louis de la Fare, baron de la Tour et des Plantiers, co-Sgr de Saint-Marcel d'Ardèche, ép. le 5 nov. 1662 Françoise de Montmar, et il en eut : --

VIII. Louis de la Fare, Sgr de la Tour, y demeurant, D. de Nîmes, maintenu dans sa noblesse par jugement souverain· du 21 nov. 1668.

Br. B. VII. Joseph de la Fare, baron de la Fare, co-Sgr de Saint-Marcel d'Ardèche, ép. en 1682 Jeanne de Pierre de Bernis, tante du cardinal, dont il eut : 1. François-Gabriel qui suit; 2. Victor, capit. au régt de Lorraine, chev. de Saint-Louis.

VIII. François-Gabriel de la Fare, marquis de la Fare, capit. d'infant. au régt de Touraine, chev. de Saint-Louis, mort en 1762, laissa pour fils : 1. Joseph-Louis-Dominique qui suit; 2. Jacques-Jean, mestre de camp de cavalerie.

IX. Joseph-Louis-Dominique de la Fare, marquis de la Fare par lett. pat. de 1754, mestre de camp de cavalerie, chev. de Saint-Louis; avait ép. en 1748 Paule-Henriette de Gazeau de Champagné, dont il eut : 1. Joseph-Gabriel-Henri qui suit; 2. Anne-Louis-Henri, cardinal de la Fare, membre de l'assemblée des notables 1787, évêque de Nancy 1787, député du clergé de cette ville aux états généraux de 1789, chargé d'affaires de Louis XVIII et des princes français pendant l'émigration, premier aumônier de Madame la Dauphine, archevêque de Sens 1817, pair de France 1822, commandeur des ordres du roi, cardinal 1823, ministre d'État 1824; 3. N...; 4. N..., marié à N... de Chazeaux, et deux autres filles religieuses.

X. Gabriel-Henri de la Fare, marquis de la Fare, premier page de Madame la Dauphine 1768, brigadier des armées du roi, mestre de camp d'infanterie, chev. de Saint-Louis, ép. le 30 mai 1775 Gabrielle-Françoise-Victoire de Riquet de Caraman, dont il eut : 1. Joseph-Gabriel-Henri dont la postérité subsiste; 2. Charlotte-Sophie-Antoinette, mariée le 24 mai 1806 à Victor-Narcisse, baron de Vigan, décédé en 1852, chef de la famille de ce nom en Normandie, dont postérité.

304. LA FARELLE.

D'azur à trois tours d'argent maçonnées de sable, sur un rocher d'argent, séparées, celle du milieu plus élevée; *alias* d'azur à la tour d'argent maçonnée de sable accostée de deux lions d'argent armés et lampassés de gueule.

La maison de la Farelle, au diocèse de Nîmes, est connue par filiation suivie depuis le commencement du XIVᵉ siècle. Elle possédait les Sgries de Saint-Jean de Valeriscle, Vedelenc, la Rouvière, Marcous, Puechsegat et Puechgaren, au diocèse de Nîmes. (LACH. DESB., VI, 252.) Divisée en trois branches au moment de la vérification, elle fut maintenue dans sa noblesse par M. de Bezons, depuis :

I. Bertrand de la Farelle fit un codicille le 7 juillet 1320; il fut père de

II. Pierre de la Farelle, ép. Delphine de la Farelle, qui testa le 23 déc. 1347, et il en eut :

III. Armand de la Farelle, co-Sgr de Valeriscle, eut pour fils '

IV. Jean de la Farelle, damoiseau, Sgr de Saint-Jean de Valeriscle, fut père de : 1. Armand qui suit; 2. Eustache.

V. Armand de la Farelle, ép. le 7 juill. 1437 Magdeleine Castanet, dont il eut :

VI. Jean de la Farelle, eut pour fils : 1. Jean qui suit; 2. Fulcrand, qui a fait la branche des Sgrs de la Rouvière, rapportée au n° 305; 3. Gabriel.

VII. Jean de la Farelle, eut pour fils : 1. Jacques qui suit; 2. Gilles.

VIII. Jacques de la Farelle, ép. le 25 juill. 1565 Guillemette de Malmazet, dont il eut :

IX. Jacques de la Farelle, docteur et avocat, fut père de

X. Claude de la Farelle, Sgr de Vedelenc, docteur et avocat, ép. le 24 nov. 1620 Marie Chambon, et il en eut :

XI. Claude de la Farelle, Sgr de Vedelenc, docteur et avocat, demeurant à Nîmes, ép. le 2 sept. 1662 Claude Graverol, et fut maintenu dans sa noblesse par jugement souverain du 7 janv. 1669; il eut de son mariage : 1. Pierre, Sgr de Vedelenc, qui ép. le 7 mai 1685 Alexandrine Martin de Laval; 2. et

XII. Jean de la Farelle, ép. Marie Bertrand, et il en eut : 1. François-Barthélemy qui suit; 2. Simon, marié à Perrette Garnier de Granvilliers, dont il eut : François, né le 11 déc. 1736, capit. au régt Royal-Pologne cavalerie; 3. Bertrand, né jumeau avec Simon;

4. Louise; 5. Marie, alliée à N, Dubreau; 6. autre Marie, alliée à N... de Florencourt, baron de Laval.

XIII. François-Barthélemy de la Farelle, commandant pour le roi à Uzès, ép. Magdeleine de Nogaret de Calvisson, dont une fille (1773).

305. LA FARELLE.

Mêmes armes.

V, le n° précédent au VIe degré.

VII. Fulcrand de la Farelle, Sgr de la Rouvière, D. de Nîmes, ép. Gilette Guitard, et il en eut : 1. Jean qui suit; 2. Gabriel, père de Fulcrand, qui eut pour fils Jean ; 3. autre Gabriel, qui a fait la branche rapportée au n° 306.

VIII. Jean de la Farelle, Sgr de la Rouvière et Camassot, ép. le 15 juill. 1583 Diane de Barjac, et il en eut : 1. Jean qui suit; 2. Étienne, marié le 28 fév. 1635 à Marie Liron, dont il eut : a. Jacques; b. et Annibal : maintenus dans leur noblesse par jugement souverain du 7 janv. 1669; 3. Claude, Sgr de la Foux, marié le 18 mai 1648 à Olympe Guibal, dont : Philippe, marié le 1er nov. 1667 à Jean de la Nougarède; 4. Fulcrand; 5. Gabriel.

IX. Jean de la Farelle, Sgr de la Rouvière, Marcou, Puechsegat et Puechgaren, ép. le 23 déc. 1626 Marguerite de Saint-Étienne, et il en eut : 1. Jean qui suit; 2. François; 3. Jacques, Sgr de la Plane; 4. Annibal : maintenus dans leur noblesse par jugement souverain du 7 janv. 1669.

X. Jean de la Farelle, Sgr de Marcou, ép. le 5 oct. 1656 Jeanne Mestre.

306. LA FARELLE.

Mêmes armes.

Voir le n° précédent au VIIe degré.

VIII. Gabriel de la Farelle, ép. le 13 déc. 1609 Anne Lauret, et il en eut : 1. Pierre ; 2. Antoine qui suit; 3. Jérémie; 4. Guillaume, marié le 22 janv. 1648 à Jeanne Rey , et fut maintenu dans sa noblesse avec ses frères et ses neveux par jugement souverain du 7 janv. 1669.

IX. Antoine de la Farelle, conseiller du roi, son bailli et juge à

Montagnac, D. d'Agde, ép. le 2 sept. 1643, Anne de Clapiés, dont il eut : 1. Félix; 2. Gabriel ; 3. Guillaume; 4. Philippe ; 5. Claude.

François-Félix de la Farelle-Rebourguil, avocat, ancien député du Gard, ép. Suzanne Pradines Nancy de Saltet, dont : 1. N..., mariée à N... Mazarin ; 2. Jacquette-Louise, mariée le 6 mars 1850 à Émile Fornier de Clauzonne, avocat à Nîmes.

307. LA FAYE.

I. Gilbert de la Faye, fut père de

II. Gabriel de la Faye, ép. le 6 janv. 1552 Marguerite Rey, et il en eut : 1. Guillaume qui suit ; 2. Gilbert; 3. Pierre.

III. Guillaume de la Faye, Sgr de la Valette, ép. le 8 fév. 1604 Gabrielle Dorni, et il en eut : 1. Jacques, écuyer, marié le 7 sept. 1645 à N... Ducros ; 2. et

IV. Hector de la Faye, Sgr de Chambaron, ép. le 1er sept. 1630 Claire de Ginestous, dont il eut : 1. Jean qui suit ; 2. Gaspard, Sgr de Chambaron ; 3. Jacques; 4. Anne, mariée à Jean de la Gorce.

V. Jean de la Faye, Sgr de Chambaron, Chanéac et la Rivière, D. de Viviers, capit. d'infant. 1653, ép. le 1er août 1660 Antoinette de Combladour, et fut maintenu dans sa noblesse par jugement souverain du 15 janv. 1671.

308. LA GARDE-CHAMBONAS.

D'azur au chef d'argent.

Cette maison tire son nom de la seigneurie de la Garde-Guérin, située au diocèse de Mende, et de celle de Chambonas, au diocèse d'Uzès. Henri de la Garde descendait au Ve degré de Gilbert de la Garde, chevalier; il eut de son mariage avec Gabrielle de Châteauneuf, Gosselin, *alias* Jousselin, auteur de la maison de la Garde-Chambonas, maintenue dans sa noblesse par M. de Bezons. (LACH. DESB., VII, 97. — BARRAU, I, 729.)

I. Jausselin de la Garde, Sgr de Chambonas, fut déchargé le 20 fév. 1396 de l'imposition faite sur les non-nobles lors du mariage d'Élisabeth de France avec le roi, attendu son ancienne noblesse; il ép. Philippe de Molette, et fut père de

II. Pierre de la Garde, Sgr de Chambonas, ép. le 14 avril 1455 Catherine de Fraissinet, et il en eut :

III. Raimond de la Garde, ép. Catherine de Castrevieille, et eut pour fils :

IV. Baptiste de la Garde, ép. le 18 mai 1518 Simonne d'Hérail de Brisis, et fut père de : 1. Noël qui suit ; 2. Nicole, mariée à Bernard de Chanaleilles.

V. Noël de la Garde, Sgr de Chambonas, ép. le 9 juin 1547 Louise de Chastel de Condres, et il en eut : 1. Henri qui suit; 2. Antoine qui a fait la Br. D. ; 3. Noël; 4. Balthazar; 5. Pierre ; 6. Jacqueline ; 7. Françoise.

VI. Henri de la Garde, Sgr de Chambonas, Cornillon, Serres, chev. de l'ordre du roi, ép. Gabrielle de Molette de Morangiès, dont il eut :

VII. Antoine de la Garde, Sgr de Chambonas et de Cornillon, gentilhomme ordinaire de la chambre du roi 1643, ép. Charlotte de la Baume de Suze, et il en eut : 1. Louis-François qui suit; 2. Charles, qui a fait la Br. B. : maintenus dans leur noblesse par jugement souverain du 9 nov. 1668 ; et 3. Henri-Joseph, qui a fait la Br. C.; 4. Charles-Antoine, évêque de Lodève 1671, et de Viviers 1690.

VIII. Louis-François de la Garde, marquis de Chambonas, par lett. pat. du mois d'avril 1683, enregistrées, baron de Saint-Jean de Pourcharesse, Cornillon, Sausin, Monolgues, Serres et Jangous, enseigne de la compagnie d'ordonnance du duc d'Orléans 1651, ép. le 24 janv. 1659 Louise-Claude de Chaumesan de Fourilhe, et mourut sans postérité.

Br. B. VIII. Charles de la Garde-Chambonas, comte de Thomé, s'établit en Bourgogne, ép. Marie-Victoire de Rochefort d'Ailly, dont il eut deux fils (1774).

Br. C. VIII. Henri-Joseph de la Garde, dit le comte de Chambonas, baron des états de Languedoc par l'acquisition de la baronie de Saint-Félix, D. de Toulouse, le 24 septembre 1712, lieut.-capit. aux gardes françaises, premier gentilhomme de la chambre du duc du Maine 1706, av. ép. le 5 avril 1695 Marie-Charlotte de Fontange-Auberoque, dont il eut :

IX. Scipion-Louis-Joseph de la Garde, marquis de Chambonas, baron de Saint-Félix et des états de Languedoc, lieut. du roi en Languedoc, ép. 1° Claire-Marie, princesse de Ligne, dont il eut un fils mort jeune; 2° Louise-Victoire de Grimoard de Beauvoir du Roure, dont il eut :

X. Scipion-Charles-Victor-Auguste de la Garde Chambonas, baron des états de Languedoc, député de la noblesse de ces états auprès de Sa Majesté, au mois d'août 1765, maréchal des camps et armées du roi, dernier ministre des affaires étrangères de Louis XVI, ép. en 1764 Joséphine-Amélie-Aglaé-Louise de Lespinasse-Langeac, dont il eut :

XI. Adolphe-Edme-Charles de la Garde, marquis de Chambonas, ép. Mlle de la Vernade, dont il eut trois fils et une fille.

Br. D. VI. Antoine de la Garde, Sgr du Bouchet, ép. le 5 juin 1585 Catherine Giouran, dame du Vilar, et il en eut : 1. Jérôme, Sgr du Vilar, marié le 18 août 1624 à Anne Blachère; 2. Antoine : maintenus dans leur noblesse par jugement souverain du 17 mars 1670.

309. LA GARDE.

Mêmes armes.

I. Antoine de la Garde eut pour enfants : 1. Claude qui suit; 2. Claudine, mariée le 25 août 1554 à Jean de Rouverié.

II. Claude de la Garde, Sgr de Malbosc, ép. le 6 déc. 1558 Charlotte de Monjeu, dont il eut : 1. Jean qui suit; 2. Aimar, qui ép. le 24 avril 1597 Claude Dumont, et il en eut : Jean, Sgr de Sales, maintenu dans sa noblesse par jugement souverain du 26 nov. 1668; 3. Guillaume.

III. Jean de la Garde, Sgr de Malbosc, ép. le 20 août 1595 Anne de Sabran, et il en eut : 1. Antoine qui suit; 2. Claude; 3. Henri.

IV. Antoine de la Garde, Sgr de Malbosc, D. d'Uzès, ép. le 6 oct. 1627 Marie de Brueys, dont il eut : 1. Jacques, Sgr de Malbosc et des Alpiers, co-Sgr de la ville des Vans; 2. Étienne; 3. Jean-Jacques, Sgr de Monjeu; 4. Pierre; 5. Claude, Sgr de la Bessède : maintenus dans leur noblesse par jugement souverain du 26 nov. 1668.

310. LA GARDE.

I. Antoine de la Garde, fils de Jean, Sgr de Bisan, D. de Narbonne, ép. Plaisance de Verselies, dont il eut : 1. Antoine qui suit; 2. Sébastien; 3. Gabriel.

II. Antoine de la Garde, Sgr de Bisan, ép. le 5 sept. 1573 Françoise de Grave, dont il eut :

III. Gabriel de la Garde, Sgr de Bisan, ép. le 4 fév. 1612 Anne Le Noir, dont il eut :

IV. François de la Garde, Sgr de Bisan, y demeurant au diocèse de Narbonne, fut maintenu dans sa noblesse par jugement souverain du 26 nov. 1670.

311. LA GASSE.

D'azur au lion d'or armé et lampassé de gueule, écartelé d'un coupé d'argent et de gueule.

I. Jacques de la Gasse, Sgr de Parasols, prévôt général de Languedoc 1557, ép. Marquise de Guibal, dont il eut :

II. Pierre de la Gasse, Sgr de Parasols, prévôt général de Languedoc 1563, eut pour enfants : 1. Pierre qui suit ; 2. Hélie.

III. Pierre de la Gasse, Sgr de Sommatre, fut père de/

IV. Josué de la Gasse, Sgr de Sommatre et de Sarpagnac, gentilhomme servant chez le roi 1653, avait ép. le 14 août 1633 Angélique Louis, et fut maintenu dans sa noblesse par jugement souverain du 5 déc. 1668.

312. LA GORCE.

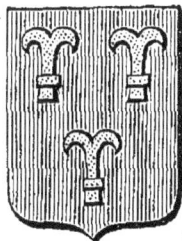

De gueule à trois rocs d'or 2 et 1.

La Gorce est un bourg en Vivarais, dans l'ancien district du Mailhauguez, au D. de Viviers. Il a donné son nom à une maison considérable divisée en plusieurs branches : Anne de la Gorce, dame de la Gorce, de Mirabel, Cropières et Valon, héritière de la branche aînée, morte avant 1452, avait ép. le 8 mai 1408 Beraud, Sgr d'Apchier, de Ceray, de Vabres, de Vazeilles, que Charles VII érigea en vicomté le 20 février 1452. Jean, qui descendait de Béraud au Ve degré, vendit, en 1581, la Gorce et Salavas au capitaine Mathieu de Merle, dont la postérité subsiste et sera rapportée en son rang dans les maintenues de M. de Lamoignon 1698. (Marquis d'Aubaïs, II, 2. — G. de Burdin, II, 38.) Une branche de la première maison de la Gorce, des Sgrs de la Gorce et Valon, prouva sa noblesse devant M. de Bezons, depuis :

I. Héliot de la Gorce, fut père de

II. Antoine de la Gorce, Sgr de Valon, fut père de

III. Guillaume de la Gorce, maître des comptes à Montpellier, lieut. du sénéchal à Nîmes, commandant deux compagnies de gendarmerie pour le service du roi 1567, ép. Catherine Blisson, dont il eut : 1. Jean qui suit ; 2. Paul ; 3. Isabeau ; 4. Delphine ; 5. Françoise ; 6. Catherine.

IV. Jean de la Gorce, écuyer, Sgr de la Gorce, la Roque et Saint-Laurent, capit. d'une compagnie de 200 hommes de pied 1570, ép. le 16 janv. 1584 Marie de la Baume, et il en eut : 1. Pierre qui suit ; 2. Jean-François ; 3. Jean-Pierre, qui a fait la Br. B. ; 4. Simon ; 5. Louis ; 6. Jean-Baptiste ; 7. Anne.

V. Pierre de la Gorce, Sgr de la Roque et Saint-Laurent de Carnols, ép. le 8 juin 1620 Claude du Peloux, et il en eut : 1. Melchior, mestre de camp d'un régt d'infanterie , commandant dans celui de la marine du Levant, sergent de bataille ès armées du roi ; 2. Jean qui suit : maintenus dans leur noblesse par jugement souverain du 24 nov. 1668.

VI. Jean de la Gorce, Sgr de la Roque et Saint-Laurent de Carnols et de Boussargues, D. d'Uzès, ép. Anne de la Faye, dont il eut : Christine, mariée le 21 mars 1697 à Jean-Joseph de Valat, Sgr de Saint-Roman, capit. de chevau-légers.

Br. B. V. Jean-Pierre de la Gorce, Sgr de Caucouls, lieut.-col. au régt de Montpeiroux 1638, ép. N... Malavalette, dont il eut Jean, maintenu dans sa noblesse avec son père par jugement souverain du 24 nov. 1668.

313. LA GORCE.

Mêmes armes ; *alias* écartelé au 1 et 4 d'azur à la demi-fleur de lis d'or jointe à un demi-aigle de sable ; au 2 et 3 de sable à trois croissants renversés d'argent 2 et 1.

I. Antoine de la Gorce eut pour enfants : 1. Guillaume, écuyer, Sgr de la Roque et de Valon, valet de chambre du roi, maître des comptes à Montpellier ; 2. Jean qui suit ; 3. Catherine.

II. Jean de la Gorce , garde des archives du roi en la sénéchaussée de Beaucaire et de Nîmes, ép. Antoinette de Parades, dont il eut :

III. Antoine de la Gorce, écuyer, garde des archives du roi en la sénéchaussée de Beaucaire et de Nîmes, ép. le 2 avril 1609 Catherine de Maltrait, dont il eut :

IV. Paul de la Gorce, Sgr de Gajan, demeurant à Nîmes, ép. le 25 juillet 1652 Catherine Lamouroux, et fut maintenu dans sa noblesse par jugement souverain du 23 nov. 1668.

314. LA GRUTERIE.

D'azur au lévrier d'argent passant, accompagné de trois fleurs de lis d'or.

I. Guillaume de la Gruterie, écuyer, Sgr de Maisonseule, fut père de : 1. Christophe qui suit ; 2. Jeanne, mariée à Bernard de Barjac.

II. Christophe de la Gruterie, écuyer, Sgr de Maisonseule, ép. le 21 juin 1550 Philippe de Sahune, et il en eut : 1. Alexandre qui suit ; 2. Geneviève, mariée à Claude de Truchet de Chambarlhac.

III. Alexandre de la Gruterie, Sgr de Maisonseule, la Chapelle et Fraissinet, ép. le 20 fév. 1583 Antoinette de Baile, et il en eut : 1. Jean qui suit ; 2. Gaspard, chev. de Malte, commandeur de Sainte-Anne, Celles et Salins.

IV. Jean de la Gruterie, Sgr de Maisonseule, ép. le 4 janv. 1620 Judith de la Tour Gouvernet, dont il eut : 1. Claude qui suit ; 2. René, commandeur de Malte.

V. Claude de la Gruterie, chevalier, baron de Maisonseule et la Chatre, D. de Viviers, ép. le 15 nov. 1644 Claude de Roiran, et il en eut : 1. Jean-Marie ; 2. François-Roch, baron de la Chatre ; 3. Antoine, chev. de Malte avec dispense d'âge 1663 : maintenus dans leur noblesse avec leur oncle par jugement souverain du 16 janv. 1669.

315. LA MOTTE-BRION.

De gueule à l'aigle éployée à deux têtes d'or.
Pierre d'Agrain, Sgr des Ubaz, ép. le 7 nov. 1454 Jeanne de la Motte-Brion.

I. Guillaume de la Motte, Sgr de la Motte, gentilhomme ordinaire de la chambre du roi 1597, avait ép. le 16 janv. 1556 Gabrielle de Chambaud, dont il eut :

II. Jean de la Motte, Sgr de la Motte-Brion, eut pour fils :

III. René de la Motte, comte de Brion, baron de Vachères, demeurant en son château de la Motte, D. de Viviers, ép. le 15 janv. 1650 Paule de Clermont, eut commission des maréchaux de France le 4 nov. 1660 pour prendre connaissance des querelles et différents entre gentilshommes, et fut maintenu dans sa noblesse par jugement souverain du 16 déc. 1668.

316. LANDES.

D'azur à la bande d'or chargée de trois tourteaux d'azur, trois croissants d'argent en chef, et une oie nageant de même, mise au côté gauche en pointe.

Une maison de Landes de Saint-Palais contracta, vers le milieu du XVIIe siècle, des alliances avec la maison de Narbonne-Caylus. Marguerite de Narbonne ép. le 24 mai 1623 Abel de Landes de Saint-Palais. Marie Sirveu, veuve d'Annibal de Landes, Sgr de la Gascarie, de Roquesel et de Sousmartres, ép. en secondes noces Jacques de Narbonne, baron de Lunas, gentilhomme de la chambre du duc d'Orléans. N... de Landes, fils d'Annibal et de Marie Sirveu, avait ép. la fille aînée du premier lit de Jacques de Narbonne. (P. ANSELME, VII, 770-771.)

Jacques de Landes de Saint-Palais était chevalier de Malte en 1647. Il avait pour armes : écartelé au 1 et 4 d'azur, à une oie d'argent nageant dans une rivière de même, au 2 et 3 de gueule, à sept fers de pique d'argent posés 4 et 3. (VERTOT, VII, 52.)

I. Annibal de Landes, Sgr de Saint-Palais, de la Gascarie, garde du corps du roi, capit. au régt du Plessis-Praslin cavalerie demeurant à Pézenas, D. d'Agde, fut maintenu dans sa noblesse par jugement souverain du 19 janv. 1671, en conséquence des lettres d'anoblissement données en sa faveur au mois de mars 1670 et enregistrées en la chambre des comptes de Montpellier le 28 janv. 1671.

317. LANGLADE.

D'azur à l'aigle d'or, parti d'hermines.

Le catalogue des gentilshommes de Languedoc, diocèse de Nîmes, donne les mêmes armes aux deux familles de Langlade maintenues en 1668. La généalogie imprimée de la maison de Chanaleilles relate plusieurs alliances avec une maison de Langlade, Sgr et baron des Éperviers, en Vivarais, qui porte les mêmes armes, et dont elle hérita par mariage en 1655. Bermond de Langlade était Sgr d'Aubord en 1691. (RIVOIRE, II, 494.)

I. Jean de Langlade, damoiseau, t. en 1414, fut père de

II. Bermond de Langlade, Sgr de Langlade, ép. av. 1477 Catherine Cusel, dont il eut : 1. Dominique ; 2. et

III. Durand de Langlade, ép. Geoffrete de Salavas, et il en eut :

IV. Antoine de Langlade, Sgr de Clarensac, blessé en défendant son château de Clarensac contre les protestants 1569, fut père de

V. Isaac de Langlade, Sgr de Clarensac, fut père de : 1. François qui suit ; 2. Antoine, père de Jean : maintenus dans leur noblesse par jugement souverain du 17 déc. 1668.

VI. François de Langlade, Sgr de Clarensac, ép. av. 1638 Jeanne Vidousac, et il en eut :

VII. Antoine de Langlade, Sgr de Clarensac, capit. d'infant. au régt du marquis de Ville 1645, fut maintenu dans sa noblesse par jugement souverain du 17 déc. 1668; il ép. Françoise d'Assas, dont il eut, entre autres enfants : 1. Antoine qui suit; 2. Gabrielle, mariée le 9 mai 1700 à Antoine d'Albenas.

VIII. Antoine de Langlade, Sgr de Clarensac, ép. le 7 fév. 1701 Magdeleine Devèze, dont il eut : 1. Marc-Antoine, officier au régt de Bourgogne 1770 ; 2. et

IX. Antoine de Langlade, capit. des grenadiers au régt de Bourgogne infanterie, chev. de Saint-Louis, ép. le 1er déc. 1760 Jeanne de Boissière, dont il eut : Antoine, né le 3 nov. 1770.

Marie de Langlade, fille de Scipion, Sgr et baron des Éperviers, et de Louise de Tayssier de Salras, ép. le 4 juill. 1655 Claude de Chanaleilles, écuyer, Sgr du Villard.

Plusieurs membres de la maison de Langlade ont pris part à l'assemblée de la noblesse convoquée à Nîmes pour l'élection des députés aux états généraux de 1789.

318. LANGLADE.

Mêmes armes.

I. Jean de Langlade, Sgr de Trescol, reçut des lettres patentes du sénéchal de Nîmes, le 29 décembre 1564, qui le faisaient jouir des priviléges de noblesse, avec permission de porter épée et dague ; il eut pour fils : 1. Jacques, marié à Isabeau de Castillon de Saint-Victor ; 2. et

II. Jean de Langlade, Sgr de Trescol, docteur et avocat, eut pour fils

III. Jean de Langlade, Sgr de Trescol, demeurant à Nîmes, maintenu dans sa noblesse par jugement souverain du 22 juin 1669.

Jacques de Baudan-Langlade, Sgr de Trescol, fils de Maurice, trésorier de France, demeurant à Montpellier, et de Françoise de la Vère de la Boissière, ép. le 17 mai 1700 Marie-Élisabeth de Barnier.

319. LA NOGARÈDE.

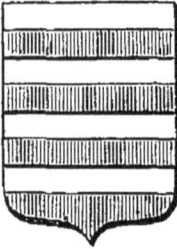

Burellé d'argent et de gueule de huit pièces.

La terre de la Nougarède était située dans la paroisse de Soudorgues, près la Salle, diocèse de Nimes.

Cette maison possédait les Sgries de la Garde et de Saint-Germain de Calberte dans les Cévennes, au D. de Nimes. Elle fut maintenue dans sa noblesse par M. de Bezons. Sa généalogie a été dressée plus tard par d'Hozier I. R. 414.

I. Antoine de la Nogarède, *alias* de la Nougarède, eut pour fils

II. Jean de la Nogarède, écuyer, Sgr de la Garde, qu'il acheta le 30 avril 1559, avec Pierre, son oncle, archidiacre mage de Montpellier, avait ép. le 11 juillet 1552 Gabrielle de Leuze, dont il eut :

III. Jean de la Nogarède, écuyer, Sgr de la Garde, co-Sgr de Saint-Germain de Calberte, ép. le 3 janv. 1590 Magdeleine d'Airebaudouse, dont il eut : 1. François qui suit ; 2. Magdeleine, mariée le 11 juin 1640 à Jean de Bringuier ; 3. Suzanne, alliée le 8 déc. 1631 à Jacob de Genas ; 4. Gabrielle, mariée le 17 août 1645 à Louis de la Roque.

IV. François de la Nogarède, Sgr de la Garde, capit. au régt d'Anduze 1627, commandant une compagnie de cent volontaires au siége de Salses, ép. le 6 août 1645 Jeanne de Ginestous, dont il eut :

V. Jean de la Nogarède, écuyer, Sgr de la Garde et de Saint-Germain, demeurant à la Salle, D. de Nimes, lieut. au régt. d'Auvergne, maintenu dans sa noblesse par jugement souverain du 20 sept. 1669, avait ép. le 1er nov. 1667 Philippe de la Farelle, dont il eut :

VI. Jean-Louis de la Nogarède, écuyer, Sgr de la Garde, capit. au régt de Picardie 1705, ép. le 27 avril 1717 Marie-Anne de Lantalle, dont il eut : 1. Philippine ; 2. Françoise.

320. LA PLANCHE.

I. Barthélemy de la Planche, Sgr dudit lieu, eut pour enfants : 1. Pierre qui suit ; 2. Jacques.

II. Pierre de la Planche, Sgr dudit lieu, vivant en 1544, fut père de : 1. Jean qui suit ; 2. Catherine, mariée le 24 mai 1594 à Jacques de Blou de Précis.

III. Jean de la Planche, Sgr dudit lieu, ép. Lucrèce de Pousols, et il en eut :

IV. Jean de la Planche, Sgr dudit lieu, D. de Viviers, ép. le 18 juin 1607 Catherine Roger, et il en eut : 1. Jean, marié le 13 mai 1635 à Marguerite Bonnaud; 2. Félix; 3. Antoine; 4. Jacques, Sgr de Chabanoles : maintenus dans leur noblesse par jugement souverain du 15 janv. 1671.

321. LARCARE.

Fascé d'or et de gueule de six pièces.

I. Barthélemy de Larcare fut père de

II. Joseph de Larcare, natif de la ville de Gênes, de l'ancienne et noble famille de Larcare de Gênes, suivant un certificat de M. le duc gouverneur de Venise 1564, obtint des lettres de naturalité en 1577, qui furent enregistrées en la chambre des comptes de Montpellier, ép. Gloriande Vaissière, et il en eut :

III. Henri de Larcare, Sgr de Brignac, demeurant à Pézenas, D. d'Agde, ép. le 13 janv. 1628 Henriette de Roquefeuil, dont il eut : Jean-Baptiste, mort avant 1669. Il fut maintenu dans sa noblesse par jugement souverain du 13 nov. 1669.

322. LARCHE.

D'or à la croix de gueule cantonnée de quatre aigles de sable.

I. François de Larche, Sgr du Beuil, Clignancourt et la Rochette, eut pour enfants : 1. Nicolas qui suit; 2. Claudine, mariée le 16 sept. 1523 à Pierre Falaise.

II. Nicolas de Larche, Sgr du Beuil, Clignancourt et la Rochette, avocat au parlement de Paris, ép. le 8 sept. 1550 Jeanne Riole, dont il eut :

III. François de Larche, écuyer, Sgr de la Rochette, ép. le 8 fév. 1587 Anne Brochard, et il en eut :

IV. Aimé de Larche, Sgr de la Rochette, demeurant à Beaucaire, ép. le 29 mai 1627 Anne Brunes, et fut maintenu dans sa noblesse par jugement souverain du 13 juin 1669.

323. LARGIER.

D'azur au chevron d'or, accompagné de deux roses d'argent en chef et d'une tour crénelée d'argent en pointe.

I. Antoine de Largier, Sgr de Saint-Agrève et de Châlons, compris comme archer dans les montres du ban et arrière-ban de la sénéchaussée de Beaucaire et de Nîmes en 1537, ép. le 15 mars 1552 Louise de Chalendar de la Motte, dont il eut :

II. Jean de Largier, sergent-major commandant le régt de Montréal, ép. le 23 juill. 1624 Gabrielle du Bouchet, dont il eut :

III. Louis de Largier, demeurant à Largentière, D. de Viviers, fut maintenu dans sa noblesse par jugement souverain du 18 sept. 1669 : il fut père de

IV. Jean de Largier, ép. Marie de Doriple, dont il eut : Marie, alliée, 1° le 23 juin 1701 à Jean-Baptiste de Chanaleilles, comte de la Saumès ; 2° à François d'Isarn, marquis de Villefort.

324. LA RIVOIRE DE LA TOURRETTE.

De gueule au lion d'argent armé et lampassé de sable, qui est de la Rivoire ; écartelé d'or au lion de gueule, qui est de Ginestous la Tourrette.

La maison de la Rivoire était déjà établie en Vivarais au XIIIe siècle. (LACH. DESB., XII, 685.) La terre de la Tourrette et celle de Chalancon, qui donnaient entrée aux états généraux de Languedoc, sont venues à cette maison par le mariage de Nicolas-Joseph de la Rivoire avec Angélique de Ginestous la Tourrette, dame de Chalancon, héritière de sa maison. (G. DE LA TOUR, Armor. de 1769, 139.)

Cette maison fut admise aux honneurs de la cour en 1781 et 1789. Elle avait prouvé sa filiation devant M. de Bezons, depuis :

I. Barthélemy, alias Guillaume de la Rivoire, ép. le 1er oct. 1508 Marguerite du Peloux de Saint-Romain, et il en eut : 1. Claude qui suit ; 2. Jacqueline, mariée à Claude de Bonne, de la maison du connétable de Lesdiguières.

II. Claude de la Rivoire, ép. le 31 mai 1556 Magdeleine de Chadenac, et il en eut :

III. Florit, alias Fleury de la Rivoire, Sgr de la Rivoire et de Chadenac, ép. le 29 déc. 1583 Judith de Fay, et il en eut : 1. Christophe qui suit ; 2. Charles ; 3. Baptiste ; 4. Hector, chev. de Malte ; 5. Louis, chev. de Malte, commandeur de Chazelles.

IV. Christophe de la Rivoire, Sgr et baron de Chadenac et de Baumes, ép. le 29 juin 1636 Magdeleine de Boulieu, et il en eut : 1. Nicolas qui suit; 2. Paul, chev. de Malte; 3. Hélène, mariée à François de Saignard, baron de Queyrières.

V. Nicolas-Joseph de la Rivoire, Sgr et baron de Chadenac, maintenu dans sa noblesse avec Charles son oncle par jugement souverain du 19 oct. 1669, av. ép. en 1666 Angélique-Antoinette de Ginestous la Tourrette, héritière de sa maison, dont il eut : 1. Just-Antoine, qui suit; 2. François-Antoine, tué à la bataille de la Marsaille; 3. Nicolas-Antoine, enseigne de vaisseau, tué à Malaga; 4. Joseph-Ignace, chev. de Malte; 5. Françoise, abbesse de Soyons.

VI. Just-Antoine de la Rivoire, marquis de la Tourrette, baron de Chalancon et des états de Languedoc 1705, Sgr de Baumes, Chadenac et Vernoux, ép. en 1717 Marie-Violande de Portalès de la Chièze, dont il eut : 1. François qui suit; 2. Marie-Françoise, alliée à François de Rostaing; 3. Marie-Antoinette, alliée à Louis-Hercule de Portalès; 4. Marie-Paule, mariée à François de Vachon; 5. Marie-Marguerite-Suzanne, mariée à Alexis du Faure de Satillieu; 6. Marie-Antoinette, mariée à Claude de la Forest de Divonne.

VII. François-Antoine-Alphonse de la Rivoire, marquis de la Tourrette, baron de Chalancon et des états de Languedoc, ép. en 1750 Marie-Louise-Thérèse de Beauvoir de Grimoard du Roure, dont il eut : 1. Marie-Just-Antoine qui suit; 2. Marie-Jean-Antoine ép. N... de Portalès de la Chèze sa cousine germaine, lieut. gén. 1815, grand-croix de Saint-Louis 1829, avait fait les preuves de cour pour monter dans les carrosses, mort sans enfants; 3. Marie-François-Alphonse, chev. de Malte, mort général-major au service de Russie; 4. Marie-Auguste; 5. Marie-Joseph-Antoine-Laurent, évêque de Valence 1817; 6. Gabrielle, ép. 1° en 1795 N... de Monteil de Corsas, 2° en 1804 N... de Blégiers, morte sans enfants; 7. Marie-Louis, maréchal de camp.

VIII. Marie-Just-Antoine de la Rivoire, marquis de la Tourrette, baron de Chalancon et des états de Languedoc, Sgr de Vernoux, Gluyras et Saint-Fortunat, colonel du régt d'Ile-de-France infanterie, monta dans les carrosses du roi en 1782, chev. de Saint-Louis 1784; député des états de Languedoc à la cour 1781, préfet du Tarn, du Puy-de-Dôme et de Gênes 1806, maréchal de camp 1817, avait ép. le 28 avril 1772 Louise-Ursule-Félicité de Guérin de Tencin, petite-nièce du cardinal, et il en eut :

IX. Marie-Louis-Just-Antoine de la Rivoire, marquis de la Tourrette, ép. en 1803 Victoire de Chaptal, fille du comte de Chaptal, membre de l'Institut, ministre de l'intérieur, dont il eut : 1. Alphonse, garde du corps du roi compagnie de Grammont, lieut. de lanciers, ép. Joséphine de Burgues de Missiessy, mort sans postérité; 2. et

X. Imbault-Félix-Marie de la Rivoire, marquis de la Tourrette, off. d'infant., ancien député de l'Ardèche 1846, membre de l'Assemblée législative 1850, maire de la ville de Tournon, membre du conseil général, ép. le 2 juillet 1839 Adrienne-Huchet de la Bédoyère, dont : 1. Antoine; 2. Emmanuel; 3. Victoire; 4. Marguerite; 5. Félicie; 6. Adrienne.

325. LA ROCHETTE.

I. Gaspard de la Rochette fut père de

II. Hérail de la Rochette, ép. le 9 janv. 1551 Marguerite de Chapteuil, et il en eut : 1. Antoine; 2. André; 3. Henri; 4. et

III. Pierre de la Rochette, écuyer, ép. le 30 avril 1583 Anne Cablesses, dont il eut :

IV. François de la Rochette, Sgr de la Rochette, y demeurant, D. du Puy, fut maintenu dans sa noblesse par jugement souverain du 26 août 1669.

326. LA RODDE SAINT-HAON.

D'azur à la roue d'or, au chef d'argent chargé de trois chevrons de gueule posés en fasce. DEVISE : *Audaces fortuna juvat.*
La maison de la Rodde est une maison ancienne de la province de Velay, connue depuis le commencement du XIIIe siècle, qui tire son nom du château de la Rodde en Gévaudan. La filiation suivie de cette maison commence à Hugues de la Rodde, damoiseau, qui rendit hommage à l'évêque du Puy en 1308. Christophe, qui fut l'auteur de la filiation prouvée devant M. de Bezons, descendait de Hugues au VIIIe degré. (LACH. DESB., XII, 408.)
Plusieurs membres de cette famille ont joué un rôle important dans les guerres civiles du Velay. Jean de la Rodde, sieur de Châteauneuf, fut commis du baron de Saint-Haon aux états du Velay le 20 juillet 1620; il ép. quelques jours après l'héritière de cette maison, et devint ainsi baron de Saint-Haon. Par lettres patentes du mois de mai 1769, enregistrées au parlement de Toulouse le 19 juin suivant, et au siége présidial du Puy le 16 janvier 1770, le roi Louis XV unit et incorpora les châtellenies et mandements, seigneuries, fiefs et justices de Rochefort, des Combes, Monchamp, Cheyrac, Fay, Goys de l'Étang et Salettes à la baronie de Saint-Haon à laquelle ils étaient contigus, et érigea le tout en comté sous le nom de la Rodde de Saint-Haon, en faveur de Henri-Hyacinthe-César de la Rodde de Saint-Haon, capitaine dans le régiment de Chartres, cavalerie. (ARNAUD, *Hist. du Velay*, I, 191; II, 77, 113, 123, 230, 353. — LACH. DESB., XII, 410.) Cette maison fut admise aux honneurs de la cour en 1776.

I. Christophe de la Rodde, Sgr de Séneujols, Sansaguet et Alteirac, ép. le 19 janv. 1514 Isabelle de Puitard, dont il eut : 1. Jean qui suit; 2. Isabelle, mariée à Jacques de Saint-Vidal.

II. Jean de Séneujols, dit de la Rodde, ép. le 21 janv. 1554 Jeanne de Sinselles, dont il eut : 1. Pierre qui suit; 2. Alexandre, Sgr d'Alteirac, tué au siége de Turin, avait ép. le 27 avril 1581 Marie de Palladuc, dont : Benjamin, auteur de la branche des comtes de la Rodde établis en Bourgogne. Cette branche était représentée en 1778 par Marie-Étienne-Charles-Louis, comte de la Rodde, marié le 25 juillet 1774 à Marie-Charlotte-Rose de la Garde Chambonas, dont il avait une fille, Marie-Charlotte-Françoise, née le 12 déc. 1775.

III. Pierre de la Rodde de Séneujols, Sgr et baron de Châteauneuf, et du Bouchet-Saint-Nicolas, ép. le 9 janv. 1586 Jeanne Arnaud, et il en eut : 1. Jean qui suit; 2. Angélique; 3. Marguerite, mariée à André Surrel.

IV. Jean de la Rodde, Sgr de Rochefort et du Bouchet, baron de Saint-Haon, D. du Puy, ép. le 24 avril 1620 Isabeau de Saint-Haon, et il en eut : 1. Jean qui suit; 2. Louis : maintenus dans leur noblesse par jugement souverain du 30 sept. 1669.

V. Jean de la Rodde, baron de Saint-Haon, Sgr de Rochefort, Cheirac, Romagnac et Tresménil, ép. le 1er sept. 1666 Anne Barnier, dont il eut : 1. Jean qui suit; 2. Louis; 3. autre Jean, Sgr de Salette; 4. N..., mariée à Vidal de Marcous, Sgr de la Tronchère.

VI. Jean de la Rodde, baron de Saint-Haon, Sgr de Rochefort, Alteirac et Romagnac, ép. le 21 fév. 1691 Marie de Boulindrand de Masclaud, dont il eut : 1. Jacques François qui suit; 2-5. et quatre filles.

VII. Jacques-François de la Rodde, baron de Saint-Haon, Sgr de Rochefort, Escublac, les Combes, Romagnac, Chambonte, le Trémouil et Cheirac, ép. le 10 nov. 1723 Marie de Puech, dont il eut : 1. Henri-Hyacinthe-César qui suit; 2. Jacques-Christophe, capit. de cavalerie au régt de Chartres.

VIII. Henri-Hyacinthe-César de la Rodde, comte de la Rodde, baron de Saint-Haon et des états de Velay, chev. de Saint-Louis, lieut.-colonel de cavalerie, ép. le 8 janv. 1768 Thérèse-Guillemette-Perié, dont il eut quatre filles (1778).

Le comte de la Rodde de Saint-Haon, acheta du marquis de Chambonas le 30 juin 1775 le titre de baronie et entrée annuelle aux états de Languedoc, attaché à la terre de Saint-Félix de Caraman au D. de Toulouse.

327. LA ROQUE.

D'azur à deux rochers d'argent posés en fasce; *alias* d'azur au cœur d'or à deux pommes de pin de même attachées au cœur par deux cordons de gueule. (*Catalogue des gentilsh. de Lang., dioc. de Nîmes.*) DEVISE : *Adversis duro.*

La Roque est un bourg considérable dans les Cévennes, situé sur la rive gauche de l'Hérault, dans le diocèse de Montpellier, entre Ganges et Saint-Bauzille du Putois. Il a donné son nom à une famille noble divisée en plusieurs branches au moment de la vérification de M. de Bezons, répandue dans les diocèses de Nîmes, Montpellier et Carcassonne.

Hugues de la Roque ép. vers 1090 Guillemette, fille de Raymond Bernard vicomte de Nîme et d'Alby, veuve de Pierre Aton. Raymond Bernard de la Roque et Guillaume son frère moyen nèrent un accord entre Raymond comte de Barcelonne et Bernard Aton vicomte de Béziers en 1112. Raymond de la Roque comparaît dans un traité entre Bérenger Raymond comte de Provence et Guillaume Sgr de Montpellier, touchant le comté de Mauguio, en 1132. (*Hist. de Languedoc*, éd. 1733, II, 285, 382, 467, 469, 579.)

On trouve dans un inventaire des titres de la chambre des comptes de Montpellier, dressé par D. Vaissette plusieurs hommages rendus en 1210, 1233, 1327, 1503. Annet de la Roque, chevalier, rendit hommage pour la Roque de Ganges 1210-1233; Bertrand de la Roque, damoiseau, rendit hommage pour la Roque en 1327; Jourdaine de la Roque, demeurant dans la sénéchaussée de Nîmes, était veuve en 1396 de Bertrand de Lévis, Sgr de Florensac; Jean de la Roque rendit hommage pour la Roque-Ainier en 1503. (*Bibl. imp., Mss. Lang.*, t. 108, p. 131, 135, 136, 138.) Béatrix de la Roque ép. avant 1400 Bérard de Ginestous; N... de la Roque fut député de Maguelonne à Nîmes en 1529 pour délibérer sur les subsides accordés au roi par la noblesse de la sénéchaussée de Nîmes. (Marquis D'AUBAÏS, II, 137, et *Mélanges*, p. 62.) La branche dite de Couloubrines prouva sa filiation devant M. de Bezons depuis Firmin de la Roque qui suit. Un rameau de cette branche fut maintenu dans sa noblesse par jugement de M. de Lamoignon du 4 juill. 1697. (*Bibl. imp., Mss. nob. du diocèse de Montpellier*, 905.)

I. Firmin de la Roque, ép. vers 1426 Marguerite de Couloubrines, héritière de la maison de Pons de Couloubrines; il en eut : 1. Étienne qui suit; 2. Isabeau, mariée le 15 juin 1477 à Angles d'Adhémar.

II. Étienne de la Roque, Sgr de Couloubrines et du Villaret, fit un échange le 1er mai 1508, tant en son nom qu'en celui de son fils qui fut

III. Thomas de la Roque, Sgr de Couloubrines et du Villaret, fut père de : 1. Louis qui suit; 2. Gabrielle, mariée à Gabriel de Faucon.

IV. Louis de la Roque, Sgr de Couloubrines, ép. le 29 janv. 1537 Jeanne d'Icher, fille de Bernard d'Icher, co-Sgr de Soubès et de la Bastide, dont il eut : 1. Antoine, marié à Anne de Roquefeuil, de Londres, mort sans enfants; 2. Jean, marié en 1601 à N... de Rosel de Valobscure, fut père de : *a.* François; *b.* Isaac; *c.* Espérance; *d.* Jacquette. Isaac ép. N... de Teissier et eut pour fils : Jean, maintenu dans sa noblesse par jugement de M. de Lamoignon du 4 juillet 1697 ; 3. Pierre qui suit ; 4. Claude, mariée à François de Castelvieil.

V. Pierre de la Roque, Sgr de Couloubrines, ép. le 4 avril 1602 Jeanne de Foullaquier, dont il eut : 1. Antoine, qui ép. le 29 avril 1633 Jeanne de Teissier ; 2. Louis qui suit ; 3. Isabeau, mariée le 14 janv. 1649 à Antoine de Girard, Sgr de la Garde.

VI. Louis de la Roque, Sgr de Couloubrines et du Villaret, ép. 1° le 13 juin 1635 Jeanne Delom de Bussas ; 2° le 17 août 1645, Gabrielle de la Nougarède, dont il eut :

VII. Pierre de la Roque, Sgr de Couloubrines, du Bouisset et de Liouc, ép. le 29 avril 1661 Espérance de Rosel, et fut maintenu dans sa noblesse, avec Antoine son oncle par jugement souverain du 8 juillet 1669 ; il eut de son mariage :

VIII. Guillaume de la Roque, Sgr de Couloubrines, de Bussas, de Bouisset et de Liouc, ép. Isabeau Delom de Bussas, dont il eut : 1. Jean qui suit ; 2. Jeanne ; 3. Gervaise, mariée à Jacques Teulon.

IX. Jean de la Roque, Sgr de Couloubrines et du Villaret, ép. en 1712 Marie-Anne de Girard, dont il eut : 1. Louis qui suit ; 2. Marie-Anne, religieuse de la congrégation de l'Enfant Jésus.

X. Louis de la Roque, Sgr de Couloubrines et du Villaret, ép. le 30 sept. 1749 Catherine Teulon, du mas de Bizard, dont il eut : 1. Louis qui suit ; 2. Marianne.

XI. Louis de la Roque, héritier de son oncle maternel, vint s'établir au mas de Bizard, paroisse de Saint-Drézéry ; il ép. le 22 août 1780 Elisabeth Espanet, dont il eut : 1. Louis qui suit ; 2. François, maire de la commune de Saint-Drézéry, démissionnaire en 1830 par refus de serment, ép. le 20 fév. 1810 Marguerite Rivière, dont : a. Auguste ; b. François ; c. Eugène ; d. Marguerite.

XII. Louis de la Roque, officier au régt des chasseurs d'Angoulême 1815, ép. le 31 mai 1800 Marguerite Ferrier, dont il eut : 1. Louis, décédé, marié à N... Bonbonnoux, dont : a. Louis ; b. Isidore, mort à l'armée ; c. Henri ; d. Auguste ; e. Anne ; 2. et

XIII. François de la Roque, né le 10 mars 1804, marié le 19 juin 1829 à Fulcrande Galibert, dont : 1. Louis, avocat à la cour impériale de Paris ; 2. Pascale-Élisabeth.

328. LA ROQUE.

D'or à un abime (cœur) de gueule, auquel sont attachées en pointe, par deux cordons de même, deux pommes de pin de sinople, au chef cousu d'argent, chargé de trois mouches à miel de sable; *alias* d'azur à deux roches d'argent mises en fasce. (*Catal. des gentilsh. de Languedoc.*)

Cette branche, établie aujourd'hui en Vivarais, quitta le Languedoc après la vérification de 1668. Pierre de la Roque ép. en Auvergne, vers 1675, N... du Cherry dame d'Aubagnac.

La maison de Chery ou du Cherry, établie dans l'élection de Brioude et de Clermont, fut maintenue en 1666. Elle avait donné un garde des sceaux au duché d'Auvergne en 1393, un chev. de Malte en 1553, et huit chanoines comtes de Brioude de 1598 à 1659. Elle avait pour armes : « D'azur à un croissant tourné d'argent accompagné de six étoiles de même trois en chef et trois en pointe. » (BOUILLET, II, 201.)

Pierre ép. en troisièmes noces le 11 mai 1684 Suzanne du Pont de Munas en Vivarais, et fut substitué par une clause de son contrat de mariage aux biens et titres de cette maison. (V. le n° 210, p. 189.) Ses descendants, qui possèdent encore la terre de Munas, ont pris part aux assemblées de la noblesse du Vivarais en 1789 avec le titre de *baron* du Pont de la Roque et de chevalier de la Roque. (*Proc. verb., imp. au bourg Saint-Andéol*, 1789.) Nous donnerons aux *Pièces justificatives* un acte de partage de 1278, entre Aymon, Humbert, et Péronnet du Pont frères, damoiseaux.

I. **Raimond de la Roque**, ép. vers 1480 N... d'Adhémar, dont il eut :

II. **Matthieu de la Roque**, ép. le 27 mai 1523 Françoise de Barandon, dont il eut : 1. François qui suit ; 2. Sébastien, écuyer, ép. le 4 fév. 1590 Garcie de Brignac, et il en eut : Antoine, marié le 21 juill. 1631 à Magdeleine de la Roque, sa cousine, dont il eut : *a.* Pierre ; *b.* Sébastien : maintenus dans leur noblesse par jugement souverain du 6 nov. 1668.

III. **François de la Roque**, ép. le 24 avril 1581 Antoinette de Bertin, dont : 1. Raimond qui suit ; 2. Sébastien, qui a fait la Br. B.

IV. **Raimond de la Roque**, ép. le 16 avril 1620 Catherine de Clemens, dont il eut :

V. **Sébastien de la Roque**, Sgr de Fraisses, demeurant au mas d'Agrès, dioc. de Montpellier, fut maintenu dans sa noblesse par jugement souverain du 6 nov. 1668.

Br. B. IV. **Sébastien de la Roque**, ép. le 11 juill. 1611 Magdeleine d'Agrès, dont il eut : 1. François ; 2. Jean ; 3 et

V. **Jacques de la Roque**, Sgr du Bosc et de Saint-Bauzile du Putois, maintenu dans sa noblesse par jugement souverain du 8 sept. 1670, avait ép. le 10 avril 1644 Jeanne de Combes de Montaigu, dont il eut : 1. Pierre qui suit ; 2. Paul, marié à N... de la Combe de Chavagnac en Auvergne.

VI. **Pierre de la Roque**, écuyer, Sgr de Saint-Bauzile du Putois, ép. 1° N... du Cherry, *alias* de Chéry, dame d'Aubagnac en Auvergne, de laquelle il hérita de la terre-baronie d'Aubagnac, sans enfants; 2° Jeanne de Beaulx de Boislong, en Auvergne, sans postérité; 3° le 11 mai 1684 Suzanne du Pont de Munas, en Vivarais, dame d'Oriol, la Tour du Chier, baronne de Mortesaigne, en Velay, dont il eut : 1. Balthazar qui suit; 2. Catherine qui fut l'aïeule de M. Roch-Étienne de Vichy, anc. aumônier de la reine Marie-Antoinette, évêque d'Autun, pair de France, conseiller d'État.

VII. Balthazar de la Roque du Pont de Munas, Sgr d'Aubagnac, en Auvergne, baron de Mortesaigne, en Velay, Sgr de Munas, la Tour du Chier, Eclassan, Marsan, co-Sgr d'Ardoix, officier de dragons, ép. le 13 fév. 1724 Jeanne de Mialhet de Laborie, dont il eut : 1. Alexandre-Balthazar qui suit; 2. Pierre, dit le chevalier d'Aubagnac, lieut. au régt de Beauvoisis, tué à la bataille de Rosbach; 3. Suzanne, mariée à Jacques-Louis du Peloux de Praron.

VIII. Alexandre-Balthazar de la Roque du Pont de Munas, Sgr de Munas, Oriol, la Tour du Chier, Éclassan, Marsan, co-Sgr d'Ardoix, baron de Mortesaigne et d'Ozon, officier de dragons, ép. le 29 juillet 1756 Marie-Marguerite-Françoise de Mayol de Luppé, dont il eut : 1. Balthazar-Pierre-François qui suit; 2. Jacques-Joseph, qui a fait la Br. C.; Gabriel-Jean-Baptiste, qui a fait la Br. D.

IX. Balthazar-Pierre-François de la Roque du Pont de Munas, baron de Mortesaigne et d'Ozon, Sgr de Munas, etc., chevau-léger de la garde ordinaire du roi, ép. le 8 sept. 1777 Rose-Mélanie d'Argout, fille de messire Gaston d'Argout, lequel fut l'aïeul de M. le comte d'Argout, pair de France, ministre des finances; de ce mariage : 1. Alexandre-Balthazar-Jean-Marie qui suit; 2. Gaston; 3. Eugène, capitaine d'infanterie; 4. Caroline : non mariés; 5. Mélanie, mariée à Bollon de Clavière.

X. Alexandre-Balthazar-Jean-Marie de la Roque, baron de la Roque, chev. de Saint-Louis, commandeur de la Légion d'honneur, maréchal de camp, mort en 1834, av. ép. en 1821 Delphine Garnier. Son contrat de mariage fut signé par le roi Louis XVIII et les princes de la famille royale. Il eut de son mariage : 1. Odolie, mariée à Ernest de Saignard de Choumouroux; 2. Léonie, morte non mariée.

Br. C. IX. Jacques-Joseph de la Roque, baron de la Roque par l'extinction de la Br. B., chevau-léger de la garde ordinaire du roi 1774, puis capitaine d'infanterie sous-préfet de l'arrond. de Tournon, chev. de Saint-Louis et de la Lég. d'honn., ép. le 13 juin 1796 Anne-Pauline de Taillevis de Jupeaux, fille du contre-amiral comte de Jupeaux et de dame Mirleau des Radrets, petite-fille de Jean et de Louis Racine; il eut de son mariage : 1. Gabriel-Charles qui suit; 2. Adrien, chanoine d'Autun, anc. vic. gén. d'Autun et de Viviers; 3. Hippolyte, mort jeune; 4. Antoinette, mariée à Cyr Guézille de la Suzenais, morte sans enfants.

X. Gabriel-Charles de la Roque, baron de la Roque, né à Londres le 11 sept. 1799, sous-préfet de Tournon, membre du conseil général de la Haute-Loire, ép. le 9 sept. 1830 Marie-Magdeleine-Clémentine de la Fayolle de Mars, dont : 1. Balthazar-Louis-Joseph, marié le 7 avril 1858 à Joséphine Bonnafay-Pradel; 2. Frédéric-Marie-Jean-Paul, né le 18 mars 1835, officier au 1er régt de hussards, ayant fait partie de l'armée de Crimée.

Br. D. IX. Gabriel-Jean-Baptiste de la Roque, garde du corps du roi, ép. Joséphine de Burgues de Missiessy, fille du marquis de Missiessy, chef d'escadre et chev. de Saint-Louis, laquelle étant veuve, ép. son oncle, le comte de Missiessy, vice-amiral, grand-croix de Saint-Louis, cordon bleu, grand-croix de la Lég. d'honn.; il eut de son mariage : 1. Joseph-Numa, officier de marine, chev. de Malte et de la Légion d'honneur, non marié; et 2. Louise, mariée à N... Truitier de Vaucresson, commissaire général de la marine; de ce mariage : une fille mariée à M. le comte Edouard de Mérona, fils de dame de Mérona, née de Missiessy, son cousin germain.

329. LA ROQUE.

Mêmes armes.
Voir le numéro précédent au IIIe degré.

IV. Sébastien de la Roque, ép. le 11 juin 1611 Magdeleine d'Agrès, dont il eut : 1. François; 2. Jacques, dont la filiation a été mentionnée ci-dessus; 3. Jean; 4. Dauphine; 5. Magdeleine, mariée le 21 juillet 1631 à son cousin Antoine de la Roque. Jean s'établit à Cesseras, au D. de Saint-Pons, et fut maintenu dans sa noblesse avec ses frères par jugement souverain du 8 sept. 1670.

330. LA ROQUE.

D'azur à trois rochers d'argent.

Un rameau de cette branche s'établit au diocèse de Carcassonne, et y fut substitué, le 6 oct. 1583, aux biens et armes de Courcelles, Sgr de Fontiès. Un arrêt du parlement de Toulouse du 24 juill. 1601 le maintint en possession de la terre de la Cadière au diocèse de Nîmes, en vertu de la substitution contenue dans le testament de Raimond de la Roque du 30 mars 1580. (Marquis d'Aubaïs, III, 82. — Mahul, *Cartul. de Carcassonne*, I, 343.)

I. Jean de la Roque, co-Sgr de la Roque, Claret et la Cadière, donna une quittance de dot à François de Dax, son beau-frère; t. en 1540, il fut père de

II. Raimond de la Roque, Sgr de la Cadière, ép. le 6 juin 1536 Fleurette de Dax, dame de la Serpent, dont il eut : 1. François-Louis, Sgr de la Cadière, mort sans postérité; 2. Bertrand, qui a fait la branche établie dans le diocèse de Carcassonne, et maintenue le 14 janv. 1669; 3. Guillaume qui suit; 4. Barthélemy.

III. Guillaume de la Roque, Sgr de Puiredon, ép. en 1592 Françoise du Ranc de Vibrac, dont il eut :

IV. Jean de la Roque, demeurant aux Roussières, paroisse de Viols-le-Fort, ép. le 15 nov. 1643 Antoinette Ricome, et fut maintenu dans sa noblesse par jugement souverain du 14 janv. 1669.

331. LA ROQUE.

D'azur à deux rochers d'argent mis en fasce.

Cette branche, qui a porté le nom de la Roque du Mazel, et plus tard celui de la Roque de Montels, s'établit dans le bas Languedoc. Elle hérita en 1718, par donation, de la terre de Montels, et plusieurs de ses représentants ont été connus dans l'armée sous le nom de Montels et sous celui de la Roque. Sa filiation fut prouvée devant M. de Bezons, depuis :

I. Raimond de la Roque, Sgr du Mazel, ép. le 17 fév. 1498 Almicie de Barjac, dont il eut :

II. Sébastien de la Roque, Sgr du Mazel, ép. le 5 déc. 1553 Lucie Delpy, *alias* Dupin, dont il eut : 1. David, marié le 18 fév. 1602 à Étiennette Bonniol; 2. Pierre; 3. et

III. Jacques de la Roque, ép. le 10 avril 1588 Nadale Bonniol, dont il eut : 1. Pierre qui suit; 2. Paul; 3. Jean, qui a fait la Br. B.

IV. Pierre de la Roque, ép. en 1609 Dauphine Thibaud, dont il eut :

V. Jérôme de la Roque, du mas de Bonniol, paroisse de la Bois-sière, D. de Montpellier, ép. le 6 nov. 1652 Françoise de Bertin, et fut maintenu dans sa noblesse par jugement souverain du 4 janvier 1671.

Br. B. IV. Jean de la Roque, ép. le 22 octobre 1623 Catherine Capion, dont il eut : 1. Jacques qui suit; 2. Pierre, Sgr de la Souquette, marié le 15 mai 1666 à Isabeau Gagneur; 3. Pierre, maintenu dans sa noblesse, avec ses deux frères, par jugement souverain du 4 janv. 1671.

V. Jacques de la Roque, Sgr de la Marelle, ép. le 16 avril 1673 Jeanne de Combes, dont il eut : 1. Pierre qui suit; 2. Fulcrand; 3. Jacques, marié à Marguerite Bruguière, dont Marguerite, alliée le 10 août 1750 à Thomas de Baderon de Maussac.

VI. Pierre de la Roque, Sgr de Vacquières et Toupiargues, ép. Marguerite Molles du Merlet, dont il eut : 1. Jacques qui suit; 2. Marthe, alliée à Marc-Antoine de Béringuier, lieut.-col. au régt royal Comtois, chev. de Saint-Louis, lieut. de roi à Marsal.

VII. Jacques de la Roque, Sgr de Vacquières, Toupiargues, héritier de la Sgrie de Montels, par donation de Marthe de Cambis, veuve de N. Molles du Merlet, le 5 juin 1718, ép. le 24 mars 1739 Anne-Marguerite de Lort-Sérignan, fille de Jacques-Joseph, marquis de Lort-Sérignan, et de Anne de Pelet de Moissac; il eut de son mariage : 1. Fulcrand qui suit; 2. Pierre, capit. au régt de Vivarais 1778; 3. autre Fulcrand; 4. Jean-Joseph; 5. Anne.

VIII. Pierre-Jacques-Fulcrand de la Roque de Montels, enseigne au régt de Brissac 1755, fit la guerre de Sept Ans, fut blessé à Rosbach, capit. au régt de Vivarais 1762; lieut.-col. du régt d'Aunis 1788; chev. de Saint-Louis, gouverneur de Sainte-Lucie, commandant de la Martinique, se distingua dans la défense de Tabago contre le général anglais Ceüler; de retour en France, il fut emprisonné aux Carmes, comme ci-devant, par ordre du comité de salut public, et dut sa liberté à Joséphine de la Pagerie après le 9 thermidor; il avait ép. le 8 nov. 1772 Marie-Thérèse-Delphine-Eugénie de Villardi de Quinson de Montlaur, dont il eut : 1. Joseph; 2. et

IX. Louis-Pierre-Casimir de la Roque, ép. le 5 oct. 1802 Magdeleine de Portal, de Saint-Bauzile, dont il eut :

X. Simon-Casimir-Léon-Jules de la Roque, ép. 1° Marie-Alexandrine-Adèle de Roquefeuil; 2° le 21 mai 1851 Anne-Marie-Éléonore Blanchard, de la Féline, dont : 1. Marie-Gabrielle-Simone; 2. Marie-Lazare-Casimir-Bauzile-Gaston.

332. LA ROSSIÈRE.

I. François de la Rossière, ép. Marguerite Chavoire, et il en eut :

II. Pierre de la Rossière eut pour fils

III. Antoine de la Rossière, t. le 22 mai 1558 ; il avait ép. Jeanne Leuger, dont il eut :

IV. Michel de la Rossière, Sgr dudit lieu, t. le 14 janv. 1589 ; il ép. Louise de Gueiffier, et il en eut :

V. Marc de la Rossière, Sgr du Fraisse, capit. de cent hommes de pied au régt de Mazargues 1621, av. ép. le 13 nov. 1611 Marie de Bressolles, et il en eut :

VI. Jean-Baptiste de la Rossière, Sgr. du Fraisse, D. de Viviers, ép. le 13 oct. 1647 Judith de Toulouse, et fut maintenu dans sa noblesse par jugement souverain du 5 janv. 1671.

333. LASTIC.

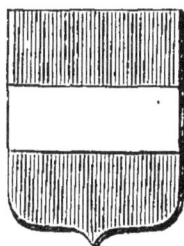

De gueule à la fasce d'argent.

Le catalogue manuscrit des gentilshommes de la province de Languedoc donne à cette famille pour armes : d'or à un cœur de gueule.

Lastic était une seigneurie qui relevait du duché de Mercœur, diocèse de Saint-Flour en Auvergne. Elle a donné son nom à une maison de Bonpar, connue depuis 1212. Hugues de Bonpar, Sgr de Lastic, servait dans l'armée de Simon de Montfort. Cette maison reçut plus tard une grande illustration de Jean de Lastic, grand maître de l'ordre de Saint-Jean de Jérusalem 1437 ; de Guillaume de Lastic, sénéchal et lieutenant général du grand maître ; de Louis de Lastic, grand prieur d'Auvergne 1558. Jean de Lastic vivait en 1469 ; ayant épousé alors Hélix d'Urre, il fut la tige d'une branche établie en Dauphiné. La maison de Lastic était répandue en Auvergne, en Limousin et en Rouergue, où elle est encore représentée. (CHORIER, III, 318. — BARRAU, III, 145. — Marquis D'AUBAÏS, I, 311.)

Marie d'Apchier, fille de Jacques, Sgr de Billières, ép. le 7 janvier 1616 Jacques de Lastic, Sgr de la Bastide, de Chaucaille et de Fournels, capitaine de 100 arquebusiers à cheval, fils naturel de Thibaud, baron de Lastic, chevalier de l'ordre du roi et de Jeanne Var. Il fut légitimé et anobli, en considération de ses services à l'armée, par lettres patentes du mois de mai 1618, registrées à la chambre des comptes de Montpellier le 14 février 1620, et confirmées en faveur de Philibert de Lastic, leur fils, au mois de mai 1656, registrées à Montpellier le 17 septembre 1659. (P. ANSELME, III, 825.) Cette seconde maison de Lastic, établie en Gévaudan au diocèse de Mende, fut maintenue dans sa noblesse par jugement souverain du 13 nov. 1669.

I. Jacques de Lastic, ép. le 7 janv. 1616 Marie d'Apchier, et il en eut : 1. Philibert qui suit ; 2. Charles ; 3. Louis, prieur et Sgr d'Albaret ; 4. Philibert.

II. Philibert de Lastic, Sgr de Fournels et la Bastide, D. de

Mende, gentilhomme ordinaire de la chambre du roi, 1647, ép. le 30 avril 1650 Marie Dumas, et il en eut : 1. Joseph ; 2. Hyacinthe : maintenus dans leur noblesse avec Louis, leur oncle, par jugement souverain du 13 nov. 1669, en conséquence des lettres d'anoblissement confirmées au mois de mai 1656.

Madame veuve de Lastic assista par procuration à l'assemblée de la noblesse de Gévaudan, convoquée à Mende pour l'élection des députés aux états généraux de 1789.

334. LATENAI.

D'azur à la tour d'or accostée d'une épée posée en pal la pointe en bas et d'un lion d'or, armé et lampassé de gueule.

Cette famille, originaire de Grèce, s'établit en Languedoc aux diocèses de Béziers et de Narbonne, et y fit plusieurs branches, dont l'aînée finit en 1556. La branche maintenue en 1669 reconnaissait pour auteur Simon de Latenai, Sgr de Pousolles, marié en 1508 à Jeanne de Clermont. (Lach. Desb., VIII, 517.) Ils eurent pour fils

I. Jean de Latenai, ép. Jacquette de Puimisson, héritière de son père 1551, et il en eut :

II. Jean de Latenai, Sgr de Lissac, ép. le 13 nov. 1588 Claire d'Arnaud de Neffiez, et il en eut : 1. Gabriel qui suit ; 2. Jacques, Sgr de Lissac, ép. le 28 juin 1633 Antoinette Autrive, dont : a. Pierre, Sgr de Lissac, co-Sgr direct de Neffiez, y demeurant, D. de Béziers ; b. et Étienne.

III. Gabriel de Latenai, ép. en nov. 1625 Anne Degan, et il en eut :

IV. Simon de Latenai, Sgr de la Coste, D. de Narbonne, maintenu dans sa noblesse avec Pierre son cousin par jugement souverain du 5 juillet 1669 ; il ép. 1° en 1660 Anne de Bousquat ; 2° en 1664 Anne de Latenai sa cousine germaine, dont il eut : 1. Joseph, tué enseigne des vaisseaux du roi ; 2. Antoine qui suit ; 3. Catherine.

V. Antoine de Latenai, Sgr de Lissac, ép. en 1702 Catherine de Barrès, et il en eut : 1. Simon, dit l'abbé de Latenai, prieur de Saint-Sauveur à Narbonne, et co-Sgr de la ville ; 2. Charles-Blaise qui suit ; 3. Simon, Sgr de Laval, chev. de Saint-Louis, command. la ville de Brouage en Saintonge.

VI. Charles-Blaise de Latenai, Sgr de Lissac, chev. de Saint-Louis, capit. de dragons, ép. en 1752 Anne de Page, dont il eut : Anne-Charles-Blaise, reçu à l'École militaire 1764.

335. LA TOUR-CHOISINET.

D'azur au chien courant d'argent, au chef cousu de gueule chargé d'un croissant d'argent, qui est de Choisinet; écartelé d'or à trois forces de sable, qui est d'Hautefort; sur le tout d'or à la tour de gueule maçonnée de sable, qui est de la Tour.

La maison de la Tour en Velay possédait les baronies de Saint-Vidal et les Sgries de Goudet et de Mons aux environs du Puy. Bains est un bourg situé non loin de la même ville. Un cadet de cette maison ép. au commencement du XVIIᵉ siècle l'héritière de la maison de Bourbal, qui possédait les Sgries de Choisinet et de l'Éperon en Gévaudan, sur les confins de la Lozère et de la Haute-Loire, et s'y établit. Antoine de la Tour, Sgr et baron de Saint-Vidal, chevalier de l'ordre du roi, capitaine de cinquante hommes de ses ordonnances, était gouverneur du Gévaudan en 1583, et en fut nommé le premier sénéchal en 1585; il avait ép. Claire de Saint-Point, dont il eut deux filles : Claude ép. Claude de la Tour de Bains, son cousin; Claire ép. le 1ᵉʳ août 1582 Claude de Rochefort d'Ailly, à la charge par l'un et l'autre des enfants de ces deux filles de prendre le nom de Saint-Vidal et les armes. (Marquis D'AUBAÏS, II, 335 et 467. — ARNAUD, II, 430-440. — BURDIN, I, 150.)

Jean de Bourbal, Sgr de Choisinet et de l'Éperon en Gévaudan, ép. le 5 janv. 1578 Louise de Chaste. Jean est appelé Gaspard de Choisinet dans le testament de Jean de Chaste, frère de sa femme. Il laissa sa femme veuve en 1602 et mère de plusieurs enfants. Annet de Chaste, bâtard de Chaste, Sgr de Crespon, habitant du Puy, légua 500 liv. à Françoise de Choisinet, sa cousine, dame de la Roche, par testament du 4 oct. 1616. (P. ANSELME, VII, 790; VIII, 932, 933; IX, 303.)

I. Jean de la Tour, Sgr de Bains, fut père de

II. Jean de la Tour, Sgr de Bains, eut pour fils

III. Louis de la Tour, écuyer, Sgr de Bains et Champet, ép. le 9 juillet 1547 Blanche de Banne, et il en eut : 1. Claude qui suit; 2. Blanche, mariée le 5 fév. 1595 à Gilbert de Saunier.

IV. Claude de la Tour, Sgr de Bains, ép. Claude de la Tour, et il en eut : 1. François qui suit; 2. Claudine, mariée le 28 fév. 1619 à Jean-Claude de Chanaleilles.

V. François de la Tour de Bains, Sgr de Breget, de l'Éperon et de Saint-Auban, ép. Françoise, dame de Choisinet et de la Roche, et il en eut : 1. Claude qui suit; 2. Magdeleine, mariée le 19 fév. 1639 à Louis de Pelet, baron de Combas.

VI. Claude-François de la Tour de Bains de Saint-Vidal, marquis de Choisinet, D. de Mende, baron de Gaujac, Meyras, le Bruget, Laulaguet, l'Éperon, le Cros et Saint-Auban, fut maintenu dans sa noblesse par jugement souverain du 29 nov. 1668; il avait ép. le 15 août 1645 Françoise d'Hautefort de Lestrange, nommée dame d'honneur de Madame douairière le 14 nov. 1671, dont il eut :

VII. Christophe de la Tour de Bains de Saint-Vidal, marquis de Choisinet, ép. en 1682 Angélique de Bullion, morte sans postérité le 16 mai 1716.

336. LA TOUR-DU-PIN-GOUVERNET.

De gueule à la tour d'argent maçonnée de sable, crénelée de trois pièces avec un avant-mur maçonné de même. Les armes figurées et décrites dans les lettres patentes de pair en 1820 sont : Écartelé au 1 et 4 d'azur à la tour d'argent au chef cousu de gueule, chargé de trois casques tarés de profil, au 2 et 3 d'or, au dauphin d'azur. DEVISES : *Turris fortitudo mea* ; et : *Courage et loyauté.*

La maison de la Tour-du-Pin-Gouvernet, que quelques auteurs donnent comme branche cadette de la maison de la Tour-d'Auvergne, tire son nom de la baronie de la Tour-du-Pin en Dauphiné. Le président de Valbonnais, qui a combattu cette consanguinité des deux familles, croit que les Sgrs de la Tour-du-Pin ne remontent qu'à Berlion de la Tour, vivant en 1107. La seconde race des Dauphins de Viennois se fondit en 1282 dans la maison de la Tour-du-Pin. (P. ANSELME, II, 13.)

Suivant un Mémoire généalogique manuscrit dressé par Moulinet, secrétaire déchiffreur de la cour des comptes de Dauphiné, en 1787, toute la maison de la Tour-du-Pin descend de Henri de la Tour, Sgr de Vinay, qualifié de *cousin germain* du dauphin Jean II dans un acte de 1314.

Les lettres patentes par lesquelles Louis XVIII éleva Frédéric-Séraphin, marquis de la Tour-du-Pin-Gouvernet, chef de nom et d'armes de sa famille, à la dignité de pair, rappellent que c'est *en considération de l'honneur qu'il avait de lui être allié*, faisant ainsi allusion au mariage du dauphin Guigues VIII, en 1323, avec Isabelle de France, fille de Philippe le Long.

Les différentes branches de la maison de la Tour-du-Pin ont été admises aux honneurs de la cour en 1755, 1756, 1760, 1766, 1769, 1781.

Leur filiation, prouvée devant M. de Bezons, remonte à

I. **Pierre de la Tour**, écuyer, Sgr de Gouvernet, ép. en 1510 Magdeleine de Sylve, dame de Gouvernet, dont il eut :

II. **Guigues de la Tour**, Sgr de Gouvernet, co-Sgr de Saint-Sauveur, ép. le 7 janv. 1542 Esprite du Bousquet, et il en eut : 1. René qui suit ; 2. Jacques, Sgr de Verclause et de Saint-Sauveur, ép. en 1583 Jeanne de Sade, et fut l'auteur des branches : *a.* de Verclause ; *b.* de Verclause des Taillades ; *c.* de Verclause-Verfeuil ; *d.* de Tarandol.

III. **René de la Tour**, Sgr de Gouvernet, que Brantôme appelle *très brave et très bon homme de main*, était un des plus vaillants capitaines de son temps ; il fut souvent honoré des lettres de Henri IV ; maréchal de camp, conseiller du roi en son conseil d'état privé, commandant du bas Dauphiné, et gouverneur de Die, marquis de la Charce par lett. pat. du mois de mai 1619, avait ép. le 1er janv. 1573 Isabeau de Montauban, dame de la Charce, dont il eut : 1. César qui suit ; 2. Hector, qui a fait la Br. B. ; 3. René, baron de Chambaud, vicomte de Privas, conseiller du roi, député de la noblesse de Languedoc aux états généraux de 1614, maréchal de camp, ép. Paule de Chambaud ; 4. Judith, mariée 1° le 4 janv. 1620 à Jean de la Gruterie, 2° à Hercule de Saint-Martial, baron de Drugeat ; 5. Justine, mariée avec N... du Poët.

IV. César de la Tour-Gouvernet, marquis de la Charce, conseiller d'État, lieut. général du duc de Rohan dans les Cévennes, ép. 1° le 7 déc. 1604 Claude de Ginestous, dame des Plantiers et d'Alcyrac, et il en eut : 1. Pierre qui suit; 2. René, baron de Malcirargues, marié le 18 mai 1633 à Louise Calvet de Meirières, dont il eut : *a.* François; *b.* Charles; *c.* César; *d.* Remi; *e.* Alexandre : maintenus dans leur noblesse par jugement souverain du 3 déc. 1668; 2° Françoise de Saussan, dame d'Arennes, dont : 3. Anne, mariée en 1635 à Jacques d'Hérail de Brisïs.

V. Pierre de la Tour-Gouvernet, marquis de la Charce, baron des Plantiers, Alcyrac et Cornillon, Sgr de Montmaurin, maréchal de camp, ép. le 8 sept. 1634 Françoise de la Tour-Gouvernet, dame de Mirabel, et fut maintenu dans sa noblesse, avec ses enfants qui restaient en Dauphiné, par jugement souverain du 3 déc. 1668; il eut de son mariage entre autres enfants : Philis de la Charce, surnommée l'héroïne du Dauphiné, qui s'opposa, à la tête des vassaux de son père, à l'entrée du duc de Savoie en Dauphiné 1692; son épée, ses pistolets, son portrait et son écusson furent placés, par ordre de Louis XIV, au trésor de Saint-Denis : son portrait est aujourd'hui dans la galerie de Versailles.

A cette branche appartiennent les trois rameaux suivants :

Premier rameau : Jean-Frédéric de la Tour-du-Pin, comte de Paulin, lieut. général des armées du roi, député de la noblesse de Saintes aux états généraux, ministre de la guerre sous Louis XVI, qui fut père de

Frédéric-Séraphin de la Tour-du-Pin, commandant le régt royal des Vaisseaux 1789, chev. de Saint-Louis, ambassadeur de France à la Haye, 1791, ép. Henriette-Lucie Dillon; préfet du départ. de la Dyle et de la Somme, baron de l'Empire, ministre de France au congrès de Vienne 1815, pair de France, ambassadeur à la Haye, puis à Turin, mort en 1837; il eut de son mariage :

Frédéric-Charles-Aymar de la Tour-du-Pin, marquis de la Tour-du-Pin-Gouvernet, ancien officier des armées royales en Vendée. — Résid. Pise (Italie).

Deuxième rameau : Philippe-Victor-Charles de la Tour-du-Pin, marquis de la Tour du Pin-Gouvernet de la Charce, lieutenant général, commandant en Bourgogne 1765, membre de l'assemblée des notables 1788, cousin de Jean-Frédéric, eut deux fils :

1. René-Louis-Victor de la Tour-du-Pin, marquis de la Charce, offic. de Légion d'hon., lieut.-colon. d'état-major, député de Vesoul 1815, avait ép. Camille-Honorine-Athénaïs Goyon de Matignon-

Grimaldi, princesse de Monaco, dont il eut : *a.* Louis-Gabriel-Ay-nard, lieut.-colon., blessé aux journées de juin 1848; *b.* Joséphine-Philis-Charlotte, mariée le 27 fév. 1826 à Jules de Moreton, comte de Chabrillan, chef d'escadron, chev. de la Lég. d'honneur.

2. Antoine-Victor-Louis-René de la Tour-du-Pin, comte de la Charce, colon. d'infant., député de Seine-et-Marne sous la Restauration, ép. Adélaïde Tourteau d'Orvilliers, dont il eut : *a.* Gui-Frédéric-Louis, substitué à la pairie du marquis Tourteau d'Orvilliers, son aïeul, par ordonnance de Louis XVIII; *b.* Louise, mariée au marquis de Turenne ; *c.* Béatrix, mariée au comte de Bataille de Mandelot; *d.* Guillemette, mariée au marquis de Mérinville.

Troisième ramaau : René-François-André de la Tour-du-Pin, comte de la Tour-du-Pin, vicomte de la Charce, colonel du régt Bourbon infanterie, ép. en 1741 Jacqueline-Louise de Chambly, dernier de sa maison, à condition d'en relever le nom, dont il eut :

René-Charles-François de la Tour-du-Pin, comte de la Tour-du-Pin-Chambly de la Charce, mort sur l'échafaud révolutionnaire le 7 juillet 1794, avait ép. Angélique-Louise-Nicole de Bérulle, arrière-petite-nièce du cardinal, dont il eut :

1. René-Amable-Louis de la Tour-du-Pin, comte de la Tour-du-Pin-Chambly, marié à Marie-Gabrielle-Claudine Douet de la Boulaye, dont postérité.

2. Alexandre-Louis-Henri de la Tour-du-Pin, vicomte de la Tour-du-Pin-Chambly, marié à Élisabeth-Modeste de Sesmaisons, dont postérité.

Br. B. IV. Hector de la Tour-du-Pin-Montauban, maréchal de camp, gentilhomme de la chambre, gouverneur de Montélimart, eut pour fils : 1. René qui suit; 2. Louis; 3. Alexandre. Louis-Pierre, fils de Louis ou d'Alexandre, fut évêque de Toulouse en 1712, et célèbre par son dévouement pendant la peste de 1720.

V. René de la Tour-du-Pin-Montauban, capit. de cavalerie, commandant en Espagne un régt de son nom, Montauban, gouverneur de Zutphen et Nimègue en Allemagne, maréchal de camp 1674, lieut. général 1677, gouverneur de Messine, commandant en Franche-Comté 1679.

A cette branche appartenaient: Lucrecius, évêque de Riez ; Louis-Apollinaire, évêque de Nancy, archevêque d'Auch 1783, de Troyes 1802 ; David-Sigismond, grand-croix de Malte ; et

Armand-François de la Tour-du-Pin-Montauban, marquis de Soyans, maréchal de camp, né en 1772, mort en 1810, qui eut pour fils.

René-Guillaume-Claude-François-Jean de la Tour-du-Pin, marquis de Soyans, sous-lieut. au régt du roi 1787, servit dans l'armée des princes 1791-1796, chev. de Saint-Louis et de l'ordre de Malte, off de la Légion d'honn., maréchal de camp, gentilhomme honoraire de la chambre du roi 1826, avait ép. 1° en 1805 Marie-Charlotte-Marguerite-Adèle du Houx de Vioménil ; pair de France 1823, substitué à la pairie du marquis de Vioménil, son beau-père, mort en 1827 ; 2° Zoé d'Héricy, dont une fille, Marie, alliée le 2 mai 1854 à René Guigues comte de Moreton de Chabrillan ; 3° Pauline d'Hilaire de Jovyac, dont René de la Tour-du-Pin-Montauban, marquis de Soyans.

La branche de Verclause est représentée par plusieurs rameaux :

1. Charles-Ludovic, comte de la Tour-du-Pin de Verclause de Taillades, marié à Joséphine Boscary de Romaine ;

2. Louis-Appollinaire, baron de la Tour-du-Pin de Verclause de Taillades, oncle du précédent, marié à Anne-Laure Rilliet, dont : Roger et Charlotte ;

3. Alexandre-Émile-Alfred-Armand-Odille-Raoul, comte de la Tour-du-Pin de Verclause, baron de Verfeuil, maréchal de camp, chef de nom et d'armes du rameau de Verclause-Verfeuil.

337. LA TREILHE.

D'or à une treille de sable, au chef de gueule chargé d'un lion naissant, armé et lampassé de gueule montrant une partie de sa queue.

Cette maison est ancienne et originaire du diocèse de Lodève. Le marquis de Fosières prit part en 1788 et 1789 à l'assemblée de la noblesse de ce diocèse. Marie-Thérèse-Anne-Étiennette de la Treilhe-Fosières de Gléon ép. le 18 janv. 1802 Louis-Hippolyte de Castillon de Saint-Victor. Marie-Joséphine-Albanie de la Treilhe-Fosières de Gléon ép. le 2 mars 1829 Eugène-Hippolyte de Castillon de Saint-Victor.

Elle prouva sa noblesse devant M. de Bezons, depuis :

I. Guiraud de la Treilhe, Sgr de Fosières, reçut plusieurs reconnaissances féodales en 1463 ; il fut père de

II. Nicolas de la Treilhe, Sgr de Fosières, eut pour fils

III. Jean de la Treilhe, Sgr de Fosières, ép. Isabeau de Forés, et il en eut :

IV. Jacques de la Treilhe, Sgr de Fosières, ép. le 22 sept. 1579 Françoise de Vissec de la Tude, et il en eut : 1. Jean-Jacques qui suit ; 2. Robert ; 3. Jean-Philippe, marié le 10 janv. 1624 à Jeanne Joubert, dont : a. Charles, chanoine à Lodève ; b. Louis : maintenus dans leur noblesse par jugement souverain du 28 janv. 1669 ;

c. Gabriel; 4. et Arnaud, chev. de Malte, commandeur de Gresan 1669.

V. Jean-Jacques de la Treilhe, Sgr de Fosières, ép. le 14 fév. 1610 Hélène de Sarret, et il en eut : 1. Gabriel qui suit; 2. Henri, Sgr de Sorbs, marié le 26 sept. 1639 à Isabeau de Saint-Julien.

VI. Gabriel de la Treilhe, Sgr de Fosières, ép. le 29 nov. 1635 Anne de Clermont du Bosc, et il en eut : 1. Pons qui suit; 2. Joseph : maintenus dans leur noblesse, avec leur père et leur oncle Henri, par jugement souverain du 28 janv. 1669.

VII. Pons de la Treilhe, Sgr de Fosières, ép. le 26 nov. 1665 Anne de Carion-de-Nisas.

338. LA TUDE (VISSEC DE).

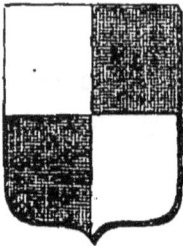

Écartelé d'argent et de sable; *alias* écartelé au 1 et 4 échiqueté à seize pièces d'or et de gueule, qui est de Lodève; au 2 et 3 écartelé d'or et de gueule, qui est de Saint-Étienne; sur le tout écartelé d'argent et de sable, qui est de Vissec.

La terre de la Tude a laissé son nom aux deux maisons qui l'ont possédée : celle de Vissec, dont la généalogie va suivre, et celle de Fabre, qui a été rapportée sous le n° 217.

La maison de Vissec tire son nom d'une seigneurie située aux extrémités des diocèses de Lodève et d'Alais, sur le bord de la Vis, qui avait le titre de baronie des états de Languedoc. C'est une maison ancienne et illustre qui a tenu un rang important dans l'histoire politique et religieuse du Languedoc. Elle a donné un cardinal, deux évêques de Maguelonne, des maréchaux de camp, des chevaliers de Malte et des ordres du roi. Elle est connue par filiation suivie depuis Pierre de Vissec, chevalier, qui accorda en 1229 divers privilèges aux habitants de Vissec. (*Bibl. imp., Mss. Lang.*, II, 105. — *Hist. de Languedoc*, III, 46; IV, 205. — GARIEL, 172. — MORÉRI, X, 666. — LACH. DESB., XIV, 641-652.) Cette maison était en possession depuis 1629 de la baronie de Ganges, qui donnait entrée aux états de Languedoc; elle lui était venue par le mariage de Jean Pons de Vissec de la Tude avec Jeanne de Saint-Étienne, dame et baronne de Ganges. La maison de la Tude fut admise aux honneurs de la cour en 1774. Elle avait prouvé sa filiation devant M. de Bezons, depuis :

I. Arnaud de Vissec, Sgr de la Tude et de Jonquières, ép. le 8 avril 1523 Souveraine de Lodève, dont il eut : 1. Jean qui suit; 2. Arnauld ou Arnould; 3. Robert, qui a fait une branche maintenue en 1668 et éteinte vers 1750.

II. Jean de Vissec de la Tude, Sgr et baron de Fontès, Saint-Martin de l'Estang, Alissan, ép. 1° Marie de Puimisson, dame d'Hérépian; 2° Anne de Thémines, sœur du maréchal de France; 3° le 17 juin 1584, Anne de Morlhon, fille du gouv. de Quercy, baron de Saint-Vensa; il eut de sa troisième alliance : 1. François qui suit; 2. Jean Pons, qui a fait la Br. B.; 3. Anne, mariée à Claude de Roquefeuil; 4. Jeanne, mariée à Louis de Fabre, Sgr de Pégairolles; 5. Isabelle, mariée à Jean d'Espinaud ; 6. Marguerite, mariée à Antoine de Montaigut, baron de la Coste.

III. François de Vissec de la Tude, baron de Fontès, colonel d'un régt d'infant., ép. le 22 janv. 1617 Marguerite de Boyer de Sorgues, dont il eut : 1. François qui suit ; 2. Louis, marié à Françoise de Grave, auteur de la branche de Saint-Martin qui s'établit au D. de Castres; 3. Henri, marié à Isabeau Rat, auteur de la branche de Mureau qui s'établit en Lorraine; 4. Anne; 5. Henriette.

IV. François de Vissec de la Tude, baron de Fontès, maintenu dans sa noblesse avec Louis et Henri, ses frères, par jugement souverain du 5 sept. 1668, avait ép. le 26 oct. 1643 Louise-Gabrielle de Grégoire des Gardies, dont il eut : 1. Jean-Pons qui suit ; et quatre filles.

V. Jean-Pons de Vissec de la Tude, baron de Fontès, capit. de cavalerie, ép. le 1er oct. 1675 Marie de Mirman, dont il eut plusieurs enfants, entre autres : 1. Jean-François qui suit ; 2. Louis, tué capit. de cavalerie ; 3. Jean, brigadier des armées du roi, servit pendant cinquante-quatre ans et mourut de ses blessures reçues au siége de Fribourg 1713.

VI. Jean-François de Vissec de la Tude, baron de Fontès, ép. le 26 juillet 1712 Gabrielle de Portes de Pardaillan, dont il eût plusieurs enfants, entre autres : 1. Jean-Maurice qui suit; 2. Jean-François, capit. au régt de la Couronne, chev. de Saint-Louis à vingt-huit ans, mort de ses blessures reçues à Crevelt en 1758.

VII. Jean-Maurice de Vissec de la Tude, baron de Fontès, puis nommé le marquis de Fontès, ép. le 29 nov. 1753 Jeanne-Françoise-Antoinette de Galibert.

Br. B. III. Jean-Pons de Vissec de la Tude, Sgr de Casillac, gentilhomme ordinaire de la chambre du roi, maréchal de camp, gouv. de Villeneuve-lès-Avignon, ép. le 18 janv. 1629 Jeanne de Saint-Étienne, dame et baronne de Ganges, héritière de sa maison, dont il eut : 1. Charles qui suit ; 2. François, comte de Ganges, colonel, lieut. de roi en Languedoc ; 3. Bernardin ; 4. Jean-Pons, chev. comm. de Malte ; 5. Pierre, chevalier de Ganges, colonel de dragons.

IV. Charles de Vissec de la Tude, Sgr et marquis de Ganges par lett. pat. de juin 1663, enregistrées au parlement de Toulouse et en la chambre des comptes de Montpellier, baron des états de Languedoc, gouv. de Villeneuve d'Avignon, colonel d'un régt d'infanterie, ép. le 8 août 1658 Diane de Joannis de Châteaublanc, connue par sa beauté et par ses malheurs, dont il eut : 1. Alexandre qui suit ;

2. Esprite, mariée 1° à Henri de Fay, marquis de Peraud ; 2° à Paul de Fortia, marquis d'Urban et de Caderousse.

V. Alexandre de Vissec de la Tude de Joannis, Sgr et marquis de Ganges, colonel d'un régt de dragons, baron des états de Languedoc, ép. le 8 janv. 1692 Marguerite de Ginestous, dont il eut : 1. Alexandre-Louis qui suit; 2. Anne, mariée en 1726 à Joseph-Melchior Raymond de Modène, marquis de Pomeirols; 3. Louis, chev. de Malte.

VI. Alexandre-Louis de Vissec de la Tude de Joannis, marquis de Ganges, baron des états de Languedoc, ép. le 10 janv. 1718 Marie-Charlotte de la Rochefoucault-Langeac, dont il eut :

VII. Charles-Alexandre de Vissec de la Tude, marquis de Ganges, baron des états de Languedoc, ép. 1° le 16 déc. 1738 Anne-Élisabeth Scott de la Mesangère ; 2° en janv. 1743, Françoise de Saret, dame de Saint-Laurent le Minier, dont il eut :

VIII. Philippe-Maurice-Charles de Vissec de la Tude, marquis de Ganges, baron des états de Languedoc, ép. le 20 nov. 1766 Bernarde-Jeanne-Marie de Gontaut-Biron.

339. LA VALETTE.

D'argent au pin de sinople soutenu de deux lions et deux croissants d'azur en chef, écartelé d'azur à trois chevrons d'or.

I. Antoine de la Valette, fut père de

II. Jean de la Valette, donna procuration pour faire hommage au roi en 1503; il ép. le 17 mai 1507 Catherine Dupont, et il en eut :

III. Antoine de la Valette, fut père de

IV. Marc de la Valette, Sgr de la Valette, ép. le 7 fév. 1553 Thomasse du Claus, et il en eut : 1. André qui suit; 2. Jean, qui a fait la Br. B.; 3. Antoine ; 4. Claude ; 5. Pierre.

V. André de la Valette, Sgr de la Valette et du Bés, ép. le 10 août 1585 Marie de Bologne, qui déclara qu'elle voulait que ses enfants portassent le nom et les armes de Jean de Bologne, son père, à la succession duquel ils étaient appelés ; il eut de son mariage : 1. Marc; 2. et

VI. Jacques de la Valette de Bologne, ép. le 31 août 1633 Claude de Malbosc, et il en eut :

VII. Jean-Jacques de la Valette de Bologne, Sgr de Lascours, Saint-Martin et Gaujac, D. de Nîmes, ép. le 1er nov. 1655 Isabeau d'Amalric, et fut maintenu dans sa noblesse par jugement souverain du 26 août 1669.

Br. B. V. Jean de la Valette, Sgr de Campinat, ép. 1° Isabeau Camplu ; 2° le 15 sept. 1569 Isabeau de Bologne. Il eut de sa première femme : 1. Jean ; et de la seconde : 2. Jean-François qui suit ; 3. Claude ; 4. Balthazar.

VI. Jean-François de la Valette, Sgr de la Condamine, ép. le 18 sept. 1639, Suzanne Maseran, et il en eut :

VII. Jean-François de la Valette, Sgr de Gravières, demeurant à Alais, maintenu dans sa noblesse par jugement souverain du 26 août 1669.

340. LA VALETTE.

Mêmes armes.

I. Pierre de la Valette, acheta le 11 juill. 1466 la terre de Vaunette ; il fut père de

II. Antoine de la Valette, Sgr de Vaunette, eut pour fils

III. Jean de la Valette, père de : 1. Louis qui suit ; 2. Blaise.

IV. Louis de la Valette, t. le 31 janv. 1554 ; il fut père de

V. Charles de la Valette, ép. le 30 nov. 1556 Jeanne Dupont, dont il eut : 1. Antoine qui suit ; 2. Étienne, dont la postérité sera rapportée au n° 341.

VI. Antoine de la Valette, ép. le 30 avril 1618 Magdeleine de la Valette, et il en eut :

VII. Jean-François de la Valette, Sgr de Combecalde, D. de Nîmes, ép. le 1er déc. 1659 Magdeleine Benoît, et fut maintenu dans sa noblesse par jugement souverain du 20 sept. 1668.

341. LA VALETTE.

Mêmes armes.
V. le n° précédent au Ve degré.

VI. Étienne de la Valette, écuyer, ép. le 21 déc. 1604 Marie d'Airebaudouse, dont il eut :

VII. Pierre de la Valette, écuyer, ép. le 13 avril 1623 Louise de la Valette, et il en eut : 1. Étienne, Sgr de Prévinquières, ép. le 20 janv. 1664 Marie Randon ; 2. Annibal, Sgr de Cassanas, ép. le 4 oct.

1667 Blanche de Chanalcilles. Étienne et Annibal, demeurant au D. de Nîmes furent maintenus dans leur noblesse par jugement souverain du 8 sept. 1668.

342. LAUBERGE.

De gueule à trois roses d'argent 2 et 1, accostées de deux besants.

I. Rostaing de Lauberge, ép. Simonne de Cubières, dame. en partie de Pousilhac et de Ribaute, dont il eut :

II. Mathieu de Lauberge, co-Sgr de Ribaute et Pousilhac, ép. le 30 août 1568 Françoise de la Roque, dame dudit lieu, de Saint-Martin et Cassagnoles, et il en eut :

III. Charles de Lauberge, écuyer, Sgr de Cassagnoles et Rocheblave, co-Sgr de Ribaute et Pousilhac, ép. Marie de Beauvoir du Roure, et il en eut : 1. Claude; 2. Antoine qui suit; 3. et Sébastien : maintenus dans leur noblesse par jugement souverain du 8 janv. 1669.

IV. Antoine de Lauberge, Sgr de Cassagnoles et Rocheblave, ép. le 24 sept. 1665 Marguerite de Trémolet-Mourmoirac.

343. LAUDUN.

D'azur au sautoir d'or et un lambel de gueule en chef.

Dès le XIIIe siècle la baronie de Laudun au diocèse d'Uzès, entre le pont Saint-Esprit et Villeneuve-d'Avignon, appartenait à une maison féodale de ce nom déjà illustre. Bertrand et Guillaume de Laudun abandonnèrent en 1219 au comte de Toulouse tout ce qu'ils avaient dans la juridiction de Roquemaure, en échange de Rochefort, *alias* Rocafort et l'albergue de vingt chevaliers qu'il prenait sur le château de Borne. François de Laudun, écuyer, échanson du Dauphin, plus tard Louis XI reçut Charles VII dans son château de Laudun en 1437. On trouve plusieurs hommages rendus par Raymond, Christophe, François, Albaron, Hugues et Clémence de Laudun en 1352, 1390, 1395, 1448, 1452, 1464, et 1533. (*Bibl. Imp.*, *Mss. Lang.*, III, 106. — RIVOIRE, II, 613.) La Sgrie de Laudun passa en 1577 dans l'illustre maison de Joyeuse par le mariage du vicomte Paul de Joyeuse avec héritière de la branche aînée de la maison de Laudun. (P. ANSELME, III, 810.) Guillaume et Jean de Laudun, compris dans les revues de ban et arrière-ban de la sénéchaussée de Beaucaire entre 1424 et 1478, furent les auteurs de la branche maintenue par M. de Bezons (Marquis D'AUBAÏS, II, 343), qui prouva sa noblesse, depuis :

1. Jean de Laudun, t. le 20 janv. 1540, et fut père de

II. Jacques de Laudun, écuyer, ép. Anne Lauret, et il en eut :

III. Gabriel de Laudun, ép. le 28 juill. 1578 Marguerite Camele, et il en eut :

IV. Jean de Laudun, ép. le 23 avril 1532 Isabeau Favier de Fourniguet, et il en eut : 1. Étienne qui suit ; 2. Jean ; 3. Gabriel : maintenus dans leur noblesse par jugement souverain du 26 nov. 1668.

V. Étienne de Laudun, demeurant à Aramon, D. d'Uzès, ép. le 15 juin 1666 Marie de Roque-Clauzonne.

344. LA VERGNE DE TRESSAN.

D'argent au chef de gueule, chargé de trois coquilles d'argent ombrées de sable.

La maison de la Vergne est, selon la Chesnaye Desbois, originaire du D. de Toulouse, où elle possédait des Sgries importantes dont elle aurait été dépouillée lors de la guerre des Albigeois pour avoir suivi le parti de Raymond de Saint-Gilles. (LACH. DESB., VIII, 530.) Elle a prouvé sa filiation devant M. de Bezons, depuis :

I. Rigaud de la Vergne, Sgr de Tressan et Puechlacher, ép. Agnès Caires, *alias* de Cayrac, et il en eut :

II. Georges de la Vergne, Sgr de Tressan et Puechlacher, ép. le 21 août 1431 Jeanne de Voisins, dont il eut : 1. Jean ,qui suit ; 2. Rigaud, qui a fait la branche des Sgrs de Montbazin, rapportée sous le n° 345.

III. Jean de la Vergne, Sgr de Tressan et de Puechlacher, ép. Marguerite de Maffed, dont il eut :

IV. Antoine de la Vergne, Sgr de Tressan et de Puechlacher, ép. le 1er août 1475 Julienne de Pouzolles, dont il eut :

V. Antoine de la Vergne, Sgr de Tressan et Puechlacher, ép. Marguerite de Montredon, et il en eut : 1. François qui suit ; 2. Antoine, chanoine à Montpellier.

VI. François de la Vergne, Sgr de Tressan et de Puechlacher, ép. le 22 mai 1548 Anne de Montbouton, dont il eut dix-sept enfants, entre autres : 1. Pierre, dont la postérité s'éteignit avec ses deux fils, Pierre et Polydore ; 2. et

VII. Jérémie de la Vergne, Sgr de Tressan, ép. le 30 janv. 1598 Anne d'Isarn, dont il eut :

VIII. François de la Vergne, Sgr de Tressan et de l'Estang, lieut.-colon. du régt de Madame Royale de Savoie, ép. le 27 fév. 1627 Louise de Montainard, héritière de la branche des Sgrs de la Tour, dont il eut : 1. Jérémie qui suit ; 2. Guillaume ; 3. Louis, chanoine et comte de Lyon, évêque du Mans ; 4. Alphonse, chanoine et comte de Lyon; 5. Élisabeth, mariée à Charles de la Motte-Houdancourt, maréchal de France, et trois autres filles.

IX. Jérémie de la Vergne, Sgr de Tressan, l'Estang, la Tour, maréchal de camp, maintenu dans sa noblesse par jugement souverain du 15 déc. 1668, avait ép. le 1er mars 1667 Marguerite de Béon, dont il eut : 1. François qui suit; 2. Louis, chanoine et comte de Lyon, archevêque de Rouen 1733.

X. François de la Vergne, qualifié marquis de Tressan, premier guidon des gendarmes de la garde du roi, ép. en 1704 Louise-Magdeleine de Brulart de Genlis, dont il eut :

XI. Louis-Élisabeth de la Vergne, comte de Tressan, lieut. général des armées du roi, commandant en Bourbonnais, puis dans la Lorraine allemande, grand-maréchal des logis du roi de Pologne, duc de Lorraine, membre de l'Académie française et de l'Académie des sciences, ép. N... Reuxel, d'une famille écossaise, dont il eut : 1. Stanislas qui suit; 2. N..., abbé de Tressan; 3. N..., mariée au marquis de Maupeou.

XII. Stanislas de la Vergne, comte de Tressan, ancien mousquetaire du roi 1769, mourut en 1825 sans laisser de postérité.

345. LA VERGNE-MONTBAZIN.

Mêmes armes.

Rigaud de la Vergne, deuxième fils de Georges et de Jeanne de Voisins sa première femme, ép. Jeanne de Maffed, fille de la seconde femme de son père; il eut en partage la terre de Montbazin, et fut père de

I. Étienne de la Vergne, Sgr de Montbazin, ép. Isabelle de Saint-Félix, dont il eut : 1. Barthélemy qui suit; 2. Guillain, chanoine à Montpellier; 3. Isabeau, mariée à Jean-François de Saluces.

II. Barthélemy de la Vergne, héritier des biens d'Antoine, son oncle, ép. le 15 juill. 1534 François de Varagues, et il en eut :

III. François de la Vergne, ép. le 1er juin 1586 Suzanne de Sarret, dont il eut :

IV. François de la Vergne, ép. le 27 juin 1611 Marguerite Torches, dont il eut; 1. Jean qui suit; 2. Louis, prieur de Montbazin : maintenus dans leur noblesse par jugement souverain du 10 oct. 1668.

V. Jean de la Vergne, Sgr de Montbazin, y demeurant, ép. le 20 oct. 1647 Catherine de Geoffroi de Bousigues, dont il eut :

VI. Jean-Lambert de la Vergne, Sgr de Montbazin, ép. le

8 avril 1709 Constance de Moissac, dont il eut : 1. Antoine-Félix qui suit; 2. Joseph, marié à Hélène de Plantade, dont : *a.* Michel-Étienne-Victor; *b.* Esprit-Éléazar-Xavier; *c.* Marie-Hélène-Thérèse-Josèphe; 3. N..., mariée en 1746 à Gabriel de Froment de Castille.

VII. Antoine-Félix de la Vergne, Sgr de Montbazin, lieut.-col. au service de l'empereur Charles VII, grand chambellan de l'électeur de Bavière, ép. Marie-Josèphe-Françoise de Révial, dont il eut :

VIII. Joseph-Pierre-Laurent de la Vergne, maréchal de camp, chevalier de Saint-Louis, officier de la Lég. d'honn., et grand'croix de Saint-Ferdinand d'Espagne, ép. Victorine-Olympe de Lardenoy, dont il eut : 1. Lardenoy-Antoine qui suit; 2. Évélina, 3. Amicie, 4. Olympe.

IX. Lardenoy-Antoine de la Vergne, ancien page du roi Charles X, ép. Herminie Graillat, dont il eut : 1. Henri-Antoine-Gérard, né en 1845; 2. Marie-Louise-Régine, née en 1835.

346. LAUNAI D'ENTRAIGUES.

La maison de Launai est originaire du Vivarais. Elle y possédait, entre autres Sgries, celle d'Entraigues. Cette terre fut érigée en *comté* par lettres patentes du mois de septembre 1668 au profit de Trophime de Launai, Sgr de la Champ, maréchal de camp, grand oncle d'Emmanuel-Louis-Henri de Launai, comte d'Entraigues, député de la noblesse de la sénéchaussée de Villeneuve-de-Berg aux états généraux de 1789. D'Entraigues sollicita les honneurs de la cour en 1776 et ne put complétement fournir les preuves exigées. (BARRAU, III, 693.) Une autre famille noble du nom d'Entraigues du Pin, maintenue par M. de Lamoignon en 1699, sera rapportée en son rang.

I. Louis de Launai, écuyer, Sgr de Melmon, fut père de

II. Antoine de Launai, écuyer, Sgr de Picheron, Lini et Tulli, ministre, ép. le 20 nov. 1550 Jeanne de Fay, dont il eut :

III. Trophime de Launai, Sgr de Picheron et Entraigues, gentilhomme ordinaire de la chambre du roi 1580, bailli de Gévaudan 1591, gouverneur des villes et châteaux de Marvéjols, Chirac, Grézes 1598, fut père de

IV. Jacques de Launai, Sgr de la Champ, Entraigues, bailli de Gévaudan 1620, capit. de chevau-légers 1625, avait ép. le 20 déc. 1633 Philiberte d'Arpajon, et il en eut :

V. Trophime de Launai, comte d'Entraigues, Sgr de la Champ, maréchal de camp, obtint l'érection de la terre d'Entraigues en comté au mois de déc. 1668, ép. le 20 août 1668 Isabeau de Girard de Basoges, et fut maintenu dans sa noblesse par jugement souverain du 16 déc. 1670.

Emmanuel-Louis-Henri de Launai, comte d'Entraigues, fut député de la noblesse de Vivarais aux états généraux de 1789. Il émigra en Espagne et de là à Coblentz, auprès des princes, où Monsieur, comte de Provence, depuis Louis XVIII, le nomma son ministre en Italie. Il avait ép. Mlle de Saint-Huberti, actrice de l'Opéra, et périt à Londres en 1812, assassiné avec sa femme par son domestique.

347. LE BLANC.

D'azur à la colombe d'argent posée sur un croissant de même.

I. Jean le Blanc, Sgr de Montabonnet, t. le 8 sept. 1543, et fut père de

II. Michel le Blanc, Sgr de Montabonnet, ép. le 15 fév. 1552 Catherine Deschamps, et il en eut : 1. Claude; 2. Henri; 3 et.

III. François le Blanc, écuyer, Sgr de Montabonnet, Solignac et Roveiroles, capit. d'infant. 1626, gentilhomme ordinaire de la chambre du roi, gouverneur du château de Saint-Agrève, ép. le 28 août 1628 Colombe Chabannes, et il en eut : 1. Just qui suit; 2. Jean, Sgr de Solignac : maintenus dans leur noblesse par jugement souverain du 11 sept. 1669.

IV. Just le Blanc, Sgr de Chantemule, y demeurant, D. du Puy, capit. au régt de Ferron 1655, ép. le 20 juill. 1669 Marie de Lusi de Pélissac.

348. LE BLANC DE LA ROUVIÈRE.

D'azur à la fasce d'or, accompagnée d'une croix d'argent entre deux étoiles d'or en chef et d'un cygne d'argent nageant dans une rivière de même en pointe. DEVISE : *Une vie et une mort.* Pithon Curt, I, 159, donne pour armes à cette maison : au 1 et 4 d'azur à deux levrettes affrontées d'argent, colletées et bouclées de gueule, au 2 et 3 d'argent à la bordure componée d'azur et de gueule.

Noble Durand le Blanc de la ville de Toulouse descendait d'une famille qui devait son élévation au pape Benoît XII. On ne sait si cette famille tenait à ce pontife par parenté ou par quelque autre lien; elle a fourni un chevalier de Malte, plusieurs évêques et hauts dignitaires ecclésiastiques. (PITHON CURT, I, 159.) Durand le Blanc fut père de Pierre, marié à Claudine de Vaux, dont il eut

I. Robert le Blanc, chevalier, Sgr de la Rouvière et Fourniguet, reçut des reconnaissances en 1556, obtint des lettres patentes le

14 sept. 1559, portant que, quoique pourvu de l'office de juge royal, il jouirait du titre de chevalier, en considération de ses services, et surtout au combat de Doye, où les Anglais furent battus, et après lequel le maréchal de Brissac l'aurait fait chevalier. Ces patentes furent enregistrées à la cour des aides de Montpellier le 10 janv. 1566; il avait ép. Magdeleine de Pavée de Villevieille, et il en eut : 1. Antoine; 2. Pierre qui suit; 3. Jean; 4. Honorade, mariée le 25 juin 1571 à Jean de Boileau de Castelnau.

II. Pierre le Blanc, Sgr. de la Rouvière, et Fourniguet, ép. Suzanne de Rosel, et il en eut : 1. Jacques qui suit; 2. Jean, chev. de Malte 1610, capit. au régt de Champagne 1625.

III. Jacques le Blanc, Sgr de la Rouvière, ép. le 16 juill. 1624 Marie Masclari, et il en eut : 1. Pierre qui suit; 2. François.

IV. Pierre le Blanc, Sgr de la Rouvière, Fourniguet et Gajan, conseiller du roi et juge des conventions royaux de Nîmes, ép. le 21 déc. 1660 Marguerite Ferrier, et fut maintenu dans sa noblesse par jugement souverain du 6 déc. 1668.

Tiphaine le Blanc de la Rouvière, ép. Charles de Gallepin, conseiller au présidial de Nîmes, dont le fils, Antoine de Gallepin, Sgr de Varangles, conseiller au présidial de Nîmes, ép. le 26 août 1694 Marie-Maguerite Rouvière.

349. LEISSAC, *alias* LAISSAC.

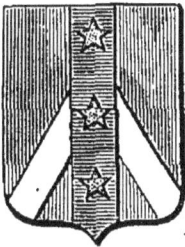

De gueule au chevron d'argent, sur le tout un pal d'azur à trois étoiles d'or ; *alias* de gueule au chevron d'argent, au chef d'azur à un pal d'argent chargé de trois étoiles d'or.

Cette maison est originaire du Velay. Son nom s'écrit indifféremment *Laissac*, *Leissac* et *Leyssac*.

Balthazar de Leissac, Sgr du Pertuis, fut commis du duc de Ventadour, baron de Roche, aux états du Velay le 16 avril 1633. Jacques de Leissac, Sgr de Leissac, était porté sur le rôle du ban et arrière-ban de la noblesse de Velay en 1695. (ARNAUD, II, 151, 231.)

Léonard de Laissac, originaire de Languedoc, établi à la Martinique, fit enregistrer ses lettres de noblesse au conseil souverain le 7 septembre 1719. (*Archiv. des colonies, annal. du C. souv.*, p. 6.)

I. Anne de Leissac, Sgr de Leissac, archer de la garde du roi 1514, fut père de

II. Louis de Leissac, Sgr de Leissac, ép. le 20 avril 1549, Françoise Agier, dont il eut :

III. Bertrand de Leissac, Sgr de Leissac, fut père de

IV. Balthazar de Leissac, Sgr de Leissac et du Pertuis, ép. le

9 déc. 1629 Agathe la Mure, dont il eut : 1. Jacques; 2. Claude; 3. Jacques : maintenus dans leur noblesse, avec leur père, par jugement souverain du 10 juill. 1669.

Barthélemy de Leissac, Sgr dudit lieu, fut maintenu dans sa noblesse par jugement souverain du 12 oct. 1668. (*Catalogue des gentilshommes du diocèse du Puy.*)

350. LE NOIR, *alias* NIGRI.

D'or au chef d'azur chargé d'un soleil d'or mouvant du canton dextre.

Cette maison doit son origine à Nigri de la Redorte, auquel Simon de Montfort fit de grandes libéralités en reconnaissance des services qu'il en avait reçus pendant la guerre. Ce Nigri lui prêta serment en 1216 : les sieurs Nigri de Blonac de Villercel et de Roquenégade en sont sortis. (*État de la France*, par M. le comte de Boulainvilliers, t. II, 532. Londres, 1727.)

I. François le Noir, capit. dans le régt de Montpezat 1542, eut pour fils

II. Gabriel le Noir, héritier de son père, eut pour enfants : 1. Gabriel qui suit; 2. Thomas, marié le 7 fév. 1595 à Catherine de la Garde, et il en eut : *a.* François, Sgr de Sarragran, qui ép. Jeanne Guibal; *b.* Guillaume, Sgr des Isles, marié le 31 mai 1658 à Paule d'Albi : maintenus dans leur noblesse par jugement souverain du 17 mars 1670.

III. Gabriel le Noir, lieutenant général et président au présidial de Béziers, ép. 1° le 17 avril 1593 Marie de Foullaquier; 2° Anne Giraud, et il eut pour fils : 1. Gabriel; 2. François, Sgr de Ribaute; ép. le 11 février 1651 Louise Torches : maintenus dans leur noblesse par jugement souverain du 17 mars 1670.

N... de Nigri de Clermont-Lodève, dame de Roquenégade, ép. en 1779 Marc-Antoine-Joseph de Bénavent-Rodez.

351. LERMUSIÈRES.

D'azur à une fleur de lis d'or et une fasce de gueule chargée de deux étoiles d'or, au chef d'argent à l'aigle de sable.

I. Gaspard de Lermusières, ép. le 2 mai 1540 Claude de Lapra, et il en eut : 1. Jean ; 2. Bernardin qui suit; 3. Briar ; 4. Ponthus.

II. Bernardin de Lermusières, Sgr de Lermusières, ép. Suzanne Sahune, dont il eut :

III. Jean de Lermusières, ép. le 1er fév. 1592 Hélène de Marcous, et il en eut :

IV. Gaspard de Lermusières, ép. le 19 août 1626 Françoise de la Faye, et il en eut : 1. Bernardin qui suit; 2. Gaspard; 3. Jacques; 4. Matthieu : maintenus dans leur noblesse par jugement souverain du 23 oct. 1668.

V. Bernardin de Lermusières, Sgr de Lermusières et de Marcous, D. de Viviers, ép. le 3 fév. 1658 Françoise Bonnaud.

352. LESTRANGE.

De gueule au lion léopardé d'argent en chef, et deux lions d'or adossés en pointe.

Les armes de Lestrange sont à la salle des Croisades.

Cette maison, originaire du Limousin, a pris son nom d'une terre située dans cette province, que Marie de Lestrange porta avec Cheylane à René de Hautefort, Sgr du Theil, par contrat du 22 fév. 1579. Elle établit sa filiation depuis Faucon ou Falcon de Lestrange, Sgr du lieu en 1350. Elle donna un archevêque de Rouen nonce du pape Grégoire XI auprès de Charles V 1377; un évêque du Puy, neveu du précédent, qui assista au concile de Constance. 1414, 1417. (BOUILLET, III, 400.) Cette maison a fait plusieurs branches, répandues en Vivarais, en Limousin et en Auvergne. La branche établie en Vivarais y prouva sa noblesse, depuis :

I. Guinot de Lestrange, chevalier, Sgr de Lestrange, Boulogne, Groson, ép. Jeanne de Joyeuse, dont il eut :

II. Louis de Lestrange, chevalier, Sgr et baron de Lestrange, Boulogne, vicomte de Cheylane, échanson du roi, ép. 1° le 10 sept. 1503 Jeanne de Saint-Didier ; 2° Marie de Langeac ; il eut de son premier mariage : 1. Jean qui suit; 2. Antoine ; et du second 3. Suzanne, mariée le 26 mars 1553 à Antoine de Vogué.

III. Jean de Lestrange, Sgr de Groson, ép. Françoise de Montchenu, dont il eut : 1. Jean qui suit; 2. Marie.

IV. Jean de Lestrange, Sgr de Groson, fut père de

V. César de Lestrange, Sgr de Groson, demeurant à Gilhoc, D. de Viviers, ép. le 18 fév. 1642 Félicie de Chanaleilles, et fut maintenu dans sa noblesse par jugement souverain du 3 nov. 1669; il eut de son mariage : 1. Christophe qui suit ; 2. Jean-César, qui a fait la Br. B.

VI. Christophe de Lestrange, Sgr de Groson, ép. Pauline de Reboulet, dont il eut :

VII. Henri-César de Lestrange, dit le marquis de Lestrange, Sgr de Groson, Rosières, Ruissas, ép. Catherine de Serres, dont il eut :

VIII. Catherine-Claudine de Lestrange, fille unique, mariée le 9 juillet 1743 à Charles-Antoine de Romanet, baron de Beaudiné, avec la clause que ledit baron de Beaudiné porterait les nom, armes et titre de marquis de Lestrange.

Br. B. VI. Jean-César de Lestrange, ép. Marie d'Audeyer, héritière de Boze, dont il eut :

VII. Louis de Lestrange de Boze, ép. Jeanne-Pierrette de Lalor, fille d'un officier irlandais, dont il eut : 1. N., officier de dragons, mort jeune ; 2. N., officier du génie, mort en 1777 ; 3. Augustin de Lestrange, abbé général de la Trappe ; 4. et

VIII. Louis-Joseph de Lestrange, officier de marine, ép. N...., dont il eut une fille unique, mariée à N... Clauzel, d'Annonay ; de ce mariage un fils Léo, marié à N... de Montclo, dont Marguerite.

353. LOMBARD DE BARBERON.

I. Jean Lombard, secrétaire du roi, maison et couronne de France 1643, ép. Marie Baille, et il en eut :

II. Claude Lombard de Barberon, Sgr de Fontanès, demeurant à Annonay, maintenu dans sa noblesse par jugement souverain du 28 mars 1670, en conséquence de l'office de conseiller et secrétaire du roi possédé par son père.

354. LOSIÈRES, *alias* LAUZIÈRES.

D'or au chêne de sinople; *alias* écartelé au 1 d'argent au buisson ou osier de sinople, au 2 de gueule à deux chèvres passantes d'argent posées l'une sur l'autre, au 3 de gueule au lion d'argent à l'orle de huit besants de même, qui est de Cardaillac, et au 4 d'or à trois fasces de sable au chef d'hermines, qui est de Clermont-Lodève.

La maison de Lauzières est ancienne; elle prend son nom du bourg de Lauzières, en latin *de Elzeria* ou *Euzeria*, dans le bas Languedoc, diocèse de Lodève. Elle est connue par filiation suivie depuis Flotard, Sgr de Lauzières, qui testa le 7 des ides de septembre 1173. Dordé de Lauzières, maître d'hôtel du roi Charles VIII en 1483, descendant de Flotard au Xe degré, fut héritier de son aïeule, et de Raymond de Penne, Sgr de Thémines, son grand-oncle maternel, qui ordonna par son testament du 21 juin 1451 qu'il quitterait le nom et les armes de Lauzières pour prendre celles de Thémines, Cardaillac et Penne.

La branche aînée de cette maison s'éteignit au milieu du XVIIᵉ siècle. Pons de Lauzières, marquis de Thémines-Cardaillac, chevalier des ordres du roi, maréchal de France en 1616, qui fut un de ses derniers représentants, avait ép. le 26 janv. 1587 Catherine Ebrard de Saint-Sulpice, dont il eut : 1. Antoine, marquis de Thémines, tué au siége de Montauban 1621, laissant de sa femme Suzanne de Montluc une fille unique, Suzanne, mariée le 26 mars 1634 à Charles de Lévis, duc de Ventadour; 2. Claude, mariée à Jean de Gontaut; 3. Gloriande, mariée à Louis d'Arpajon, marquis de Séverac; 4. et Charles-Pons, marquis de Thémines, tué devant Monheur le 11 déc. 1621; il avait ép. le 11 oct. 1618 Anne Habert de Montmort, dont il eut : Pons-Charles, marquis de Thémines, mestre de camp du régiment de Navarre, sénéchal de Quercy 1622, tué en 1646 au siége de Mardick. Catherine sa sœur, héritière de cette branche, ép. en 1647 François Annibal, duc d'Estrées, pair de France, avec substitution des noms et armes de Lauzières pour leurs descendants. (P. ANSELME, VII, 411; IV, 601. — MORÉRI, VI, 207.)

La branche des Sgrs de Soubès est sortie de la maison de Lauzières vers 1350. Arnaud de Lauzières, chevalier, ép. Garcinde de Monstuéjouls, sœur de Raymond de Monstuéjouls, cardinal, évêque du Puy, et ensuite de Saint-Papoul, en 1327 (P. ANSELME, VII, 413); ils eurent pour fils puiné

I. Bringuier *alias* Bérenger de Lauzières, t. le 23 juill. 1397; il eut pour fils

II. Arnaud de Lauzières fut père de

III. Raimond de Lauzières, damoiseau, eut pour fils

IV. Jacques de Lauzières, écuyer, co-Sgr de Soubès, fut père de

V. Pierre de Lauzières, écuyer, eut pour fils

VI. François de Lauzières, co-Sgr de Soubès, ép. Mirande d'Albignac, et il en eut :

VII. Blaise de Lauzières co-Sgr de Soubès, ép. Marguerite de Donos, et il en eut : 1. Jean; 2. et

VIII. Antoine de Lauzières, co-Sgr de Soubès, ép. Marguerite de Vigne, et il en eut :

IX. François de Lauzières, co-Sgr de Soubès, ép. le 18 février 1624 Catin de Hérail, et il en eut : 1. Jean-Gaspard; 2. et Pierre : maintenus dans leur noblesse par jugement souverain du 18 sept. 1669.

355. LOSIÈRES, *alias* LAUZIÈRES.

Mêmes armes.

La branche des Sgrs de Saint-Jean de la Coste, Saint-Guiraud et Saint-Beaulize, se détacha de la branche aînée en 1400 : Angles, qui en fut l'auteur, était fils de Raymond et de Marguerite de Clermont Lodève, mariés le 13 août 1344. (P. ANSELME, VII, 411.) La terre et le château de Saint-Beaulize sont situés en Rouergue, canton de Cornus.

I. Angles ou Anglesian de Lauzières, Sgr de Saint-Jean-la-Coste, Saint-Guiraud, Conas, ép. Martrete Joenine, dont il eut :

II. Guiraud de Lauzières, Sgr de la Coste et de Saint-Guiraud, chevalier, ép. Audette de Saint-Beaulize, héritière de sa maison, et il en eut :

III. Angles de Lauzières, Sgr de la Coste et de Saint-Guiraud, ép. N...., dont il eut : 1. Angles qui suit ; 2. Pons, Sgr de Conas, fit une branche qui finit par une fille, mariée dans la maison de Thezan, des vicomtes de Pujols, héritiers de la Sgrie de Conas.

IV. Angles de Lauzières, Sgr de la Coste et de Saint-Guiraud, ép. Jeanne de Saint-Félix, et il en eut : 1. Armand qui suit ; 2. Antonie, mariée à Guiraud de Tubières.

V. Arnaud de Lauzières, Sgr de la Coste et de Saint-Guiraud, ép. Hélix Comtesse, dont il eut :

VI. Arnaud de Lauzières, Sgr de Saint-Guiraud, ép. 1° le 21 mars 1565 Jeanne de Fourès ; 2° Gabrielle de Castelnau. Il eut de sa première femme : Paul qui suit ; et de la seconde Charles, qui a fait la Br. B.

VII. Paul de Lauzières, Sgr de Saint-Beaulize, du Bosc et de Bernas, ép. le 24 nov. 1618 Marguerite de Carrion de Nizas, dont il eut : 1. Henri qui suit ; 2. Antoine, marié à Rose de Rosset de Roquezel ; 3. et 4. François et Jean-Antoine, chev. de Malte 1661 ; 5. Esclarmonde.

VIII. Henri de Lauzières, chevalier, Sgr de Saint-Beaulize, du Bosc, ép. le 5 oct. 1670 Marie de Nogaret Trelans, dont il eut : 1. François, marié à Marie-Marguerite de Levezou de Vezins ; 2. Jean-Luc, qui suit ; 3. Paul-Henri, chev. de Malte.

IX. Jean-Luc de Lauzières, marquis de Thémines, capit. de cavalerie, avec rang de mestre de camp 1718, gentilhomme de la chambre du duc d'Orléans 1724, ép. le 12 nov. 1730 Angélique-Sophie d'Hautefort, fille de Louis-Charles, marquis de Surville, et d'Anne-Louise de Crevant d'Humières.

Jean-Luc de Lauzières, marquis de Thémines, fut maintenu, par arrêt du parlement de Toulouse du 29 mai 1728, en possession des terres et seigneuries de la maison de Thémines à lui données par le duc d'Estrées.

Le château de Thémines en Quercy fut vendu pendant la révolution sur la tête d'Henri-Hippolyte de Lauzières de Thémines, évêque de Blois. (BARRAU, III, 105.)

Br. B. VII. Charles de Lauzières, Sgr de Saint-Guiraud, ép. Louise de Pluviés, dont il eut : 1. François qui suit ; 2. Marguerite, alliée à Hector de Bedos de Celles.

VIII. François de Lauzières, Sgr de Saint-Guiraud, capit. de cent hommes d'armes 1622 et 1636, ép. le 11 fév. 1609 Marguerite Julien, dont il eut : 1. François qui suit ; 2. Jean-Jacques ; 3. Claude ; 4. Louis-Armand ; 5. Charles ; 6. Philippe-André ; 7. Gaspard : maintenus dans leur noblesse par jugement souverain du 3 déc. 1668.

IX. François de Lauzières, Sgr de Saint-Guiraud, mousquetaire en 1666, ép. Magdeleine de Massip, dont il eut :

X. Joseph de Lauzières, Sgr de Saint-Guiraud, lieut.-colonel dans le régt royal-cavalerie en 1723.

N... de Lauzières-Thémines, prit part aux assemblées de la noblesse du diocèse de Lodève en 1789.

356. LOUBEIRAT.

D'azur à l'aubépin d'or soutenu d'un léopard de même, chargé de trois étoiles de gueule, parti d'or à trois rochers de gueule 2 et 1.

I. Antoine de Loubeirat, écuyer, Sgr de Murat en Auvergne, ép. le 10 avril 1553 Louise de Chavagnac, dont il eut :

II. Jean de Loubeirat, Sgr de Murat, ép. le 1er sept. 1591 Judith de Monstuéjouls, dont il eut :

III. Louis de Loubeirat, Sgr de Murat et Saint-Saturnin, ép. le 25 nov. 1630 Marthe Soulage, et fut maintenu dans sa noblesse par jugement souverain du 8 nov. 1669.

357. LOUBENS.

De gueule au loup ravissant d'or.

Cette maison, établie aux diocèses de Narbonne et de Carcassonne, est ancienne en Languedoc. Elle a donné un évêque de Maguelonne en 1339, un grand maître de l'ordre de Malte en 1552, qui fut fait cardinal en 1587, et auquel le pape Grégoire XIII avait permis de porter une couronne de prince sur ses armes. Jacques de Loubens, Sgr de Loubens et de Verdalle, son frère, était conseiller d'État, capitaine de cinquante hommes d'armes, et chevalier des ordres du roi. (MORÉRI, X 533. — P. ANSELME, IX, 92.)

I. Jean de Loubens, Sgr de Marcelhas, ép. N... Corcier, dont il eut :

II. François de Loubens, Sgr de Marcelhas, ép. le 31 déc. 1561 Gabrielle de Cahusac, et il en eut :

III. Marc-Antoine de Loubens, Sgr de Marcelhas, chambellan d'affaires du duc d'Orléans 1631, ép. Anne de Plantavit de Margon, et il en eut :

IV. Pierre de Loubens, Sgr de Marcelhas; D. de Narbonne, commandant une compagnie de cavalerie, ép. le 4 sept. 1644 Marguerite Vitales, et fut maintenu dans sa noblesse par jugement souverain du 4 janv. 1671.

358. LUZI DE PÉLISSAC.

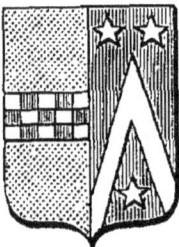

D'or à la fasce échiquetée d'argent et de gueule, parti de gueule au chevron d'argent accompagné de trois étoiles d'argent.

La maison de Luzi, originaire des confins du Velay et du Forez, possédait très-anciennement la Sgrie de Pélissac; elle acquit vers 1550 par mariage la baronie de Queyrières, qui donnait entrée aux états particuliers du Velay.

François de Luzi, Sgr de Pélissac, Queyrières et Villierma, leva une compagnie de chevau-légers pour le service du roi contre les ligueurs et commanda à Tence 1591. (ARNAUD, I, 511.)

I. Jourdan de Luzi, Sgr de Pélissac, fut père de

II. Guillaume de Luzi, Sgr de Pélissac, ép. le 22 janv. 1440 Maline Florit, dont il eut :

III. Anne de Luzi, Sgr de Pélissac, ép. le 18 janvier 1479 Miracle de Vergésac, dont il eut :

IV. Jean de Luzi de Pélissac, écuyer, ép. le 5 mars 1514 Marguerite de Tournon, et il en eut :

V. Claude de Luzi de Pélissac, ép. Claude de Besset, baronne de Queyrières, dont il eut :

VI. François de Luzi de Pélissac, baron de Queyrières, Sgr de Pélissac, ép. le 5 août 1589 Françoise de Baronnat, et il en eut : 1. Claude qui suit; 2. François Sgr des Bordes, père de Jean ; 3. Imbert; 4. Gilbert : maintenus dans leur noblesse par jugement souverain du 2 janvier 1669.

VII. Claude de Luzi, baron de Queyrières, Sgr de Pélissac, ép. le 16 août 1618 Jeanne Pautrieu, et il en eut :

VIII. Jean de Luzi, marquis de Pélissac, baron de Cousan, Sgr de Chales, du Sorac, le Pouget, ép. le 28 avril 1642 Marie Dodun, et fut maintenu dans sa noblesse par jugement souverain de M. du Gué en Dauphiné, le 21 avril 1667, et en Languedoc par jugement souverain de M. de Bezons du 2 janvier 1669.

Plusieurs membres de cette famille ont pris part aux assemblées de la noblesse du Velay en 1789.

Elle est aujourd'hui représentée par Louis-Henri-François de Luzi de Pélissac, lieutenant général 1854, commandeur de la Légion d'honneur, et par Alexandre de Luzi de Moissieu, marié à N... de Moucheron, dont postérité.

359. MADIÈRES.

De gueule au lion d'or armé et lampassé de même.
Jacques de Madières, Sgr d'Aubaigne, ép. Marguerite de Chanaleilles; elle était veuve en 1515.

I. Jean de Madières, Sgr d'Aubaigne, ép. le 10 avril 1545 Marguerite Soulages, et il en eut : 1. Antoine ; 2. Barthélemy qui suit; 3. Jean-Pierre; 4. François, qui a fait la Br. B.

II. Barthélemy de Madières, co-Sgr d'Aubaigne, ép. le 4 juin 1601 Étienne Cédaste, et il en eut : 1 Paul, marié le 4 octobre 1646 à Catherine du Bois; 2. Barthélemy ; 3 Jean : maintenus dans leur noblesse par jugement souverain du 9 août 1669.

Br. B. II. François de Madières fut père de

III. Frédol de Madières, écuyer, ép. le 24 fév. 1637 Catherine Vésian, et il en eut : 1. Jean, marié le 21 fév. 1664 à Anne Giret, demeurant à Gabian, D. de Béziers ; 2. Pierre : maintenus dans leur noblesse par jugement souverain du 19 août 1669.

360. MAGE.

D'azur à la fasce d'or chargée de trois losanges de gueule.

I. Louis de Mage fut père de

II. Antoine de Mage, Sgr de Salssa, ép. 1° le 24 janv. 1499 Jeanne Ferrier; 2° Françoise d'Hébrard, dont il eut :

III. Jean de Mage., Sgr de Salssa, ép. le 6 mars 1526 Yolande Darsse, dame de Nouvelles, dont il eut : 1. Aimeri qui suit; 2. Jean; 3. Guillaume.

IV. Aimeri de Mage, Sgr de Salssa, co-Sgr de Nouvelles, ép. Marguerite Château, dont il eut : 1. Antoine qui suit; 2. Françoise.

V. Antoine de Mage, Sgr de Salssa et Nouvelles, ép. Delphine la Coste, dont il eut : 1. Étienne qui suit; 2. Jérôme; 3. Antoine.

VI. Étienne de Mage, Sgr de Salssa et Nouvelles, ép. le 15 sept. 1634 Éléonore de Cuquignan, et il en eut :

VII. Charles de Mage, Sgr de Salssa et Nouvelles, D. de Narbonne, ép. le 2 juin 1659 Marie-Anne de Castillon, dont il eut : Aimeri, maintenu dans sa noblesse par jugement souverain du 3 juin 1669.

361. MAILLAN.

D'or à l'aigle éployée de sable armée de gueule, écartelé d'azur à trois molettes d'éperon d'or, et un maillet de même en cœur.

Pierre de Maillan, damoiseau, reçut des reconnaissances féodales des habitants de la Canourgue, D. de Mende, en 1293 et 1304; il fut compris en 1317 dans l'hommage que lesdits habitants rendirent au roi. Bernard de Maillan reçut une reconnaissance de la ville de la Canourgue en 1377. Jean de Maillan, fils de Bernard, fit une vente en 1398. (Marquis D'AUBAÏS, II, 361.)

I. Jean de Maillan, fut père de

II. Jean de Maillan, ép. Jeanne Suac, dont il eut :

III. Gilbert de Maillan, ép. le 21 sept. 1539 Anne des Gois, et il en eut :

IV. Jean de Maillan de Grandlac, écuyer, Sgr de la Case, Passades, Malleville, ép. 1° le 12 nov. 1570 Jacquette de Monstuéjouls; 2° le 8 oct. 1598 Anne des Ondes, dame du Jouc; il eut de sa première femme : 1. David qui suit; 2. Gilbert, Sgr de Passades; et de la seconde, 3. Jean, baron de Saint-Cernin, ép. le 22 juin 1638 Magdeleine de Lustrac.

V. David-Sylvestre de Maillan, Sgr de Grandlac, la Case, Maleville, ép. le 22 octobre 1618 Marguerite de Garceval, et il en eut :

1. François, Sgr de la Case, marié le 29 déc. 1654 à Françoise de Loubeirat ; 2. Jean-Baptiste : maintenus dans leur noblesse, avec leur père et leur oncle Jean de Maillan-Soulage, baron de Saint-Cernin, par jugement souverain du 2 janv. 1669.

362. MAILLAN.

D'azur à trois chevrons d'argent, parti de gueule au lion d'or armé et lampassé de même.

I. Laurent de Maillan, ép. le 29 nov. 1539 Magdeleine du Chailar, dont il eut :

II. Gratian de Maillan, Sgr de la Champ, ép. le 22 juill. 1591 Jeanne de Vernet, dont il eut : 1. Louis qui suit ; 2. François.

III. Louis de Maillan, Sgr de la Champ, ép. le 13 juin 1618 Geneviève de Barjac, et il en eut : 1. Gratian, marié le 17 nov. 1652 à Marie de Fontaine ; 2. François, Sgr de la Combe, D. de Viviers : maintenus dans leur noblesse, avec François leur oncle, par jugement souverain du 10 juill. 1669.

363. MALBEC DE BRIGES.

De sinople au cerf passant d'or, à la bordure de même.

Par lettres patentes du mois de janvier 1776, enregistrées au parlement de Toulouse et à la chambre des comptes de Montpellier les 8 et 11 mars de la même année, les droits assis sur les vigueries de Saugues et du Malzieu, sous le nom de baronie de Mercœur, qui donnaient entrée par tour aux états généraux de Languedoc, et entrée annuelle aux états particuliers de Gévaudan, furent transférés sur la terre et seigneurie de Briges. Parmi les preuves qui furent faites devant les états du 5 décembre 1772 par le marquis de Briges comme acquéreur de l'ancienne baronie de Mercœur, il fut reconnu qu'indépendamment des actes qui faisaient remonter la noblesse de sa maison au-dessus de l'époque de quatre cents ans fixée par les règlements d'états, il rapportait surabondamment des actes qui prouvaient qu'Arnal de Malbec de Briges avait pris en 1343 la qualité de *damoiseau*, et que Pierre de Malbec avait pris, dans un acte du 15 des kalendes d'octobre 1300, le titre de *chevalier*. (G. DE BURDIN, II, 357.)

Cette maison compte six admissions au chapitre noble de Brioude de 1330 à 1555. Guillaume de Malbec rendit hommage en 1393. (BOUILLET, IV, 20.)

I. Guillame de Malbec, ép. vers 1370 Catherine Garsin, dont il eut :

II. Bertrand de Malbec, ép. le 8 mai 1416 Delphine de Montagnac, dont il eut :

III. Jean de Malbec, ép. Antoinette d'Oyde, dont il eut :

IV. Gilbert de Malbec, écuyer, Sgr de Briges, ép. Delphine de

Molette de Morangiès, dont il eut : 1. Guillaume qui suit; 2. et Arthur, chanoine, comte de Brioude.

V. Guillaume de Malbec, Sgr de Briges, ép. Catherine de Geys de Pampelonne, dont il eut : 1. Alexandre; 2. et

VI. Claude de Malbec, Sgr de Maurines et Colombier, ép. le 18 juin 1565 Sébastienne de Montjoc, dont il eut :

VII. Jean de Malbec de Montjoc, Sgr de Maurines, ép. le 10 fév. 1596 Peyronne Amargis de la Rodde, dont il eut :

VIII. Louis de Malbec de Montjoc, Sgr de Briges, ép. le 27 fév. 1645 Hélène de Chastel de Condres, dont il eut : 1. Jean-Nicolas qui suit; 2. Louis: maintenus dans leur noblesse par jugement souverain du 3 janvier 1671.

IX. Jean-Nicolas de Malbec de Montjoc, ép. le 22 février 1672 Françoise de Chavagnac de Meyronne, dont il eut :

X. Christophe de Malbec de Montjoc, chevalier, Sgr de Briges, Maurines, baron d'Auroux et du Monteil, ép. le 12 mai 1714 Magdeleine-Denis d'Almanne, dont il eut :

XI. Nicolas-Augustin de Malbec, chevalier, Sgr et marquis de Briges, premier écuyer commandant la grande écurie du roi, ép. le 15 décembre 1760 Marie-Geneviève Radix de Sainte-Foy, entra aux états généraux de Languedoc en 1776, comme il a été dit ci-dessus. Il eut de son mariage :

XII. Christophe-Joseph de Malbec de Montjoc, marquis de Briges, premier écuyer commandant la grande écurie du roi, major en second aux chasseurs de Flandres, ép. en 1780 Rose-Jacqueline d'Osmond, dont il eut : 1. Ernestine-Augustine, mariée au comte de Courtois de Sainte-Colombe ; 2. Barnabé-Louis qui suit ; 3. Albert-Mathieu, mort en 1816 sans postérité.

Le marquis de Briges fut un des amis les plus fidèles de Louis XVI : il ne le quitta que le jour où l'infortuné monarque fut transféré à la tour du Temple, et il fut du petit nombre de ceux auxquels le roi-martyr adressa ces touchantes paroles : *Charles Ier fut plus heureux que moi : on lui laissa ses amis jusqu'à sa mort ; et moi, on me les ôte.* Il mourut à Quiberon en 1795.

XIII. Barnabé-Louis-Gabriel-Charles de Malbec de Montjoc, marquis de Briges, ancien député du département de la Lozère, ép. en 1816 Marie-Barbe de Longaunay, dont il eut : 1. Antoine-Marie-Albert; 2. Charles-Ernest.

364. MALBOSC DE MIRAL.

D'azur à trois chevrons d'argent posés l'un au-dessus de l'autre, qui est de Malbosc; parti de gueule à une chèvre rampante d'or, qui est de Cabrière-Miral.

La maison de Malbosc, qui tient un rang distingué parmi la noblesse de Languedoc, doit son nom à la terre de Malbosc en Gévaudan; elle est connue par filiation suivie depuis André de Malbosc, damoiseau, vivant en 1275. André son fils fut père de Guy, marié à Pérégrine de Cabrières, dame de Miral. Pierre, leur fils, ép. Marguerite de Rocheblave. Armand, fils de Pierre, ép. Louise de Vilaret (D'HOZIER, *Armor. gén.*, IIIᵉ R.), dont il eut :

I. Odilon de Malbosc, Sgr de Miral, du Fayet, du Mas et de Finiels, ép. le 18 janv. 1467 Smaragde de Beauvoir du Roure, dont il eut :

II. Claude de Malbosc, Sgr de Miral, ép. Amphélize de Gabriac, dont il eut :

III. Antoine de Malbosc, Sgr de Miral, ép. 1° le 4 juin 1542 Françoise de la Garde de Montvaillant ; 2° le 18 mai 1558 Claude de Chappellu de la Vigne ; il eut de son premier mariage

IV. Antoine de Malbosc, Sgr d'Arigas, ép. le 25 nov. 1571 Louise de Grégoire de Lambrandes, et il en eut : 1. Antoine qui suit ; 2. Anne, mariée en 1610 à N... de Guciffier ; 3. Marguerite, mariée le 7 janv. 1610 à noble Jean Maurin, Sgr de Bizac.

V. Antoine de Malbosc, Sgr de Miral, des Bondons, de Fayet, de Finiels, ép. le 10 nov. 1591 Marguerite de Ginestous des Plantiers de Montdardier, dont il eut : 1. Pierre qui suit ; 2. Claudette, mariée le 31 août 1633 à Jacques de la Valette de Boulogne.

VI. Pierre de Malbosc, Sgr de Miral, la Vernède, etc., ép. le 4 mai 1643 Balthazare de Ginestous de Madières, dont il eut : 1. Pierre-Antoine qui suit ; 2. Charles, qui a fait la Br. B. ; 3. Jacques, chev. de Malte ; 4. Marie, alliée le 11 mars 1680 à Henri de Ginestous ; 5. Marguerite, alliée avant 1669 à François de Jossaud.

VII. Pierre-Antoine de Malbosc, Sgr de la Vernède, capit. d'infanterie au régt de la Fère 1666, av. ép. N... de Seguin de Prades, et mourut sans postérité. Il fut maintenu dans sa noblesse avec son frère par jugement souverain du 21 août 1669.

Br. B. VII. Charles de Malbosc de Miral, ép. Marguerite de Richard de Boyer, dont il eut : 1. Charles qui suit ; 2. Isabeau, mariée avant 1711 à Antoine du Claux, major au régt de la Fère ; et six autres filles.

VIII. Charles de Malbosc, Sgr de Malbosc, de Miral, des Bondons, de Finiels, etc., demeurant à Quézac, D. de Mende, colonel d'un régt de milice bourgeoise, ép. le 25 janvier 1723 Marie-Élisabeth de Pelamourgue du Pouget, dont il eut : 1. Félix, reçu page du roi en 1742; 2. Marie-Thérèse, alliée le 26 fév. 1743 à Jean-Antoine-Hercule d'Altier de Borne, écuyer, Sgr du Champ.

365. MANDAGOUT.

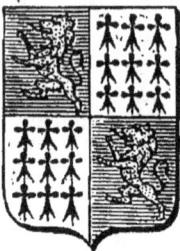

D'azur au lion d'or armé et lampassé de gueule, écartelé d'argent à trois pals d'hermine.

Maison ancienne qui tire son nom du lieu de Mandagout, D. de Lodève, dans les Cévennes. Elle a donné un cardinal à l'Église, Guillaume de Mandagout, *alias* Mandagot, archidiacre de Nîmes, prévôt de Toulouse, archevêque d'Embrun 1295, cardinal et évêque de Palestrine par Clément V en 1312. (MORÉRI, VIII, 153.)

Saurine de Mandagout, fille de Raymond de Mandagout, Sgr de Meyrueis, ép. le 1er juillet 1206 Béringuier de la Fare. (*Généal. de la Fare*, imp. en 1695, p. 2.) Cette maison, aujourd'hui éteinte, a prouvé sa noblesse devant M. de Bezons, depuis

I. Bringuier, Sgr de Mandagout, Serignac et Fons, eut pour fils

II. Humbert de Mandagout, ép. le 18 mai 1422 Aigline de Vesin, dont il eut :

III. Guérin de Mandagout, damoiseau, fut père de : 1. Pons qui suit; 2. Aigline, mariée le 24 janv. 1474 à Antoine de Girard, Sgr de Soucanton et de Vézenobre.

IV. Pons de Mandagout, Sgr dudit lieu, baron de Fons et Serignac, ép. le 20 janv. 1483 Jacquette de Malaudun, et il en eut : 1. Guérin qui suit; 2. Françoise, mariée à Pierre du Pont, Sgr d'Ardailles.

V. Guérin de Mandagout, ép. Antoinette de Ganges, dont il eut :

VI. Barthélemy de Mandagout, ép. Fulcrande Boulogne et il en eut :

VII. François de Mandagout, Sgr de Verne, ép. le 14 sept. 1593 Jeanne Granger, dont il eut :

VIII. Pierre de Mandagout, Sgr dudit lieu, y demeurant, ép. le 28 avril 1650 Anne de Pages, et fut maintenu dans sa noblesse par jugement souverain du 26 oct. 1668.

Yolande de Mandagout, fille de Pierre, dernier Sgr de Mandagout, ép. Jean d'Albignac, baron d'Arre. (BARRAU, III, 249.)

366. MANNI.

D'azur à la fasce d'argent accompagnée de trois coquilles de même.

Guillaume de Manni fit son testament le 9 août 1505 ; Étienne son frère fit procuration pour rendre hommage le 3 janvier 1503 ; Louis fut héritier de son frère Guillaume avec Étienne son autre frère. (Marquis d'Aubaïs, II, 366.)

I. Jean de Manni, Sgr de la Tour, ép. le 7 juin 1535 Delphine de Rocheblave, et il en eut : 1. Vincent qui suit ; 2. Louis, écuyer, ép. le 20 fév. 1583 Louise Pignan.

II. Vincent de Manni, écuyer, Sgr de la Tour, fut père de

III. Jean de Manni, Sgr de la Tour, ép. le 7 déc. 1618 Jeanne d'Albenas, et il en eut :

IV. Antoine de Manni, Sgr de la Tour, D. de Montpellier, ép. 1° le 7 juin 1660 Jeanne Sanche ; 2° le 30 août 1666 Catherine de Bonnail, et fut maintenu dans sa noblesse par jugement souverain du 20 mars 1670.

Jean de Manni fut consul de la ville de Montpellier en 1692 et 1703.

367. MARC.

D'argent à deux lions affrontés de gueule soutenant un anneau de sable à la bordure d'azur à huit fleurs de lis d'or.

I. Pierre de Marc, ép. Claude de Canet, dont il eut : 1. Guillaume ; 2. et

II. Imbert de Marc, ép. le 20 mai 1560 Gillette d'Andréa, dame de la Calmeté, dont il eut :

III. Jean de Marc, Sgr de la Calmete, enseigne dans le régiment de Saint-Rémy, ép. le 28 mars 1607 Marguerite de Ginestous, dont il eut :

IV. Antoine de Marc, Sgr de la Calmete, D. de Nîmes, ép. le 22 mars 1653 Jeanne Ricard, et fut maintenu dans sa noblesse par jugement souverain du 5 janv. 1670.

La terre de la Calmete est possédée aujourd'hui par la maison de Mathæi de Valfons, dont la généalogie sera rapportée plus loin.

368. MARCOUS.

De gueule à la hache d'armes d'argent au chef d'or dentelé d'azur à trois épis de sinople, parti d'argent à la bande d'azur chargée de trois fleurs de lis d'or.

Pons de Marcous, *alias* Marcoux, avocat du roi en la sénéchaussée de Beaucaire, fut anobli par lettres du 22 septembre 1435. De lui descendait Nicolas de Marcous, sieur du Bay, fils d'Ennemond et de Diane de Chaste. (CHORIER, III, 347.) Marie de Marcous ép. le 6 janv. 1572 Aimar de Bozas.

I. Amieu de Marcous, fut père de

II. Alexandre de Marcous, Sgr du Bay, ép. le 16 mars 1516 Catherine Prelas, dont il eut : 1. Alexandre qui suit; 2. Achille.

III. Alexandre de Marcous, Sgr du Bay, ép. Gilette de Hircon, dont il eut :

IV. Hector de Marcous, Sgr du Bay, fut père de :

V. Claude de Marcous, Sgr du Bay et de Queirac, D. de Viviers, ép. le 28 mai 1524 Suzanne Bordier, et il en eut :

VI. Timothée de Marcous, Sgr du Bay, maintenu dans sa noblesse par jugement souverain du 13 nov. 1669.

369. MARS DE LIVIERS.

D'azur à la bande d'argent cotoyée de deux étoiles de même, au chef d'argent.

Jean, François et Jean-Victoire de Mars-Liviers, furent reçus chevaliers de Malte en 1571, 1597, 1642. (VERTOT, VII, 58.)

I. Pierre de Mars, Sgr de Liviers, ép. Isabeau de Monestier, dont il eut : 1. François qui suit; 2. Jean, chev. de Malte 1571, grand prieur de Saint-Gilles; 3. Jacques; 4. Isabeau; 5. Catherine; 6. Jeanne.

II. François de Mars, Sgr de Liviers, ép. le 28 juill. 1566 Claude de Hautvilar, dont il eut :

III. Jean de Mars, Sgr de Liviers, ép. le 16 juill. 1595 Antoinette de Truchet, dont il eut :

IV. François de Mars, Sgr de Liviers, D. de Viviers, ép. le 12 avril 1657 Isabeau de Durand, et fut maintenu dans sa noblesse par jugement souverain du 14 sept. 1669.

370. MARTINON.

Cette famille, originaire du diocèse de Paris, vint s'établir au diocèse d'Uzès et y prouva sa noblesse depuis :

I. Thomas de Martinon, fut père de

II. Jean de Martinon, chevalier, capit. d'infant., ép. le 23 janv. 1519 Marie Bergeon, dont il eut :

III. Claude de Martinon, écuyer et gendarme, ép. 1° le 4 janv. 1561 Marguerite Bertrand; 2° le 30 sept. 1579 Catherine Bullot; il eut pour enfants : 1. Thomas qui suit; 2. Jean, docteur et avocat, conseiller du roi et lieut. des conventions royaux de Nimes 1638, ép. le 17 août 1613 Étiennette de Cassagnes, dont : a. Michel, secrétaire de la chambre du roi résidant à Paris; b. André; c. Jean : maintenus dans leur noblesse par jugement souverain du 13 janv. 1670.

IV. Thomas de Martinon, juge de la baronie de Montfrin, ép. le 11 juillet 1601 Louise de Valette, et il en eut : 1. André qui suit; 2. Marc; 3. Jean; 4. Louis.

V. André de Martinon, ép. le 11 avril 1630 Magdeleine Mauran, et il en eut : 1. Charles; 2. Guillaume; 3. Accurse, demeurant à Montfrin, D. d'Uzès; 4. Pierre; 5. Jean; 6. André; 7. Simon : maintenus dans leur noblesse par jugement souverain du 13 janv. 1670.

371. MARTRES.

D'argent au lion de gueule, écartelé de gueule à une meule d'argent

I. Arnaud de Martres rendit hommage le 29 sept. 1456, et fut père de

II. Roger de Martres, ép. Bonnete de Lanta, dont il eut : 1. Jean qui suit; 2. Pierre.

III. Jean de Martres, Sgr de la Fitte, ép. Jeanne de Tressan, et il en eut :

IV. François de Martres-Duplan, Sgr de la Fitte et Barrau, ép. e 22 janv. 1562 Isabeau de Barrau, dont il eut :

V. Jean Roger de Martres, Sgr de Castelbon et Belfesc, ép. le 16 sept. 1611 Isabeau de Sarret, dont il eut : 1. Henri, Sgr de Loupian, Belfesc et Belloc, qui fit héritier son frère; 2. et

I. 22

VI. Louis de Martres, Sgr et baron de Loupian, Castelbon, Moulins et Saint-Lary, D. d'Agde, ép. le 13 déc. 1648 Diane Bérard de Neffiès, et fut maintenu dans sa noblesse par jugement souverain du 8 janv. 1669.

372. MARTRIN DE DONOS.

Écartelé au 1 et 4 d'or à l'aigle couronné de gueule, qui est de Martrin ; au 2 et 3 de gueule à trois fasces d'argent, qui est de Donos.

La maison de Martrin, originaire du Rouergue, a fait plusieurs branches répandues en Auvergne, en Languedoc et en Albigeois. La branche aînée, maintenue le 14 avril 1699 à Montauban par M. le Pelletier, intendant, s'est éteinte en 1712. François de Martrin, dernier mâle de cette branche, dont un rameau subsiste dans l'Albigeois, était capitaine au régt de Guienne ; il fut tué à Denain. Arnaud de Martrin, petit-fils de Bertrand vivant en 1349, est l'auteur de la branche établie au D. de Narbonne. Sa postérité hérita par mariage en 1563 du fief de Donos, situé dans les Corbières (BARRAU, III, 491. — BOUILLET, IV, 57), et prouva sa filiation depuis :

I. François de Martrin, Sgr de Ferrayrolles, ép. en 1510 Jeanne de Capluc, dont il eut : 1. Jean qui suit ; 2. Charles, qui fit une branche établie en Auvergne.

II. Jean de Martrin, Sgr de Ferrayrolles, ép. le 17 avril 1534 Claire de Bédos, dont il eut :

III. Gabriel de Martrin, Sgr de Ferrayrolles, ép. en 1563 Catherine de Donos, dame de Donos au diocèse de Narbonne, dont il eut :

IV. Antoine de Martrin, Sgr de Donos, ép. en 1600 Yolande de Gléon, dont il eut :

V. François de Martrin, Sgr de Donos, ép. en 1638 Marguerite d'Aldebert, et fut maintenu dans sa noblesse par jugement souverain du 19 nov. 1668 ; il eut de son mariage :

VI. Gabriel de Martrin, Sgr de Donos, ép. en 1667 Angèle d'Authemar, dont il eut : 1. Henri qui suit ; 2. Marie, alliée à Marc-Antoine de Grave.

VII. Henri de Martrin, Sgr de Donos, ép. en 1693 Marguerite de Barrès, dont il eut :

VIII. Antoine de Martrin, Sgr de Donos, ép. en 1724 Marie-Thérèse de Soubleyras, dont il eut :

IX. Guillaume de Martrin, Sgr de Donos, ép. en 1764 Rose de Bosc, dont il eut : 1. Marc-Antoine qui suit ; 2. Étienne, marié à Joséphine Ducup, dont Hippolyte et Élisa ; 3. Auguste ; 4. Paulin ; 5. Henriette ; 6. Rose-Christine.

X. Marc-Antoine de Martrin-Donos, Sgr de Donos, ép. en 1791 Marie-Magdeleine de Gros d'Homps, dont il eut six enfants.

373. MASEL.

De sinople à deux flambeaux d'argent allumés et posés dans un chandelier de même, parti de gueule à la tour crénelée d'argent maçonnée de sable, avec une colombe d'argent tenant un pied sur la tour et l'autre sur une branche de sinople mise en pal.

I. Claude de Peirebesses, écuyer, Sgr du Masel, ép. Marguerite Récours, et il en eut : 1. Gabriel qui suit ; 2. Antoine.

II. Gabriel de Peirebesses, écuyer, Sgr du Masel, ép. le 4 fév. 1540 Antoinette de Chastel de Condres, dont il eut : 1. Guillaume qui suit ; 2. Jean, qui a fait la Br. B. ; 3. Jeanne, mariée à Pierre de Mercier.

III. Guillaume du Masel de Peirebesses, Sgr de Robille, ép. le 9 sept. 1565 Claude de Mercier, et il en eut : 1. Guion qui suit ; 2. Guillaume ; 3. François.

IV. Guion du Masel de Peirebesses, Sgr de Cabanes, ép. le 1er fév. 1604 Marie de Toulouse, et il en eut : 1. Hugues qui suit ; 2. Claude ; 3. Jacques.

V. Hugues, *alias* Jacques du Masel, dit Peirebesses, Sgr de la Panouse, ép. le 17 nov. 1647 Antoinette de Bois-Verdun, et il en eut :

VI. François du Masel, maintenu dans sa noblesse, avec ses deux oncles, par jugement souverain du 6 nov. 1669.

Br. B. III. Jean du Masel, Sgr de Sainte-Colombe, ép. le 21 sept. 1571 Jeanne de Pelamourgue, et il en eut : 1. Gui qui suit ; 2. Antoine, Sgr de Costeregord, marié le 22 nov. 1615 à Anne Roux, dont Alban, marié le 8 fév. 1660 à Louise Meissonnier ; 3. Guillaume, qui a fait la Br. C.

IV. Gui du Masel, Sgr de Sainte-Colombe, ép. le 9 fév. 1609 Gabrielle d'Apchier, et il en eut :

V. Antoine du Masel, Sgr de Sainte-Colombe, ép. le 3 oct. 1644 Marguerite de Rets de Bressolles, et il en eut, Marguerite, alliée le 25 sept. 1662 à Louis du Masel, son cousin.

Br. C. IV. Guillaume du Masel, Sgr de Pinoul et d'Ussel, ép. Delphine Chevalier, et il en eut :

V. Charles du Masel, Sgr de Quintignac, ép. le 29 mai 1644 Marie de Rets de Bressolles, et il en eut :

VI. Louis du Masel, marié le 25 sept. 1662 à Marguerite du Ma-

sel, sa cousine; il fut maintenu dans sa noblesse, avec son père,
Antoine, et Alban, par jugement souverain du 6 nov. 1669.

374. MASSANNE.

D'or au palmier de sinople accosté de deux roses de gueule.

La famille de Massanne, originaire de Montpellier, était particulièrement distinguée dans la magistrature. Antoine Massanne fut consul de la
ville de Montpellier en 1597; Pierre, qui était peut-être son fils, fut consul de la même ville en 1607 et 1620. (D'AIGREFEUILLE, *Hist. de Montpellier*, I, 583.) Magdeleine de Massanne, sœur de Pierre, ép. messire
Jacques de Caze, conseiller du roi en la chambre des comptes, aides et
finances de Montpellier. (LACH. DESB., IV, 63.)

Marguerite de Massanne ép. Louis de Bargeton et en eut Isabeau de Bargeton, mariée le 8 août 1641 à Henri de Narbonne-Caylus. (P. ANSELME, VII, 770.)

I. Étienne de Massanne, maréchal de camp des armées du roi,
colonel d'un régiment de cavalerie, demeurant à Montpellier, fut
maintenu dans sa noblesse par jugement souverain du 14 août
1669, en conséquence de son brevet de maréchal de camp du 8 mai
1656.

375. MASSANNE.

Mêmes armes.

I. Pierre de Massanne, général en la cour des aides de Montpellier 1591, fut père de

II. Jean de Massanne, conseiller en la cour des comptes, aides et
finances de Montpellier 1623, ép. le 31 déc. 1633 Jeanne de Clausel,
et il en eut : 1. Louis, Sgr de Montredon ; 2. Pierre, Sgr de Soulages ; 3. Henri, capit. au régt de Piémont : maintenus dans leur noblesse, comme fils et petit-fils de conseiller et maître des comptes,
par jugement souverain du 14 janv. 1671.

376. MATHIAS.

De gueule à trois dés à jouer d'argent.

I. Jean de Mathias, écuyer, t. le 1er déc. 1544 ; il fut père de

II. Henri de Mathias, t. le 15 oct. 1581 ; il eut pour fils

III. Pierre de Mathias, Sgr dudit lieu, ép. le 16 fév. 1597 Clau d
de Nicolaï, dont il eut :

IV. Charles de Mathias, Sgr dudit lieu, ép. le 26 avril 1528 Hélix de Combladour, et il en eut :

V. Guillaume de Mathias, Sgr dudit lieu et de Montalet, ép. le 22 nov. 1650 Aimarc de Clavière, et fut maintenu dans sa noblesse par jugement souverain du 10 déc. 1668 ; il eut de son mariage : 1. Marie-Anne, alliée le 5 mars 1693 à Antoine de Blou de Précis ; 2. Antoinette, mariée le 28 fév. 1696 à Pierre-Louis de Monteil, de Durfort.

377. MAUSSAC-THÉZAN-SAINT-GENIEZ.

Écartelé au 1 et 4 de gueule à trois pals d'or, qui est de Baderon ; au 2 et 3 d'argent à trois corneilles de sable becquées et membrées de gueule posées 2 et 1, qui est de Corneillan ; sur le tout, écartelé d'or et de gueule, qui est de Thézan. DEVISE : *Candor et honor.*

La maison de Baderon de Maussac, originaire de Rouergue, est connue depuis Aymeric de Baderon, chevalier, dont le fils, Rostaing de Baderon, ép. en 1295 Ermessende de Lodève. (LACHENAYE DESBOIS, I, 757.) Maussac était situé entre Brusque et Tauriac. Barthélemy de Baderon, petit-fils présumé de Rostaing, ép. en 1447 Hélène de Roquefeuil, dont il eut : Jean de Baderon, marié à Corneillan, près Béziers. (TH. DE BARRAU, III, 708.) Jean de Baderon ép. Claire d'Amiel, dame en partie de Corneillan, qui le rendit père de Pierre, auteur de la filiation prouvée devant M. de Bezons.

Joseph-Laurent de Baderon de Maussac, dont le père avait été substitué aux biens, noms et armes de Thézan-Saint-Geniez, obtint des lettres patentes de marquisat au mois de mai 1760, enregistrées à Montpellier le 8 mai 1761, et à la sénéchaussée de Béziers le 23 mai 1776, en considération de ses services personnels et de ceux de ses devanciers, dont un avait été sénéchal de Rouergue vers 1400.

I. Pierre de Baderon, co-Sgr et baron de Maussac, Sgr en partie de Corneillan, capit. d'une compagnie de cent hommes de pied, ép. Philippe du Casse, dont il eut : 1. Guillaume qui suit ; 2. Jean, auteur d'une branche éteinte après 1674 ; 3. autre Guillaume, marié le 3 janv. 1572 à Guillemette de Grave.

II. Guillaume de Baderon, co-Sgr de Maussac, Sgr de Corneillan, capitaine de cinquante, puis de cent hommes d'armes, ép. 1° Mondette de Nicolaï ; 2° le 2 août 1561 Magdeleine de Bermond du Caïla, dont il eut : 1. Jean ; 2. Jacques qui suit ; 3. Charles, qui a fait la Br. B. ; 4. Pierre.

III. Jacques, *alias* Guillaume de Baderon, Sgr de Maussac, conseiller au parlement de Toulouse, ép. Diane de Sarret, dont il eut :

IV. Philippe-Jacques de Baderon, Sgr de Maussac, président à la cour des comptes, aides et finances de Montpellier, conseiller d'État, ép. Charlotte de Chefdebien, dont il eut : 1. Jacques, conseiller au parlement de Toulouse, mort sans postérité ; 2. et

V. Charles-François de Baderon , Sgr de Maussac et baron de Montroux, conseiller au parlement de Toulouse , ép. en 1685 Gabrielle d'Alphonse, dont la postérité s'est éteinte après la deuxième génération à Moissac en 1786 dans la personne du baron de Montroux, capitaine au régt de Médoc.

Br. B. III. Charles de Baderon, Sgr de Maussac, de la Chartreuse, Montagnac, Corneillan, capitaine de cent hommes de guerre, ép. le 12 oct. 1589 Jeanne de Maumont, dont il eut :

IV. Jacques de Baderon de Maussac, Sgr de Montagnac, Corneillan, etc., capit. de cent hommes d'armes du roi 1651, commandant la ville de Collioure, maintenu dans sa noblesse par jugement souverain du 13 déc. 1668, avait ép. le 1er juin 1627 Marguerite d'Espagne, dont il eut dix enfants, entre autres :

V. Jean-François de Baderon de Maussac, Sgr de Corneillan , capit. au régt de Piémont 1671, ép. le 24 juill. 1673 Marie de Lort-Sérignan, dont il eut : 1. Jacques qui suit ; 2. Jean-François, prieur de Laurens ; 4. Gabrielle-Magdeleine, mariée le 1er fév. 1703 à Louis de Grave ; 5. Constance, mariée le 8 août 1709 à Jean-Lambert de la Vergne de Montbazin.

VI. Jacques de Baderon de Maussac, Sgr de Corneillan, Valros, Montady, Montagnac, officier dans le régt de Navarre, ép. le 6 oct. 1703 Marie-Claire de Thézan-Saint-Géniez, dame et marquise de Saint-Géniez, fille unique et héritière des biens, titres, noms et armes , par substitution testamentaire de Pierre de Thézan ; il eut de son mariage : 1. Joseph-Laurent qui suit ; 2. Constance-Monique-Anne, morte religieuse à Béziers en 1809.

VII. Joseph-Laurent de Baderon-Thézan, marquis de Saint-Géniez, par lettres patentes de 1760, lieutenant des maréchaux de France à Béziers 1765, eut l'honneur d'être présenté au roi par le maréchal duc de Duras le 13 août 1775 ; il avait ép. le 10 mai 1748 Marie-Jeanne de Roys-Lédignan, dont il eut :

VIII. Joseph - Laurent - Thomas - Raymond de Baderon - Thézan, marquis de Saint-Géniez, baron de Maussac, page du roi 1768, mousquetaire de la 1re compagnie 1770, ép. le 8 sept. 1775 Marie-Anne-Françoise de Bourdeille, en présence du roi Louis XVI et des princes et princesses de la famille royale, du duc de Fleury, cousin du futur, de Claude de Bourdeille, évêque de Soissons, et du marquis d'Aubéterre, maréchal de France, oncle de la future. Il eut de son mariage : 1. Joseph-Marie qui suit ; 2. Joseph-Raimond-Augustin , chev. de Malte ; 3. Marie-Claire-Joséphine, mariée au comte de Las Cases ; 4. Marie-Claire-Françoise-Adélaïde, mariée à Joseph Alban de Bonnet de Maureilhan de Polhes, comte de Neffiès ; 5. Marie-Magdeleine-Joséphine-Émilie, mariée à Jacques-Joseph de Marion, baron de Brésilhac.

IX. Joseph-Laurent-Louis-Félix-Henri-Marie de Baderon-Thézan, marquis de Saint-Géniez, baron de Maussac, ép. le 14 juillet 1806 Henriette-Catherine-Charlotte de Bourdeille-Montancey, dont il eut : 1. Joseph-Laurent-Félix-Éléazar, mort au service en 1836 ; 2. Marie-Anne-Françoise-Octavie , mariée le 1ᵉʳ sept. 1847 à Charles Demongeot de Confévron, ancien garde du corps du roi, officier supérieur de cavalerie ; 3. et

X. Marie-Stanislas-Gratien de Baderon de Maussac, marquis de Thézan-Saint-Géniez, ép. le 24 mai 1848 Marie-Renée de Brémond-d'Ars, dont : 1. Marie-Estelle-Françoise-Bérengère , née le 4 août 1849 ; 2. Marie-Claire-Isabeau, née le 15 juin 1857.

378. MEILET, *alias* MASCLET.

D'azur au chef d'or à une bande d'argent, accostée de deux étoiles de même,

I. Jean de Masclet, Sgr de Meilet , t. le 3 déc. 1520 ; il av. ép. Gabrielle de Sauset, et il en eut : 1. Bernard ; 2. Louis; 3. Jean qui suit ; 4. Jeanne.

II. Jean de Masclet, Sgr de Malbosc, rendit hommage pour cette terre et le château de Meilet le 19 janvier 1571 ; il est indifféremment appelé Meilet et Masclet; il av. ép. le 29 janv. 1552 Gabrielle de Vergéses d'Aubussargues, et il en eut : 1. Guillaume; 2. François , présent au ban et arrière-ban de 1594; 3. Marguerite, mariée à Guillaume de Sauset ; 4. et

III. Jean de Meilet, Sgr de Malbosc, ép. le 16 sept. 1603 Perrine Roux, et il en eut : 1. François, Sgr de Malbosc, D. de Nîmes, qui fit faire une enquête avec ses frères le 4 oct. 1653, au sujet de leur noblesse et changement de nom de Masclet en celui de Meilet ; 2. Jean; 3. Jacob : maintenus dans leur noblesse par jugement souverain du 20 mars 1670.

379. MEIRAS.

D'azur au lion d'or armé et lampassé de gueule, à trois étoiles d'or en chef.

La maison de Meiras, *alias* Meyras, possédait les Sgries de Saint-Marcel, Agusat et la Ro-quette en Vivarais ; la Grange-Neuve, dans l'élection de Brioude en Auvergne. La noblesse de cette maison prend sa source dans les lettres en féodale obtenues par Jean de Meiras en 1490. Elle se divisa en deux branches, dont l'une fut maintenue en Languedoc, et l'autre en Auvergne par M. de Fortia. Elles étaient encore représentées en 1789. (BOUILLET, IV, 130.)

I. Pierre de Meiras fit une donation en 1491 à ses enfants, qui furent : 1. Guillaume qui suit ; 2. Tannequin, auteur de la branche fixée en Auvergne, élection de Riom.

II. Guillaume de Meiras, fut père de

III. Thibaut de Meiras, Sgr d'Agusat, ép. en 1531, en secondes noces, Catherine de Beauvoir, dont il eut :

IV. Antoine de Meiras, Sgr d'Agusat, co-Sgr de Saint-Marcel, ép. le 5 déc. 1585 Anne Giles, et il en eut : 1. Jacques ; 2. et

V. Pierre de Meiras, Sgr de la Roquette, co-Sgr de Saint-Marcel, y demeurant, D. de Viviers, ép. le 27 avril 1623 Anne de Borne, et fut maintenu dans sa noblesse par jugement souverain du 25 oct. 1668.

380. MERCIER.

D'or au palmier de sinople chargé d'une colombe d'argent, écartelé d'azur au lion d'or à deux hures de sanglier sablonnées de sable.

I. Pierre de Mercier, Sgr de Malaval, eut pour enfants : 1. Claude ; 2. Jean ; 3. Antoine ; 4. François ; 5. André qui suit ; 6. Jacques-Jean ; 7. Gabriel ; 8. Pierre ; 9. autre Pierre.

II. André de Mercier, Sgr de Malaval, co-Sgr de Chaudeiraguet, ép. Isabeau de Hautvilar, et il en eut : 1. Pierre qui suit ; 2. François ; 3. André ; 4. et Claude, mariée à Guillaume du Masel.

III. Pierre de Mercier, Sgr de Malaval, ép. le 29 oct. 1571 Jeanne du Masel, et il en eut : 1. François qui suit ; 2. Claude.

IV. François de Mercier, écuyer, Sgr de Malaval, ép. le 13 juin 1629 Anne de Malbec de Montjoc de Briges, et il en eut :

V. Jean-Louis de Mercier, Sgr du Mas, Malaval et Chaudenac, co-Sgr de Chaudeiraguet et Lestreis, demeurant au lieu du Mas, D. de Mende, ép. le 20 nov. 1657 Claude Bourigaud, et fut maintenu dans sa noblesse par jugement souverain du 12 déc. 1668.

Guillaume de Mercier était père de Silvestre, qui fut aussi maintenu dans sa noblesse par jugement souverain du même jour.

381. MERVIEL, *alias* MURVIEL.

D'azur au château d'argent maçonné de sable.

La maison de Murviel est une des plus anciennes de Languedoc. Antoine de Murviel, Sgr dudit lieu, retira le 25 juillet 1146 de Nicolas de Narbonne la quittance de dot de sa sœur Guillemette, femme dudit Nicolas. Sicard de Murviel, Sgr du château de Murviel, et dame Faure de Murviel reçurent un hommage le 5 avril 1288. Sicard, fils d'autre Sicard, dénombra en 1300. La baronie de Murviel donnait entrée aux états généraux de Languedoc. Cette maison s'éteignit par mariage en 1712 dans la maison de Carrion de Nisas, dont la généalogie sera rapportée en son rang. (Marquis d'AUBAÏS, II, 381. — G. DE LA TOUR, 117.)

I. Haut et puissant Sgr Antoine de Murviel eut pour fils

II. Antoine de Murviel rendit hommage le 2 oct. 1453 ; il fut père de

III. Jean de Murviel, Sgr et baron de Murviel, Pégayrolles et Saint-Jean-de-Buéges, t. le 26 mai 1531; il eut pour fils

IV. François-Charles de Murviel, écuyer, Sgr et baron de Murviel, ép. en 1558 Françoise de Guers de Castelnau, dont il eut :

V. Sébastien de Murviel, eut pour fils

VI. Gaspard de Murviel, marquis de Murviel, baron de Pégayrolles, Sgr de Roujan, Villeveyrac, Cazouls d'Hérault, mestre de camp d'un régt d'infanterie, ép. le 18 déc. 1634 Anne de Montchal, et il en eut : 1. Gabriel-Charles; 2. Jean-Louis qui suit ; 3. Anne : maintenus dans leur noblesse par jugement souverain du 26 mars 1670.

VII. Jean-Louis de Murviel, marquis de Murviel, baron des états de Languedoc, ép. Antoinette de la Tour-Gouvernet, dont il eut : Anne-Gabrielle, mariée le 20 avril 1712 avec Henri de Carrion, marquis de Nisas, viomte de Paulin, baron des états de Languedoc, lieut. général des armées du roi 1734, lieut. de roi en Languedoc; de ce mariage : 1. Henri-Francois, capit. d'infant. ; 2. Henri-Guillaume, capit. d'infanterie; 3. Marie-Thérèse, mariée le 29 juin 1729 à son cousin germain Jean-François de Carrion, Sgr et baron de Nisas, aîné de la famille, dont : *a*. François-Emmanuel; *b*. Marie Gabrielle-Françoise ; *c*. Henriette; *d*. Louise ; 4. Marie-Henriette, mariée 1° à Louis-Joseph de Boyer, baron de Sorgues ; 2° le 23 juill. 1740 à Ferdinand de Spinola, marquis d'Arquata, de la fameuse mai-

son de Spinola d'Italie, qui a fourni tant de cardinaux, des princes
de l'empire, des grands d'Espagne, et un chevalier des ordres du
roi.

M. le marquis de Murviel, baron des états de Languedoc, étant
mort au mois de sept. 1779, l'entrée aux états fut réclamée : 1° par
madame la vicomtesse de Paulin, au nom de son fils mineur, en
vertu d'un testament du 13 sept. 1778 ; 2° par madame la marquise
de Spinola, sa fille unique et héritière, en vertu d'un testament du
15 déc. 1773 non révoqué par celui de 1778 ; 3° et enfin par la baronne de Nisas, en vertu d'une substitution faite par Gabriel-Charles
de Murviel, en son testament du 30 mai 1713. Un arrêt du parlement de Toulouse du 31 juillet 1782 maintint madame la marquise
de Spinola dans la possession de la baronie de son père. (*Proc. verbal de l'assiette de Béziers*, p. 5, 6. 1783.)

Le 22 novembre 1782 l'envoyé de madame la marquise de Spinola
fut admis aux états de Languedoc comme propriétaire de la baronie
de Murviel, en remplacement du vicomte de Paulin, admis provi-
soirement par délibération des états du 7 décembre 1779. (*Proc.
verbal des états de Languedoc*, 1783.)

382. MICHEL.

On trouve en Gévaudan deux familles nobles du nom de Michel : celle des Sgrs de Colas, établie à Florac au moment de la vérification et dont la généalogie va suivre ; celle des marquis
de Brion, baron de Lastic et de Lodières, Sgr du Roc, d'Aldy, de Viala, vicomte de Fontverline,
qui a donné sous l'empire le grand-maréchal du Roc, duc de Frioul, et qui fut maintenue par
M. de Lamoignon en 1699. (BURDIN, II, 287. — BOUILLET, IV, 135.) La jonction entre ces deux
familles n'a pas été faite. Nous rapporterons plus loin la généalogie des Michel du Roc de Brion.

I. Antoine de Michel, Sgr de Colas, dénombra le 29 mai 1548 ;
il avait ép. Anne Veiras de Malbosc, et il en eut : 1. David qui suit ;
2. Josué.

II. David de Michel, Sgr de Colas, ép. le 18 juin 1600 Marguerite
Bruel, dont il eut : 1. David qui suit ; 2. Étienne.

III. David de Michel, Sgr de Colas, ép. le 5 fév. 1633 Suzanne
Bonniol, et il en eut : 1. Antoine, demeurant à Florac, D. de Mende ;
2. Étienne ; 3. Barthélemy : maintenus dans leur noblesse par jugement souverain du 15 janv. 1671.

383. MIET.

D'azur à la fasce d'argent chargée de trois rosettes de gueule, accompagnée de trois demi-corps de fer de lance 2 et 1.

La maison de Miet, *alias* Myet, répandue en Auvergne et en Velay, possédait les Sgries de Bellinay, du Morle, de Murat, de Chirac, *alias* Cheyrat, de la Vernède et de Bonneville. On trouve une famille de même nom possessionée dans la mouvance de Montgascon en Auvergne, inscrite sur l'Armorial de 1450 avec des armes différentes : d'azur à trois mondes cintrés et croisés d'or posés 2 et 1 ; au croissant d'argent mis en cœur. (BOUILLET, IV, 142.)

I. Jean de Miet, Sgr. de Bellinay, ép. 1° av. 1534 Suzanne de Serres ; 2° le 26 avril 1559 Catherine du Buisson ; il eut pour fils

II. Renaut de Miet, Sgr de la Morle, Murat et Cheyrat, eut commission de commander pour le roi dans la place de Chatuéjol en 1585 ; il ép. Marguerite Colanges, et il en eut : 1. Maximilien ; 2. et

III. Amable de Miet, Sgr de la Morle et de la Vernède, ép. le 19 nov. 1618 Catherine de Chapteuil, et il en eut :

IV. Amable de Miet, Sgr de Bonneville, D. du Puy, ép. le 12 janv. 1645 Françoise Dupont, et fut maintenu dans sa noblesse par jugement souverain du 27 sept. 1669.

384. MIRMAN, *alias* MIRMAND.

D'or au lion de gueule, au chef d'azur chargé de deux étoiles d'or.

La maison de Mirman, venue peut-être d'Allemagne, comme son nom semble l'indiquer, s'établit au bas Languedoc. Elle était répandue au moment de la vérification dans les diocèses de Montpellier, Nîmes et Uzès ; elle a donné de nombreux magistrats aux cours souveraines de Languedoc. François de Mirmand, baron de Florac, Sgr de Bélarga, de Lavagnac, d'Abeilhan, de Pleissan, d'Adissan, chevalier, conseiller du roi, intendant des gabelles, était baron de tour aux états généraux de Languedoc pour la baronie de Florac. (BÉJARD, *Armor.* de 1654.)

I. Jacques de Mirman, ép. le 10 janv. 1491 Isabeau de Pierre-fort, et il en eut : 1. Guillaume qui suit ; 2. autre Guillaume vivant en 1553.

II. Guillaume de Mirman, écuyer, Sgr de Roubiac, ép. en 1527 Antoinette de Ranchin, dont il eut : 1. Antoine qui suit ; 2. François qui a fait la Br. B.

III. Antoine de Mirman, conseiller au sénéchal et présidial de Nîmes, ép. le 6 fév. 1572 Delphine de Malmon, dont il eut :

IV. Antoine de Mirman, Sgr de Roubiac, consul de Nîmes 1619, ép. Marie Boyer, dont il eut : 1. François qui suit; 2. Félice: 3. Jeanne.

V. François de Mirman, Sgr de Roubiac, ép. le 15 avril 1645 Suzanne de Baudan, et il en eut : 1. François, capit. de cavalerie dans le régiment Dauphin; 2. Gabrielle; 3. Jeanne; 4. Suzanne; 5. et

VI. Henri de Mirman, Sgr de Roubiac et Vestric, fut maintenu dans sa noblesse avec ses tantes par jugement souverain du 5 janv. 1669; il ép. Marthe d'Audiffret, dont il eut : Marguerite, mariée 1° à Charles de Cabrol, 2° à Béranger de Baufain, procureur général au parlement d'Orange.

Cette branche émigra en Suisse après la révocation de l'édit de Nantes.

On trouve encore sur les registres des familles protestantes de la ville de Nîmes :

Pierre-Jean-François de Mirmand, Sgr de la Tour et du Sault, fils de Charles de Mirmand et de Claire de Massargues, marié le 23 oct. 1708 à Suzanne Bouzige-la-Coste.

Br. B. III. François de Mirman, écuyer, Sgr du Fau, commissaire de la marine du Ponant, ép. le 12 déc. 1574 Marguerite de Cubières, dont il eut : 1. Jean qui suit; 2. Claude: 3. Lucrèce; 4. Alix; 5. Gabrielle; 6. Justin, Sgr du Fau et d'Agusat, ép. Anne de Chastaigner, dont : *a*. Jacques, Sgr du Fau et de la Sagnete, marié le 29 janv. 1634 à Gabrielle de Piolenc; *b*. Charles, Sgr de la Tour, marié à Claire de Massanne, maintenu dans sa noblesse avec son frère par jugement souverain du 5 janv. 1669.

La postérité de Charles s'est éteinte dans la maison de Maubec.

IV. Jean de Mirman, Sgr de Lavagnac, trésorier de France, conseiller du roi, grand voyer de France en la généralité de Montpellier, intendant des gabelles de Languedoc, ép. Marie de Grasset, dont il eut : 1. François qui suit; 2. Gabriel, conseiller au parlement de Toulouse, chanoine de la métropole; 3. François, Sgr d'Adissan, président à la cour des aides; 4. Jean, abbé; 5. Charles, Sgr d'Abeilhan, trésorier de France à Montpellier; 6. Pons-Pierre, Sgr de Bélarga, capit. de dragons; 7. Jeanne; mariée à N... de Thézan; 8. Marie, alliée 1° le 26 déc. 1654 à Joseph de Girard trésorier de France, 2° à N... Desplans, président à la cour des aides.

V. François de Mirman, baron de Florac, Sgr de Pleissan et Lavagnac, trésorier de France, maintenu dans sa noblesse avec ses frères par jugement souverain du 5 janv. 1669, avait ép. le 15 juin 1652 Isabeau de Peirat, dont il eut : 1. François, marié à Yolande de Portalès, dont une fille qui ép. 1° N.: d'Arennes, lieut. général, 2° N. de Polastron, brigadier des armées du roi, inspecteur en Languedoc, sous-gouverneur du Dauphin qui fut depuis Louis XV; 2. et

VI. Jean-Pons-Pierre de Mirman, Sgr de Bélarga, ép. en 1710 Marie-Marguerite de Vissec de la Tude, dont il eut : 1. François qui suit; 2. Étienne, brigadier des armées du roi, marié à Rimberg en Allemagne et y a fait branche.

VII. François de Mirman, Sgr d'Adissan, ép. Hélène de Torches. dont il eut : 1. Jean-Baptiste qui suit; 2. Étienne, marié le 5 sept. 1774 à Jeanne-Henriette de Nattes.

VIII. Jean-Baptiste de Mirman, Sgr de Saint-Georges et de Juvignac, capit. au régt des gardes lorraines, ép. le 11 sept. 1753 Hélène-Élisabeth-Françoise de Bonafous, dont il eut :

IX. Jean-Henri-Hyacinthe-Gabriel-Chrysostome de Mirman, Sgr de Saint-Georges et de Juvignac, ép. le 23 floréal an IX, Marie-Thérèse-Adélaïde-Victoire d'Exéa, dont il eut : 1. Marie-Jean-Barthélemy qui suit; 2. Marie-Étienne-Jules; 3. Angélique-Pauline-Albine.

X. Marie-Jean-Barthélemy de Mirman, ép. le 10 sept. 1832 Diane-Athénaïs d'Albenas.

385. MOLETTE DE MORANGIÈS.

D'azur au cor de chasse d'argent, lié et enguiché de gueules, qui est de Morangiès; accompagné de trois molettes d'éperon. d'or, 2 en chef, 1 en pointe, qui est de Molette.

Ancienne et illustre maison originaire de la partie du Velay qui confine à l'Auvergne. Il est fait mention de ses auteurs dans les anciens monuments du Gévaudan. Le premier de cette maison dont les chroniques aient gardé le souvenir est Humbert de Molette, chevalier, qui assista en 1045 à la donation faite au monastère de Sauxillanges, diocèse de Clermont, par messire Hugues de Montboissier. (DOM CLAUDE ESTIENNOT, Cartulaire du prieuré de Sauxillanges. — BURDIN, II, 342.)

La généalogie suivie de cette maison commence à Bertrand de Molette, co-Sgr de la Garde-Guérin en 1237, qui eut pour fils Arbert, Sgr de Molette, Sgr et abbé de la Chaise-Dieu, qui assista au concile de Clermont en 1263, et mourut le 30 sept. 1282. Guillaume de Molette, neveu d'Arbert, mentionné au tome II du Gallia Christiana, vivait en 1334. (BURDIN, II, 342. — BOUILLET, IV, 159.) Madame de Morangiès fut admise aux honneurs de la cour en 1756.

Cette maison prouva sa filiation devant M. de Bezons, depuis :

I. Jean de Molette, qui avait eu quelque temps auparavant le château de la Garde-Guérin, brûlé par les Anglais, reçut en 1410 de Guillaume de Barusse, Sgr de Morangiès, donation de cette seigneurie à condition de prendre le nom et les armes de Morangiès

« d'azur du cor de chasse d'argent lié et enguiché de gueules; » il eut pour fils :

II. Jean de Molette, Sgr de Morangiès, ép. le 31 déc. 1444 Hélix de Grille de Volpillière, dont il eut :

III. Alzias de Molette, Sgr de Morangiès, capit. de lances du roi Charles VIII, avec lequel il entra à Rome, obtint du pape Innocent VIII, en considération de sa piété et de ses services, le droit de faire célébrer l'office divin partout où il se trouverait; il ép. le 30 avril 1487 Marguerite d'Hérail de Brisis, dont il eut:

IV. Louis de Molette, Sgr de Morangiès, chev. des ordres du roi, ambassadeur de Henri II près la Sublime Porte; écuyer du roi Charles IX par lett. pat. du 16 février 1565, ép. le 10 juin 1555 Françoise de Grimoard de Beauvoir du Roure, dont il eut : 1. Antoine qui suit; 2. Balthazar, commandeur de l'ordre de Malte; 3. et François qui a fait la Br. C.

V. Antoine de Molette, Sgr de Morangiès, chev. de l'ordre du roi, un de ses cent gentilshommes ordinaires, tué par les religionnaires en 1581 à la défense de la Garde-Guérin; ép. Marie de Naves, dont il eut :

VI. François de Molette, chevalier, marquis de Morangiès, baron de la Garde-Guérin, Villefort, etc., commis des nobles aux états particuliers du Gévaudan en 1613, premier chambellan de Gaston d'Orléans, père de Louis XIII le 8 janv. 1631, ép. Marie de Louet de Calvisson, dame de Saint-Alban, dont il eut :

VII. Charles de Molette, marquis de Morangiès, baron de la Garde-Guérin, Saint-Alban et des états de Languedoc, co-Sgr de Villefort, etc., bailli de Gévaudan et gouverneur de Marvéjols en 1665, ép. le 21 juin 1639 Marguerite-Felice de Montmorency, fille d'Annibal de Montmorency, dont il eut : 1. Charles qui suit; 2. Scipion; 3. Jacques-Louis, premier gentilhomme du prince de Conti; 4. Louis; 5. Annet, chev. de Malte, commandeur de Saint-Félix, mort gouverneur d'Orange; 6. Joseph; 7. Hyacinthe : maintenus dans leur noblesse par jugement souverain du 24 déc. 1668.

VIII. Charles de Molette, comte de Morangiès, marquis de Saint-Alban, baron de la Garde-Guérin, etc., fit la campagne de Hongrie contre les Turcs; bailli de Gévaudan et gouverneur de Marvéjols en 1686, commis des nobles en 1703, ép. Catherine-Gabrielle de la Fare, dont il eut :

IX. Charles-Auguste de Molette, comte de Morangiès, marquis de Saint-Alban, baron de la Garde-Guérin, etc., mousquetaire, capit. de cavalerie, puis colonel d'un régt de son nom, mourut au siége de Chiras en Italie; il avait ép. Françoise de Castanière de Châteauneuf, dont il eut :

X. Pierre-Charles de Molette, comte de Morangiès, marquis de Saint-Alban, baron de la Garde-Guérin, de Tournel, Allenc, co-Sgr de Serverette, maréchal de camp, après la bataille de Fontenoy, gouverneur de Minden, lieut. général, ép. le 31 déc. 1726 Louise-Claudine de Châteauneuf-Randon, héritière de sa branche et de la baronie de Tournel qui donnait entrée aux états de Languedoc; Pierre-Charles acquit en 1741 la baronie [de Canillac qui donnait également une entrée aux états, et fit transférer ce titre sur la terre de Saint-Alban; il eut de son mariage : 1. Jean-François qui suit; 2. Jean-Anne, chef de la Br. B.; 3. Léon-Adam, chev. de Malte; 4. Alexandre, grand vicaire de l'évêque d'Auxerre.

XI. Jean-François-Charles de Molette, comte de Morangiès, baron de Saint-Alban et des états de Languedoc, ép. Marie-Thérèse de Beauvilliers de Saint-Aignan, dont il eut :

XII. François-Paul de Molette, marquis de Morangiès, capitaine au régiment d'infanterie Languedoc, ép. Charlotte d'Agrain-des-Ubas, dont il eut :

XIII. François-Hippolyte-Charles de Molette, marquis de Morangiès, ép. en 1806 Marie-Marguerite de Langlade du Cheyla de Montgros.

Br. B. XI. Jean-Anne de Molette, vicomte de Morangiès, baron de Saint-Alban et des états de Languedoc, maréchal de camp, chevalier de Saint-Louis, ép. le 31 janv. 1781 Marguerite-Thérèse de la Vaissière de Cantoinet, dont il eut :

XII. Jean-Adam-Guillaume-Gustave de Molette, comte de Morangiès, ancien député de la Lozère; ép. le 18 juillet 1813 Marie-Albertine-Zoé de Regnault de Parcieu, dont il eut : 1. Adam qui suit; 2. Adélaïde-Marie-Angèle, mariée le 8 avril 1838 au prince Antoine de Galitzin.

XIII. Adam-François-Ernest de Molette, comte de Morangiès, ép. le 2 juillet 1840 Émilie-Jeanne-Renée de Chasteigner de la Chasteigneraie de la Roche-Posai.

Br. C. V. François de Molette de Morangiès, Sgr de l'Ombret et de Recours, fut père de : 1. Charles, Sgr de Plagnac, demeurant au Puy; 2. Antoine, Sgr de Provenchères, demeurant à la Garde-Guérin; 3. Hugues; 4. François : maintenus dans leur noblesse par jugement souverain du 24 déc. 1668.

386. MONTCALM-GOZON.

Écartelé au 1 et 4 d'azur à trois colombes d'argent posées 2 et 1; au 2 et 3 de sable à la tour d'argent, qui est de Montcalm; sur le tout de gueule à la bande d'argent bordée d'azur et une bordure crénelée d'argent, qui est de Gozon. DEVISES : *Mon innocence est ma forteresse*, qui est de Montcalm. — *Draconis extinctor*, qui est de Gozon.

La maison de Montcalm est originaire de Rouergue et connue depuis Simon de Montcalm, Sgr de Viala et de Cornus au diocèse de Vabres., qui fut père d'Heyral, Sgr du Viala, marié au mois de mars 1302 à Reveillade de Chavanon. Bernard , petit-fils d'Heyral, ép. Romaine de Follaquier, acquit la terre de Saint-Véran de la maison d'Armagnac, et fut père de Raimond, marié à Aigline de Michelis (MORÉRI, VII, 701. — LACH. DESB., X, 290. — P. ANSELME, IX, 424. — BARRAU, II, 691), qui testa étant veuve le 11 nov. 1457 en faveur de son fils qui fut

I. Jean de Montcalm, Sgr de Saint-Véran, Tournemire, Viala, etc., conseiller du roi et maître des requêtes de l'hôtel, ép. le 6 oct. 1438 Jeanne de Gozon, et en eut : 1. Guillaume qui suit; 2. Gui; 3. Gaillard, maître d'hôtel des rois Charles VIII et Louis XII, bailli de Marvéjols, capit. du château de Grèze, ép. le 20 janv. 1494 Marguerite de Joyeuse, qui apporta la terre de Candiac.

II. Guillaume de Montcalm, chevalier, Sgr de Saint-Véran, Tournemire, Viala, etc., juge-mage de Nîmes et lieut. gén. du sénéch. de Rouergue, ép. le 6 juill. 1479 Delphine de Bérenger de la Berthoulène, et en eut neuf enfants, entre autres : 1. Jean qui suit; 2. Jacques, chev. de Rhodes.

III. Jean de Montcalm, Sgr de Saint-Véran, Tournemire, Viala, Candiac, etc., juge-mage de Nîmes, conseiller au grand conseil, ép. le 28 fév. 1506 Florette de Sarrat, qui faisait partie de la cour de Marguerite, reine de Navarre, sœur de François Ier, et en eut :

IV. François de Montcalm, écuyer, Sgr de Saint-Véran, Candiac, Tournemire, Castellet, etc. ép. le 17 juill. 1546 Louise de Porcelet de Maillane; il en eut : 1. Honoré; 2. Daniel; 3. et

V. Louis de Montcalm, Sgr de Saint-Véran, Candiac, Tournemire, etc., ép. le 4 mai 1583 Marthe de Gozon, héritière de la branche aînée de cette maison, qui apporta en dot les Sgries de Mélac et Saint-Victor, à condition de prendre le nom et les armes de Gozon; de ce mariage :

VI. Louis de Montcalm-Gozon, Sgr de Saint-Véran, Mélac, conseiller en la chambre de l'édit de Castres, ép. le 27 mars 1610 Suzanne de Raspal, dont il eut :

VII. Louis de Montcalm-Gozon, Sgr de Saint-Véran, Candiac, Tournemire, Mélac, ép. le 24 nov. 1632 Jeanne de Calvet, et en eut : 1. Pierre, Sgr de Mélac et Candiac; 2. Louise; 3. Élisabeth ; 4. Gaspard; 5. Daniel ; 6. Maurice ; 7. et

VIII. Jean-Louis de Montcalm-Gozon, Sgr et baron de Saint-Véran, Mélac, etc., maintenu dans sa noblesse, avec ses frères, par jugement souverain du 28 déc. 1668 avait ép. le 26 janv. 1662 Judith de Valat, héritière d'une branche de la maison de Gabriac, dont il eut : 1. Jean-Louis-Pierre qui suit; 2. Louis-Daniel, qui a fait la Br. B. des barons de Gabriac.

IX. Jean-Louis-Pierre de Montcalm-Gozon *dit* le marquis de Mélac, Sgr de Saint-Victor, Gozon, Saint-Véran, Melvieu, Montredon, du Castellet, ép. le 17 nov. 1703 Magdeleine de Girard, dont i eut : 1. Louis, page du roi 1724, mort en 1726; 2. Albert-Déodat, dit le marquis de Gozon, mort à l'armée; 3. Jean-Paul-Joseph, capit. des vaisseaux du roi; 4. Claude-Gaspard, tué en 1748 au combat de l'*Étenduère*, contre les Anglais; 5. et

X. Louis-Jean-Pierre de Montcalm-Gozon, baron de Saint-Victor, capit. au régt d'Auxerrois, ép. en 1755 Marie-Élisabéth du Puy-Montbrun, dont il eut : 1. Jean-Paul-Joseph-François qui suit; 2. Déodat-Louis-Barthélemy, chev. de Malte; 3. Gabrielle-Magdeleine, mariée en 1788 à Jacques-Pierre-Alexandre d'Albis de Gissac.

XI. Jean-Paul-Joseph-François de Montcalm-Gozon, marquis de Montcalm-Gozon, Sgr de Saint-Victor, Gozon et Mélac, off. de la marine royale, chev. de Saint-Louis, député de la noblesse du Rouergue aux états généraux, ép. Anne-Sophie de la Jonquière, fille de l'amiral, dont il eut : 1. Charles qui suit ; 2. Pauline, mariée au comte d'Albaret, chambellan du roi de Sardaigne ; 3. Alexandrine, mariée au comte de Valpergue-Chevron.

XII. Charles-Amédée-Antoine-Joseph de Montcalm-Gozon, marquis de Montcalm-Gozon, officier supérieur, ancien chargé d'affaires, chev. de Malte, des ordres du Roi et de la Lég. d'honn., ép. en 1821 Zoé-Alexandrine-Auguste de Chastenet de Puységur, dont : 1. Clément-Jules-Dieudonné ; 2. Gabrielle-Marie-Adolphe, mariée en 1846 à Victor, comte de Montcalm-Gozon, son cousin.

Br. B. IX. Louis-Daniel de Montcalm-Gozon *dit* le marquis de Saint-Véran, Sgr de Candiac, Viala, Cornus, ép. le 30 avril 1708 Marie-Thérèse de Lauris de Castellane-d'Ampus, dont il eut : 1. Louis-Joseph qui suit; 2. Louise-Charlotte, mariée en 1734 à Gilbert de Massilian ; 3. Hervée-Macrine, mariée à Jean de Faret, marquis de Fournès, maréchal de camp.

X. Louis-Joseph de Montcalm-Gozon, marquis de Saint-Véran, lieutenant général des armées du roi, commandeur de l'ordre de Saint-Louis, tué glorieusement à Québec le 14 sept. 1759, avait ép. le 3 octobre 1736 Angélique-Louise Talon du Boulay, dont il eut : 1. Louis-Jean-Pierre-Marie qui suit; 2. Gilbert-François-Déodat, chev. de Malte, et quatre filles non mariées.

XI. Louis-Jean-Pierre-Marie-Gilbert de Montcalm-Gozon, comte de Montcalm, marquis de Saint-Véran, maréchal de camp, député de la noblesse de Carcassonne aux états généraux, ép. Jeanne-Marie de Lévis, dont il eut : 1. Louis-Hippolyte, maréchal de camp, chev. de Saint-Louis, off. de la Lég. d'honn., marié 1° à Armandine du Plessis-Richelieu, sœur du duc de Richelieu, ministre des aff. étrangères; 2° le 27 oct. 1849 à Marie-Augustine Benard, mort sans postérité de ces deux unions; 2. et

XII. Louis-Dieudonné de Montcalm-Gozon, comte, puis marquis de Montcalm à la mort de son frère aîné, maréchal de camp, aide de camp de S. A. R. Mgr le duc d'Angoulême, off. de la Lég. d'honn., ép. en 1819 Antoinette-Marie-Cécile de Sainte-Maure Montausier, dont : 1. André-Dieudonné-Victor, marié en 1846 à Gabrielle de Montcalm, sa cousine; 2. et Marie, alliée à Léon de Banne, comte d'Avéjan.

387. MONTLAUR, *alias* MONTLOR.

Au 1 contr'écartelé, au 1 et 4 des petits quartiers de sable à la croix vidée d'argent; au 3 d'argent au lion de gueule; au 2 des grands quartiers d'azur au griffon d'or, marchant des quatre pieds sur une branche de palmier de même mise en bande; au 3 de gueule à la bande d'argent chargée d'une tour d'azur cantonnée de quatre créneaux d'argent; au 4 contr'écartelé, au 1 et 4 des petits quartiers de sable à trois fleurs de lis d'or, 2 et 1; au 2 et 3 des petits quartiers d'argent au lion de sable; sur le tout d'or au cor d'argent lié de sable.

La maison de Montlaur, *alias* Montlor, qui possédait les terres de Montlaur, Vailhauquès et Murles dans les Cévennes, est une des plus anciennes du Languedoc. Elle a donné des évêques à Maguelonne et à Béziers dès le XIIIe siècle. Pons de Montlaur était prévôt de l'église de Maguelonne en 1079; Jean de Montlaur avait acquis une telle confiance dans le pays qu'il fut arbitre de tous les Sgrs de son diocèse; il mourut en 1195. Jean de Montlaur était prévôt de Maguelonne en 1227; autre Jean de Montlaur fut évêque de Maguelonne en 1234; Raymond de Vailhauquès, de la maison de Murles, était évêque de Béziers en 1242. (D'AIGREFEUILLE, *Hist. ecclés. de Montpellier*, 54, 192, 202.) Cette maison, éteinte de nos jours, prouva sa filiation devant M. de Bezons depuis 1286. Plusieurs de ses représentants ont pris part aux assemblées de la noblesse convoquées à Montpellier en 1789. La terre de Montlaur passa vers 1500 dans la maison de Bousquet.

I. N... de Montlaur, damoiseau, Sgr de Murles et de Vailhauquès, testa en 1286; il ép. Alajurie de Bressagues et fut père de

II. Raimond de Montlaur, Sgr de Montlaur, rendit hommage en 1347 et fut père de

III. Pierre de Montlaur, damoiseau, Sgr de Murles, chambellan du roi de Sicile, gouv. de Manfredoine 1384, fut père de

IV. Jean de Montlaur, Sgr de Murles, Cournonterrail, Grabels et Londres, eut pour fils

V. Jean de Montlaur, damoiseau, Sgr de Montlaur et de la Rouvière, ép. Isabeau de Thézan, dont il eut :

VI. Jean de Montlaur, Sgr de Murles et de la Rouvière, ép. le 17 janv. 1527 Marie de Saint-Félix, et il en eut :

VII. Jean de Montlaur, Sgr de Murles, chevalier de l'ordre du Roi, ép. 1° Marie de Montlaur; 2° N...; il eut de l'une ou l'autre femme

VIII. Claude de Montlaur, Sgr de Murles, capitaine de cent hommes d'armes 1593, ép. Jacqueline de Viri, et il en eut: 1. Jean, capit. de cent arquebusiers à cheval; 2. et

IX. François de Montlaur, Sgr et baron de Murles, capit. d'infant., gentilhomme ordinaire de la chambre du roi 1656, ép. le 1er nov. 1659 Françoise de Bon, et il en eut: 1. Philibert; 2. Gaspard; 3. Charles; 4. Philippe-Joseph : maintenus dans leur noblesse par jugement souverain du 17 déc. 1668.

Charlotte-Philiberte de Montlaur de Murles, ép. le 23 avril 1739 François-Alexandre d'Albenas, baron de Loupian.

Plusieurs membres de cette famille ont pris part aux assemblées de la noblesse de la sénéchaussée de Montpellier en 1789.

388. MONTREDON.

D'azur au lion d'or à la bordure componée d'argent et de sable.

Éléazar de Montredon est cité par D. Vaissette comme un des compagnons du comte de Toulouse. Ses armes figurent à la salle des Croisades. Le 10 août 1428 Guillaume de Tinières, vicomte de Narbonne, reçut un hommage de Garsinde, femme de Jean Cotellerii, pour le château de Montredon et ses appartenances sous l'albergue de deux cavaliers.

I. Pierre de Montredon, Sgr de Montredon, Escales, Sainte-Croix, Montpesat, Sgr direct de Murviel, ép. le 29 juill. 1545 Rolete de Jalenques, dont il eut :

II. Antoine-Jacques de Montredon, écuyer, Sgr de Montredon, ép. le 27 mars 1574 Louise de Laval, et il en eut :

III. Gabriel de Montredon, Sgr de Laval, D. de Narbonne, ép. le 7 juin 1609 Antoinette Boyer, dont il eut : 1. Gabriel, Sgr de Montredon ; 2. Jacques, Sgr de la Bastide : maintenus dans leur noblesse avec leur père, par jugement souverain du 11 nov. 1669.

389. MONTREDON.

Mêmes armes.

I. Jean de Montredon fut père de ·

II. Bernardin de Montredon, Sgr de Gasparet, ép. le 11 fév. 1446 Louise Dourlan, et il en eut : 1. Édouard qui suit ; 2. Guillaume, qui a fait la Br. B. ; 3. Antoine.

III. Édouard de Montredon, Sgr de Gasparet, rendit hommage en 1537 ; il eut pour fils :

IV. Jean de Montredon, Sgr de Gasparet, ép. le 28 déc. 1551 Marquise de Valat, dont il eut :

V. Gabriel de Montredon, Sgr de Gasparet, ép. le 11 mai 1599 Antoinette de Montesquieu, et il en eut :

VI. Jean de Montredon, Sgr de Gasparet, ép. le 5 juin 1625 Claire de Bedos, et il en eut :

VII. François de Montredon, Sgr de Gasparet, ép. le 19 avril 1655 Jeanne Dupois, et fut maintenu dans sa noblesse par jugement souverain du 13 janv. 1669.

Br. B. III. Guillaume de Montredon, ép. Françoise Darsse, et il en eut : 1. Jean qui suit ; 2. Pierre.

IV. Jean de Montredon, Sgr de Mathés, ép. le 6 oct. 1571 Marguerite de Hautpoul, dont il eut :

V. Balthazar de Montredon, Sgr de Mathés, fut père de

VI. Martin-Melchior de Montredon, demeurant à Sigean, D. de Narbonne, fut maintenu dans sa noblesse par jugement souverain du 20 sept. 1669.

390. MONTREDON.

Mêmes armes.

I. François de Montredon, Sgr de Mirabel, ép. Anne d'Hautpoul, dont il eut :

II. François de Montredon, Sgr de Montrabech, capit. d'une com-

pagnie de trente hommes, eut pour enfants : 1. Bernard qui suit ;
2. Henri ; 3. Claude ; 4. François ; 5. Charles.

III. Bernard de Montredon, Sgr de Montrabech, ép. le 9 janv. 1594
Éléonore de Ferrouil, et il en eut :

IV. Blaise de Montredon, Sgr de Montrabech et de Saint-Massal,
ép. le 20 fév. 1629 Marguerite de Chambert, dont il eut : 1. Marc-
Joseph, marié le 6 août 1663 à Anne-Françoise d'Auteserres ;
2. Charles, Sgr de Saint-Massal : maintenus dans leur noblesse par
jugement souverain du 12 déc. 1668.

391. MONTROND.

D'or au monde d'azur au chef cousu d'argent chargé, de deux croissants de gueule accostés de deux hermines de sable.

Pierre de Montrond se reconnut pour lui et pour ses successeurs le 13
juillet 1343, homme-lige de noble et puissant homme messire Léotard,
sire de Solompniac, chevalier, co-Sgr du château de Sainte-Agrève, en même
temps que Guigonne ou Guionne de Hérieux, sa femme, fit hommage à
ce chevalier pour les biens nobles qu'elle possédait dans le territoire de
Hérieux ou Montrond. (D'HOZIER, *Armor. gén.*, II, R. — LACH. DESB.
X, 637.)

I. Lambert de Montrond eut pour fils

II. Antoine de Montrond, ép. le 14 juin 1459 Marette de Pousols,
dont il eut : 1. Antoine qui suit ; 2. Pierre.

III. Antoine de Montrond, ép. 1° N... ; 2° Hélie de Chambarret ;
il eut pour enfants : 1. Jean ; 2. Agrève qui suit ; 2. autre Jean ;
3. Catherine, mariée à noble Pierre Botaud, en Auvergne.

IV. Agrève de Montrond, ép. Charlotte de Largier, dont il eut :
1. Joachim qui suit ; 2. Jeanne, mariée à Jean le More ; 3. Sébastienne, mariée à Henri de Mathias.

V. Joachim de Montrond, ép. le 8 sept. 1581 Catherine de Rivoire, dont il eut :

VI. Isaac de Montrond, Sgr du Serré et de Montrond, ép. le
1er mai 1603 Louise de Celier, dont il eut : 1. Denis qui suit ;
2. Claire, mariée à Pierre de Beaulx de Boislong.

VII. Denis de Montrond, Sgr de Montrond, D. de Viviers, ép.
1° le 12 sept. 1650 Esther d'Arbalestier ; 2° Cécile Escoffier ; il eut
du premier mariage : 1. Charles qui suit ; 2. Ale + andre, qui a fait
la Br. B. ; et du second : 3. Pierre ; 4. Isaac : maintenus dans leur
noblesse par jugement souverain du 16 déc. 1668.

VIII. Charles de Montrond, écuyer, Sgr de Montrond, de Villermas, lieut. de cavalerie au régt de Beaufort, ép. le 20 mai 1682 Marie de Charmesson de Beaulieu, dont il eut : 1. Jacques qui suit; 2. Jean, capit. d'inf. au service de la Sardaigne; 3. Jean-Raimond, marié à Magdeleine de Crouzas, dont : Jean-Jacques-Daniel; 4. François, capit. au service de la Sardaigne.

IX. Jacques de Montrond, écuyer, major d'infanterie au service de la Sardaigne, ép. le 20 déc. 1721 Marie-Louise de Loys de Chezeaux, d'une famille de Lausanne, dont il eut : 1. Charles-Jacques-Louis; 2. Marie-Françoise-Charlotte (1775).

Br. B. VIII. Alexandre de Montrond, écuyer, Sgr de Montrond et Villermas, ép. Catherine de la Pize, dont il eut : 1. Paul-Alexandre qui suit; 2. Suzanne.

IX. Paul-Alexandre de Montrond, écuyer, Sgr de Plandebaix, de la Bastie, de Villermas en Vivarais, ép. le 12 sept. 1718 Suzanne Eynard, dont il eut : 1. Pierre-Paul-Alexandre qui suit; 2. Pierre-Alexandre, chev. de Saint-Louis, lieut.-colon. de la légion royale; marié à Metz; 3. Paul, lieut. de dragons, marié à Metz.

X. Pierre-Paul-Alexandre de Montrond, Sgr de Montrond, Plandebaix et la Bastie, Villermas, major de la ville et tour de Crest en Dauphiné, ép. le 12 sept. 1744 Marie-Thérèse de Bacon de la Chevalerie, dont il eut : 1. Paul-Daniel; 2. François-Hector; 3. Claudine-Thérèse; 4. Claudine-Charlotte; 5. Marie-Anne-Jéronine; 6. Louise-Charlotte.

392. MONTAGNAC.

De sable au sautoir d'argent accompagné de quatre molettes d'éperon à six pointes de même. Cette maison a pris son nom d'une terre située près de Béziers en Languedoc. Bernard de Montagnac, nommé dans la chronique de Raimond d'Agiles parmi les chevaliers qui accompagnèrent le comte de Toulouse à la conquête de la terre sainte en 1096 appartenait à cette famille. Guillaume de Montagnac assista avec plusieurs Sgrs de Languedoc à une donation faite à l'abbaye de Valmagne 1174. A cette famille appartenait l'infortuné colonel de Montagnac, qui périt en Afrique il y a quelques années. (BOUILLET, IV, 174.)

I. Guillaume, Sgr de Montagnac, eut pour enfants : 1. Antoine qui suit; 2. autre Antoine; 3. et Gui.

II. Antoine de Montagnac eut pour fils : 1. Honoré; 2. et

III. Blaise de Montagnac, fut père de : 1. Eustache; 2. Raimond qui suit; 3. Mathelin, ép. le 4 fév. 1586 Jeanne de Mandagout, dont il eut : Jacques, marié le 16 sept. 1633 à Marie Galiciane, et maintenu dans sa noblesse par jugement souverain du 8 juill. 1669.

IV. Raimond de Montagnac fut père de : 1. Pierre qui suit ; 2 et de Jeanne.

V. Pierre de Montagnac eut pour fils : 1. Louis, conseiller au présidial de Béziers ; 2. Pierre : maintenus dans leur noblesse par jugement souverain du 8 juill. 1669.

393. MONTAGNE, *alias* MONTAIGNE.

D'azur au lion d'or armé et lampassé de même, couronné d'or à une couronne antique.

Étienne de Montaigne, Sgr de Puechvilla, et Jean son fils, conseiller du roi, lieut. principal civil et criminel en la sénéchaussée, gouvernement, siége et présidial de Montpellier, étaient issus d'ancêtres qui avaient eu des emplois très-considérables pendant plusieurs règnes, tant dans les armées que dans l'administration de la justice, et de la même famille de Michel de Montaigne, illustre par ses beaux écrits. (*Catalog. mss. des gentilsh. de la prov. de Languedoc.*)

Nous ne savons pas si le rédacteur du Catalogue s'est souvenu que le nom de l'auteur des *Essais* était Eyquem, et que l'immortel philosophe était né au château de Montaigne en Périgord et qu'il en avait pris le nom.

Chorier dit de son côté en 1671 : « Michel de Montaigne a égalé par ses ouvrages la gloire de ce nom à celle des plus célèbres. De Montagne, président en la cour des aides de Montpellier, Jacques de Montagne et Gabriel étaient frères. Jacques fut chassé du Velay où il habitait, par les factieux du parti de la Ligue, et Gabriel, commandant un vaisseau à la bataille de Lépante, si glorieuse aux chrétiens, y fit dignement son devoir. De Jacques est né Benjamin qui, ayant eu l'estime du connétable de Lesdiguières en divers emplois importants, a mérité d'être anobli par Louis XIII, et d'ailleurs ayant exercé durant plus de trente ans la charge de maître ordinaire en la chambre des comptes de Dauphiné ; le privilége de cette charge assure cet honneur à sa vertu et à sa famille ! » (CHORIER, III, 185.)

Moréri mentionne un président de Montpellier, du nom de Montagne, qui serait l'auteur d'une *Histoire de la religion et de l'état de la France, depuis la mort de Henri II jusqu'au commencement des troubles de* 1560, et il ajoute : « Il y a bien de l'apparence que l'auteur est Jacques de Montagne, né au Puy-en-Velay, reçu avocat général de la cour des aides de Montpellier en 1555, pourvu d'une charge de président et de garde des sceaux en la même cour en 1576. » La même année, il fit enregistrer en la chambre des comptes les lettres de noblesse qu'il avait reçues du roi Henri III. Il est qualifié président, garde du sceau à la cour des aides, maître des requêtes ordinaire de la reine mère et [du duc d'Alençon frère du roi. Il résigna son office de président à son fils Henri qui ne put y être reçu. (MORÉRI, VII, 680.)

I. Jacques de Montagne, avocat général en la cour des aides de Montpellier 1551, eut pour fils

II. Jacques de Montagne, maître des requêtes de l'hôtel de la reine mère du roi, président en la cour des aides de Montpellier 1575, obtint des lettres d'anoblissement le 25 fév. 1576, et eut pour fils

III. Henri de Montagne, conseiller au présidial de Montpellier, ép. le 21 avril 1598 Marie Gaillard, dont il eut :

IV. Étienne de Montagne, Sgr de Puechvilla, demeurant à Bé-

ziers, ép. le 18 fév. 1652 Anne de Geoffroi de Bousigues, dont il
eut :

V. Jean de Montagne, conseiller au présidial de Montpellier, ép.
le 2 déc. 1662 Marguerite Brouset : il fut maintenu dans sa noblesse
avec son père par jugement souverain du 12 sept. 1668, en conséquence des lettres d'anoblissement du 7 janv. 1576.

394. MONTAGNE, *alias* MONTAGNEC.

D'azur au sautoir d'or à une étoile de même en chef.

Guillaume de Montagne, Sgr de Villeneuve, D. du Puy, reçut une reconnaissance féodale le
21 juin 1531, fit une donation le 8 juin 1534, en faveur de Gabriel son frère, une investiture le
21 juin 1541, et transigea le 5 juill. 1548. (Marquis D'AUBAÏS, II, 394.)

I. Claude de Montagne, Sgr de Montiver, *alias* Montinet, ép.
Jeanne de Montiver, et il en eut : 1. Jean ; 2. et

II. Pierre de Montagne, Sgr de Montiver, ép. le 6 janv. 1566
Louise de Clavières, dont il eut : 1. Melchior qui suit; 2. Antoine.

III. Melchior de Montagne, Sgr de Montiver, ép. Françoise de
Pélissac, dont il eut :

IV. Claude de Montagne, Sgr de Montiver, ép. le 14 oct. 1608
Souveraine de Beaulieu, et il en eut : 1. Nicolas qui suit; 2. Gaspard, Sgr de Moulens, demeurant en Forez.

V. Nicolas de Montagne, Sgr de Montiver, y demeurant, D. du
Puy, ép. le 29 mars 1650 Jeanne Pinha, dont il eut : 1. Claude;
2. François; 3. Frédéric; 4. Florimond; 5. Gaspard ; 6. Jean;
7. Nicolas; 8. Antoine : maintenus dans leur noblesse avec leur
oncle Gaspard par jugement souverain du 4 sept. 1669.

395. MONTAGUT, *alias* MONTAIGU-BOUZOLS.

De gueules à la tour donjonnée d'argent de deux pièces l'une sur l'autre. Cette maison, que l'on croit être une branche de celle de Montaigu-Champeix, était connue en Vivarais dès l'an 1276, avec la qualification de chevalier. Montaigu-Champeix devait son nom à une terre située à peu de distance de la petite ville de Champeix en Auvergne. Guérin de Montaigu, qui paraît en être le premier auteur connu, vivait en 1166. Elle a donné un grand maître à l'ordre de Saint-Jean de Jérusalem 1208, et à l'ordre du temple 1210, douze chanoines-comtes de Brioude 1256-1655. Marguerite de Montaigu, héritière d'une branche de Montaigu-Champeix, ép. en secondes noces François Itier, Sgr de Georan en Vivarais, dont la succession passa en 1601 dans la maison de Mottier Champetières. (BOUILLET, IV, 183. — MORÉRI, VII, 682.) La filiation prouvée devant M. de Bezons commence à

I. Raimond de Montagut fut père de : 1. Laurent ; 2. et de

II. Jean de Montagut, qui eut pour fils : 1. Raimond qui suit ; 2. Christophe, lieut. général en Auvergne 1548.

III. Raimond de Montagut, fut père de : 1. Josué qui suit ; 2. et de Jean-Antoine, chev. de Malte, commandeur de Grandet 1625.

IV. Josué de Montagut, Sgr de Saint-Marcel, baron de Bouzols, capit.-lieut. au régt des gardes 1617, avait ép. le 22 mai 1602 Gasparde de Beaune, sœur et héritière de Christophe de Beaune, lieut. général du roi en Auvergne, dont il eut :

V. Joachim de Montaigu, marquis de Bouzols, vicomte de Beaune et de la Motte, comte d'Aps, Sgr de Domeirat et Saint-Julien, demeurant en son château de Bouzols, D. de Viviers, ép. 1° Marie de la Baume-Suze, sœur de l'évêque de Viviers ; 2° Lucrèce d'Ancezune de Caderousse ; il eut de sa première femme :

VI. Antonin-Henri de Montaigu, marquis de Bouzols, Sgr de Frémigères, maintenu dans sa noblesse par jugement souverain du 12 sept. 1668, ép. le 7 fév. 1662 Gabrielle de Beaufort-Montboissier-Canillac, dont il eut : 1. Louis-Joachim, vicomte de Beaune, lieut. général 1708, chev. du Saint-Esprit 1724, avait ép. 1° le 13 mai 1696 Marie-Françoise de Colbert de Croissy, 2° le 4 sept. 1726 Marie-Charlotte de Montmorency, mort sans postérité ; 2. Joseph qui suit ; 3. N., chev. de Malte.

VII. Joseph de Montaigu, comte de Bouzols, maréchal de camp 1719, ép. Jeanne-Henriette d'Aurelle de Colombines, dont il eut :

VIII. Joachim-Louis de Montaigu, marquis de Bouzols, maréchal de camp 1745, lieut. général au gouvernement de la basse Auvergne, ép. le 11 mars 1732 Louise-Anne de Fitz-James, dame du palais de la reine, dont il eut : 1. Joachim-Charles-Laure qui suit ;

2. Anne-Joachim, maréchal de camp 1781, commandeur de Saint-Louis.

IX. Joachim-Charles-Laure de Montaigu-Bouzols, vicomte de Beaune, lieut. général dans la basse Auvergne, ép. le 3 mars 1760 Marie-Hélène-Charlotte Caillebot de la Salle, dame du palais de a reine, dont il eut :

X. Joachim de Montaigu-Bouzols, ép. le 12 mai 1783 Anne-Paule-Dominique de Noailles.

396. MONTAIGUT.

D'or au taureau de gueule au chef endenté de trois pointes d'azur.

I. Étienne de Montaigut, compris dans le rôle des gentilshommes du ban de 1469, ép. Françoise d'Andréa, et il en eut :

II. François de Montaigut, ép. le 7 août 1518 Gilette de Passis, et il en eut : 1. Etienne qui suit; 2. Françoise.

III. Étienne de Montaigut, fut père de

IV. François de Montaigut, ép. le 5 fév. 1590 Jeanne de Carrion de Nisas, dont il eut :

V. Jean de Montaigut, baron de la Coste par lett. de nov. 1647, avait ép. le 23 avril 1631 Françoise de Larcare, dont il eut : 1. François qui suit; 2. Jacquette, mariée en 1661 à Henri de la Serre d'Aroux.

VI. François de Montaigut, Sgr et baron de la Coste, demeurant à Pézénas, ép. le 19 nov. 1656 Gabrielle de la Serre d'Aroux, et fut maintenu dans sa noblesse par jugement souverain du 17 janv. 1670.

Jean-François-Mathias-Guillaume-Marie de Guy-Villeneuve, maire de Narbonne de 1824 à 1830, dont la généalogie sera rapportée en son rang, ép. le 23 nov. 1819 Joséphine de Montaigut, dont postérité.

397. MONTAUD.

Burelé d'or et d'azur par dix burelles.

La maison de Montaud des barons de Lauris, originairement de la principale et de la plus illustre noblesse du Vivarais, s'est étendue en Languedoc, Auvergne, Provence et Paris; elle a été illustrée par les premières dignités de l'Église et de l'État. Jean de Montaud, qui a fait la branche de Provence, était fils de Jacques, petit-fils de Pierre, et de Jean qui se sont signalés dans plusieurs emplois aux guerres du roi Charles VIII. (MAYNIER, 200.)

On trouve dans le haut Languedoc une autre maison de Montault et Montaud, qui a donné des ducs et pairs, et un maréchal de France chevalier du Saint-Esprit. (LACH. DESB., X., 260.)

La maison de Montaud, du Vivarais, prouva sa noblesse depuis :

I. Antoine de Montaud, fut père de

II. Montaud de Montaud, ép. le 6 janv. 1534 Peironne de la Vernède, et il en eut :

III. Antoine de Montaud, ép. le 9 janv. 1576 Jeanne Beraud, dont il eut :

IV. Guillaume de Montaud, Sgr dudit lieu, D. de Viviers, ép. le 6 juill. 1612 Armande Lhostel, dont il eut : Jean, chanoine de Viviers, maintenu dans sa noblesse par jugement souverain du 10 déc. 1668.

398. MONTELS, *alias* MONTEIL.

D'azur au griffon d'argent, armé et lampassé de gueule, *alias* d'or trois bandes d'azur, qui est de Monteil ; écartelé, d'azur au griffon rampant d'argent armé, lampassé, becqueté et onglé de gueule, qui est du Port.

La maison de Monteil est originaire de Dauphiné. On trouve dans les archives de la chambre des comptes de cette province des actes originaux des années 1202, 1287, 1345 et 1462 qui établissent la descendance de Rolland premier de Monteil, d'Émido de Monteil du lieu de Serves, qualifié *dominus* dans l'acte de 1262 ; la possession continue des fiefs du Clos et des Lites à Serves en Dauphiné, depuis ledit Émido jusques à Antoine de Monteil, Sgr du Port-Saint-Vallier, qui forme le cinquième degré de la filiation prouvée devant M. de Bezons. Un arrêt de la chambre des comptes de Dauphiné du 4 mai 1759, reconnaît la descendance de MM. de Monteil, des anciens seigneurs du même nom de la province de Dauphiné. (*Proc.-verb. des états de Languedoc*, 27 nov. 1779.) Quelques auteurs prétendent que cette maison descend de l'ancienne et illustre famille des Adhémar de Monteil, dont les différentes branches possédaient par indivis la ville de Montélimart au XIe siècle, et a donné les premiers comtes de Valentinois et d'Orange. (LACH. DESB., X, 315. — MORÉRI, VII, 711.)·

I. Rolland de Monteil, damoiseau, ép. dame Arnaude, et testa le 31 août 1312 ; il eut pour fils

II. Raymond de Monteil, damoiseau, ép. dame Gayette, dont il eut :

III. Rolland de Monteil, ép. le 26 janv. 1375 Marguerite, dame du Port Saint-Vallier, dont il eut :

IV. Pons de Monteil, Sgr de Serves et de Saint-Vallier, ép. le 14 juill. 1401 Françoise de Curson, dont il eut : 1. Antoine qui suit ; 2. Guicharde, ép. le 3 juill. 1438 Jean Alleman, Sgr du Rivage.

V. Antoine de Monteil, Sgr du Port Saint-Vallier, ép. en 1438

Peironnette de Jay-Favette, des Sgrs de la Tour de Janissieu, en Dauphiné, dont il eut: 1. Mathieu qui suit; 2. Jacques; 3. Éloi.

VI. Mathieu de Monteil, damoiseau, ép. le 4 juillet 1486 Louise de Scey, dont il eut : 1. Joachim qui suit; 2. Amédée.

VII. Joachim de Monteil, écuyer, Sgr du Port Saint-Vallier, ép. le 19 mai 1517 Alix de Prunelé, dont il eut: 1. Amien qui suit; 2. Claude; 3. Jean; 4. Valentin.

VIII. Amien de Monteil, Sgr du Port Saint-Vallier et d'Ozon, ép. 1º Sidoine Baron, dame d'Ozon; 2º le 18 janv. 1579 Anne de la Font, dont il eut: 1. Jean qui suit; 2. Marie.

IX. Jean de Monteil, Sgr du Port Saint-Vallier et de la Maisonforte de Villette, gouverneur de Sainte-Agrève, rendit hommage à la maréchale d'Ornano en 1633 pour la Maisonforte de Villette, en Dauphiné, « par un baiser de paix et amour, comme se fait entre nobles; » il avait ép. le 1er fév. 1615 Diane de Planié de Chazotte, dont il eut : 1. Balthazar qui suit; 2. Louis, sieur de la Forêt, lieut. des chevau-légers d'une compagnie du régt de Bussy-Rabutin : maintenus dans leur noblesse par jugement souverain du 26 nov. 1668.

X. Balthazar de Monteil, Sgr de la Font, ép. le 6 janv. 1641 Françoise de Romanet de Beaudiné, dont il eut :

XI. Jean de Monteil, sieur de la Font, Sgr de Bavas, Saint-Quentin et Fauriès ou la Fauric, colonel d'un régt d'infanterie de son nom, ép. le 8 déc. 1669 Marie de Chambaud, dame de Bavas, dont il eut : 1. Pierre-Louis qui suit; 2. Marie-Françoise, alliée le 14 sept. 1700 à Eustache de Chanaleilles.

XII. Pierre-Louis de Monteil, marquis de Durfort, Sgr de Saint-Vincent, Saint-Cierge, Pransles, Bavas et Saint-Quentin, colonel d'infanterie, ép. le 28 janv. 1696 Antoinette de Mathias, dont il eut:

XIII. Balthazar-Aymar de Monteil, marquis de Durfort, Sgr du Pouzin, baron du Lac, D. de Narbonne ; ép. le 4 nov. 1715 Marie-Françoise Faure de la Farge, dont il eut : 1. Charles-François-Just, qui suit ; 2. Anne-Antoine, qui a fait la Br. B.; 3. François-Louis, chevalier de Monteil, chef d'escadre des armées navales, chevalier de Saint-Lazare et de N. D. du Mont-Carmel, marié à N... de Sabran; 4. N..., vicomte de Monteil, capitaine, colonel des Suisses de la garde de Mgr le comte d'Artois, Sgr du Lac, Ville-Falze, Mattes, Roquefort et Montpezat, ép. N... de Lévis-Mirepoix.

XIV. Charles-François-Just de Monteil, marquis de Monteil, baron du Lac, maréchal des camps et armées du roi, ambassadeur de France en Pologne, ép. à Versailles, en présence de leurs Majestés et de la famille royale, le 16 fév. 1762, Charlotte-Philippe de Malon de Bercy, fille de Nicolas-Charles, rapporteur du point d'honneur au tribunal des maréchaux de France.

Br. B. XIV. Anne-Antoine de Monteil, comte de Monteil, lieut. pour le roi au gouvernement de Narbonne et commandant en ladite ville, capitaine au régt de Picardie, porteur de la procuration de M. le vicomte de Bernis, baron de Pierre-Bourg, aux états de Languedoc de 1779.

399. MONTELS, *alias* MONTEIL.

De gueule à deux chevrons d'argent accompagnés d'un croissant de même en pointe, au chef d'or chargé de deux molettes d'éperon de gueule.

I. Claude de Courssas, *alias* Corsas, fut père de

II. Christophe de Corsas, dénombra le 24 oct. 1541; il eut pour enfants : 1. Just qui suit ; 2. Jeanne, qui ép. Paul de Burine.

III. Just de Monteil, dit de Corsas, ép. le 17 nov. 1555 Catherine de Robiac, dont il eut :

IV. Christophe de Monteil, Sgr de Corsas et des Allemans, ép. le 26 mai 1604 Jeanne Giouran, et il en eut :

V. François de Monteil, Sgr de Corsas, D. de Viviers, ép. le 29 juill. 1627 Isabeau de la Batie, dont il eut:

VI. François de Monteil, ép. le 7 juin 1660 Catherine Lheiglé, et fut maintenu dans sa noblesse avec son père par jugement souverain du 25 nov. 1668.

N... de Monteil de Corsas, ép. vers 1680 Balthazar du Pont de Munas, capit. d'infanterie, mort sans postérité.

400. MONTELS.

D'azur à deux chevrons d'or.

I. Denis de Montels, Sgr de Fabrezan, fut père de

II. Arnaud de Montels, co-Sgr de Fabrezan, ép. le 24 mai 1565 Marguerite Girard, et il en eut :

III. Constantin de Montels, Sgr de Fabrezan, ép. le 22 janv. 159 Suzanne de Montredon, et il en eut :

IV. Gabriel de Montels, ép. le 27 nov. 1623 Anne de Chambert, et il en eut : 1. Charles, demeurant à Lésignan, D. de Narbonne ;

2. Melchior: maintenus dans leur noblesse par jugement souverain du 6 déc. 1668.

401. MONTENARD, *alias* MONTEYNARD.

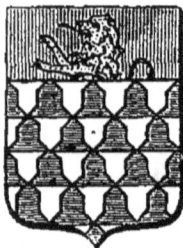

De vair au chef de gueule chargé d'un lion naissant d'or lampassé de même. DEVISE : *Potius mori.*

Montainard est une paroisse du Dauphiné, dans le diocèse et à quatre ieues au sud de Grenoble, possédée dès l'an 965 par la maison des Aiuards qui, dans le XV⁵ siècle, prit le nom de Montainard, *alias* Monteynard et Montenard. Elle subsistait au milieu du XVIII⁵ siècle dans les deux branches du marquis de Montfrin en Languedoc, et du marquis de Montainard, de Grenoble. Cette maison remonte sa filiation à Rodolphe, un des Seigneurs de Dauphiné, qui suivirent Isarn, évêque de Grenoble, dans l'expédition qu'il entreprit pour chasser les Sarrasins des terres de son diocèse vers 965. (MORÉRI, VII, 684. — LACH. DESB., X, 222. — CHORIER, III, 387. — VALBONNAIS, *Hist. du Dauphiné,* II, 337.)

Une branche de cette maison, connue sous le nom des Sgrs de Marcieu, s'éteignit en 1622 dans la maison d'Emé de Saint-Julien, par le mariage de Virginie de Montainard avec Ennemond-Emé de Saint-Julien, dont le fils Gui-Balthazar obtint l'érection de ses terres en marquisat, sous le nom de Boutières.

Une autre branche, connue sous le nom des Sgrs de la Tour, s'éteignit en 1627 dans la maison de la Vergne de Tressan, par le mariage de Louise de Montainard, mariée le 27 fév. 1627 à François de la Vergne, Sgr de Tressan et de l'Estang, lieut.-col. de Madame royale de Savoie.

La maison de Monteynard a été admise aux honneurs de la cour en 1789; ses armes sont à la salle des Croisades. Elle prouva sa noblesse devant M. de Bezons, depuis :

I. Raimond de Montenard ép. 1° Marie d'Arcel ; 2° Claudette Bérenger du Ga ; il eut quinze enfants de ses deux femmes, entre autres :

II. Hector de Montenard, chevalier, Sgr de Chalancon, chambellan de France, ép. le 24 juillet 1487 Marguerite Paléologue de Montferrat, dont il eut : 1. Louis qui suit; 2. Laurent, auteur de la branche de Marcieu ; 3. Jean-Jacques, auteur de la branche des Sgrs de Beaulieu, en Auvergne.

III. Louis de Montenard, chevalier, Sgr de Montenard, Largentière et Chalancon, ép. le 19 juill. 1519 Magdeleine Albaron de Montfrin, dite Alleman, nièce, par sa mère, du cardinal François de Clermont, archevêque d'Avignon, légat *a latere* de S. S. ; il eut de son mariage : 1. François qui suit ; 2. Louis qui a fait la Br. B.

IV. François de Montenard, Sgr de Montenard, Largentière et Chalancon, chev. de l'ordre du Roi 1568, ép. Louise Alleman, dame de Taulignan, dont il eut : 1. Charles qui suit; 2. Jeanne, mariée à Alexandre Alleman, Sgr de Pasquiers, au dioc. de Grenoble.

V. Charles de Montenard, Sgr de Montenard, Chalancon, Largentière, Taulignan, chev. de l'ordre du Roi, ép. Hilaire d'Hostun

Gadagne, dont il eut : 1. Louise, mariée à Louis de Simiane ; 2. Jeanne, mariée à François de Grolée de Viriville.

Br. B. IV. Louis de Montenard, Sgr de la Pierre, chev. de l'ordre du Roi 1572, ép. Charlotte de Brotin, dont il eut : 1. Marius qui suit 2. Gabriel; 3. Bertrand ; 4. Catherine, 5. Anne.

V. Marius de Montenard, baron de Montfrin, par donation de Marguerite d'Arpajon, sa cousine, chev. de l'ordre du roi, maréchal de camp, ép. Joachine Cot, dont il eut : 1. François qui suit ; 2. Jean, Sgr de Lussan, ép. le 21 mars 1641 Suzanne Rivière, et fut maintenu dans sa noblesse par jugement souverain du 1er juill. 1669.

VI. François de Montenard, Sgr et baron de Montfrin, D. d'Uzès, ép. le 16 sept. 1606 Marguerite de Gondin, dont il eut :

VII. Hector de Montenard, marquis de Montfrin par lett. pat. de mars 1652, maréchal de camp 1652, sénéchal de Beaucaire et de Nîmes 1653, ép. 1° le 6 avril 1638 Françoise de Nagu-Varenne ; 2° le 14 août 1653 Marguerite-Christine de la Gorce, dame de Saint-Privat, veuve de Henri de Faret : il fut maintenu dans sa noblesse par jugement souverain du 1er juill. 1669 ; il eut de ce second mariage :

VIII. François de Montenard, marquis de Montfrin, baron de la Pierre, grand sénéchal de Beaucaire et de Nîmes, ép. le 21 janv. 1699 Louise de Louet de Nogaret de Calvisson, dont il eut :

IX. Joseph de Montenard, marquis de Montfrin, conseiller du roi, grand sénéchal de Beaucaire et de Nîmes, ép. le 9 juin 1732 Diane-Henriette de Baschi d'Aubaïs, dont il eut :

X. François de Montenard, comte de Montfrin, brigadier des armées du roi, lieut. général, gouverneur de la province de Bourgogne, ministre plénipotentiaire à Cologne , ép. le 21 juin 1756 Henriette-Lucie-Magdeleine de Baschi de Saint-Estève, dont il eut :

XI. Hector-Joseph de Montenard, marquis de Montenard, né en 1770, admis aux honneurs de la cour en 1789, maréchal de camp, gentilhomme de la chambre du roi 1820, pair de France 1827, av. ép. le 17 août 1810 Clémentine-Henriette-Philippine de Dreux-Brézé, dont il eut : 1. Henri-Raimond qui suit; 2. André-Aténulfe, marié le 24 avril 1843 à Amicie de Chaponay; 3. Paul-Charles.

XII. Henri-Raimond de Montenard, marquis de Montenard, ancien sous-lieutenant des chasseurs de la garde royale, ép. le 12 sept. 1832 Marie-Anne-Antoinette le Cornu de Balivière, dont il eut : 1. Hector-François-Rodolphe; 2. Marie-Humbert; 3. Louis-Albert.

402. MONTOLIEU.

Fascé d'or et d'azur de six pièces.

Il résulte d'un mémoire produit par M. le baron de Montolieu devant les états de Languedoc le 16 déc. 1780, que Guillaume de Montolieu, damoiseau, chef de cette maison, vivait en 1109.

Jean de Montolieu vivant en 1480, était père de Jacques de Montolieu qui ép. en 1488 Antonie Delom, dont il eut Guillaume, auteur de la filiation authentique prouvée devant M. de Bezons. *(Proc.-verb. des états de Languedoc, 1780.)*

La généalogie de cette maison a été donnée par Robert de Briançon, depuis Giraud de Montolieu, père dudit Guillaume, vivant en 1109. Elle serait originaire de la Provence. L'auteur de la filiation prouvée devant M. de Bezons descendrait de Giraud au XIIe degré. (LACH. DESB., X, 434.) Jacques de Montolieu, tué à la bataille de Novare, avait ép. en 1488 Antoinette Delom de Bussas, dont il eut :

I. Guillaume de Montolieu, écuyer, Sgr de Saint-Hippolyte de Caton, ép. le 1er janv. 1541 Antonie de Vergèzes, dont il eut : 1. Antoine qui suit ; 2. Isabeau.

II. Antoine de Montolieu, Sgr de Saint-Hippolyte de Caton, ép. le 21 janv. 1582 Suzanne du Puy, dont il eut : 1. Claude qui suit ; 2. David, qui a fait la Br. B. ; 3. Pierre ; 4. Jacques.

III. Claude de Montolieu, Sgr de Saint-Hippolyte, capit. d'infant., ép. en 1624 Catherine de Saurin, dont il eut : 1. Pierre qui suit ; 2. Louis, Sgr de la Coste, lieut. au régt d'Auvergne ; 3. Jacques, Sgr de Montredon ; 4. Aimar, Sgr de Montussargues : maintenus dans leur noblesse par jugement souverain du 24 janv. 1669.

IV. Pierre de Montolieu, Sgr de Saint-Hippolyte, ép. le 11 fév. 1661 Jeanne de Froment, dont il eut : 1. Claude, émigré en Hollande pour cause de religion ; 2. Théophile qui suit ; 3. Jacques ; 4. Louis, général major des armées du roi de Prusse ; 5. David, général de bataille des armées de Sardaigne ; 6. Aymar, conseiller de cour en Prusse.

V. Théophile de Montolieu, Sgr de Saint-Hippolyte, de Saint-Jean de Ceirargues, de Teillan, capit. au régt de Normandie, ép. en 1695 Anne de Bornier, dame de Teillan, dont il eut : 1. Charlotte, mariée le 27 déc. 1762 à Pierre-Melchior d'Adhémar ; 2. Jeanne, mariée le 29 nov. 1760 à Pierre-Gaspard de Pandin de Biarges.

Br. B. III. David de Montolieu, Sgr de Méjanes, maintenu dans sa noblesse par jugement souverain du 3 déc. 1669, ép. Marie d'Audibert de Lussan, dont il eut :

IV. Antoine de Montolieu, écuyer, Sgr de Méjanes, ép. le 13 juill. 1669 Marguerite de Robert, dont il eut :

V. Pierre-Céphas de Montolieu, chevalier, qualifié marquis de

Montolieu, Sgr de Méjanes, lieut. colon. des grenadiers de France, chev. de Saint-Louis, ép. le 2 avril 1737 Élisabeth de Cantiteau, dont il eut :

VI. Jean-Jacques-Victor de Montolieu, baron de Montolieu, colon. d'infant., chev. de Saint-Louis, envoyé de la baronie de Ganges aux états de Languedoc en 1780; avait ép. le 25 juin 1772 Marie-Victoire d'Hautefort.

403. MONTOLIEU.

D'or à l'arbre arraché de sinople posé sur un tertre de même, parti d'or au rocher de sinople.

I. Antoine de Montolieu, ép. le 4 janv. 1504 Gaillarde Peresse, dont il eut : 1. Antoine qui suit; 2. Claude; 3. Jean.

II. Antoine de Montolieu, ép. 1° le 20 sept. 1533 Gabrielle Vilade; 2° Galéane d'Adhémar; il eut de sa première femme : 1. Louis qui suit; 2. Antoine; 3. Étienne; et de la seconde, 4. Guillaume, marié en 1609 à Gabrielle d'Agde; 5. Jean, qui a fait la Br. B.; 6. Antoine, qui a fait la Br. C.

III. Louis de Montolieu, ép. le 20 fév. 1585 Marthe de la Roque, et il en eut : 1. Louis qui suit; 2. Pierre; 3. Jacques.

IV. Louis de Montolieu, Sgr de Montmiral, ép. le 16 sept. 1631 Jeanne Malechanne, et il en eut : 1. Annibal; 2. Antoine : maintenus dans leur noblesse avec leur père par jugement souverain du 7 nov. 1669.

Br. B. III. Jean de Montolieu, ép. le 6 août 1609 Marie Rouvière, dont il eut :

IV. Hercule de Montolieu, Sgr de Lanssire, ép. le 8 mars 1659 Marie Durant, et fut maintenu dans sa noblesse par jugement souverain du 7 novembre 1669.

Br. C. III. Antoine de Montolieu, ép. le 8 nov. 1602 Diane de Jardin, dont il eut : Jean, marié le 8 déc. 1635 à Jeanne Sabatier, demeurant à Castries, D. de Montpellier, maintenu dans sa noblesse par jugement souverain du 7 nov. 1669.

404. MORETON DE CHABRILLAN.

D'azur à une tour crénelée de cinq pièces, sommée de trois donjons, chacun crénelé de trois pièces, le tout d'argent maçonné de sable, à la patte d'ours d'or mouvant du quartier sénestre de la pointe et touchant la porte de la tour. DEVISE : *Antes quebrar que doblar, Plutôt rompre que ployer*.

La maison de Moreton de Chabrillan est une des plus anciennes du Vivarais et de la province de Dauphiné. Guigues de Moreton fit partie de la croisade de Philippe-Auguste, ainsi qu'il résulte d'un acte d'emprunt sur parchemin de juin 1191, fait à des marchands génois, par Guigues de Moreton et plusieurs autres gentilshommes au camp devant Acre, et conservé dans les archives de cette maison. Ses armes ont été placées dans la salle des croisades du musée de Versailles.

Guillaume de Moreton, Sgr de la Palud, dont la postérité se continue jusqu'à nos jours, vivait l'an 1250. (CHORIER, III, 396.) Un travail généalogique contenant l'histoire de cette maison depuis 1250 jusqu'au 12 août 1518, et que nous avons eu entre les mains, a été dressé par Jean de Jarsains ; il était connu du marquis d'Aubaïs qui le cite I, 252-253 ; il servit à d'Hozier pour établir les *Preuves de cour* 1765, et de l'ordre de Saint-Lazare 1783, de la maison de Chabrillan. Maintenue dans sa noblesse en Dauphiné par M. du Gué, et en Languedoc par M. de Bezons, cette maison prouva sa filiation devant ces deux intendants depuis François de Moreton ; elle avait déjà contracté des alliances avec les maisons de Montoison 1250 ; Pierrelatte 1340 ; la Gorce 1349 ; Chavanon 1361 ; Roynac 1362 ; Audigier 1391 ; Maillan 1403 ; Flandrin 1417 ; Aloïs de Vassieux 1410.

I. **François de Moreton**, Sgr de Chabrillan, co-Sgr de Châteauneuf de Mazenc et de la Bastie-Roland, ép. en 1506 Dauphine de Seytres, dont il eut : 1. Charles, homme d'armes de la compagnie du chevalier Bayard ; 2. Christophe, chev. de Malte 1535 ; 3. Sébastien qui suit ; 4. François, chev. de Malte 1546.

II. **Sébastien de Moreton de Chabrillan**, chevalier, Sgr de Chabrillan, de Châteauneuf et de la Bastie, etc., chev. de l'ordre du Roi, gentilhomme ordinaire de la chambre du roi et capit. des gardes de la porte de S. M., ép. le 1er août 1563 Louise du Moulin, dont il eut : 1. François, mort sans postérité ; 2. Jacques qui suit ; 3. Louise, mariée 1° à Antoine-François de Clermont de la Roche Montoison; 2° à Hercule de Tholon de Sainte-Jaille.

III. **Jacques de Moreton de Chabrillan**, chevalier, Sgr de Chabrillan, de Ponet, de Roche, etc., mestre de camp de huit compagnies, ép. le 17 janv. 1595 Guigonne d'Urre, dont il eut : 1. Antoine qui suit ; 2. Charles, qui a fait la Br. C. ; 3. Antoine, chev. de Malte 1621, grand prieur de Saint-Gilles 1652, et sept filles, dont la plus jeune, Laurence, ép. le 29 mars 1639 Gabriel d'Angerès, Sgr du Mein.

IV. **Antoine de Moreton de Chabrillan**, chevalier, Sgr de Chabrillan, de Saint-Gervais, de Choméane, etc., gentilhomme ordinaire de la chambre du roi 1621, syndic de la noblesse de la province de

Dauphiné, maintenu dans sa noblesse par jugement souverain de M. du Gué, intendant de Dauphiné, ép. le 6 fév. 1628 Isabeau de Chaponay, dont il eut, entre autres enfants : 1. Laurent, capitaine d'une compagnie, tué au siége de Pavie ; 2. Joseph qui suit ; 3. Claude, chev. de Malte 1664, bailli de Chabrillan.

V. Joseph de Moreton de Chabrillan, chevalier, marquis de Chabrillan par lett. pat. du mois d'octobre 1674, enregistrées au parlement de Grenoble le 18 juillet 1676, à la chambre des comptes 27 juill. 1676, et au bureau des finances 15 janv. 1677, lieutenant du roi en Valentinois 1692, avait ép. le 20 nov. 1668 Antoinette de Vichy, dont il eut : 1. Antoine qui suit ; 2. Bertrand, page du grand maître de Malte 1682, commandant de Salins 1695 ; 3. Joseph, page du grand maître de Malte 1684, colonel du régt de Chabrillan, tué à la bataille d'Hochstædt en 1704 ; 4. Claude, chev. de Malte ; 5. Dominique-Antoine, chev. de Malte, tous les deux capit. au régt de Chabrillan, tués à Hochstædt.

VI. Antoine de Moreton de Chabrillan, marquis de Chabrillan, Sgr de Choméane, Saint-Gervais, etc., page du roi 1685, capit. d'une compagnie, lieutenant du roi en Dauphiné, ép. le 30 mai 1698 Antoinette de Grolée-Viriville, dont il eut : 1. François-César qui suit ; 2. Antoine-Apollinaire, chev. de Malte 1709, grand-croix, et bailli de Manosque 1783 ; 3. Joseph, chev. de Malte, 1711, colonel d'un régt de grenadiers royaux, brigadier de dragons 1759 ; 4. Louis, chevalier de Malte 1713, commandant de Sainte-Luce 1776, major commandant pour le roi à Montélimar 1787 ; 5. Anne, mariée le 25 janv. 1725 à Jacques d'Hilaire, marquis de Jovyac.

VII. François-César-Guigues de Moreton, marquis de Chabrillan, Sgr de Saint-Gervais, d'Ourches, Dieu-le-Fit, etc., maréchal de camp 1748, chev. de Saint-Louis, se distingua aux batailles de Fontenoy et de Raucoux, fit ses preuves de cour, et eut l'honneur de monter dans les carrosses du roi 1767 ; il avait ép. 1° le 4 juillet 1727 Marguerite-Charlotte de la Fare ; 2° le 1er février 1738 Marie-Catherine-Louise d'Astuaud de Murs, dont il eut, entre autres enfants : 1. Joseph-Dominique qui suit ; 2. Françoise, mariée à Camille de Serre-Saulnier, marquis de Gras ; 3. Jacqueline, mariée à Pierre-Paul-Antoine de Gras, marquis de Preigne.

VIII. Joseph-Dominique-Guigues de Moreton, marquis de Chabrillan, Sgr de Saint-Gervais, d'Ourches, de Dieu-le-Fit, etc., chev. de Saint-Lazare 1783, maréchal de camp 1784, avait ép. le 18 nov. 1776 Innocente-Aglaé de Vignerot du Plessis Richelieu d'Aiguillon, dont il eut : 1. Hippolyte-César qui suit ; 2. Pierre-Charles-Fortuné, qui a fait la Br. B.; 3. Louis-Armand-Casimir-François-Marie, chev. de Malte 1778.

IX. Hippolyte-César-Guigues de Moreton, marquis de Chabrillan, premier écuyer de madame la comtesse d'Artois, eut l'honneur de monter dans les carrosses du roi 1789, capit. de carabiniers, chev. de Saint-Louis 1814, lieut.-col. en 1816, député de la Drôme en 1815, 1816 et 1824, gentilhomme de la chambre du roi en 1824, décédé à Paris le 16 oct. 1835. Il avait ép. le 18 fév. 1784 Antoinette-Françoise-Marie Nonpar de Caumont-la-Force, dont il eut : 1. Alphonse-Hippolyte, sous-lieut. de carabiniers, mort de ses blessures en Russie pendant la campagne de 1812; 2. Amédée-Luc-Victor, mort à Barcelone en 1794; 3. Alfred-Philibert-Victor qui suit ; 4. Joséphine-Marie-Zoé, mariée au comte de Belbeuf; 5. Fortunée-Louise-Malvina, mariée au comte de Masin de Bouy; 6. Aimée-Sophie-Léontine-Guigues.

X. Alfred-Philibert-Victor-Guigues de Moreton, marquis de Chabrillan, pair de France 1823, ép. le 28 avril 1823 Marie-Magdeleine-Charlotte-Pauline de la Croix de Chevrières de Saint-Vallier, dont : 1. Louis-Hippolyte-René-Guigues, marié le 2 mai 1854 à Marie-Séraphine de la Tour du Pin-Montauban et de Soyans ; 2. Paul-François-Guigues, né le 26 mars 1826; 3. Louise-Françoise-Eulalie, mariée le 27 mars 1851 à Raimond-Philippe, vicomte d'Agoult; 4. Marie-Fortunée-Marguerite, née le 30 sept. 1837.

Br. B. IX. Pierre-Charles-Fortuné-Guigues de Moreton, comte de Chabrillan, chev. de Malte en 1771, commandeur de Ballisy sans avoir fait de vœux, eut l'honneur de monter dans les carrosses du roi le 17 fév. 1789, colonel de cavalerie et chev. de Saint-Louis 1815; il avait ép. en 1794 Charlotte-Robertine Coustard, dont il eut :

X. Charles-Fortuné-Jules-Guigues de Moreton, comte de Chabrillan, chef d'escadron, chev. de la Lég. d'honn., ép. le 27 fév. 1826 Joséphine-Philis-Charlotte de la Tour du Pin de Gouvernet de la Charce, dont : 1. Hippolyte-Camille-Fortuné-Guigues, né le 11 sept. 1828; 2. Louis-Robert-Fortuné-Guigues, né le 6 janvier 1832.

Br. C. IV. Charles de Moreton de Chabrillan, chevalier, Sgr de la Motte-Chabrillan, commandant un régt de son nom, ép. le 29 mars 1639 Marie d'Angerès, dame du Mein, de Bruzon, d'Alègre, de Saint-Jean-le-Centenier, en Vivarais, dont il eut : 1. Gabriel qui suit; 2. Laurent, qui a fait la Br. D.

V. Gabriel de Moreton de Chabrillan, chevalier, Sgr de la Motte-Chabrillan, du Mein, de Bruzon, etc., maintenu dans sa noblesse en

Dauphiné par jugement souverain de M. du Gué du 9 août 1668, et en Languedoc, par jugement souverain de M. de Bezons du 14 fév. 1671, ép. le 16 août 1689 Anne de Fay de Villiers, dont il eut, entre autres enfants : 1. Charles-Gabriel qui suit; 2. André-Gabriel, chanoine de Saint-Pierre de Vienne ; 3. Louise-Marguerite, mariée à Alexandre-François de Jacquemont du Mouchet.

VI. Charles-Gabriel de Moreton de Chabrillan, chevalier, Sgr du Mein, de la Motte-Chabrillan, etc., ép. le 25 nov. 1736 Marie-Anne-Nicole de Sainte-Colombe de l'Aubépin, dont il eut : 1. Benoît-Marie qui suit; 2. Charles-Alexandre, chev. de Malte 1774, major de marine; 3. Diane-Marie, chanoinesse; 4. Marie-Henriette, chanoinesse; 5. Marie-Hilaire, chanoinesse; 6. Marie-Hélène, mariée en 1771 à Ignace de la Fayolle de Mars.

VII. Benoît-Marie de Moreton, baron de Moreton de Chabrillan, Sgr du Mein et de Bruzon, maréchal de camp 1815, chev. de Saint-Louis, ép. le 3 mai 1778 Antoinette-Charlotte de Lonlay de Villepail, dont il eut : 1. Henri-Marie qui suit; 2. Charles-Alexandre-Henri, chevalier de Malte 1783 ; 3. Jules-Édouard, chev. de Malte 1785, lieut. de cuirassiers, mort de ses blessures pendant la campagne de Russie 1812; 4. Louise-Claudine, mariée en 1808 à Gabriel-César de la Fayolle de Mars.

VIII. Henri-Marie de Moreton, baron de Moreton de Chabrillan, garde du corps du roi au grade de capitaine, compagnie de Luxembourg 1822, fit la guerre d'Espagne 1823-1824, décoré de l'ordre royal et militaire de Saint-Ferdinand de première classe, décédé en 1857; ép. le 2 oct. 1825, à Guadalaxara, Marie-Thérèse-Manuelle de Rodriguez, dont : 1. Charles-Alexandre, né à Paris le 7 juill. 1827 ; 2. Marie-Thérèse-Henriette, mariée le 17 mai 1851 à Joseph de Raimondi.

Br. D. V. Laurent de Moreton de Chabrillan, chevalier, Sgr de Saint-Jean-le-Centenier, de Boisson, etc., maintenu dans sa noblesse par jugement souverain du 9 août 1668 par M. du Gué, intendant de Dauphiné, et du 14 janvier 1671 par M. de Bezons, intendant de Languedoc, ép. le 1er sept. 1683 Marguerite de Rosel de Servas, dont une branche établie en Angleterre est aujourd'hui représentée par lord Russell, dont il eut, entre autres enfants : 1. Charles qui suit; 2. Laurent-Henri, capit. au régt de Bauffremont, chev. de Saint-Louis; 3. Louis-Joseph-Henri, chev. de Malte, lieut.-col. des grenadiers de France.

VI. Claude de Moreton, comte de Moreton-Chabrillan, chevalier, Sgr de Boisson, de Saint-Jean-le-Centenier, etc., capit. de cavalerie, ép: le 25 mai 1727 Marie de Verdelhan des Fourniels, dont il eut : 1. Jacques-Aimar-Henri qui suit; 2. Jeanne-Marie-Louise; mariée 1º à N... de Boucaud; 2º en 1772 au comte de Bourbon-Busset; et trois autres filles religieuses.

VII. Jacques - Aymard-Henri de Moreton; comte de Moreton Chabrillan, Sgr de Boisson, de Saint-Jean-le-Centenier; etc., lieut. général 1782, capit. des gardes de *Monsieur* 1770, chev. de Saint-Louis, commandeur de Saint-Lazare 1779; il avait ép. le 1er mars 1752 Bathilde-Magdeleine-Félicité de Verdelhan des Fourniels, sa cousine germaine, dont il eut :

VIII. Jacques-Henri-Sébastien-César de Moreton Chabrillan; général de brigade 1788; chev: de Saint-Louis, ép. le 13 avril 1779 Marie-Élisabeth-Olive Frottier de la Coste-Messelière, dont il eut : 1. Aimé-Jacques-Marie-Constant qui suit; 2. César - Louis-François; 3: Marie-Éléonore-Aglaé, mariée en 1801 au comte de Thiard de Bissy.

IX. Aimé-Jacques-Marie-Constant de Moreton, comte de Moreton-Chabrillan; comte de l'empire par lett. pat. du 19 janv: 1811, ancien chef d'escadron de chasseurs 1813, ancien gentilhomme honoraire de la chambre de Charles X 1826, décédé en 1847; il avait ép. le 27 juin 1803 Alexandrine - Françoise - Eugénie - Zéphirine-Olympe de Choiseul-Gouffier, dont: 1. Marie-Louis qui suit; 2. Paul-Josselin-Lionel, mort le 29 déc. 1858, agent consulaire de France à Melbourne (Australie); 3. Marie-Louise-Martiane; mariée le 6 juillet 1829 au marquis de Colbert-Maulevrier, morte sans enfants le 29 nov. 1857; 4. Marie-Jacqueline-Sidonie; mariée le 9 juin 1831 au comte de Montholon-Sémonville.

X. Marie-Louis-Olivier-Théodose de Moreton, comte de Moreton: Chabrillan, député de Saône-et-Loire au corps législatif; ép. le 19 juill. 1841 Eulalie-Cécile de Domecq; dont : Aimé-Jacques-Olivier; né en 1842.

405. MOURCAIROLS.

D'or à trois fasces de gueule accompagnées de dix billettes en orle.

I. Jean de Mourcairols, damoiseau; Sgr de Falguières, fut père de

II. Pierre-Raimond de Mourcairols, damoiseau; ép. av. 1509 Agnès de Narbonne, dont il eut :

III. Jean de Mourcairols, Sgr du Pouget, ép. le 13 janv. 1534

Jeanne de Pavée, dont il eut : 1. Hector qui suit ; 2. Étienne, qui
a fait la Br. B.

IV. Hector de Mourcairols, Sgr du Pouget, fut père de

V. Étienne de Mourcairols, Sgr de Félines, D. d'Agde, ép. le
24 août 1614 Jeanne Jonet, dont il eut : 1. Étienne-Joseph, marié
le 15 mai 1660 à Louise Vauquet ; 2 Jacques-Joseph : maintenus
dans leur noblesse par jugement souverain du 5 nov. 1668.

Br. B. IV. Étienne de Mourcairols, Sgr du Pouget, ép. Marguerite de Brettes, dont il eut : 1. Étienne qui suit ; 2. Jean, Sgr de
Loubatière, qui ép. le 20 mars 1625 Isabeau de la Vergne, dont :
Jean, Sgr de Loubatière, marié le 3 mai 1661 à Louise Mirimon,
maintenu dans sa noblesse par jugement souverain du 5 nov. 1668.

V. Étienne de Mourcairols, Sgr de la Vière, *alias* de la Viguère,
ép. le 27 janv. 1608 Claude de Jossaud, et il en eut :

VI. Jean de Mourcairols, Sgr de Loubatière et de la Vière, ép.
Antoinette de Rosel de Servas, dont il eut :

VII. Gabriel de Mourcairols, Sgr de la Vière, D. d'Agde, maintenu dans sa noblesse par jugement souverain du 5 nov. 1668.

406. MOURGUES.

De gueule au sautoir d'or ; au chef cousu d'azur chargé de trois étoiles d'or.

I. Pierre de Mourgues, ép. Catherine Rosiers, dont il eut :

II. Gabriel de Mourgues, Sgr et baron de Saint-Germain, ép. le
9 juin 1548 Christine Gauteron, dont il eut : 1. Claude qui suit ;
2. Mathieu.

III. Claude de Mourgues, Sgr et baron de Saint-Germain, ép. le
28 janv. 1581 Vidale Farnie, dont il eut :

IV. Claude de Mourgues, Sgr et baron de Saint-Germain, D. du
Puy, capit. au régt de Lestrange 1628, ép. Ursule Léonard, dont il
eut : Joseph-Scipion, prieur de Saint-Pierre, maintenu dans sa noblesse avec son père par jugement souverain du 2 nov. 1668.

407. NARBONNE-CAYLUS.

De gueule écartelé d'azur au léopard d'argent.

La maison de Narbonne-Caylus est une branche issue de la seconde maison de Narbonne, qui a donné un amiral de France en 1353. Elle tirait son origine de la maison de Lara, une des plus illustres d'Espagne, qui descendait des anciens comtes de Castille, suivant Louis Salazar de Castro en son *Histoire de la maison de Lara*, publiée en 1696. Cette seconde maison de Narbonne avait fait plusieurs branches : les Sgrs de Montagnac, les barons de Talairan, les Sgrs d'Aubiac, les vicomtes de Girons, les barons de Campendu, et les Sgrs de Salelles. Les Narbonne-Caylus descendaient au XIII° degré de Manrique de Lara, Sgr de Molina, qui avait ép. vers l'an 1140 Ermessende de Narbonne, fille d'Aymery IV et d'Ermengarde. (P. Anselme, VII, 760, 770.)

I. Jean de Narbonne, Sgr et baron de Faugères, ép. le 16 août 1526 Béatrix de Faugères et de Caylus, et il en eut :

II. Claude de Narbonne-Caylus, Sgr et baron de Faugères et de Lunas, ép. le 21 juin 1544 Marquise de Gep de Fos, dont il eut : 1. Jean qui suit ; 2. Marie, alliée 1° le 21 mars 1571 à Jean de Roquefeuil ; 2° à Jean de Ferrier ; 3. Marquise, ép. le 8 oct. 1581 Guillaume de Ferrouil.

III. Jean de Narbonne, Sgr et baron de Faugères, Lunas et Rocozel, ép. le 1er janv. 1589 Antoinette du Caïla, dont il eut : 1. Henri qui suit ; 2. Jacques, Sgr de Lunas et de Valjoyeuse, gentilhomme ordinaire de la chambre du duc d'Orléans 1631, capit. d'infant. 1636, mestre de camp 1650, av. ép. le 3 oct. 1633 Marguerite de Moreton ; 3. Marquise, mariée le 24 mai 1623 à Abel des Landes, Sgr de Saint-Palais ; 4. Isabeau, mariée le 7 janv. 1624 à Jean de Perrin.

IV. Henri de Narbonne de Caylus, Sgr et baron de Faugères, Lunas et Rocozel, ép. 1° Isabeau de Vignolles ; 2° Isabeau de Bargeton, et il en eut : 1. Pierre-Jean qui suit ; 2. Gabriel ; 3. Henri, Sgr de Sourlan, puis de Faugères et de Lunas, capit. de cavalerie, ép. le 27 mai 1705 Marie-Anne de Paschal de Saint-Félix, dont il n'eut pas d'enfants ; 4. Anne ; 5. Isabeau, mariée à Berlin à Philippe de Rosel, Sgr de Beaumont.

V. Pierre-Jean de Narbonne-Caylus, baron de Faugères, ép. le 23 mars 1683 Louise de Morogues.

408. NARBONNE.

D'azur au lion d'argent armé et lampassé de gueule, au chef cousu de gueule chargé de trois étoiles d'or, écartelé d'or à trois chevrons de sable.

I. Bertrand de Narbonne, Sgr de Lédignan, fut père de

II. Guillaume de Narbonne, écuyer, Sgr de Troulhas et de Redoussas, ép. le 6 janv. 1506 Isabeau de la Garde, et il en eut :

III. Antoine de Narbonne, Sgr de Troulhas, ép. le 10 avril 1550 Isabeau de Cardaillac , dont il eut : 1. Pierre ; 2. Jean qui suit; 3. Catherine.

IV. Jean de Narbonne, Sgr de Troulhas, ép. le 8 juin 1582 Marie d'Hérail, dont il eut : 1. Jean ; 2. Louis qui suit ; 3. Charles, Sgr de Pommares, qui eut pour fils Henri; 4. Louise ; 5. Madon ; 6. Marie.

V. Louis de Narbonne , Sgr d'Esparjans, ép. le 7 sept. 1624 Jacqueline Manouin, et il en eut : 1. Jacques qui suit; 2. Charles; 3. François; 4. Magdeleine : maintenus dans leur noblesse par jugement souverain du 12 juill. 1669.

VI. Jacques de Narbonne, Sgr de Larque, eut pour fils

VII. Charles-Ismidon de Narbonne, Sgr de Larque, ép. Isabeau d'Hérail de Brisis, dont la postérité s'éteignit au commencement du XVIIIe siècle dans la maison de Rivière, était le bisaïeul maternel de Paul-Antoine de Rivière de Larque, officier au troisième bataillon des volontaires de l'Ardèche pendant la guerre d'Espagne, ancien maire de Mende, chev. de la Lég. d'honn. (G. DE BURDIN, II, 327.)

409. NATTES.

De gueule à trois nattes d'or mises en fasces.

La maison de Nattes est originaire du Rouergue. Antoine Nattes donna en 1291, conjointement avec noble Amalric de Murat, damoiseau, de Lestang, des terres à nouveau cens. (BARRAU, II, 199.)

Bérenger de Nattes, consul et citoyen de Rodez, fut anobli avec ses enfants et toute sa postérité née et à naître, de l'un et l'autre sexe, par le roi Charles V à cause des services qu'il avait rendus au roi, particulièrement en soumettant la ville de Rodez à son obéissance, et en l'attirant à son parti fidèlement et louablement. (Lett. pat. de Charles V, 4 mars 1369, registrées à la chambre des comptes de Paris le même jour, par exprès commandement du roi, et en la sénéchaussée de Villefranche de Rouergue en 1372. — Bibl. imp., mss. Lang., IV, 107.)

I. Bérenger de Nattes, consul et bourgeois de Rodez, en Rouergue, ép. Souveraine de Bastide, dont il eut :

II. Jourdain de Nattes, ép. Catherine Hurs, dont il eut :

III. Jean de Nattes, bourgeois de Rodez, ép. Delphine de Pouzols, dont il eut : 1. Antoine qui suit; 2. Jean qui a fait la branche de Nattes de la Calmontie et de Villecomtal en Rouergue.

IV. Antoine de Nattes, ép. le 15 janv. 1541 Fine de Rames, dont il eut :

V. Géraud, *alias* Guiraud de Nattes, bourgeois de Rodez, ép. Marie de Toupignon, dont il eut :

VI. Hugues de Nattes, ép. le 13 juin 1583 Antoinette de Canceris, dont il eut :

VII. Claude de Nattes, receveur des tailles du haut Rouergue, ép. le 9 fév. 1641 Marguerite de Crouzat de la Croix, dont il eut : 1. Jean qui suit; 2. Dominique, lieutenant au régt de Soissons, tué à l'attaque d'Ardembourg en 1673; 3. Henri, lieut. au même régt, tué aux siége et prise de Saint-Guillain en Flandre 1677; 4. François, capit. au même régt, tué à la bataille de Fleurus en 1690 : maintenus dans leur noblesse par jugement souverain du 15 juill. 1669 et par les commissaires de Guienne.

VIII. Jean de Nattes, ép. Catherine de Court, dont il eut :

IX. François de Nattes, ép. en 1712 Henriette d'Amburc, dont il eut : 1. Dominique qui suit; 2. François-Balthazar, lieut. au régt d'infant. d'Orléans, tué à Prague en 1743; 3. Pierre-Henri, capit. au régt de Flandres, chev. de Saint-Louis, ép. Gabrielle de Gayon, fille du lieut. général.

X. Dominique-Thibéry de Nattes, capit. des grenadiers royaux, chev. de Saint-Louis, ép. en 1749 Jeanne de Beaumevieille, dont il eut : 1. Dominique-Antoine, chev. de Saint-Lazare, lieut. au régt d'infant. Languedoc; 2. Pierre, chev. de Saint-Lazare, lieut. au régt d'infant. Lorraine; 3. Claude, chev. de Saint-Lazare, lieut. au même régt; 4. Marie-Laurens-Thibéry, prêtre; 5. Jeanne-Henriette.

Le marquis, le vicomte et le baron de Nattes ont pris part à l'assemblée de la noblesse de la sénéchaussée de Béziers, pour l'élection des députés aux états généraux de 1789.

410. NICOLAÏ.

D'azur au lévrier courant d'argent accolé et bouclé d'or.

La maison de Nicolaï est originaire du Vivarais. Elle est très-distinguée dans la robe par une suite non interrompue de premiers présidents en la chambre des comptes de Paris, et dans l'épée par un maréchal de France en 1775. Noble Jean de Nicolaï, premier du nom dans sa branche, demeurant au bourg Saint-Andéol, diocèse de Viviers, second fils de Jean-Nicolas, Sgr de Méas, fut présent au mariage de Louis, son neveu, accordé en 1479 avec Catherine de Banne ; il testa le 24 nov. 1492 et nomma dans ce testament son frère Raimond, demeurant à Villeneuve de Berg, qui a continué la branche aînée, ses enfants : Jean ; Raimond ; Jacques ; Antoine ; Jeanne. Jean, Sgr de Saint-Victor, fut conseiller au parlement de Toulouse et auteur de la branche illustrée par tant de dignités qui sera rapportée à la suite de la branche aînée. (MORÉRI, VII, 1016. — LACH. DESB:, X, 734: — BLANCHARD, les Présid: à mortier, 95, 118.)

I. Jacques de Nicolaï, Sgr de Méas, co-Sgr de Sabran, ép. Françoise d'Ancezune, dont il eut : 1. François qui suit; 2. Louise, mariée le 30 sept. 1559 à Jean de Sibert, des barons de Cornillon.

II. François de Nicolaï, ép. le 6 nov. 1552 Marguerite de Bellecombe, dame de Cauvillargues, dont il eut :

III. Jacques de Nicolaï, Sgr de Cauvillargues, ép. Marie de Montcalm, dont il eut :

IV. Jacques de Nicolaï, baron de Sabran, Sgr de Cauvillargues, co-Sgr de Bagnols, ép. le 5 juin 1619 Anne-Marion, dont il eut : 1. Jacques qui suit ; 2. Paul-Antoine, Sgr de Valouvières.

V. Jacques de Nicolaï, Sgr de Cauvillargues, ép. le 2 juin 1653 Gabrielle de Rodes, dont il eut :

VI. Philibert de Nicolaï, maintenu dans sa noblesse avec son père, son oncle et son aïeul, par jugement souverain du 14 mars 1670.

Jacques-Joseph de Nicolaï, baron de Sabran, ép. en 1686 Louise de la Fare.

Br. B. I. Jean de Nicolaï, Sgr de Saint-Victor, conseiller au parlement de Toulouse, accompagna Charles VIII au voyage de Naples, chancelier, maître des requêtes en France au parlement de Paris 1504, premier président en la chambre des comptes 1506, avait ép. le 15 fév. 1502 Claire de Voesc, dont il eut :

II. Aimar de Nicolaï, premier président en la chambre des comptes de Paris 1518, ép. Anne Baillet, dame de Goussainville, dont il eut: 1. Antoine qui suit ; 2. Thibaud, conseiller au parlement ; 3. Anne ; 4. Renée ; 5. Jeanne.

III. Antoine de Nicolaï, Sgr de Goussainville, premier président en la chambre des comptes de Paris 1518, ép. Jeanne Luillier, dont il eut :

IV. Jean de Nicolaï, Sgr de Goussainville et de Presle, premier président en la chambre des comptes de Paris, ép. le 22 janv. 1578 Marie de Billy, dont il eut : 1. Antoine qui suit ; 2. Louis, guidon des gendarmes du roi, mort en 1665 sans postérité ; 3. Marie, alliée à Pierre de Roncherolles ; 4. Renée, alliée à Matthieu Molé, premier président du parlement, garde des sceaux de France ; 5. Aimar, lieut. d'artillerie, marié en 1627 à Diane de Maillé, dite de la Tour-Landry.

V. Antoine de Nicolaï, Sgr de Goussainville, premier président en la chambre des comptes, ép. le 15 oct. 1627 Marie Amelot, dont il eut : 1. Nicolas qui suit ; 2. Catherine, mariée à François-René du Bec, marquis de Vardes, chev. des ordres du roi, gouv. d'Aigues-Mortes.

VI. Nicolas de Nicolaï, marquis de Goussainville et d'Ivor, premier président de la chambre des comptes 1656, avait ép. le 6 juin 1654 Élisabeth de Fieubet, dont il eut : 1. Jean-Aimar qui suit ; 2. Marie-Élisabeth ; 3. Nicolas, marquis de Presle et d'Ivor, colonel du régt d'Auvergne, brigadier des armées du roi, ép. Marie de Brion, dont une fille, Marie-Charlotte, mariée 1° à Jules Malo de Coetquen ; 2° à Louis de Rochechouart, duc de Mortemart.

VII. Jean-Aimar de Nicolaï, marquis de Goussainville, Sgr d'Ivor, premier président en la chambre des comptes 1686, ép. 1° le 26 juin 1690 Marie-Catherine le Camus, nièce du cardinal de ce nom, évêque et prince de Grenoble ; 2° le 25 nov. 1705 Françoise-Élisabeth de Lamoignon, sœur du marquis de Basville et de Guillaume de Lamoignon, chancelier de France ; il eut de son premier mariage : 1. Antoine-Nicolas, conseiller au parlement, mort sans alliance 1731 ; et du second : 2. Aimar-Jean qui suit ; 3. Antoine, chevalier de Malte 1715, lieut. général 1748, gouverneur de Marseille 1756, de la province de Hainaut 1760 ; maréchal de France 1775, marié à Marie-Hyacinthe Ralet de Chalet ; 4. Aimar-Chrétien-François, évêque de Verdun 1754 ; 5. Marie-Élisabeth, mariée le 23 fév. 1723 à Louis de la Chastre ; 6. Françoise-Christine, mariée le 2 juill. 1725 à Michel de Forbin, marquis de Janson.

VIII. Aimar-Jean de Nicolaï, marquis de Goussainville, mestre de camp d'un régt de dragons de son nom 1727, quitta le service à la mort de son frère aîné, fut nommé conseiller au parlement en 1731, premier président à la chambre des comptes 1734, avait ép.

le 14 mars 1733 Magdeleine-Léonine de Vintimille, nièce de l'archevêque de Paris, dont il eut : 1. Aimar-Charles-François qui suit; 2. Aimar-Claude, évêque de Béziers 1771; 3. Aimar-Charles-Marie, qui a fait la Br. C ; 4. Aimar-Pierre-Georges, qui a fait la Br. D.

IX. Aimar-Charles-François, marquis d'Osny, colonel de dragons, puis président à mortier au parlement 1771, président au grand conseil 1774, av. ép. le 10 avril 1764 Marie-Catherine Lévêque de Gravelle, mort sans enfants.

Br. C. IX. Aimar-Charles-Marie de Nicolaï, premier président en la chambre des comptes 1768, ép. le 27 avril 1768 Philippine-Léontine Potier de Novion , dont il eut : 1. Aimar-Pierre-Léon; 2. Aimar-André-Louis-Auguste ; 3. Aimar-Christian, anc. chambellan de Napoléon I; 4. Aimar-Charles-Marie-Théodore, pair de France 1815 au titre de *marquis* par ordonnance royale du 30 août 1817 ; 5. Aimar-Scipion, gouverneur de Wilna en 1812 ; 6. Armandine-Marie-Léontine; 7. Armandine-Aglaé-Louise-Gabrielle.

B. D. IX. Aimar-Pierre-Georges de Nicolaï, lieut. général 1814, chev. de Saint-Louis, mort en 1824, fut père de : 1. N..., ancien député 1824, off. de la Lég. d'honn., marié à N... de Lameth ; 2. Raimond ; 3. Paul, marié à Alexandrine-Simplicie, princesse de Broglie-Revel.

411. NIORT.

D'azur à trois chevrons d'or accompagnés de trois étoiles d'argent.

I. Bernard de Niort, Sgr d'Aussignac et de Belfort, D. de Narbonne, eut pour enfants : 1. Jean qui suit; 2. Mathieu.

II. Jean de Niort, ép. le 6 nov. 1510 Guillaumette Fournier, et il en eut : 1. Jean-Guillaume; 2. Jean qui suit; 3. Pierre; 4. Guibert.

III. Jean de Niort, ép. Louise d'Aiguebelle, dame de Belesta, dont il eut : 1. Jean; 2. Mathieu qui suit; 3. Louis, Sgr. de Lonquerolles, marié à Gabrielle de Gléon, dont Jean, allié le 2 mai 1651 à Jeanne Daban; 4. Jean-Pierre, Sgr de Rambose, marié le 19 oct. 1625 à Françoise Darsse, dont Pierre-Ignace : maintenus dans leur noblesse par jugement souverain du 3 nov. 1669.

IV. Mathieu de Niort, Sgr de Pierreclause, D. de Narbonne, eut pour enfants : 1. François, Sgr. de Belesta, qui ép. Claire de Dax; 2. Jean-Hector.

412. NOGARET-CALVISSON.

Palé d'azur et de gueule, semé de roses d'or brochantes sur les pals, qui est de Louet; sur le tout d'argent au noyer de sinople, qui est de Nogaret.

Il y avait en Languedoc deux maisons de Nogaret : celle des Nogaret-Calvisson, dont la généalogie va suivre, établie dans le bas Languedoc; celle des Nogaret-la-Valette, anoblis en 1372 par Charles V, dans la personne de Jacques de Nogaret, Sgr de Marquefave et Saint-Hippolyte, capitoul de Toulouse, tige des ducs de la Valette et d'Épernon, dont la filiation sera rapportée dans l'*Armorial* de la généralité de Toulouse.

La maison de Nogaret-Calvisson a pour chef le chancelier de Nogaret, originaire du haut Languedoc. Cette maison s'est éteinte à la fin du XIVe siècle. Ses biens sont passés successivement par mariage dans la maison d'Apchier, de Murat, de Louet et de Calvière.

Guillaume de Nogaret naquit à Saint-Félix de Caraman, D. de Toulouse; il enseigna le droit à Montpellier, il fut juge-mage de la sénéchaussée de Beaucaire et de Nîmes 1294; conseiller du roi et anobli en 1299. (*Hist. de Lang.*, IV, L. 28.) On connaît les services rendus à Philippe le Bel dans ses démêlés avec Boniface VIII par le chancelier de Nogaret. Le roi, pour le récompenser, lui accorda entre autres faveurs une rente constituée de 500 livres tournois assignées sur le château et la Sgrie de Calvisson ainsi que sur toute la Vaunage. Les terres et les villages sur lesquels furent assignées ces rentes prirent la dénomination d'*Assise de Calvisson*, composée de Calvisson, Briac, Sincens, Langlade, Aiguesvives, Mus, Coudognan, Vergèse, Saint-Dionisy et Maruéjes, au D. de Nîmes. La Sgrie devint plus tard baronie et fut érigée en marquisat en 1644, en faveur de Jean-Louis Louet, un des trois lieutenants de roi en Languedoc. (RIVOIRE, II, 537.) Guillaume de Nogaret, chevalier, chancelier du roi de France, assista en 1308, au nom de la noblesse de Languedoc, à l'assemblée des états généraux tenus dans la ville de Tours réunis pour délibérer sur l'arrestation et le sort des Templiers.

Gautier Nogaret fut père de Guillaume de Nogaret, chancelier de France, qui eut pour fils : 1. Raymond qui suit; 2. Guillaume, Sgr de Manduel, de Caissargues et de Jonquières. — Raymond de Nogaret, Sgr de Calvisson et de Massillargues, ép. Hélix de Clermont, fille de Bérenger Guilhem, Sgr de Clermont-Lodève, dont il eut : 1. Raymond qui suit; 2. Guillaume, marié à Tiburge de Simiane; 3. Isabeau, mariée à Raymond d'Uzès, qui fit héritier de ses biens Raymond d'Apchier, Sgr de Saint-Auban, 1415. — Raymond de Nogaret, Sgr de Calvisson et de Massillargues, donna ses biens de Beauvoisin à son cousin Bernard, fils de Guillaume, Sgr de Manduel; il ép. 1° en 1354, Blonde d'Adhémar, veuve de Bertrand de Baux; 2° le 10 avril 1377, Marie de Beaufort, veuve de Guérin de Châteauneuf, Sgr d'Apchier, fille de Guillaume Roger, comte de Beaufort, frère du pape Clément VI. Le même jour 10 avril 1377 Raymond de Nogaret maria Raymond d'Apchier, Sgr de Saint-Auban, fils de sa femme, avec Bourguine de Narbonne, sa cousine germaine, fille d'Amalric et d'Isabelle de Clermont-Lodève, sœur de sa mère. Il leur donna tous ses biens; le roi Charles V confirma cette donation par lettres du 16 avril 1379. Blanche d'Apchier, fille de Raymond, Sgr de Saint-Auban, héritière d'un frère et d'une sœur morts sans postérité, hérita de tous les biens de la maison de Nogaret qu'elle apporta dans celle de Murat vers l'an 1420. Sa fille unique, Marguerite de Murat, les porta dans la maison de Louet, d'où sont venus les Sgrs de Calvisson, dont quelques-uns se sont surnommés Nogaret. (P. ANSELME, VI, 300. — *Bibl. imp., mss. Lang.*, 108.)

Louis Louet, lieutenant du sénéchal de Beaucaire, issu du fameux président de Provence sous Charles VII, ép. vers l'an 1440 Marguerite de Murat, fille de Renaud, vicomte de Murat, et de Blanche d'Apchier, dame de Calvisson, d'Aiguesvives, de Mus, Vergèse, Coudognan, Langlade, Saint-Dionisy, Clarensac, Aujargues, Parignargues. Louis Louet se trouva, comme seigneur de Calvisson, aux états tenus à Montpellier en 1471. (D. VAISSETTE, V, 42, — G. DE LA TOUR, 97.) La baronie de Calvisson donnait entrée annuelle aux états généraux de Languedoc. Cette maison a produit quinze chevaliers de l'ordre de Malte de 1552 à 1670.

I. Antoine de Louet de Calvisson, Sgr et baron de Calvisson, Manduel, Jonquières, Saint-Auban, ép. le 6 mars 1493 Gabrielle de la Roche-Aymon et il en eut : 1. Jean qui suit ; 2. autre Jean qui a fait la branche de Saint-Alban, et des barons de Montmaur et d'Orneson, D. de Saint-Pons, maintenue dans sa noblesse par jugement souverain du 1er fév. 1670.

II. Jean de Louet de Calvisson, baron de Calvisson, ép. le 3 juill. 1536 Marguerite de Vesc-Grimaud, dont il eut : 1. Pierre, auteur de la branche des *marquis* de Calvisson, par lett. pat. de 1644, éteinte dans la branche d'Aujargues en 1711 ; 2. et

III. Jean de Louet de Calvisson, baron d'Aujargues, ép. le 5 sept. 1580 Magdeleine de Rochemore, dont il eut : 1. Jean-Louis qui suit ; 2. Anne, mariée le 21 oct. 1621 à Jean de Pierre de Bernis.

IV. Jean-Louis de Louet de Murat de Nogaret de Calvisson, baron d'Aujargues, D. de Nimes, fut maintenu dans sa noblesse par jugement souverain du 1er fév. 1670 ; il ép. le 27 juill. 1652 Magdeleine de Malbois, dont il eut plusieurs enfants, entre autres :

V. Louis de Louet de Nogaret d'Aujargues, ép. le 23 avril 1678 Henriette de la Baume, dont il eut :

VI. Louis de Louet de Nogaret d'Aujargues, ép. le 12 avril 1711 Louise de Louet de Nogaret de Calvisson, héritière de la branche des marquis de Calvisson, dont il eut : 1. François, marié 1° à Adélaïde de Maupeou ; 2° à Catherine de Caze, mort sans enfants ; 2. Marie-Agnès, baronne de la Redorte ; 3. et

VII. Anne-Joseph de Louet de Murat de Nogaret, marquis de Calvisson, baron des états de Languedoc, lieut. de roi en Languedoc, ép. 1° le 4 sept. 1753 Gabrielle-Thérèse de Fortia de Montréal, dont : 1. Marie-Marguerite, mariée le 5 mars 1776 à Raimond de Villardi de Quinson de Montlaur ; 2. N..., mariée à N... de Raffelis ; 2° Pauline du Cheyla, dont il eut : 3. Jean-Antoine-Joseph qui suit ; 4. Agathe, mariée à Paulin de Cadolle ; et deux autres filles.

VIII. Jean-Antoine-Joseph de Louet de Murat de Nogaret, marquis de Calvisson, ép. en 1806 Clémentine Duval d'Éprémesnil, dont il eut : Marie-Eugénie, fille unique, mariée le 24 janv. 1837 à Jules-Gaspard-Prosper de Calvière, baron de Calvière, à la charge de prendre les noms, titres et armes de la maison de Nogaret de Calvisson ; de ce mariage : 1. Marie-Anne-Clémentine, mariée le 4 juill. 1859 à Joseph-René de Boulogne, baron de Lascours ; 2. Arthur-Jules-Michel-Guillaume qui suit ; 3. Marie-Antoinette-Gabrielle-Marguerite.

IX. Arthur-Jules-Michel-Guillaume de Nogaret de Calvière-Calvisson, né le 24 juill. 1839, sous-lieut. le 1er oct. 1859.

413. ODDE-BONNIOT.

D'azur à une tête de lion d'or et deux roses d'argent en pointe.

Pierre Bognot, *alias* Boniot, et Guillaume Odde, furent anoblis l'an 1323 par Guillaume Ar taud de Montauban, Sgr de Luz, de Glandage et de la vallée de Beauchesne. Ils étaient de Luz et chefs de deux familles différentes ; mais depuis il ne s'en est fait qu'une, celle d'Odde s'étant fondue dans l'autre, qui en ajouta le nom au sien. Facius, Claude et Antoine Odde étaient au rang des nobles de Trièves en 1484. Cette maison a fait plusieurs branches établies en Vivarais en Dauphiné et dans l'Auxerrois. (CHORIER, III, 415.) La branche établie en Vivarais prouva sa noblesse devant M. de Bezons, depuis

I. Pierre-Odon Boniot, ép. Gonette Richard, veuve en 1427, dont il eut :

II. Pierre-Odon Boniot, fut père de : 1. Facius qui suit ; 2. Claude qui a fait la branche rapportée au n° 597 ; 3. Antoine qui a fait la branche répandue en Dauphiné et dans l'Auxerrois.

III. Facius-Odon Boniot, ép. Marie de Barthélemy, dont il eut :

IV. Jean-Odon Boniot, t. en 1489 ; il eut pour fils

V. Guigues-Odon Boniot, ép. Claude Silve, dont il eut : 1. Jean qui suit ; 2. Antoine.

VI. Jean Odde-Boniot, ép. Magdeleine Jouven, dont il eut :

VII. Pierre Odde-Boniot, ép. le 27 sept. 1570 Anne Odde-Boniot, et il en eut :

VIII. Jean Odde-Boniot, ép. Anne Cautel, et il en eut :

IX. Pierre Odde-Boniot, Sgr de Rochemore et de Cheilane, D. de Viviers, ép. le 20 mars 1640 Catherine Favet, et fut maintenu dans sa noblesse par jugement souverain du 7 nov. 1669.

414. OLIVE.

De gueule à deux rameaux d'olive d'or, et au pied deux colombes d'argent.

I. Arnaud d'Olive, Sgr d'Abeillan, rendit hommage en 1568 ; il av. ép. 1° en 1543 Jeanne de Gep ; 2° le 7 janv. 1552 Delphine de Bonnet de Maureillan ; il eut pour enfants : 1. Gaspard qui suit ; 2. Antoine.

II. Gaspard d'Olive, Sgr d'Abeillan, ép. le 5 mai 1595 Anne Mercadier, et il en eut : 1. Jean qui suit ; 2. Henri, Sgr du Bousquet, demeurant à Béziers.

III. Jean d'Olive, Sgr d'Abeillan, demeurant à Pézénas, ép. le 15 avril 1649 Marguerite Turc, et fut maintenu dans sa noblesse avec son frère par jugement souverain du 18 juin 1669.

415. PAGES-POURCAIRÈS.

D'argent à trois chevrons de gueule et deux roses de même en chef.

La maison de Pages, originaire de l'ancienne province d'Aquitaine, établie depuis en Gévaudan, est connue depuis Jean de Pages, Sgr de Beaufort, qui ép. en 1139 Eudoxie de Faudoas et fit donation en 1137 et 1100 à l'ancienne abbaye de Moissac; il avait accompagné Louis VII au voyage d'outre-mer en 1147. (LACH. DESB., XIV, 429.) Elle prouva sa filiation authentique et suivie devant d'Hozier et M. de Bezons depuis 1300. (BOUILLET, V, 23.)

I. Pierre de Pages, Sgr de Beaufort, qui testa en 1360, avait ép. en 1325 Anne de la Barthe, dont il eut :

II. Jean de Pages, Sgr de Beaufort, eut pour fils

III. Antoine de Pages, ép. Jeanne Gisard, dont il eut : 1. Hugues qui suit ; 2. Blaise.

IV. Hugues de Pages, damoiseau, eut pour fils : 1. Antoine qui suit ; 2. Hugues, chev. de Malte 1514.

V. Antoine de Pages, écuyer, Sgr de Porcarès, *alias* Pourcairès, servit dans l'arrière-ban de 1530 ; ép. le 22 avril 1544 Jeanne Pelegrin, dont il eut : 1. Christophe ; 2. et

VI. Hérail de Pages, Sgr de Roquedols et Pourcairès, commandant pour le roi dans la ville de Lunel 1579, gentilhomme ordinaire de la chambre du roi 1580, ép. Suzanne de la Tour, dont il eut :

VII. Jean de Pages, Sgr de Pourcairès, gouverneur de Meyrueis 1617, gentilhomme ordinaire de la chambre du roi, ép. le 7 mars 1603 Jeanne de Blancard, dont il eut : 1. Pierre qui suit ; 2. Hérail ; 3. Jacques.

VIII. Pierre de Pages, baron de Pourcairès, Sgr de Férussac, Roquedols, Saint-André, Tournemire, gouverneur de Meyrueis 1647, gentilhomme ordinaire du roi 1655, capit. d'infant., mestre de camp 1652 ; obtint l'érection de la terre de Pourcairès en baronie par lett. pat. du mois de déc. 1647, et fut maintenu dans sa noblesse par jugement souverain du 26 mars 1670 ; il avait ép. le 25 sept. 1634 Suzanne de Berger, dont il eut : 1. Jacques qui suit ; 2. Pierre, dont la postérité s'éteignit par le mariage de Jacquette, sa fille unique, avec Hercule-Pierre de Chastenet de Puységur.

IX. Jacques de Pages, baron de Pourcairès, Sgr de Saint-André, ép. le 29 oct. 1671 Suzanne Bonniol, dont il eut : 1. Jean qui suit ; 2. François ; 3. Claude ; 4. Jacques, Sgr de Saint-André, ép. le

19 nov. 1711 Louise Demissols, fille de Claude, capit., viguier de Nîmes, et d'Anne Tournier.

X. Jean de Pages, chevalier, baron de Pourcairès, ép. le 30 juin 1733 Marie-Élisabeth de Fabre, dont il eut : 1. Jean-Louis qui suit ; 2. Charles-Salomon.

XI. Jean-Louis de Pages, baron de Pages-Pourcairès, ép. le 27 déc. 1790 Joséphine de Mathéi de Valfons de la Calmette, dont il eut : 1. Charles qui suit ; 2. Marie-Louise-Charlotte-Virginie, alliée le 20 juill. 1802 à Charles de Fabre de la Valette.

XII. Charles-Joseph-Louis de Pages, baron de Pages-Pourcairès, capit. de gendarmerie, chev. de la Légion d'honneur, ép. N. des Groges, dont : 1. Charles ; 2. Hérald ; 3. Juliette, mariée à N. Brochier, ancien receveur général du Gard.

416. PASCHAL.

D'azur à l'agneau pascal d'argent ; *alias* d'azur à l'agneau pascal d'argent arboré de même, le guidon chargé d'une croix de gueule. DEVISE : *Spes mea Christus.*

I. Arnaud de Paschal, conseiller du roi, général en la cour des aides de Montpellier 1573, eut pour enfants : 1. Daniel qui suit ; 2. Pierre.

II. Daniel de Paschal, conseiller du roi, et général en la cour des aides de Montpellier par la démission de son père 1589, eut pour enfants : 1. Pierre qui suit ; 2. Pierre-Jean ; 3. Louis.

III. Pierre de Paschal, écuyer, ép. en 1636 N... de Mestre, fille du maréchal de camp de ce nom, dont il eut : 1. Jacques ; 2. Louis, capit. au régt de Picardie ; 3. Antoine : maintenus dans leur noblesse par jugement souverain du 10 déc. 1668, comme petits-fils et arrière-petits-fils de conseiller en la cour des aides.

On trouve en Dauphiné une famille de même nom et armes, qui a donné un maître ordinaire en la chambre des comptes, reçu le 19 déc. 1629, Merins-Roure-Zacharie Paschal, marié à Marguerite de Renard d'Avançon. De ce mariage : 1. Florent, sieur de Merins ; 2. Alexandre, sieur du Roure, conseiller au même parlement en la chambre de l'édit ; 3. Zacharie, sieur de Fontrenard. (CHORIER, III, 422.)

417. PASCHAL DE SAINT-JUÉRY.

D'azur à deux bourdons d'or mis en sautoir et surmontés d'une étoile d'argent.

La maison de Paschal, originaire du Rouergue, a fait plusieurs branches dites de Saint-Juéry et de Rochegude. La branche de Saint-Juéry s'établit au diocèse de Béziers. Plusieurs de ses membres ont pris part aux assemblées de la noblesse de cette sénéchaussée en 1789 avec le titre de *marquis* et chevalier de Saint-Juéry. (*Proc. verb. imp. à Béziers*, *Fuzier*, *imp. du roi*, 1789. — *Bibl. imp.*, *Mss. Languedoc.*, 107. — BARRAU, III, 723, 724.)

I. Pierre de Paschal porta les armes pour le service du roi; il eut pour enfants : 1. Renaud, qui fit faire une enquête de sa noblesse devant le lieutenant au bailliage de Milhau, dont il résulte que lui, ses frères et son père vivaient noblement; 2. Jean; 3. et

II. Pierre de Paschal, Sgr de Courtès, qui testa le 24 juin 1548, eut pour enfants : 1. Antoine; 2. et

III. Renaud de Paschal, Sgr de Saint-Juéry, ép. le 8 fév. 1588 Catherine de Peines, dont il eut : 1. Jean qui suit; 2. Louise, mariée à Bernard d'Audouls; 3. Anne, ép. Jean de Rosset, qui fut le grand-père du duc de Fleury.

IV. Jean de Paschal, Sgr de Saint-Juéry, ép. le 12 nov. 1623 Jeanne de Monstuéjouls, dont il eut : 1. Jean-Louis qui suit; 2. Marie, alliée le 12 avril 1644 à Pélegrin de Guibert de la Roustide; 3. François, Sgr de Rochegude, demeurant au D. de Béziers, qui a fait la Br. C. : maintenus dans leur noblesse par jugement souverain des 27 janv. et 17 mars 1670.

V. Jean-Louis de Paschal de Saint-Juéry, Sgr de Saint-Juéry et Montagnol, demeurant au D. de Béziers; ép. le 24 juin 1659 Claire de Castillon, dont il eut : 1. Guillaume qui suit; 2. Jean-Louis.

VI. Guillaume de Paschal de Saint-Juéry, ép. le 1er oct. 1703 Suzanne de Lambert, dont il eut :

VII. Joseph-Guillaume de Paschal de Saint-Juéry, capit. d'infant. 1735, ép. le 26 fév. 1748 Marthe-Monique de Rouzier de Souvignargues, dont il eut : 1. Gabriel-Jean qui suit; 2. Henri-François-Marie, qui a fait la Br. B.

VIII. Gabriel-Jean-Guillaume de Paschal de Saint-Juéry, qualifié marquis de Saint-Juéry, capit. dans le régt de mestre de camp-cavalerie, ép. Marie-Sophie de Guignard de Saint-Priest, dont il eut :

1. Emmanuel qui suit ; 2. Mélanie, alliée à César de Poitevin du Bousquet ; 3. Émilie, mariée à N... de Rességuier ; 4. Célestine, chanoinesse de Sainte-Anne de Munich ; 5. Fanny.

IX. Emmanuel de Paschal de Saint-Juéry, qualifié marquis de Saint-Juéry, chev. de Saint-Louis et de l'ordre de Malte, reçu de minorité, décédé sans enfants, maire d'Alby.

Br. B. VIII. Henri-François-Marie de Paschal de Saint-Juéry, qualifié vicomte de Saint-Juéry dans ses brevets militaires, lieut. au régt d'Auxerrois 1778, a fait les campagnes d'Amérique ; capit. après la prise de la Dominique, officier dans les gardes du corps de Monsieur, chev. de Saint-Louis 1788, émigra en 1791, maréchal de camp 1814, chev. de la Légion d'honneur 1819, mort le 20 juin 1839 ; avait ép. Marie-Julie de la Gardiole, dont il eut : 1. Jules ; 2. et

IX. Armand de Paschal de Saint-Juéry, baron de Saint-Juéry, ép. le 14 avril 1852 Clotilde Duvern, dont il eut : 1. Jean ; 2. Isabeau.

Br. C. V. François de Paschal, Sgr de Rochegude, ép. le 13 avril 1665 Catherine de Salvan, dont il eut :

VI. François de Paschal, Sgr de Rochegude, qui fut père de

VII. François de Paschal, Sgr de Rochegude, ép. le 6 oct. 1738 Marie-Rose de Combettes, dont il eut : Marie (1743).

418. PATAU.

D'azur à trois croissants d'or mis en pal.

Guillaume de Patau, Sgr de Roujan, ép. le 13 fév. 1460 Hélix de Bermond du Caïla d'Espondeilhan. (P. ANSELME, VII, 482.)

I. Denis de Patau, écuyer, Sgr de Roquebrune, ép. 1° en 1521 N... d'Arnoye ; 2° le 21 février 1542 Françoise de Tressan, et il en eut :

II. Jacques de Patau, Sgr de Roquebrune, fut père de

III. Denis de Patau, ép. le 3 mai 1615 Claire Loïs, et il en eut :

IV. Denis de Patau, Sgr de la Voute, demeurant à Roujan, D. de Béziers, ép. le 28 nov. 1647 Jeanne Serguier, et fut maintenu dans sa noblesse par jugement souverain du 17 déc. 1668.

419. PAVÉE DE VILLEVIEILLE.

D'or à trois chevrons d'azur.

Antoine Scatisse, viguier de Nîmes, était Sgr de Villevieille en 1407. Son petit-neveu par alliance, Pierre de Villars, vendit cette seigneurie en 1529 à Jacques de Bozène, baron d'Aubaïs, pour 7,150 livres. Peu de temps après elle fut acquise par François de Pavée. Villevieille est à quelques minutes de Sommières, séparée par le Vidourle de la baronie de Montredon. Le maréchal de Damville était logé à Villevieille pendant le siége de Sommières en 1573. (Marquis D'AUBAÏS, III. 16.)

François de Pavée, Sgr de Nages et de Solorgues, eut pour fils Jean, père de Jeanne, dame de Nages et de Solorgues, qui ép. François Barrière. Anne Barrière, sa fille, dame de Nages et de Solorgues, avait ép. le 7 juill. 1587 Louis de Rochemore, maître des requêtes, intendant en Languedoc. (Marquis D'AUBAÏS, II, 54.)

I. François de Pavée, ép. le 25 mai 1556 Isabeau d'Airebaudouse, dont il eut :

II. François de Pavée, Sgr de Villevieille, ép. le 31 mai 1585 Jeanne de Pelegrin, et il en eut : 1. Pierre, Sgr de la Condamine; 2. Abdias qui suit ; 3. Guillaume, marié le 30 oct. 1635 à Louise Caissade, dont : *a.* Raimond; *b.* François, lieut. au régt de Montpezat ; *c.* Louis; *d.* Étienne : maintenus dans leur noblesse par jugement souverain du 28 nov. 1668.

III. Abdias de Pavée, Sgr de Villevieille, ép. le 14 déc. 1631 Diane de Trémolet de Montpezat, dont il eut : 1. Raimond qui suit; 2. Jean-François, abbé de Villevieille; 3. Annibal ; 4. Abdias, Sgr de Montredon, major au gouv. de Sommières; 5. Michel, capit. au régt de Montpezat : maintenus dans leur noblesse par jugement souverain du 28 nov. 1668.

IV. Raimond de Pavée, Sgr de Villevieille, baron de Montredon, capit. au régt Royal cavalerie 1667, avait ép. le 27 août 1660 Gabrielle Fons, dont il eut : 1. Jean-François ; 2. Joseph-François.

V. Jean-Raimond de Pavée de Villevieille, baron de Villevieille, commandant la ville et le château de Sommières, ép. Françoise-Mélanie de la Fare, dont il eut : Marie-Thérèse, mariée le 5 mai 1754 à Balthazar de Gras de Préville, baron de Clémensanne, chev. de Saint-Louis, enseigne des vaisseaux du roi.

420. PAYAN.

I. Philibert de Payan, t. le 23 août 1495, fut père de
II. Raimond de Payan, eut pour fils

III. Christophe de Payan, ép. le 20 mars 1572 Marguerite L'Hostel, dont il eut:

IV. Denis de Payan, co-Sgr de la Garde, chev. de l'ordre du Pape, 1612, gentilhomme de la fauconnerie 1633, capit. au régt de Suse, avait ép. le 1er fév. 1603 Magdeleine Philibert, dont il eut: 1. Jean, Sgr de la Garde, envoyé du baron de tour du Vivarais aux états de Languedoc 1667; 2. Pierre; 3. Jacques, Sgr de Saint-Auban: maintenus dans leur noblesse par jugement souverain du 13 déc. 1670.

421. PEIRAN.

De gueule au lion d'or, *alias* d'or au prunier de sinople au chef d'azur chargé de trois étoiles d'or.

I. Gaillard de Peiran, Sgr de la Prunarède, fut père de

II. Louis de Peiran donna quittance le 4 avril 1546 aux curateurs des biens de son père; il eut pour fils

III. Jean de Peiran fut père de

IV. Guion de Peiran, Sgr de la Prunarède, eut pour fils

V. Jean-Jacques de Peiran, Sgr de Castellet, de Saint-Maurice, enseigne dans le régt de Montpeiroux, blessé au siége de Mouçon, fut maintenu dans sa noblesse par jugement souverain du 7 nov. 1670.

422. PEIROTTES, *alias* PEYROTTES.

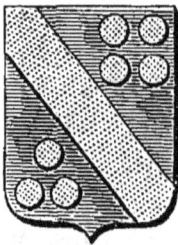

D'azur à la bande d'or accompagnée de sept besants de même, 4 en chef, 3 en pointe.

La terre de Soubès avait appartenu à Bertrand de Montesquieu, qui en rendit hommage à l'évêque de Lodève le 24 oct. 1242. Une sentence arbitrale du 16 avril 1755, confirmée par arrêt du parlement de Toulouse du 6 juill. 1757, fit défense à Pierre de Carcassonne, baron de Lugans, de se dire et qualifier baron de Soubès. Cette maison a prouvé sa noblesse devant M. de Bezons en 1669, et devant les états de Languedoc (*Proc. verb. des états de Languedoc*, 1787), depuis

I. André de Peyrottes, t. le 12 août 1510; il eut pour enfants: 1. Étienne qui suit; 2. Guillaume.

II. Étienne de Peyrottes, Sgr de Casilhac, eut pour fils

III. Michel de Peyrottes, écuyer, Sgr de Casilhac, ép. le 2 juillet 1532 Alaisette de Forès, dont il eut:

IV. Raimond de Peyrottes, Sgr de Soubès, Cazilhac, Poujols, ép. Éléonore d'Alleman de Mirabel, dont il eut:

V. Gabriel de Peyrottes, Sgr de Soubès, Cazilhac, Saint-Maurice, lé Viala, Aubaignes, ép. le 10 nov. 1599 Hélène de Sarret, dont il eut :

VI. Henri de Peyrottes, Sgr de Soubès, Poujols, Cazilhac, ép. le 18 août 1626 Françoise de Falc, dont il eut : 1. Henri qui suit ; 2. Joseph ; 3. Gabriel : maintenus dans leur noblesse par jugement souverain du 19 janv. 1669.

VII. Henri de Peyrottes, Sgr de Soubès, ép. Isabeau de Jaule, dont il eut : 1. Henri qui suit ; 2. Gabriel, sieur de Poujols : 3. Pierre, Sgr de Cazilhac.

VIII. Henri de Peyrottes, Sgr de Soubès, ép. Anne de Triboulet, dont il eut :

IX. Henri de Peyrottes, Sgr de Soubès, ép. le 27 juillet 1723 Diane de Peyrottes de Cazilhac, dont il eut :

X. Henri-Raimond de Peyrottes, Sgr de Soubès, envoyé de la baronie de Cailus aux états de Languedoc en 1787, avait ép. le 17 déc. 1769 Marie Majourel.

423. PELAMOURGUES, *alias* PALEMOURGUES.

De gueule au lion d'or armé et lampassé de même.

Famille ancienne, originaire du Gévaudan, d'où elle s'est répandue en Albigeois, en Rouergue et en Auvergne, connue depuis Maurand de Palemourgues vivant en 1262. Charlotte de Palemourgues ép. en 1425 Charles de Scorailles, Sgr de Bouron en Rouergue. Elle était divisée en trois branches lors de la vérification. (BOUILLET, V, 27.) La branche de Malevieille, au D. de Mende, prouva sa noblesse depuis

I. Beneld de Palemourgues, Sgr de Malevieille, fut père de

II. Jean de Palemourgues, Sgr de Malevieille et Plagnies, ép. Marguerite Teulade, dont il eut :

III. Antoine de Palemourgues, Sgr de Malevieille, ép. 1° le 17 avril 1567 Gasparde de Tournon ; 2° Marie de Scorailles ; il eut pour enfants : 1. François qui suit ; 2. Anne ; 3. Gabrielle.

IV. François de Palemourgues, Sgr de Malevieille, ép. le 1er fév. 1618 Jeanne Gibrac, et il en eut : 1. Adam qui suit ; 2. François, Sgr de Plagnies : maintenus dans leur noblesse par jugement souverain du 27 sept. 1668.

V. Adam de Palemourgues, Sgr de Malevieille et de l'Espinasse, bailli de Gévaudan, ép. le 12 juill. 1659 Françoise de Rets de Bressoles.

424. PELEGRIN.

I. François de Pelegrin, Sgr de la Bastide, ép. avant 1523 Jeanne de Maubuisson, dame de la Bastide, dont il eut : 1. Jean qui suit ; 2. Jacques.

II. Jean de Pelegrin, Sgr de la Bastide, ép. le 10 sept. 1577 Gabrielle de Saint-Bonnet de Toiras, dont il eut : 1. Jean qui suit ; 2. Pierre ; 3. Louis.

III. Jean de Pelegrin, Sgr de la Bastide et Goudargues, ép. le 9 juill. 1596 Marie Auger, dont il eut : 1. Pierre qui suit ; 2. Louis, Sgr d'Ussel, marié le 29 sept. 1643 à N... Duclaux, et maintenu dans sa noblesse par jugement souverain du 4 janv. 1668.

IV. Pierre de Pelegrin, Sgr de la Bastide, ép. le 25 juill. 1624 Lucrèce Forest, et il en eut : 1. Alexandre qui suit ; 2. Hector, Sgr de Cadignac ; 3. Charles, Sgr de l'Isle : maintenus dans leur noblesse par jugement souverain du 4 janv. 1668.

V. Alexandre de Pelegrin, Sgr de la Bastide et Goudargues, ép. le 26 août 1652 Jeanne de la Bastide, dont il eut : Louis.

425. PELET.

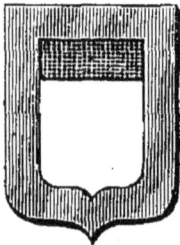

D'argent au chef de sable et à la bordure de gueule.

La maison de Pelet est une des plus anciennes et des plus illustres de Languedoc. Plusieurs historiens généalogistes, et parmi eux Catel et le P. Anselme, font descendre les Pelet des anciens vicomtes de Narbonne. D. Vaissette remonte leur filiation à Bernard de Pelet, co-Sgr d'Alais, vivant au milieu du XIe siècle, qui fut père de Raimond, surnommé le Croisé, dont les armes figurent à la salle des Croisades.

Cette maison a fait plusieurs branches, dites d'Alais, de Combas et Montmirat, de Cannes, de Granges et Moreton en Dauphiné, de Salgas en Gévaudan. La branche de Combas et Montmirat obtint l'érection de la baronie de Combas en vicomté sous le nom de Narbonne par lettres patentes du mois d'août 1699.

La branche de Cannes obtint la pairie en 1815, et le titre de duc de Narbonne-Pelet par ordonnance royale du 31 août 1817.

La maison de Narbonne-Pelet a été admise aux honneurs de la cour en 1758, 1765 et 1789.

Le marquis d'Aubais donne l'arbre généalogique de la maison de Pelet contenant vingt-cinq générations depuis Arnaud, lieutenant général des armées du roi Roderic, dernier roi des Goths, qui eut pour fils Aimeri I, vicomte de Narbonne, par la donation que lui fit Charlemagne pour l'avoir conquise sur Balahac, roi sarrasin. (Marquis D'AUBAIS, II, 425.)

I. Arnaud *dit* Baulande fut père de

II. Aimeri I, vicomte de Narbonne, eut pour fils

III. Guillaume au court nez, vicomte de Narbonne et comte de

Toulouse, connétable de France, sous le nom de Baulande, fut père de

IV. Mayol, vicomte de Narbonne, ép. Raimonde, et il en eut :

V. Ubérard, vicomte de Narbonne, ép. Rochilde, qui le fit père de

VI. Manfred, vicomte de Narbonne, ép. Adelaïs, dont il eut :

VII. Raimond, vicomte de Narbonne, ép. Ricarde, et il en eut :

VIII. Bérenger, vicomte de Narbonne, ép. avant 1049 Garsinde de Bezalu, fille de Bernard surnommé Taillefer, et il en eut : 1. Raimond qui suit; 2. Bernard Béringuier, dont la postérité s'est éteinte en 1140 dans la maison de Lara, par le mariage d'Ermessende, vicomtesse de Narbonne, avec don Manrique de Lara.

IX. Raimond, vicomte de Narbonne, fut père de

X. Bernard de Pelet, ép. vers 1150 Béatrix, comtesse de Mauguio, dont il eut : 1. Raimond qui suit; 2. Ermessende, ép. Raimond IV, comte de Toulouse.

XI. Raimond de Pelet, ép. Alexandre, dont il eut :

XII. Raimond de Pelet, Sgr d'Alais, ép. Delphine de Rupe, *alias* de la Roche, dont il eut :

XIII. Bernard de Pelet, fut père de

XIV. Pierre de Pelet, eut pour fils

XV. Raimond de Pelet, ép. Marie de Langussel, fille unique de Bernard, Sgr d'Aubaïs, de Nages et de Solorgues, dont il eut : 1. Elzéas qui suit; 2. Jeanne, dame d'Aubaïs, de Nages et de Solorgues, mariée le 19 janv. 1380, à Antoine de Bermond, baron du Caïla.

XVI. Elzéas de Pelet, Sgr de la Vérune, ép. Jeanne de François, dont il eut :

XVII. Guillaume de Pelet, baron de la Vérune, ép. Thérèse de Bermond du Caïla, dont il eut : 1. Elzéas qui suit; 2. Guillaume, auteur de la branche rapportée au n° 426.

XVIII. Elzéas de Pelet, baron de la Vérune, ép. Cécile, *alias* Centule de Thézan, et il en eut : 1. Pons qui suit; 2. Guillaume, marié à Catherine du Caïla.

XIX. Pons de Pelet, baron de la Vérune, ép. le 3 déc. 1479 Alix de Guers, et il en eut : 1. Étienne qui suit; 2. Jacques, auteur de la Br. B.; 3. Guillaume, chanoine; 4. Mabrigonne, mariée à Pierre de Hautpoul.

XX. Étienne de Pelet, baron de la Vérune, ép. le 20 juill. 1518 Jeanne de Dourlans, et il en eut : 1. Jacques qui suit; 2. Antoinette, mariée le 5 août 1555 à Gilles de Roquefeuil ; 3. Jeanne, mariée 1° à Méraud de Boulieu ; 2° à Gaspard de Coursac ; 3° à Pierre de Vissec.

XXI. Jacques de Pelet, chevalier, Sgr et baron de la Vérune, chev. de l'ordre du Roi, ép. le 5 août 1551 Magdeleine de Roquefeuil, dont il eut, entre autres enfants : 1. Gaspard qui suit ; 2. Anne, mariée à Alexandre Guérin de Châteauneuf-Randon.

XXII. Gaspard de Pelet, Sgr de la Vérune, baron de Montpeyroux, vicomte de Cabanes, chev. de l'ordre du Roi, capit. de cinquante hommes d'armes, ép. 1° Jourdaine-Magdeleine de Montmorency ; 2° Claude Hébert, dite de Haussonvilliers, dont une fille, Claude, héritière de cette branche et mariée le 5 janv. 1608 à René de Carbonnel, marquis de Canisy en Normandie.

Br. B. XX. Jacques de Pelet, ép. le 26 fév. 1527 Françoise de Bermond, héritière de la baronie de Combas, dont il eut : 1. Guillaume, conseiller clerc au parlement de Toulouse ; 2. Louis qui suit ; 3. Jean ; 4. Antoine ; 5. Théode ; 6. Philippe, mariée à Jean de Claret, dont la fille Françoise fut la mère du maréchal de Toiras ; 7. Marthe, mariée à Charles de Montaigu ; 8. Gillette, mariée à Tannequin de Girard, Sgr de Soucanton.

XXI. Louis de Pelet, Sgr de Combas, homme d'armes de la compagnie du Sgr de Terride, ép. le 23 janv. 1556 Georgette de Barthélemy de Gramont, et il en eut : 1. Pierre qui suit ; 2. Vital qui a fait la branche de Pelet en Dauphiné, représentée en 1762 par François Raymond-Joachim de Narbonne-Pelet ; 3. Jeanne, mariée le 19 oct. 1583 à Charles de Gabriac ; 4. Marthe, mariée à Jean de Nougarède ; 5. Antoinette, mariée à Jean de Bandinel.

XXII. Pierre de Pelet, ép. le 26 oct. 1603 Catherine Deidier, et il en eut : 1. Louis qui suit ; 2. Jean, chanoine à Montpellier ; 3. Henri, Sgr de Montmirat, capit. au régt de Montpesat, demeurant à Sauve, ép. le 27 janv. 1650 Françoise d'Alleman de Mirabel ; 4. Hercule qui a fait la Br. C ; 5. Claude, prieur de Combas : maintenus dans leur noblesse par jugement souverain du 14 janv. 1669.

XXIII. Louis de Pelet, Sgr et baron de Combas, Fontanès et Montmirat, capit. d'infant., ép. le 19 fév. 1639 Catherine de la Tour de Bains, et il en eut :

XXIV. Claude-François de Pelet, vicomte de Narbonne-Pelet, comte de Fontanès, baron de Combas et de Montmirat, demeurant à Fontanès, fut maintenu dans sa noblesse par jugement souverain du 14 janvier 1669 ; il obtint l'érection de la baronie de Combas en vicomté sous le nom de Narbonne-Pelet par lettres-patentes du mois d'août 1699 ; il avait ép. le 19 fév. 1673 Anne de Rochemore, dont il eut plusieurs enfants, entre autres :

XXV. François-Raimond de Pelet, vicomte de Narbonne-Pelet, baron de Montmirat, Sgr de Cannes, de Vic et Fontanès, capit. de dragons, ép. le 11 oct. 1712 Louise-Marie de Chastellard de Salières, dont il eut : 1. François-Raimond-Joseph-Hermenegilde-Amalric qui suit ; 2. Louis-Henri, lieut. général commandant les provinces de Saintonge et d'Angoumois ; 3. Charles-Bernard-Martial, enseigne de vaisseau 1746, ép. en 1760 Marie-Félicité du Plessis-Chatillon.

XXVI. François-Raimond-Joseph-Hermenegilde-Amalric de Narbonne-Pelet, lieut. général en 1750, ép. 1º le 12 janv. 1734 Marie-Diane-Antoinette de Rosset de Fleury-Perignan, petite-nièce du cardinal ; 2º en 1759 Marie-Anne-Pauline de Ricard-Bregançon ; il eut du premier lit, Marie-Éléonore, mariée le 1ᵉʳ avril 1766 à François Bernard de Pelet son cousin ; et, du second lit, Marie-Blanche-Félicité, née en 1773.

Br. C. XXIII. Hercule de Pelet-Narbonne, Sgr. de Cannes, lieut.-col. au régt de cavalerie de Calvisson, ép. le 24 oct. 1648 Diane de Guibert de la Rostide, dont il eut : 1. Jean-Denis qui suit ; 2. Claude-François, chanoine ; 3. Joseph, capit. d'infanterie, chev. de Saint-Louis.

XXIV. Jean-Denis de Pelet-Narbonne, Sgr de Cannes, ép. en 1675 Élisabeth Courtois, dont il eut : 1. Jean qui suit ; 2. Claude-François, évêque de Lectoure 1745.

XXV. Jean de Narbonne-Pelet, Sgr de Cannes, viguier de Beaucaire 1719, avait ép. le 21 août 1706 Marie de Virgile, dont il eut : 1. Jean-Denis-Hercule, capit. d'infanterie au régt d'Aunis ; 2. François-Bernard qui suit, et trois filles.

XXVI. François-Bernard de Narbonne-Pelet, lieut. des vaisseaux du roi, ép. le 1ᵉʳ avril 1766 sa cousine, Marie-Éléonore de Narbonne-Pelet, dont il eut :

XXVII. Raymond-Jacques-Marie de Narbonne-Pelet, comte, puis duc de Narbonne-Pelet, émigra avec sa famille ; pair de France 1815, duc par ordonnance royale du 31 août 1817 ; ambassadeur de France à Naples 1817-1820, ministre d'État, membre du conseil privé 1822, chev. des ordres du roi 1825, s'éloigna de la chambre des pairs en 1830 ; il avait ép. Émilie de Sérent, dont il n'eut pas d'enfants.

François-Raymond-Aimeric, comte de Narbonne-Pelet, ancien gentilhomme honoraire de la chambre du roi, substitué à la pairie ducale de son cousin par lettres patentes du 28 août 1828, ép. sa cousine N... de la Vienne, dont il eut : Théodoric, duc de Narbonne-Pelet, né en 1814.

426. PELET DE SALGAS.

D'azur à 3 chevrons d'argent accompagnés de 3 étoiles d'or, 2 et 1. Au chef cousu de gueules, qui est de la *Mare de Salgas*. Parti d'azur à 2 épées passées en sautoir, d'argent, les pointes en haut, les gardes et les poignées d'or, qui est *de Planque*, et sur le tout un écu d'argent au chef de sable, à la bordure de gueules, qui est *de Pelet*.

V. le n° précédent au degré XVII.

Cette branche a pour auteur Guillaume de Pelet, deuxième du nom, auquel son père Guillaume, Sgr de la Vérune, légua mille moutons d'or par son testament du 18 septembre 1433. Le prieur de Lunel ayant quitté l'état ecclésiastique, se maria le 12 avril 1441 à Antoinette de Planque, dame de la Carrière.

I. Guillaume de Pelet, Sgr de la Vérune, ép. Thérèse du Caïla, dont il eut : 1. Elzéas ; 2. et

II. Guillaume de Pelet, ép. le 12 avril 1441 Antoinette de Planque, dame de la Carrière, dont il eut :

III. Pierre de Pelet, Sgr de la Carrière, ép. le 22 juin 1480 Catherine de Guillon, dont il eut :

IV. Nicolas de Pelet, Sgr de la Carrière, ép. le 26 nov. 1547 Marguerite de Rodier, dont il eut :

V. Isaac de Pelet, Sgr de la Carrière, ép. 1° Jacquette de Bringuier ; 2° le 2 mars 1610 Anne de Chapelain ; il eut de son premier mariage : 1. Jacques ; 2. Antoine ; et du second : 3. Claude qui suit ; 4. Anne ; 5. Marguerite, alliée le 5 déc. 1645 à Hector de Girard.

VI. Claude de Pelet, Sgr d'Arbousses, de Salgas, de Rocoules, de la Carrière, de Solperières, de l'Hospitalet, etc., capit. dans le régt des Cévennes 1638, capit. dans le régt de Beaufort-Canillac, puis dans un régt de cavalerie étrangère commandé par le sieur de Balthazar 1648, fut maintenu dans sa noblesse par jugement souverain du 15 juin 1671. Il avait ép. le 26 fév. 1645 Anne de la Mare, tous deux de la religion réformée ; ils eurent plusieurs enfants, entre autres : 1. François qui suit ; 2. Antoine, capit. au régt de Champagne, puis de la Marche, tué au siége de Philisbourg 1689 ; 3. Jacques, auteur d'une branche en Prusse ; 4. Hector, lieut. au régt de Bourbonnais 1675.

VII. François de Pelet, Sgr de Salgas, Rocoules, Rousses, Vebron, etc., servit dans les mousquetaires ; ép. 1°. le 15 nov. 1678 Françoise de Rochemore d'Aigremont ; 2° le 2 sept. 1694 Lucrèce de Brignac, dont il eut : 1. Claude qui suit ; 2. Jacques, prêtre de l'Oratoire; 3. François, sieur de Moncamp, capit. dans le régt de Saint-Simon; 4. Pierre, élevé dans la religion réformée, établi en Suisse.

VIII. Claude de Pelet, Sgr de Salgas, Rocoules, Vebron, Rousses, Moncamp, lieut. dans le régt de Saint-Simon, ép. 1° Marie de Michel du Roc; 2° le 8 sept. 1728 Françoise-Hélène de Pierre de Bernis; il eut du premier mariage deux filles : Louise-Marguerite; Marie-Christine; et du second : 1. Joachim-Anne; 2. François-Hippolyte; 3. François-Gabriel-Matthias; 4. Claude-François-Augustin; 5. Marie-Élisabeth-Hélène, reçue à Saint-Cyr 1741; 6. Louise-Charlotte-Philippine; 7. Marie-Christine-Thérèse, mariée au marquis du Puy-Montbrun.

Louise-Charlotte-Philippine, ép. Jean-François, comte de Narbonne-Pelet, surnommé *Fritzlar,* à cause de sa brillante conduite à la journée de ce nom, lieutenant général des armées du roi, grand-croix de Saint-Louis, dont : François-Raymond-Joachim, né en 1762.

427. PÉLISSIER DE BOIRARGUES.

De gueule à la fasce d'or accompagnée en chef d'une larme d'argent et d'un anneau d'or en pointe, écartelé d'azur au soleil d'or surmonté de trois étoiles de même.

La famille de Pélissier, *alias* Pellicier, originaire du diocèse de Montpellier, a donné plusieurs évêques à Maguelonne vers la fin du XVI° siècle (D'AIGREFEUILLE, *Hist. ecclés.*, 198.—GARIEL, *Idée de la ville de Montpellier*, 2° p., 181, et *Series præsulum*, 510, 521), et de nombreux magistrats aux cours souveraines de Languedoc. C'est à Guillaume Pélissier, successeur de son oncle dans l'évêché de Maguelonne, qu'on doit la translation du siége épiscopal à Montpellier 1536. (E. THOMAS, *Tableau histor. de Montpellier*, 326.)

I. N... de Pélissier, fut père de : 1. Antoine qui suit; 2. Guillaume, évêque de Montpellier.

II. Antoine de Pélissier, viguier de Mauguio, ép. le 21 mars 1537 Françoise de Ganges, dont il eut :

III. Guillaume de Pélissier, viguier de Mauguio, maître des comptes à la cour de Montpellier, ép. Catherine Monier, dont il eut : 1. Jacques qui suit; 2. Charles.

IV. Jacques de Pélissier, dit de Boirargues, Sgr de Boirargues, eut pour enfants : 1. Étienne qui suit; 2. Pierre, marié à Louise de Malcouren, dont : *a.* Étienne; *b.* Henri.

V. Étienne de Pélissier, correcteur en la chambre des comptes de Montpellier, fut père de : 1. Charles qui suit; 2. Catherine, mariée le 3 mai 1663 à François de Massilian.

VI. Charles de Pélissier de Boirargues, président et trésorier de
France à Montpellier, marié le 27 juill. 1659, fut maintenu dans sa
noblesse par jugement souverain du 14 janv. 1669, avec ses enfants :
1. Étienne ; 2. Henri ; 3. Charles ; 4. Pierre.

428. PELOTI, *alias* PILLOTE.

De gueule à deux piliers d'or mouvant de la pointe de l'écu, surmontés chacun d'une étoile
de même, parti de sable à une vache passante d'argent, et un pin de sinople brochant sur le
tout. (*Armor. de* 1696, 1349.)

I. Lucas de Pillote, fut père de

II. Jean de Pillote, Sgr du Mas del Mas, ép. le 17 avril 1545
Douce Miliau, dont il eut :

III. Jean de Pillote, co-Sgr de Lesan, gouverneur d'Aubenas, ép.
en 1596 Félice de Bossuges, dont il eut :

IV. Robert de Pillote, co-Sgr de Lesans, ép. le 11 fév. 1634
Françoise d'Avessens de Saint-Rome, dont il eut : 1. Jean-Antoine
qui suit ; 2. Louis, Sgr de Villeneuve ; 3. Pierre, Sgr de la Crousette :
maintenus dans leur noblesse par jugement souverain du 27 nov.
1669.

V. Jean-André de Pillote, co-Sgr de Lesan, D. de Nîmes, ép. le
20 sept. 1657 Françoise Guiot.

429. PERDRIER, *alias* PERDIER.

D'azur à trois mains d'or, 2 et 1 ; écartelé d'azur au chevron d'argent, chargé de trois molettes de sable et accompagné de trois croissants d'or.

Hugues Perdrier, sergent d'armes de S. M., mena à ses dépens plusieurs hommes d'armes au
sacre du roi Philippe de Valois, en 1328. Ce prince lui fit accorder 200 livres tournois. Guillaume Perdrier était secrétaire du roi et maître en la chambre aux deniers en 1383, maître des
comptes en 1393, et trésorier de France en 1440, comme il se voit par l'extrait des comptes
rendus en la chambre des comptes de Paris lesdites années. (Marquis D'AUBAÏS, II, 429.)

I. Guillaume de Perdrier, Sgr de Villeurard, Torci et la Main-
Ferme, ép. avant le 10 juill. 1404 Jeanne la Frisonne, dont il eut :
1. Jacques qui suit ; 2. Guillaume.

II. Jacques de Perdrier, écuyer, Sgr de Villeurard, Torci et la
Main-Ferme, ép. Marie Astruc, dont il eut :

III. Guillaume de Perdrier, écuyer, ép. le 22 avril 1495 Marguerite Bernier, dont il eut :

IV. Jean de Perdrier de la Main-Ferme, ép. le 25 avril 1536 Jeanne
de Bossuges, dont il eut :

V. Barthélemy de Perdrier, Sgr de Vic et Maurcilhan, ép. 1º le 23 janv. 1581 Françoise de Sarrat; 2º le 11 octobre 1588 Antoinette de Carcassonne, dont il eut : 1. Jean qui suit; 2. François; 3. Barthélemy; 4. Catherine; 5. Magdeleine; 6. Antoinette.

VI. Jean de Perdrier, Sgr de Vic et Maurcilhan, ép. le 15 janv. 1623 Isabeau de Ratte de Cambous, dont il eut : 1. François; 2. Barthélemy, demeurant à Montpellier : maintenus dans leur noblesse par jugement souverain du 27 septembre 1669.

430. PESSEMESSES.

D'azur à une étoile d'argent en cœur accompagnée de trois roses d'or, 2 en chef, 1 en pointe. (*Armor. de 1696, 624.*)

I. Pierre de Pessemesses, conseiller du roi, audiencier, notaire et secrétaire en la chancellerie de Montpellier le 28 mars 1670; déclaré noble en conséquence des provisions dudit office.

431. PIGNAC, *alias* PINHAC.

D'argent au pin de sinople.

I. Guillaume de Pignac, Sgr de Fours, compris dans la revue des ban et arrière-ban de la sénéchaussée du Puy 1539, avait ép. le 3 fév. 1512 Anne Chapelle, et il en eut : 1. Jean qui suit; 2. Gabriel.

II. Jean de Pignac, Sgr de Fours, ép. Blanche de Truchet, dont il eut :

III. Claude de Pignac, Sgr de Fours, ép. le 19 février 1624 Françoise de Chastel de Condres, dont il eut :

IV. Claude de Pignac, Sgr de Fours et de la Tour des Sauvages, ép. le 21 juin 1647 Françoise de Boulieu, dont il eut : 1. Florimond; 2. Claude; 3. Antoine; demeurant à Fours, D. du Puy, et maintenus dans leur noblesse par jugement souverain du 29 août 1669.

432 PINETON DE CHAMBRUN

De gueule à trois pommes de pin d'or feuillées de sable 2 et 1, qui est de Pineton. Plus tard ces armes furent écartelées d'argent à l'aigle de sable au vol abaissé, qui est de Grangers.

Ancienne maison originaire de la Marche, où elle possédait, antérieurement à 1400, la terre et seigneurie de Chambrun. Le chef de la branche existante encore dans la Lozère se fixa en Gévaudan vers le commencement du XVe siècle. (D'Hozier, I, R. 436. — Lach. Desb., XI, 331. — Burdin, II, 228.) M. le *vicomte* de Chambrun a pris part à l'élection des députés de la noblesse de Gévaudan en 1789.

I. Jacques de Pineton, Sgr de Chambrun, fut père de

II. Jean de Pineton, Sgr de Chambrun, ép. le 9 oct. 1491 Marie Auxroi, *alias* Auroch, dont il eut : 1. Jacques qui suit; 2. Antoine.

III. Jacques de Pineton de Chambrun, ép. le 10 déc. 1553 Catherine Fajon, dont il eut : 1. Pierre qui suit; 2. Jean; 3. Jacques.

IV. Pierre de Pineton de Chambrun, Sgr de Lemperi, conseiller et médecin ordinaire du roi, vint s'établir en Gévaudan, fut bailli et gouverneur de la Canourgue, ép. en 1599 Marcelline de Grangers, héritière du Sgr de Larcix, dont il eut : 1. Pierre qui suit; 2. Charles; 3. Aldebert.

V. Pierre de Pineton de Chambrun, Sgr de Larcix, Recoulettes, ép. le 26 fév. 1631 Jeanne de Seguin, dont il eut : 1. Aldebert qui suit; 2. et Charles qui ép. le 12 mars 1676 Suzanne de Combet : maintenus dans leur noblesse par jugement souverain du 29 juin 1669.

VI. Aldebert de Pineton de Chambrun, Sgr de Lemperi, Larcix, Pommiers, Tarbes, Recoulettes, comm. au régt de Chartres, héritier des biens du Gévaudan, ép. le 19 janv. 1679 Marie Guyot, dont il eut :

VII. Aldebert de Pineton de Chambrun, écuyer, Sgr de Lemperi, Recoulettes, Pommiers, Villeret et Cénaret, major d'infanterie, gentilhomme de M. le duc d'Orléans, chev. de Saint-Louis, de N. D. du Mont-Carmel et de Saint-Lazare de Jérusalem, ép. en 1725 Catherine de Baud, dont il eut : 1. Étienne-Trophime-Aldebert; 2. Louis-Claude; 3. Antoine qui suit; 4. Marie-Ursule, reçue à Saint-Cyr où elle est morte en 1741; 5. Marie-Thérèse.

VIII. Antoine de Pineton, vicomte de Chambrun, Sgr de Lemperi, Recoulettes, Cénaret, Montrodat, gentilhomme attaché à M. le duc d'Orléans, chev. de Saint-Louis, maréchal des camps et armées du roi en 1784, admis aux états de Gévaudan comme Sgr de Montrodat en

1786 ; mort général major de l'armée russe en 1798, ép. le 22 avril 1772 Louise-Charlotte de Damfreville, dont il eut : 1. Antoine, officier au régt de cavalerie-Orléans, mort sans postérité; 2. Louis-Charles qui suit; 3. Charles-Emmanuel qui a fait la Br. B; 4. Louis-Anne-François, ancien colonel du 3e régt de hussards; 5. Louis-Philippe-Auguste, élève de l'école militaire de Saint-Cyr, tué à la bataille de la Moskowa.

IX. Louis-Charles de Pincton, vicomte de Chambrun, député de la Lozère au Corps législ., ép. en 1829 Virginie de Framond de Grèzes.

Br. B. IX. Charles-Emmanuel de Pincton de Chambrun, ancien colonel du 4e régt d'infanterie, ép. N... de Glos.

433. PIOLENC.

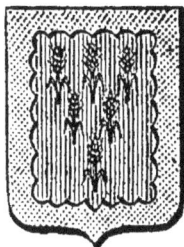

De gueule à six épis de blé d'or posés 3, 2 et 1, à la bordure engrelée de même. DEVISE : *Campi tui implebuntur ubertate.*

La maison de Piolenc, *alias* Piolen, est une des plus nobles et des plus anciennes des provinces de Languedoc et de Provence. Elle a pris son nom du château de Piolenc depuis le Xe siècle. Cette maison avait possédé de grands fiefs dans le Languedoc et des domaines considérables dans le terroir de la ville de Saint-Esprit. Trois gentilshommes du nom de Piolenc sont signés à l'acte du prix fait de la construction du pont Saint-Esprit en 1267, et leurs armes y furent gravées; ce qui semble indiquer qu'ils en sont les auteurs. Raimond de Piolenc, Sgr de Saint-Julien et de Saint-Saturnin du Port, au D. d'Uzès, suivit aux croisades Raymond et Alphonse de Toulouse. (MAYNIER, 132.— V. encore LACH. DESB., XI, 334. — D'HOZIER, I. R., 437.)

Raimond de Piolenc, damoiseau, co-Sgr de Saint-Julien de Peiroles, en rendit hommage le 2 mars 1365, et fut père de Déodat de Piolenc, co-Sgr de Saint-Julien, qui rendit hommage le 29 août 1391. (Marquis D'AUBAÏS, II, 433.)

Catherine de Médicis ayant logé, en passant par Aix, dans le château de Beauvoisin, appartenant à Raimond de Piolenc, en fit un fief au titre de Beauvoisin, que ses descendants possédaient encore en 1739. (BARCILON, *Crit. Mss. du Nobiliaire de Provence.*)

I. Guillaume de Piolenc, co-Sgr de Saint-Julien de Peiroles, ép. av. 1503 Claudine de Genas, et il en eut : 1. Thomas qui suit; 2. Jean qui a fait la Br. D.

II. Thomas de Piolenc, Sgr de Saint-Julien, conseiller du roi, procureur général au parlement de Provence, ép. Perrinette de Filholi, dont il eut : 1. Raimond qui suit; 2. Antoine qui a fait la Br. C; 3. Jean; 4. Charles, marié à Françoise de la Gorce.

III. Raimond de Piolenc, Sgr de Saint-Julien et Cornillon, procureur général et président au parlement d'Aix, ép. en 1557 Marguerite de François, et il en eut : 1. Jean-Antoine qui suit; 2. Reynaud qui a fait la Br. B.; 3. Louise, mariée à Laurent de

Coriolis; 4. Honorade, mariée à Claude de Gautier, Sgr de Grand-bois et Roquesante.

IV. Jean-Antoine de Piolenc, Sgr de Montagut, ép. le 10 juin 1607 Jeanne de Rodulphe, et il en eut : 1. Charles, Sgr de Gaujac, y demeurant, ép. le 3 fév. 1652 Marie Gilles; 2. François, Sgr de Montagut, demeurant à Gaujac : maintenus dans leur noblesse par jugement souverain du 20 mars 1670.

Br. B. IV. Reynaud de Piolenc, ép. Marguerite de Coriolis, dont il eut : 1. Honoré qui suit; 2. Marquise, mariée à César de Milan, sieur de Cornillon; 3. Louise, mariée à Henri de Boisson de la Sale.

V. Honoré de Piolenc, Sgr de Beauvoisin, conseiller au parlement d'Aix, ép. en 1634 Louise de Bernier, dont il eut : 1. Joseph-François qui suit; 2. Thérèse, mariée à François de Coriolis; 3. Louise, mariée à Jules de Ricard.

VI. Joseph-François de Piolenc, Sgr de Beauvoisin, conseiller au parlement de Provence, ép. Magdeleine de Forbin-Mainier, dont il eut : 1. Honoré-Henri qui suit; 2. Joseph-François, chev. de Malte, grand-croix de l'ordre, commandeur de Bordeaux, grand prieur de Saint-Gilles; 3. Augustin, chev. de Malte, commandeur et grand prieur de Saint-Gilles après son frère; 4. Marie-Anne, ép. Alexandre de Roux de Gaubert, premier président au parlement de Pau.

VII. Honoré-Henri de Piolenc, Sgr de Beauvoisin, premier président au parlement de Grenoble, commandant de la province de Dauphiné, ép. 1° Élisabeth d'Étienne de Chaussegros; 2° Françoise d'Yse de Saléon, dont il eut : 1. Honoré-Jean-Baptiste-Jacques-Alexandre qui suit; 2. Pierre-Paul, chev. de Malte, commandeur de Bastie; 3. Joseph-Henri, chev. de Malte, commandeur de Montfrin, 4. Marie-Thérèse, mariée le 22 juillet 1733 à Philippe de Meyronnet, marquis de Châteauneuf, conseiller au parlement d'Aix.

VIII. Honoré-Jean-Baptiste-Alexandre de Piolenc de Thoury d'Yse Montauban, héritier des biens de la maison d'Yse de Saléon en Dauphiné et de Scipion de Montauban-Flotte, gouv. de Seyne, président à mortier au parlement de Grenoble en 1759, ép. Jeanne des Champs de Chaumont, dont il eut : 1. Jean-Honoré; 2. François; et trois filles.

Br. C. III. Antoine de Piolenc, ép. 1° le 30 oct. 1569 Isabeau Blancard, dont il eut : 1. Antoine qui suit; 2. Alphonse, marié le 10 octobre 1615 à Magdeleine Fermineau, dont Marcel mort sans enfants : maintenus dans leur noblesse par jugement souverain du 20 mars 1670.

IV. Antoine de Piolenc, ép. 1° le 9 août 1613 Magdeleine Jouanaire ; 2° le 15 juill. 1627 Catherine de Chanciergues ; il eut de sa première femme : 1. Henri, Sgr de Saint-Julien de Peiroles, ép. le 27 mars 1645 Marie de Borne ; et de la seconde, 2. Raimond, ép. le 11 fév. 1660 Jeanne Loubat : maintenus dans leur noblesse par jugement souverain du 20 mars 1670.

Br. D. II. Jean de Piolenc, Sgr de Saint-Julien, capit. de 200 hommes dans le régt de la Roche, fut père de

III. Antoine de Piolenc, ép. Claude de Mezerat, et il en eut : 1. André qui suit ; 2. Antoine qui a fait la Br. E.

IV. André de Piolenc, ép. le 24 janv. 1525 Victoire de Gévaudan, et il en eut :

V. Antoine de Piolenc, Sgr de Sarbranenc, ép. le 3 août 1631 Marie d'Henrici.

Br. E. IV. Antoine de Piolenc, capit. au régt de Normandie, ép. le 22 janv. 1607 Anne de Gibert, dont il eut :

V. Marcel de Piolenc, capit. dans le régt de Normandie, ép. le 24 juin 1679 Gabrielle d'Oize, dont il eut : 1. François qui suit ; 2. Marcel.

VI. François de Piolenc, capit. dans le régt de Normandie, ép. le 16 fév. 1715 Constance-Gabrielle-Thérèse Chapuis, dont il eut : 1. Thomas-Philippe ; 2. Marcel-François ; 3. Joseph-Marie ; 4. Marie-Élisabeth.

Le marquis de Piolenc prit part à l'assemblée de la noblesse tenue à Nîmes en 1789.

434. PLANTAVIT DE LA PAUSE.

D'azur à l'arche d'or flottant sur des ondes d'argent, supportant une colombe d'or onglée et becquée de gueule, et tenant en son bec un rameau d'olivier de sinople.

Il est fait mention dans un arrêt du parlement de Toulouse du 11 mars 1516, de contrats passés par les prédécesseurs d'Antoine ès années 1476 et 1492. (Marquis d'Aubaïs, II, 434.) Jean de Plantavit de la Pause, abjura le protestantisme, fut employé par le pape Paul V dans ses relations avec Venise, aumônier de Marie de Médicis, puis d'Élisabeth de France, évêque de Lodève 1625, auteur du *Grand Dictionnaire hébréo-chaldaïco-rabbinique*. (Bouillet, *Dict. hist.*, 1000. — Lach. Desb., XI, 346.)

I. Antoine de Plantavit, Sgr de Bastide, eut pour fils : 1. Pierre qui suit ; 2. Bernard, qui a fait la Br. B.

II. Pierre de Plantavit, Sgr de Margon, Villenouvette, Perdiguier,

Maraussan, Saint-Nazaire, eut pour enfants : 1. Gabriel qui suit ; 2. Jacques.

III. Gabriel de Plantavit, Sgr de Margon, ép. le 1ᵉʳ juin 1570 Charlotte de Lestrange, dont il eut :

IV. François de Plantavit, Sgr de Margon, ép. Baptiste Rolland, dont il eut : 1. François qui suit ; 2. Charlotte, dame de Maraussan, ép. le 8 août 1622 Henri de Lort-Sérignan.

V. François de Plantavit, Sgr de Margon, Villenouvette, demeurant à Béziers, ép. le 27 juill. 1629 Claire Camoussi, et fut maintenu dans sa noblesse par jugement souverain du 20 déc. 1668.

Br. B. II. Bernard de Plantavit, ép. Isabeau Saleron, et il en eut : 1. Pierre ; 2. Christophe qui suit ; 3. Jacques.

III. Christophe de Plantavit, ép. Isabeau d'Assas, et il en eut :

IV. David de Plantavit, Sgr de la Pause, ép. le 23 décembre 1605 Louise d'Ortoman, et il en eut : 1. François qui suit ; 2. Jeanne, mariée à Adam d'Abrénethée.

V. François de Plantavit, Sgr de la Pause, Beteirac et Margon, y demeurant, ép. le 7 juin 1645 Anne de Fabre, et il en eut : 1. Jean qui suit ; 2. Joseph-Gaspard, chev. de Malte 1663 ; 3. François, capit. de vaisseau : maintenus dans leur noblesse par jugement souverain du 20 déc. 1668

VI. Jean de Plantavit de la Pause, Sgr de Margon, brigadier des armées du roi, chev. de Saint-Louis, lieut. du roi en Languedoc, eut trois fils, entre autres, N... doyen des prédicateurs du roi, mort en 1762.

Jean de Plantavit de Strozzi, Sgr de Margon, ép. Jacquette de Lort-Sérignan, vers 1700.

N... de Strozzi-Plantavit prit part à l'assemblée de la noblesse du diocèse d'Agde en 1788.

435. PLUVIERS.

I. Honoré de Pluviers, ép. le 5 juill. 1456 Agnès Neve, dont il eut :

II. Antoine de Pluviers, écuyer, Sgr de Paulhan, ép. Isabeau de Cambis, dont il eut : 1. Louis qui suit ; 2. Michel, Sgr de Paulhan, consul de Montpellier en 1566.

III. Louis de Pluviers, chevalier de l'ordre du Roi, ép. Marguerite de Bonnial, dont il eut : 1. Jacques qui suit ; 2. Louise, mariée le 15 avril 1605 à Charles de Lauzières, Sgr de Saint-Guiraud ;

3. Isabelle, mariée, 1° à Jacques d'Autun; 2° à Charles-Robert de la Mark, comte de Maulevrier.

IV. Jacques de Pluviers, écuyer, Sgr de Saint-Michel, chevalier de l'ordre du Roi, gouverneur de Mâcon, ép. le 23 avril 1589 Marie de Bagnols, dame de Saint-Michel, dont il eut ;

V. Pierre de Pluviers, écuyer, Sgr de Saint-Michel, écuyer ordinaire de Madame Royale de Savoie, ép. le 9 juill. 1629 Anne Hennequin, et il en eut :

VI. Pierre de Pluviers, Sgr de Saint-Michel, lieutenant des gendarmes de S. A. R. de Savoie, demeurant à Bagnols, D. d'Uzès, ép. le 6 fév. 1666 Catherine de Giry, et fut maintenu dans sa noblesse par jugement souverain du 15 janv. 1671.

436. POLAILLON.

D'azur à trois bandes d'or au double chef, l'un d'azur à trois étoiles d'or, l'autre de gueule au lion d'or.

Cette maison, originaire du Velay, fixée aujourd'hui à Aurillac (Cantal), a suivi à la fois la carrière des armes et celle de la magistrature, donnant à l'une nombre d'officiers distingués, des commandants de place, des chevaliers de Saint-Louis, et à l'autre des conseillers de la sénéchaussée du Puy, des secrétaires du roi, des échevins de la ville de Lyon, des correcteurs à la chambre des comptes de Grenoble. (BOUILLET, V, 151.)

I. Pierre de Polaillon, Sgr de Villars, ép. Marguerite de la Gohère, dont il eut :

II. Alexandre de Polaillon, Sgr de Villars, échevin de Lyon en 1576 et 1577, avait ép. le 27 mai 1547 Catherine du Crozet, dont il eut :

III. Claude de Polaillon, Sgr de Bousols, ép. le 18 sept. 1578 Catherine de Cotel, dame de Glavenas, dont il eut :

IV. Claude de Polaillon, baron de Glavenas, ép. le 13 déc. 1627 Jeanne de Saignard, dont il eut : 1. Claude qui suit; 2. Baptiste, Sgr de Mortesaigne, demeurant au Puy, fut maintenu dans sa noblesse par jugement souverain du 18 janv. 1669.

V. Claude de Polaillon, Sgr et baron de Glavenas et Condres, ép. le 27 oct. 1658 Antoinette Bruart, dont il eut : Dominique-Claude-François, maintenu dans sa noblesse par jugement souverain du 18 janv. 1669.

Cette famille est aujourd'hui représentée en Auvergne par Anne-Louis-Charles-Hercule de Polaillon, baron de Glavenas, chev. de la Lég. d'honn., anc. off. au régt de chasseurs à cheval, ancien garde du corps du roi, marié en 1815 à Jeanne-Gabrielle de Sales du

Doux, dont postérité. Son frère unique, Alexandre-Camille-François de Polaillon-Glavenas, ancien garde d'honneur, puis garde du corps du roi, est établi à Saint-Chamond. (Bouillet, V, 154-152.)

437. POMPADOUR.

D'azur à trois tours d'or, 2 et 1, et un lambel de même en chef.

Pompadour était une seigneurie dans le Limousin, qui, après avoir été longtemps possédée par une maison de ce nom également ancienne et illustre, est revenue au domaine. Louis XV en fit don à la marquise de Pompadour. (Lach. Desb., XI, 401.) La maison de Pompadour portait au commencement le nom de Hélie. Sa généalogie a été donnée par le P. Anselme, VIII, 242, depuis Geoffroy Hélie, Sgr de Ségur, mentionné dans un titre de l'abbaye de Dalon en 1179. La branche établie en Languedoc prouva sa noblesse devant M. de Bezons, depuis

I. François de Pompadour, Sgr de Villesèque, ép. le 5 avril 1611 Jeanne Viviés, dont il eut :

II. Jean de Pompadour, Sgr de Villesèque, fut père de

III. Jean de Pompadour, Sgr de Villesèque, ép. le 6 mai 1582 Géraude Crossel, dont il eut :

IV. Pierre de Pompadour, Sgr de Villesèque, eut pour enfants : 1. Balthazar qui suit ; 2. Bernard, marié le 3 déc. 1638 à Marie Bousquet ; 3. Jean-François, marié le 23 avril 1645 à Isabeau Renouard ; 4. et Jean, Sgr de la Tour, marié le 21 sept. 1645 à Isabeau Gibron.

V. Balthazar de Pompadour, Sgr de Montpesat, ép. le 26 juin 1636 Claire de Montrond, et il en eut :

VI. Pierre de Pompadour, Sgr. de Montpesat, maintenu dans sa noblesse par jugement souverain du 27 sept. 1669.

438. PORCELET.

D'or à une truie de sable. SOBRIQUET DONNÉ PAR LE ROI RENÉ : *Grands de Porcelet.*

La maison de Porcelet est une des plus anciennes de Provence. Elle a voulu tirer son nom et ses armes d'une aventure extraordinaire : la tradition domestique rapporte qu'une truie mit bas neuf cochons d'une seule ventrée en présence d'une dame, qui, en ayant eu l'imagination frappée, enfanta neuf mois après neuf mâles d'un seul accouchement. Mais ce que l'on rapporte de véritablement noble pour les Porcelet est un treillis de fer à côté de leur ancienne maison, à Arles, élevé de sept pieds du pavé, qui servait d'asile à ceux à qui on donnait le fouet lorsqu'ils pouvaient s'y prendre avec les mains en passant par cette rue. La plus ancienne tige que l'on trouve des Porcelet est Bertrand de Porcelet, conseiller et chambellan du comte de Toulouse, envoyé avec Bertrand Porcello son cousin vers le roi de France, en 1096, pour traiter des différends entre eux. Guillaume de Porcello, surnommé de Castille, suivit le comte de Toulouse à la croisade en terre sainte. Guillaume de Porcelet suivit Philippe de Valois et Richard, roi d'Angleterre, à-la croisade. Un autre Guillaume de Porcelet accompagna Charles I d'Anjou à la conquête du royaume de Naples, et échappa, à cause de sa justice, dit Scipion Ammirato, aux massacres des Vêpres siciliennes. La maison de Porcelet a possédé, dans le royaume de Naples, les seigneuries de Sainte-Sophie, de Baragiani, de Castellacii, de Casalaret et de Saint-Laurens. (MAYNIER, 218-220. — AMMIRATO, *Hist. des maisons illust. de Naples et de la Sicile*, décad. 7, liv. 8.)

Il existe des bulles du pape Calixte de l'an 1020 à Guillaume et Geoffroy de Porcelet, par l'une desquelles il est porté que ledit Geoffroi, conjointement avec le comte de Provence et l'archevêque d'Arles, prendront les armes contre le comte Alphonse pour la défense de l'abbé de Saint-Gilles. Ceux de la maison de Porcelet firent deux concessions au temple de Saint-Gilles, aux mois de juillet 1073 et mars 1076. Le comte de Provence promit, en 1200, de donner secours à Guillaume de Porcelet, Sgr du bourg d'Arles. Il y eut compromis sur la pacification de la guerre qui était entre Bertrand de Porcelet et Guillaume de Baux, en présence du comte de Provence, portant pouvoir à l'archevêque d'Arles, leur arbitre, d'imposer mille marcs d'argent pour peine à celui qui romprait la trêve, pour l'observation duquel traité il fut baillé douze gentilshommes de chaque côté en otage, le 5 des calendes de juin 1240. Le 18 avril 1439 il y eut division de juridiction entre l'archevêque d'Arles, l'abbé de Molejes et Jean de Porcelet. (Marquis D'AUBAÏS, II, 438.) Les armes de la maison de Porcelet sont à la salle des Croisades.

La branche établie en Languedoc prouva sa noblesse devant M. Bezons, depuis

I. **Pierre de Porcelet**, Sgr de Maillanne et Fournès, gouverneur de Beaucaire, du Saint-Esprit et de la Vernède, ép. Marguerite de Piquet, dont il eut : 1. Tannequin qui suit ; 2. Pierre ; 3. Honoré, marié à Marguerite de Pontevès ; 4. Jean, auteur de la branche des Sgrs d'Ubaye ; 5. Sibille, mariée à Antoine de Roquefeuil ; 6. Florette, mariée à Claude de Grimoard de Beauvoir du Roure ; 7. Louise, mariée à Jean de Budos de Portes, dont Charlotte-Marguerite de Montmorency.

II. **Tannequin de Porcelet**, capit. et viguier des ville, château et viguerie de Beaucaire, ép. le 10 avril 1552 Jeanne de Pavée de Villevieille dont il eut : 1. Pierre ; 2. Jean qui suit ; 3. Antoine.

III. **Jean de Porcelet**, Sgr de Maillanne, député des états de Languedoc auprès d'Henri III, ép. Sibille de Serres, dont il eut : 1. Antoine qui suit ; 2. Pierre : maintenus dans leur noblesse par jugement souverain du 19 janv. 1668.

IV. **Antoine de Porcelet**, chevalier, Sgr de Saint-Paul, demeurant à Beaucaire, ép. 1° le 12 juin 1635 Élisabeth de Blain de Marcel ; 2° Gabrielle de Gianis de la Roche ; il eut de sa première femme : 1. Armand-René qui suit ; 2. Marie-Sibille, mariée à Henri-Marie de Villardi de Quinson.

V. **Armand-René de Porcelet**, chevalier, qualifié marquis de Maillanne, baron d'Arboux, Sgr de Saint-Paul, ép. le 10 avril 1673 Jeanne de Montdragon, dont il eut : 1. Paul-Joseph qui suit ; 2. François-Louis ; 3. N..., grand-croix de Malte, commandeur de Lugan.

VI. **Paul-Joseph de Porcelet**, chevalier, marquis de Maillanne, ép. le 6 avril 1700 Anne-Françoise de Porcelet, dont il eut : 1. Joseph-

François-René; 2. Joseph-François-Auguste, chev. de Malte; 3. Joseph-Louis-Guillaume qui suit; 4. Marie-Thérèse, mariée à Jean-Augustin de Grille.

VII. Joseph-Louis-Guillaume de Porcelet, ancien capitaine au régt d'Aunis, infanterie, en 1759, s'est marié à Beaucaire; il eut deux fils et une fille.

Le marquis de Porcelet prit part à l'assemblée de la noblesse tenue à Nîmes en 1789.

439. PORTES.

D'azur à une bande d'or, accompagnée en chef de trois alérions d'argent becqués et membrés de gueule, et en pointe une tour d'argent maçonnée de sable. (*Armor.* de 1696, 710.)

I. Pierre de Portes eut pour enfants : 1. Sébastien qui suit; 2. Marguerite, alliée le 5 déc. 1542 à Jean Alberger.

II. Sébastien de Portes, fut père de

III. Denis de Portes eut pour enfants : 1. Pierre qui suit; 2. Jean qui fut père de Jacques, demeurant à Castres, maintenu dans sa noblesse par jugement souverain du 14 janv. 1671.

IV. Pierre de Portes de Pardaillan, ép. Suzanne de la Roque, et il en eut François, demeurant à Saint-Pons, maintenu dans sa noblesse par jugement souverain du 14 janv. 1671.

François de Portes, baron de Pardaillan, fit enregistrer ses armes dans l'*Armorial* de 1696.

Gabrielle de Portes de Pardaillan, ép. le 26 janv. 1712 Jean-François de Vissec-la-Tude, baron de Fontès.

440. POUSOLS.

On trouve dans le Velay une famille noble de ce nom. Marette de Pousols, *alias* Pouzolles, fille de Louis, demeurant à Monthuze en Velay, ép. le 14 juin 1459 Antoine de Montrond. (D'HOZIER, *Armor. gén.*, 2, R. généal. Montrond.)

I. Bertrand de Pousols, ép. Alix Volle, dont il eut :

II. Alexandre de Pousols, Sgr de Goudelet, ép. le 15 oct. 1571 Marguerite de la Bastie, et il en eut :

III. Alexandre de Pousols, compris dans le ban et arrière-ban de la noblesse du Vivarais en 1639, av. ép. en 1598 Françoise de la Combe, et il en eut : 1. Jean-Baptiste, Sgr de Goudoulet; 2. François; 3. Antoine; 4. César : maintenus dans leur noblesse par jugement souverain du 16 mars 1670.

441. POSQUIÈRES.

D'azur à un puits d'or maçonné de sable.

La maison de Posquières ou Pousquières, connue depuis 1300, est originaire du bas Languedoc; elle avait la co-Sgrie d'Aramon avec les Laudun, Jossaud, Luels, et plus tard Sauvan. Cette Sgrie était importante et comprenait les cinq clochers : Aramon, Valabrègues, Saint-Étienne-des-Sorts, Saint-Pierre-des-Termes. Cette maison s'est éteinte à la fin du dernier siècle, laissant pour héritier de ses biens N... Le Chantre de Sorbier de Pougnadoresse. (RIVOIRE, II, 486-489.)

I. Antoine de Posquières, fut père de : 1. Louis qui suit; 2. Marguerite, mariée en 1411 à Louis de Coursson.

II. Louis de Posquières, fut père de

III. Elzias de Posquières, ép. le 17 juin 1443 Catherine de Marroan ou Maronam, fille de Pierre, co-Sgr d'Aramon, dont il eut :

IV. Maronam de Posquières, co-Sgr d'Aramon, ép. le 20 juill. 1495 Agnès de Raimond, dont il eut :

V. Jean de Posquières, ép. le 9 mai 1501 Anne Lageret, dont il eut :

VI. Pelegrin de Posquières, ép. Magdeleine Rispe, et il en eut :

VII. Laurent de Posquières, ép. le 21 sept. 1576 Magdeleine Ponansal, dont il eut : 1. Honoré; 2. Accurse qui suit; 3. Denis.

VIII. Accurse de Posquières, ép. le 4 fév. 1610 Anne de Thierri, dont il eut :

IX. Jean-Louis de Posquières, co-Sgr d'Aramon, y demeurant, ép. le 6 juill. 1642 Françoise Bertrand, et fut maintenu dans sa noblesse par jugement souverain du 7 sept. 1668.

442. PRADIER D'AGRAIN.

D'azur à trois lions d'or couronnés de même, deux en chef, un en pointe. (*Armor.* de 1696, 687.)

Le château d'Agrain, situé près d'Alleyras, à quatre lieues du Puy, vers les frontières de Gévaudan, a donné son nom à deux familles du Velay qui l'ont possédé successivement. Gabriel d'Orvy qui acquit, en 1508, la charge de greffier au sénéchal du Puy, posséda le château d'Agrain de 1558 à 1589 et se qualifiait baron d'Agrain ; Flurien d'Orvy son fils, capitaine général de la ville du Puy, la même année que Jean Spert, sieur de Volhac, son beau-père, fut pendu en 1594 comme chef des royalistes.

Marie-Élisabeth Spert, fille unique de Hugues Spert, Sgr de Monts et de Volhac, mort en 1650, épousa Jacques-Hugues de Pradier, Sgr de Saint-Julien.

Hugues de Pradier d'Agrain était lieutenant criminel en la sénéchaussée du Puy en 1689 ; il fut compris, avec Jean de Pradier d'Agrain, Sgr et baron d'Agrain, au ban et arrière-ban de la noblesse du Velay, arrêté à Montpellier le 17 avril 1689. (ARNAUD, *Hist. du Velay*, I, 305, 437. — II, 31, 219, 434, 440.)

I. Hugues de Pradier d'Agrain; baron d'Agrain; Jean, aussi baron d'Agrain; Jacques-Hugues, baron de Monts et Servissas; et Amable, Sgr de Molas, jouirent de l'arrêt du conseil du 8 mars 1669, portant que ledit Pradier et ses enfants, conserveraient les priviléges de noblesse à eux accordés par lettres d'anoblissement du mois de déc. 1652, nonobstant la révocation des autres anoblissements: ils furent maintenus dans leur noblesse par jugement souverain du 8 mars 1671.

II. Amable-Albert de Pradier d'Agrain était fils de Jacques Hugues et de Marie-Élisabeth Spert.

III. François-Amable-Albert de Pradier d'Agrain posséda la terre de Volhac jusqu'en 1750.

IV. Armand-Amable de Pradier possédait le château d'Agrain en 1732.

V. Marc-Antoine de Pradier posséda le château d'Agrain de 1768 à 1789.

N... de Pradier, marquis d'Agrain, chevalier, était premier président à la chambre des comptes de Bourgogne, de 1771 à 1785.

Claude-Marie-Arnaud-Élisabeth de Pradier, obtint l'institution d'un majorat au titre de *marquis* d'Agrain, par lett. pat. du 26 oct. 1826.

443. PRADINES.

Parti au 1 d'argent au tau de sable accosté de deux étoiles d'azur; au 2 d'azur au lion grimpant d'or, entouré de dix besants d'argent en orle.

Nous trouvons, en Languedoc, deux familles de ce nom, l'une au diocèse de Béziers, maintenue par M. de Bezons et dont la généalogie va suivre; l'autre, dans le haut Languedoc, maintenue en 1670, dont la généalogie a été publiée par Lachenaye Desbois et sera rapportée à la suite. Cette seconde maison de Pradines, qui n'était peut-être qu'une branche de la première, est aujourd'hui fixée au D. de Béziers. (LACH. DESB. XIV, 492. — Marquis D'AUBAÏS. III, 110.) N... de Pradines d'Aureillan prit part à l'assemblée des gentilshommes du diocèse de Béziers, en 1788.

I. Raimond de Pradines, fut père de

II. Pierre de Pradines, eut pour enfants : 1. Pierre qui suit; 2. Jean, chanoine de Saint-Nazaire à Béziers; 3. Fulcrand.

III. Pierre de Pradines, ép. le 17 oct. 1529 Marie de Gep, et il en eut :

IV. Pierre de Pradines, écuyer, ép. le 5 juillet 1579 Catherine Maurin, dont il eut :

V. Jean-Paul de Pradines, écuyer, capit. de 50 hommes d'armes, ép. le 18 fév. 1618 Jeanne de Valat de Lespignan, dont il eut :

VI. Charles de Pradines, Sgr de Pradines, chev. de N. D. de Mont-carmel et de Saint-Lazare de Jérusalem, demeurant à Béziers, fut maintenu dans sa noblesse par jugement souverain du 1er oct. 1668.

Br. B. I. Arnaud de Pradines, ép. Paule de Dondat, dont il eut : 1. Bernard ; 2. et

II. Denis de Pradines, Sgr de Fanjaux, Barsa, Saint-Esteffe, eut pour fils :

III. Antoine de Pradines, Sgr de Barsa, fut père de

IV. Paul de Pradines, Sgr de Barsa, Saint-Esteffe, ép. le 20 mai 1532 Françoise de Laffont, dont il eut :

V. Paul de Pradines, écuyer, Sgr de Barsa et de Saint-Esteffe, capit. d'infant. 1574, colonel 1584, ép. le 1er. avril 1562 Françoise de Gayraud, dont il eut : 1. Jean-Paul, qui suit ; 2. Jacques-Paul, qui a fait la Br. C.

VI. Jean-Paul de Pradines, Sgr de Barsa, Saint-Esteffe, premier gentilhomme de la chambre du roi Louis XIII 1625, avait ép. le 21 juill. 1619 Marguerite de Mascaron, dont il eut :

VII. Paul de Pradines, Sgr de Barsa, Saint-Esteffe, mousquetaire, puis capitaine et gouverneur du château d'Alzein, ép. le 16 juill. 1652 Béatrix de Gameville, dont il eut :

VIII. Jean de Pradines, Sgr de Barsa et de Saint-Esteffe, mousquetaire, puis capitaine et gouverneur du château d'Alzein 1688, maintenu dans sa noblesse par jugement souverain du 24 mars 1670 ; il ép. le 31 oct. 1700 Anne de Vernon, dont il eut : 1. Jean-Paul qui suit ; 2. Albert, chev. de Malte ; 3. François-Roch, capitaine et gouverneur du château d'Alzein 1739.

IX. Jean-Paul de Pradines, Sgr de Barsa et de Saint-Esteffe, ép. Anne-Dominique de Dufaur, dont il eut : 1. Joseph-Gaspard-Anne, off. dans le régt de dragons de Belzunce 1769 ; 2. Dominique, off. dans le régt de Beauce infant. 1769 ; 3. Anne-Gabrielle, religieuse.

Br. C. VI. Jacques-Paul de Pradines, Sgr de Saint-Esteffe, ép. le 16 oct. 1573 Claire de Sapte de la Fayolle, dont il eut :

VII. Germain de Pradines, sieur de Saint-Esteffe, ép. le 7 janv. 1617 Jeanne des Guillots, dont il eut :

VIII. Jean-Michel, Sgr de la Fayolle, qui obtint un jugement de maintenue, ép. N... de Vernon, dont il eut :

IX. Pierre-Louis de Pradines, Sgr de la Fayolle, ép. N... de Lassalle, dont il eut : 1. Joseph-Alexandre qui suit; 2. Pierre-Antoine, qui a fait la Br. D.

X. Joseph-Alexandre de Pradines, Sgr de la Fayolle, ép. N... de Cabanes, dont il eut : 1. Pierre-Louis, officier de dragons dans la légion de Flandre 1769; 2. Jean-Paul, qui servait en Espagne; et deux autres fils, dont l'un servait dans l'infanterie en 1769.

Br. D. X. Pierre-Antoine de Pradines, Sgr de la Fayolle et d'Aureillan, ép. Catherine de Lartigue, dont il eut : N... mort sans postérité; et d'un autre mariage avec N... : 1. Pierre-Paul, capit. dans le régt royal Roussillon, chev. de Saint-Louis, tué dans la guerre du Canada; 2. et

XI. Antoine de Pradines d'Aureillan, Sgr d'Aureillan, capitaine dans le régt royal Roussillon 1746, chev. de Saint-Louis 1759, fit la campagne du Canada, ép. Élisabeth de Christol, dont il eut : 1. Raimond qui suit; 2. Antoine, chev. de Saint-Louis, 3. Victor, chev. de Saint-Louis.

XII. Raimond de Pradines d'Aureillan, Sgr d'Aureillan, officier dans le régt d'Angoumois, chev. de Saint-Louis, fit partie de l'armée de Condé, prit part à l'expédition de Quiberon, ép. le 26 sept. 1803 Alix de Jacquet de Brey, dont il eut :

XIII. Hercule de Pradines d'Aureillan, ancien officier au 1er régt de hussards, ép. Rose-Irma de Jacquet de Brey, sa cousine germaine, dont : François-Georges, né le 29 sept. 1838.

444. PRARON.

De gueule au lion d'or armé et lampassé de même tenant une épée d'argent mise en pal.

I. Grégoire Léoneton, gendarme de la compagnie du maréchal de Brissac, eut pour enfants : 1. Delmas qui suit; 2. et Jacques, Sgr du Pré.

II. Delmas-Léoneton, Sgr de Chières, transigea avec son frère le 17 janvier 1548 au sujet des biens de leur père. Il prenait indifféremment le surnom de Léoneton et de Praron dans plusieurs contrats publics des 27 déc. 1584, 16 déc. 1589; il avait ép. le 16 avril 1555 Jeanne Granet, qui le rendit père de

III. François de Praron, ép. Lucrèce de Bonas, dont il eut : 1. Jeanne, mariée le 23 avril 1636 à Nicolas de Bergède, de Lemps; 2. Jean qui suit; 3. et Joachim, qui a fait la Br. B.

IV. Jean de Praron, Sgr dudit lieu, y demeurant, D. de Viviers, ép. le 20 mai 1638 Catherine de Boulieu, dont il eut : Suzanne, fille unique, laquelle porta les biens de Praron dans la famille du Peloux, par son mariage en 1668 avec Jacques du Peloux de Saint-Romain. Cette branche de la famille du Peloux, dont la généalogie sera rapportée au n° 625, possède encore et habite Praron (1859).

Br. B. IV. Joachim de Praron, Sgr de la Gruterie, ép. le 8 juin 1649 Marie-Magdeleine des Mottes de Confoulens, et fut maintenu dans sa noblesse par jugement souverain du 4 nov. 1669.

445. PUJOL.

D'argent au lion de sable, armé, lampassé, couronné de gueule. (*Armor.* de 1696, 11.)

I. Guillaume de Pujol, conseiller, secrétaire du roi, contrôleur en la chancellerie de Montpellier, noble par jugement souverain du 24 mars 1670, en conséquence des provisions dudit office, à condition que s'il s'en démet ou qu'il décède avant la vingtième année de service en ladite charge, il demeurera privé, ensemble sa veuve et ses enfants, des priviléges de noblesse.

446. PUJOL DE LA GRAVE.

D'azur à une bande de gueule. (*Armor.* de 1696, 73.)

I. Jean de Pujol, baron de la Grave, de la ville de Montpellier, fut maintenu noble le 31 oct. 1669 en conséquence des lettres d'anoblissement à lui accordées par le roi, du mois de sept. 1669.

447. QUINSSAC.

D'azur à trois étoiles d'or, 2 et 1.
Il y a eu présentation au ban et arrière-ban par quelqu'un de cette famille en 1477 et 1492. (Marquis D'AUBAÏS, II, 447.)

I. Antoine de Quinssac, Sgr de Vilar, assista au ban et arrière-ban le 20 juin 1508; il fut père de

II. Jean de Quinssac, Sgr de la Fabrègue, ép. le 13 janv. 1545 Simonne d'Hérail de Brisis, dont il eut :

III. Jacques de Quinssac, Sgr de la Fabrègue, ép. le 18 sept. 1599 Marguerite d'Audibert, et il en eut : 1. Charles qui suit; 2. Jacques : maintenus dans leur noblesse par jugement souverain du 11 sept. 1669.

IV. Charles de Quinssac. Sgr de la Fabrègue, D. d'Uzès, ép. le 24 mai 1636 Anne Poitevin.

448. RAIMOND DE BRIGNON.

D'azur à trois rochers, et deux demi-rochers d'or mis en sautoir.

I. Lazare de Raimond, Sgr de Brignon, fut père de

II. Claude de Raimond, Sgr de Brignon, ép. le 17 fév. 1485 Alix de Malsac, dont il eut :

III. Guillaume de Raimond, écuyer, Sgr de Brignon, eut pour fils

IV. Tannequin de Raimond de Brignon, écuyer, ép. Jeanne Aubert, dont il eut :

V. Guillaume de Raimond de Brignon, Sgr de Brignon, ép. 1° le 29 oct. 1584 Jeanne de Manicamp; 2° le 1er janv. 1608 Marguerite de Saint-Bonnet de Toiras, dont il eut :

VI. Henri de Raimond de Brignon, Sgr de Brignon et de Sénillac, D. d'Uzès, ép. le 13 oct. 1647 Marguerite de Brucis de Saint-Chaptes, et fut maintenu dans sa noblesse par jugement souverain du 20 déc. 1668 ; il eut de son mariage une fille unique, Marie-Françoise, alliée à Jean d'Audibert, comte de Lussan, baron de Valros, chevalier des ordres du Roi 1688, premier gentilhomme de la chambre du prince de Condé.

449. RAIMOND.

Au 1 d'azur à deux lances d'or posées en sautoir cantonnées de quatre étoiles de même ; au 2 de gueule à deux fasces d'argent ; au 3 de gueule au lion d'or armé et lampassé de même ; au 4 d'azur à la colombe d'argent ; sur le tout d'azur à six besants d'or, 3, 2 et 1 ; alias : d'azur à la croix d'argent chargée de cinq coquilles de gueule. (LACH. DESB., XII, 912.)

Lachenaye Desbois a publié la généalogie de cette famille comme branche de la maison de Raimond de Modène, originaire de Provence, sans en donner la jonction.

On connaît de ce nom deux chanoines-comtes de Brioude : Guillaume 1381; Pierre 1553 ; qui pouvaient appartenir à cette famille établie au D. de Mende. (BOUILLET, V, 237.)

I. Pierre de Raimond, rendit hommage le 18 janv. 1391, et fut père de

II. Jacques de Raimond, t. le 21 mars 1444; il eut pour fils

III. Louis de Raimond, t. le 30 juill. 1482, et fut père de

IV. Antoine de Raimond, eut pour fils

V. Jacques de Raimond, Sgr de Saint-Étienne de Valfrancesque, ép. le 2 juill. 1555 Anne d'Altier, dont il eut :

VI. Jean de Raimond, écuyer, Sgr du Vilar et du Mazelet, ép. le 10 août 1579 Anne Cubeles, *alias* de Cabelier, dont il eut :

VII. Jean de Raimond, Sgr du Mazelet, ép. le 28 janv. 1619 Marguerite d'Agulhon, et il en eut :

VIII. Jacques de Raimond, Sgr de Saint-Étienne de Valfrancesque, du Vilar, du Mazelet et du château de Calberte, D. de Mende, ép. le 28 janv. 1651 Suzanne Guiran, et fut maintenu dans sa noblesse par jugement souverain du 11 sept. 1669.

450. RANCHIN.

D'azur à la fasce d'or accompagnée de trois étoiles de même en chef et d'un puits d'argent maçonné de même en pointe.

La maison de Ranchin, originaire du bas Languedoc, s'est illustrée dans la magistrature, les lettres et la médecine. François de Ranchin, né vers 1560, fut chancelier de la faculté de Médecine de Montpellier 1609, après la mort d'André du Laurens ; premier consul de la ville de Montpellier en 1629, du temps que la peste ravageait cette ville, il n'omit rien de ce qui était en son pouvoir pour empêcher de plus grands désordres. Il avait ép. Marguerite de Carlencas, dont il eut un fils qui succéda à tous ses bénéfices, et une fille qui ép. N... de la Beaume, lieut. de roi à Montpellier. (MORÉRI, IX, 50.) Jacques de Ranchin, conseiller à la cour des comptes, est l'auteur du fameux triolet si vanté par Ménage qui l'appelle le roi des triolets :

Le premier jour du mois de mai
Fut le plus heureux de ma vie.
Le beau dessein que je formai
Le premier jour du mois de mai :
Je vous vis et je vous aimai.
Si ce dessein vous plut, Sylvie,
Le premier jour du mois de mai
Fut le plus heureux de ma vie.

I. Jean de Ranchin, général en la cour des aides de Montpellier 1558, fut père de : 1. Étienne qui suit ; 2. Jean, grand vicaire et official d'Uzès, conseiller en la cour des aides de Montpellier 1538.

II. Étienne de Ranchin, professeur ès lois, général en la cour des aides de Montpellier 1561, eut pour fils : 1. Jean qui suit ; 2. François, chancelier de la faculté de Médecine 1609 ; 3. Guillaume, qui a fait la branche rapportée au n° 451.

III. Jean de Ranchin, Sgr de Savillac, conseiller du roi et général en la cour des aides de Montpellier 1574, ép. Jeanne de Castillon de Saint-Victor, dont il eut :

IV. Gédéon de Ranchin, contrôleur général des gabelles de Languedoc, fut père de

V. François de Ranchin, contrôleur général des gabelles, fut maintenu dans sa noblesse par jugement souverain du 28 janv. 1669.

Théophile-Antoine de Ranchin, conseiller du roi en la cour des comptes de Montpellier, ép. Yolande de Fontanon, et il en eut : Jeanne, mariée le 17 octobre 1686 à François de Saint-Julien.

Gabrielle de Ranchin, ép. le 5 fév. 1717 Théodore de Cambis.

Plusieurs membres de cette famille ont été consuls de la ville de Montpellier en 1641, 1693 et 1720.

451. RANCHIN.

Mêmes armes.

V. le n° précédent au IIe degré.

III. Guillaume de Ranchin, conseiller en la chambre de l'édit, obtint des patentes le 8 août 1602 portant permission d'exercer en même temps la charge de conseiller et celle de professeur ès lois, vacante par le décès d'Étienne son père; il eut pour fils

IV. Jacques de Ranchin, conseiller au parlement et chambre de l'édit de Castres 1605, ép. Suzanne de Grefeuille, dont il eut : 1. Étienne, capit. de chevau-légers; 2. Daniel, Sgr d'Amalric ; 3. Charles : maintenus dans leur noblesse par jugement souverain du 28 janv. 1669.

452. RATTE.

D'azur à trois étoiles d'argent, 2 et 1.

La maison de Ratte est ancienne et originaire du diocèse de Montpellier. Elle a donné un évêque à Montpellier, un gentilhomme de la chambre du roi, des magistrats à la cour des comptes et des consuls à la ville de Montpellier. (D'AIGREFEUILLE, Histoire civ. et ecclés. de la ville de Montpellier. — MORÉRI, IX, 75.) M. de Ratte, conseiller en la cour des aides, et M. le chevalier de Ratte prirent part à l'assemblée de la noblesse de Montpellier en 1789, pour l'élection des députés aux états généraux.

I. Jean de Ratte, ép. en 1503 Miracle de la Roque, dont il eut :
II. Jean de Ratte, lieut. du viguier à Gignac, ép. le 6 janv. 1518 Marguerite de Cambous, et il en eut : 1. Étienne qui suit; 2. Guitard, évêque de Montpellier 1597, aumônier du roi.

III. Étienne de Ratte, procureur général en la chambre de l'édit de Castres, ép. le 4 fév. 1565 Marguerite Gaillan, et il en eut : 1. Jean-Antoine qui suit; 2. Marie, alliée à Étienne de Berger, conseiller-maître à la cour des comptes de Montpellier.

IV. Jean-Antoine de Ratte, Sgr de Cambous et Sainte-Foi, gentilhomme servant de la maison du roi 1618, louvetier ès diocèses de Montpellier, Nîmes et Uzès, avait ép. le 20 avril 1596 Jeanne de Roquefeuil, dont il eut : 1. Marc-Antoine qui suit; 2. François, chev. de Malte, capit. de cavalerie 1630, commandeur de Jalés 1657 : maintenus dans leur noblesse par jugement souverain du 29 janv. 1669.

V. Marc-Antoine de Ratte, Sgr de Cambous, ép. le 9 fév. 1649 Anne de Beauxhostes d'Agel.

Hyacinthe de Ratte, conseiller en la chambre des comptes et président de la société des sciences et belles-lettres de Montpellier, naquit en 1723 et mourut en 1805.

M. le chevalier de Ratte fut admis aux états de Languedoc de 1786 comme envoyé de la baronie de Castries.

453. REBOUL.

De gueule à trois tourteaux d'or, 2 et 1.

I. Guillaume de Reboul du Saint-Esprit, ép. le 22 oct. 1531 Anne Ficulen, et il en eut : 1. François; 2. et

II. Antoine de Reboul, citoyen de Narbonne, ép. Angèle Sabatier, dont il eut : 1. Raulin qui suit; 2. Philippe.

III. Raulin de Reboul, Sgr de Marmoulières, y demeurant, D. de Narbonne, ép. le 12 avril 1623 Marie de Rouch, dont il eut : Antoine, capitaine, maintenu dans sa noblesse avec son père par jugement souverain du 31 janv. 1669.

454. REBOULET.

D'azur à la tour d'argent orlée et maçonnée de sable accostée de deux fleurs de lis d'or.

Guillaume de Reboulet *dit* Galbert, sieur des Fons, fut père de Jean qui ép. Magdeleine du Puy, en 1523, et d'eux est descendu René de Reboulet de Galbert, sieur des Fons et de Blod dans le Vivarais, fils d'Antoine et de Marguerite Gilbert de Verdun. (CHORIER, III, 491.)

I. Mathieu de Reboulet, écuyer, t. le 16 août 1527, fut père de

I.   27

II. Étienne de Reboulet, ép. le 1er juin 1577 Catherine de Galbert de Fons, et il en eut : 1. Antoine qui suit ; 2. Jean qui a fait la Br. B.

III. Antoine de Reboulet de Galbert, Sgr de Fons et de Bouchet, héritier de sa mère, ép. le 8 sept. 1613 Marguerite Gilbert de Verdun, et il en eut : 1. René, établi en Dauphiné ; 2. Alexandre : maintenus dans leur noblesse par jugement souverain du 28 mars 1670.

Br. B. III. Jean de Reboulet, ép. Antoinette de Largier, dont il eut : 1. Claude qui suit ; 2. Antoine, Sgr de la Cham, ép. Magdeleine de Forès, dont : Claude, Sgr d'Orbillac.

IV. Claude de Reboulet, Sgr d'Orbillac, ép. Marie de Chamarrous, dont il eut :

V. Antoine de Reboulet, Sgr de Roissac et la Bastide, D. de Viviers, ép. le 1er octobre 1654 Marthe Rosières, et fut maintenu dans sa noblesse par jugement souverain du 28 mars 1670.

455. REINARD, *alias* RENARD.

De gueule au lion d'or, écartelé de gueule au château d'argent, sur le tout de gueule au cœur d'or.

La maison de Reinard, originaire du Gévaudan est une des plus anciennes de la province. Elle fut du petit nombre des familles de Languedoc qui prouvèrent leur noblesse, devant M. de Bezons, depuis le treizième siècle. Plusieurs représentants de cette maison furent convoqués au ban et arrière-ban de la noblesse de Gévaudan, en 1575.

I. Guillaume de Reinard, fut père de

II. Bertrand de Reinard, damoiseau, fit une donation le 25 juill. 1305, en faveur de

III. Pierre de Reinard son fils, qui fut père de

IV. Pierre de Reinard, damoiseau, ép. le 20 nov. 1369 Ricarde Castanet, dont il eut :

V. Antoine de Reinard, Sgr de la Sale et du Mas-Aribal, t. le 4 oct. 1498, fut père de

VI. Victor de Reinard, Sgr de la Sale, fut père de

VII. Jean de Reinard, Sgr de la Sale, ép. le 19 août 1520 Antoinette de Montgros, dont il eut :

VIII. Raimond de Reinard, Sgr de la Sale, ép. Magdeleine de Malbec de Briges, dont il eut :

IX. Bernard de Reinard, Sgr de la Sale, ép. le 9 nov. 1596 Marie Domengue, et il en eut : 1. Robert qui suit; 2. Antoine.

X. Robert de Reinard, Sgr de la Sale, demeurant au château de Mas-Aribal, ép. le 13 déc. 1641 Jeanne de Girard, et fut maintenu dans sa noblesse, avec son frère, par jugement souverain du 24 sept. 1669; il eut de son mariage :

XI. Jean de Reinard, Sgr de la Sale. et du Mas-Aribal, ép. en 1708 Espérance de Broche, dont il eut : 1. Jean-Pierre qui suit; 2. Louise, mariée à N... de Serrière.

XII. Jean-Pierre de Reinard, Sgr de Montgros et de Mas-Aribal, ép. le 27 avril 1736 Marguerite-Françoise Descombiès, dont il eut : 1. Marie-Anne, religieuse ; 2. Louis-Jean qui suit; 3. Paul-Urbain, mort sans postérité; 4. Henri, lieut. de grenadiers dans le régt de Chartres.

XIII. Louis-Jean de Reinard, ép. 1° le 22 déc. 1768 N. de Campredon de la Bécède; 2° le 6 fév. 1782 Marie-Élisabeth Delhon; dont il eut : 1. Jean-Pierre qui suit; 2. Auguste-Scipion, sous-lieut. dans le 6e régt. de chasseurs à cheval.

XIV. Jean-Pierre de Renard, ép. le 16 nov. 1816 Alix-Henriette de la Roche de Coste, dont il eut : 1. Jean-Antoine-Adolphe qui suit ; 2. Élisée-Alphonse, mort à l'armée en 1846 ; 3. Gabriel-Ulysse.

XV. Jean-Antoine-Adolphe de Renard, ép. le 9 oct. 1850 Delphine-Marie-Françoise-Amédée de Pelatan de Robiac, dont : Marie-Honorine-Antoinette-Mathéa, née le 2 août 1851. — Résid. le château de Mas-Aribal (Lozère).

456. RETS DE BRESSOLLES ET SERVIÈS.

D'azur au chevron d'or accompagné de deux étoiles de même en chef, et une épée d'argent en pointe, la pointe en bas mise en pal.

Le roi Charles VII, ayant à défendre son royaume contre les armées coalisées du roi d'Angleterre et des ducs de Bourgogne et de Lorraine, demanda du secours au roi d'Écosse, qui lui envoya des troupes sous la conduite de Charles Stuart et du comte Douglas. Ces deux officiers le servirent si fidèlement qu'il fit Stuart connétable et Douglas maréchal de France. Plein de reconnaissance pour la valeur des gentilshommes qui les accompagnaient, le roi voulut encore attacher à sa personne cent jeunes Écossais dont il fit la première compagnie de ses gardes du corps. Alain de Rets fut du nombre de ces cent gentilshommes. Passant par le Gévaudan, dans un voyage qu'il fit en Languedoc, il s'y maria avec la fille héritière de François de Cheminades. N'ayant point eu d'enfants de cette union, il appela près de lui Antoine de Rets, son frère, qu'il maria avec la fille héritière de Jean de Bressolles, habitant la ville de Mende. Guy de Rets, qui naquit de cette union, hérita des biens d'Alain, son oncle, en 1526. (*Bibl. Imp., Mss. Lang.,* IV, 106. — D'HOZIER, I. R. 461; — G. DE BURDIN, II, 291.)

I. Antoine de Rets, lieut. du bailli en Gévaudan, ép. le 3 oct. 1525 Marguerite de Bressolles, dont il eut :

II. Guy de Rets, Sgr de Bressolles et Cheminades, ép. le 9 nov. 1544 Charlotte Pélissier, dont il eut : 1. André qui suit ; 2. Pierre qui a fait la Br. B. ; 3. Louis ; 4. Urbain qui a fait la Br. C. ; 5. Jacques ; 6. Guy qui a fait la Br. D. ; 7. Bertrand ; 8. Pierre.

III. André de Rets, Sgr de Bressolles, fut père de

IV. Jean-Claude de Rets, Sgr de Bressolles, ép. le 24 sept. 1620 Claude Bertrand, et il en eut : 1. André qui suit ; 2. Guillaume, sergent de bataille 1652.

V. André de Rets, Sgr de Bressolles et Cheminades, co-Sgr de Serverette, capit. au régt d'Anduze 1642, demeurant audit Cheminades, D. de Mende, ép. le 11 nov. 1644 Louise Chevalier de Rousses, dont il eut : 1. Guillaume ; 2. Hyacinthe : maintenus dans leur noblesse par jugement souverain du 3 sept. 1668.

Br. B. III. Pierre de Rets de Bressolles, Sgr de la Fage, Villaret, Charpal, Bassi, bailli de Mende, capit. gén. des baronies de Randon, Randonnat, etc., ép. Blanque du Villaret et de la Vessière, dont il eut : 1. André qui suit ; 2. Pierre ; 3. Louis ; 4. François.

IV. André de Rets de Bressolles, Sgr du Villaret, la Fage, maintenu dans sa noblesse par jugement souverain du 3 sept. 1668, ép. Louise d'Amblard du Monteil, dame de Serviès, Bouchard, etc., dont il eut : 1. Jean-Godefroy qui suit ; 2. Louis.

V. Jean-Godefroy de Rets de Bressolles, Sgr de Serviès, le Villaret, la Fage, ép. le 12 déc. 1650 Catin de Fumel de Fraissinet, dont il eut : 1. Hyacinthe qui suit ; 2. Charles ; 3. Anne ; 4. Catin ; 5. Jeanne.

VI. Hyacinthe de Rets, Sgr de Serviès, le Villaret, ép. le 16 nov. 1690 Marguerite de Dourre de l'Altaret, dont il eut : 1. Charles qui suit ; 2. Jean ; 3. Charles-François, archidiacre, vic. gén. et official du diocèse de Mende.

VII. Charles de Rets de Serviès, Sgr du Villaret, Fraissinet, ép. le 17 déc. 1740 Jeanne-Rose de Guérin de Chavagnac, dont il eut : 1. Pierre qui suit ; 2. Marie-Henriette, mariée à Claude-Antoine de Chapelain ; 3. Marie-Rose, abbesse de Belle-Combe.

VIII. Pierre-Jean-Baptiste de Rets de Serviès, Sgr du Villaret, Fraissinet, capit. au régt d'Orléans, chev. de Saint-Louis, ép. le

10 juillet 1770 Éléonore du Roux de Chevrier, chanoinesse au chapitre de Maubeuge, dont il eut : 1. Charles qui suit; 2. Louis-Philippe, chev. de justice de l'ordre de Malte; Louise-Rose, mariée à Marie-Antoine-Jules de Chapelain ; 4. Charlotte-Caroline, mariée à Joseph de Gras, baron de Saint-Sauveur.

IX. Charles, de Rets de Serviès, chevalier de Saint-Louis, servit dans l'armée de Condé, ép. le 19 janv. 1804 Marie-Émilie-Félicie Cabane de Camont, dont il eut : 1. Marie-Charles-Émile qui suit; 2. Marie-Anne-Éléonore-Aglaé; 3. Marie-Émilie-Caroline; 4. Marie-Eugénie.

X. Marie-Charles-Émile de Rets de Serviès, ép. le 11 mars 1839 Élisabeth-Alix-Césarine Reynaud, dont il eut : 1. Marie-Amélie-Blanche, décédée; 2. Émilie-Marie-Louise; et 3. Marie-Charles-Jean-Guy.

Br. C. III. Urbain de Rets, Sgr de Cougoussac, ép. le 5 fév. 1587 Marie Calvet de Fontanilles, et il en eut : 1. Claude qui suit; 2. Louis, Sgr. de Villerousset et Malène, marié le 20 nov. 1626 à Claude Albarici, dont une fille, Marie.

IV. Claude de Rets, Sgr de Servières, *alias* Serviès, ép. le 5 mars 1612 Françoise Retrun, dont il eut : 1. Urbain, marié le 10 août 1651 à Anne Salisses; 2. Jean, prieur de Servières : maintenus dans leur noblesse, avec Marie de Rets leur cousine, par jugement souverain du 3 sept. 1668.

Br. D. III. Guy de Rets de Bressolles, Sgr du Crouzet et du Réroux, ép. le 4 mai 1596 Louise de Chapelu de la Vigne, et il en eut : 1. André qui suit; 2. Jacques, prieur de Ribène.

IV. André de Rets, écuyer, Sgr de Bressolles, de la Bussière et du Crouzet, ép. le 5 oct. 1626 Jeanne de Besse, et fut maintenu dans sa noblesse en Auvergne par M. de Fortia le 8 mai 1668; il eut de son mariage

V. Jean-Claude de Rets de Bressolles, écuyer, Sgr de la Bussière et du Crouzet, maintenu dans sa noblesse en Languedoc, avec son père et son oncle, par jugement souverain du 3 sept. 1668; il ép. le 6 mai 1682 Marie-Louise Blanc du Bos, dont il eut :

VI. Jacques de Rets de Bressolles, écuyer, Sgr du Crouzet, de Servières et d'Albenac, demeurant à Blesle, D. de Saint-Flour, ép. le 24 fév. 1717 Élisabeth Barthélemy, dont il eut : Jean-Joseph, reçu page de la reine le 14 janv. 1734.

457. RIBEIROLS.

De gueule au cerf d'argent sommé de même, écartelé de sable à quatre pals d'or.

I. Louis de Ribeirols, co-Sgr de Rochegude, obtint le 16 sept. 1514 des lettres patentes du roi Louis XII, adressantes à la cour des aides de Montpellier pour le faire jouir de tous les priviléges, exemptions, etc., dont jouissent les autres nobles du royaume ; il fut père de

II. Pierre de Ribeirols, ép. le 29 sept. 1555 Lucrèce d'Audibert, dont il eut :

III. Pierre de Ribeirols, Sgr d'Entremaux, capit. d'infant. 1593, ép. le 27 oct. 1598 Suzanne Billanges, dont il eut :

IV. Robert de Ribeirols, Sgr d'Entremaux et du Pont, co-Sgr de Rochegude, gentilhomme ordinaire de la chambre de S. A. R. 1631 ; capit. au régt de Caneti, infanterie, 1633 ; ép. Judith Brun de Domessargues, dont il eut :

V. Jacques-François de Ribeirols, Sgr d'Entremaux et du Pont, co-Sgr de Rochegude, demeurant en son château du Pont, D. d'Uzès, ép. le 14 mars 1652 Louise de Barjac, et fut maintenu dans sa noblesse par jugement souverain du 7 sept. 1668.

458. RICARD.

De pourpre à une rose d'or, au chef d'azur à une croix d'or et un croissant d'argent.

Les armes de cette maison sont ainsi décrites dans le *Catalogue des gentilshommes de la province de Languedoc*. Un jugement de la cour des aides de Montpellier du 23 août 1780 constate que, d'après des procès-verbaux de vérification et une enquête, ces mêmes armes se voyaient encore à cette époque sur les tombeaux de cette famille dans les églises de Sainte-Magdeleine à Béziers et de Saint-Jean-Baptiste à Florensac. On trouve dans le jugement de M. de Bezons, reproduit par M. le marquis d'Aubaïs : « de sable à une rose d'argent, au chef cousu d'azur chargé d'une croix d'or accostée d'une étoile d'argent et d'un croissant contourné de même. » Le jugement de M. de Bezons ajoute que les armes des prédécesseurs des produisants sont à l'église de Poussan avec celles de Crussol, Lévis et Bucelli, tous Sgrs dudit lieu lors de la construction de l'église en 1300.

Différents jugements, arrêts et lettres patentes, mentionnés plus bas, donnent pour origine à cette famille le diocèse de Montpellier, n'en font qu'une seule et même maison et établissent sa filiation authentique depuis Pierre de Ricard, damoiseau, co-Sgr de Pignan, qui consentit deux dénombrements ou hommages en faveur du roi de Mayorque, les 12 juin 1312 et 18 avril 1322 : il eut pour fils Raymond de Ricard, co-Sgr de Pignan, comme il résulte d'un contrat de vente du 28 août 1382 ; il eut pour fils Jean de Ricard, damoiseau, co-Sgr de Pignan, qui fit un

codicille le 9 avril 1398 duquel il résulte qu'il eut pour fils : 1. Bérenger, marié à noble N...
d'André, dont il n'eut pas d'enfants ; 2. et Guillaume qui commence la filiation prouvée devant
M. de Bezons.

I. Guillaume de Ricard, damoiseau, signe comme témoin dans une reconnaissance du 8 juin 1441, en faveur de Philippe de Lévis, co-Sgr de Poussan, avec son fils, qui fut :

II. Jacques de Ricard, damoiseau, ép. le 19 fév. 1399 Isonde de Prunet, dont il eut : 1. Philippe qui suit ; 2. Jean, qui a fait une branche éteinte en 1552.

III. Philippe de Ricard, ép. Isabeau de Ratte, dont il eut :

IV. Claude de Ricard, Sgr d'Ortous, co-Sgr de Poussan, ép. 1° Marguerite de la Roque ; 2° Gabrielle de Lauzières, dont il eut : 1. François, qui a fait la Br. C. ; 2 et

V. Antoine de Ricard, Sgr d'Ortous, co-Sgr de Poussan, ép.. Louise de Montfaucon, dont il eut :

VI. Raimond de Ricard, fut compris dans le procès-verbal des gentilshommes du diocèse de Montpellier, pour former la députation de la province aux états généraux d'Orléans en 1560 ; il ép. en 1550 Françoise du Caylar, dont il eut : 1. Thomas qui suit ; 2. Jean, chanoine, mort à Pézénas.

VII. Thomas de Ricard, Sgr d'Ortous, écuyer, ép. Antoinette-Isabeau de Vissec, dont il eut : 1. Charles, viguier de Poussan, co-Sgr de Villeneuve-les-Maguelonne, ne laissa que trois filles ; 2. François, alla s'établir en Provence pendant les guerres de religion ; 3. Jean qui suit ; 4. Thomas, qui se retira à Genève.

VIII. Jean de Ricard de Malbosc, docteur ès droits, héritier des biens de Florensac appartenant à Jean, son oncle, chanoine, le 7 janv. 1623, quitta Poussan et se fixa à Florensac et à Béziers. Il fut compris dans le procès-verbal des gentilshommes du diocèse de Montpellier pour les états généraux en 1614, ép. le 13 nov. 1624 Marguerite de Boyer, dont il eut :

IX. François de Ricard, docteur et avocat, ép. 1° le 27 juin 1662 Marguerite de Bailhon, dont il eut : Jean-François qui suit ; 2° le 27 mai 1678 Marie de Braguès.

X. Jean-François de Ricard, cadet-gentilhomme, viguier général de l'île et comté de Cette, ép. le 23 nov. 1697 Marie de Valadon, dont il eut :

XI. Louis de Ricard, écuyer, viguier général de l'île et comté de Cette et des baronies de Florensac et Bessan, ép. 1° le 2 août 1733 Marguerite de Gay ; 2° le 13 août 1744 Catherine de Traverse, dont il eut : 1. Louis-Guillaume, conseiller en la cour des comptes de Montpellier, obtint de cette cour, 1° un arrêt qui, sur le vu de ses titres de noblesse et les conclusions de M. de Perdrix, rapporteur, le déchargea, comme noble, du marc d'or pour les provisions de sa charge; 2° un jugement de noblesse du 23 août 1780, déposé aux archives de la cour impériale, qui le déclara *noble* et *issu de noble race*, et *lui rendit commun le jugement de noblesse poursuivi le 10 décembre 1668 par François et Antoine de Ricard*, frères, lors de la vérification des titres de noblesse par M. de Bezons.

Louis-Guillaume de Ricard ép. en 1783 Françoise de Rosset, fille du premier président à la cour des comptes, aides et finances de Montpellier, dont il n'eut point d'enfants.

Louis de Ricard, écuyer, eut encore pour fils : 2. Jean-François, avocat au parlement, marié le 1er février 1780 à Françoise d'Almeïras, dont il n'eut qu'une fille; 3. François-Louis, docteur en théologie, prêtre; 4. Joseph qui suit; 5. Victor de Malbosc, chevalier de Ricard, auteur de la Br. B.

XII. Joseph-Marie-Paul-Montjouy de Ricard, docteur en théologie et chanoine prébendé du chap. d'Agde, ép. le 2 fructidor an III, 2 août 1795, Gabrielle Fabre, dont il eut ;

XIII. Louis-Guillaume de Ricard, maire de Florensac, ép. le 22 janv. 1818 Émilie Saussine, dont il eut : 1. Louis-Marie-Joseph qui suit; 2. Pauline, mariée à N... de Lescure.

XIV. Louis-Marie-Joseph de Ricard, ancien maire de Florensac, membre du conseil général de l'Hérault, ép. le 2 fév. 1846 Amélie-Camille-Henriette Bessière-Raméjan, dont : Emmanuel.

Br. B. XII. Victor de Malbosc, chevalier de Ricard, lieutenant au régt de Languedoc, ép. en août 1784 Adélaïde de Sarret, du Rouergue, fille du bailli de Milhau, dont il eut : 1. Charles qui suit: 2. Paul, lieutenant d'état-major, tué en 1812 à la bataille de Salamanque; 3. Isidore-César, mort en 1828, capit. au 14e régt d'inf. légère.

XIII. Charles-François-Honoré de Ricard, capitaine aux vélites de la garde impériale, chev. de la Lég. d'honn., ancien maire de Florensac, ép. le 14 fév. 1828 Flore de Launoi, dont il eut : 1. Victor; 2. et Louis.

Br. C. V. François de Ricard, co-Sgr et bailli de Poussan, ép. le 1er oct. 1531 Agnès de Calvet, dont il eut : 1. Dominique, dont la postérité s'est éteinte après la seconde génération; 2. Aubert, mort sans postérité; 3. et

VI. Jean de Ricard, conseiller en la cour des comptes de Montpellier, ép. le 19 déc. 1575 Garcie de Verchand, dont il eut :

VII. Jean de Ricard, conseiller, correcteur de la cour des comptes et aides de Montpellier, obtint des lettres de relief de noblesse données par Louis XIV le 2 fév. 1661, enregistrées le 14 mars de la même année, ép. 1° le 30 octobre 1612 Françoise de Nogarède ; et 2° le 16 mars 1620 Françoise de Gallières, dont il eut : 1. François, Sgr de Saussan, conseiller-maître en la cour des comptes de Montpellier, ép. le 10 fév. 1657 Louise d'Hèbles, dont il n'eut qu'une fille, Élisabeth de Ricard, mariée le 1er sept. 1678 à Henri de Baschi, à qui elle apporta en dot les biens de Saussan, qui sont encore dans la maison de Turenne, succédante de celle des Baschi du Caïla ; 2. et

VIII. Antoine de Ricard, écuyer, ép. le 18 sept. 1654 Isabeau de Capon, dont il eut, Marc qui suit. Il fut maintenu dans sa noblesse avec son frère François par jugement souverain de M. de Bezons, du 10 déc. 1668.

IX. Marc-Antoine de Ricard, écuyer, ép. 1° Marguerite d'Arènes ; et 2° Marie de Belleval, dont il eut : Louis-Antoine, mort sans postérité.

459. RIOLS, *alias* RIOLZ.

D'azur à deux étoiles d'or en chef et un croissant de même en pointe.

Lors des recherches de 1666, David et François de Riols, père et fils, domiciliés aux Trémolèdes, paroisse de Monclar, élection de Brioude, furent maintenus dans leur noblesse sur preuves filiatives de six degrés remontant à Bernard de Riols, originaire du diocèse de Saint-Pons, qui testa le 28 janv. 1498. La branche des Sgrs des verreries de Moussans, D. de Saint-Pons, fut également maintenue en Languedoc le 3 janv. 1671. Cette famille a fait de nouvelles preuves pour la maison royale de Saint-Cyr en 1724 et pour l'école militaire en 1788. L'abbé de Riols assista à l'assemblée provinciale tenue à Clermont au mois d'août 1787, et Jean-Louis de Riols réside aujourd'hui près de Saint-Germain-Lembron en Auvergne. (BOUILLET, V, 296.)

I. Nicolas de Riols dénombra au roi, le 21 juin 1546, la verrerie haute de Moussans ; il avait ép. le 17 avril 1526 Catherine Ennon, dont il eut :

II. Pierre de Riols, Sgr des verreries de Moussans, ép. le 21 août 1558 Marguerite Molette, dont il eut :

III. David de Riols, ép. le 8 fév. 1605 Anne Imbert, et il en eut : 1. Samuel qui suit ; 2. Marie, alliée le 29 janv. 1631 à Paul de Robert ; 3. Marguerite, alliée le 5 mars 1633 à Pierre de Robert.

IV. Samuel de Riols, Sgr de Moussans et de la Boissonnade, D.

de Saint-Pons, ép. le 31 mars 1664 Marguerite de Rosel, et fut maintenu dans sa noblesse par jugement souverain du 5 janv. 1671.

460. RIVERAIN.

I. Louis de Riverain, Sgr de Goulard, ép. le 10 oct. 1544 Marguerite le Sénéchal, et il en eut : 1. Guillaume qui suit; 2. Anne; 3. Marie.

II. Guillaume de Riverain, écuyer, Sgr de Goulard, fut père de

III. Adrien de Riverain, écuyer, Sgr de la Varène, ép. le 3 avril 1604 Jacqueline de Berneust, et il en eut : .

IV. Jean-Jacques de Riverain, Sgr de la Varène, D. de Mende, ép. le 6 sept. 1638 Anne Vacheri, dont il eut :

V. Jean-Claude de Riverain, maintenu dans sa noblesse par jugement souverain du 15 janv. 1671.

461. RIVIÈRE DE CORSAC.

D'azur au cygne d'argent à une épée de même passant en bande au-dessous du col, et en chef un croissant d'argent entre deux étoiles d'or.

La descendance mâle de cette famille s'étant éteinte en la personne de Charles de Rivière de Corsac, mort en 1769 maréchal de camp, le nom de Corsac fut pris par la famille de Florit, dont un membre avait ép. en 1756 Marie-Louise-Suzanne de Rivière de Corsac, sœur du maréchal de camp. (G. DE BURDIN, II, 289. — V. la généalogie de la maison de Florit, n° 233, p. 210.)

I. Jean de Rivière, fils de Richard de Rivière, Sgr de Pomeron et Vaux, ép. Louise d'Héroet, sœur d'Antoine d'Héroet, évêque de Digne en 1560, dont il eut : 1. Pierre qui suit; 2. Rachel, fille d'honneur de Marguerite de Valois, mariée le 23 avril 1556 à Gabriel de Béarn.

II. Pierre de Rivière, Sgr de Pomeron, établi en Gévaudan, y ép. en 1570 Louise-Guérine de Cardaillac, dame de Corsac et d'une partie de la baronie du Tournel : la maison de Rivière prit, à partir de cette époque, le nom et les armes de Corsac éteinte en la personne de Guillaume, frère de Guérine, chev. de Malte; il eut de son mariage :

III. Claude de Rivière, Sgr de Corsac, député par la noblesse aux états généraux convoqués par le roi en la ville de Saint-Esprit, ép. le 10 janv. 1604 Antoinette de Serre, dont il eut :

IV. Charles de Rivière, Sgr de Corsac, Malaval et Villeneuve, député par la noblesse aux états généraux tenus à Blois en 1649, av. ép. le 11 janv. 1632 Hélène Chevalier des Rousses, dont il eut :

V. Louis de Rivière, Sgr de Corsac, bailli de Gévaudan, maintenu dans sa noblesse avec son père par jugement souverain du 15 janv. 1671, ép. en 1672 Jeanne de Benoît, dont il eut :

VI. Charles de Rivière, Sgr de Corsac, officier dans le régt de Picardie, ép. en 1711 Françoise d'Aldin, dont il eut : 1. Marie-Louise-Suzanne, mariée le 23 janv. 1756 à Claude-Jean-Baptiste de Florit de la Tour, Sgr de Clamouze.

VII. Charles de Rivière, comte de Corsac, maréchal de camp en 1761 ; mourut sans postérité en 1769, gouverneur de Givet et Charlemont.

462. ROBERT.

D'azur au chevron d'argent accompagné de deux étoiles de même en chef, une rose de gueule en pointe, et une fasce d'or sur le tout.

La maison de Robert, *alias* des Roberts, est originaire du diocèse de Saint-Pons. Elle était divisée en trois branches au moment de la vérification de M. de Bezons et répandue aux diocèses de Saint-Pons et Castres. Un peu plus tard, la branche aînée, qui a donné des officiers distingués à l'armée française, s'établit en Lorraine, où elle est encore représentée de nos jours. Elle prouva sa noblesse depuis

I. Amiel de Robert, t. le 30 déc. 1542 ; il eut pour enfants : 1. Germain qui suit ; 2. Jean qui a fait la Br. B. ; 3. Gaillard ; 4. Bertrand.

II. Germain de Robert, eut pour enfants : 1. Sébastien qui suit ; 2. Guillaume ; 3. Antoine.

III. Sébastien de Robert, ép. le 25 nov. 1559 Françoise Landret, dont il eut :

IV. Jacques de Robert, ép. le 1er mai 1598 Marie de Jacquet, dont il eut :

V. Pierre de Robert, Sgr de Termes, ép. le 5 mars 1633 Marguerite de Riols, et il en eut : 1. Paul, Sgr de Termes, demeurant à Saint-Pons ; 2. et Jean-François qui suit : maintenus dans leur noblesse par jugement souverain du 18 déc. 1670.

VI. Jean-François de Robert, Sgr de Lalibot, *alias* Talibert, capit. de carabins de Vandy, puis aide-major à Montmédy, ép. Marie le Loup, dont il eut entre autres enfants : 1. Nicolas qui suit ; 2. Noël, commandant d'Huningue et de la haute Alsace ; brigadier des armées du roi, dont la postérité s'est éteinte de nos jours.

VII. Nicolas dè Robert, major de Montmédy en 1704, ép. Catherine Gobert d'Escouvier, dont il eut entre autres enfants : 1. Jean-Baptiste qui suit; 2. Louis-Joseph, missionnaire de la compagnie de Jésus, mort à Pékin; 3. N..., établi dans la Martinique; et sept filles.

VIII. Jean-Baptiste de Robert, ingénieur à Longwi, ép. N. de Villiers, et il en eut : 1. Louis-Joseph qui suit, et deux filles.

IX. Louis-Joseph de Robert, admis à l'école de Mézières avec le brevet de lieut. du régt de Bourbonnais le 28 mars 1754, ingénieur ordinaire 1756, détaché au Canada en 1759, chev. de Saint-Louis 1774, colonel directeur des fortifications en 1792, ép. N. de Caldaguès, dont il eut :

X. Charles-Antoine de Robert, élève à l'école militaire de Pont-à-Mousson, servit pendant l'émigration dans l'armée des princes, puis en Espagne sous le lieut. général comte de Caldaguès, son oncle; il ép. Louise-Béatrix de Malvoisin, dont il eut : 1. Louis-Aimé, chef de bataillon du génie, mort sans postérité 1853; 2. Raymond, mort en 1854, conseiller à la cour impériale de Metz, av. ép. 1° Thérèse de Marion, dont : a. Charles-Arthur; 2° en 1854 Marie-Thérèse Chancel, dont b. Marie-RaymondAdolphe; 3. et

XI. Melchior-Adolphe de Robert, élève de Saint-Cyr, officier démissionnaire en 1834 lors de son mariage avec Henriette-Sophie Possel, dont : 1. Louis-Émile-Ferdinand; 2. Raimond-Maurice; 3. Marie-Thérèse-Louise.

Br. B. II. Jean de Robert, ép. le 25 mars 1541 Peironne d'Escach, et il en eut : 1. Bertrand; 2. Jean; 3. Étienne; 4. Arnaud qui suit; 5. François.

III. Arnaud de Robert eut pour enfants : 1. Paul qui suit; 2. Charles qui a fait la Br. C.; 3. Jean; 4. Pierre, Sgr de Boscapel, marié le 16 oct. 1652 à Isabeau Rolland; 5. Isabeau, mariée le 11 fév. 1653 à Jean de Grenier.

IV. Paul de Robert, Sgr de Boscapel, D. de Saint-Pons, ép. le 29 janv. 1631 Marie de Riols, dont il eut :

V. Charles de Robert, Sgr de la Roque, ép. le 20 avril 1651 Marguerite de Citou, et fut maintenu dans sa noblesse avec son père et son oncle par jugement souverain du 4 déc. 1670.

Br. C. IV. Charles de Robert, ép. le 16 juill. 1634 Anne de Robert, et il en eut :

V. Jacques de Robert, Sgr de Fraissinet, demeurant au D. de Castres, fut maintenu dans sa noblesse par jugement souverain du 4 déc. 1670.

463. ROBIN.

Fascé d'or et de gueule de quatre pièces ; l'or chargé de trois merlettes de sable posées 2 et 1.

La famille du nom de Robin, des Sgrs de Graveson et de Barbentane, a sa noblesse de Pierre Robin, premier médecin du roi René, qui lui fit don de la terre de Graveson pour les bons services qu'il lui avait rendus. L'inféodation de cette terre par le roi René, qui aurait fait cette déclaration, dont nous avons si souvent parlé, portant que les seuls nobles pouvaient tenir fiefs, avec défense aux roturiers de les posséder, fut un anoblissement formel pour Pierre Robin. Sa noblesse fut confirmée par le testament du roi René, qui le qualifie noble, et par celui de Charles d'Anjou, son successeur, dernier comte de Provence, de qui il fut aussi premier médecin et son légataire de 6,000 livres. Les descendants de ce Pierre Robin ont illustré leur noblesse par l'acquisition de fiefs, par leurs alliances ainsi que par leurs services et leurs emplois. (BARCILON, *Critique mss. du Nobil. de Provence.* — MAYNIER, IIe part., 107.)

I. Pierre de Robin, Sgr de Graveson, maître ès arts et en médecine, t. le 24 juin 1483, fut père de

II. Étienne de Robin, Sgr de Graveson, ép. Marie de Posquières, dont il eut : 1. Étienne qui suit ; 2. Claude, dont la filiation sera rapportée au n° 464 ; et trois filles.

III. Étienne de Robin, Sgr de Graveson et Barbentane, ép. 1° le 21 sept. 1525 Louise d'Aiguières ; 2° Marie de Péruzzi ; il eut du premier mariage : 1. Antoine qui suit ; 2. Marguerite, mariée à Pierre Bon ; et du second : 3. Paul-Antoine.

IV. Antoine de Robin, Sgr en partie de Graveson, ép. Anne Paget, dont il eut : 1. Gui qui suit ; 2. Paul, qui eut pour fils Antoine : maintenus dans leur noblesse par jugement souverain des commissaires de Provence, et dont la filiation sera rapportée au n° 631.

V. Gui de Robin, Sgr de Graveson, demeurant à Uzès, fut père de

VI. Jacques de Robin, Sgr de Graveson, fut maintenu dans sa noblesse avec son père par jugement souverain du 27 sept. 1669.

464. ROBIN.

D'or à trois merlettes de sable, écartelé d'un fascé d'or et de gueule.

Voir le n° précédent au IIe degré.

III. Claude de Robin, général des monnaies de Languedoc et Guienne, fut père de

IV. Étienne de Robin, général des monnaies, 1544, eut pour fils

V. Étienne de Robin, général des monnaies, fut père de

VI. Antoine de Robin, Sgr de Beaulieu, juge ordinaire de Montpellier, 1550, eut pour fils : 1. Guillaume qui suit ; 2. Pierre qui a fait la Br. B.

VII. Guillaume de Robin, avocat général en la cour des aides de Montpellier par la démission de son père 1590, fut père de

VIII. Jean-Antoine de Robin, conseiller en la cour des aides 1625, av. ép. le 25 juin 1617 Louise de Roquefeuil, dont il eut :

IX. Henri de Robin, trésorier de France à Montpellier, fut maintenu dans sa noblesse comme fils de conseiller et petit-fils d'avocat général, par jugement souverain du 29 août 1669.

Br. B. VII. Pierre de Robin, président en la cour des aides de Montpellier 1595, fut père de

VIII. Jacques de Robin, écuyer, gentilhomme ordinaire de la chambre du roi, ép. le 26 juill. 1617 Charlotte Portail, et il en eut :

IX. Étienne de Robin, Sgr de Beaulieu, demeurant à Lunel, ép. le 7 déc. 1638 Françoise d'Artis, et fut maintenu dans sa noblesse par jugement souverain du 29 août 1669 comme petit-fils de président en la cour des aides de Montpellier.

465. ROCHE.

D'azur à la bande d'or chargée d'un lion de sable armé et lampassé de gueule et accompagnée de deux rochers d'argent, l'un en chef, l'autre en pointe.

I. Bertrand de Roche, co-Sgr de Blauzac, fit un échange en 1539, et fut père de

II. Thomas de Roche, co-Sgr de Blauzac, marié le 16 juill. 1552, fut père de : 1. Nicolas qui suit ; 2. Antoine ; 3. César.

III. Nicolas de Roche, écuyer, ép. le 8 sept. 1581 Judith Jeanis, et il en eut : 1. Daniel qui suit ; 2. Nicolas ; 3. Étienne ; 4. Jean.

IV. Daniel de Roche, co-Sgr de Blauzac et Montaren, et mandement d'Aigalières, juge-mage au sénéchal ducal d'Uzès, ép. le 21 fév. 1637 Ève Fabre, dont il eut : 1. Daniel ; 2. Michel : maintenus dans leur noblesse par jugement souverain du 18 sept. 1669.

Plusieurs membres de cette famille ont pris part à l'assemblée de la noblesse tenue à Uzès en 1788.